清华创新经典丛书

牛津创新管理手册

The Oxford Handbook of Innovation Management

[澳]马克·道奇森(Mark Dodgson)
[英]大卫·甘恩(David M. Gann) ◎ 编
[英]尼尔森·菲利普斯(Nelson Phillips)

李纪珍　陈劲 ◎ 译

清华大学出版社
北京

北京市版权局著作权合同登记号 图字:01-2016-3105
Mark Dodgson, David M. Gann, Nelson Phillips
The Oxford Handbook of Innovation Management
ISBN 978-0-19-969494-5
Copyright © Oxford University Press 2014. All rights reserved

This book is in copyright. Subject to statutory exception and to the provisions of relevant collective licensing agreements, no reproduction of any part may take place without the written permission of Oxford University Press.

This simplified Chinese edition is authorized for sale in the People's Republic of China (excluding Hong Kong, Macau and Taiwan) only. Unauthorised export of this simplified Chinese edition is a violation of the Copyright Act. No part of this publication may be reproduced or distributed by any means, or stored in a database or retrieval system, without the prior written permission of Oxford University Press and Tsinghua University Press.

本中文简体字翻译版由牛津大学出版社授权清华大学出版社独家出版发行。
版权所有。未经出版人事先书面许可,对本出版物的任何部分不得以任何方式或途径复制或传播,包括但不限于复印、录制、录音,或通过任何数据库、信息或可检索的系统。
本授权中文简体字翻译版由牛津大学出版社和清华大学出版社有限公司合作出版。此版本经授权仅限在中华人民共和国境内(不包括中国香港、澳门特别行政区和中国台湾地区)销售。
版权© 2016 由牛津大学出版社与清华大学出版社有限公司所有。

本书封面贴有清华大学出版社防伪标签,无标签者不得销售。
版权所有,侵权必究。侵权举报电话:010-62782989 13701121933

图书在版编目(CIP)数据

牛津创新管理手册/(澳)马克·道奇森(Mark Dodgson),(英)大卫·甘恩(David M. Gann),(英)尼尔森·菲利普斯(Nelson Phillips)编;李纪珍,陈劲译.—北京:清华大学出版社,2019.12
(清华创新经典丛书)
书名原文: The Oxford Handbook of Innovation Management
ISBN 978-7-302-49675-5

Ⅰ. ①牛… Ⅱ. ①马… ②大… ③尼… ④李… ⑤陈… Ⅲ. ①创新管理-手册 Ⅳ. ①F273.1-62

中国版本图书馆 CIP 数据核字(2018)第 034789 号

责任编辑:高晓蔚
封面设计:李伯骥
责任校对:宋玉莲
责任印制:杨 艳

出版发行:清华大学出版社
网 址:http://www.tup.com.cn, http://www.wqbook.com
地 址:北京清华大学学研大厦A座 邮 编:100084
社 总 机:010-62770175 邮 购:010-62786544
投稿与读者服务:010-62776969,c-service@tup.tsinghua.edu.cn
质量反馈:010-62772015,zhiliang@tup.tsinghua.edu.cn
印 装 者:北京鑫海金澳胶印有限公司
经 销:全国新华书店
开 本:185mm×260mm 印 张:33.5 插 页:1 字 数:752千字
版 次:2019年12月第1版 印 次:2019年12月第1次印刷
定 价:118.00元

产品编号:062590-01

丛书序
PREFACE

当前,创新已成为经济社会发展的主要驱动力,创新能力成为国家竞争力的核心要素,各国纷纷把实现创新驱动发展作为战略选择,并将其列为国家发展战略。中国自2006年提出自主创新的伟大战略,由此掀起了科技创新的发展热潮。党的十八大进一步明确提出"科技创新是提高社会生产力和综合国力的战略支撑,必须摆在国家发展全局的核心位置"。习近平总书记在2014年"两院"院士大会上继续强调,要坚持走中国特色的自主创新道路,加快实施创新驱动发展战略。作为创新的理论工作者,应积极贡献对创新的理论洞察与政策建议。

国际上,创新研究起源于美籍奥地利经济学家熊彼特,之后逐步为各国经济、管理和政策研究者所重视。北美和欧洲国家拥有一批杰出的创新理论研究者,形成了极为丰硕的学术成果,为创新驱动发展作出了显著的贡献。美国以麻省理工学院斯隆管理学院、哈佛大学商学院和斯坦福大学商学院以及工学院为代表,在创新管理学、创新经济学研究方面处于国际领先地位。欧洲以英国苏塞克斯(Sussex)大学科技政策研究所(SPRU)等为代表,在创新经济学理论和创新政策研究等方面处于领先地位。在亚洲,韩国学者率先在技术学习和技术追赶方面取得了研究优势,日本学者则在知识创新、精益创新等方面颇有建树。近年来,印度学者在创新方面的研究同样令人瞩目,他们先后提出了原生态创新、朴素式创新、反向创新等新的创新理念,在创新研究方面独树一帜。

中国于20世纪80年代中期即开始启动创新研究。清华大学、浙江大学是其中的先行者,以傅家骥教授、吴贵生教授等为学科带头人的清华大学研究团队和以许庆瑞院士为学科带头人的浙江大学研究团队取得了一批研究成果,并对国家决策产生了重要影响,特别是在引进消化吸收再创新、组合创新、全面创新、协同创新等研究方面取得了令人瞩目的进展,中国的创新研究及实践与国外先进国家的差距日益缩小,令人鼓舞。

清华大学一直高度重视技术创新的研究。从1988年开始,承担了国家自然科学基金委员会"八五"重大课题"中国技术创新研究"等一系列研究,创造性地提出了"基于中国国情的技术创新理论"。2004年,清华大学技术创新研究中心获教育部批准为人文社会科学重点研究基地。十多年来,无论是在科学研究和人才培养,还是在学术交流、咨询服务以及体制改革等方面都取得了国内外有影响的成果,确立了清华大学在国内外技术创新领域的领先地位。

正值国家积极推动创新驱动发展的大好时机,清华大学技术创新研究中心经中心学术

I

委员会会议讨论制定了"积极探索创新驱动发展指引下中国特色的自主创新理论与方法，引领中国创新学科发展，培养高层次创新研究人才，进一步提高国际知名度，向国际一流迈进"的"十三五"战略目标，力争使清华大学技术创新研究中心成为国家在创新方面的重要智库，以及世界级的创新研究组织。

为实现这一战略目标，我们特组织了本套"清华创新经典丛书"，目的是持续译介国外最新的创新理论专著，汇聚清华学者乃至全国创新理论工作者的最新成果，以实现中国学者对中国创新发展和人类创新进步的真诚奉献。

教育部长江学者特聘教授
清华大学技术创新研究中心主任

译者序

PREFACE

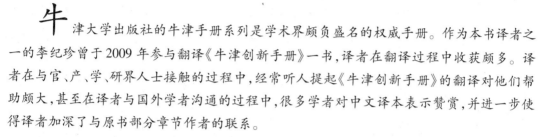

  牛津大学出版社的牛津手册系列是学术界颇负盛名的权威手册。作为本书译者之一的李纪珍曾于2009年参与翻译《牛津创新手册》一书，译者在翻译过程中收获颇多。译者在与官、产、学、研界人士接触的过程中，经常听人提起《牛津创新手册》的翻译对他们帮助颇大，甚至在译者与国外学者沟通的过程中，很多学者对中文译本表示赞赏，并进一步使得译者加深了与原书部分章节作者的联系。

  所以三年前第一次见到本书——《牛津创新管理手册》的原版，我们就坚定了翻译的决心。本书的翻译过程使得译者再一次有机会研读牛津手册系列，与创新领域的著名学者马克·道奇森（Mark Dodgson）、大卫·甘恩（David M. Gann）、尼尔森·菲利普斯（Nelson Phillips）等产生思想的碰撞与学术的交流。

  创新是引领发展的第一动力。创新能否对经济效益和社会福利作出巨大贡献，取决于创新的管理者能否成功克服重重挑战。创新管理的研究，是基于对创新活动的来源、本质及结果的理解，也是对孕育创新的经济背景、社会背景和技术背景的探究，是新兴研究领域。本书在严谨深入总结创新基本知识的基础上，将重心放在如何管理创新以及影响创新管理的特定情境等问题上，即关注组织中的创新管理及其影响因素，如创新的来源、创新的不同情境、创新战略和创新组织等。同时，本书也强调了近年来新兴企业战略实践给创新及其管理带来的巨大变化，如颠覆性创新、创新生态系统和全新的数字技术等带来的机遇和挑战。

  本书分为四部分：第一部分引言，包括第1~2章，总结了创新管理的观点以及创新的本质；第二部分，包括第3~9章，总结了创新的不同来源；第三部分，包括第10~19章，分析了不同情境下的创新管理及其影响；第四部分包括第20~32章，探讨了战略、管理和组织等创新管理的经典话题。

  具体来说，各章内容如下。

  第1章提供了大量关于创新管理的最新观点，包括理论解释、存在的挑战，以及在创新过程中的应用等。本章也简要介绍了诸多知名学者对创新管理研究所作出的贡献。

  第2章用一些典型事实探究创新的本质，阐述创新如何促进高增长、创新的不同形式以及创新的普适性。此外，本章还讨论了创新的形式、速度、地理分布和路径，为本书后续对创新管理的讨论奠定了基础。

  第二部分从第3章开始。本章检验了市场及其营销作为创新的来源和地点如何影响创新,回答创新来自何人、何事、如何做等问题。

第4章从科学、技术和商业创新的角度,探讨不同类型的知识与公共融资对创新的作用。

第5章的主题是用户创新,本章指出互联网可以更加快捷且低成本地提供创新的相关信息,用户创新这一实践将有更强劲的发展势头。本章解释了为什么用户需要创新,这种创新是如何组织的,以及用户分享创新的动机。

第6章关注网络与创新,讨论了社会网络分析如何通过描绘个人、集体和组织间的联系为创新管理者提供研究创新管理的工具。本章阐明了这一工具如何显著地改变了创新网络分析理论和技术,罗列了社会网络分析对创新管理者的若干好处,包括确认组织孤岛、寻找核心和关键行动者、定位孤立者和孤立群体,以及识别瓶颈等。

第7章阐述创造力、创新与知识之间的矛盾关系。无论是个人、集体还是组织层面,知识既可能促使创新想法的产生,又可能不利于其产生。本章在核心刚性和深度智慧等概念基础上指出反向利用知识的缺点能够激发创造力,并为个人和组织提供灵感。

第8章提出设计驱动型创新的观点及其与技术推动型创新、市场拉动型创新的关系,并展示设计驱动型创新如何通过对意义进行解读和联想,为创新管理提供一个重要的新范式。

第9章介绍了创新管理的代理理论,指出创新管理可以分析组织在市场、技术、资源和能力上的差异,描述创新的起源和作用所受到的机构、组织、团体和个人等的影响。

第三部分讨论创新情境。其中第10章讨论产业或行业差异对创新管理的重要影响。本章以医药行业、机床行业和服务业为例子,提出将知识、创新来源与行为主体、机构相结合的框架,以解释创新活动在不同产业以及跨越行业时的动态变化。

第11章回顾"创新生态系统"这一概念是如何演进的,以及如何被应用到创新战略的分析、设计和执行。这一章深入探究创新生态系统的边界、结构和动态变化,并从三个理论视角进行验证。本章认为,尽管大量的研究提到创新生态系统,但研究其对创新管理的意义还停留在初期,学者们仍有广阔的研究空间。

第12章描述技术市场的规模和特点,包括组织可以采用许可、交叉许可和交易专利等方式从第三方获取或外包技术。

第13章将创新的资金问题放在国家治理的资本市场和金融体系这一广阔背景下,结果表明,公共和私人研发资金的平衡有着相当大的差异。同时,在考虑2008—2009年金融危机对创新融资影响的基础上,本章还分析了各种资本主义和创新系统,并讨论了未来的融资趋势。

第14章提出创新管理者需要更深入地挖掘为什么用户会为创新而消费。本章认为创新管理要理解用户潜在的价值观,以及其他更加感性的、与社会情境相关的因素。

第15章介绍环境的可持续性为何成为创新管理的关键问题。本章提出技术对商业环境绩效的三个主要影响:一是感知和提供信息;二是提高效率;三是转变资源利用和环境的影响。本章认为,由于环境挑战的系统复杂性,新旧创新能力、新商业模式和各种联结的有机组合是必需的,这有利于可持续创新管理。

第16章认为管理社会化创新的热情在增长,但相关研究并没有增加。这一章回顾了现有文献中社会化创新的四个主题：以社会问题为起点、专注新颖的解决方法、改变潜在的组织模式以及获得创新者之外的收益，最后本章总结后续研究应该聚焦于分辨社会问题的产生及其历史和社会背景，以及如何将政治和道德的影响加入这些研究中。

第17章讨论了日本的创新管理，这些管理实践很大程度上归因于"二战"后遗留的劳动力短缺。

第18章尝试改变大部分创新管理的研究集中在美国、欧洲和日本等发达国家和区域的现象，总结了中国的创新管理特点，并提出中国的创新能力已显著提升。中国创新管理的模式受到政府政策和中国文化的强烈影响，通过向跨国公司学习与自身的实践，中国的创新方法为创新管理的研究提供了新的重要方向。本章提到了一个有趣的问题，即西方效率导向型商业模式与中国效用导向型商业模式的区别。

第19章将组织内部和跨组织的技术与创新的整合能力相结合，提出"创新技术"的概念。

第四部分是创新的经典问题，即战略、管理和组织。

第20章揭示创新战略主流理论的不足。本章认为，工业组织和以资源为基础的战略观并不能解释当代企业面临的"超竞争"所带来的动荡与变化。一个竞争优势瞬息万变、竞争威胁无处不在的世界需要新的创新绩效评估指标，需要更加重视人们和组织间的关系网，也需要更加关注领导人的作用。

第21章将"商业模式"定义为在交易伙伴的关系网中，一个组织如何创造、传递和获取价值的基本原理。本章认为商业模式既是创新的重要媒介，又是创新的来源。根据以下三类情境对商业模式创新进行验证：一是在新成立组织中的设计；二是现有情境下的重新配置；三是作为支持可持续发展的一种方式。

第22章认为，研究者对开放式创新感兴趣的程度，与企业形成成功的开放型创新策略的难易程度并不相符。通过强调影响开放性的一系列事件，本章对理解开放式创新的优点和局限性提供了指导。

第23章认为企业处于创新生态系统中，企业无法完全依赖自我进行创新，企业间建立紧密的联系，在一致目标下对资源有着共同承诺，这便是"合作"。合作增强了企业之间优势互补、鼓励学习、培养才能、处理不确定性和复杂性等方面的能力，是一个充满挑战的过程。

第24章探讨了组织的不同部门如何影响创新，并强调在管理创新的过程中，管理组织情境的重要性。本章提出一系列可以促进整合、保障创新的机制，包括领导力、文化、组织架构、网络和团队。

第25章是人力资源管理实践与创新，强调横向和纵向组织间沟通的重要性。创新过程将这些沟通方式与更高级别的授权决策、奖赏系统相结合，对"新型"或"现代"人力资源管理实践很有价值。

第26章讨论如何进行研发管理，并成功开发新产品。本章解释了管理研发和新产品开发对创新管理的贡献，并描述它们的核心要素。

第27章是研发国际化分析。本章描绘了研发活动在跨国公司中的全球化趋势，并探讨企业在海外开展研发活动的动机，以及由此产生的管理问题。企业研发活动全球化的原因各有不同，包括使产品适应当地市场需求与基础科学全球中心建立联系等。

第 28 章的主题是知识产权的战略重要性。本章指出合法的竞争性战略，可以利用知识产权和技术标准从中获利，强调了创新战略中涵盖知识产权的重要性。

第 29 章探讨的是企业并购对创新绩效以及企业创新能力的作用。该章通过对理论和实证文献的综述，梳理并购管理的挑战、并购对创新造成的影响及其潜在的价值等，指出仍需要更多的研究关注并购对创新产生的影响。

第 30 章阐述服务业创新与制造业创新的不同，前者的特征在于消费者和辅助服务提供者的参与更加频繁，而对特定技术部门研发的依赖较小，且在众多的参与者中分布更为广泛。同时，本章认为许多服务创新都涉及商业模式的创新，并从服务设计角度提供了针对不同阶段的分析框架。

第 31 章认为项目是创新的重要组织形式，本章讨论项目管理的工具和技术是如何开发的，从而帮助筛选、计划、管理和降低与创新相关的不确定性。对比项目管理的最优模型和适应性模型，本章指出后者越来越成为理解项目化创新与不确定性关系的新范式。

第 32 章通过信息与通信技术公司的案例，验证平台对于创新管理的意义。将组织内部、供应链和工业的平台相区分，并研究其战略意义，总结平台是如何促进或阻碍创新的。

创新管理是一个至关重要且快速发展的研究领域，《牛津创新管理手册》中文翻译版的问世，为中国学者的进一步探索提供指引，也对创新管理实践者和政策研究者具有借鉴意义。本书既饱含理论知识，又富有实践经验，对创新管理做了普及性兼具学术性的解读，相信读者会和译者一样，受益匪浅。

本书由清华大学经济管理学院，同时也是清华大学技术创新研究中心的李纪珍和陈劲老师主持翻译，初稿翻译主要由清华大学经济管理学院的博士生完成，他们是陈轩瑾、段勇倩、郭穗芳、胡业飞、胡潇婷、黄江、黄颖婕、赖长青、李加鹏、刘成城、苗硕、邱姝敏和尹西明，李纪珍也参与了部分章节的初稿翻译。

值得说明的是，本书英文原版书曾经在李纪珍作为主讲老师的清华大学博士生课程"创新研究"课堂上使用过，并在随堂学习的过程中由以上博士生翻译了初稿。初稿完成后主要由清华大学经济管理学院的李晓华和李论两位博士生进行了全面初步校订，增强了译文的一致性与可读性，最终由李纪珍和陈劲全面校订。当然，本书翻译难免有不正确或不准确地方，如果有问题，欢迎读者指正。

最后，本书的出版也要感谢清华大学出版社的高晓蔚编辑，因为她的辛苦付出，本书得以最终面世。

于清华大学技术创新研究中心

目录

CONTENTS

丛书序 ··· I
译者序 ··· III
本书贡献者 ·· IX

第一部分　引　言

第 1 章　创新管理展望 ··· 3
第 2 章　创新的本质 ·· 21

第二部分　创新来源

第 3 章　营销与创新 ·· 43
第 4 章　科学、技术和商业创新 ·· 55
第 5 章　用户创新 ·· 66
第 6 章　创新网络 ·· 81
第 7 章　知识、创造力管理与创新管理 ··· 98
第 8 章　设计驱动型创新：以意义为创新之源 ··· 112
第 9 章　代理和创新 ·· 131

第三部分　创新环境

第 10 章　产业创新系统 ·· 147
第 11 章　创新生态系统：创新管理的应用 ··· 163
第 12 章　技术市场 ··· 183
第 13 章　资本市场、创新系统和创新融资 ··· 199
第 14 章　创新消费 ··· 216
第 15 章　可持续创新管理 ·· 231

第 16 章 社会创新管理 251

第 17 章 日本的创新管理 264

第 18 章 中国的创新管理 279

第 19 章 技术和创新 294

第四部分　战略、管理和组织

第 20 章 创新、战略与超竞争理论 313

第 21 章 商业模式创新 331

第 22 章 管理开放式创新 352

第 23 章 合作和创新管理 367

第 24 章 组织创新 382

第 25 章 人力资源管理实践与创新 399

第 26 章 管理研发和新产品开发 418

第 27 章 研发的国际化 432

第 28 章 知识产权、标准和创新管理 441

第 29 章 并购和创新 457

第 30 章 服务、创新和服务创新管理 473

第 31 章 创新和项目管理 492

第 32 章 平台和创新 509

本书贡献者

帕梅拉·亚当斯(Pamela Adams),瑞士富兰克林学院国际管理教授。

高塔姆·阿胡贾(Gautam Ahuja),美国密歇根大学罗斯商学院工商管理"哈维·弗吕霍夫"教授。

奥利弗·亚力克西(Oliver Alexy),德国慕尼黑理工大学管理学院战略创业教授。

埃尔科·奥蒂奥(Erkko Autio),英国帝国理工学院商学院技术创业教授。

米歇尔·巴顿(Michelle Barton),美国波士顿大学管理学院组织行为助理教授。

法兰斯·伯克霍特(Frans Berkhout),荷兰阿姆斯特丹自由大学创新与可持续发展教授,阿姆斯特丹全球变化研究所主任。

迈克尔·库苏玛诺(Michael A. Cusumano),美国麻省理工学院斯隆管理学院斯隆管理评论特聘管理教授。

莱纳斯·达兰德(Linus Dahlander),德国欧洲管理技术学院副教授。

安德鲁·戴维斯(Andrew Davies),英国伦敦大学学院巴特利特建筑环境学院、项目管理教授。

克劳迪奥·戴乐拉(Claudio Dell'Era)意大利米兰理工大学管理学院经济与工业工程系助理教授。

马克·道奇森(Mark Dodgson),澳大利亚昆士兰大学商学院技术与创新管理中心教授、主任。

格雷厄姆·多弗(Graham Dover),加拿大思维基金会。

尼古拉·福斯(Nicolai J. Foss),丹麦哥本哈根商学院战略管理与全球化系教授,挪威经济学院战略管理系和创新服务中心教授。

尼克·弗兰克(Nik Franke),奥地利维也纳经济管理大学创业与创新系教授、创始人。

萨沙·弗里塞克(Sascha Friesike),德国柏林洪堡大学"亚历山大·冯·洪堡"互联网与社会研究所研究员。

藤本隆宏(Takahiro Fujimoto),日本东京大学经济学院教授。

布莱恩·加拉格尔(Bryan Gallagher),加拿大西蒙弗雷泽大学比迪商学院研究员。

阿方索·甘巴尔代拉(Alfonso Gambardella),意大利博科尼大学企业管理教授。

大卫·甘恩(David M. Gann),英国帝国理工学院发展与创新副校长、帝国理工学院商学院教授。

奥利弗·加斯曼(Oliver Gassmann),瑞士圣加伦大学技术管理研究所教授、主任。

安娜贝拉·加威尔(Annabelle Gawer),英国帝国理工学院商学院战略与创新助理教授。

保拉·吉里(Paola Giuri)，意大利博洛尼亚大学管理学系副教授。

安德鲁·哈格顿(Andrew Hargadon)，美国加州大学戴维斯分校创业研究"查尔斯·索德奎斯"主席，管理研究生院技术管理系教授。

拉尔斯·哈肯逊(Lars Hakanson)，丹麦哥本哈根商学院国际经济与管理系国际商务教授。

艾伦·休斯(Alan Hughes)，英国剑桥大学企业研究"玛格丽特·撒切尔"教授、商业研究中心主任，英国创新研究中心主任。

蒂姆·凯斯特尔(Tim Kastelle)，澳大利亚昆士兰大学商学院高级讲师。

杰里·金姆(Jerry Kim)，美国哥伦比亚商学院助理教授。

克尔德·劳尔森(Keld Laursen)，丹麦哥本哈根商学院组织经济与创新系教授，服务创新中心教授，挪威商学院战略与管理系教授。

托马斯·劳伦斯(Thomas B. Lawrence)，加拿大西蒙弗雷泽大学企业管理学院变革管理"韦尔豪泽"教授。

艾雅·莱波宁(Aija Leiponen)，美国康奈尔大学"查尔斯·戴森"应用经济与管理学院副教授，伦敦帝国理工商学院副教授。

多萝西·伦纳德(Dorothy Leonard)，美国哈佛商学院"威廉·阿伯纳西"工商管理荣誉教授。

弗朗哥·马雷尔巴(Franco Malerba)，意大利博科尼大学应用经济系教授，知识、全球化与技术研究中心主任。

洛伦佐·马萨(Lorenzo Massa)，意大利博洛尼亚大学研究员，维也纳经济与管理大学研究员。

丽塔·甘瑟·马格拉斯(Rita Gunther McGrath)，美国哥伦比亚商学院副教授。

莫琳·麦凯尔维(Maureen McKelvey)，瑞典哥德堡大学创新与创业研究院教授。

艾琳娜·诺维利(Elena Novelli)，英国伦敦城市大学卡斯商学院管理学讲师。

律子尾崎(Ritsuko Ozaki)，英国帝国理工学院商学院高级研究员。

尼尔森·菲利普斯(Nelson Phillips)，英国帝国理工学院商学院战略与组织行为教授。

贾蒂普·普拉胡(Jaideep Prabhu)，印度商业和企业管理"贾瓦哈拉尔·尼赫鲁"教授，英国剑桥大学贾吉商学院印度和全球商务中心主任。

阿蒙·索尔特(Ammon Salter)，英国帝国理工学院商学院技术与创新管理教授。

约翰·斯蒂恩(John Steen)，澳大利亚昆士兰大学商学院副教授。

布鲁斯·特瑟(Bruce S. Tether)，英国曼彻斯特商学院创新管理与战略教授。

卢埃林·托马斯(Llewellyn D. W. Thomas)，英国帝国理工学院商学院讲师。

萨尔瓦托·托里西(Salvatore Torrisi)，意大利博洛尼亚大学战略管理教授。

克里斯托弗·图奇(Christopher L. Tucci)，瑞士洛桑联邦理工学院技术管理教授。

罗伯托·韦尔甘蒂(Roberto Verganti)，意大利米兰理工大学创新管理教授。

马克西米兰·冯·泽特维兹(Maximilian von Zedtwitz)，瑞士圣加伦大学和中国同济大学全球研发管理研究中心教授、主任。

张越(Marina Yue Zhang)，中国清华大学经济管理学院副教授。

第一部分

引 言

第1章

创新管理展望

马克·道奇森(Mark Dodgson)

大卫·甘恩(David M. Gann)

尼尔森·菲利普斯(Nelson Phillips)

引 言

创新是组织生存与繁荣的重要手段之一,因此管理创新是十分必要的。但在管理创新之前,首先要理解创新。这本手册整合了众多支持创新的管理流程和框架,关注点涵盖创新的本质、创新动力,以及影响创新选择的情境因素,包括历史、社会、经济、文化、法律和技术等。这些因素塑造了决策者通过创新推动组织获益的战略和实践。这些战略和实践包括追求何种创新,如何发展和引进创新,以及如何从追求创新的征途中收获价值等。

创新管理是一个重要的研究领域,因为组织从创新中获益的能力取决于对创新有效管理的程度。创新的主要贡献在于经济绩效、企业竞争力、环境可持续性、就业水平、性质,以及生命的整体质量。创新可以产生十分广泛的社会效益与经济效益,但对于组织而言,更好地管理创新的风险性和复杂性往往意味着获得更大的回报。

创新能否对经济效益和社会福利做出巨大贡献,取决于创新的管理者能否成功克服重重挑战。在大部分的组织中,创新的风险、成本和时间表常常与组织的财务目标、日常运营工作和管理激励相冲突。创新的最大回报甚至有可能不归属创新者自身,而是被模仿者和复制者攫取。创新能够重塑现有的市场、技术和工作场所。它需要跨专业和跨组织边界的通力合作,以及较高的容错能力,而众多组织往往因难以协调执行而无法企及。在许多情况下,创新涉及管理那些甚至超出最大贡献者控制范围的活动和事件。但即使存在这些挑战,创新仍然是所有组织活动中最振奋人心和回报最多的一项。

创新管理的研究,是基于对创新活动的来源、本质及结果的理解,也是对孕育创新的经济背景、技术背景和社会背景的探究。《牛津创新手册》(Fagerberg et al.,2005)一书已经细致地描绘了针对创新这个宽泛话题长期以来的研究图景,而创新管理则是一个更加明确的新兴研究领域。因此,该手册在严谨地纳入创新基本知识的基础上,将重心放在了如何管理创新以及影响创新管理的特定情境等问题上,即关注组织中的创新及其影响因素,例如创新的来源、战略及实践等。同时，该手册也会强调近年来新兴企业的战略实践给创新带来的巨大变化，例如商业模式、产品设计、创新生态系统和全新的数字技术带来的机遇。最近，我们经历了对创新理解的范式转变，创新的范畴正在明显地扩大，而本手册也将捕捉并探究这些变化。

创新管理是一个发展中的研究领域，本章提供了大量关于创新管理的观点，包括解释理论、存在的挑战，以及在创新过程中的应用情况等。本章也简要介绍了知名学者对创新管理涉及的各方面问题所作出的贡献。

开始创新管理的探索之旅之前，总结创新的一些普遍特征很有帮助。在阿蒙·索尔特（Ammon Salter）和奥利弗·亚力克西（Oliver Alexy）撰写的下一章中，他们用一些典型事实来描绘关于创新的当代思考，这为本书后续对创新管理的讨论奠定了基础。下一章阐述了创新如何创造高增长、创新的不同形式、创新的普适性，以及创新对关系和新组合的依赖。此外，还讨论了创新的形式、速度、地理分布和路径。本章以及索尔特和亚力克西撰写的下一章节，将会为本书余下的内容提供有益的研究情境。

创新管理研究中的三大挑战

1. 创新管理范围的定义

"创新"一词被广泛但混乱地应用到了社会各界，因此许多无关的活动也被囊括到了"创新管理"的名义之下。如果创新管理的定义既涵盖科学前沿的突破和新商业模式的变革，又包括为产品选择新的色彩以及不同的报告形式，那么它的范围将太过宽广从而导致难以进行连贯而有意义的研究。

本章依然沿用目前被普遍接受的对"创新"的定义，即"对新想法的成功应用"，但我们也认为，出于分析和应用的目的，对"创新管理"的定义应该更加细致精确。清晰地界定创新的方向、层次和类型，是强化理解至关重要的一步。

创新既是结果也是过程，既是事实也是行动。创新的结果，来自对新想法的成功应用，这一成功应用，是大量不同资源的有机组合。创新在为消费者提供更加物美价廉的产品和服务、为参与者带来个人成就感的过程中，还可以达到给企业及其员工、消费者、客户和合作伙伴带来有益结果的目的，这些结果包括成长性、盈利性、可持续性和就业保障等。为了达成这些目标，需要通过组织协调各种资源和能力，来创造、传递并捕捉创新的结果。这些资源包括人力、知识、资本、技术、实体空间和关系网络等，而能力则是指一系列的管理技巧。

过去许多管理学研究者非常关注创新的结果，如今，创新的结果已经有了新的表现，最先是改进了产品的创新，接着是运营过程的创新，而服务的创新相对落后。即使这三个因素的界限已经越来越模糊，它们依然非常重要（例如智能手机就是三个因素创新的体现）。此外，在新兴市场、组织形式以及商业模式中产生价值的方法构建等层面，也能发现创新的身影。创新管理涉及了所有类型的创新。

创新往往会被新的市场和技术机会所驱动,但创新可以从多种潜在的来源中涌现,并且能产生多重影响。刺激创新的因素可能是新的政策或技术标准、迫使企业寻找新方案的竞争、新的融资前景、新的合作伙伴、小型创业公司以及企业内部员工产生的新创意,等等。这些因素交织在一起,共同导致了创新过程的复杂性与关联性。

创新的内涵远比推动它的机制本身更广,这些机制包括发明能力、创造力,以及对现有想法和技术富有想象力的重组,也包括推动创新实施的过程,还包括促使它实现的过程,例如变革管理。创新力有助于想法的产生,而发明则涉及如何把想法付诸实践。熊彼特的经典观点是将创新视为资源的重组和重塑,该观点强调用新的方法融合现有想法的重要性。创新管理要求掌握全面的知识,包括如何成功地将想法付诸实践。对新创意的应用可能会涉及学习、培训、变革管理等,这些会促使人和组织过渡到事先设定并规划好的路径上,但它们也存在试验性、风险性和不确定性等特征。正如在第20章"创新、战略与超竞争理论"中马格拉斯(McGrath)和金姆(Kim)指出的,变革管理在创新型组织中发挥的作用越来越小,因为创新型组织会自然而然地、持续地调整和更新自身能力。

创新的风险和不确定性的程度取决于创新的追求和范围。渐进式创新(incremental innovations)发生在现有的市场、技术和方法基础上的改进,而突破式创新(radical innovations)则是对现有市场、技术、方法的突破,这些突破与组织现有资源的能力存在巨大的差异。介于这两种创新水平之间的,是在现有活动基础上,将创新扩展并分散到新领域的实质性创新。渐进式创新是革新现有产品和生产过程的创新,是创新最普遍的形式。突破式创新虽然少见,却能发挥至关重要的作用。本书中,有独立章节介绍渐进式创新和突破式创新的管理方法,但多数章节的关注点仍介于两者之间,即需要现有的资源和能力显著改变的实质性创新。这种实质性创新反映出创新管理的关注点不在于日常的改进,也不在于高度风险的项目,而在于面临新挑战时如何控制风险和收益。

2. 不断改变的创新管理本质

时间是理解和管理创新一个不可或缺的因素。创新的成本是即时的,但回报是长远的,然而这种长远收益所创造的价值在当前投资条件下可能毫无意义。维多利亚时期修建的伦敦地铁和地下水道工程,在150年后才创造出亿万英镑的价值。变化随时间的推移不断产生:今天的渐进式创新可能是以过去的突破式创新为基础的,并且这样的转变可以快速发生。研究创新管理的一大难题就是:各类创新都可能以惊人的速度发生,实质性的新商业模式和技术可能在极短的时间内出现,故学者们在研究最前沿的创新时,可能会发现他们的研究成果在发表前已经过时。此外,创新过程本身也是随时变化的,因为新的组织方式和技术的应用会加速信息和创意的处理过程,例如互联网和社交媒体的出现改变了创新的过程。创新管理的研究也随着创新过程的变化而不断演进。

创新经济学的先驱约瑟夫·熊彼特(Joseph Schumpeter)在20世纪初开始研究创新,其研究重点主要在个体企业家的行为上。他经历了20世纪20—30年代正式组建研发中心的高速发展期,并从20世纪40年代开始研究企业在创新经济学中的角色。从历史的角度可以看到,研究和分析具有变革性的影响。亚当·斯密(Adam Smith)研究了劳动分工,即重复劳动所带来的专业化分工的优势,他的发现随即被马修·博尔顿(Matthew Boulton)和约西亚·韦奇伍德(Josiah Wedgwood)等工业革命先锋迅速运用到实际生产中。

这类研究结果可以在汽车工业的发展史找到印证。以亨利·福特(Henry Ford)为代表的汽车规模制造技术的发展,推动了弗雷德里克·温斯洛·泰勒(Frederick W. Taylor)和弗兰克·吉尔布雷斯(Frank B. Gilbreth)的研究,他们运用"时间—动作"的研究方法,研究了如何进一步促进专业化以提高生产力。与此种常常导致"工人去技能化"的方法相反,"提高职业生涯质量"运动在20世纪70年代兴起,与瑞典沃尔沃公司的"多任务化"尝试相得益彰。80年代,对日本汽车制造体系和丰田制造体系(或称"精益生产")的研究,激发了全球范围的效仿和复制,例如零件即时交付、质量管理技术等。创新和创新管理的研究始终共同演进,而且对它们的研究必需采用动态的、互相关联的方法。

尽管创新管理在过去的实践中已经积累诸多宝贵经验,但创新的结果和过程是不断进化的,因此理解当下的做法非常重要。创新管理的研究,不仅面临着商业与技术进步过程中的不确定性,同时也经历着管理理论的变迁,因此这个研究领域相当脆弱。而组织问题的复杂性通常与人们寻找简单或万全的解决方案的热情成反比。创新管理经历了过多支持性工具与技术的出现,它们大部分来源于对少数组织实践的学术研究,而后被一般化为咨询建议的一部分。其中一些工具还保留着价值,这些在本书的后续章节会详细介绍,但它们中的大部分已被过多滥用或者已经过时。创新研究的挑战在于,在锁定并保留已被使用和验证的理论中有价值的部分的同时,保持对新兴领域的兴趣与充分的审慎之心。

3. 学科融合、分析层次和研究方法

创新管理的研究需要融合各种不同的学科,正如本书是由各种不同学科背景的作者共同完成的一样,本书的作者包括了科学家、工程师、经济学家、历史学家、地理学家、心理学家、社会学家和管理组织学的学生。如此多元化是不可避免的,因为创新管理的关注点涉及范围十分广泛。对创新管理研究的主要挑战,尤其对于本书而言,是在现有的不同研究方向中建立起协同关系。

连接管理实践与情境有重大价值。虽然创新管理是十分特殊的,它可以反映一个独立组织在市场、技术、资源和能力上的差异,但创新管理也受其产生时所处的更广泛的情境影响。哈格顿(Hargadon)将在第9章中描述创新的起源和作用所受到的机构、组织团体和个人间相互关系的影响。此外,也有其他研究阐述组织在行业或产品生命周期中所处的位置如何影响创新(Abernathy and Utterback,1975)。组织是不是特定技术轨道的一部分(Dosi,1982),或组织的境况如何取决于某种特定资产的累积,这些问题都有着重要的影响力。创新所收获的回报,取决于该组织依赖其他组织提供互补性资产(从一项创新中获取价值所需的相关资源)的程度,以及占有回报的方法[被Teece(1986)称为"独占性机制"]。

同样地,创新也会发生在机构的不同组合或系统中,这些不同组合连接的特质也会影响创新的产生。全国性的创新系统包括了研究机构、教育机构、金融机构和法律机构,以及

这些机构不同贡献者之间的关系,这些关系包括消费者和供给者的关系,以及地理或行业集群的关系。全国性的法规也在创新的产生中发挥着重要影响,其历史同样重要。正如藤本隆宏(Takahiro Fujimoto)在第17章中阐述的日本创新管理,这些创新实践很大程度上归因于"二战"后遗留的劳动力短缺问题。

许多创新管理的研究强调特定行业或技术的重要性。20世纪80年代,大量研究都集中在汽车行业,并且对同为高科技,如高级工程、信息与通信技术业(ICT)、生物科技等的研究热度持续不退。其他的一些传统研究一定程度上平衡了这种趋势,但创新程度不一定低于上述行业,如建筑业,但目前仍然缺少关于服务业,如银行业和保险业的优秀创新管理的研究。马雷尔巴(Malerba)和亚当斯(Adams)在第10章中讨论了行业差异对创新管理的重要影响。例如,信息与通信技术行业的创新体系与纺织业的创新体系在许多方面都有不同之处。马雷尔巴和亚当斯用医药行业、机床行业和服务业作为例子,提供了一个将知识、创新来源与行为主体、机构结合起来的框架,来解释创新活动在行业中,以及跨越行业边界时的动态变化。这个框架对创新管理者的工具箱是一个有益的补充,可以帮助他们分析其组织创新发生的情境。

特瑟(Tether)在第30章中,介绍了对服务业的进一步研究,并强调了服务业的特殊性质,包括无形性和短暂性。他还阐述了服务业创新与制造业创新的不同,前者的特征在于消费者和服务提供者的交互更加频繁,而对特定技术部门研发的依赖较小,且在众多的参与者中分布更广泛。同时,特瑟认为许多服务创新都涉及商业模式的创新,并从服务设计角度提供了一个针对不同阶段及与之相关的分析框架。

创新管理的战略和实践在不同行业和技术之间的可转换程度,对于研究者而言仍然是一个需要密切关注的问题。

怎样将私有的盈利性创新转化为社会化创新? 在第16章中,劳伦斯(Lawrence)、多弗(Dover)和加拉格尔(Gallagher)认为管理社会化创新的热情在增长,但相关研究并没有增加。他们回顾了现有文献中体现社会化创新的四个主题:以社会问题为起点、专注新颖的解决方法、改变潜在的组织模式、获得创新者之外的收益,最终认为后续研究应该聚焦于分辨社会问题的产生及其历史和社会背景,以及如何将政治和道德的影响加入这些研究中。

大部分创新管理的研究集中在美国、欧洲和日本的公司,这个现象需要被改变(Dodgson et al.,2008)。第18章中,张越(Marina Yue Zhang)提出中国的创新能力有了显著的提升。中国创新管理的模型受到政府政策和中国文化的强烈影响,但通过向跨国公司学习与自身实践的培养,中国的创新方法为创新管理的研究提供了一个新的重要方向。张越在这一章节中提到了一个有趣的洞见,即西方效率导向型商业模式与中国效用导向型商业模式的区别。

创新的决策不可避免地涉及融资问题。无论是风险投资的水平、质量,还是公司在市场上筹集资本的能力,抑或是留存收益的投资,融资能力都是创新的基础。第13章中,休斯(Hughes)把创新的资金问题放在国家治理的资本市场和金融体系这一广阔背景下来讨论,结果表明,公共和私人研发资金的平衡有着相当大的差异。同时,在考虑了2008—2009年金融危机对创新融资影响的基础上,他还分析了各种资本主义和创新系统,来确定融资的趋势。

案例研究对创新管理也有很大的贡献,已有的文献对大型跨国企业进行了丰富的案例研究,例如杜邦(Hounshell and Smith, 1988)、丰田(Fujimoto, 1999)、微软(Cusumano and Selby, 1995)和康宁(Graham and Shuldiner, 2001)等。其中最优秀的研究阐明了创新对公司核心战略的补充作用,并为管理实践如何有效地应用到创新中提供了案例。此外,针对小企业创新管理的案例研究数量更多,包括它们因资源相对短缺而面临的特殊挑战,以及它们在灵活性和反应能力上的优势等。麦凯尔维(McKelvey)在第4章中通过科学、技术和商业领域的研究,探讨了小企业在将科学转换为创新过程中所发挥的重要性。针对特定创新的研究,从气垫船(Rothwell and Gardiner, 1985)到互联网(Tuomi, 2002),同样提供了有效的管理策略和方法。这些案例研究在当时不一定是有价值的,但饱含伟大的创新者们的思想和洞见,如托马斯·爱迪生(Hargadon and Douglas, 2001)和乔赛亚·韦奇伍德(Dodgson, 2011)等。而关于创新与组织间反作用最有说服力的研究之一,则是莫里森1988年进行的关于19世纪末英美海军持续摩擦的案例研究(Morison, 1988)。此外,案例研究在检验组织内部以及人与人之间不可避免的紧张关系上也大有益处(Webb, 1992)。

经济合作与发展组织(OECD)和欧盟等发起的,关于创新数量、研发投入和专利的调研,从创新管理的角度出发,因其强调了组织产生创新的不同背景而显得意义重大。SAPPHO项目(Rothwell et al., 1974)是关于创新最早最原始的实证研究之一,它揭示了行业间的创新挑战有何不同之处。很多基于专利数据的创新管理研究都存在一个问题,就是申请专利与创新之间不恰当的关联性。专利是在衡量创新因素时被用得最多的变量,诚然在某些行业中专利是一个重要变量,然而在另一些行业中相关性却不大。幸运的是,如今创新管理的研究可以借助社会网络分析(SNA)的力量。正如第6章中凯斯特尔(Kastelle)和斯蒂恩(Steen)的讨论,社会网络分析(SNA)通过描绘个人、群体和组织之间的联系,为创新管理者提供了一个研究创新管理最好工具。这一新的统计工具可以检验大型的创新网络,并且可以验证创新网络结构和动态变化的一系列假设。凯斯特尔和斯蒂恩阐明了这一工具如何显著地改变了创新网络分析理论和技术,并为分析的开展提供了指导。他们还罗列了社会网络分析对创新管理者的若干好处,包括确认组织孤岛、寻找核心和关键行动者、定位孤立者和孤立群体,以及识别瓶颈等。

创新管理研究的挑战,在于检验针对特定组织的历史、架构、战略和环境所进行的丰富而特殊的案例研究所产生的定性结论,以及这些定性结论与可检验、可归纳的定量分析结论的整合。

创新管理的理论

创新管理的研究是由实践驱动的,这是一个应用领域。对创新管理而言,没有统一的理论,正如创新没有统一的理论一样。然而,有很多理论可以解释创新管理作为一个社会经济活动的不同方面,例如,心理学可以解释创新个体的动机,社会学可以解释创新集体和组织之间及内部的权力关系对创新的影响，而政治学则可以阐述机构能够施加的影响。组织理论告诉我们知识的新领域是如何形成并制度化的，实践是如何被反复检验并内化的。我们将创新管理视为一个有目的的、工具性的活动，引导我们向经济和战略管理的相关理论发展。在这个过程中，我们普遍关注的问题是如何通过引进新的想法，有效配置资源和能力以及创造价值。这并非低估其他理论及其解释性启发性，而是反映了注重情境、战略和实践之间联系的三种方法的价值，即进化经济学、动态能力理论和创新管理学。同时，这也彰显了同一领域其他理论的内含价值，例如新古典经济学（Foster and Metcalfe，2004）或产业结构分析[详见马格拉斯（McGrath）和金姆（Kim）撰写的第 20 章]。

确定了三种分析角度——进化经济学、动态能力理论和创新管理学之后，也就能分辨整理出一些组合和联系来帮助理解这些框架，并通过图 1.1 进行清晰展示。

进化经济学	动态能力理论	创新管理学
创造多样性	寻找新的市场机会	创造多种选择
新的公司、技术和商业模式	创造、获取并调动新活动所需的资源，以利用相应机会	寻找创新的机会：内部和外部
	吸收能力理论	
选择并淘汰 投资人、消费者、监管者和合作伙伴所做的决定	创造并捕捉价值 设计商业模式，以获取有价值的结果	选择特定的创新 战略/风险评估及选择
	培养特定的能力、产生利润以保证收益	配置和部署
	组织共同发展的互补行为	资源和能力
	互补性资产理论	
	保护专利，提高客户的转换成本	获取价值 培养与众不同的优势 创造知识产权和标准
传播 筛选后的创新 再投资以创造更大的多样性	适应 与不断变化的商业环境相适应的能力	培养能力 贯穿于创新组合中
学习 通过创造性破坏来取得经济的动态完善	学习 例行的组织内部学习	学习 评估收益和绩效

图 1.1 三种分析视角

演化经济学关心经济发展的动态演进过程，以及创业、技术变化、企业重组等转型过程的影响（Nelson and Winter，1982；Forster and Metcalfe，2004）。历史上的转型变革见证了大量的经济和技术转移，以及组织结构、行业惯例、技术模式等方面的深层变化（Freeman and Soete，1997）。在进化经济学中资本主义的贡献在于，在动荡和不确定性的情况下持续地创造多样性，市场和其他机制从这些多样性中做出选择，对其中最成功的选择进行传播和二次创新，为投资新的多样性创造资源。值得注意的是，这个过程中失败占据了主导地位。

在不断创新的同时,公司和技术都在创造性破坏(熊彼特)的过程中一次又一次地经历失败。

动态能力理论关注组织整合资源以适应环境变化和不确定性的能力(Teece,2009)。各种动态能力都曾被研究过,包括寻求、选择新创意,而后进行创造并且从中获取价值的能力。这些能力的一个重要层面是面对商业机会变化时的适应性。这里需要关注的因素包括:对共同进化的机构(如合作伙伴)有机结合的重要性的认知,以及从知识产权和高昂的用户转化成本中获取价值的策略。

创新管理学的视角则更具有应用性,但也利用了不少分析框架,例如互补性资产理论(Teece,1986)和吸收能力理论(Cohen and Levinthal,1990)等,也借鉴了战略能力理论。以医药业为例,在产品进入市场之前,企业需要获取生产技术、监管审批过程的资讯、分销网络等互补性资产。吸收能力对组织而言,就如无线电通信需要接收器和发送器一般。知识只在接收方有足够容量时才能流动,而研发投入则扩充了企业接收外部知识的容量。值得注意的是,与前两种更关注结果和绩效的理论相反,创新管理学还分析了组织内部配置、部署资源和能力的过程。

上述三种视角都是随着情境的变化和消亡而动态变化的,它们都涉及对多样性选择的追求与创造,多样性选择所传递和获取的价值,在创造资源的同时能够实现循环投资学习的成功选择的传播。不论是在经济层面,还是在企业拥有的能力和路径中,抑或是改进创新管理中,这些理论都认为学习是一个核心过程和结果。它们支持并扩充了对创新管理的定义,在降低多样化、提高可预测性等方面持续性改进的同时,也包含了涉及风险和试验的分析方法。

创新管理的实践

组织通过创造支持性的结构、做法和流程来管理创新,而非听之任之、顺其自然。虽然命名方法各异,但组织都设立了"首席创新官""创新经理"等角色,并建立了诸如"创新委员会"等顾问团。这些组织也有创新战略和规划,并为创新者提供激励和奖励。内部的风险投资基金鼓励创业,官方政策保护知识产权,并规定项目管理流程用以指导决策。资源分配流程将监督创新预算与不同的时间段相匹配,研发部门也会为业务部门和业务选择的未来提供支持。

本书验证了以上这些管理架构和管理实践,它们有助于解释创新组织成功的原因,但这些成功仅发生在创新与组织运作的情境相匹配的情况下。成功的创新者进一步在管理中平衡需求,即在现有的业务中创造价值的同时生成资源,这些资源能够为开发新方法以实现再次创造、传递、获取价值提供机会。

接下来,我们将讨论创新管理领域中五个相关的、反复出现的挑战,即应对颠覆性,平衡投资组合,组织、技术和商业的整合,在无形资产和活动中建立优势,以及鼓励创造力和趣味性。它们代表了不同顺序的挑战,这些挑战涉及更普遍的和日常的预算管理、项目管理和人员管理,并对从创新中获取更多长期的可持续的优势至关重要。

创新管理的周期性挑战

颠覆性创新管理

许多因素都可导致颠覆,但不幸的是,这个世界对极端事件并不免疫,政治、经济、环境、地理、生物等各个领域的变化都会给组织带来新的动荡和挑战。创新是导致组织被颠覆的根源,因为竞争者在千方百计地做得更好、更快、更经济。竞争者可以从全球范围内不断地获益于新的思想、新的生产能力、未受管制的市场,以及廉价的无处不在的数字技术。本质上,随着经济系统变得更加错综复杂、瞬息万变,企业面临的被颠覆的可能性也随之上升。在这个意义上,颠覆并非意料之外,甚至有时是不可避免的,但它的难以预测意味着组织可能无法提前作出应对计划、做好应对准备,也不能轻易地调整其资源能力来处理被颠覆的困境。

颠覆发生在商业模式和成本结构中,如互联网服务对电信公司的影响、网上购物对百货商场产生的影响等。市场上的任何风云变幻都可能是颠覆性的,例如竞争者提供更优越的产品,或者自有产品失去了对消费者的吸引力,这样的例子包括智能手机对个人数字助理的取代,或者香烟在欧洲市场的式微。此外,政策的改变也可能是颠覆性的,例如对汽车业的环保控制,以及限制银行同时提供零售服务和投资服务的能力。尤其当出现新的平台时,技术变革将成为颠覆的主要来源,例如硬盘设备取代了CD,或作为一种发现新药物的方法出现的基因工程。而最大的挑战往往出现在多种颠覆结合的时候,例如传统报纸行业遭遇了电子信息来源的冲击。颠覆的后果有时非常惨痛,因为过去价值连城的技术可能在一夜间分文不值,从而导致人们下岗失业。

平衡投资组合

大多数组织对创新的投资只能带来微小的改进,典型的情况是,这些持续的渐进主要应用于日常运营,并以相对低的风险来提升绩效水平,这些只专注于对当前工作稍加改进的组织,常常会面临新加入的创新者的挑战。因此一部分创新的投资组合和项目应该帮助企业实现多元化,并在现有能力的基础上发展新的业务,但这需要承担风险。在一个变化的世界中,应通过多种选择为企业创造价值,企业的投资组合中投机的、一味追求高风险高收益部分的比例越少越好。企业应该有多种选择、平衡投资收益,以开创激进的、突破性的、不会过时的技术,并对之做出迅速响应。这样做虽然有风险,但比起对未来的变化缺乏预期,风险小得多。这些更冒险的投资不仅会碰撞出新的知识,也能建立起与世界上其他创新领导者更深的联系。一些具有科技背景的高度创新型公司,都采用这种激进且未知的投资组合,以寻求可变现的技术突破。图1.2展示了一个创新组合模型。

通常创新管理的挑战是平衡图中45°轴两侧的投资组合。当大部分组织和管理者的注意力不可避免地集中在提升组织核心力以及创收等目标的左下角区域时,却选择投资图中右上角区域,此时组织将面临持续性挑战。此外,还有各式各样创新管理的挑战和机遇,例如对一些企业来说,当现有能力可以提供独特的竞争优势时,会优先考虑把投资更加集中在此。

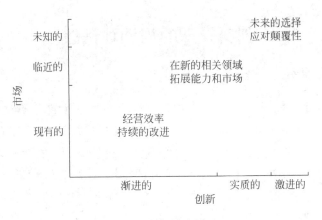

图 1.2　创新组合模型

整合创新过程

在实践中,创新的想法有多种来源,且常常产生于不同视角下的可能性与机遇的互相融合和碰撞。只有组织、技术、商业方面都有高度融合,才可能保持并专注于这种多样性。

因为创新可能来源于多个贡献者,因此有效创新过程的先决条件是:组织内部、组织之间的融合,以及不同专业、职业和技能之间的融合。许多创新是在技术体系或建构中发生的,这些学科要求整合不同的模块化组件。因此,创新还需要连接不同年代的技术,并将物理和数字技术相结合,例如增强现实技术,即用计算机合成的声音、图像和感知来补充对真实世界的观察。统一多种技术输入的能力,对技术整合至关重要,同时也存在支持性技术和辅助设计工具。这种搭建一个通用的数字化平台用以整合计算机辅助的设计和生产过程的技术,已经存在了数十年,新技术也在帮助完成创新过程中各个方面的整合。这些过程的实现需要具备分析"大数据"的管理工具,包括由科学实验产生的海量数据,由存在于射频识别技术和智能手机等设备中的无处不在的传感器形成的"物联网",以及社交网络技术等。在第19章中,道奇森和甘恩讨论了这些"创新技术"也依赖于仿真建模技术、虚拟化和可视化技术(用以提高整个复杂系统的开发和测试效率)的管理。

只有在价格、性能和效用上为消费者和客户提供了价值,才能保证创新符合他们的要求。商业化整合利用了组织所能获取的各种市场渠道,而供应链整合确保了供应的安全性,以及要素和标准的互补性。

哈格顿(Hargadon)在有关代理和创新的章节中主张,创新发生在采用新方法对过去的知识和实践进行重组和整合的过程中,发生在个体实践和组织战略与社会框架融合的过程中。利用过去和当前的案例,哈格顿认同代理在解释创新的产生和成功中扮演的核心作用,也提出了关键的管理问题,例如创新的持续性成功、多样性的优点和挑战。

藤本隆宏(Fujimoto)在介绍日本管理创新的章节中,结合了贸易理论的观点、设计理论的建筑思维和能力构建理论的演化框架。他认为,因为诸多历史原因,日本在协作能力上积累了雄厚的实力,例如多技能工程师的团队合作,尤其应用在汽车等协作密集型产品的生产上,这些整合能力为制造高价值、高度工程化的产品提供了强大的优势。但藤本隆宏也发现了这一方法在模块化、数字化和相对廉价产品类别上的缺点。他为日本管理创新提出了一系列的未来战略选择。

无形资产管理

发达经济体对知识、产权等无形资产的投资,超过了对工厂、设备等有形资产的投资(Haskel and Wallis,2013)。无形资产被定义为无法被看到和碰触的资产,对它们的管理有别于对有形资产的管理。

广义上,一个公司创新的名声、思想体系和文化都可定义为无形资产,其他无形资产包括设计、商业模式等。当我们认为一个组织创造并传递服务的过程(在发达国家经济中占据了70%以上的国内生产总值)是在创造和传递着无形资产时,那么管理无形资产的重要性就不言而喻了。韦尔甘蒂和戴乐拉(Verganti and Dell'Era)的第8章、马萨和图奇(Massa and Tucci)的第21章,以及特瑟的第30章中都论述了这一点,服务业也在第10章中被马雷尔巴和亚当斯(Malerba and Adams)反复强调。

无形资产发展的过程无法像工业产品一样可以通过改良的原型被观察到,所以管理无形资产时面临的最大问题之一,就是如何衡量它们的价值。服务只有在市场上被使用时,创新才会发生,即创新始于消费的那一刻,而非发明的那一刻,因此很难通过投入进行精确的衡量。研发投入容易清算,了解消费者对新服务的忠诚度却不那么容易。故基于以上这些原因,项目管理和营销技术在产业创新上应用有限,这也解释了为什么一些软件公司经常发布其服务的测试版以供用户改进和测试。

鼓励创造力和游戏

创造力被普遍视作想法、见解的源泉,而创新则是创造力的成功应用。大量关于创造力的管理学文献倾向于关注个体或团队的作用,重视激发出他们最优表现的方法。个体和团队都是重要的贡献者,但创造力和创新的联系同样十分重要,这种联系是一个公司战略发展的核心。因此,创造力需要在使其造就为创新的特定战略和实践框架内被考虑。伦纳德和巴顿(Leonard and Barton)在第7章中阐述了创造力和创新与知识之间存在矛盾的关系。无论在个人、集体或者组织层面上,知识既可以刺激创新的想法,又可能阻止其修成正果,伦纳德和巴顿用核心刚性(core rigidities)和深度智慧(deep smarts)等概念提出,反向利用知识的缺点能够激发创造力,并为人们和组织提供灵感。

连接创造力与创新的方法之一是"游戏"(或玩)的概念(Dodgson et al.,2005),在工作中趣味性对个体和组织的表现影响显著。它贯穿于人们探索、寻找样板、模仿、塑造原型、预演以及完善新思想的各种活动中,并经常与其他不同的技能相结合,对工作规则相对宽松的环境造成刺激。组织在长期发展中不可避免地形成规则和官僚主义,这成为创新的阻碍。从这个意义上讲,游戏是针对这些规则和官僚主义的解药(Dodgson et al.,2013)。

爵士乐的即兴创作是一个在组织管理文献中常用的比喻,用以反映对游戏本质的肯定(Meyer et al.,1998)。爵士乐成为用于理解个体间关系平衡的习语,因为二者都是在公认的风格和结构边界内对未知进行探索。它体现了被视为自发性尝试的有效即兴创作,实际上反映了演奏者的专业度和经验的丰富度。

　　游戏的概念也带来了创新的高失败率,野心勃勃的想法不断面临失败,只有很小一部分正被探索的创新会在市场上占有一席之地。对许多企业中的人而言,尤其是那些负责控制成本的人和那些薪酬福利取决于短期表现的人,投资创新往往是失败的。虽然这些失败无法避免,但提供了有价值的学习经验。

创新过程的不同类型

　　克服创新的多重挑战,需要不同商业和组织过程中各种资源的组合。为进行系统的分析,本文设定了六个用来协调资源以创造、传递和获取创新的过程,每个过程都要求不同的潜在管理能力。现有的创新型组织基本上都运用了上述全部过程或部分过程的组合。

　　第 1 类过程:研究和技术导向型。这类过程支持运用科学、研究和技术作为组织创新的催化剂,所需关键的管理能力是选择、执行和应用研发和技术项目的能力。本书的若干章节都提到了这一类的创新过程。

　　麦凯尔维在第 4 章关于科学、技术和商业创新的章节中,探讨了不同类型的知识、公共融资的作用,包括大学与企业之间的互动,以及创业企业中科学的发展和学术剥离。她讨论了针对科学的公共投资的动机,以及以科学为主的工业和其他依赖科学研究行业的特殊需求。同时,麦凯尔维也批判了"技术转化"模型在描述大学与企业之间互动过程中的局限性,提出了一个更为广泛的"约定"模型。在她定义的创新管理的关键挑战之中,一大挑战是在研究开始前,科学发展的方式是未知的,并且当企业希望投资于知识的创造与运用时,这些知识的价值也是不确定的。

　　冯·泽特维兹(von Zedtwitz)、弗里塞克(Friesike)和加斯曼(Gassmann)在第 26 章中关于管理研发和新产品开发的部分,解释了这些活动所作的贡献,并描述了它们的核心要素。这些活动包括了产品开发漏斗,研发组合管理和研发的组织架构。这一章讨论了一些概念,包括"模糊前端"等,这些概念提供了一些有价值的创新管理分析和实践工具。

　　研究和开发是一个日益全球化的活动,哈肯逊(Hakanson)在所完成的第 27 章中,描绘了研发活动在跨国公司中的全球化趋势。哈肯逊探讨的是在海外进行研发活动的动机,以及由此产生的管理问题。企业将他们的研发活动全球化的原因各有不同,包括使产品适应当地市场需求,以及与基础科学全球中心建立联系。这一章节讨论了跨国公司在系统、流程和实践中采用的不同目标的管理学含义。

　　研发和新产品开发的结果可以注入企业的商品、流程和服务中,同时也可以在市场上交易以换取技术。甘巴尔代拉(Gambardella)、吉里(Giuri)和托里西(Torrisi)所写的第 12 章,描述了技术市场的规模和特点,组织采用许可、交叉许可和交易专利等方式,从第三方那里获取或外包技术。这一章检验了企业为了技术而进入市场的动机,包括大企业和小企业动机的不同之处,并考虑了技术贸易的壁垒。甘巴尔代拉、吉里和托里西认为,技术市场是一个在规模和范围上都越来越重要的战略考量,因此对创新管理而言是一个不可忽视的重要问题。

　　知识产权的战略重要性是莱波宁(Leiponen)在第 28 章讨论的一个主题。她验证了一些合法的竞争性战略，可以控制知识产权和技术标准并从中获利，这些技术标准对许多产品和服务系统的互用性至关重要。莱波宁特别针对信息通信技术行业，提出可应对弱化的独占体制的商业模式的需求。同时基于谈判和诉讼可以决定创新的成败，她也强调了创新战略中涵盖知识产权的重要性。

第 2 类过程：面向市场型。这一类过程开始于理解市场需求的本质，而后根据市场中的机会整合资源。关键的管理能力有收集、分析并回应市场、用户和消费者信息的能力，以及决定何时创造和引领超前于需求的市场的能力。

在第 3 章关于营销和创新的章节中，普拉胡（Prabhu）检验了市场营销作为创新的来源和场所如何影响了创新，针对营销本身的创新，普拉胡验证了营销为创新者回答的何人、何事、如何做等问题。在营销作为创新的源头上，他解释了一个企业对市场的定位如何影响它的创新方式，以及营销在创新成功所需要的跨职能协作上如何发挥重要作用。

一个长久以来被认同的观点是，在创新发展的过程中，与用户的交互会促进创新。弗兰克（Franke）在第 5 章中谈到了用户创新，他认为由于互联网能够更快捷更低成本地为创新提供相关信息，用户创新这一实践将有更强劲的发展势头。弗兰克解释了为什么用户需要创新、这种创新是如何组织的，以及用户将创新与更多用户分享的动机。他还提出了公司可以从用户创新中获益的三种方法，分别是识别领先用户的方法、自主设计的工具箱、为特定问题寻找众包解决方案。

律子尾崎（Ozaki）和道奇森（Dodgson）在第 14 章中提出，创新管理者需要更深的挖掘，不是简单地理解为什么用户会为创新埋单，因为创新的功能性、效用、价格等，而是还要考虑这些创新是如何被消费的。他们认为，这要求理解用户潜在的价值观，以及其他更加感性的、与社会情境相关的因素。采用过去的例子，以及一些现代的案例，如混合驱动汽车和绿色电力交通等，律子尾崎和道奇森还讨论了消费创新的决策所具有的复杂性，以及鉴别这些复杂性将如何改善创新管理的水平。

第 3 类过程：内部耦合型。为了利用市场和（或）技术机会，一个组织需要内部所有贡献者的有效沟通和联系，以协助创新性结果的实现，这一类过程中最重要的管理能力是沟通能力、项目反馈和迭代的能力。此外，将彼此在某方面精通的专业知识互相结合的能力也非常宝贵，组织在其活动的不同部分高效合作的能力也不可或缺。除了研发、市场营销、销售等职能外，其他有贡献的领域还包括：知识产权保护、建立原型和测试、运营和服务等。这些耦合可能包括跨部门的协作和统一预算，并动用多领域、跨部门的不同观点和技能，例如一个新产品的开发项目，一般需要包括来自市场营销、研发、生产、运营等部门的协助（详见普拉胡的第 3 章和冯·泽特维兹、福利克斯可和加斯曼的第 26 章）。在电脑协助下整合设计、开发和运营，也会促进这些内部联结（详见道奇森和甘恩的第 19 章）。

在第 24 章中，菲利普斯（Phillips）探讨了组织的不同部分如何影响创新，并强调了在管理创新的过程中，管理组织情境的重要性。他提出了一系列可以促进整合、保障创新的机制，包括领导力、文化、组织架构、网络和团队。组织情境既可能强化创新，也可能阻碍创新，这取决于组织中这些部分如何被管理。除了现有文献研究过的组织的不同组成部分，他还推测了组织认同、制度环境、组织在创新过程中接受新实践的意愿和能力等的作用。

劳尔森(Laursen)和福斯(Foss)在第25章关于人力资源管理与创新的章节中,强调了广泛的横向和纵向组织间沟通的重要性。他们认为,将这些沟通方式与更高级别的授权决策、奖赏系统相结合,对"新型"或"现代"人力资源管理实践很有价值。随着创新过程的逐渐分散和兼容,劳尔森和福斯建立了一个包含创新与人力资源管理之间关系的调节和中介作用的模型,并认为人力资源管理的做法也需要相应调整。

戴维斯(Davies)在第31章中认为项目为创新提供了一个重要的组织形式,项目是一个临时的组织和过程,用以创造一个崭新的或独一无二的结果。戴维斯讨论了项目管理的工具和技术是如何被开发的,从而帮助筛选、计划、管理和降低与创新相关的不确定性。对比了项目管理的最优模型和适应性模型,他指出后者越来越成为理解项目化创新与不确定性之间关系的新范式。作为内部组织的一个基本方法,项目也提供了一个与客户、消费者、合作伙伴和供应商交互的关键机制。

第4类过程:外部协作性。当组织寻找、选择并执行创新时,这一类过程将其与外部参与者相连接。这些过程可能涉及与学校和研究机构相关的研究(详见麦凯尔维的第4章),以及与相似市场和采用不同联盟形式的技术企业的合作。与消费者和供应商之间的联系是重要的,与苛刻的"领先用户"共事的能力,往往成为激励创新的重要因素(详见弗兰克的第5章);而在既有的价值链上选择伙伴,并与他们有效共事,则是关键的管理能力。在这类过程中的创新管理,还包括在更大的创新生态系统中广泛寻找新创意、明智地筛选这些创意、驾驭知识产权竞争、确保良好的信息流,以及在广泛的生态系统中良性合作的能力。

奥蒂奥(Autio)和托马斯(Thomas)在第11章关于创新生态系统的章节中,回顾了"创新生态系统"这一概念是如何演进的,以及是如何被应用到创新战略的分析、设计和执行当中。他们深入分析了创新生态系统的边界、结构和动态变化,并从三个理论视角进行验证。奥蒂奥和托马斯认为,尽管大量的研究提到了创新生态系统,但研究其对创新管理的含义还停留在初期,这为学者们的后续研究提供了广阔空间。

企业处于创新生态系统之中,因为企业无法完全依赖自我进行创新,而企业为了创新建立的一些联系往往非常紧密,而且涉及一致目标下对资源的共同承诺,这便是第23章中道奇森定义的"合作"。他认为合作增强了企业实现优势互补、鼓励学习、培养才能、处理不确定性和复杂性等方面能力,而且这常常是一个充满挑战的过程。在合作中管理内在的不稳定性和冲突,企业需要仔细筛选合作伙伴,并形成有效的架构和组织。

第5类过程:战略整合型。这一类过程为其他创新过程提供了一个战略性的概览,因为它涉及"创新如何支持组织整体的目标",以及"创新诉求"等问题。这类过程在支持公司的整体目标而非单个项目的过程中,鼓励更高级别的内外部组织整合,同时可能涉及协调技术基础设施和平台的投资。它是一种防止企业落入两种危险境地的战略监督,具体包括:①当研究结果没有市场时,企业面临研究和技术对其造成的压力;②过于依赖需求拉动的过程,这种情况下保守的消费者会扼杀潜在的颠覆性创新。规划和实施创新战略以及高度协同内外部组织对创新的支持,是关键的创新管理能力。

马格拉斯和金在第 20 章中揭示了创新战略主流理论的显著缺点。他们认为,工业组织和以资源为基础的战略观并不能解释当代企业面临的"超竞争"(hypercompetition)所带来的动荡与变化。马格拉斯和金姆认为,一个竞争优势瞬息万变、竞争威胁无处不在的世界需要新的绩效评估指标,需要更加重视人们和组织间的关系网,也需要更加关注总经理的角色。

企业内部和跨企业的战略整合是另外一些章节的主题,尤其是和商业模式创新、平台、设计和开放性创新相关的章节。

商业模式和创新之间的关系成为一个越来越重要的研究关注点。在第 21 章中,马萨和图奇将"商业模式"定义为,在交易伙伴的关系网中,一个组织如何创造、传递和获取价值的基本原理。他们认为商业模式既是创新的重要媒介,又是创新的来源。马萨和图奇根据以下三类情境对商业模式创新进行了验证:一是在新成立组织中的设计,二是现有情境下的重新配置,三是作为支持可持续发展的一种方式。他们提供了一个综合的元分析框架,并提出了一些商业模式的工具和观点来协助创新的管理。

正如韦尔甘蒂和戴乐拉(Dell'Era)第 8 章中探讨的,设计的概念是流动且不稳定的,而且人们通常用一种局限的方式来考虑它。然而,最近"设计"却作为创新的一个基础来源和综合因素被更好地理解。韦尔甘蒂和戴乐拉认为设计是事物的形式、是创造性地解决问题的方案、是对意义的创新,并且他们更关注后者,因为后者帮助他们理解人们使用某物的原因(这也是律子尾崎和道奇森从另一个角度探究的问题)。他们提出了设计驱动型创新的观点,以及其与技术推动型和市场拉动型创新的关系,并展示了设计驱动型创新如何通过对意义进行解读和联想,为创新管理提供了一个重要的新范式。

组织内部和跨组织间的技术与创新过程的整合能力,引导道奇森(Dodgson)和甘恩(Gann)在第 19 章中将这两个概念合二为一,形成了"创新技术"的概念。另一个整合性概念是"平台",即采用新技术,帮助创新组织市场,从而增加价值。借助一些信息与通信技术公司的案例,加威尔(Gawer)和库苏玛诺(Cusumano)在第 32 章中检验了平台对于创新管理的意义。他们进行了组织内部、供应链和平台的区分,并研究了它们的战略意义。加威尔和库苏玛诺举了一些平台如何竞争、进化的例子,并总结了平台如何支持和阻碍创新的经验教训。

开放式创新指的是组织利用内部研发,从外部创新源中获利的过程。然而,亚力克西(Alexy)和达兰德(Dahlander)在第 22 章中认为,研究者对这一课题感兴趣的程度,与企业形成一个成功的开放型创新策略的容易程度并不相符。他们对开放性做出了四个方面的鉴别:获取、购买、出售和释放,并考虑了不同条件下不同组合的绩效比较。通过强调影响开放性的一系列重要情境,亚力克西和达兰德对理解开放式创新的好处和局限性提供了指导。

第 6 类过程:未来发展型。这一类过程通过帮助组织建立警惕性和快速反应能力,从而更好地应对技术、市场、法规、可持续发展需求,乃至一般商业环境下变幻莫测的商业模式和颠覆性改变,为组织面向未来做好准备。当面临颠覆与变化时,企业的延续和成功很大程度上依赖于它们如何管理创新，这也是本书多个章节探讨的主题。对潜在颠覆的早期感知是极其有价值的，并且可能需要很高程度的开放性，包括在研究团体中有深入的钻研、对初创企业和竞争者的外围发展保持热切的关注，以及积极参与如管制等政策制定过程。此外，还要理解企业运营下的创新生态系统的本质、拥有何种影响和控制，以及企业采用哪种工具对机会做出响应，如兼并与收购（M&A）。

企业并购对提高创新、增强企业创新能力的作用，是第 29 章中阿胡贾（Ahuja）和诺维利（Novelli）所提到的潜在优势之一。该章一个重要的结论是，目前仍需要更多地关于并购如何通过提高企业对未来的准备进而对创新产生影响的研究。阿胡贾和诺维利对理论和实证的文献综述，包含了并购的管理挑战、并购对创新造成的影响的多元化观点及其潜在的价值等。

未来发展型的创新过程为组织提供了持续应对不确定性与颠覆性，并从中获益的适应能力。

可持续发展在未来将无比重要。伯克霍特（Berkhout）在第 15 章关于可持续性创新管理的章节中，介绍了环境的可持续性为何成为创新管理的一个关键问题。他提出了技术对商业环境绩效的三个主要影响：一是感知和提供信息；二是提高效率；三是转变资源利用和环境的影响。他认为，由于环境挑战的系统复杂性，对其产生的响应需是可转化的，这需要新旧创新能力、新商业模式和各种联结的有机混合。

正如菲利普斯在他撰写的章节中所说，对未来做好准备也高度依赖于领导力和文化。文化塑造了一个组织面向未来还是关注过去的程度，也决定了组织成员所能应对自如改变和创新的程度；而领导力在组织为未来做准备的程度上，也发挥着相同的核心作用。如果组织的领导者是前瞻的，并采用变革型领导方式使组织成员感到安心并拥有充分自主权，那么对变化的感知能力、创新的想法以及迅速做出改变以应对未来挑战的意愿都会随之提高。

对颠覆和变化的回应是不可能独立完成的，且不可避免地涉及与消费者有时是与政府的外部协作，例如通过技术标准的主体。为颠覆性做好准备取决于组织对风险和对潜在发展提前押注时的战略偏好，同时也依赖于开放性、利用支持性技术的能力和尝试低成本的、涵盖更广群体的"包容性创新"。对内部而言，组织雇佣能感知外部威胁与机会的员工，从而可以灵活快速地响应这些威胁和机会的能力，对组织为未来做好准备至关重要。

此处，关键的管理能力还包括：对更难观察和衡量的无形资产的管理能力，例如企业文化和精神状态、服务导向和创业精神、对创造力和趣味性的鼓励等。对失败的容忍度是吸引员工带着冒险精神工作的重要因素，因为这提供了诸如允许快速和廉价试错的创新工具和技术，以及当结果偏离计划时有效的学习总结。由于无形资产更加难以衡量，所以对基于判断、专业知识、经验和直觉的决策过程有更高的依赖度。

结　论

本章认为，理解创新管理的所需要的观点是广泛而多元化的。为了呈现其多元化，本书分为四个部分：第一部分，包括本章和下一个章节，通过引入主题的方式展开；第二部分，呈现了创新的不同来源；第三部分，分析了情境对创新管理的影响；第四部分和第五部分则探讨了战略、管理和组织等话题。许多章节可能涵盖了创新的来源、情境和实践等方面的内容，但本书根据它们的主要内容进行分配。

这本手册提供了关于创新管理丰富的观点和案例，不仅涵盖我们关于这个主题的已有知识内容，也包含了那些未知的、亟须了解的内容，同时它为未来的研究和议题提供了广泛的建议。创新管理是一个至关重要且尚待完善的研究领域，为进一步的研究探索提供了沃土。

参 考 文 献

Abernathy, W. J., and Utterback, J. M. (1975). 'A Dynamic Model of Process and Product Innovation', *Omega*, 3(6): 639–56.

Cohen, W., and Levinthal, D. (1990). 'Absorptive Capacity: A New Perspective on Learning and Innovation', *Administrative Science Quarterly*, 35: 128–52.

Cusumano, M., and Selby, R. W. (1995). *Microsoft Secrets: How the World's Most Powerful Software Company Creates Technology, Shapes Markets and Manages People*. New York: The Free Press.

Dodgson, M. (2011). 'Exploring New Combinations in Innovation and Entrepreneurship: Social Networks, Schumpeter, and the Case of Josiah Wedgwood (1730–1795)', *Industrial and Corporate Change*, 20(4): 1119–51.

Dodgson, M., Gann, D., and Phillips, N. (2013). 'Organizational Learning and the Technology of Foolishness: The Case of Virtual Worlds in IBM', *Organization Science*, 24(5): 1358–76.

Dodgson, M., Gann, D., and Salter, A. (2005), *Think, Play, Do: Technology, Innovation and Organization*. Oxford: Oxford University Press.

Dodgson, M., Gann, D., and Salter, A. (2008). *The Management of Technological Innovation: Strategy and Practice*. Oxford: Oxford University Press.

Dosi, G. (1982). 'Technological Paradigms and Technological Trajectories: A Suggested Interpretation of the Determinants and Directions of Technical Change', *Research Policy*, 2 (3): 147–62.

Fagerberg, J., Mowery, D., and Nelson, R. (eds) (2005). *The Oxford Handbook of Innovation*. Oxford: Oxford University Press.

Foster, J., and Metcalfe, J. S. (2001). *Frontiers of Evolutionary Economics: Competition, Self-Organization and Innovation Policy*. Cheltenham: Edward Elgar.

Foster, J., and Metcalfe, J. S. (eds) (2004). *Evolution and Economic Complexity*. Cheltenham: Edward Elgar.

Freeman, C., and Soete, L. L. G. (1997). *The Economics of Industrial Innovation*. London: Pinter.

Fujimoto, T. (1999). *The Evolution of a Manufacturing System at Toyota*. Oxford: Oxford University Press.

Graham, M., and Shuldiner, A. (2001). *Corning and the Craft of Innovation*. New York: Oxford University Press.

Hargadon, A., and Douglas, Y. (2001). 'When Innovations Meet Institutions: Edison and the Design of the Electric Light', *Administrative Science Quarterly*, 46: 476–501.

Haskel, J., and Wallis, G. (2013). 'Public Support for Innovation, Intangible Investment and Productivity Growth in the UK Market Sector', *Economics Letters*. Amsterdam: Elsevier, 195–8.

Hounshell, D., and Smith, J. (1988). *Science and Corporate Strategy: Du Pont R&D, 1902–1980*. Cambridge: Cambridge University Press.

Meyer, A., Frost, P. J., and Weick, K. J. (1998). 'The Organization Science Jazz Festival: Improvisation as a Metaphor for Organizing (Overture)', *Organization Science*, 9(5): 540–2.

Morison, E. (1988). 'Gunfire at Sea: A Case Study of Innovation', in M. Tushman and W. Moore, *Readings in the Management of Innovation*. New York: Harper Business.

Nelson, R., and Winter, S. (1982). *An Evolutionary Theory of Economic Change*. Cambridge, MA: Belknap Press, 437.

Rothwell, R., et al. (1974). 'SAPPHO Updated: Project SAPPHO, Phase II', *Research Policy*, 3: 258–91.

Rothwell, R., and Gardiner, P. (1985). 'Invention, Innovation, Re-innovation and the Role of the User: A Case Study of the British Hovercraft Development', *Technovation*, 3: 167–86.

Teece, D. (1986). 'Profiting from Technological Innovation: Implications for Integration, Collaboration, Licensing and Public Policy', *Research Policy*, 15: 285–305.

Teece, D. (2009). *Dynamic Capabilities and Strategic Management: Organizing for Innovation and Growth*. Oxford: Oxford University Press.

Tuomi, I. (2002). *Networks of Innovation: Change and Meaning in the Age of the Internet*. New York: Oxford University Press.

Webb, J. (1992). 'The Mismanagement of Innovation', *Sociology*, 26(3): 471–92.

第2章

创新的本质

阿蒙·索尔特(Ammon Salter)
奥利弗·亚力克西(Oliver Alexy)

引 言

过去的50年,全球学者和实践者在更好地理解创新本质、来源和决定因素中所做的努力越来越多,这些研究包括了试图描绘、衡量和提炼我们对创新如何被引入经济系统的理解。受熊彼特(Schumpeter,1911,1942)启发,创新领域的研究横跨管理学、经济学、社会学和社会心理学,而不再局限于经济学和社会学的边缘,这段时间里,我们对创新的理解越来越丰富、细致和精练(Martin,2012)。本章的目标就是简要回顾这一研究领域的一些课题。

我们回顾的方法是展示一些在研究创新中发生的"典型事实",一个典型事实是一系列实证结果的简化代表,其概念由 Nicholas Kaldor(1957)首次提出,用来捕获经济发展过程中的一些研究结果。"典型事实"基本上是正确的,但可能不一定完全适用于所有情境。参考典型事实可以帮助我们纵览广阔的研究领域,避免在细小研究方向中迷失,或者正如 Kaldor 所说,"它能让一个人专注于宽广的趋势,忽略个体的细节"(Kaldor,1961:178)。

理解学科研究的另一个相关方法,来自 Lakatos 对先进研究领域"核心"的描述(Lakatos,1970)。根据 Lakatos 的观点,一个进步的研究领域接受惊人的新事实、探索性实验、新的数据和方法以及更为精确的预测,任何研究领域的"核心"都是一系列普遍被该领域的成员接受的想法。这可能包括一系列典型事实以及与该学科知识的本质相关的、被大部分成员认可的一系列概论,这些陈述代表了一个学科的"核心"以及被一个研究群体成员共同关注的一系列想法和见解。当然,这些见解与想法的核心不是静态的,它随着新的发现而改变。正如 Lakatos 所论,每个先进的研究领域都有一个有限的"保护带",即对新想法和发现的开放度,这些新的想法和发现可能改变这个领域核心区域中的"典型事实"。

在本章中,我们用这两种概念化的工具来描绘我们对创新本质的现有理解。我们将集中关注创新研究核心区域的典型事实,并基于数十年实证研究的重复性结果,发展一系列推论和结论,虽然这些表述并不一定总是正确的,但它们在大多数情况下是正确的。在此过程中,我们尝试快速而有效地总结过去55年里已经被研究的创新知识。或者正如学生面对他们的历史老师那样,他们希望"长话短说"(Gaddis,2005:viii)。

我们认为,下文的典型事实得到了许多创新学者的认同,且基本是无争议的。而超越这一"安全地带",我们也强调了一些新想法的出现,这些想法对已有的"事实"提出了质疑,甚至会改变对创新本质的认知,例如从"企业"作为创新过程的核心因素到分布式的,或是社群为基础的创新模型的转变。我们认为创新领域涌现的新研究方式,对已有的创新概念形成了挑战,相应地也开拓了众多不同的研究课题。

创新的历史观点

社会各界对创新本质的兴趣由来已久。早在1772年,萨缪尔·约翰逊(Samuel Johnson)曾向威廉·斯科特爵士(Sir William Scott)抱怨:"时代紧跟创新的脚步疯狂运转,世界上所有的事情都将以新的方式开展,人们将以新的方式被绞死,泰伯恩刑场①在创新的狂怒下也岌岌可危。"(Boswell,1791)不久之后,18世纪90年代,法国大革命通过引入一项重要的创新——"断头台",进一步证实了约翰逊的看法,而过去法国采用的是"碎肉轮"(breaking wheel)来行刑,让囚犯在死亡之前承受巨大痛苦。此外,那个时代还有其他同样令人痛苦难忍的方式,如绞刑或砍头。发明者认为,断头台与过去的行刑方式相比,有几大好处:它更加高效、瞬时、无痛苦,对于法国大革命而言,它提供了一种新的更加人性化的方式来确保正义。与大部分成功的创新一样,该项创新也持续了很久,直到20世纪末,最后一个人(一个已定罪的谋杀犯)在1977年被行刑,断头台在法国才不再被使用,这一刑罚从最初被发明沿用了近200年。

在过去30年中,各种知名刊物、政府和企业对创新的兴趣持续增长,造成了对创新的关注和热情不断高涨。1999年,《经济学人》(*The Economist*)杂志将创新描述为"20世纪末的工业信仰"(the industrial religion of the late 20th century)②。现在,创新在美国的领导人中成为了一个著名的流行词——以美国总统奥巴马为例③:

> 现在,历史应是我们的指南。美国在20世纪引领了世界经济,因为我们引领了世界创新;如今,竞争更为激烈,挑战更加艰巨,因此创新比任何时候都重要。这是通往美好的钥匙,是21世纪的新任务,这也是我们保障这一代和下一代高质量生活的方法。

同时,在所有这些对创新的热情之下,需要更好地理解创新如何发生、它对经济发展有何影响。Martin(2012)的一篇最新综述,总结了这一话题下引用最多的一部分文章和书籍。

---

① 伦敦著名的执行绞刑的场所。
② 从1999年2月18日。另见:http://www.economist.com/node/186620。
③ 演讲发表于2009年8月,美国印第安纳州埃尔克哈特县。另见:http://www.whitehouse.gov/blog/Spurring-Innovation-Creating-jobs/。

创新研究的核心

创新与增长

创新通过提高经济发展中生产力的增长速度,成为推动经济增长的主要动力之一。对创新贡献值的估算,最初集中在研究"残值"上,即无法通过增加投入的劳动力和资本的数量、质量来解释的经济增长部分。Solow(1957)的早期研究将87.5%的经济增长都归于残值,并称之为"技术变革",然而这个方法因为将创新作为某种无法测定的残留物而受到了广泛的批判。在20世纪80年代初发展起来的新增长理论,将创新对经济增长的作用更加全面地囊括进来(Romer,1986,1990),这种方法建立了新模型以反映创意的信息属性、非竞争性①和重新利用的潜力。这些模型反映了创新在增长中的影响主要来自溢出效应的产生:将一个想法以低成本或零成本的方法,从一处到另一处的转移过程。

虽然新增长理论有助于更加有效地刻画出创新在经济增长中的贡献,但其测量结果仍然不太受重视。于是一些学者尝试更有效地测量重大技术转变的贡献,例如互联网或信息与通信技术对生产力的变革(例如Brynjolfsson,1993)。这个研究显示,美国在20世纪90年代生产率的激增是由下游行业推动的,如零售业对信息与通信技术的运用。实际上,正是沃尔玛和其他大型零售商对信息与通信技术的运用,催化了生产率的显著提高。而且,作为20世纪80至90年代技术革命的中心,半导体行业生产力本质的变化,本身就在这一时期生产率的提高上占据了相当的比例。

到了21世纪初,学者开始研究企业对研发、组织变革、市场营销等无形资产的投资,以及这些投资与经济增长的关系,并通过调研企业在这些无形资产上的投入,使得衡量投资创新对生产率增长的贡献值成为可能。这些研究发现,1999年至2006年,大约2/3的生产率增长可以归结为对无形资产或创新的投资(Haskel et al.,2010)。这个证据强烈支持了除资本和劳动力具有促进经济增长的作用外,创新在推动经济发展中也具有重要作用。这重新唤起学者们对如何衡量创新在经济发展中贡献的研究兴趣,进而促进了测量与描绘创新贡献值增长核算方法的大量增加(Acemoglu et al.,2012;Marrano et al.,2009)。

典型事实1:创新在生产率增长过程中发挥了重要作用。

创新的组合力量

"创新研究之父"熊彼特认为,创新应该被定义为"新的组合"(Schumpeter,1911,1942)。他认为大部分的创新并不是本身的新颖性,而是现有要素的新组合,故对创新者而言,主要的挑战不是想出新事物,而是找出现有事物的新组合。这并不是说新颖性没有进入新的技术、过程或组织方法的开发系统中,而是新颖性本质上体现在现有要素以新的方式组合的过程。一个显而易见的例子是福特T型车流水线的发明,该发明作为20世纪最重要的创新之一而被熟知。福特的此次创新涉及了对四种要素的重组:电动机、连续生产过

---

① 也就是说,一方的所有权不排斥另一方的获取和使用。

程、装配线和可替换零件（Hargadon，2003）。亨利·福特自己便认为：

> 我并没有发明任何新东西，我只是将几个世纪工作人员的发现组装进汽车里……如果我在50年前、10年前，甚至5年前这么做，我可能会失败。所以这又是一个全新的事物。当所有支持的因素准备好时，进步不可避免地自然发生了。宣扬少数人为人类进步做出巨大贡献其实是有失偏颇的［Greenleaf，1961，摘自 *New Outlook*（1934）］

因此，大部分的创新都是基于历史的积累，并且这些一系列的想法、尝试和失败在本质和范围上具有相似性。这意味着单一的创新不是一个孤立事件，它源自材料、实验和以往创新努力积累下来的思想（Edgerton，2008）。一个成分或模块的改变，可能会使个人或组织创造一种新的集成系统的方法，或者通过重新组合不同要素的关系而显著提高系统的性能。

"创新组合"的观点认为，一个行业或市场创新的速度和方向，很大程度上被发展新组合的潜力所影响，当通过重新组合带来新颖性的潜力穷尽时，创新的速度和步伐将随之减缓。但是，通过重新组合带来新颖性的潜力依然很大，且比通过引入一项新发现所创造的新颖性的空间要大得多。这是因为重组的空间几乎是无穷的，因为不同的要素可以被无限地组合，产生新的有价值的产品、流程和服务（Kogut and Zander，1992）。虽然常常有人惋惜地认为大量创新的空间已经被耗尽，但这也可能反映了对重组机会的认知。一个重要的重组性突破可能会激发一系列相关的组合，相应地就可以释放进一步的创新，以 iPhone（苹果手机）为例，它为成千上万的创新型应用软件开创了新市场。因此人们应该对一个市场创新的饱和程度谨慎断言，因为创新的减缓可能为后续通过重组引入新事物的机会创造潜力。

典型事实2：大部分创新是现有要素、知识体系或技术的新组合。

创新的普遍性

普遍看法认为，创新高度集中在少数领先技术行业。研究表明，创新的速度和方向因行业而异，一些行业引入新产品、流程和服务的速度比其他行业更快。在某种程度上，创新的速度可以用投资来衡量，例如研发投入（Griliches，1981；Griliches et al.，1991）、熟练劳动力投入（Cohen and Levinthal，1989；Leiponen，2005）或行业流动情况等；或者新企业出现和旧企业退出的数量（Abernathy and Utterback，1978；Klepper，1997），它们可以反映重组的潜能。但是，对创新过程的研究显示，创新能够渗透到经济系统的每一个部分。虽然将行业贴标签后分门别类是一个惯例，例如"高技术"或"创新型"，但许多行业都发生了熊彼特所描述的创造性破坏的重要过程。

创新的不同步伐不应该偏离整个经济系统的创新。即使是传统的、发展缓慢的行业，也依然可能孕育重要的创新，它们也正在因为新产品、流程和工作方式的发展而发生转变。例如，计算机图形辅助三维交互式应用（CATIA），一种最初被用来设计战斗机的软件系统，为弗兰克·盖里（Frank Gehry）创造位于毕尔巴鄂的古根海姆博物馆（Guggenheim Museum in Bilbao）提供了重要的工具（Boland et al.，2007；Dodgson et al.，2005）。这项技术为建筑规划过程的不同环节带来了"创新觉醒",包括制造、设计和消防安全等方面的改变。采用计算机图形辅助三维交互式应用(CATIA),盖里建筑事务所可以将复杂的结构通过一种易懂的形式可视化,并清晰地与用户、合作者和承包商沟通其设计的界面、材料和成本估算。另一个例子是移动手机在全球范围内的大量扩散,给数百万撒哈拉以南的非洲地区和拉丁美洲地区的、没有正式的银行账户的人们提供金融服务创造了机会。

典型事实3:创新在经济系统中无处不在。

创新的步伐

虽然创新的步伐随行业和时间而改变,但创新的一个基本事实是,知识和技术领域的大部分改变都是渐进性的,这些变化来自对现有产品、流程和服务的递增或适度的改进。根本性创新固然能引起更广泛的关注和更强的兴奋点,吸引大众媒体和消费者的兴趣,但大量的企业投资和管理努力直接指向的却是渐进性创新,即为现有产品、流程和服务的小改进寻找机会。因为开发全新的产品、流程和服务既昂贵又有很大的不确定性,大部分创新者,通常会将他们大部分的精力投入改进现有的事物上。例如宝洁和联合利华这样的企业,不断寻求渐进性的改进方式,通过改变颜色、气味、包装方式和货架位置来让它们的产品更有吸引力。这些公司将主要投资集中在打造品牌,如碧浪(Ariel)和汰渍(Tide)以及投资于大型的生产设备、专门的研发团队和强大的供应分销渠道等方面。同时,许多大型公司不愿意改变以往的惯例,除非面临竞争压力或拥有一个千载难逢的好机会,因为建立起这些与惯例不同的资产需要高额的花费。因此,他们倾向于关注短期的、相似市场的创新,并投入反复检验的、直接的创新努力,帮助他们利用已有的投资并降低风险(Leonard Barton,1992)。

渐进性创新常常有显著的效果。生产效率的提高大多数归功于"持续改善"(Kaizen),即对生产系统微小进步的不断追求,例如先进的汽车生产设备可以设定运营效率每年提高10%的目标(Womack et al.,1990)。这种工厂可以每七年使生产率加倍,每十一年使生产率变成三倍。另一个反映渐进性创新力量的例子,是欧洲的主要机场,它们都在不提高跑道数量的情况下,显著提高了容纳乘客的能力。这是因为航空流量和容量的提升是由于持续追求机场运行效率的微小改善,包括改变飞机的排队系统、训练飞行员迅速降落并离开主跑道等(Tether and Metcalfe,2003)。例如伦敦希思罗机场,虽然它在过去30年中只用了两个跑道,但它的客流量却从每年500万提升到了超过5 000万。这些例子都表明,中短期内即使微小的改变,也能给经济产出带来重要影响。

渐进性创新的重要性并不限制根本性创新带来的经济影响。根本性创新——常常被定义为使性价比发生了5倍甚至10倍的变化,可以激发新行业的产生,并引领渐进性创新的长足进步。有关根本性创新频率的研究显示,在大部分的行业里,根本性创新的发生并不频繁,大约每30年才发生一次(Anderson and Tushman,1990;Tushman and Anderson,1986)。事实上,研究显示美国现有大企业的市场中,仅有20%的行业发生了重大变动(McGahan,2004),这意味着在普通行业工作的工人可能一辈子都没有机会经历该行业的根本性创新。反过来,似乎大部分对经济体系而言十分重要的根本性创新,在不同行业都有广泛应用,有时这些创新被称为"通用技术"(Helpman,1998)。这类创新一个明显的例子是弗里茨·哈伯(Fritz Haber)与卡尔·博施(Carl Bosch)开发的人工合成氮,它创造了更强力的新式武器和更有效的化肥。这些肥料大大促进了全球范围内的食品生产,帮助全球人口数量从1911年的16亿攀升到2011年的近70亿。

根本性创新出现的来源和时机是不可预测的,甚至是不可知的,这是组织所面临的挑战。行业专家经常无法预测到根本性创新,而且创新的历史充斥着大量对未来世界错误的预测。预测根本性创新的困难在于,它们的影响不仅仅是定量的,还常常是定性的,它们往往颠覆现存做事方式而非改进。因此,根本性创新难以预测,也难以准备。即使大公司占据了大比例的根本性创新(Christensen,1997;Tellis et al.,2009),它们也常常无法获得这些突破的好处。例如,1992年IBM开发了世界上第一台智能手机,名为Simon,它拥有触摸屏,且有邮件和日记等功能,但将这些创新进行商业化推动的却是其他企业,如RIM公司(黑莓手机制造商)、苹果公司和三星公司等。此外,因为大型企业对渐进性创新进行了大量投入,它们通常难于迅速响应市场上的剧烈变化,而且可能过于倾听现有消费者的意见(Christensen,1997),不愿意拆分现有的资产(Tellis et al.,2009),或不愿意改变它们现有的商业模式和惯例(Tripsas and Gavetti,2000)。

典型事实4:创新带来的大多数变化是进化式的,是对现有要素、产品和技术的渐进性适应。

典型事实5:激进的、革命性的变化是稀有的,且大部分不可预测。

创新的关联性

早期对创新的研究被英雄式的发明家的故事所主导,如托马斯·爱迪生(Thomas Edison)或阿尔弗雷德·诺贝尔(Alfred Nobel)。发明家们如诺贝尔,可以基于他们的发现创造一个全新的行业,例如硝酸甘油和炸药。阿尔弗雷德·诺贝尔是一个孤独的发明家,他在巴黎宅邸底层的实验室里独自工作,并且有着执拗和孤独的性格,几乎没有朋友,对工作之外的事物缺乏热情。他小心地守卫着自己的发明和实现发明的做法,当他与别人分享想法时,常常会因优先权问题进行冗长的法律纠纷,其中包括在英国与英国化学家弗里德里希·阿贝尔(Frederick Abel)就无烟火药的发明而进行漫长的诉讼。他的发明是根本性的,并在许多行业都有广泛应用,包括采矿业、铁路业以及军工行业等。这些发明让诺贝尔创造了一个横跨70个国家的全球性的工业帝国,并在他死后提供了大量资源用以颁发世界上最丰厚的关于科学、医学和和平的奖项(Brown,2005)。

即使在现代,创新也更偏向归功于个人。20世纪初,苹果公司的成功普遍被认为是史蒂夫·乔布斯的努力工作及其对设计的热情和对创新的不懈追求的直接结果。

虽然所有的新想法一开始都诞生于个人的灵感,但创新本质上是一个关联的活动,要求不同的人、团队和职能的互动才能达成。个人可以提供灵感和方向以促成伟大创新的产生,但多数情况下将想法转变成创新的却是团队的艰苦奋斗。以苹果公司为例,乔布斯吸取了蒂姆·库克(Tim Cook)的运作管理技术和乔纳森·埃维(Jonathan Ive)的设计天赋,以及苹果团队其他成员的优势。当然,研究表明,社会资本对于塑造个人的创新能力具有深远的影响,即他们通过个人关系所能利用的商誉和资源(Burt,2005)。这对团队和组织也有着深远的影响,即利用他人思想、资源和支持的组织,在推动创新上有更高的潜能,他们也有更大的机会从创新的努力中获取价值(Ahuja,2000;Burt,2009;Powell et al.,1996)。

创新的关联性特质,也反映在创新价值是基于消费者和用户反馈这一事实上。一个创新本身是没有价值的,只有创新所创造的消费者需求和商业需求能带来价值创造和价值收益。在这方面,早期消费者和领先用户为创新的传播和发展播下了种子,这些用户的参与迈出了大众对某项创新产生兴趣的关键一步(Rogers,2003;von Hippel,1988,2005)。

创新通常也需要与设计和提供重要零部件的供应商有紧密合作。例如,苹果的第一代iPod很大程度上依赖于东芝提供一种高存储的记忆芯片,它帮助苹果拥有比其他音乐播放器更高的歌曲存储能力。同时,在iTunes音乐商店中购买其受版权保护的音乐也需要得到索尼和其他音乐版权持有者的授权。新产品和流程也必须符合政策法规、性能标准、健康与安全标准,例如为了使政府机构如美国食品和药物管理局或者英国卫生署等确信这种新药与其他药物相比所拥有的疗效和价值,可能需要多年耐心而细致的准备。创新还要求企业与竞争者和大学共同维护一个发展的新领域,例如工程设计公司Arup想要扩大消防工程服务的市场时,它发现保险公司、建筑商和监管者都对它的创新(例如在极端情况下用电梯作为出口)抱有强大的敌意。只有将技术与其竞争者和大学分享,才能为它创造一个更广大的消防工程从业者社群,以此判断和检验其工作的价值(Dodgson et al.,2007)。此外,创新者可能需要与外部的社群接触以维持和开发其产品。Propellerhead Software是一家瑞典的电脑音乐程序公司,它为使用其软件的音乐家们建立了一个生机勃勃的社群,这个社群允许用户对主程序进行修改,公司会从这些修改中吸取灵感,并纳入下一代的软件当中(Jeppesen and Frederiksen,2006)。

典型事实6:创新具有关联性,且经常涉及多方合作。

分解创造力、发明和创新

在试图解释创新的本质时,许多研究者的注意力集中在个体产生创造力和新颖性的根源上(见Leonard和Barton的第7章)。这类研究大量集中在个体的创造力上,而创造力被认为是培育"新颖的""有用的"点子的能力。与创新相关的创造力来自一个人先天的技能和能力,人类思维是追求创造力的一个理想工具,每个人都有产出创造性结果的潜力(Boden,2004),但一些人拥有更大的可能性达成创新。这种能力一部分可能是天生的,基于个体通过生物学遗传得来的基因组成(Nicolaou et al.,2008),但还有很大一部分取决于个人的经历、训练和努力。

为了探索创造力的来源,研究者们试图探寻发明者和创新者的特点,为了这个目的,研究者需要理解一个人的心理及其环境的认知如何塑造并形成创造性思想。这项研究表明,有着强烈自主意识或内在动机的个人可以产生更多的创造性结果(Amabile,1983;Deci and

Ryan,1985)。此外,个人对组织环境是否支持创造性结果的认知,会强烈影响他们产生新的、有用创意的可能性(Scott and Bruce,1994)。并且个体需要在团队中与善于移情的领导共事,他们容错力高,能为个体开展打破常规的活动提供一定程度的安全保障(Edmondson,1999)。

有创造力的想法可能为发明提供了源泉,但是创造力并不一定产生发明和创新,许多创造性的想法并没有实际应用,或者虽然有价值但可能无法产生创新。从这个意义上说,创造力是培育发明和能够实际应用的新点子的过程中的一项投入。发明可能有足够的创新性,可以用来申请专利,保证发明家对这个想法拥有一段时期的独占性,但即使成为专利,大部分的发明也不能成功地转化为创新,而在所有成为专利的发明中,又有更少的一部分会产生重大的经济价值。专利系统只要求发明具有有效性的潜力,所以是否投入额外的努力将专利从一个实践理念变成一个商业上有价值的产品、流程或服务,取决于专利的发明者和持有者。在这个意义上,创新是稀有的想法,这些想法可以被商业化或被实施,让这个想法的拥有者从中获取价值。

典型事实7:创造力对发明的重要性,正如发明对创新的重要性一样,但这些概念是创新过程中互相独立的、与众不同的要素。

获取创新的回报

创新研究的文献将进一步告诉我们为什么从创新中获取回报并不容易(见 Gambardella 等人的第12章和 Leiponen 的第28章),这在某种程度上是因为这些回报被严重曲解了。对许多创新活动而言,有人发现极少的一部分活动、项目或事件却占据了整体回报中最大的份额(Scherer et al.,2000)。例如在研发组合中,10%的项目占据了全部回报的90%,而这并不罕见。在某种程度上,这种曲解是创新投资的不确定性导致的,即"对未知的未知",这也反映了累积优势:在创新培育的初期阶段,微小的差距都会影响最终的成功。在这种情况下,创新领域更关注"黑天鹅",也就是少数能够获取大量回报的事件(Fleming,2007)。这种曲解创新回报的一个例子是微软公司以10年为周期对研发的长期投入,在消费电子行业被普遍认为是昂贵的失败,当然,2010年推出的 Kinect 不包含在内,该产品在推出的前60天内便售出800万件。

创新研究还进一步告诉我们,产生创新所要求的技能与获取创新回报所要求的技能截然不同,事实上,许多创新者会发现他们努力创新的回报被他人攫取了。这种事例出现在不同行业,最先提出某项创新的组织最后却输给了技术精湛的竞争者。这样的例子不胜枚举,荣冠可乐公司(Royal Crown Cola)是第一家发明无糖软饮料的公司,却眼睁睁看着它的死对头,即百事可乐和可口可乐,从这个创新中获取巨额利益;第一个核磁共振成像产品是由 EMI 公司开发的,但通用电气和西门子电气却成为这个市场上主要的玩家;施乐公司在其 PARC 实验室开发了第一个个人电脑的图形用户界面,却被苹果和微软抢占先机从中得到商业回报。

这些事例的一个关键解释来自大卫·提斯(David Teece)提出的创新获利框架(Teece,

1986)。Teece 认为,企业从创新中获利的能力,是其从知识产权中获取价值的能力和所拥有的行业知识的函数。虽然专利等知识产权保护是一个防止其他企业抄袭创新的有效机制,但这种制度并不完美,有竞争力的对手可以围绕这项专利进行发明。此外,缺乏议价能力的小公司、新公司会发现他们的想法很容易被窃取,因为他们缺乏法律资源和实施知识产权保护的能力。Teece 引用了 Robert Kearns 在电影《天才闪光》中的例子,Kearns 发明了间歇性雨刷,但这个想法很快就被福特和克莱斯勒窃取了。他无法通过寻求法律支持来抵制这种侵权行为,因为几乎没有律师愿意与强大的福特公司较量。只有自学法律并代表自己辩护,他才可能在冗长且昂贵的官司中确保最终的胜利。虽然他最后成功了,但这煎熬的过程也损害了他的健康和家庭关系。

Teece 的方法指向了行业环境——他称之为行业的"独占性机制",塑造了创新者和创新回报之间的联系。独占性机制涵盖一个行业的知识本质,因为有着复杂的、累积的知识发展模式的行业,很难被新进入者渗透,这与依赖新知识和(或)现有知识的新组合的行业正好相反。这也反映了知识产权保护机制的实用性和有效性(Cohen et al.,2000)。此外,Teece 强调了互补性资产的重要性,即帮助一个发明成功商业化的有形或无形资产,例如市场营销、销售人员或制造能力,他指出,在许多情况下拥有互补性资产决定了谁最终从创新中获益。特别地,他认为互补性资产通常属于大企业,创新者需要与大企业合作以获得商业化成功的希望。

典型事实 8:大部分创新者无法从投入创新的努力中获取回报,获取创新的回报与创造创新需要不同的技巧。

创新的多样性

创新有着许多不同的形式和类别,学者们试图从程度和类别两个维度来描绘创新的特征,有时似乎整个行业的学者和顾问都在"创新"一词前添加新的描述词。其中最大的歧义在于定义渐进性创新和根本性创新的分界点,即创新被引入经济系统中的最小程度。

创新的类别也不尽相同。创新研究中一个经典的区分是产品创新和流程创新,产品创新很容易定义,因为它涉及对新的产品和服务的创造和发起;相反,流程创新则通常比较低调,隐没于公众的视野,因为它们涉及组织中运营、任务和工作方式的改变。流程创新不要求改变产品的本质,例如浮法玻璃制作的发明虽然对玻璃生产产生了变革性影响,但产品即玻璃本身仍然基本保持一致。从这个意义上说,流程创新更加节约成本,因为他们是以更低的投入完成现有产品和服务的生产。

除了产品创新和流程创新的区别,学者还发现创新可以分为架构创新和模块创新(Henderson and Clark,1990)。架构创新包含了不同成分、不同知识方向的连接方式的改变,它们本身并不要求开发新的产品或流程,但可能带来将产品或系统的元素的重新组合,一个架构创新的例子便是将三轮车变为两轮车。相反,模块创新则涉及一个产品的某个部件的显著改变,例如自行车灯,但这些改变并不影响部件之间一起工作的形式。此处,专门研究改善系统零部件的效率导向型组织,在推动科技沿轨道进步方面有很明显的优势,例如在电话中使用新的可充电电池。

Christensen(1997)描述了一种情形,即领导者面对似乎容易处理的创新时也可能失败。他认为颠覆性创新常常是一个公司为了迎合消费者而持续改进产品,最终却因"过度满足"市场需求而以失败收场。在这种情况下,该企业可能很脆弱,容易受到其他企业的攻击,这些企业提供相对劣质、但足够满足消费者需求的产品,这便从价格或其他无关的性能上对在位者造成打击。Christensen 认为,过度倾听现有消费者的需求,会导致行业的领导者(事实上也常常是颠覆性创新的缔造者)选择不把创新引入市场。这是因为企业抱有对现有消费者不喜欢、害怕降低毛利以及蚕食自身的其他产品等担忧。他展示了颠覆性创新如何导致硬盘驱动器行业在几代产品中领导者的反复变化,并用他进一步解释了引入液压技术后挖掘机行业的竞争动态。

最后,过去 10 年见证了若干新的创新类型的出现和接纳——例如开放式创新(Chesbrough,2003 及 Alexy 和 Dahlander 的第 22 章)。鉴于发现一种新的创新的重要性,我们可以毫不犹豫地预言创新的新类别在未来几年将持续增加。我们也看到了对重要的创新理论框架的研究正在逐步增多,例如平台理论(见 Gawer 和 Cusumano 的第 32 章)和生态系统理论(见 Autio 和 Thomas 的第 11 章)。

典型事实 9:存在大量不同类别的创新。

创新活动的形式

从最早对创新的研究至今,学者们一直试图探索这一定期重演的活动形式,例如熊彼特借鉴了康德拉捷夫(Kondratieff)的长波概念,阐述了基于创新活动的经济增长将会以约 50 年为波长循环向前推进。那些伟大的发明,如蒸汽机、钢铁、电气工程、汽车、计算机、生物科技等,代表了变革的基础技术。

在个别技术领域也会出现创新模式的身影,最显著的例子是 Abernathy 和 Utterback 关于产品生命周期(PLC)的概念(Abernanthy and Utterback,1978)。产品生命周期理论认为,在技术生命周期的不同阶段,企业对产品和流程创新的重视程度不同。初始阶段,企业将结合新技术,提出一系列不同的产品和设计;过渡阶段,一个主导的产品设计可能会出现,它并不一定是性能最好的产品配置,但这个设计成为产品能达到被生产者和消费者普遍接受的标准,相应地,产品创新的概率下降,企业开始将精力集中于如何改造已有设计,同时对流程创新的重视程度大大提高;成熟阶段,产品逐渐演化为日用品,生产成本的节约是关键。此后,产品创新活动变得有限,而且创新活动主要集中于流程工艺的优化。虽然产品生命周期理论(PLC)已经在不同的行业得到广泛证实,但对该理论的批判仍然存在。例如 Klepper 的研究认为,当额外投资的边际利润不足以抵消产品的研发投入时,就会发生规模动荡和行业洗牌。此外,Barras(1986,1990)指出,对于服务创新,尤其是金融服务而言,产品生命周期有时会正好相反:最初,流程工艺需要被建立和标准化,之后再促进新的服务的产生。Barras 认为这是因为产品创新和服务创新在本质上的不同,这种不同来源于它们的无形性和较低的资本强度。当然,也有大量的案例证明标准的产品生命周期在服务行业也同样适用。

最后,不同类型的创新有很强的互补性。服务创新可以为产品创新提供机遇,流程创新为新产品创造机遇,同时新产品也为新流程创造机遇。创新研究的实证结果表明,不同类型的创新具有很强的互补性。它们经常同时出现,且多种互补形式的创新同时出现可以激发企业更好的业绩(Damanpour and Gopalakrishnan,2001)。

典型事实 10:随着时间的推移,创新活动有一定的类型特征,而且不同类型的创新具有很强的互补性。

创新的地理学

即使创新活动越来越成为一个全球化的、互联的现象(见下文及 Hakanson 的第 27 章),创新仍然在特定的区域内根深蒂固,创新的投资和产出倾向于集中在全球的中心地带,领先的参与者也聚集在这些中心地带,互相融合并互相竞争。

组织中个体之间的交互,仍然是保证共同创新的个体之间存在有效知识流动的一个关键机制。因此,组织需要关注它们研发和开发设施的设计,创造"创新的空间",以期最大化互换和交流,例如当宝马公司建造一个新的研发设施时,试图保证从事相关问题的工程师之间的距离不超过 25 米。需要联系如此紧密的一个原因是知识本身通常具有"黏性"(Von Hippel,1994),它依赖相应的情景,并且很难表达和传递。例如,当被营销人员询问时,计划产品的预期用户可能无法恰当地表达他们的需求,除非他们能够亲自使用或修改该产品。Von Hippel 试图论证知识的黏性本质如何帮助预测创新的来源及其获益人,其中特别强调拥有黏性信息的用户在创新来源中的重要作用(见 Franke 的第 5 章)。

抛开组织层面不论,知识的黏性本质意味着某些特定类型的知识无法广泛传递。值得注意的是,有价值的知识溢出通常只能在较短的地理距离里连接,而且企业之间的合作行为获益于面对面的互动,它能促进知识的交流和转换,并带来创新活动投资的地域差异,如风险投资(Sorenson and Stuart,2001)。总而言之,从某种意义上讲,创新仍然是一个面对面的活动,其中地理因素扮演了重要的角色。

反过来,这也意味着地域和国家的区别对于如何培育和支持创新能产生重大影响,专门为管理企业和个人互动而设置的机构之间的差别,也会影响创新(Lundvall,1992)。同时,专利体系的存在和不同配置也可能影响国内和国外的研发投资。此外,不同的机构对创新过程的投入也有所不同。例如德国制造业部门以强大的工会和长期雇佣制度,以及高度熟练的劳动力而闻名,而英国的制造业公司受管理层的控制更强,实行短期雇佣制度,并倾向于雇用技术水平较低的员工。

某些国家和地区的创新系统以其成功的创新平台能力而闻名于世。例如韩国和中国台湾地区制定的有组织的追赶战略,突出了它们努力的潜力(Hobday,1995;Kim,1997);在区域层面,集群可能成为创新活动的热点区域。美国的硅谷或波士顿地区,是世界上最先进的产品和服务的发源地(Saxenian,1994);意大利和智利地区在数十年中各自以优质的传统皮鞋制造业和葡萄酒行业闻名(Boschma and Frenken,2007;Giuliani and Bell,2005);其他典型的案例包括电影行业中美国的好莱坞、印度的宝莱坞和尼日利亚的瑙莱坞。这些例子也突出了平衡紧密的本地联系和全球通道在知识输入和市场路径多样化需求中的重要作用(Bathelt et al. ,2004；Powell et al. ,1996)。

典型事实 11：创新是一个"黏性"活动,因此地理位置至关重要。

创新的组织路径

什么样的组织路径可以支持创新也是创新研究的一个重要方面。最初,这项研究始于试图理解什么塑造了"技术先进企业",并强调有机的、流动的组织架构对于支持创新的重要性(Burns and Stalker,1961)。同时,这项研究也强调机制或正规的结构,能够帮助规范和调整(企业)为创新付出的努力,从而保证过程和产品可以被复制和规模化。这种不安(tension)在创新管理学界存在已久,并且试图发展一种组织惯例以支持新思想的创造和培育,同时确保其执行和传播。面对这一挑战,创造出不同的组织架构来支持不同类型的创新是解决办法之一,一个部门用以探索创造性的激进的想法,另一个则用于探索和发展现有想法的渐进性完善(Tushman and O'Reilly,1996),通过这种做法,一个组织可以灵活运用两种模式,并从创新支持的不同模式中获益。当然,这种组织架构已经被企业广泛使用,它们常常为了不同的创新任务(拥有不同的工作内容和人力资源)而创造不同的组织单元。

组织试图开发一套惯例来支持创新,包括为创新者提供自主权,可能是通过提供一部分个人可以在官方项目计划外进行工作的时间等。组织也在培育自身的容错力,并营造对那些试图创新却失败的团体报以宽容的文化。同时,组织也在试图创造能够将纪律与职能融为一体的、流动的、活跃的团队。特别是创新型组织采用一体化的产品开发团队,由不同部门的代表共同完成一个研发项目。它们也力图更新团队成员,并保证对外部人员的开放性(Leonard and Swap,1999)。

创新组织另一个典型的管理惯例是对管理和选择研发项目工具的开发,否则通过百花齐放的方式创造思想,最终可能会一无所获(Kanter et al. ,1997)。由于资源总是有限的,而扩展任何创意的成本都可能很高,企业需要谨慎思考如何选择和管理这些创意。在研发管理中,"门径"管理系统的开发,创造了一系列通行和禁止的决策入口,为企业提供了一个用以思考研发项目在不同阶段成熟度的机会(Cooper,1990,2001)。此外,这些项目也可以彼此评判,或者由一系列的标准,例如市场潜力、开发成本等来评判,采用多重标准评估体系来判定项目的质量,可以有效避免组织内部通过直觉判断项目的价值。这些工具也有效降低了企业过度依赖于一个项目的危险,帮助确保不同阶段和不同激进程度的产品之间较好的资源配置。

试图在研发项目完成之前评估其价值是有益的,但也经常存在问题。好的项目可能会被内部的"门径"管理流程扼杀,因为它们可能与已有的工作方式相悖,导致变成了短期的渐进投入。在提供项目经济价值的陈述时,多基于预期收益和预期成本,而这些预期包含由偏差和误述所带来的风险,进而夸大了"好项目"的实际风险。

典型事实 12：存在一套明确的组织惯例来帮助组织更好地管理创新过程。

创新研究的保护带

对创新本质的早期研究,大部分集中在由技术变革驱动的创新方面,且经常发生在制造业,几个显而易见的原因导致了这种现象的产生。技术变革通常被视为工业革命的驱动因素——以蒸汽机和多轴纺织机等的发明为代表,然而工业革命也是社会、政治、经济变化的产物,并不适用于过分简单,且经常带有误导性的,对基于技术决定论的经济发展的解释(Mokyr,2004)。

此外,在创新研究中,部分对技术变革的关注是由衡量标准推动的。创新研究的主要衡量工具——研发、专利、学术发表情况等,都集中在对新的科学和技术知识的创造和运用上。由于衡量工具集中于这个领域,研究者和政府也倾向于关注"被测量"行业的创新,于是这些行业便出现了有大量的研发、专利和发表物。确实,许多当下的研究重点集中在医药行业、半导体行业和生物科技行业,所有这些行业的创新投入都被目前创新研究的工具箱所掌握。因此这个方法给研究的传统带来了许多盲点,但同时也为学者提供了机会,让他们能够在与传统研究使用的科学和技术知识相距甚远的新领域发展新的思想。

一个已经开始渗透到创新研究保护带的想法是,管理者和研究者不应该给予技术创新以高过其他类型创新的主导权。显然,许多创新本质上不是技术的创新,例如大部分的服务创新很大程度上是组织的创新,涉及将信息和创造性做法结合的新方式(Gallouj and Weinstein,1997)。这些服务要求对整套系统有深刻的认知,以及以新的、高效的方式整合不同行为的能力。例如戴尔在20世纪90年代和21世纪初的成功,是由其强大的电子商务系统驱动的,如网站和电话订单,这些系统允许它绕过传统的销售渠道,直接与消费者交流。此外,在过去的10年中,施乐公司完成了从一个专注于硬件和技术开发的组织到解决方案提供商的转型,大量施乐公司的销售来自那些与复印机毫无关系的业务中,其超过一半的销售收入来自服务业务。戴尔公司和施乐公司的案例证明,建立一个成功的商业模式可以极大地促进创新(Chesbrough,2011,及Massa和Tucci的第21章)。

第二个带来主要思想转变的领域,是研发在创新过程中的作用。在早期的创新研究中,重大突破来自政府、企业和大学对创新的研发投入,而自1965年起,发达国家已经对该信息进行过系统性的收集(OECD,2002)。然而,从一开始就能明显看出,研发投资只占整体经济和社会创新投资中很小的一部分,研发投资和产生的发明输出例如专利,充其量只是创新和增长不完备的预测变量(Griliches,1981;Griliches et al.,1991)。这对国家和企业而言都是事实,由于互联网和全球化带来的连通性的提高,许多公司开始从研发导向型的创新转变为更开放和更分布的创新(Chesbrough,2003;Von Hippel,2005)。虽然研发还是企业的一个重要资源,能够帮助企业开发新的产品、服务和流程,并从他人身上学习(Cohen and Levinthal,1989,1990),但还有其他机制来支持企业内部的创新和学习。相应地,企业也在试图捕获他们在不同类型无形资产中的花费,例如消费者的商誉、社交网络和品牌。因此他们放弃了专注于将研发投入水平作为衡量企业活力和成长性的标准。而且,研发投入与企业绩效也没有直接联系,因为许多企业虽然对研发投入较少,但也能与大型的高研发投入企业进行有效竞争。例如在过去 5 年中,苹果公司的研发投入比诺基亚少了 1/3,但仍然可以挑战诺基亚在移动手机市场上的主导地位。

这些企业对研发重要性观点的转变,并不总能反映政府的想法。许多政府仍然将研发投入作为一个重要的衡量国家创新投入的指标,大部分国家都将研发投入作为经济衡量指标。例如欧盟订立了一个在 2020 年研发投入需占 GDP(国内生产总值)3% 的目标,这与它 2010 年订立的目标相同,但 2010 年并未达成该目标。

关注技术研发的一个问题是忽略了在服务创新领域的投入,尤其是在一些关键的迅速成长的行业,如专业服务。通常技术研发基于企业研究实验室开发的新知识,这些知识凝聚了科学家和工程师的努力,但经济系统中许多其他人员和职能也对知识的生产和新事物的创造做出了贡献,包括管理咨询顾问、设计师、软件工程师等。但个体的很多活动并不被传统的研发指标所覆盖,因此,当涉及社会和经济对创新的投资时,专注研发使我们只能看到冰山一角,例如软件开发在银行业中是至关重要的一部分,但是它难以被算进传统的研发类别。这一结论最近在英国被证实,英国尝试获取经济中无形资产的整体投入水平,但预测显示研发仅占全部无形资产投资的 9%,与软件开发、组织发展和培训的投入相形见绌(Haskel et al.,2010)。因此,最新的注意力都集中于衡量和提炼对其他促成创新结果的企业投资的理解,对研发作为支持经济系统中的创新的核心机制的关注也有所转移。

第三个与传统创新研究相关的突破点,在于企业在创新过程中发挥的作用。传统的创新研究假设企业提供了从创新中创造、传播和获取价值的手段,并将企业视为创新过程的核心行动者。但是,随着创新的开放式、分布式模型的出现(Chesbrough,2003;Von Hippel,1988,2005),企业始终作为创新过程最核心的要素观念变得不再清晰。创新越来越成为一系列参与者,包括用户、大学、企业和政府等合作的产物。企业在创造和捕捉创新价值中的重要性下降,部分反映了创新越来越依赖于复杂的知识,需要从各种各样的参与者中获得,因此企业也更加依赖合作来促进新想法的产生和商业化。ARM 是英国一个基于设计的半导体公司,建立了与近 300 多家芯片制造商、设计师和芯片用户相互连接的合作网络,这个生态系统支持了一系列不受 ARM 直接控制的开发,但是提供了丰富的资源来促进 ARM 的芯片设计(Garnsey et al.,2008)。此外,现在对于那些想从创新中获取利益的企业而言,寻找合作伙伴帮助他们进行生产、分销、服务和产品支持并非难事,这种创新型劳动力分工的深入,让企业在价值链中最擅长的部分更加专业化(Arora et al.,2001;Gambardella et al.,2007)。此外,组织也更多地利用第三方来帮助他们创新,包括在众包、创新中介和与消费者共同创新等方面的投资。所有这些在创新过程核心的改变表明,当涉及创新时,当今的企业很少能控制自己的命运,且创新潜力很大一部分并非取决于它所拥有的资产和知识,还包括从外部吸收资源、知识和技术的能力。

第四个我们对创新理解的改变,与公众知识和私人知识的本质有关。传统的创新研究假设企业开发的是私人知识,而大学开发公众知识。然而在过去的 20 年中,这个观点已经发生了变化。一方面,大学越来越努力对它们的新发现申请专利,并通过许可给企业或建立大学衍生企业从中获利。一定程度上,这些商业的努力是由政府施加给大学的财政压力和大学在潜在投资中错过了一些重要资源预期驱动的。虽然大学的专利回报相对较少,但大学创造私人知识的行为改变了大学与企业在创新过程中的劳动分工(Mowery et al.,2001;Nelson and Nelson,2002),因此再也不能假设大学创造出来的新知识能被企业免费利用,相反地,这些知识只能通过合作协议或直接许可来获得。

同时,企业也在创造公共知识上越来越积极。他们在科学文献上发表文章(Hicks,1995),也捐献一些专利支持开源软件,并贡献资源来帮助建立、维持和发展一些社区(Alexy and Reitzig,2013)。同时,企业也与竞争者展开合作,帮助建立公共的知识资源库,如默克公司(Merck)、礼来制药(Eli Lilly)和葛兰素史克公司(GlaxoSmithKline,GSK)为结构基因组研究联盟(structural genomics consortium)提供的支持(Perkmann,2009)。因此,新知识的开放性不仅取决于公共或私人组织的创造,创新知识的疆域已经变得更加复杂和层次丰富。

随着对创新的研究和兴趣水平的增加,我们期待对创新本质的理解有更多的突破和改变。作为一门不断进步的科学,创新研究愿意接受对其核心区域的典型事实的"创造性破坏"。随着崭新的、丰富的、更加有力的信息来源注入公共与私人参与者的创新努力中,我们迎来了对创新的现有认知发生转变的重要机会,以帮助更好地管理创新。

参 考 文 献

Abernathy, W. J., and Utterback, J. M. (1978). 'Patterns of Industrial Innovation', *Technology Review*, 80: 41–7.

Acemoglu, D., Gancia, G., and Zilibotti, F. (2012). 'Competing Engines of Growth: Innovation and Standardization', *Journal of Economic Theory*, 147(2): 570–601.

Ahuja, G. (2000). 'Collaboration Networks, Structural Holes, and Innovation: A Longitudinal Study', *Administrative Science Quarterly*, 45(3): 425–55.

Alexy, O., and Reitzig, M. (2013). 'Private-Collective Innovation, Competition, and Firms' Counterintuitive Appropriation Strategies', *Research Policy*, 42(4): 895–913.

Amabile, T. M. (1983). *The Social Psychology of Creativity*. New York: Springer.

Anderson, P., and Tushman, M. L. (1990). 'Technological Discontinuities and Dominant Designs: A Cyclical Model of Technological Change', *Administrative Science Quarterly*, 35(4): 604–33.

Arora, A., Fosfuri, A., and Gambardella, A. (2001). *Markets for Technology*. Cambridge, MA: MIT Press.

Barras, R. (1986). 'Towards a Theory of Innovation in Services', *Research Policy*, 15(4): 161–73.

Barras, R. (1990). 'Interactive Innovation in Financial and Business Services: The Vanguard of the Service Revolution', *Research Policy*, 19(3): 215–37.

Bathelt, H., Malmberg, A., and Maskell, P. (2004). 'Clusters and Knowledge: Local Buzz, Global Pipelines and the Process of Knowledge Creation', *Progress in Human Geography*, 28(1): 31–56.

Boden, M. A. (2004). *The Creative Mind: Myths and Mechanisms*, 2nd edn. London: Routledge.

Boland, R. J., Lyytinen, K., and Yoo, Y. (2007). 'Wakes of Innovation in Project Networks: The Case of Digital 3-d Representations in Architecture, Engineering, and Construction', *Organization Science*, 18(4): 631–47.

Boschma, R. A., and Frenken, K. (2007). 'Applications of Evolutionary Economic Geography', in K. Frenken (ed.), *Applied Evolutionary Economics and Economic Geography*. Cheltenham: Edward Elgar.

Boswell, J. (1791). *The Life of Samuel Johnson, LL.D.* London: Henry Baldwin for Charles Dilly.

Brown, S. R. (2005). *A Most Damnable Invention*. Toronto: Viking Canada.

Brynjolfsson, E. (1993). 'The Productivity Paradox of Information Technology', *Communications of the ACM*, 36(12): 66–77.

Burns, T., and Stalker, G. M. (1961). *The Management of Innovation*. London: Tavistock.

Burt, R. S. (2005). *Brokerage and Closure: An Introduction to Social Capital*. New York: Oxford University Press.

Burt, R. S. (2009). *Neighbor Networks: Competitive Advantage Local and Personal*. New York: Oxford University Press.

Chesbrough, H. (2003). *Open Innovation: The New Imperative for Creating and Profiting from Technology*. Boston: Harvard Business School Press.

Chesbrough, H. (2011). *Open Services Innovation: Rethinking your Business to Grow and Compete in a New Era*. San Francisco: John Wiley & Sons.

Christensen, C. M. (1997). *The Innovator's Dilemma*. Boston: Harvard Business School Press.

Cohen, W. M., and Levinthal, D. A. (1989). 'Innovation and Learning: The Two Faces of R & D', *Economic Journal*, 99(397): 569–96.

Cohen, W. M., and Levinthal, D. A. (1990). 'Absorptive Capacity: A New Perspective on Learning and Innovation', *Administrative Science Quarterly*, 35(1): 128–52.

Cohen, W. M., Nelson, R. R., and Walsh, J. P. (2000) (February). Protecting their Intellectual Assets: Appropriability Conditions and Why U.S. Manufacturing Firms Patent (or not)'. Available at <http://www.nber.org/papers/w7552> (accessed 7 April 2006).

Cooper, R. G. (1990). 'Stage-Gate Systems: A New Tool for Managing New Products', *Business Horizons*, 33(3): 44–54.

Cooper, R. G. (2001). *Winning at New Products: Accelerating the Process from Idea to Launch*, 3rd edn. New York: Basic Books.

Damanpour, F., and Gopalakrishnan, S. (2001). 'The Dynamics of the Adoption of Product and Process Innovations in Organizations', *Journal of Management Studies*, 38(1): 45–65.

Deci, E. L., and Ryan, R. M. (1985). *Intrinsic Motivation and Self-Determination in Human Behaviour*. New York: Plenum.

Dodgson, M., Gann, D., and Salter, A. (2005). *Think, Play, Do: Technology, Innovation, and Organization*. Oxford: Oxford University Press.

Dodgson, M., Gann, D., and Salter, A. (2007). '"In case of fire, please use the elevator": Simulation Technology and Organization in Fire Engineering', *Organization Science*, 18(5): 849–64.

Dodgson, M., Gann, D., Wladawsky-Berger, I., and George, G. (2013). 'From the Digital Divide to Inclusive Innovation: The Case of Digital Money', RSA Pamphlet, Royal Society of Arts, London.

Edgerton, D. (2008). 'The Charge of Technology', *Nature*, 455(7216): 1030–1.

Edmondson, A. (1999). 'Psychological Safety and Learning Behavior in Work Teams', *Administrative Science Quarterly*, 44(2): 350–83.

Fleming, L. (2007). 'Breakthroughs and the "Long Tail" of Innovation', *MIT Sloan Management Review*, 49(1): 69–74.

Gaddis, J. L. (2005). *The Cold War*. London: Penguin Books.

Gallouj, F., and Weinstein, O. (1997). 'Innovation in Services', *Research Policy*, 26: 537–56.

Gambardella, A., Giuri, P., and Luzzi, A. (2007). 'The Market for Patents in Europe', *Research Policy*, 36(8): 1163–83.

Garnsey, E., Lorenzoni, G., and Ferriani, S. (2008). 'Speciation through Entrepreneurial Spin-off: The Acorn-ARM Story', *Research Policy*, 37(2): 210–24.

Giuliani, E., and Bell, M. (2005). 'The Micro-Determinants of Meso-Level Learning and Innovation: Evidence from a Chilean Wine Cluster', *Research Policy*, 34(1): 47–68.

Greenleaf, W. (1961). *Monopoly on Wheels*. Detroit: Wayne State University Press.

Griliches, Z. (1981). 'Market Value, R&D, and Patents', *Economics Letters*, 7(2): 183–7.

Griliches, Z., Hall, B. H., and Pakes, A. (1991). 'R&D, Patents, and Market Value Revisited: Is There a Second (Technological Opportunity) Factor?', *Economics of Innovation and New Technology*, 1(3): 183–201.

Hargadon, A. B. (2003). *How Breakthroughs Happen: The Surprising Truth About How Companies Innovate*. Cambridge, MA: Harvard Business School Press.

Haskel, J., Clayton, T., Goodridge, P., Pesole, A., Barnett, D., Chamberlain, G., Jones, R., Khan, K., and Turvey, A. (2010) (February). 'Innovation, Knowledge Spending and Productivity Growth in the UK: Interim Report for Nesta Innovation Index Project. Available at <http://spiral.imperial.ac.uk/bitstream/10044/1/5279/1/Haskel%202010-02.pdf> (accessed 26 November 2011).

Helpman, E. (1998). *General Purpose Technologies and Economic Growth*. Cambridge, MA: MIT Press.

Henderson, R. M., and Clark, K. B. (1990). 'Architectural Innovation: The Reconfiguration of Existing Product Technologies and the Failure of Established Firms', *Administrative Science Quarterly*, 35(1): 9–30.

Hicks, D. (1995). 'Published Papers, Tacit Competencies and Corporate Management of the Public/Private Character of Knowledge', *Industrial and Corporate Change*, 4(2): 401–24.

Hobday, M. (1995). *Innovation in East Asia: The Challenge to Japan*. London: Elgar.

Jeppesen, L. B., and Frederiksen, L. (2006). 'Why Do Users Contribute to Firm-Hosted User Communities? The Case of Computer-Controlled Music Instruments', *Organization Science*, 17(1): 45–63.

Kaldor, N. (1957). 'A Model of Economic Growth', *Economic Journal*, 67(268): 591–624.

Kaldor, N. (1961). 'Capital Accumulation and Economic Growth', in F. A. Lutz and D. C. Hague (eds), *The Theory of Capital*. London: MacMillan, 177–222.

Kanter, R. M., Kao, J., and Wiersema, F. (1997). *Innovation: Breakthrough Thinking at 3M, DuPont, GE, Pfizer, and Rubbermaid*. New York: HarperCollins.

Kim, L. (1997). *Imitation to Innovation: The Dynamics of Korea's Technological Learning*. Boston: Harvard Business School Press:

Klepper, S. (1997). 'Industry Life Cycles', *Industrial and Corporate Change*, 6(1): 145–81.

Kogut, B., and Zander, U. (1992). 'Knowledge of the Firm, Combinative Capabilities, and the Replication of Technology', *Organization Science*, 3(3): 383–97.

Lakatos, I. (1970). 'Falsification and the Methodology of Scientific Research Programmes', in I. Lakatos and A. Musgrave (eds), *Criticism and the Growth of Knowledge*. Cambridge: Cambridge University Press, 91–196.

Leiponen, A. (2005). 'Skills and Innovation', *International Journal of Industrial Organization*, 23(5–6): 303–23.

Leonard, D., and Swap, W. (1999). *When Sparks Fly: Igniting Creativity in Groups*. Boston: Harvard Business School Press.

Leonard-Barton, D. (1992). 'Core Capabilities and Core Rigidities: A Paradox in Managing New Product Development', *Strategic Management Journal*, 13: 111–25.

Levin, R. C., Klevorick, A. K., Nelson, R. R., and Winter, S. G. (1987). 'Appropriating the Returns from Industrial-Research and Development', *Brookings Papers on Economic Activity*,

3: 783–831.

Lundvall, B. (1992). *National Systems of Innovation: Towards a Theory of Innovation and Interaction Learning*. London: Pinter.

McGahan, A. M. (2004). *How Industries Evolve: Principles for Achieving and Sustaining Superior Performance*. Boston: Harvard Business School Press.

Marrano, M. G., Haskel, J., and Wallis, G. (2009). 'What Happened to the Knowledge Economy? ICT, Intangible Investment, and Britain's Productivity Record Revisited', *Review of Income and Wealth*, 55(3): 686–716.

Martin, B. (2012). 'The Evolution of Science Policy and Innovation Studies', *Research Policy*, 41(7): 1219–39.

Mokyr, J. (2004). *The Gifts of Athena: Historical Origins of the Knowledge Economy*. Princeton: Princeton University Press.

Mowery, D. C., Nelson, R. R., Sampat, B. N., and Ziedonis, A. A. (2001). 'The Growth of Patenting and Licensing by U.S. Universities: An Assessment of the Effects of the Bayh-Dole Act of 1980', *Research Policy*, 30(1): 99–119.

Nelson, R. R., and Nelson, K. (2002). 'Technology, Institutions, and Innovation Systems', *Research Policy*, 31(2): 265–72.

Nicolaou, N., Shane, S., Cherkas, L., Hunkin, J., and Spector, T. D. (2008). 'Is the Tendency to Engage in Entrepreneurship Genetic?', *Management Science*, 54(1): 167–79.

OECD (2002). *Frascati Manual: Proposed Standard Practice for Surveys on Research and Experimental Development*, 6th edn. Paris: OECD.

Perkmann, M. (2009). 'Trading off Revealing and Appropriating in Drug Discovery: The Role of Trusted Intermediaries', *Academy of Management Proceedings*: 1–6.

Pisano, G. P., and Teece, D. J. (2007). 'How to Capture Value from Innovation: Shaping Intellectual Property and Industry Architecture', *California Management Review*, 50(1): 278.

Powell, W. W., Koput, K. W., and Smith-Doerr, L. (1996). 'Interorganizational Collaboration and the Locus of Innovation: Networks of Learning in Biotechnology', *Administrative Science Quarterly*, 41(1): 116–45.

Rogers, E. M. (2003). *Diffusion of Innovations*, 5th edn. New York: Free Press.

Romer, P. M. (1986). 'Increasing Returns and Long-Run Growth', *Journal of Political Economy*, 94(5): 1002–37.

Romer, P. M. (1990). 'Endogenous Technological Change', *Journal of Political Economy*, 98(5): S71–S102.

Saxenian, A. L. (1994). *Regional Advantage: Culture and Communication in Silicon Valley and Route 128*. Cambridge, MA: Harvard University Press.

Scherer, F. M., Harhoff, D., and Kukies, J. (2000). 'Uncertainty and the Size Distribution of Rewards from Innovation', *Journal of Evolutionary Economics*, 10: 175–200.

Schumpeter, J. A. (1911). *Theorie der wirtschaftlichen Entwicklung: Eine Untersuchung über Unternehmergewinn, Kapital, Kredit, Zins und den Konjunkturzyklus*. Berlin: Dunkler & Humblot.

Schumpeter, J. A. (1942). *Capitalism, Socialism, and Democracy*. New York: Harper and Brothers.

Scott, S. G., and Bruce, R. A. (1994). 'Determinants of Innovative Behavior: A Path Model of Individual Innovation in the Workplace', *Academy of Management Journal*, 37(3): 580–607.

Solow, R. M. (1957). 'Technical Change and the Aggregate Production Function', *Review of Economics and Statistics*, 39(3): 312–20.

Sorenson, O., and Stuart, T. E. (2001). 'Syndication Networks and the Spatial Distribution of Venture Capital Investments', *American Journal of Sociology*, 106(6): 1546–88.

Storper, M., and Venables, A. J. (2004). 'Buzz: Face-to-Face Contact and the Urban Economy', *Journal of Economic Geography*, 4(4): 351–70.

Teece, D. J. (1986). 'Profiting from Technological Innovation: Implications for Integration, Collaboration, Licensing and Public Policy', *Research Policy*, 15(6): 285–305.

Tellis, G. J., Prabhu, J. C., and Chandy, R. K. (2009). 'Radical Innovation across Nations: The Preeminence of Corporate Culture', *Journal of Marketing*, 73(1): 3–23.

Tether, B. S., and Metcalfe, J. S. (2003). 'Horndal at Heathrow? Capacity Creation through Co-operation and System Evolution', *Industrial and Corporate Change*, 12(3): 437–76.

Tripsas, M., and Gavetti, G. (2000). 'Capabilities, Cognition, and Inertia: Evidence from Digital Imaging', *Strategic Management Journal*, 21(10–11): 1147–61.

Tushman, M. L., and Anderson, P. (1986). 'Technological Discontinuities and Organizational Environments', *Administrative Science Quarterly*, 31(3): 439.

Tushman, M. L., and O'Reilly III, C. A. (1996). 'Ambidextrous Organizations: Managing Evolutionary and Revolutionary Change', *California Management Review*, 38(4): 8–30.

Utterback, J. M. (1994). *Mastering the Dynamics of Innovation*. Boston: Harvard Business School Press.

von Hippel, E. (1988). *The Sources of Innovation*. New York: Oxford University Press.

von Hippel, E. (1994). '"Sticky Information" and the Locus of Problem Solving: Implications for Innovation', *Management Science*, 40(4): 429–39.

von Hippel, E. (2005). *Democratizing Innovation*. Cambridge, MA: MIT Press.

Winter, S. G. (1987). 'Knowledge and Competence as Strategic Assets', in D. J. Teece (ed.), *The Competitive Challenge Strategies for Industrial Innovation and Renewal*. Cambridge, MA: Ballinger, 159–84.

Womack, J. P., Jones, D. T., and Roos, D. (1990). *The Machine that Changed the World*. New York: Maxwell Macmillan International.

第二部分

创新来源

第3章

营销与创新

贾蒂普·普拉胡(Jaideep Prabhu)

引 言

营销是企业为客户创造价值,并与其构建强有力的关系以获取价值回报的过程(Kolter et al.,2008)。因此,营销既是一种商业哲学(一种在商业上取得成功的方式),也是一种经营职能(营销经理日常工作中的一系列活动)。

另外,创新是对新想法进行的商业开发(Schumpeter,1942;Rosenberg,1982;Von Hippel,1988;Dodgson et al.,2008;Tellis et al.,2009)。因此,创新(以及创新管理)涉及对新想法的识别、发展和开发以创造价值,营销和创新由此紧密联系在一起。正如彼得·德鲁克在多年前所说:"由于商业的目的是创造消费群体,因而商业企业有且仅有两项基本职能……营销及创新……只有营销和创新能产出结果;其他剩下的(环节)都是成本。"(Drucker,2003)具体来说,营销旨在开发与维系客户,为了实现这个目标,需要识别和满足客户不断变化的需求,并为客户提供新的产品或服务,同时寻找新的方式将产品或服务传递给客户,即进行创新。擅长创新的企业通常也擅长营销,反之亦然。

企业中营销影响创新至少有两种方式。首先,营销是企业内部创新的场所之一,由于营销是一种经营职能,营销部门本身就是企业内部创新的产出地之一;其次,营销是企业内部创新的来源之一,由于营销为企业提供成功的经营理念(迎合消费者变化的需求),它也能活跃公司其他部门的创新。此外,开发并以新方式传递新产品或服务的过程,也需要企业内部其他职能部门的参与,如研发部门和运营部门。如前所述,创新的职能交互及系统性的特点,表明它与企业营销部门和其他部门紧密相关。

本章将探索企业中营销影响创新的两种方式。就营销作为创新场所方面,本章将探究三个主要话题。第一,本章将检验企业如何就市场目标群体进行创新,具体包括如何识别新用户群体,如何选择目标群体,以及如何识别新的市场空间;其次,本章将检验企业如何根据市场中的目标群体进行创新,即如何创造新价值以及在产品、价格、推广和配送等方面的创新;第三,本章将检验如何到达目标客户群体市场,如何通过降低成本、实现规模经济以及利用经验(学习)曲线效应以新方式传递新的价值定位。

就营销作为创新来源方面,本章将探究以下话题:(a)企业的市场导向(比竞争对手更好地注重满足客户变化的需求)如何影响企业创新方式;(b)营销如何活跃企业其他部门(通过职能部门间的相互协调来识别和开发新产品或服务,并以新方式传递它们),如研发、人力资源及财务等的创新。

营销中的创新

成功的创新需要解决好三个问题,即针对什么市场(目标客户)、给市场带来什么(价值定位)以及如何到达市场(如何传递价值定位),事实证明,这些也是营销的关键问题。企业内部营销经理,不管是产品经理还是品牌经理,他们的日常工作都在关注这些方面。本节将详细探究这三个问题,并探究在每种情况下,营销如何作为创新的来源之一。本节检验了营销和商业模式创新(采用新方式提供新价值定位,同时以新方式将其传递)的深刻联系(IBM Global CEO Study,2006;Zott and Amit,2008;Johnson et al.,2008;Gambardella and McGahan,2010;Velu et al.,2010)。

在目标客户上的创新

创新是新想法商业化的过程,因此它假定存在新想法商业化的客户群体。具体包括识别客户群体需要进行市场细分、识别客户需求、选择目标细分市场以及以新方式创造或发现市场空间等过程,通常由企业内部的营销部门甚至是营销经理负责。以下部分将针对这些话题对创新进行深入探究。

市场细分及识别客户需求

细分是将市场分为不同群组的过程,这些群组的特征是:(a)有共同的需求;(b)对营销活动(如价格和推广等)有相似的回应。企业通过使用各种数据和方法细分市场,包括调查人口统计学数据(年龄、性别、收入、教育、地理及民族等)、心理统计数据(态度、生活方式以及价值观)、使用率(重度或轻度用户)以及利益需求(便捷性、可负担性以及可获得性等)。如何细分市场是营销促进创新的重要方式,其中主要的范例是由纯粹使用人口统计学方法到使用心理学统计和行为学统计数据的转变。

细分的关键点之一,就是识别客户需求并将其与人口统计学数据结合。营销工作人员一般通过两种方法识别客户需求:(a)定性分析,采用民族志(ethnographic)及投射方法;(b)定量分析,采用调查数据、二手数据以及行为数据。定性方法有助于回答"为什么"的问题,并提供有洞察力的假设;而定量方法则有助于回答"有多少"的问题,并检验假设。营销可通过定性及定量方法来识别客户需求,从而成为创新来源之一。例如,许多方法比如聚焦群体、采访以及调查,依赖于客户能够清晰表达其需求的能力。然而,在全新产品类别(如第一部移动电话的问世)中,客户缺少(产品使用)经验,因此对自身的需求毫无察觉或无法清晰地描述。在这样的情况下,民族志是创新的主要方法,它主要是对客户的习惯进行深入、跨时段的观测,从而对他们的行为、动机和需求进行推论。例如,诺基亚公司运用大量被称为"世界游牧民族"的人类学家与潜在客户共同生活,他们在世界各地旅行,并能通过经验识别客户需求。最终,诺基亚公司将他们的这些观察渗入新型号手机或重新设计的已有型号手机内。

选择目标细分

营销者将市场细分后,他们需要决定新产品或服务潜在的目标细分群体。这一过程称为目标市场选择,它涉及两个相关的问题:(a)选择多少目标细分;(b)选择哪一个细分。解决这些问题,不仅要求营销工作人员对每个细分的客户有充分的了解(他们的购买力、他们的终生消费价值观等),还要能够评估企业在每个细分中相对竞争者而言吸引和保留客户的能力。

寻找及创造新市场空间

企业主要的创新方式是寻找新的市场空间,这些新空间可以是迄今尚未被发掘的现有市场的空白地带或一直被忽视的全新市场。

在现有市场内寻找新空间。当市场成长及成熟时,竞争空间变得越来越拥挤,甚至达到饱和。在这样的情况下,任何新旧参与者都难以通过自身差异化和已有的游戏规则为客户提供新的价值定位。也就是说,企业目前正处于"红海"。为了转移到存在新可能并且竞争较少的"蓝海",企业需要思考如何在市场上进行创新,即创造新的市场空间。至少有六种可能的方式可以实现此目标(Chan and Mauborgne,1999):第一,它们可以在现存的可替代产业间识别空间。例如,家得宝在现存的五金店和建筑承包商的可替代产业间,创造了DIY的市场空间相似地;西南航空公司在现存的长途飞行和汽车租赁的可替代产业间,创造了廉价航空的市场空间。第二,企业可以在产业内部的战略集团(strategic groups)间创造市场空间,例如拉尔夫劳伦POLO集团,在设计师标签和大批量经典间创造了市场空间。第三,企业可以在买家链之间创造市场空间。例如,彭博通过专注于经纪公司内交易员和分析员的需求,而非这些企业内IT经理的需求创造市场空间。第四,企业可以在互补性产品间创造市场空间。例如,Borders通过在图书和休闲产业间创造市场空间进行创新。第五,企业可以通过由情感感染转变为理性感染或相反的方式创造市场空间。例如,星巴克通过使咖啡成为一种生活方式而非简单的产品销售进行创新,而美体小铺通过宣传化妆品功效而非情感进行创新。第六,企业可以通过跨时间考察,并在新趋势产生前,创造市场空间进行创新。例如,思科系统通过互联网将普遍化、高速度数据传输成为主要市场需求时进行创新,创造市场空间。

在新市场中寻找新空间。以上方法注重在已有饱和市场中寻找新空间,而企业同样可以在前所未有的新市场中找到新市场空间。它们可以是一个新的地理空间市场,或是现有市场中一直被忽略的部分。

这类市场中最典型的例子或许是"金字塔底层(BoP)市场",也就是"40亿生活在3 000美元购买力平价以下,占据世界一半人口"的市场(Hammond et al.,2007)。这些消费者通常被营利性企业忽视,但这种忽视在慢慢改变,企业越来越意识到这些客户群体的特点,即(a)越来越有想法和自主性;(b)在数量上非常庞大;(c)以他们为目标群体的竞争相对较少。当然,为了成功地获得和吸引这些客户,需要重大的创新,并且营销在创新推广中作用重大。第一,这些消费者的需求与相对富裕消费者的需求差距很大,由于传统上对该细分市场研究较少,营销工作人员对研究这类消费者的需求贡献巨大。第二,一旦理解他们的需求,企业需要针对其需求提出合适的解决方法,产品必须是简单且可以负担的,配送必须是广泛且节俭的,以及推广必须是与这些消费者的文化和背景相适应的。因此,当企业以金字塔底层市场为细分目标时,营销在保证企业绩效上发挥了重要的作用。

为市场带来什么样的创新能迎合消费者:价值定位

营销作为经营职能的关键部分,占据以产品(或服务)、价格、推广和渠道(或配送)形成的4P模型的核心位置。4P共同造就了企业提供给客户的价值定位。因此,营销经理日常工作的核心在于对4P各方面进行创新,以确保企业提供的价值定位与客户偏好间更加吻合。本节将依次检验4P中各方面的创新。

产品或服务创新

产品(product)是能够提供给市场的可以满足欲望或需求的任何东西(Kotler et al., 2006),它可以是有形的物品,如手机(如 iPhone)、MP3 播放器(如 iPod)或平板电脑(如 iPad);也可以是无形的服务,如隔夜交货(如 UPS)、金融服务(如互联网金融)或休闲空间(如星巴克)等。此外,产品还可以是面向企业的业务(如 SAP 等公司软件)或面向客户的业务(如视频游戏)。

面向产品的创新不仅包括改变它们的设计及特征(如 iPod 的用户界面),也包括改变它们的包装方法(如采用利乐包装的牛奶及果汁)及品牌(扩展品牌,例如当过去制造一次性圆珠笔的 Bic 公司,也开始在相同品牌下生产一次性打火机)。有形产品和无形产品间的界限经常被打破,并且面向有形产品的创新,越来越多地引入无形服务的元素,如便捷性或售后维修(例如,亚马逊不只销售图书和电子阅读器,也销售便利产品及信息),而面向无形服务的创新也会添加有形技术,以巩固服务传递或使用的基础(例如苹果公司不只销售软件,也销售运行这些软件的产品)。

价格创新

在开发适合消费者的价值定位上,营销经理们不仅围绕产品的特征、设计、包装方式或品牌进行创新,他们也经常在价格上进行创新。价格创新有多种形式,包括对个别产品、产品群组(如一系列可替代或互补性产品)或整个产品组合的定价。

围绕个别产品的价格创新包括:参考定价法(产品以低于主要竞争品牌的价格进行销售的一种策略)、心理定价法(价格设计有积极的心理影响,例如将一产品以 1.95 英镑或 1.99 英镑,而非 2 英镑的价格销售)、动态定价法(一种灵活的定价机制,它可使公司调整相同货物的价格以符合客户的支付意愿,例如,航空公司根据客户预订机票的时间,收取不同的机票价格)、"随你付"(pay what you want)定价法(买家对给定商品支付任何想要支付的价格,有时包括零),以及免费增值(freemium)定价法(基本产品和服务免费,但对于更高端的外观、功能、相关产品和服务上的使用则收取附加费)等。

围绕产品群组的价格创新包括:捆绑(将几个产品组合成一个产品,并以少于各产品价格之和的价格进行销售的一种策略)、特价销售法(Loss leader or leader pricing,一个产品以低价销售以刺激其他可盈利产品的销售，例如，企业以低廉的价格销售剃刀，而在刀片销售上获利），以及高昂诱饵法（premium decoy）定价策略（一个产品的价格定得特别高，以增加较低定价产品的销售）等。

最后，围绕产品组合（如零售业）的价格创新包括：高-低定价法（high-low pricing，组织提供的产品和服务通常比竞争者高，但通过推广、做广告及优惠券等方式，将关键商品的低价信息传递给客户），以及日常低价法（everyday low pricing，消费者在不需要等待降价出售或比较购物的情况下，总是可以期待较低的价格，如沃尔玛）等。

推广创新

推广是营销创新者使用的一个复杂但强有力的工具，就其本身而言，推广有许多不同的形式，包括做广告、促销、公共关系、竞赛以及赞助等。近年来技术创新例如互联网和手机（伴随着人口统计学特征和生活方式的转变）的快速扩散，已经在企业的推广方式上引发了一场革命。

大众传播工具占据主导地位是20世纪的一大特点，如收音机、电视机以及60秒插播广告（60 second spot）。主流的推广模式是"干扰模式"（interruption model），在这个模式里，广告商在使用赞助公司的信息"干扰"消费者的日常生活。

在21世纪，这一模式让位于"许可模式"（permission model），即广告商请求消费者许可，在消费者偏好的时间，通过其选择的媒介传递公司的赞助信息。的确，鉴于社会媒体的民主化，消费者越来越积极地寻找企业或产品本身的信息，甚至是以个人（如通过博客）或集体（如在Facebook上建立品牌社区）的方式创造自己的信息源。在这种变革及权力由生产者（以及广告商）转移到消费者的背景下，推广创新甚至也可以说是从企业方转移到了客户方。而具有创造力的企业也在运用社交媒体监督和参与消费者主导的推广计划，从而实现其产品推广方式上的创新。越来越多的企业开始运营它们自己的Facebook上的主页，有组织地使用Twitter发送消息和接近重要的利益方，并雇用由公司赞助的博主撰写关于企业的产品和活动。新设备如TiVo的出现，甚至使得电视广告都发生了变化，它可以让客户在观看何种广告及何时观看广告上变得更为主动。并且，互联网越来越多地被企业利用，以确保其广告定位于积极关注企业产品的高价值客户。

渠道或配送创新

配送是让产品和服务从企业到客户的过程。在互联网技术被广泛应用之前，即使是数据产品（digitizable products），如音乐、图书以及新闻，也需要某些形式的物理配送链。因此，配送对于音乐零售商、实体书商、报刊经销商而言十分重要。但近年来，由于互联网技术（以及随后的移动电话和高速宽带）的发展，企业可直接将音乐、新闻或图书带给消费者，促进亚马逊等虚拟书商、Kindle等电子阅读器以及iPod和iTunes等消费电子设备（以及生态系统）的发展。即使在物流配送体系中，移动电话、互联网以及宽带也都促进了供应链管理及物流的流程创新。

随着技术的进步，交换不仅发生在企业和消费者之间，也发生在消费者之间，如P2P（或人对人）的交换（平台）可能是由企业作为媒介的（例如eBay的产品和服务案例，或Zopa的人人贷案例)。随着移动支付解决方案的出现(已经存在于非洲和亚洲国家),P2P 创新可能是 21 世纪营销者创新产品及服务配送方式的重要方面。

如何实现目标客户市场的创新:传递价值定位

营销经理们不仅围绕目标群体是谁,以及将什么引入目标市场进行创新,他们同样围绕如何到达客户市场进行创新,即如何以一种高效且有效的方式传递价值定位,这类创新大部分集中于如何降低营销运营成本。为实现该目标,企业以三种方法进行创新:(a)降低固定成本;(b)实现规模经济;(c)降低可变成本。本节将依次讨论以上各种策略。

降低固定成本

企业可以通过三种创新方法来降低制造、配送和推广产品和服务的固定成本,包括:外包(以降低制造成本)、特许经营(以降低配送成本)以及无品牌仿制(以降低广告/推广成本)。

通过外包产品部件或整个产品的制造,企业节约了建立和维护工厂和全职员工所需要的固定成本,这一策略在大宗商品业务上(该业务上市场比任何个体企业都更有效率)的效果尤其显著。此方式不仅帮助公司在提高效率的同时节约成本,同时也有助于拓宽企业的管理时间,帮助其集中于其他营销活动,例如品牌化与差异化。因此,耐克公司几乎不涉及产品制造,而是更注重设计和品牌化活动,这些活动使其在快速变化的产业中,面对激烈的竞争仍然保持全球影响力。类似地,印度电信服务提供商 Bharti Airtel 选择外包其关键业务,例如建立和维护网络设备(给爱立信)以及客户账单(给 IBM),因而降低了固定成本,并留出时间专注于快速获得更多能负担其产品价格的客户。

特许经营,最早由 19 世纪美国的缝纫机公司 Singer 开创,已经成为来自不同产业企业采用的主要方式,如快餐及零售。在短时间内,企业无须建立和维护物理配送系统带来的巨大固定成本,便可实现全球配送链建立。除成本和时间效率优势外,特许经营同样降低了特许经营企业的风险。

最后,许多企业通过销售无品牌的仿制产品,避免了在产品广告和推广中的固定成本。这一策略在零售连锁企业中非常流行,它们以低价为到店客户提供品牌产品的无牌版本,如谷物、啤酒、牛奶、鸡蛋及面包(通常品质相同)。这一策略同样在制药产业可以看到:一旦药物专利过期,仿制药企业立即开始生产品牌药的无牌版本。这些仿制药的优势就在于无须耗费巨大的开发、检测药物的研发固定成本。

实现规模经济

企业间接降低固定成本的一个强有力方法是实现规模经济。例如,通过追求市场份额,企业可以将其制造、配送和推广的固定成本分散给大量的消费者,进而降低单位成本,此策略在日用品行业和固定成本非常高且市场需求很大的行业中非常盛行。如电信、电力、邮政、航空和国防等产业偏向于资本密集型,它们通常是归国家所有及由国家维护的自然垄断。随着技术的进步及最小有效规模的缩小,这些部门越来越趋向去管制化,而高额的固定成本意味着几个市场份额较大的企业依然占据主导地位。此策略同样在大型快消企业(如联合利华和宝洁)中非常流行,这些企业将追求日用品(如肥皂盒、洗发水)的较大市场份额作为提升规模经济的方式之一。

降低可变成本

随着企业在制造产品上积累更多的经验,它们的单位制造成本也呈指数式下降,积极追求"经验曲线"效应是企业减少可变成本的强有力方式。在成本高昂的行业,学习效应促使企业较早进入该行业并为竞争者设置进入壁垒,或者推动企业进行研发以识别新的流程技术(企业可能进入完全不同的学习曲线),从而在初始阶段就具有更低的成本。但是,追求经验曲线的缺点在于,它并不一定能给企业提供长期的竞争优势,因为其他企业同样也在学习。

营销如何活跃企业其他部分的创新

创新至少包括三个阶段:想法的识别、将想法应用于产品开发和工艺改进,以及对这些流程或产品的商业化(Chandy et al.,2006;Yadav et al.,2007)。正如上文讨论,企业内的营销部门在每个阶段都具有重要的作用:首先,营销有助于识别未被满足或最新的客户需求,进而对企业及各部门提供有效反馈;其次,营销有助于设计并测试样品,以确保它们能够满足客户的要求,进而促进企业发展;最后,营销有助于加速市场内对产品或服务的采用过程,进而促进商业化。然而企业内的其他职能部门,如研发、运营以及财务,同样也在每个阶段起到重要的作用。因此,营销能够通过与企业内其他部门的合作促进成功的创新的产生。

本节阐述营销如何活跃企业其他部分的创新活动,主要讨论的话题如下所示:第一,本节讨论了营销如何活跃企业的战略导向,并推动企业创新活动中部门间的协调,其中的一个重点是市场导向的概念,即为了存活和发展,企业需要具备系统性收集、分析及回应客户和竞争者信息的能力;第二,探讨了高管(包括营销高管)在企业创新驱动中的作用;第三,与领导力问题相关,即人力资源部门(与营销有关)在创造和培育企业创新文化上的作用;第四,探究了营销和研发在将想法转为产品及流程过程中的关系;第五,检验了营销和财务在创新商业化中的相互作用。

市场导向及部门间协调

自科利及贾瓦斯基(1990)的研究之后,主流研究开始关注营销如何影响企业的生存和发展(Narver and Slater,1990;Jaworski and Kohli,1993,1996;Kohli et al.,1993)。该领域研的研究主要结论表明,市场导向更明显的企业具有更高的创新性(Athuene-Gima,1995,1996;Ottum and Moore,1997;Han et al.,1998;Hurley and Hult,1998;Narver et al.,2000;Frambach et al.,2003)和更高的长期盈利能力。

市场导向涉及组织范围的市场情报产出、跨部门的情报扩散以及组织范围对情报的回应(Kohli and Jaworski,1990)。因此,市场导向型企业拥有与企业内部其他职能部门(例如研发和运营)合作更为密切的积极营销部门,他们能够识别新市场机会、并设计新产品和服务以应对这些机会,进而在竞争发生之前实现商业化推广。因而在市场导向型企业里,营销部门在驱动和协调其他部门的创新上发挥了核心作用。

首席执行官（CEO）、首席营销官（CMO）和创新

高管在驱动企业创新上具有重要的作用。波士顿咨询公司（BCG）的意向调查研究发现，45%的经理认为公司的CEO是其公司内驱动创新的最大力量（Boston Consulting Group，2006）。商业媒体中也充斥着CEO在推动其企业创新中的作用的传奇故事，例如斯蒂夫·乔布斯、安迪·格罗夫以及戈登·摩尔等。

高管驱动企业创新的方式至少有四种（Tellis et al.，2009；Boyd et al.，2010）：第一，高管帮助识别新的市场机会，并引导企业内其他人关注这些机会；第二，高管决定企业创新相关投资的水平及类型；第三，高管决定企业与主要创新相关利益方的关系，如与主要客户、投资者、联盟合作伙伴以及雇员的关系；最后，高管驱动企业内决定其创新文化的态度及行动。

鉴于高管在驱动企业创新中的重要作用，研究中已使用多种方式检验何种类型的经理能更好地发挥作用。其中一种方式是检验高管的教育和经验，并将它们作为预测和解释高管对创新的关注度的途径之一。如一些研究表明，有结果导向型部门工作经验的高管（如营销、研发以及销售）比生产能力导向型部门有经验的高管（如会计、生产、行政及法律）更关注产品创新（Hambrick and Mason，1984；Finkelstein and Hambrick，1996）。而其他研究表明，关注未来及企业外部实体的CEO，更有创新性（Yadav et al.，2007）。整体来看，大量研究表明，营销（以及相关部门如销售）在企业内通过CEO或其他拥有营销或销售背景的高管驱动创新。

营销与人力资源：创造创新文化

企业的关键挑战之一不仅是创造价值，还包括占有价值，即使企业管理层设法使新事物得以发展，它们在商业化过程中也可能会失败。的确，那些过去在创新上成功的企业，特别容易受未来新产品商业化的影响。这是因为它们在现有市场和技术上所作的努力，使它们难以关注于新的市场和技术（Christensen，1997；Chandy and Tellis，1998）。例如，作为一家在将近一个世纪里创造及占领影像胶片行业的柯达公司，尽管最先发明了数码相机，但在数码摄影时代却无法延续往日的辉煌（Munir，2005）。类似地，作为复印机先驱者的施乐公司，在帕罗奥图研究中心（Palo Alto Research Center，PARC）发明了所有未来无纸化办公的关键元素（包括台式电脑、鼠标、电子邮件、以太网和打印机等），但并未成功将任何一种发明进行有效的商业化推广。

因此，与技术相比，组织是商业化的一大障碍。此问题的解决方法在于文化，即对企业内的态度和行动的管理。营销、创新和人力资源的联系在此时交织在一起，营销的优势在于商业化和市场；人力资源的优势在于文化创造；而创新则是组织、技术和市场之间的连接因素。在组织基因（organizational DNA）内拥有关键态度及行动的企业，比那些没有这些态度和行动的企业更容易实现创新。这里的"关键态度"有三种：对未来市场和技术的关注（不仅是现在的市场和技术）；拆解现有产品和服务以支持新产品及服务的意愿；必要时

承担风险的意愿。而支持这些态度需要三种关键行动：（a）使用产品推动者（企业各层员工都有识别及推进新想法的权利）；（b）运用非对称激励（奖励成功并在一定程度内忍受失败）；（c）使用内部市场及竞争以打破垄断、防止自满或组织惯性（Tellis et al.，2009）。而创造这样的创新文化需要企业营销部门、人力资源部门及部门经理间的密切合作。

营销与研发：商业化和互补性资产

在许多企业里，特别是行业中的大企业（如汽车、制药、消费类电子产品、食品以及快速消费品），其创新的核心部门是研发部门。这样的企业拥有巨大的研发部门，该部门拥有大量的预算、大量的科技人员以及较深的专利池（patent pool）。这些企业的研发部门开发、检测新技术，并且在许多情况下可以识别新技术通向市场的途径，对于这些研发驱动型企业，营销同样具有重要的作用。例如，由于营销与消费者的密切联系，它可以将研发导向新的市场机会，并最终决定研发部门的项目。然而，营销在创新过程中的关键作用通常是促进新产品和服务的商业化。即使在研发密集型和技术驱动型产业（如制药）中，企业的营销资源［例如销售力（saleforce）］及其营销资产（如品牌）也可以在获取研发创造的价值中起到重要的作用。具体地，互补性资产例如广告和销售力（产品支持），通过有利于促进更多客户更快地采用新产品，提升了企业新产品的有效性。

营销在传统研发驱动型企业中的另一个重要作用体现在它与外部利益方（如客户、供应商、竞争者以及合作伙伴）（Prabhu et al.，2005；Rao et al.，2008）的联系。即使是大型研发驱动型企业（例如宝洁）也正在转向开放式创新模式（高达 50% 的企业新想法来自企业外部），说明营销对该模式的作用越来越重要（Rigby and Zook，2002；Chesbrough，2004；Huston and Sakkab，2006）。营销与领先用户的关系可以使公司获得新想法的反馈，也可以为企业将新想法引入市场带来早期及相对低风险的反馈（Von Hippel，1986）。一般来说，营销建立的与消费者之间的良好关系，可以使企业在创新过程中获得越来越多消费者的参与（Prahalad and Ramaswamy，2000；O'Hern and Rindfleisch，2009；Hoffman et al.，2010；Hoyer et al.，2010）；营销与供应商的良好联系，同样有助于应对新产品所接受的挑战（企业缺少的或消耗时间的或价格高昂的）。

营销与财务

财务部门在公司内部的作用是最大化现金流及股东价值，其中暗含了营销、财务和创新之间的作用关系。鉴于营销在促进企业获取其新产品内在价值上的作用，营销有助于企业更好地履行对股东的义务（Chaney et al.，1991；Sood and Tellis，2008）。营销资产（如品牌）和营销工具（如销售力和广告）促使消费者更快接纳其产品和服务，因此在增加企业现金流的同时增加了其净现值（Sorescu et al.，2003；Sorescu et al.，2007）。

企业越来越多地管理与创意和知识来源（如大学）的关系，而不仅是与消费者之间的关系，这些关系通常由企业内部的营销执行官负责管理。研究表明，大学不仅是提供解决企业问题的新想法和方案的重要来源之一，同样也能为企业提供合法性，进而增加它们获得关键资源（包括融资）的能力（Zucker et al.，1998）。例如，生物科技的新创企业如果在其董事会拥有著名科学家,将比那些没有的企业更吸引风险资本,并在开售新产品时获利更多(Rao et al.,2008)。因此,营销不仅是管理与客户的关系,通过对与其他关键利益方(如科学家和投资者)关系的管理,营销可以通过获取想法、增加合法性及吸引投资实现其创新目标。

结　　论

本章考察了营销影响企业创新的两种主要方式。首先,本章检验了营销如何成为企业内部培育创新的场所;其次,本章检验了营销如何成为企业内部创新来源之一。

就营销作为创新场所方面,本章检验了三个主要问题:(a)针对谁的市场(目标客户);(b)给市场带来什么(价值定位);(c)如何获取市场(如何传递价值定位)。

就营销作为创新来源之一方面,本章主要考虑:(a)企业的市场导向如何影响企业创新方式;(b)高管的作用,特别是高级营销经理在企业内驱动创新的作用;(c)通过职能部门间协调来识别和开发新产品或服务,并以新方式传递它们,营销如何活跃企业其他部门(如研发、人力资源及财务)的创新。

通过强调这些话题,本章试图展现营销促进企业创新的多样化方式。这一影响,虽然在过去数十年间时有发生,但在近年有快速增长的势头。随着消费者权利的提升以及技术对企业和消费者边界的打破,营销在创新中的作用将比以往更为重要。因此,研究其中关系的学者和企业管理者,可能会发觉它们还需要为探索新世界付出巨大努力。在这个新世界中,营销和创新的关系,正如彼得·德鲁克(1974:54)所说:"两项基本职能……营销及创新……只有营销和创新能产出结果,其他环节都是成本。"

参 考 文 献

Athuene-Gima, K. (1995). 'An Exploratory Analysis of the Impact of Market Orientation on New Product Performance', *Journal of Product Innovation Management*, 12: 275–93.

Athuene-Gima, K. (1996). 'Market Orientation and Innovation', *Journal of Business Research*, 25(2): 93–103.

Boston Consulting Group (2006). *Innovation 2006*. Boston: Boston Consulting Group.

Boyd, J. E., Chandy, R. K., and Cunha, M. Jr. (2010). 'When Do Chief Marketing Officers Affect Firm Value? A Customer Power Explanation', *Journal of Marketing Research*, 47: 1162–76.

Chan, W., and Mauborgne, R. (1999). 'Creating New Market Space', *Harvard Business Review*, January.

Chandy, R. K., and Tellis, G. J. (1998). 'Organizing for Radical Product Innovation: The Overlooked Role of Willingness to Cannibalize', *Journal of Marketing Research*, 35(4): 474–487.

Chandy, R., Hopstaken, B., Narasimhan, O., and Prabhu, J. (2006). 'From Invention to Innovation: Conversion Ability in Product Development', *Journal of Marketing Research*, 43(3): 494–508.

Chaney, P. K., Devinney, T. M., and Winer, R. S. (1991). 'The Impact of New Product Introductions on the Market Value of Firms', *Journal of Business*, 64(4): 573–610.

Chesbrough, H. (2004). *Open Innovation*. Cambridge, MA: Harvard Business School Press.

Christensen, C. M. (1997). *The Innovator's Dilemma: When New Technologies Cause Great Firms to Fail*. Boston: Harvard Business School Press.

Dodgson, M., Gann, D., and Salter, A. (2008). *The Management of Technological Innovation: Strategy and Practice*. Oxford: Oxford University Press.

Drucker, P. (1974). *Management: Tasks, Responsibilities, Practices*. Oxford: Butterworth Heinemann.

Drucker, P. (2003). *The Essential Drucker: The Best of Sixty Years of Peter Drucker's Essential Writings on Management*. London: Harper Collins.

Finkelstein, S., and Hambrick, D. (1996). *Strategic Leadership: Top Executives and Their Effects on Organizations*. St. Paul, MN: West Publishing Co.

Frambach, R. T., Prabhu, J., and Verhallen, T. (2003). 'The Influence of Business Strategy on New Product Activity: The Role of Market Orientation', *International Journal of Research in Marketing*, 20(4): 377–97.

Gambardella, A., and McGahan, A. (2010). 'Business-Model Innovation: General Purpose Technologies and their Implications for Industry Structure', *Long Range Planning*, 43(2–3): 262–71.

Hambrick, D., and Mason, P. A. (1984). 'Upper Echelons: The Organization as a Reflection of its Top Managers', *Academy of Management Review*, 9(2): 193–206.

Hammond, A., Kramer, W., Katz, R., Tran, J., and Walker, C. (2007). 'The Next Four Billion: Market Size and Business Strategy at the Base of the Pyramid', *World Resources Institute*.

Han, J. K., Kim, N., and Srivastava, R. K. (1998). Market Orientation and Organizational Performance: Is Innovation a Missing Link? *Journal of Marketing*, 62: 30–45.

Hoffman, D. L., Kopalle, P. K., and Novak, Th. P. (2010). 'The "Right" Consumers for Better Concepts: Identifying Consumers High in Emergent Nature to Develop New Product Concepts', *Journal of Marketing Research*, 47: 854–65.

Hoyer, W., Chandy, R., Dorotic, M, Krafft, M, and Singh, S. (2010). 'Customer Participation in Value Creation', *Journal of Service Research*, 13(3): 283–96.

Hurley, R. F., and Hult, G. T. M. (1998). 'Innovation, Market Orientation, and Organizational Learning: An Integration and Empirical Examination', *Journal of Marketing*, 62: 42–54.

Huston, L., and Sakkab, N. (2006). 'Connect and Develop: Inside Procter & Gamble's New Model for Innovation', *Harvard Business Review*, 84(3): 58–66.

IBM Global CEO Study (2006), *Expanding the Innovation Horizon*. IBM Global Business Services. Available at <http://www-07.ibm.com/sg/pdf/global_ceo_study.pdf> (accessed 7 February 2011).

Jaworski, B. J., and Kohli, A. K. (1993). 'Market Orientation: Antecedents and Consequences', *Journal of Marketing*, 57: 53–70.

Jaworski, B. J., and Kohli, A. K. (1996). 'Market Orientation: Review, Refinement, and Roadmap', *Journal of Market Focused Management*, 1(2): 119–35.

Johnson, W., Christensen, C., and Kagermann, H. (2008). 'Reinventing Your Business Model', *Harvard Business Review*, 86(12): 50–9.

Kohli, A. K., and Jaworski, B. J. (1990). 'Market Orientation: The Construct, Research Propositions, and Managerial Implications', *Journal of Marketing*, 54: 1–18.

Kohli, A. K., Jaworski, B. J., and Kumar, A. (1993). 'MARKOR: A Measure of Market Orientation', *Journal of Marketing Research*, 30: 467–77.

Kotler, P., Armstrong, G., Brown, L., and Adam, S. (2006). *Marketing*, 7th edn. Harlow: Pearson Education Australia/Prentice Hall.

Kotler, P., Wong, V., Saunders, J., Armstrong, G., and Wood, M. B. (2008). *Principles of Marketing: Enhanced Media European Edition*. London: Prentice Hall.

Munir, K. A. (2005). 'The Social Construction of Events: A Study of Institutional Change in the Photographic Field', *Organization Studies*, 26(1): 93–112.

Narver, J. C., and Slater, S. F. (1990). 'The Effect of a Market Orientation on Business Profitability', *Journal of Marketing*, 54(4): 20–35.

Narver, J.C., Slater, S. F., and MacLachlan, D. (2000). 'Total Market Orientation, Business Performance and Innovation', Marketing Science Institute, Working Paper Series, Report No. 00-116.

O'Hern, M. S., and Rindfleisch, A. (2009). 'Customer Co-Creation: A Typology and Research Agenda', in N. K. Malholtra (ed.), *Review of Marketing Research*, Vol. 6. Armonk, NY: M.E. Sharpe, 84–106.

Ottum, B. D., and Moore, W. L. (1997). 'The Role of Market Information in New Product Success/Failure', *Journal of Product Innovation Management*, 14: 258–73.

Prabhu, J. C., Chandy, R. K., and Ellis, M. E. (2005). 'Acquisition and Innovation in High-tech Firms: Poison Pill, Placebo, or Tonic?', *Journal of Marketing*, 69(1): 114–30.

Prahalad, C. K., and Ramaswamy, V. (2000). 'Co-Opting Customer Competence', *Harvard Business Review*, 78: 79–87.

Rao, R. S., Chandy, R. K., and Prabhu, J. C. (2008). 'The Fruits of Legitimacy: Why Some New Ventures Gain More from Innovation than Others', *Journal of Marketing*, 72(4): 58–75.

Rigby, D., and Zook, C. (2002). 'Open-Market Innovation', *Harvard Business Review*, 80(10): 5–12.

Rosenberg, N. (1982). *Inside the Black Box: Technology and Economics*. Cambridge: Cambridge University Press.

Schumpeter, J. (1942). *Capitalism, Socialism, and Democracy*. New York: Harper.

Sood, A. and Tellis, G. J. (2008). 'Do Innovations Pay Off? Total Stock Market Returns to Innovation', *Marketing Science*, 28(3): 442–56.

Sorescu, A. B., Chandy, R. K., and Prabhu, J. C. (2003). 'Sources and Financial Consequences of Radical Innovation: Insights from Pharmaceuticals', *Journal of Marketing*, 67: 82–102.

Sorescu, A. B., Chandy, R. K., and Prabhu, J. C. (2007). 'Why Some Acquisitions do Better than Others: Product Capital as a Driver of Long-term Stock Returns', *Journal of Marketing Research*, 44(1): 57–72.

Tellis, G. J., Prabhu, J. C., and Chandy, R. K. (2009). 'Radical Innovation across Nations: The Preeminence of Corporate Culture', *Journal of Marketing*, 73(1): 3–23.

Velu, C., Prabhu, J. C., and Chandy, R. K. (2010). 'Evolution or Revolution: Business Model Innovation in Network Markets', Working Paper, Judge Business School, University of Cambridge.

von Hippel, E. (1986). 'Lead Users: A Source of Novel Product Concepts', *Management Science*, 32(7): 791–805.

von Hippel, E. (1988). *The Sources of Innovation*. New York: Oxford University Press.

Yadav, M. S., Prabhu, J. C., and Chandy, R. K. (2007). 'Managing the Future: CEO Attention and Innovation Outcomes', *Journal of Marketing*, 71: 84–101.

Zott, C., and Amit, R. (2008). 'Exploring the Fit between Business Strategy and Business Model: Implications for Firm Performance', *Strategic Management Journal*, 29(1): 1–26.

Zucker, L. G., Darby, M. R., and Brewer, M. B. (1998). 'Intellectual Human Capital and the Birth of US Biotechnology Enterprises', *American Economic Review*, 88(1):290–306.

第4章

科学、技术和商业创新

莫林·麦凯尔维(Maureen Mckelvey)

引　言

　　这一章主要讨论了科学、技术和商业创新之间的相互关系。科学和技术是一个较为宽泛的概念,主要是指新知识和产品的创造、发展以及应用,本章我们将重点聚焦于科学及其与创新管理的关系。

　　本章将首先回顾涵盖不同组织的、各种类型的知识的发展情况,以及在不同行业内如何处理科学与商业之间的关系。管理人员需要考虑如何处理科学和技术的发展过程中的不确定性问题,还需要考虑什么样的改进能够促进公司未来的发展。他们也必须考虑在科学和技术发展过程中所涉及的不同类型的组织,特别是如何处理大学与行业之间的关系。因此,本章的内容将探讨如何"管理"科学和技术,以及在哪些行业需要重点考虑这些问题。

　　在科学、技术和商业创新的联系过程中的一个特点是,政府以及教育和研究机构的公共财政在其中扮演着重要的角色。虽然公共和私有投资对于刺激商业创新,如产品、流程、服务等,都具有重要的作用,但公共投资占其中的绝大多数。科学、商业研究以及开发活动,能够帮助更新技术机会在社会上的可得性(Sherer,1965)。对于很多不同类型的公司来说,科学和技术是知识的关键来源,也是商业机会产生的源泉。它们对于社会更广泛的影响在于为政府在科学和教育系统的投资提供依据。

　　因此,在探讨科学和创新之间的关系时,不仅需要关注公司,还需要关注与该领域知识相关的公共部门。社会中存在一些专门进行科学研究的组织,例如,大学和公共研究机构等相关的主体,而这些组织的资金主要来源于科学和教育系统的公共资金。因此,对于不同行业、具有某些特定的公司而言,管理与这类组织之间的关系显得尤为重要。

　　为了将科学和技术知识更好地融入商业创新过程中,公司需要建立与大学之间的合作网络。科学还有可能促进新的组织形式的出现,例如,创业企业和学术创业的诞生。

　　本章的第二部分讨论了科学和技术的属性;第三部分介绍了公共政策的重要作用;第四部分研究了基于科学的产业;第五部分考虑了大学和行业之间的联系,以及联盟的不同合作动机和渠道;第六部分讨论了科学在创业企业和学术创业中的作用;最后,从未来面临的挑战上对本章进行了简单归纳总结。

科学研究与技术

关于科学和技术的定义与区分方法有很多,同时,区分不同类型的研究的方法也多种多样。区分这两个概念是为了帮助理解商业如何进行创新管理,以及公共部门所扮演的角色。

科学是指那些积累的系统性知识,以及研究组织的研究成果。科学常常与技术相对,它们被看作不同类型的知识,并且对新的商业机会有着不同的影响。

经济合作与发展组织(OECD,以下简称经合组织)长期以来都擅长测量、收集与科学、技术、创新相关的数据,它给出的定义有助于理解科学争论和跨国数据的发展。在1963年,经合组织在推出的弗拉斯卡蒂手册(*Frascati manual*)中对以下三种不同类型的研究进行了详细定义:

基础研究(basic research):是一种实验性或理论性的工作,目的是在不依靠任何特殊的应用方式下,获取隐藏在已有现象和现实中的新知识。

应用研究(applied research):是一种瞄准特定现实目标,为了获取新知识而进行的初步调查。

实验发展(experimental development):是一种系统性的工作,通过研究或者实践经验在现有知识的基础上获取新知识,主要是为了创造新材料、产品、设备,或是运用新的流程、系统、服务,也可显著提高现有生产和技术。

以上关于三种不同的研究的定义逐渐成为标准定义,并且在全球的国家统计中应用广泛,它们有效地将更加基础的科学从技术发展工作的概念中区分开来。

基于新奇程度的分类方法,同样有助于理解科学及其对商业创新的影响。根本性创新就是来源于知识的较大进展,这种进展通常会带来新的准则和范式。这种根本性改变在被公司投入实践之前,要求科学和技术在某些领域产生新的知识。渐进式创新,例如风力涡轮机的提升,通常基于对已有的主流设计或技术范式的微小或积累式的改进(Abernathy & Utterback,1978;Dosi,1982;Kuhn,1974)。

在传统科学的经济学中,动机和制度结构(促使个人聚焦于科学或者技术以及实用的结果上)是区分科学和技术的关键起点(Partha & David,1994)。不过,南丁格尔则调查了不同的解决问题方法的认知基础(Nightingale,1998),他强调科学和技术之间有着关键的差别,科学是从已有条件出发去寻找未知的结果,而技术和创新是受到结果想法的驱动,研究者试图去获得产生该结果所需的各种条件。

一系列文献如经济史、科学和技术史、科学经济学、创新研究等,已经发展出了更多关于科学和技术定义的细微差别以及更多对科学和技术之间的关系的理解。例如罗森博格(Rosenberg)和柏泽尔(Birdzell)、普莱斯(Price)、莫克尔(Mokyr)、麦克洛斯基(McCloskey)、冯·藤泽尔曼(Von Tunzelmann)等已经在关于科学和技术发展的动态方面以及它们对经济增长的后续影响上做了深入而细致的研究。

这些概念性和实证性研究,为如何区分涉及商业创新和经济增长的科学和技术提供了参考，但以往的案例研究也证实了，以研究意图为基础来定义和明确区分科学和技术之间的关系是十分困难的。在实际中，个人和组织通常是在多种目的的情况下，利用不同类型的知识进行科学和技术的研究。

在一些案例中，解决公司里某些特定的技术问题还需要基础研究（Rosenberg,1994），制药行业对于生物技术的早期应用便是例证。对于生物技术的创业公司来说，它们需要基础科学研究来证明其想法的可行性和它们研究成果的质量，同时还需要开发互补性资产以及与现有的制药公司建立网络关系（McKelvey,1996）。

在其他的一些案例中，拥有关于某个技术应用领域详细和系统的实践知识，能够促进工程领域进行更多的基础研究和设计轨道（Vincenti,1990）。斯托克斯介绍了一种名为"受应用启发的基础研究"（use-inspired basic research）的想法，他认为这是解决特定科学问题的关键（Stokes,1997）。因此，关于知识如何在社会中发展的实际细节问题通常会涉及这类研究的模糊脉络。

科学和公共政策

这一部分将讨论开展科学、为政府资金提供理论依据，以及如何在私人和公共资金之间进行权衡。政府和公共投资在科学和教育系统的资金方面扮演着主要角色，从而刺激新科学成果的产生、培养受教育的个体。因此，和科学相关的创新管理问题可以通过相关的公共政策和公共产品对企业战略的引导来制定框架。

科学和大学系统在第二次世界大战以后大幅扩张。科学大部分由高等学校、公共研究机构等基于公共财政的组织实施，同时科学研究也会在一些公司、工业机构和非政府组织（NGOs）间进行，它们的资金也可能来自私人渠道。研究中的公共资金和私人资金之间的平衡状态会随时间发生变化，最近几年，尤其是在欧洲和美国，高校融资发生了明显的转变：逐步从公共资金转向私人资金和竞争性的研究补助（Geuna,1999）。与此同时，在经济衰退期和经济危机时，企业会减少它们在研究和开发上面的支出，且更依赖于公共财政融资。

研究和信息作为公共产品的独有特征，能够解释为什么全世界的政府对大学和公共研究机构进行大规模投入。2010年，经合组织国家在研发上大约投入了9 680亿美元，并拥有420万研发人员。在研究方面的公共财政投入，尤其是对高等学校和公共研究机构的投入，其原理与知识的特色性质相关。科学知识作为一种公共产品，一旦被发现，能够被很多人在同一时间同时使用，并且很难去阻止别人不去使用。

对基础科学进行资助的理论根据主要是关于市场失灵的论断，这主要与信息和知识的特性有关。由阿罗（Arrow）和纳尔逊（Nelson）设立的奖学金建立了公共资金在科学领域投入的经济基础，刺激了私人部门对研发的投入。

信息和知识是典型的公共产品，或者说是具有公私共有特性的产品。它们其中的一个特性便是非竞争性，即意味着一个人使用知识，并不能够阻止别人去使用相同的知识。从长期来看，这将带来知识在组织或部门之间的溢出，进而提高生产规模使得所有的组织或部门受益。信息和知识的另一个特性是非排他性,这个特性意味着一旦信息被创造出来,别人可以获得这个信息,知识也就通过这样的渠道扩散开来。

知识的非竞争性和非排他性的特点,可以帮助解释企业制定策略的原理。短期来看,企业希望控制它们的研发成果不外泄,因为它们需要利用研发的保密性和先驱优势和专利战略去实现商业创新(Cohen、Nelson & Walsh,2004)。然而,公司也会从广泛地获取科技信息和知识的过程中获益。从长期来看,这种知识的扩散效应或者说是我们通常所认为的溢出效应,会对整个经济的发展带来积极效果。

创新经理的职责就是指挥公司进行创新和技术相关问题的调查,例如,公司应该对研发投入多少资金,它们如何从对研发部门和科技人员的投资中获益。专属权问题(appropriability problem)反映了发明者在某种程度上已经意识到研发投入的价值,或者说获得的回报,关于专属权的理解涉及研发给公司和行业的特征所带来的价值(Winter,2006)。在温特(Winter)关于专属权的根本问题的分析中,他认为蒂斯(Teece)所做的贡献中的一个关键部分是,他强调了创新者对于互补性资产的获得是专属权问题的一部分,承包问题也会超越发明者本身。

这种观点的含义是,科学和技术知识(在被视为公共产品的同时)还需要同时被认为具备私有物品的特性。在这种情形下,没有经过深入了解,这种知识很难被转移到其他组织中,因而就可以通过互补性资产对知识进行保密或保护。例如,专利是在制药行业中有效的保护措施,但在这个行业中流程创新的保密更为重要。针对公司经理的问卷调查产生的实证结果显示,他们采用不同的方式来保护或者是独占投资于知识创造和扩散所带来的回报(Levin et al.,1987)。

能被公司发展和应用的知识的本质,会影响他们决定是否对研发和内部技术员工进行投资,以及是否利用网络从外部获取信息和知识。从公司角度来说,不同类型的专属性制度和互补性资产的关键作用,对于帮助他们从想法中获取价值至关重要(Teece,1986)。

以科学为基础的产业

一些工业部门和企业相比于其他部门或企业,在创新和发展过程中对科学的直接依赖性更强。帕维特在其提出的经典部门分类方法中,考虑了以科学为基础的产业的特征(Pavitt,1984)。

帕维特将以科学为基础的行业和那些主要被归类为以供应商为主、规模集约化生产和专业化供应商的行业进行了对比。其中,这些行业分类的区别是基于其技术来源,用户的需求,独占性机制和企业的规模;相关变量的设置用来区分这些部门发生商业创新的关键特征。

对于以科学为基础的行业来说,公共科学和研发是其技术的重要来源,这些企业积极利用与大学和科学家的关系进行创新。此外,这些行业中的企业往往同时进行流程创新和产品创新,它们对价格十分敏感,并且以高绩效作为目标。帕维特尤其关注大型企业的发展,例如化学、制药和电子等以科学为基础的行业。

这些年以来,很多学者对帕维特的分类方法进行了修订和扩展,其中的一个讨论便是关于如何理解服务,尤其是对依赖于知识的商业服务的理解(Archibugi,2001)。仅根据OECD关于不同类型研究的定义,很难对服务型公司进行分类,但很明显的是,它们通过其他的机制进行创新。皇家学会的报告则研究了服务型公司是如何依赖于科学知识,以及它们招聘的科学和工程专业的毕业生进行创新的。

在最近几年,技术人员已经成为衡量科学密度的重要指标,并且成为对传统的研发定义或者相对于销售的研发强度的补充。工业部门的平均研发强度已经被使用多年,这导致了关于高技术、中等技术和低技术行业划分的不准确。其中的一个原因是"二战"后期,对大型企业的研发管理主要聚焦在专业部门的发展,从而带来了技术的进步(Dodgson,Gann,Salter,2008)。但近年来,对于商业创新的理解不再仅限于研发,这种改变从出现的新型指标中可以得到反映,这些指标(包括高学位员工的数量)有助于理解企业或行业中的"科学"的含义。

对于科学的理解,对不同类型的公司来说意义重大。在不同行业和服务部门的公司,倾向于通过雇用高技能的雇员和自主研发来获得对科学和技术的基本理解,主要原因包括两个方面:首先,不同公司和部门都在利用知识的经济价值刺激商业创新;其次,公司需要内部核心竞争力或吸收能力(Cohen and Levinthal,1990)从技术外溢中获益,包括理解大学的研发成果。如果不具备这样的吸收能力,公司想要利用外部研究成果进行创新时便会遇到困难,它们很难将别处先进的知识和技术运用到自己的产品、过程和服务中去。采用经济学的术语可以表述为,如果公司没有具备相应的吸收能力和互补性资产,那么它们想要从知识外溢过程中获益会遇到阻碍。

最后,对于如何管理科学和技术的理解是与本书讨论的一整套创新管理问题中的方法和概念紧密相连的,这涉及研发、新产品开发、合作及网络、知识产权、战略和组织等。

校 企 合 作

管理科学和技术以进行创新的一个重要方面,便是企业和大学的直接合作。校企合作,尤其是这类合作对于创新的影响,经常因为给企业提供和拓展潜在伙伴网络而成为社会层面的问题。并且它关系到企业如何选择它们需要合作的大学,以及它们如何从合作网络中获得价值。

在社会层面,已经出现了许多用以探讨如何解决校企合作中的复杂问题的理论和实证术语。为了衡量支持科学和教育系统的政策的效率,首先需要对这些术语进行简化。大学促进区域和经济发展的成果主要通过学术专利和校办企业的发展情况来衡量。另一种对大学作用的考虑是,社会应该以培养创业型大学为目标(Etzkowitz,2006)。

这些期望和可衡量的结果,是以对科学的公共投资能够为社会带来经济效益的期望为基础的。这种所谓的"线性模式"表明,在基础科学领域的投资会带动应用研究和技术的发展,并通过新公司和产品创新商业化的形式来促进经济增长。

尽管在创新政策的替代模式上有着充分的讨论(Borrás,2003;Mytelka and Smith,

2002），线性模式还是潜移默化地引导着很多的公共政策。和采用其他方法所面临的政策困境相比，线性模式的优势在于它具有逻辑上的一致性，并且能够提供简单的答案（Dodgson, Hughes, Foster, Metcalfe, 2011）。替代模型的反馈和实证研究表明，科学的影响通常没有线性模式所表明的那么简单，但目前还不存在一个统一明确的可替代模型，或者是量化指标可以以令人信服的方式来衡量校企之间的关系。

这个问题在于证明高效透明的公共政策投资，可以带来对"可测量成果"（而不是创新的真正驱动力）的重视的合理方法。长期来看，对基础科学和大学的投资会对经济增长和创造就业带来机会，这并不仅仅是因为知识和教育是能推动经济增长的准公共产品（Fagerberg and Verspagen, 1996）。然而从短期来看，公共投资的效应很难去衡量，现有衡量方式对商业创新的真正影响存在误导性。

从社会角度而言，大学在知识经济中扮演的角色比线性模型中假定的要复杂得多（Deiaco, Hughes, McKelvey, 2012；Hughes and Kitson, 2012）。用学术专利和创业公司等这种简单指标进行衡量的问题，在于它们很少能够捕捉到对经济增长的实际影响和贡献，或者是知识在经济中的作用以及知识对特定公司的重要性，很多专利和创业公司提供的关于大学和行业之间的关系的信息十分有限。但索尔特和马丁（Martin）通过对以往文献进行回顾发现，科学对于社会的主要影响是广泛的，主要表现在知识流动和对学生的教育方面。

在企业层面，实证和理论的研究都证实了在公司内部科学和创新行为之间的相互作用是十分复杂的，因为二者具有不同的动机、交流渠道和期望结果（Bercovitz and Feldman, 2007；Perkmann and Walsh, 2008）。

从企业角度而言，问题在于希望从与大学的相互联系上获得什么，是希望从这个交互过程中获得直接有用的结果还是想寻求一个长期的想法。管理者也应该为继续寻求新知识、技术和工具的应用，以及为研究成果提供基础更广泛和更具战略考量的激励措施。通过对管理者的调查问卷发现，新想法更多来源于供应商和顾客而不是大学，这些新想法能够被企业更直接地运用到商业成果中。

Perkmann 等（2013）提出的"学术界与行业协作"，与通过专利、创业公司进行校企合作的直接商业化之间还是有区别的。学术界与行业协作是一个基于知识合作的更广的概念，它包括了通过不同渠道和方式进行知识的创造和扩散，因此也就有更多的指标可以衡量这一概念，例如科学研究的进展、对招聘学生的统计、长期合作项目中的校企互动情况，以及企业核心竞争力的提高和咨询工作等。

在这种情境下，商业创新管理面临的最大挑战涉及这样的现实，即企业为了发展科学和技术与大学进行合作会促进不同领域和学科知识的发展。而且，这些科学和技术的进步表现在许多方面，例如新的思维方式、新的仪器和测量技术以及新的研究成果。这些进步在研究、发展或者创新过程发生之前都是未知的。这就对创新管理提出了挑战，因为公司和管理者进行投资是想要创造和应用新知识，但与此同时，回报和知识的潜在"有效性"无法确定。这就需要与知识进步的内在特性联系起来（Campbell, 1987）。

科学与创业型企业和学术创业

尽管早期对基于科学的产业的研究强调对研发密集型的大型公司的管理,最近十年的研究更多聚焦于创业型企业尤其是学术创业的创新管理。

对于创业公司的科学研究最初主要集中在高科技行业,尤其是以生物制药、IT(信息技术)、材料科学以及最近兴起的纳米技术为代表的领域(Miller,1998;Powell,White,Koput,Owen-Smith,2005;Sapienza,1996)。其中,生物技术尤其受关注,因为制药企业(根据帕维特的分类,制药企业属于以科学为基础的产业)突然遭到了以科学为基础的小型企业的挑战。这些学术型企业通常是由拥有博士学位的科学家们发起的。不仅如此,这是一个知识存在溢出效应的行业,在这个行业,通过对"基础科学"和"商业化"的重新定义,网络已经改变了创新所需要的关系(McKelvey and Orsenigo,2006)。新兴部门(或者新兴技术)提出的问题是,究竟是大型企业还是小型企业在创新中具有长期竞争优势。这是由熊彼特提出的经典问题,即大型企业还是小型企业的主导地位能使行业更具有创新力(Malerba and Orsenigo,1996;Nelson and Winter,1982)。

对基于科学的创业公司的研究一般通过学术创业进行研究。例如,谢恩(Shane)研究了技术、个人、行业部门和大学环境在促进学术型创业公司成立时的相互作用。学术型创业就是由大学或公共研究机构的教师或学生成立的。这些企业通过发放许可证、聘用、与技术转让办公室合作、知识产权、合同等方式与大学保持正式的合作,或者是通过组织间资源和人员的随意流动等方式保持着(与大学的)非正式的合作。

这种以科学为基础的创业公司可以看作公司创始人和外部环境之间长期相互作用的结果——因此有助于证实为什么公共资金对科学的投资能够更广泛地刺激经济的增长。还有一个关键问题是在这些学术型企业之间,资源是如何围绕大学或区域进行流动、重组的。

长期以来,一系列的研究考察了剑桥大学周围的高科技创业公司和企业集群,这种现象被称作"剑桥现象"(Druilhe & Garnsey,2000;Garnsey,Lorenzoni,& Ferriani,2008)。显然,大学是造成科学和技术集聚的驱动因素之一,但公司本身或创始人之间也存在着联系,一些创始人成立了一系列的创业公司,这将激励特定行业形成区域内的集聚。从理论上讲,加恩西认为,创业过程中的动态变化是一系列关系和决策的变化,这些关系和决策会影响在区域层面资源的配置和利用机会(Garnsey and Heffernan,2005;Garnsey,Stam,Heffernan,2006)。从经济地理学角度来讲,大学和区域集群关系间的重要问题还应该包括对学术型创业公司的研究。这些方法能够解释为什么以科学为基础的公司能够激励集群的产生,同时也解释了为什么它们会消失或者是离开原有的公司集群(Feldman,2007)。

这种以科学为基础的公司通常都是规模较小的公司,并且受到周围资源环境限制。正是基于这些原因,创业者的社会资本和网络对公司未来绩效有着很大的影响(Jones et al.,1997)。不仅如此,它还将改变公司至关重要的网络类型,并且这种改变很大程度上依赖于公司所需要的资源。在生物技术领域，Bagchi-Sen（2007）证实了这些公司为了提升它们的名声需要与大学的科学家们建立合作网络，同时为了保证产品开发，它们还需要与其他公司建立合作网络。

在欧洲有一个对知识密集型企业概念化的 AEGIS 项目，它证明了基于科学的企业不仅可以从高技术部门中产生，还可以从低技术和服务行业中产生。这表明，即便是在像机床或数字广告这种并不是传统意义上的高科技行业中，新的小型公司也可以从科学中获得创新机会。尽管规模较小，这种公司仍需要与大学建立直接联系，并且聘用熟练程度高的员工。该类型的公司需要依靠科学、技术和创新知识，它们面临的主要挑战是需要运用知识来创新。因此，我们同样需要理解在低技术行业和创造性强的行业中，科学如何影响创业型企业和学术型企业的需求。

未来研究问题

科学和技术通过发展新知识，不仅为企业提供了机会，还为社会和经济提供了机会，而这也是它们对于创新管理十分重要的原因。

对于管理者来说，最重要的挑战在于对企业的科学投入量，企业对科学的执行情况以及通过溢出、网络和合作关系能够从外部知识中获得多少。这些问题的答案一部分取决于公司能够获得的互补性资产及独占性机制。另一部分则与研究成果、商业创新中的根本性创新或渐进性创新的程度有关，在技术和市场上是否需要进行相关的改革也是影响因素之一。延续收益的另一个挑战在于科学对于社会长期的正面或者负面的影响程度，以及这个问题对于创新管理者来说意味着什么。科学对商业创新和社会的正面影响已经被广泛认可了。从长期来看，科学和技术的进步、创新的运用对于社会的影响广泛而深刻。其中一个例子便是产品和服务的发展远远超过人类的预期。更重要的是，产品和服务创新解决了许多社会问题，例如对糖尿病的治疗等。科学、技术和商业创新能够帮助解决很多社会挑战，如老龄化、全球变暖、公共卫生等公共部门和私人部门都参与提供解决方案的问题。

与此同时，科学研究成果和商业创新可能在某些方面会带来混杂的、负面的影响。当基于科学的创新被普及后，将会转变社会的生活和消费模式。最近关于低碳排放和环保社会的讨论聚焦在对当代生活和工作方式带来的长期的负面影响，以及寻找替代方案的必要性上。这些负面影响还会带来新的问题，它们会引导我们去寻找创新的解决方案，例如用公共交通代替私家车，或是减少未来能源消耗，以及增加更多可供选择的清洁能源。

社会需要找到合理的方式来解决这种负面影响，这可能会给科学、技术和创新带来额外的公共和私人投资，并创造新的商业机会，就像绿色技术竞赛一样。

参 考 文 献

Archibugi, D. (2001). 'Pavitt's Taxonomy Sixteen Years On: A Review Article', *Economics of Innovation and New Technology*, 10(5): 415-25.

Arrow, K. (1962). 'Economic Welfare and the Allocation of Resources for Invention'. In R. Nelson (ed.), *Economic Welfare and the Allocation of Resources for Invention: The Rate and Direction of Inventive Activity*. Princeton, NJ: Princeton University Press, 609–25.

Bagchi-Sen, S. (2007). 'Strategic Considerations for Innovation and Commercialization in the US Biotechnology Sector', *European Planning Studies*, 15(6): 753–66.

Bercovitz, J., and Feldman, M. (2007). 'Fishing Upstream: Firm Innovation Strategy and University Research Alliances', *Research Policy*, 36(7): 930–48.

Borrás, S. (2003). *The Innovation Policy of the European Union: From Government to Governance*. Cheltenham: Edward Elgar Publishers.

Campbell, D. T. (1987). 'Blind Variation and Selective Retention in Creative Thought as in Other Knowledge Processes', in Radnitzky, G., and Bartley, W. W. (eds), *Evolutionary Epistemology, Rationality, and the Sociology of Knowledge*. La Salle, IL: Open Court.

Cohen, W. M., and Levinthal, D. A. (1990). 'Absorptive Capacity: A New Perspective on Learning and Innovation', *Administrative Science Quarterly*, 35(1): 128–52.

Cohen, W. M., Nelson, R. R., and Walsh, J. P. (2004). *Protecting their Intellectual Assets: Appropriability Conditions and Why US Manufacturing Firms Patent (Or Not)*. Cambridge, MA: National Bureau of Economic Research.

Dasgupta, P., and David, P. A. (1994). 'Towards a New Economics of Science', *Research Policy*, 23(55): 487–521.

Deiaco, E., Hughes, A., and McKelvey, M. (2012). 'Universities as Strategic Actors in the Knowledge Economy', *Cambridge Journal of Economics*, 36(3): 525–41.

Dodgson, M., Gann, D., and Salter, A. (2008). *The Management of Technology Innovation: Strategy and Practice*. Oxford: Oxford University Press.

Dodgson, M., Hughes, A., Foster, J., and Metcalfe, S. (2011). 'Systems Thinking, Market Failure and the Development of Innovation Policy: The Case of Australia', *Research Policy*, 40(9): 1145–56.

Dosi, G. (1982). 'Technological Paradigms and Technological Trajectories: A Suggested Interpretation of the Determinants and Directions of Technical Change', *Research Policy*, 11(3): 147–62.

Druilhe, C., and Garnsey, E. W. (2000). 'Emergence and Growth of High-Tech Activity in Cambridge and Grenoble', *Entrepreneurship and Regional Development*, 12: 163–71.

Etzkowitz, H. (1998). 'The Norms of Entrepreneurial Science: Cognitive Effects of the New University-Industry Linkages', *Reseach Policy*, 27(8): 823–33.

Fagerberg, J., and Verspagen, B. (1996). 'Heading for Divergence? Regional Growth in Europe Reconsidered', *Journal of Common Market Studies*, 34(3): 431–48.

Faulkner, W., Senker, S., and Velho, L. (1995). *Knowledge Frontiers: Public Sector Research and Industrial Innovation in Biotechnology, Engineering Ceramics, and Parallel Computing*. Oxford and New York: Clarendon Press.

Feldman, M. (2007). *The Geography of Innovation*. Dordrecht Kluwer.

Garnsey, E. W., and Heffernan, P. (2005). 'High-Technology Clustering through Spin-out and Attraction: The Cambridge Case', *Regional Studies*, 39: 1127–44.

Garnsey, E., Lorenzoni, G., and Ferriani, S. (2008). 'Speciation through Entrepreneurial Spin-off: The Acorn-ARM Story', *Research Policy*, 37: 210–24.

Garnsey, E., Stam, E., and Heffernan, P. (2006) 'New Firm Growth: Exploring Processes and Paths', *Industry and Innovation*, 13: 1–20.

Geuna, A. (1999). *The Economics of Knowledge Production: Funding and the Structure of University Research*. Cheltenham: Edward Elgar.

Hughes, A., and Kitson, M. (2012). 'Pathways to Impact and the Strategic Role of Universities: New Evidence on the Breadth and Depth of University Knowledge Exchange in the UK and the Factors Constraining its Development', *Cambridge Journal of Economics*, 36(3): 723–50.

Jones, C., Hesterley, W. W., and Borgatti, S. P. (1997). 'A General Theory of Network

Governance: Exchange Conditions and Social Mechanisms', *Academy of Management Review*, 22(4): 911–45.

Kline, S. J., and Rosenberg, N. (1986). 'An Overview of Innovation', in R. Landau and N. Rosenberg (eds), *The Positive Sum Strategy: Harnessing Technology for Economic Growth*. Washington DC: National Academy Press, 275–305.

Kuhn, T. S. (1974). 'Second Thoughts on Paradigms', in F. Suppe (ed.), *The Structure of Scientific Theories*. Urbana: University of Illinois Press, 459–82.

Levin, R., Klevorick, A., Nelson, R. R., Winter, S. G., Gilbert, R., and Griliches, Z. (1987). 'Appropriating the Returns from Industrial Research and Development', *Brookings Papers on Economic Activity* 1987 (3): 783–831.

McCloskey, D. N. (1994). *Knowledge and Persuasion in Economics*. Cambridge: Cambridge University Press.

McKelvey, M. (1996). *Evolutionary Innovations: The Business of Biotechnology*. Oxford: Oxford University Press.

McKelvey, M., and Lassen, A. H. (2013a). *Managing Knowledge Intensive Entrepreneurship*. Cheltenham: Edward Elgar Publishers.

McKelvey, M., and Lassen, A. H. (2013b). *How Entrepreneurs Do What They Do: Case Studies of Knowledge Intensive Entrepreneurship*. Cheltenham: Edward Elgar Publishers.

McKelvey, M., and Orsenigo, L. (2006). *The Economics of Biotechnology: Volume I and II*. Cheltenham: Edward Elgar Publishers.

Malerba, F., Caloghirou, Y., McKelvey, M., and Radosevic, S. (2013). *The Dynamics of Knowledge Intensive Entrepreneurship in Europe*. London and New York: Routledge.

Malerba, F., and Orsenigo, L. (1996). 'Schumpeterian Patterns of Innovation are Technology-Specific', *Research Policy*, 25(3): 451–78.

Mokyr, J. (2002). *The Gifts of Athena: Historical Origins of the Knowledge Economy*. Princeton, NJ: Princeton University Press.

Mowery, D., and Sampat, B. (2005). 'Universities in National Innovation Systems', in *The Oxford Handbook of Innovation*. Oxford: Oxford University Press, 209–39.

Mytelka, L., and Smith, K. (2001). 'Policy Learning and Innovation Theory: An Interactive and Coevolutionary Process', *Research Policy*, 31(8–9): 1467–79.

Nelson, R. R. (1959). 'The Simple Economics of Basic Scientific Research', *Journal of Political Economy*, 67(3): 297–306.

Nelson, R. R. (1993). *National Innovation Systems: A Comparative Analysis*. Oxford: Oxford University Press.

Nelson, R. R. (2011). 'The Moon and the Ghetto Revisited', *Science and Public Policy* 38(9): 681–90.

Nelson, R. R., and Winter, S. G. (1982). 'The Schumpeterian Trade-Off Revisited', *American Economic Review*. 72: 114–32.

Nightingale, P. (1998). 'A Cognitive Model of Innovation', *Research Policy* 27(7): 689–709.

OECD (2012). 'Key Figures', in *Main Science and Technology Indicators 2011* (2), OECD Publishing. Available at <www.oecd.org> (accessed 23 July 2013).

Pavitt, K. (1984). 'Sectoral Patterns of Technical Change: Towards a Taxonomy and a Theory', *Research Policy*, 13(6): 343–73.

Perkman, M., Tartari, V., McKelvey, M., Autio, A., Broström, E., D'Este, P., Fini, R., Geuna, A., Grimaldi, R., Hughes, A., Krabel, S., Kitson, M., Llerena, P., Lissoni, F., Salter, A., and Sobrero, M. (2013). 'Academic Engagement and Commercialisation: A Review of the Literature on University Industry Relations', *Research Policy*, 42(2): 423–42.

Perkmann, M., and Walsh, K. (2008). 'Engaging the Scholar: Three Types of Academic Consulting and their Impact on Universities and Industry', *Research Policy*, 37(10): 1884–91.

Powell, W. W., White, D. R., Koput, K. W., and Owen-Smith, J. (2005). 'Network Dynamics and Field Evolution: The Growth of Interorganizational Collaboration in the Life Sciences',

American Journal of Sociology, 110(4): 1132–1205.

Price, D. J. de Solla (1965). 'Is Technology Historically Independent of Science? A Study in Statistical Historiography', *Technology and Culture* 6(4): 553–68.

Rosenberg, N., and Birdzell, J. L. E. (1986). *How the West Grew Rich: The Economic Transformation of the Industrial World.* New York: Basic Books.

Robinson, D., Rip, A., and Mangematin, V. (2007). 'Technological Agglomeration and the Emergence of Clusters and Networks in Nanotechnology', *Research Policy,* 36(6): 871–79.

Rosenberg, N. (1994). *Exploring the Black Box: Technology, Economics, and History.* Cambridge: Cambridge University Press.

Royal Society (2009). 'Hidden Wealth: The Contribution of Science to Service Sector Innovation'. Available at <http://royalsociety.org/uploadedFiles/Royal_Society_Content/policy/publications/2009/7863.pdf> (accessed 23 July 2013).

Salter, A., and Martin, B. (2001). 'The Economic Benefits of Publicly Funded Basic Research: A Critical Review', *Research Policy,* 30(3): 509–32.

Shane, S. (2004). *Academi Entrepreneurship: University Spin-offs and Wealth Creation.* Cheltenham: Edward Elgar Publishing.

Sherer, F. M. (1965). 'Firm Size, Market Structure, Opportunity, and the Output of Patented Inventions', *American Economic Review,* 55(5): 1097–1125.

Stokes, D. (1997). *Pasteur's Quadrant: Basic Science and Technological Innovation.* Washington, DC: The Brookings Institution.

Teece, D. J. (1986). 'Profiting from Technological Innovation', *Research Policy,* 15(6): 285–305.

Utterback, J. M., and Abernathy, W. J. (1978). 'Patterns of Industrial Innovation', *Technology Review,* 80(7): 40–47.

Vincenti, W. G. (1990). *What Engineers Know and How They Know It: Analytical Studies from Aeronautical History.* Baltimore, MA: Johns Hopkins University Press.

Von Tunzelmann, G. N. (1995). *Technology and Industrial Progress: The Foundations of Economic Growth,* Cheltenham: Edward Elgar Publishers.

Winter, S. (2006). 'The Logic of Appropriability: From Schumpeter to Arrow to Teece', *Research Policy,* 35(8): 1100–06.

第5章

用户创新

尼克·弗兰克(Nik Franke)

什么是用户创新

当我们把一个新产品或一项新服务定义为用户创新时,这意味着一个机构发明该创新的目的在于从使用中汲取创新所带来的收益,而非通过出售这项产品或服务来获得收益(后者即生产者创新)。因此用户创新对创新者来说有着非常直接的利益,比如它能使事情更加简单、实用和安全。当然,用户既存在于消费者市场也存在于工业市场。在前一种情况下,用户是指个人消费者,比如那些因厌倦传统滑雪而发明出滑雪板供自己使用的体育爱好者(Shah,2000);而后一种情况的用户往往是公司或专业人士,比如外科医生需要更精确的设备进行脑部手术,因此发明了一种神经外科医疗机器人系统(Lettl et al.,2006)。

范式转变

用户创新模式是一种比较古老的创新模式,历史上的很长一段时间内,用户创新可以说是唯一的一种创新模式——我们很难把史前人类发明钻木取火跟商业目的联想到一起。然而,长久以来形成的劳动分工、工业化和日益复杂的技术与生产工艺,使得很多公司设置了专业研发部门和专业创新部门。此后,以熊彼特(1911)将生产者创新假定为主导创新模式为起点,学术界开始对创新管理进行研究(Baldwin and Von Hippel,2011)。这一模式的基本原理是规模效应,对于一个能够向很多消费者成功销售出创新成果(如一个新标准产品)的机构来说,它的收益可以用 $n \times u$ 来表示(其中变量 n 代表消费者的数量,u 变量代表从每个个体消费者身上获得的收益),对于个体消费者来说,所获收益只能用 u 代表了。考虑到市场是广阔的且公司往往拥有千百万计的客户,那么我们可以说,生产者的创新动力要比用户高很多(Baldwin and Von Hippel,2011)。所以理论上讲用户创新应该是不存在的,至少在工业化经济和发达经济中不存在。

然而用户创新却是事实存在的,大量的实证研究已经证明用户创新是一个频繁发生而且极为重要的现象。第一类研究从用户中取样并分析其创新比例,这类研究涵盖了不同的行业,比如印刷电路计算机辅助设计软件(CAD)、管悬挂器硬件、图书馆信息系统、外科手术设备以及其他几种消费品。研究发现用户创新其实是一种相对常见的行为(Von Hippel,

2005),近期的一些研究也提供了特定的系统性证明。Von Hippel,De Jong 和 Flowers(2012)在全国范围内做了一个代表性样本的调查——对 1 173 名 18 岁及以上的英国常住居民进行了规范的电话采访,发现 6.2% 的调查对象在最近三年期间都有过创造或修改他们所使用的消费品的行为。这个比例相当于 290 万人——比受雇于英国所有的消费品生产公司的产品开发者的数量还高出了两倍。其实消费者产品创新涉及的领域十分广泛,从玩具、工具、体育用品到私人健康问题的解决方案等。而在美国和日本进行的重复性研究得到了类似的数据(Von Hippel,Ogaw & De Jong,2011)。同时也有一些近期研究证实了公司也是常见的用户型创新者。De Jong 和 Von Hippel(2008)对荷兰全国范围内的一组代表性样本进行了分析,样本中包含了 2 416 家中小型企业,分析结果发现其中 21% 的消费者曾经参与过用户创新,也就是他们曾经提高或者明显地修改了现有的技术、设备和软件,用以满足自身工艺相关的需求。

用户创新是一种相对常见的行为,但这并不一定意味着它具有重要意义,所以第二类研究主要专注于探究用户型创新的经济价值。学者们以对专家访谈的数据为基础,列出了某一特定行业内的重要创新,然后他们研究了一些行业出版物,并进行了一系列的采访去寻找是谁真正建造了这些创新的第一个原型。结果表明,在石油加工、挤压成型设备、科学仪器和帆板滑板运动行业中,许多重要的创新,其根源都来自用户。

用户创新作为一种强有力的创新范式,会带来两个问题。第一,是什么原因使得长久以来,用户创新的重要性被低估。为什么我们认为这些数据是与直觉相悖的?为什么许多学生和管理者对用户创新的第一反应是怀疑?为什么以前的创新管理教材总是忽略用户作为创新的来源之一或将它当作异类?引用教材中典型的论调,他们认为用户不可能提出解决方案,也不具备足够的关于创新流程的专业知识(Ulwick,2002),或者用户并不知道自己的需求到底是什么,他们从未弄清楚过,将来也永远不会知道,他们甚至都不清楚自己不需要什么(Brown,2001)。

究其原因,用户创新在大多数公开数据统计和创新调查中被忽略(De Jong and Von Hippel,2008)和交流模式导致的一般性的认知偏见是主要因素。生产者的创新能够最大限度地向潜在用户推广和销售,毕竟所有生产者都渴望卖出自己的产品;相比之下,用户型创新是基于用户自己的使用需求所开发的,因此往往少有人问津,用户也并没有太多动力去向大众用户推广自己的产品。而且,当生产型企业选中某项用户创新并将之商业化之后,通常不会向大众披露创意来源。并且声明谁是原创作者可能也存在主观性,因为生产者在向大众市场发布产品前,通常会在用户创新的基础上进行重新设计和改进。

创新来源的相关研究中产生的第二个问题是,用户创新是否是一个趋势,以及用户创新是否显著在增加。现有研究缺乏显而易见的、系统化的时序研究,并且这种研究往往很难开展。然而大量论证表明,用户创新在过去几年中的确变得日益普遍和更为重要。

(1)比起社交仅仅局限于朋友、亲戚、工作同事和邻里间的时代,如今的互联网和社交媒体使得个体能够更加容易地交换信息,因为地理障碍和社会障碍减少了,用户更容易与志同道合的人接触。对于个体创新者,这意味着对彼此的创造力、知识和技术能力的互补变得更加容易,有利于达到重大创新开发所需要的临界点。典型的基于互联网的用户创新案例包括开源软件项目,比如 Linux、Apache 或者 Firefox,以及基于用户生成内容的数字产品,例如维基百科和 You Tube 等。

(2)信息通信技术(ICT)的发展改良了许多辅助性和支持性工具,这些工具帮助个体用户主动将创意转变为产品。如今价格低廉并且易于操作的个人计算机、通用性软件和用于写作、计算、设计创作和器械集成的专业性软件,都大大降低了用户创新的成本。举个例子,几年前录制一首流行歌曲不仅需要音乐才能,还需要非常昂贵的录音棚、专业的制作人和大量的金钱用于物理制造。而今天,这些通过一台个人计算机就可以实现,发行和传播也可以依靠互联网实现。

学者对于这一现象的关注度也可以作为用户创新重要性增长的一个指标,图 5.1 展示了近几年与用户创新这一话题相关的学术论文的爆发式增长(见图 5.1)。20 世纪 80 年代只有两篇论文出现在同行评审期刊上,但是在 2006—2010 年这一数字直接增长到了 60,而 2011 年一年就有 21 篇。许多学者将这一增长视为创新范式的重要转变(Baldwin and Von Hippel,2011;Von Hippel et al.,2011;Dahlander and Frederiksen,2012)。

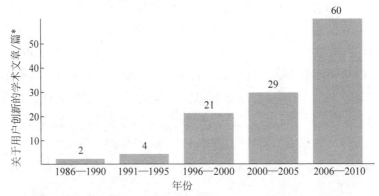

*于2011年检索自数据库Ebsco,关键词为"用户创新""领先用户"或"用户驱动创新"。

图 5.1 学术研究中用户创新的重要性

理 论 解 释

● **用户创新由何种用户承担?为什么**

用户创新并非随机分布于用户之间,而是有相对清晰的模式,比如 Von Hippel(1986)就用"领先用户"来形容那些最有可能想出有价值的产品和服务的用户。按照最初的理论思维,基于两大主流文献可以将"领先用户"定义为:(a)对于创新有高的收益预期;(b)处于引领重要市场趋势的位置。

"领先用户"定义中的"高预期收益"来源于创新经济学的研究。对工业产品创新和流程创新的研究表明,一家企业期望从创新中获得的收益越大,它对这一方面的投入也越大。在某些情况下,比如当市场刚刚被开发出来并且处于不稳定阶段、消费者偏好多样并且迅速易变时,或者由于用户偏好信息的黏滞性导致用户创新的成本低于制造商时,用户创新的预期收益可能会高于制造商。在所有这些情况中,一家期望从创新中获得收益的企业会踌躇,而一个急需解决方案的用户却别无选择。因此,"领先用户"定义中的(a)显示的是用户进行创新的可能性。

"领先用户"定义的(b),是领先用户处于引领市场趋势的位置,之所以包含这一条是因为它预期性地影响了用户创新在市场中的商业吸引力(Von Hippel,1986),创新扩散相关研究规律性地证实了有些人会先于其他人采纳某项创新(产品或服务)(Rogers,1994)。此外,问题解决型的经典研究揭示了人们往往受到现实社会经验的严重制约,也就是广为所知的"功能固着"效应,举例来说,当人们经常使用某一物件或者目睹这一物件被用作某种用途后,就很难再将这一物件开发出其他创新性的用途了(Allen and Marquis,1964)。总体来说,这些研究发现可以形成这样一个假设:处于领先地位的用户能够帮助企业理解其他后发用户的需求。他们当前的需求代表了未来某些方面的主流市场的需求,因此"领先用户"定义中的(b)表示的是这一类用户所进行的创新的商业吸引力。

需要注意的是上述领先用户定义的两个方面在概念上是相互独立的,它们源自不同领域的文献,在领先用户的理论中承担不同的功能。尽管在一些案例中它们是相互关联的,并且在一定程度上——尤其是引领市场趋势的位置这一条——可能伴有对创新方案的强烈需求,但是这并非是必然的。因此,领先用户的构念可以说是由两个维度组成,这些理论性的思考被一项基于456名风筝冲浪者及其用户创新行为的研究所论证了(Franke et al.,2006)。图5.2展示了这一研究的主要发现:第一,我们看到(a)和(b)两个部分确实是相对独立的。用户(用小叉或者气泡代表)的分布比较广泛,然而很大一部分用户虽然领先于

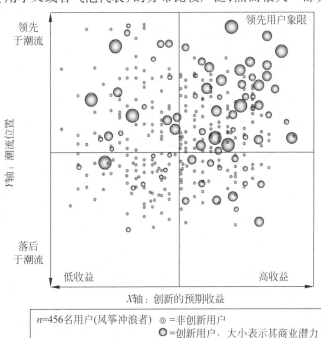

图5.2 领先用户理论的检验

市场趋势,但却很难从创新中获取收益。同时,许多能够从创新中获取高收益的用户却没有领先于市场趋势。第二,从左向右(从低收益向高收益),我们可以看到创新者的比例(用灰色气泡代表)相较于非创新型用户(小圆点代表)有所上升。第三,从下往上(从落后于市场趋势位置到领先于市场趋势位置),我们可以看到创新的吸引力(用灰色气泡的大小表示)也有所上升。因此,具有创新性想法的用户比例和他们带来的创新的商业吸引力,在领先用户象限(右上角)都是最高的。

图 5.2 还向我们描述了 Morrison 等(2004)的发现,即领先用户的构念是连续的,也就是说用户不能简单地区分为"领先用户"和"非领先用户"(有些文献会采用这种做法),而是用户或多或少会具有领先用户特征。最近的研究发现某一特定市场的领先用户与其他一些特征相关,如新颖性、采纳行为或者意见领袖等(Schreier and Prugl,2008)。这表明领先用户组成了创新过程中其他一些阶段的有价值的信息资源,这些阶段包括新产品预测,新产品和概念测试,新产品设计和创新扩散等(Ozer,2009)。

- 用户如何进行创新

如果是个体用户创新,问题的关键在于他们如何处理通常情况下非常复杂的产品开发任务。一个个体很容易提出一个想法,但把这个想法发展成为一个功能性的原型,通常需要多样化和特定的知识,这是一个单一个体不可能具有的。Franke 和 Shah(2003)调查了极限运动领域的 53 个用户创新案例,发现没有任何一个单一用户创新者能够在没有帮助的情况下创造出产品。这似乎是一个通用的模式,创新的个体用户有意寻求其他用户,与他们交流思想和经验,讨论可能的解决方案,并进一步改进中间解决方案,从而实现能力互补。因此,用户创新者常常具有团体性。这些团体可以是线下的,如俱乐部或非正式团体和组织。此外,线上的社区也越来越多,如开源项目小组、社交网络或品牌社区(Von Hippel,2007)。在这些团体中,领先用户通常占据核心位置,连接不同群体或不同阶层的用户,这种现象用术语表达为"中介中心性"(Kratzer and Lettl,2009)。

- 为什么用户经常无偿公开他们的创新

另一个有意思的用户创新模式是无偿公开,这就意味着创新者以无成本的方式向他人公开这些创新的功能和构造。Von Hippel 和 Finkelstein(1979)在对医药设备行业的研究中描述了用户的无偿公开行为,Lim(2000)也在半导体工艺设备行业记录了无偿公开的案例,而 Moriison 等(2004)以及 Franke 和 Shah(2003),分别从图书馆信息系统和体育设备行业发现了用户创新的无偿公开行为。开源软件项目也存在相关现象,通用公共许可(general public license,GPL)迫使新软件代码无偿公开并使之成为一种行为规范(Stallman,1999),当这些创新无偿公开的时候,它们就变成了公共物品(Harhoff et al.,2003)。起初这种行为是有悖于常识的。毕竟个人使用私人资金进行资源投资,并且投资的结果也能够带来潜在收益,但为什么将其无偿化呢? 用户创新必须具有利他性并不是这个问题的答案,而是他们可以通过其他不同的方式从中获利(相比于售卖)。

- 因为开发了一项造福大众的创新而广为人知,这能够提高用户的声誉。声誉的获得可以使得创新型企业的盈利增加(Allen,1983),带来广阔的职业前景,或者提升创新者的工资（Lerner and Tirole，2002）。
- 相较于有偿付费，无偿公开创新可以增加创新扩散。如果这些创新存在网络效应，创新者可以从更广泛的用户群体中盈利。即使没有网络效应，其他用户也会无偿地给予创新者有价值的反馈，甚至进一步完善和开拓现有的创新（Raymond，1999）。
- 一些情况下，采纳创新的制造商可以以低于用户自己生产的成本生产并且售卖这些创新产品（Harhoff et al.，2003）。
- 尤其是在创新社区中，每个参与者可以从参与的乐趣和学习中获得宝贵的个人收益（Lakhani and Wolf，2005）。
- 社区可能还建立了"共享准则"，旨在给予成员帮助以及无偿公开创新项目的成果（Franke and Shah，2003）。那些导致社会成本的准则暂且不论。

总而言之，用户无偿公开他们的成果是有益的——有益于其他用户。Von Hippel 和 Krogh（2003）将这种模式称为"私人—集体创新模式"。

然而值得注意的是，有时候用户创新者会转变他们的职能角色，自己成为生产者，这意味着用户可以开始通过售卖他们自己的创新成果而获利（Shah and Tripsas，2007），特别是在当他们的机会成本很低，并且可以直接接触那些对创新有兴趣的同伴时，用户创新者的获利最大（Baldwind et al.，2006）。

开发用户创新的方法

对于制造商而言，对这种持续性的范式转变做出积极响应是明智的，至少引入用户驱动的模式可以丰富传统的以生产商为中心的创新模式。下文讲述了三种能够使企业受益的用户创新方法，当然，这些方法之间并不是互斥的。用户创新领域的动态性很强，许多企业试验过很多方法，因此这三种方法也并不全面。

- 领先用户法

利用领先用户创新的方法是由 Urban 和 Von Hippel（1988）提出的，作为一种启发式管理方法，它使得企业能够寻找出极具吸引力的用户进行创新，并识别全新的商业机会。领先用户的方法主要由四个阶段组成（Luthje and Herstatt，2004）。

第一阶段：在开始阶段确定目标（例如"为问题 X 寻找一个创新的解决方案"或是"明确 Y 市场中的一个创新产品的概念"），并且建立一个跨职能的团队（通常由不同职能的成员组成，如研发人员、市场人员、生产人员等）。后者对于保证解决方案与战略、研发、生产能力和目标之间能够有效匹配具有重要作用。同时，这样也能够降低由于解决方案来自企业外部而产生的"非本地发明"风险。

第二阶段：识别主要的需求和趋势。在第二阶段，要确定 3~5 种最重要的趋势，这里的"趋势"是指在哪些方向领先用户有可能处于市场前沿。在领先用户法中确定这些趋势能够缩小问题的范围，并且能够更加系统地寻找领先用户。而这些趋势可能基于某些技术（如模块化或者新材料）和市场信息（如安全和无线解决方案），一般根据专家访谈和在线论坛上的信息、学术研究资料来确定最终的选择。

第三阶段：识别领先用户。第三阶段需要在人群中广泛搜寻处于已识别趋势中的领先位置，并且能从创新中获得高收益的用户。早期研究通常采用整群筛检的方法，对大样本用户（通常来自客户数据库）进行系统性筛选来识别具有高领先用户特质的群体。近年来，领先用户的相关研究逐渐通过塔锥式方法（pyramiding method）来鉴别领先用户（Lilien et al., 2002）。采用这种方法的研究者先向小部分用户询问：他们认识的人中，谁在引领潮流并且对创新具有很高的需求，随后联系这些人并问他们相同的问题，重复上述步骤直至鉴别一群充分典型的领先用户（这一过程通常需要 2~3 步）。一些实验也充分展示了塔锥式方法比整群筛选要高效得多（Von Hippel et al., 2009）。塔锥式方法的另一个优势在于，领先用户的识别并不局限于预设的群体或样本之中（Poetz and Prugl, 2010），尤其是近似市场（这里近似市场指属于不同的细分市场，但是具有相同的趋势）为搜寻领先用户提供了宝贵资源（Franke et al., 2013）。设想一个关于领先用户研究的例子，该研究旨在寻找防止外科手术感染的方法。为实现这一目标，一个重要方向是寻找"提高空气洁净度的方法"。除领导型医院之外，来自相似领域例如芯片和 CD 制造等领域的专家也有可能提供有价值的创新性的贡献。向这些专家寻求帮助是有意义的，原因有二：首先，他们可能拥有解决相似问题的知识，值得从相似领域移植到目标领域；其次，这些专家被该目标领域的现有方案认知性锁定的可能性更小。当然，挑选出的这些人还必须具有开放性、创造力、有与其他领先用户一起开展团队合作的意愿、拥有很强的语言能力等（Hoffman et al., 2010）。

第四阶段：领先用户研讨会。一旦确定了领先用户，就可以邀请他们来参加为期 2~3 天的研讨会，并且公司不同职能部门的员工也一同参加（Luthjie and Herstatt, 2004）。在这些研讨会上，可以采用头脑风暴、小组讨论等方法激发参与者的创造力。重要的是企业需要在研讨会之前先处理研讨会的知识产权问题，以确保研讨会上产生的创意和概念能够在被商业化的同时，不存在法律侵权的风险。这通常不会有问题，因为许多案例中用户免费披露自己的创意后，也往往是有利可图的（例如用户期望从最终商品的使用中获益）。

大量详尽的研究证明，通过领先用户法能够有效并系统地生成创意，这些创意有利于形成有商业化吸引力的新产品（Urban and Von Hippel, 1988；Herstatt and von Hippel, 1992；Olson and Bakke, 2001）。其中最为系统的分析来自 Lilien 等（2002）的研究，作者分析了 3M 公司的 47 个新产品开发项目，发现这些项目中采用领先用户法的项目，要比通过传统方式生成创意的项目更为成功。最关键的是，领先用户型项目的营业收入为 1.46 亿美元，而非领先用户型项目营业收入只有它的 1/8（1 800 万美元）。尽管有越来越多的来自企业界的关注，但领先用户法的学术研究却并不多，例如，我们并不清楚哪个阶段是最为关键的，为何领先用户愿意（或者抵触）参与其中，由此应该如何激励他们，在披露新颖的创意和概念时，不同的独占性机制扮演着哪些角色，以及领先用户和领先专家在动机和贡献上存在哪些差异等。

- **用于用户创新和设计的工具包**

将个人产品设计外包给客户，是建立在用户创造力之上的另一种方法。如果顾客具有创造力并且不满足于现有的标准化产品,那为何不给他们提供工具,由他们自己设计产品呢?这样既能降低个体用户成本,生产者也可以专注于自己最为擅长的"生产"领域。Von Hippel将"用户创新和设计工具"定义为一系列相协调的设计工具,这些工具使得个体用户可以根据个人偏好设计个性化产品,并为(虚拟)阶段性的解决方案提供可视化、信息化反馈(Von Hippel,2998,2001;Von Hippel and Katz,2002)。如果顾客喜欢他们的设计就可以下单,工具供应方将会根据他们的设计说明书生产出产品。

许多企业开始提供一些工具,使得用户能够创造自己个性化的电脑芯片、器械、调料、定制化食品、软件、塑料聚合物、工业冷藏箱、安保系统、气候控制和空调系统、窗户、电子设备、T恤、手表、早餐谷物、汽车、厨具、沙发、滑雪板、珠宝、笔记本电脑、笔、球鞋等在线产品,生产商可以根据订单进行生产。虽然产品领域有所不同,但用于用户创新的工具包有两大共同点。

第一,它们都包括了某些设计型工具,使用户能够创造和修改产品设计。有些非常死板,用户只能从固定的工具清单中挑选;另外一些是拖曳式的,例如用户可以选择图形标志置于雪橇之上,自定义尺寸,并且可以旋转移位,直到找到最为美观的最佳位置。还有一些工具包,用户可以用它实现产品部件间巧妙的模块化组合——类似于搭建乐高(Lego)积木;还有另外一些工具可以实现自由设计,就像图形计算机程序。它们包含了产品的功能(例如材料、大小、形状或者所包含的功能)、产品美学(例如颜色、图像组合或者其他形式的风格)以及个性化的可能(例如添加个人的名字或其他标志)。工具包当然也适用于服务型产业,相关的案例包括一些网页允许个人用户个性化定制活动,例如婚宴、旅行、电子报刊、金融投资和保险、音乐、电话铃声、手机套餐等,还有很多其他的服务产业尚没有可用的工具包,但开发这些工具包将是非常有意义的。在服务行业,工具包也提供设计工具,让用户能够决定服务产品的设计,并提供某些形式的反馈。工具包经常与电脑游戏结合,使用户能够拓展、修正和创造新的游戏角色、地图和场景等。软件行业一个有趣的特征是设计仿真和产品往往是同步的,即仿真本身就是产品。为游戏设计的新地图不需要生产过程——自主设计的成果就是产品本身,在这种情况下,用户也是生产者。

第二,各种工具包在设计过程中都会提供一些信息反馈。日常消费品领域最常见的反馈形式是对于当前产品设计的虚拟仿真视觉呈现,这些产品设计都是随着每一个用户的设计改变实时更新的。如果工具包可以实现功能性产品操作,那么理所当然反馈也必须是功能性的。举个例子,园艺工具包可以让用户打造自己的花园,当池塘位置过于靠近阔叶林时就会发出警示:落叶可能会落到池塘里——这将很快引起池塘淤塞,而夏天过多的树荫也会影响池塘中水生植物的生长。其他形式的提示包含重量、价格和技术性能等。总之,一个好的工具包能够向用户提供设计方案的预期结果,就像一个能干的销售人员所做的一样,这使得用户可以进行试错型(trial-and-error)学习(Von Hippel,1998)。很少有人能够靠想象给出一个精准详细并且确切的产品规格说明,大多数人无法在脑海中就设计好产品,而是需要不断摆弄、尝试,如此反复之后才确定他们最想要的那个,而工具包正是用来解决这一问题的。

消费者可以从工具包使用中获得大量好处,如 Franke 和 Piller(2004)发现,在客观质量相同的情况下,消费者愿意为自己设计的手表支付的价格是最畅销手表的两倍。在谷物早餐、雕刻雪橇、手机壳、钢笔、厨具、报纸、领带、T恤等产品领域的大量研究,也多次验证了这种显著的增值现象(Schreier,2006;Franke and Scherier,2008;Franke et al.,2009;Franke et al.,2010)。造成这种价值增值现象的原因有很多:定制的产品更符合消费者偏好(Dellaert and Stremersch,2005;Franke et al.,2009),产品被认为更独特(Franke and Scherier,2008),以及给消费者一种"自己设计"的成就感(Franke et al.,2010)等。同时,产品设计过程中的愉悦体验,也提升了消费者从自己设计的产品中获得的价值。

与环境调节因素相关的研究发现,消费者的分类知识水平能够影响其对于工具包以及最终产品的满意程度(Randall et al.,2007),消费者对自我偏好的认知(Bharadwaj et al.,2009;Franke et al.,2009),以及与其他设计者的社会比较也可以影响消费者对这些产品的评价(Moreau and Herd,2010)。最后,收到产品的人是谁也很关键:设计出来的产品被当作礼物送人比起自己用更被设计者所珍视(Moreau et al.,2011)。

- 众包

从用户的创造力中受益的第三种方法是任务外包,这种方法也常常被称为广播搜索(broadcast search)(Jeppensen and Lakhani,2010)、创新竞赛(innovation contest)(Terwiesch and Xu,2008)、虚拟共创(virtual co-creation)(Fuller,2010)、创新比赛(innovation tournament)(Terwiesch and Ulrich,2009)或者虚拟客户环境(virtual customer environment)(Nambisan,2002)。这些概念潜在的理念非常直截了当:企业将问题向大众在线开放以寻求解决方案。随后发起人对提交的解决方案进行评估,并给最佳方案提供者奖励(Nambisan,2002;Ogawa and Piller,2006;Dahlander and Magnusson,2008;Terwiesch and Xu,2008)。众包的价值在于比起企业内部它往往包含众多参与者,它拥有更多样的技能,更广泛的视角,能给问题的解决提供更多的启发(Jeppesen and Lakhani,2010)。比起企业内部数量有限的专家,这些众包的承担人往往表现得更加"智慧超群",尤其是当企业需要解决的是新的、复杂且难以定义的、需要大量创造力或者相似知识转移的问题时(Surowiecki,2004;Von Hippel,2005;Hoyer et al.,2010;Jeppesen and Lakhani,2010)。在这些情形下因解决方案形成竞争(Terwiesch and Ulrich,2009),以及有些情况下也会进行合作和互助(Bullinger et al.,2010)的异质性的问题解决者,是此种模式问题解决方面最大的优势。Raymond(1994:41)将这一论断结合到"Linus 法则"之中,"只要充分核验,所有的错误都将无所遁形"(given enough eyeballs, all bugs are shallow)。因此众包法可以说非常有效,能够带来令人惊叹的创新方案(Nambisan and Baron,2009,2010;Terwiesch and Ulrich,2009;Bullinger,2010;Harhoff and Mayrhofer,2010)。Poetz 和 Schreier(2011)的研究也验证了众包的优势:在婴幼儿快消品市场中,消费者要比企业内的专业人员更成功地生成新产品创意。在他们的现实世界研究中,消费者产生的创意,在新颖性和迎合客户需求方面,远远胜过企业内的新产品研发人员。

考虑到这些潜在利益,采用外包的企业除了服装产业,还包括消费电子、软件、音乐、珠宝、摄影、家居、汽车、移动手机、机器人、电视节目、生物科技、医药、高技术产业研发等多个产业的现象就不足为奇了（Fuller，2006；Ogawa and Piller，2006；Sawhney et al.，2005；Humphreys and Grayson，2008；Terwiesch and Xu，2008；Leimeister et al.，2009；O'Hern and Rindfleisch，2009；Bullinger et al.，2010；Nambisan and Baron，2010）。

有大量研究帮助我们去理解为何用户愿意参与到消费者众包商业模式中，毕竟这种模式使得企业（而非用户自己）能够直接从消费者的付出中获益。这类研究的主流理论基础是社会交换理论（Blau，1964），即当收益高于成本时，自发的交换关系才得以建立和维持。相应的，学者们鉴定了一系列利己型的参与动机，具体包括金钱奖励（Hall and Graham，2004；Fuller，2006，2010；Ebner et al.，2009；Leimeister et al.，2009；Barbham，2010；Nambisan and Baron，2010）、提供创意并与企业建立联系（Fuller，2006，2010；Shah，2006）、来自企业的赞赏（Jeppesen and Frederiksen，20006；Ebner et al.，2009；Leimeister et al.，2009；Fuller et al.，2010）和同行（Wu and Sukoco，2010）、学习和提升个人技能的机会（Nambisan and Barson，2009；Brabham，2010；Fuller，2010）以及自得其乐等内在因素（Fuller，2006，2010；Fuller et al.，2006；Fuller et al.，2008；Fuller et al.，2009；Nambisan and Baron，2009）。此外，研究还发现潜在参与者不仅会衡量参与所获得的回报，还会对众包商业模式的公平性进行主观评价（Franke et al.，2013）。他们会考虑自己是否得到了公平的分配，即成本和收益是否是在自己和企业之间公平分割（分配公平性），他们是否具有决策发言权，以及整个过程是否一致和透明（过程公平性）等。上述公平感知会带来明显的行为后果，它将影响个人（即使已经考虑到自身利益）向众包企业提交设计方案的倾向性。

了解潜在贡献者参与众包项目的动机是一码事，而要了解哪些要素影响了这个动机又是另外一回事。我们对于众包体系中具体的组织特征如何影响个人的参与动机，仍然知之甚少。正如Hoyer等（2010：290）所言："现在我们对于企业能够采取哪些行为和方式激励外包参与者知之甚少……因此关于哪些激励手段最为有效的研究将有重要价值。"

- 方法间的结合

我们分别列举了用户创新的三种方法：领先用户法、工具包和众包法，但这些方法显然也可以通过不同方式组合使用。举个例子，可以将工具包和众包法相结合（Piller and Walcher，2006），正如苹果公司的iPhone手机一样：苹果向公众征求新颖的应用，同时提供具体的软件来帮助用户实现软件创造和模拟，这一工具包还保证了手机应用程序能够在智能手机上实际运行。如果只依靠内部研发部门，那将永远不可能产生如此之多的差异化的手机软件。众包也可以帮助工具包个人用户开发新颖的创意、掌握工具包（例如工具包的某些功能是如何使用的）以及对初步设计方案进行评价（Jeppese and Molin，2003；Jeppesen，2005；Jeppesen and Frederiksen，2006；Franke et al.，2008）等。最后，与领先用户相关的研究通常会使用众包寻找技术，企业通过这种技术在专家团体内寻找解决方案。

未来的研究

我们可以看到当前用户创新的兴起，许多企业针对这一趋势，越来越经常性地使用用户创新并从中获益。学术研究同样也关注这些新现象，因此我们对最有效方法的认知可能会日益增多。这些促进用户创新的因素在未来可能会进一步发展，未来用户可能在开展创新的过程中无须与生产公司沟通，就像开源软件案例一样。现有技术使得用户能够独立进行设计和生产新产品。例如谷歌草图大师（Google Sketchup）就是专门为了用户而设计的工具包。这是一个使用方便的计算机辅助设计（CAD）工具包，能够让用户创造——以独立或合作的方式——并且共享任何不同类型的可制造的3D产品。未来3D打印的价格会越来越实惠，同时消费者也可能会有快速设计原型的能力。随着产品设计费用以及与其他消费者交流的费用的降低，用户创新的可能性将大大增长，用户将越来越多地选择自己独立设计（Baldwin and Von Hippel, 2011）。久而久之，我们预测将来生产者将把设计环节转让给消费者，并通过社区支持或者提供工具包等辅助创新消费者的方式与他们建立良好关系。

参 考 文 献

Allen, R. C. (1983). 'Collective Invention', *Journal of Economic Behavior and Organization*, 4(1): 1–24.

Allen, T. J., and Marquis, D. G. (1964). 'Positive and Negative Biasing Sets: The Effects of Prior Experience on Research Performance', *IEEE Transactions on Engineering Management*, EM-11 (4): 158–61.

Baldwin, C., and von Hippel, E. (2011). 'Modeling a Paradigm Shift: From Producer Innovation to User and Open Collaborative Innovation', *Organization Science*, 22(6): 1399–1417.

Baldwin, C., Hienerth, C., and von Hippel, E. (2006). 'How User Innovations Become Commercial Products: A Theoretical Investigation and Case Study', *Research Policy*, 35(9): 1291–313.

Bharadwaj, N., Naylor, R., and ter Hofstede, F. (2009). 'Consumer Response to and Choice of Customized Versus Standardized Systems', *International Journal of Research in Marketing*, 26(3): 216–27.

Blau, P. (1964). *Exchange and Power in Social Life*. New York: Wiley.

Brabham, D. C. (2010). 'Moving the Crowd at Threadless', *Information, Communication & Society*, 13(1): 1122–45.

Brown, S. (2001). 'Torment your Customers (They'll Love It)', *Harvard Business Review*, 83: 82–88.

Bryla, A., Kardinal, A., Schirg, F., and Franke, N. (2012). 'How Many End-users Actually Innovate? Results Depend on Measurement', Working Paper WU Wien.

Bullinger, A. C., Neyer, A.-N., Rass, M., and Moeslein, K. (2010). 'Community-based Innovation Contests: Where Competition Meets Cooperation', *Creativity and Innovation Management*, 19(3): 290–303.

Dahlander, L., and Frederiksen, L. (2012). 'The Core and Cosmopolitans: A Relational View of Innovation in User Communities', *Organization Science*, 23(4): 988–1007.

Dahlander, L., and Magnusson, M. (2008). 'How Do Firms Make Use of Open Source Communities?', *Long Range Planning*, 41(6): 629–49.

de Jong, J. P. J., and von Hippel, E. (2008). 'User Innovation in SMEs: Incidence and transfer to producers', Zoetermeer Working Paper.

Dellaert, B. G. C., and Stremersch, S. (2005). 'Marketing Mass-Customized Products: Striking a Balance Between Utility and Complexity', *Journal of Marketing Research*, 42(2): 219–27.

Ebner, W., Leimeister, J. M., and Krcmar, H. (2009). 'Community Engineering for Innovations: The Idea Competition as a Method to Nurture a Virtual Community for Innovations', *R&D Management*, 39(4): 342–56.

Franke, N., and Piller, F. (2004). 'Value Creation by Toolkits for User Innovation and Design: The Case of the Watch Market', *Journal of Product Innovation Management*, 21(6): 401–15.

Franke, N., Poetz, M., and Schreier M. (2013). 'Integrating Problem Solvers from Analogous Markets in New Product Ideation', *Management Science*, forthcoming.

Franke, N., and Schreier, M. (2008). 'Product Uniqueness as a Driver of Customer Utility in Mass Customization', *Marketing Letters*, 19(1): 93–107.

Franke, N., and Schreier, M. (2010). 'Why Customers Value Mass-Customized Products: The Importance of Process Enjoyment', *Journal of Product Innovation Management*, 27: 1020–31.

Franke, N., and Shah, S. (2003). 'How Communities Support Innovative Activities: An Exploration of Assistance and Sharing among End-users', *Research Policy*, 32: 157–78.

Franke, N., Keinz, P., and Schreier, M. (2008). 'Complementing Mass Customization Toolkits with User Communities: How Peer Input Improves Customer Self-design', *Journal of Product Innovation Management*, 25(6): 546–59.

Franke, N., Keinz, P., and Steger, C. (2009). 'Testing the Value of Customization: When do Customers Really Prefer Products Tailored to their Preferences', *Journal of Marketing*, 73(5): 103–21.

Franke, N., Klausberger, K., and Keinz, P. (2013). 'Does This Sound Like a Fair Deal? The Role of Fairness Perceptions in the Individual's Decision to Participate in Firm Innovation', *Organization Science*, forthcoming.

Franke, N., Schreier, M., and Kaiser, U. (2010). 'The "I Designed it Myself" Effect in Mass Customization', *Management Science*, 56: 125–40.

Franke, N., von Hippel, E., and Schreier, M. (2006). 'Finding Commercially Attractive User Innovations: A Test of Lead User Theory', *Journal of Product Innovation Management*, 23(4): 301–15.

Füller, J. (2006). 'Why Consumers Engage in Virtual New Product Developments Initiated by Producers', *Advances in Consumer Research*, 33(1): 639–46.

Füller, J. (2010). 'Refining Virtual Co-creation from a Consumer Perspective', *California Management Review*, 52(2): 98–122.

Füller, J., Bartl, M., Ernst, H., and Mühlbacher, H. (2006). 'Community Based Innovation: How to Integrate Members of Virtual Communities into New Product Development', *Electronic Commerce Research*, 6: 57–73.

Füller, J., Matzler, K., and Hoppe, M. (2008). 'Brand Community Members as a Source of Innovation', *Journal of Product Innovation Management*, 25(6): 608–19.

Füller, J., Mühlbacher, H., Matzler, K., and Jawecki, G. (2009). 'Consumer Empowerment through Internet-Based Co-Creation', *Journal of Management Information Systems*, 26(3): 71–102.

Füller, J., Faullant, R., and Matzler, K. (2010). 'Triggers for Virtual Customer Integration in the Development of Medical Equipment: From a Manufacturer and a User's Perspective', *Industrial Marketing Management*, 39(8): 1376–83.

Hall, H., and Graham, D. (2004). 'Creation and Recreation: Motivating Collaboration to Generate Knowledge Capital in Online Communities', *International Journal of Information Management*, 24(3): 235–46.

Harhoff, D., and Mayrhofer, P. (2010). 'Managing User Communities and Hybrid Innovation Processes: Concepts and Design Implications', *Organizational Dynamics*, 39(2): 137–44.

Harhoff, D., Henkel, J., and von Hippel, E. (2003). 'Profiting from Voluntary Information

Spillovers: How Users Benefit by Freely Revealing their Innovations', *Research Policy*, 32(10): 1753–69.

Herstatt, C., and von Hippel, E. (1992). 'From Experience: Developing New Product Concepts via the Lead User Method: A Case Study in a "Low tech" Field', *Journal of Product Innovation Management*, 9(3): 213–22.

Hoffman, D. L., Kopalle, P. K., and Novak, T. P. (2010). 'The "Right" Consumers for Better Concepts: Identifying Consumers High in Emergent Nature to Develop New Product Concepts', *Journal of Marketing Research*, 47: 854–65.

Hoyer, W. D., Chandy, R., Dorotic, M., Krafft, M., and Singh, S. S. (2010). 'Consumer Cocreation in New Product Development', *Journal of Service Research*, 13(3): 283–96.

Humphreys, A., and Grayson, K. (2008). 'The Intersecting Roles of Consumer and Producer: A Critical Perspective on Co-production, Co-creation and Prosumption', *Sociology Compass*, 2(3): 963–80.

Jeppesen, L. B. (2005). 'User Toolkits for Innovation: Consumers Support Each Other', *Journal of Product Innovation Management*, 22: 347–62.

Jeppesen, L. B., and Frederiksen, L. (2006). 'Why do Users Contribute to Firm-Hosted User Communities? The Case of Computer-controlled Music Instruments', *Organization Science*, 17(1): 45–63.

Jeppesen, L. B., and Lakhani, K. (2010). 'Marginality and Problem Solving Effectiveness in Broadcast Search', *Organization Science*, 21(5): 1016–33.

Jeppesen, L. B., and Molin, M. J. (2003). 'Consumers as Co-developers: Learning and Innovation Outside the Firm', *Technology Analysis & Strategic Management*, 15(3): 363–84.

Kratzer, J., and Lettl, C. (2009). 'Distinctive Roles of Lead Users and Opinion Leaders in the Social Networks of Schoolchildren', *Journal of Consumer Research*, 36(4): 646–59.

Lakhani, K. R., and Wolf, B. (2005). 'Why Hackers Do What They Do: Understanding Motivation and Effort in Free/open Source Software Projects', in J. Feller, B. Fitzgerald, S. Hissam, and K. R. Lakhani (eds), *Perspectives on Free and Open Source Software*. Cambridge, MA: MIT Press.

Leimeister, J. M., Huber, M., Bretschneider, U., and Krcmar, H. (2009). 'Leveraging Crowdsourcing: Activation-supporting Components for IT-based Ideas', *Journal of Management Information Systems*, 26(1): 197–224.

Lerner, J., and Tirole, J. (2002). 'Some Simple Economics of Open Source', *Journal of Industrial Economics*, 50(2): 197–234.

Lettl, C., Herstatt, C., and Gemuenden, H. G. (2006). 'Users' Contributions to Radical Innovation: Evidence from Four Cases in the Field of Medical Equipment Technology', *R&D Management*, 36: 251–72.

Lilien, G. L., Morrison, P. D., Searls, K., Sonnack, M., and von Hippel, E. (2002). 'Performance Assessment of the Lead User Idea Generation Process', *Management Science*, 48(8): 1042–59.

Lim, K. (2000). 'The Many Faces of Absorptive Capacity: Spillovers of Copper Interconnect Technology for Semiconductor Chips', MIT Sloan School of Management. Working paper No. 4110.

Lüthje, C., and Herstatt, C. (2004). 'The Lead User Method: An Outline of Empirical Findings and Issues for Future Research', *R&D Management*, 34(5): 553–68.

Moreau, C. P., and Herd, K. B. (2010). 'To Each His Own? How Comparisons with Others Influence Consumers' Evaluations of their Self-designed Products', *Journal of Consumer Research*, 36: 806–19.

Moreau, C. P., Bonney, L., and Herd, K. B. (2011). 'It's the Thought (and the Effort) That

Counts: How Customizing for Others Differs from Customizing for Oneself', *Journal of Marketing*, 75: 120–33.

Morrison, P. D., Roberts, J. H., and von Hippel, E. (2004). 'The Nature of Lead Users and Measurement of Leading Edge Status', *Research Policy*, 33(2): 351–362.

Nambisan, S. (2002). 'Designing Virtual Customer Environments for New Product Development', *Academy of Management Review*, 27(3): 392–413.

Nambisan, S. and Baron, R. A. (2009). 'Virtual Customer Environments: Testing a Model of Voluntary Participation in Value Co-creation Activities', *Journal of Product Innovation Management*, 26(4): 388–406.

Nambisan, S. and Baron, R. A. (2010). 'Different Roles, Different Strokes: Organizing Virtual Customer Environments to Promote Two Types of Customer Contributions', *Organization Science*, 21(2): 554–72.

Ogawa, S., and Piller, F. (2006). 'Reducing the Risks of New Product Development', *Sloan Management Review*, 47(2): 65–71.

O'Hern, M., and Rindfleisch, A. (2009). 'Customer Co-creation: A Typology and Research Agenda', *Review of Marketing Research*, 6: 84–106.

Olson, E. L., and Bakke, G. (2001). 'Implementing the Lead User Method in a High Technology Firm: A Longitudinal Study of Intentions Versus Actions', *Journal of Product Innovation Management*, 18(2): 388–95.

Ozer, M. (2009). 'The Roles of Product Lead-Users and Product Experts in New Product Evaluation', *Research Policy*, 38(8): 1340–49.

Piller, F. T., and Walcher, D. (2006). 'Toolkits for Idea Competitions: A Novel Method to Integrate Users in New Product Development', *R&D Management*, 36(3): 307–18.

Poetz, M. K., and Prügl, R. (2010). 'Crossing Domain-Specific Boundaries in Search of Innovation: Exploring the Potential of 'Pyramiding', *Journal of Product Innovation Management*, 27(6): 897–914.

Poetz, M. K., and Schreier, M. (2011). 'The Value of Crowdsourcing: Can Users Really Compete with Professionals in Generating New Product Ideas', *Journal of Product Innovation Management*, forthcoming.

Randall, T., Terwiesch, C., and Ulrich, K. T. (2007). 'User Design of Customized Products', *Marketing Science*, 26(2): 268–80.

Raymond, E. S. (1999). 'The Cathedral and the Bazaar', *Knowledge, Technology & Policy*, 12(3): 23–49.

Raymond, E. S. (2001). *The Cathedral and the Bazaar*, 2nd edn. Sebastopol, CA: O'Reilly Media.

Rogers, E. M. (1994). *Diffusion of Innovation*, 4th edn. New York: The Free Press.

Sawhney, M., Verona, G. M., and Prandelli, E. (2005). 'Collaborating to Create: The Internet as Platform for Customer Engagement in Product Innovation', *Journal of Interactive Marketing*, 19(4): 4–17.

Schmookler, J. (1966). *Invention and Economic Growth*. Cambridge, MA: Harvard University Press.

Schreier, M. (2006). 'The Value Increment of Mass-Customized Products: An Empirical Assessment', *Journal of Consumer Behaviour*, 5(4): 317–27.

Schreier, M., and Prügl, R. (2008). 'Extending Lead User Theory: Antecedents and Consequences of Consumers' Lead Userness', *Journal of Product Innovation Management*, 25(4): 331–46.

Schumpeter, J. (1911). *Theorie der wirtschaftlichen Entwicklung*. Berlin: Duncker & Humblodt.

Shah, S. (2000). 'Sources and Patterns of Innovation in a Consumer Products Field: Innovations

in Sporting Equipment', MIT Sloan School of Management. Working Paper No. 4105.
Shah, S. (2006). 'Motivation, Governance, and the Viability of Hybrid Forms in Open Source Software Development', *Management Science*, 52(7): 1000–14.
Shah, S., and Tripsas, M. (2007). 'The Accidental Entrepreneur: The Emergent and Collective Process of User Entrepreneurship', *Strategic Entrepreneurship Journal*, 1(1–2): 123–40.
Stallman, R., (1999). 'The GNU Operating System and the Free Software Movement', in C. DiBona, and S. Ockman, S. (eds), *Open Sources: Voices from the Open Source Revolution*. Sebastopol, CA: O'Reilly, 53–70.
Surowiecki, J. (2004). *Why the Many Are Smarter Than the Few and How Collective Wisdom Shapes Business, Economies, Societies and Nations*. New York, NY: Doubleday.
Terwiesch, C., and Ulrich, K. T. (2009). *Innovation Tournaments*. Cambridge, MA: Harvard University Press.
Terwiesch, C., and Xu, Y. (2008). 'Innovation Contests, Open Innovation, and Multiagent Problem Solving', *Management Science*, 54(9): 1529–43.
Ulwick, A. W. (2002). 'Turn Customer Input into Innovation', *Harvard Business Review*, January: 91–7.
Urban, G. L., and von Hippel E. (1988). 'Lead User Analyses for the Development of New Industrial Products', *Management Science*, 34(5): 569–82.
von Hippel, E. (1986). 'Lead Users: A Source of Novel Product Concepts', *Management Science*, 32: 791–806.
von Hippel, E. (1994). 'Sticky Information and the Locus of Problem Solving: Implications for Innovation', *Management Science*, 40: 429–40.
von Hippel, E. (1998). 'Economics of Product Development by Users: The Impact of "Sticky" Local Information', *Management Science*, 44(5): 629–44.
von Hippel, E. (2001). 'Perspective: User Toolkits for Innovation', *Journal of Product Innovation Management*, 18(4): 247–57.
von Hippel, E. (2005). *Democratizing Innovation*. Cambridge, MA: MIT Press.
von Hippel, E. (2007). 'Horizontal Innovation Networks: By and for Users', *Industrial & Corporate Change*, 16(2): 293–315.
von Hippel, E., de Jong, J., and Flowers, S. (2012). 'Comparing Business and Household Sector Innovation in Consumer Products: Findings from a Representative Study in the United Kingdom', *Management Science*, 58(9): 1669–81.
von Hippel, E. and Finkelstein, S. N. (1979). 'Analysis of Innovation in Automated Clinical Chemistry Analyzers', *Science & Public Policy*, 6(1): 24–37.
von Hippel, E. and Katz, R. (2002). 'Shifting Innovation to Users via Toolkits', *Management Science*, 48(7): 821–34.
von Hippel, E. and von Krogh, G. (2003). 'Open Source Software and the "Private-Collective" Innovation Model: Issues for Organization Science', *Organization Science*, 14(2): 209–23.
von Hippel, E., Franke, N., and Prügl, R. (2009). 'Pyramiding: Efficient Search for Rare Subjects', *Research Policy*, 38: 1397–406.
von Hippel, E., Ogawa, S., and de Jong, J. P. J. (2011). 'The Age of the Consumer-Innovator', *MIT Sloan Managemnt Review*, 53(1): 27–35.
Wu, W.Y., and Sukoco, B. M. (2010). 'Why Should I Share? Examining Consumer Motives and Trust on Knowledge Sharing', *Journal of Computer Information Systems*, 50(4): 11–19.

第6章

创新网络

蒂姆·凯斯特尔（Tim Kastelle）
约翰·斯蒂恩（John Steen）

引 言

新奇的思想以网络的形式发生，在最为基础的层面，创新思维意味着大脑内部众多神经元之间构建起了一组新连接。史蒂芬·约翰逊（Steven Johnson，2010：99）对创新思维做了这样的解释：

> 与其他思维一样，直觉（Hunch）仅仅是你大脑内部以某种组织形式激发而成的一种细胞网络。但要让这种直觉绽放出更具有实际意义的内容，就需要让这种直觉与其他思维发生关联。直觉需要一种环境，在这种环境中，各种令人惊奇的、发生在大脑神经元、神经突触以及大脑所处的更大文化环境之间的新连接，才能够被构建出来。

换言之，网络是创新的本质要素，同时约翰逊的上述理念也提出了一个更大的议题：网络会在多个层面发生作用。个人的思维建立在大脑细胞的网络之上，创新建立在众多思维连接的网络之上，并且通过人的网络得以现世。当然，人的网络还可以上升为一个企业组织内的网络、企业间的网络、集群的网络乃至地区之间的网络。

将网络作为创新核心的理念至少可以追溯到熊彼特（Schumpeter，1911，1983）的研究。熊彼特认为，创新来自思维的重新组合。在很长的一段时间内，这种对创新概念的理解更多地作为一种比喻来使用，而不是一种严格的创新管理分析路径。然而，近年来新定量方法在网络分析领域的快速发展，使得我们可以测量并评估创新网络的结构。

在本章中，我们将尝试探索使用网络分析来增进对创新过程的理解，并以此来阐释这种研究方法上的创新如何为我们理解创新管理发掘新的机遇。如果对这种研究方法追根溯源，我们很容易知道这种方法来自社会网络分析（social network analysis，SNA）。几乎所有的早期社会网络分析活动，关注的都是个人之间构成的网络。但近年来，计算能力的增长与软件功能的日益强大，掀起了一股使用各种新方法与新路径分析大数据集的潮流，这种网络分析有时也被称为复杂网络分析（complex network analysis）。我们这里将沿用原先的术语，即SNA，但是当使用该术语时，我们指的是所有可获得的分析技术，包括在复杂网络分析中发展起来的分析技术。本章接下来将集中讨论为何在创新管理研究中使用网络分析方法是非常具有前景的，特别是针对大的系统中的创新，例如组织与产业之中的创新。

什么是网络分析？它为什么重要？

网络指的是任何可以由一组物件或角色（如人、企业、地区等）以及物件或参与者（actor）之间的关联所描述的系统，网络分析（network analysis）就是从统计角度来描述这些系统的一组方法（Wasserman and Faust，1994）。从分析的角度出发，网络中的物件或参与者被称为节点（node），而它们之间的关联被称为连接（link）。网络的实际例子包括：计算机网络（computer networks），每一部硬件设备是节点，有线或无线的互联是连接；社会网络（social networks），人是节点，社会关系是连接（如友情或者通过类似领英等中介建立起来互动关系）；论文引用网络（citation networks），学术论文是节点，引用是连接；金融交易网络（financial exchange networks），个人或企业是节点，金融交易是连接。网络分析就是测量这些网络的特征。

网络数据可通过不同路径进行收集。对于个人，可以询问他们与哪些人发生互动，还可以比较个人网络之间的特征差异，由此产生的网络被称为自我网络（ego-network），因为这种网络的关注点是个人。现在更常见的做法是对某一个特定网络中的所有成员收集数据，这样可以对整个网络的特征进行分析。但这种研究路径的一个难题就是如何来界定网络的边界，以及如何来处理或者忽略一些跨边界存在的重要连接。然而，全网络分析的最大好处是研究者可以进行系统层面的分析，这种分析可以捕捉到网络的一些突发性行为（Dopfer and Potts，2006）。

很多创新学者可能存有这样的疑问，创新领域的网络分析有哪些新东西。确实，社会网络分析的技术从 20 世纪 60 年代起，就开始在管理学研究中得到应用，同样的，其在创新研究中也得到了应用（Allen and Cohen，1969；Crane，1969）。本章我们不会讨论那些基于自我网络分析的旧技术与旧理论。尽管将网络的数据收集与分析限定在个体的直接关联上确实有一些显著的好处，但是目前对全网络的分析已经出现了更为重要的发展。与基于自我网络的分析研究不同，对整个网络的分析已经认识到大系统对于双向矢量式的关系有着显著影响。尽管自我网络更适用于回归模型，但自我网络遗失了个体、局部网络与更大范围网络之间的互动关系（Newman，2010）。

新统计技术的出现使网络分析的技术与理论发生了巨大的变化，这种变化使网络分析能对大网络进行考察，并检验有关网络结构与动力学的理论假设。例如沃茨与斯托加茨（Watts and Strogatz，1998）有关小世界网络（small-world networks，在这种网络中，参与者被网络中的少数连接分隔开①）的研究，促进了新分析技术的增加，这些技术可用于测量大的复杂系统的特征与动态过程。在网络研究的理论基础层面，该研究带来了两大重要的进步（Newman，Barabasi and Watts，2006）。首先，该研究带来了人们对目前网络动力学与演化的

---

① 小世界网络是处在无序与有序两极之间的一种网络，在这种网络中，大部分节点之间并不相连，但从任何一个节点出发，经过少数几步就可以到达大部分节点。——译者注

研究的重视。过去的很多网络研究只关注某个单一时间点上的网络数据,而不是纵向上的时间序列数据,但近期的研究已经发现,网络的过往历史往往对网络未来的发展有着显著影响(Newman,Barabasi and Watts,2006)。因此,对网络动力学的恰当理解是非常重要的(Barabasi,2002)。其次,该研究推动了一个特定研究视角的发展,在该视角下,研究者不仅仅会考察网络的类型,还会尝试理解参与者塑造网络结构的行为(Watts,1999)。复杂网络分析是一种从不同参与者的特异行为中寻找标准模式的有效办法,这使得网络分析与复杂理论联系在了一起(Holland,1995),在这种联系中,宏观网络结构是参与者层面行为的自然衍生产品。结合计算能力的增进,这些新的分析视角使得对大型复杂网络的动态分析成为可能。与此同时,诸如 SIENA 这样的分析软件的发展(本章"创新研究中的网络分析:未来"部分将对该软件进行讨论)使得检验有关特定网络动态演化的理论假设成为可能,也使得理论构建可以以此为基础。

使用网络分析方法来管理创新,至少存在三个原因。第一个原因是:以创新为关注点的演化经济学为网络分析应用于创新管理提供了强有力的理论支持。基于熊彼特的开创性工作,目前学者们普遍将经济视为一个演化的复杂网络(Saviotti,1996;Potts,2000;Foster,2005;Dopfer and Potss,2006)。从这一视角出发,经济增长是通过一个演化的过程实现的,这一过程中的关键要素(Metcalfe,2005)是变异(variation)、选择(selection)和保留(retention)。创新引发变异的出现(Dodgson,Gann and Salter,2005),而网络连接是选择与保留过程的关键驱动力(Dopfer,Foster and Potts,2004)。网络分析成为演化计量经济学研究的一个核心工具,随着这种观点的发展,将经济模拟看作一个连接稀疏的网络的益处也日益明显(Kirman,1997)。

上述这些好处的存在,都是基于一个重要前提,即经济及其子系统都是复杂自适应系统(complex adaptive systems),这就引出了在创新研究中使用网络分析的第二个原因。分析复杂自适应系统,最好是以一个完整系统的形式来进行分析,而不是将其看作一系列彼此并不紧密的个体。复杂自适应系统有一系列特征,其中最关键的两个是,①系统中存在大量互动的要素;②互动引发许多重要的自然衍生产品的产生,而这些自然衍生产品的产生是无法通过个体要素的研究来预测的(Mitchell,2009)。企业内的人群,企业间的合作与交换网络,以及基于地理区域的不同产业间的贸易,都具有复杂自适应系统的上述两个特征。因此,只考察系统中个体参与者(无论是个体还是企业)本质特征的研究,都很有可能在观察中错失一些驱动变化发生的重要因素,将这些系统视作网络来进行研究是规避这一问题的一个好方法(Barabasi,2012)。网络结构也是网络中参与者的行动的一个自然衍生产品,正如沃纳塔斯(Vonartas,2009:27)所说:

> 这几乎都要成为一种陈词滥调了:想要完全理解企业的行动与绩效,只能通过考察企业与其他经济活动主体之间的社会、技术与交换关系来实现。原子式的行动者(atomistic agents)在非人性化的市场上为利益而竞争的图景,已经远不足以展现过去二三十年间跨企业合作的爆炸性增长,以及逐年增多的与企业嵌入其产品和绩效的社会环境的影响(鉴于在过去的 20~30 年间,跨企业合作的数量有着爆炸式的增长,同时,

越来越多的实证证据证明了企业所嵌入的社会环境对企业产品与绩效的影响,因此,非人格化市场中原子式的行动者为牟利而竞争的图景,对真实世界的解释力愈发不足)。

通过网络视角来研究创新的最后一个原因是更加贴近实际:管理网络通常是促使变革发生的最快、最有效的方式(Cross,Liedtka and Weiss,2004),这使得网络知识成为一种重要的管理工具。在直觉层面这也是符合常理的,人们已经广泛认可了这样一种观点:交流在管理组织变革中具有核心重要性,而交流理所当然地通过网络发生。莫赫曼等学者(Mohrman,Tenkasi and Mohrman,2003)的研究显示,成功的组织变革与不太成功的组织变革之间的主要区别在于,前者的沟通活动依赖于非正式网络的活动,而后者主要依赖于以常规科层制为基础的正式沟通活动。同样,通过调解来改变非正式网络结构,比重塑官方组织图景要容易得多(Johnson,2009)。

网络分析基础

进行网络分析的第一个步骤是收集网络数据,这就需要界定网络的边界。网络可以是封闭的,也可以是开放的。封闭性网络(closed network)是指那些具有清晰边界的网络,例如一个企业中的所有成员,或一个产业中的所有企业;开放性网络(open network)则没有预先界定的边界。自我网络是一个常见的开放性网络的例子,在这一网络之中,需要通过询问中心参与者的方式来指明该参与者所拥有的某一种类下的全部关联(例如朋友或合作者);封闭性网络则更容易分析,因为你可以提前获知谁是网络的参与者。即便如此,虽然网络的边界可以被定义为闭合,但在实际生活中,几乎所有的网络都是开放性的。因此,网络边界的界定在某种程度上被认为是随意的。一个封闭性网络的例子可以是"在企业X中为项目Y工作的所有人"。但如果你去询问这一网络中的所有成员这样一个问题:"为了解决创新中的问题,你会寻求谁的帮助?"此时,受访者寻求该项目组之外人员的帮助(例如在之前供职的企业内工作的同事,在其他产业内就业的朋友或者职业生涯导师)是非常合情合理的。因此,在对任何特定的网络进行研究时,清晰地界定适用于该网络的边界以及记录这些边界潜在的选择和假设都是非常重要的。

网络连接的数据可以是一手数据或二手数据,一手数据往往通过访谈或调研的方式获得,二手数据通常来源于大型数据库。使用二手数据的主要好处是可以获得超过访谈或调研所能获得的相当大规模的数据,创新网络研究中最常见的二手数据来源是专利数据,使用专利中的合作者关系作为个体研究者或者专利申请提出企业之间的关联。二手数据的主要缺陷在于基本不包含实际中的连接数据,而缺乏了连接数据就没有网络可以分析。另外,这两种数据收集方式通常也会尽量收集网络中参与者的特征数据,就网络分析而言,这些参与者特征也是网络的属性。

完成了数据收集工作后,需要进行后续整理。与创新有关的网络研究大多数都是单一模式(single-mode)的,这种模式是指在网络中所有的参与者都可以以任何方式直接与其他参与者连接。与之相反的是复式网络(two-mode)，或称从属网络(affiliation networks)。在这种网络中，焦点参与者通过成为群组(group)成员或共同关联事件(event)的方式实现连接。在拥有 N 个节点的单一式网络中，数据可以构建成一个 N 乘 N 的矩阵，参与者之间的连接标记为"1"，没有连接的参与者之间标记为"0"；而在拥有 N 个节点与 M 个群组或事件的复式网络中，数据可以构建成一个 N 乘 M 的矩阵。如果一个特定的成员归属于某个特定群组或事件，则标记为"1"，如果与该群组或事件没有归属关系，则标记为"0"。这种网络的分析通常需要特殊的软件。

有很多工具可用于网络分析。为使用这些工具，有必要熟悉一些用于网络分析的术语。对此，纽曼(Newman, 2003)提供了一个全面且又表述清晰的综述，罗宾斯(Robins, Pattison and Woolcock)、巴拉巴希(Barabasi, 2002)以及瓦茨等(Watts, 2003)则对术语内容做了更加非数学化的处理。

创新研究中的网络分析：简要回顾

创新研究已经以多种形式使用了网络这一概念。在非常基础的层面，有两类主要的研究问题借助网络分析进行了深入探讨。第一类研究问题是观察参与者所拥有的关联数量，这一观察基于一个前提，即参与者的关联通常越多越好。波琴霍茨与沃德斯特罗姆(Bergenholz and Waldstrom, 2011)将这种研究视角界定为"比喻"(metaphor)，因为在这里，网络理念是从概念角度出发被利用的。这类研究通常被高度定量化，很容易被涵盖在多元分析路径之下，因为变量用来测量网络的层级，或者个体、企业所拥有的关联的数量。第二类研究问题的视角则与上述的第一类研究问题相反，其路径是分析性的，意图考察一个创新网络的整体结构。这类研究问题也基于一个前提，即网络结构对创新产出有着显著的影响。两类研究问题所代表的研究路径可发生在多层次的网络分析之中。这些研究有可能观察个体之间的人际关系网络，这些个体可同属一个企业，也可分布在多个不同企业中。跨企业合作也是另一个常见的分析层面，主要研究企业间的网络。这些企业可以存在于一个地区内，一条供应链上，或者一个产业部门中。地理区域间的合作网络是可以被描绘的——从本质上讲，这是一种由多个合作网络形成的合作网络，因为一个区域内的参与者就是集群或者企业，而集群或企业本身就具备网络结构。

在创新研究的网络分析这一主题下，有两个特别议题的文献综述(Kastelle and Steen, 2010a; Colombo, Laursen, Magnusson and Rossi-Lamastra, 2011)。在第一个议题中，范德瓦克与切波斯(Van der Valk and Gijbers, 2010)的文献综述考察了创新研究中网络分析方法的使用情况。他们从 10 本顶级创新期刊中找到了 49 篇使用网络分析方法的论文，所有这些文章都使用社会网络分析测量了网络与创新绩效相关的特性。他们发现在这些文章中最常见的网络分析对象，是个体间与组织间的合作网络、组织内与组织间的沟通网络，以及技术与部门的网络结构。

在第二篇文献综述中，波琴霍茨与沃德斯特罗姆(Bergenholz and Waldstrom, 2011)从超过 1 000 篇的提及网络与创新的论文入手分析，然而他们发现大部分文章并不包含实际的网络数据。排除了这些文章后,剩余供两位作者分析的文章数量缩减至306篇,其中只有50篇文章采用了社会网络分析(SNA)方法,其余则从比喻的角度来研究网络与创新这一主题。两位作者发现,最常见的分析单元是产业网络——例如,生物技术产业内的合作网络(Owen-Smith and Powell,2004)。这一分析非常重要,因为在研究设计网络时,一个关键的问题就是如何划清网络的边界。从本质上讲,该综述所分析的论文中大约2/3都只为网络画出了一条松散的边界,其余纳入分析的文章都选定了一个核心的网络进行研究。这些论文可以分为两类,一类采用网络在某一时间点上的截面数据进行分析,另一类则考察了网络随时间推进而发生的演化。38%的论文观察了跨多个层面的关联关系,只有很少的文章(6%)对不同的网络进行了比较。

上述两篇文献综述以及对这两个特别议题所做的评论,最终都得出了一个结论,即创新的网络研究还是一个非常新的研究领域。不过,已经有学者努力在试图塑造这个研究领域。米岑麦切(Mitzenmacher,2005)提出了复杂网络研究一个新的层级式研究结构,包含五个分析层面:第一,观察或测量一个复杂网络;第二,理解网络特征对系统行为的重要性;第三,构建一个支撑网络发展的模型;第四,以实证数据或观察验证这一模型;第五,使用该模型控制或改进现存的系统行为。他进一步指出,尽管后两个层面可能更重要,但大部分复杂网络的研究只关注在前三个层面,即观察、理解与建模。

在现有的创新研究中,绝大多数都只关注了前两个层面,即观察与理解。在很多研究领域,这足以识别出某个特定网络的小世界结构或者幂律度分布状态(power law degree distribution,在这一状态下,网络的绝大部分由相对较少数量的参与者控制)。从观察推进到对网络的理解也是近年来才出现的,这种现象不仅发生在创新研究领域,而且发生在大多数使用社会网络分析方法的研究领域。鉴于多数网络分析方法都还很新,因此,现有研究还没有在基本的研究目的上推进太远也就不足为奇了。不过,为了给创新管理提供帮助,现在是时候向更具挑战性与复杂性的网络分析方法迈进了。

在列举如何实现目标前,我们评估了创新研究中网络分析应用的现状,即"我们现在知道了什么"。网络分析研究显示,网络结构是创新产出一个重要的决定因素,斯蒂恩与麦考雷(Steen & Macaulay,2012)对这一点进行了总结(见表6.1)。

表6.1 核心的网络测量以及网络与创新绩效的关联

概 念	常用网络测量对象	相 关 作 者	与创新的关联
非正式权力	中心性	Freeman(1979); Bonacich(1987)	权力使参与者更好地获得并控制资源。具有高中心性的参与者可以利用这些优势来提升创新绩效
连接强度	互动的频率。经常性的互动产生强连接	Granovetter(1973)	强连接可帮助冗余信息的交流,而弱连接传递新奇的信息。因此,强连接为信息利用提供了环境,而弱连接为信息探索提供了来源

续表

概　念	常用网络测量对象	相关作者	与创新的关联
社会资本：结构洞	限制性的测量：一个参与者拥有的连接在多大程度上不是冗余的	Burt(1992)	一个横跨多个社会网络的个体可以通过在这些网络之间传递信息与见解的方式获益。结构洞描述了这样一种情况，即参与者不仅横跨多个社会网络，其中一些社会网络若没有参与者的衔接，则会与其他网络之间缺乏连接。占据这种结构位置能够使参与者获得多样化的信息，从而获得显著的优势。创新绩效的提升是这种优势带来的结果之一
社会资本：闭合性	密度①	Coleman(1990)	社会网络中的关系密度可以完善协作，并且降低交易风险。具备这种结构特征的组织（如项目团队或企业）在介入创新活动中时更有可能获得成功

"使不同知识集发生连接的网络能够激发更多创新的产生"，这一观点得到普遍认可。它的实证依据可在小世界网络的研究中找到，这些研究发现小世界网络更具创新性，例如伍兹与斯皮罗(Uzzi and Spiro,2005)研究了百老汇音乐剧产业中存在的小世界网络。研究显示，票房热卖的音乐剧，往往产生于编剧、编舞和歌词作者已经形成了一个可在统计上称为小世界的网络之后。一些有关自我网络的研究也提供了实证依据，这些研究揭示了一些参与者如何通过连接网络内鸿沟，或者填补结构洞(structural holes)的方式提升了创新绩效。类似地，有关弱连接(weak ties，指在这种连接关系下，参与者之间的接触是相对不频繁的)在网络中所扮演角色的研究显示，连接不相干的群组能够给予创新以有力支持。

学者们已经注意到，并不是所有的研究都能在弱连接与创新、结构洞和创新之间寻找到关联。不过，近期的一项有关美国高层管理人员招募网络的研究，或许能够解释这种结果的差异性(Aral and Van Alstyne,2011)。如果我们承认一个前提，即连接不同的技能与理念是创新的前置条件，那么占据结构洞则并不是技能或理念产生连接的唯一方式。当网络环境中存在很多变化时，多样化的连接会以各种方式发生。在这种情况下，一个连接良好的网络会带来更多创新。类似地，当存在很多变动与不确定性时，强连接(strong ties)在促进创新方面会强于弱连接。这是因为，通晓网络中的变化并且知道知识的储存地点，比将知识装于多个不同的口袋更加重要。

虽然我们已经对网络结构与创新绩效之间的关系有了基本的认识，但面临一个更加实际的问题，即我们如何通过对网络的塑造以创造出最佳的网络结构。目前，这依然是一个具有挑战性的工作，但在建构网络时，需要知道一条指导性原则："接近法则"(law of propinquity,相关研究例如Reagans,2011)，这条法则是指连接形成的概率与物理上的邻近

---

① 网络分析中的密度(density)可用于测度网络的完备性。当一个网络是完备的，那么该网络中所有节点两两相连。因此，密度实际上测量了网络中各个节点连接的程度，可以用网络连接数与完备状态连接数的比值来计算。——译者注

程度有关,它在很多研究中都有所体现。构建网络需要人们彼此之间相互接触,这种接触对工作环境与岗位设计都有重要的影响。

创新网络中时常能够被识别出的一类结构是幂律度分布,特别是那些使用大型二手数据库构建起来的网络。幂律度分布结构的一个吸引力在于,很多人认为这种结构揭示了某些有关网络生成机制(generative mechanism)的信息。这是因为最初被识别的幂律度结构网络显示,这些网络在形成新连接时呈现出"富者愈富"的模式,也就是"偏好依附"(Albert and Barabasi,2002)。当一个网络之中围绕某个行动者形成新连接的概率,与这个行动者已经拥有的连接数量成正比时,幂律度分布的网络结构形式就会出现。换言之,此时新的连接更有可能在那些已经有着良好关联程度的参与者那里出现。因此,逻辑非常清楚:如果一个度分布[1]呈现出幂律的模式,那么该网络演化的驱动力一定是偏好依附(preferential attachment)。

然而,这个逻辑也有几个问题。第一个问题是,多数网络的度分布模式事实上并不是幂律形式。如果在复对数标尺(log-log scale)下绘制幂律度分布,分布会呈现出一条直线的形式,很难寻找到用一条最佳的趋势线来拟合实证观察到的度分布形式的技术。格力高蒂等学者(Gallegati,Keen,Lux and Ormerod,2006:3)对这一问题进行了阐述:

……没有理由可以认为,人们能为所有类型的社会经济数据都找到简单的、可以跨越国别与时间纬度的普遍适用的幂律形式。尽管人们将幂律理解为复杂的、或许是自组织的系统存在的信号,这使得幂律形态成为大家非常想要获得的对象,但人们必须小心谨慎,以免忽视幂律形式在每一组数据点的收集中都呈现负斜率的下降趋势。

克罗赛特等学者(Clauset,Shalizi and Newman,2007)从一系列准则出发,对24篇声称在他们的数据中找到了幂律分布的论文进行了元分析(meta-analysis)。结果显示,虽然大多数论文都使用了线性回归的方式将网络的度分布拟合成一条幂律曲线,但这是一个错误,因为变量之间强烈的多重共线性违反了线性回归的前提假设(Gallegati et al.,2006)。取而代之的是克罗赛特等学者使用更加适宜的柯尔莫诺夫-斯米尔诺夫检验(Kolmogorov-Smirnov Test),以及希尔估计量(Hill-Estimator)获得了能够拟合理论曲线的实证数据。该研究的结果显示,所有数据的分布(除了其中的三组)都不满足幂律,并且那三组也不能很好地拟合,但对数正态分布(log-normal distribution)能够描述大多数数据集。

第二个问题是,事实上很多方法都可以生成幂律分布。即使一个网络的度分布被正确识别为幂律分布,这依然不能保证这一分布的生成机制就是偏好依附。很多网络生成机制都能够使网络形成幂律、对数正态或其他肥尾(fat-tail)分布形式(Andriani and McKelvey,2007)。

从上述讨论中可以得到两个要点:第一个要点是告诫性的,即采用其他领域的研究方法必须谨慎小心,因为以物理为基础的网络研究非常重视寻找驱动网络演化的少数机制。就偏好依附的例子而言,如果寻找到偏好依附这一机制,就能够使研究获得有关系统演化

---

[1] 度是网络中某个节点所拥有的连接数量。度分布是网络所有节点度的整体分布形态。——译者注

的简单、清晰的一系列故事。然而事实并非如此,对呈现出复杂结构的人类系统来说,其演化路径往往与其他系统(例如万维网,World Wide Web)的演化路径相去甚远。

第二个要点是帮助我们寻找到继续前进的方向:实际上,是时候开始寻找驱动宏观结构演化的微观层面行为了。这种努力将会把我们带到米岑麦切(Mitzenmacher,2005)科层式研究结构的更高层级,即模型的发展与验证,以及发展出有效管理创新网络的规范性指引。现在,我们要转向考察那些能够用来实现上述目标的路径。

创新研究中的网络分析:未来

前文提到,波琴霍茨与沃德斯特罗姆(Bergenholz and Waldstrom,2011)所做的文献综述识别了创新网络分析当前的一些缺陷,这也反映了这一知识领域发展的现状。不过,有四种相对比较新颖的研究路径还没有在创新研究中广泛应用,并且他们都具有克服现有研究缺陷的潜力,有望将个体行动与集体结构关联起来。这四种路径分别是:指数随机图模型(exponential random graph model,ERGM)、纵向网络分析(longitudinal network analysis)、多层次网络分析(multi-level network analysis)和加权网络分析(weighted network analysis)。

上述四种研究路径都是网络分析的前沿方法,因此这些方法为我们带来了新的机遇,在现有的网络数据基础上发展出新的见解,从而可能实现对创新网络更为有效的管理。但这些方法的主要缺陷在于,由于它的新颖性,学者们就使用这些方法的最佳方式和一些基础网络测量方法的含义还未达成共识。

在这些方法中,指数随机图模型(ERGM)是设计最为完整精细的一种研究方法路径,因此最有可能被广泛用于创新研究。指数随机图模型这一概念听上去非常复杂,但其背后的理念却相对简单。该方法首先使用一些基本的网络统计量,比如密度、平均度(average degree)以及集群(clustering),对所研究的网络进行测量,以此实现对网络研究的切入。如果某个网络有300个节点,平均度为10,那么基于这些基本特征所能构建的可能的网络数量是极其繁多的。指数随机图模型就回答了这么一个问题,即在所有可能出现的网络结构之中,某种结构在真实网络中出现的概率有多大。

指数随机图模型,可以被用来检验有关各种网络特征测量值相对重要程度的假设,通常重要性会在基于网络位置(例如互换性或中心性)和基于参与者特征两种类型上平均划分,到目前为止它常常被用于二手数据集的分析。例如,有研究使用了文艺复兴时期佛罗伦萨地区美第奇(Medici)家族的大量银行业务与社会记录数据进行分析。这些研究有助于帮助我们识别指数随机图模型在什么地方、以何种方式使用的效果更好,进而帮助我们理解哪些网络结构是重要的以及为什么是重要的等问题。

比如一个有关虚拟合作的研究显示,互惠是解释网络结构对付出回报影响的一种重要机制。而与之前认为的社区中最受欢迎的成员将得到更多相应的偏好依附假设相反,互惠并不是网络动态发展过程的重要驱动力(Faraj and Johnson,2010)。在另一个研究中,罗密与帕迪森(Lomi and Pattison,2006)检验了南意大利产业中制造业企业之间的关系。他们发现,基于参与者三角结构关系构建的关系网络具有较高的关系嵌入度(degree of relational embeddedness)水平,这种较高的关系嵌入度水平支撑了技术转移。研究显示,通过第三方对交换关系的监督,上述参与者之间的三角结构关系能够提高网络参与者之间的信任度(Joens, Hesterly and Borgatti, 1997; Molm, Schaefer and Collett, 2009)。

波琴霍茨与沃德斯特罗姆(Bergenholz and Waldstrom, 2011)的文献综述显示,在他们所考察的研究文献中,有将近一半的文章包含纵向时间序列,但值得注意的是,这些文章几乎全部都只是从比喻的视角来使用网络概念。这些研究测量了一些网络变量(通常是参与者的连接数量)的演化,之后用回归分析方法来界定这些变量对一些创新产出的重要程度。其中一个非常优秀的研究范例是劳森与萨尔特(Laursen and Salter, 2006)对开放创新成功的决定因素的观察。这个研究的核心发现是:当我们把开放数据来源的数量(网络连接数)与创新绩效用散点图方式在二维坐标系中绘制出来时,点图将呈现倒 U 形。网络连接数量的增加将提升创新绩效到一顶点,在此之后的创新绩效将随网络连接数量的进一步增加而降低,其中时间序列层面的分析来自对滞后的创新绩效变量的使用。

纵向研究路径为我们带来了有关创新过程的重要见解,同时结合指数随机图模型工具,新的纵向网络分析技术使我们能够考察与之前不同的一组有关网络的问题。在这一研究路径中,最常用也是发展最为完备的方法是实证网络分析的仿真研究(simulation investigation for empirical network analysis, SIENA)(Snijders, 2001)。SIENA 是一种可用来测量随时间推进,影响网络演化的因素的分析软件,其前提是网络结构与参与者行为是协同演化的关系。这种方法以网络中关系随时间演化的随机模式为基础,可以测量影响新连接形成(以及旧连接解体)的因素,既包含了那些基于网络结构(如集群或度)存在的因素,也包含了那些基于网络参与者特征而存在的因素。

SIENA 构建的是一种参与者导向的模型,这意味着通过改变其连接输出变量(X_{i1}, …, X_{ij})的决策,参与者试图利用这些变量的变化使网络结构 X 也发生改变,进而获得符合最大预期的效益。在合作网络的例子中,这表示参与者之所以会做出建立一条新连接的决策,是因为他具有一种预期,即新连接将会提升参与者间的合作产出和他们的经济绩效。

这种分析首先要在多个时间点上对同一个网络进行取样,并允许网络参与者进入或者离开网络。如果每次取样之间有小于或等于 20% 的更替,那么这一分析技术的工作效果将达到最佳。类似指数随机图模型,取样后,研究者将进行上千次的重复仿真过程来模拟网络的演化。同理,这种分析也能够提供统计上的一些重要结果,这些结果能够进一步帮助揭示此次分析所涉及的各种网络统计量的相对重要程度。

研究创新网络的第三种新方法是多层次网络分析。现实需要有能够将个体与群组,乃至包含组织与产业在内的更高层级的分析连接起来的创新理论。指数随机图模型与 SIENA 都能够在其模型中涵盖参与者层面的变量,以检验个体对网络施加的效应。例如奥利等学者(Ohly, Kase and Skerlevaj, 2010)的研究显示,雇员的资深地位会对软件开发公司内创意实现网络的结构产生显著影响。当雇员需要将新点子付诸实践时,高层管理者就会被卷入这个创意实现网络之中,但出人意料的是,高级管理者对创意生成网络的结构并没有显著的影响。

最后一种新方法是加权网络分析。目前为止我们描述过的所有网络分析方法都是基于二元网络（binary networks），在这种网络中，两个参与者之间的关联要么是存在的，要么是不存在的。在网络对象完全没有被绘制过的情形下，使用二元路径能够为我们提供大量对网络的认知，但二元网络的一个缺陷是它很难捕捉到有关参与者之间连接质量的信息。格兰诺维特（Granovetter，1973）对人们如何找到新工作的考察是网络研究的一个里程碑。他在研究中对自我网络进行了测量，并询问受访者对网络内其他人的熟悉程度，之后，他将关系连接划分为强连接与弱连接两类。研究结果令人吃惊：在人们的自我网络中，更有可能借助弱连接而不是强连接来获得一个新工作。出现这一现象的原因是，弱连接为核心参与者提供了相比强连接而言更少的重复性连接，且能够从更广泛的不同人群那里为核心参与者带来信息。

格兰诺维特的这一研究是利用对参与者之间的关联进行加权测量，从而获得知识与见解的良好范例，在这样的研究中，数据收集必须基于参与者之间关联的权重。正如格兰诺维特研究中所显示的（连接有三类，即无关联、弱连接与强连接），连接可以拥有多个离散的值，但同样也可以是连续变量，例如对货币交易的测量。

现在，多层次网络分析与加权网络分析所面临的重大问题是，不同变量的具体含义依然是不清楚的，这就使得构建网络模型与对网络进行规范性的描述变得更加困难。这里有一个加权网络分析的例子。什么建构了互惠关系？如果我从你这里获得了20个新点子，而你从我这里没能获得新点子，那么这种关系显然不是互惠的。但如果新点子获得的比例是20∶1呢？如果再考虑三角关系（如对集群的测量），问题甚至会变得更加复杂。

当上述这些新方法被有效地应用到一个新问题的研究上时，那么在该项研究之外，这些对新方法的应用还在方法论上做出了重要的贡献，这是新方法为我们带来的机遇。格兰诺维特的研究之所以这么知名，并不是因为该研究所提供的见解新奇（尽管这些见解当然是很有趣的），而是因为他引入了概念化网络问题的一种新方法。

管理创新网络

管理创新网络的行为会给管理带来一些重要的影响。在某种程度上，即使某个特定创新系统（企业、产业或地区）内的创新网络还没有被正式测量过，对创新网络的管理依然可以进行。从网络的角度出发审视管理上的挑战，能够为管理者提供有用的知识与见解。不过，管理创新网络最有效的路径，还是要遵循测量网络、设计干预、测量结果的过程。

图6.1所展示的网络来自一家工程企业，具体细节可见凯斯特尔与斯蒂恩（Kastelle and Steen，2010b）的研究。相关数据的收集是该项研究的一部分工作，它试图考察知识分享网络的结构对项目制企业创新的影响。该网络包含134个为一项炼油厂设计项目工作的人员。团队基于工作人员所在地分为两个部分，深色圆点代表的人员地处澳大利亚布里斯班，浅色圆点代表的人员地处澳大利亚珀斯。圆点的尺寸大小代表了工作人员在公司内的职位级别，代表最高级别经理人的圆点最大，之后分别是中层经理、工程师，行政人员的圆点最小。图中的网络是根据团队成员对"谁会在解决工作问题上给予你帮助"这一调研问

题的回答而绘制的。

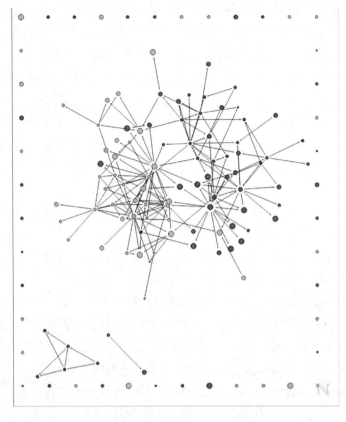

图6.1 问题解决网络

该网络中一些非常容易观察到的网络特征,展示了网络分析如何被用来处理重要的创新议题。

- **识别知识仓库**(silos)。在该网络中,最显著的特征之一就是地理上的分隔。网络图体现了"邻近"的影响力——人们更有可能与同一办公室内,而不是处于另一个地方的其他成员发生关联。尽管这一点看上去并不是什么让人意外的事情——毕竟该项目的两个办公室彼此之间相隔3 600千米,但是相似的连接结构往往也在其他邻近程度不同的领域内出现,比如人们工作的大楼内不同的楼层之间,不同的专长或专业领域之间,不同的教育背景之间,等等。在识别知识仓库方面,网络分析是一个强有力的工具,因为多样性对于思维生成与创新来说是至关重要的。
- **找到枢纽**(hubs)与其他关键参与者。网络分析能够帮助找到那些高度连接的人(枢纽)、连接两个群组的人(bridges,即桥梁)以及承载了大量信息的人。当个体在网络中的重要性与其在组织科层结构中的地位并不必然相关时,网络分析寻找功能的价值得到充分体现。不过,图6.1的工程企业内网络案例显示,该网络中大多数的关键参与者实际上都是高层经理人。这就带来了一些问题,包括解决问题是不是对高层经理人时间的最佳利用,以及当工程师的交流似乎要经过组织科层机构的协调才能实现时,工程师如何能够有效地交流。
- **定位被隔离的群体**(isolates)。在工程企业内网络中,有两种被隔离的群体。在图边缘的人显然没有被纳入问题解决的网络之中;另外,在图的左下角有两群人只在他们的小群体内解决问题。尽管很多研究通常只做到这个层面,测评个体与群组的角色还是有可能的。在这一案例中,那些被区隔开的群体的形成基于项目所要求他们承担的特定职能责任。
- **识别瓶颈**(bottlenecks)。正如这一案例所显示的,在连接比较稀疏的网络中,那些被高度连接的参与者扮演着多重角色。这类网络呈现出高度偏态分布(skewed degree distribution),表明高度连接的参与者是真正的网络枢纽,也就是说这些参与者对网络内知识流动的整体功能运作有着不成比例的高影响力。这种结构将带来一个缺陷,即这些高影响力参与者实际上会成为网络的"瓶颈",尤其是当网络的枢纽是那些在科层结构中地位较高的人。当这种情况发生时,关键参与者将会阻碍信息的流动而不是促进流动的实现。

通过对网络图(network map)的可视化检查,上述问题都变得非常明显且易于发现。使用我们之前所讨论过的那些更加复杂的技术,能够创造出更多的知识与见解。

最后一点需要考虑的是,如何有效地对创新网络进行干预以响应我们从网络分析中获得的发现,这也迈入了米岑麦切(Mitzenmacher, 2005)提出的层级式研究结构的最高一级——通过网络分析实现对网络的控制。第一个问题是要权衡增加网络内连接的成本与收益。在大多数情况下,如果经理人认为他们的网络结构是无效的,那么符合逻辑的干预是为网络增加连接,例如填补结构洞。然而,建立网络连接的成本十分高昂,个体之间的连接需要投入时间、努力以及情感;即使是严格基于信息共享的连接,也需要时间与注意力的投入,而这在大多数组织中相对缺乏。想要将所有人两两连接是不可能的,网络的数据承载将不堪重负。这也是网络结构如此重要的原因。

在增加网络连接时,始终保持对利益权衡的考虑十分重要。最优化的网络结构将伴随网络当前正在进行的任务的不同而有所不同。上述所指的"结构"对于理想的执行网络是合理的,但是创意产生网络中,各参与者之间的链接分布是更加平衡的,因此不太需要层级结构。这些考虑可以对创新网络的管理提供指导。

结　论

创意开始于大脑中的网络,进而在个人与企业的网络中得以发展并最终展示给众人。本章所讨论的网络分析新方法能帮助我们对思维发展过程产生新的知识与见解。网络分析可以用来推测创新的核心网络是如何发展和扩散演化的。

在第1章中,道奇森、甘恩与菲利普斯识别了当今创新管理中的三个议题,即界定研究范围,对创新过程的变动本质进行管理,以及对跨学科整合、分析层级与研究方法的探讨。网络视角有助于对上述这三个领域进行探讨。

在研究范围方面,最好从系统的层面来审视创新。创新的线性模型往往会遗漏掉重要的交互性因素,比如反馈回路,联合创造以及思维扩散的非线性本质。在这些议题中,创新的网络分析能够提供重要的知识与见解。组织中管理创新负责人的职责,不仅仅包括处理组织内部的创新过程,他们所管理着的创新系统与路径必须与复杂环境之间发生交互,这就涵盖了应对创新全过程(从思维的产生到实现再到扩散)中多样化参与者。创新过程中的每一个行动都可以在网络的层面进行分析。更进一步地说,因为不同的网络结构需要在每一个创新行动中都行之有效,故实现对网络的理解对管理创新过程来说是至关重要的。因此,即使管理过程并不涵盖正式的网络分析,创新管理的研究范围也需要包含网络式思维,正式网络分析有助于将网络资本从一种无形资本转化为一种更为有形的资本。

创新过程的变动本质上也可以网络的逻辑来理解,资源与参与者的不同组合反映了不同的网络架构。一个使用研究与技术驱动战略的组织结构,肯定与一个使用内部耦合(internal coupling)战略的组织结构不同。更加新近出现的组织架构、外部合作、战略整合以及应对未来行动,都意味着不同的网络结构。当考虑研究与开发应当集中化还是分权化,以及如何最好地管理分散化的开放式创新等创新问题时,经理人的目光应当聚焦在网络问题之上。同样,从比喻的角度来思考创新,能够对建立回答这些问题所需的组织架构提供重要的帮助。研究者需要通过网络分析了解哪些结构最适合在哪些情境下发挥功效,然后我们就可以使用研究结果为经理人提供规范性的指导意见。

至于道奇森、甘恩与菲利普斯所提到的创新管理的最后一个要点:就网络分析本质而言,其路径源于复杂科学,故它是跨学科与多方法混合的、分析多层级系统的极佳工具。因此,它是一种非常适合于分析复杂自适应系统——任何基于个人交互的系统的方法,例如企业或一个同盟网络。创新驱动着系统的增长,而网络分析则是我们准确理解创新驱动增长的一种重要的工具。

创新在大脑中的网络发生,包括个人网络以及企业网络。它通过获得对网络如何工作、如何构建以及如何最好地实现管理等问题的理解,为创新管理提供指导。网络分析虽然并不是一服包治百病的灵药,但网络化的理解方式与网络概念是两种重要的工具。这一点不仅对创新研究者适用,对创新管理者也同样适用。

参 考 文 献

Albert, R., and Barabasi, A.-L. (2002). 'Statistical Mechanics of Complex Networks', *Review of Modern Physics*, 74: 48–97.

Allen, T. J., and Cohen, S. I. (1969). 'Information Flow in Research and Development Laboratories', *Administrative Science Quarterly*, 14(1): 12–19.

Andriani, P., and McKelvey, B. (2007). 'Beyond Gaussian Averages: Redirecting Management Research Towards Extreme Events and Power Laws', *Journal of International Business Studies*, 38(7): 1212–30.

Aral, S., and Van Alstyne, M. (2011). 'The Diversity-Bandwidth Tradeoff', *American Journal of Sociology*, 117(1): 90–171.

Barabasi, A.-L. (2002). *Linked*. Plume/Penguin: New York.

Barabasi, A.-L. (2012). 'The Network Takeover', *Nature Physics*, 8(1): 14–16.

Bergenholtz, C., and Waldstrom, C. (2011). 'Inter-Organizational Network Studies: A Literature Review', *Industry and Innovation*, 18(6): 539–62.

Bonacich, P. (1987). 'Power and Centrality: A Family of Measures', *American Journal of Sociology*, 92(5): 1170–82.

Burt, R. S. (1992). *Structural Holes: The Social Structure of Competition*. Cambridge, MA: Harvard University Press.

Clauset, A., Shalizi, C. H., and Newman, M. E. J. (2007). 'Power-Law Distributions in Empirical Data', arxiv:0706.1062v1.

Coleman, J. S. (1990). *Foundations of Social Theory*. Cambridge, MA: Belknap Press of Harvard University Press.

Colombo, M. G., Laursen, K., Magnusson, M., and Rossi-Lamastra, C. (2011). 'Organizing Inter- and Intra-Firm Networks: What is the Impact on Innovation Performance?', *Industry and Innovation*, 18(6): 531–8.

Crane, D. (1969). 'Social Structure in a Group of Scientists: A Test of the "Invisible College" Hypothesis', *American Sociological Review*, 34(3): 335–52.

Cross, R., Liedtka, L., and Weiss, L. (2004). 'A Practical Guide to Social Networks', *Harvard Business Review*, March: 124–32.

Dodgson, M., Gann, D., and Salter, A. (2005). *Think, Play, Do: Technology, Innovation and Organization*. Oxford: Oxford University Press.

Dopfer, K., Foster, J., and Potts, J. (2004). 'Micro Meso Macro'. *Journal of Evolutionary Economics*, 14: 263–79.

Dopfer, K., and Potts, J. (2006). *The General Theory of Economic Evolution*. New York, NY.: Routledge.

Faraj, S., and Johnson, S. L. (2010). 'Network Exchange Patterns in Online Communities', *Organization Science*, published online before print, 29 December: 1–17. See <http://orgsci.journal.informs.org/content/early/2010/12/29/orsc.1100.0600.abstract>

Foster, J. (2005). 'The Self-Organizational Perspective on Economic Evolution: A Unifying Paradigm', in Dopfer, K. (ed.), *The Evolutionary Foundations of Economics*. Cambridge: Cambridge University Press, 367–90.

Freeman, L. C. (1979). 'Centrality in Social Networks: Conceptual Clarification', *Social Networks*, 1(3): 215–39.

Gallegati, M., Keen, S., Lux, T., and Ormerod, P. (2006). 'Worrying Trends in Econophysics', *Physica A*, 370: 1–6.

Granovetter, M. (1973). 'The Strength of Weak Ties', *American Journal of Sociology*, 78(6): 1360–80.

Holland, J. H. (1995). *Hidden Order: How Adaptation Builds Complexity*. Cambridge: Perseus.

Johnson, J. D. (2009). *Managing Knowledge Network*. Cambridge: Cambridge University Press.

Johnson, S. (2010). *Where Good Ideas Come From: The Natural History of Innovation*. New York, NY: Riverhead Books.

Jones, C., Hesterly, W. S., and Borgatti, S. P. (1997). 'A General Theory of Network Governance: Exchange Conditions and Social Mechanisms', *Academy of Management Review*, 22(4): 911–45.

Kastelle. T., and Steen, J. (2010a). 'Using Network Analysis to Understand Innovation', *Innovation: Management, Policy & Practice*, 12(1): 2–4.

Kastelle. T., and Steen, J. (2010b). 'Are Small World Networks Always Best for Innovation?', *Innovation: Management, Policy & Practice*, 12(1): 75–87.

Kirman, A. (1997). 'The Economy as an Evolving Network', *Journal of Evolutionary Economics*, 7: 339–53.

Laursen, K., and Salter, A. (2006). 'Open for Innovation: The Role of Openness in Explaining Innovation Performance among U.K. Manufacturing Firms', *Strategic Management Journal*, 27: 131–50.

Lomi, A., and Pattison, P. (2006). 'Manufacturing Relationships: An Empirical Study of the Organization of Production across Multiple Networks', *Organization Science*, 17(3): 313–32.

Metcalfe, J. S. (2005). 'Evolutionary Concepts in Relation to Evolutionary Economics', in Dopfer, K. (ed.), *The Evolutionary Foundations of Economics*. Cambridge: Cambridge University Press, 391–430.

Mitchell, M. (2009). *Complexity: A Guided Tour*. Oxford: Oxford University Press.

Mitzenmacher, M. (2005). 'The Future of Power Law Research'. *Internet Mathematics*, 2(4): 525–34.

Molm, L. D., Schaefer, D. R., and Collett, J. L. (2009). 'Fragile and Resilient Trust: Risk and Uncertainty in Negotiated and Reciprocal Exchange', *Sociological Theory*, 27(1): 1–32.

Mohrman, S. A., Tenkasi, R. V., and Mohrman Jr., A. M. (2003). 'The Role of Networks in Fundamental Organizational Change: A Grounded Analysis', *The Journal of Applied Behavioral Science*, 39(3): 324–36.

Newman, M. E. J. (2003). 'The Structure and Function of Complex Networks', *SIAM Review*, 45: 167–256.

Newman, M. E. J. (2010). *Networks*. Oxford: Oxford University Press.

Newman, M. E. J., Barabasi, A.-L., and Watts, D. J. (2006). *The Structure and Dynamics of Networks*. Princeton: Princeton University Press.

Ohly, S., Kase, R., and Skerlevaj, M. (2010). 'Networks for Generating and Validating Ideas: The Social Side of Creativity', *Innovation: Management, Policy & Practice*, 12(1): 41–52.

Owen-Smith, J., and Powell, W. W. (2004). 'Knowledge Networks as Channels and Conduits: The Effects of Spillovers in the Boston Biotechnology Community', *Organization Science*, 15(1): 5–21.

Potts J. (2000). *The New Evolutionary Microeconomics: Complexity, Competence and Adaptive Behaviour*. Cheltenham: Edward Elgar.

Reagans, R. (2011). 'Close Encounters: Analyzing How Social Similarity and Propinquity Contribute to Strong Network Connections', *Organization Science*, 22(4): 835–49.

Robins, G., Pattison, P., and Woolcock, J. (2005). 'Small and Other Worlds: Global Networks Structures from Local Processes', *American Journal of Sociology*, 110(4): 894–936.

Saviotti, P. P. (1996). *Technological Evolution, Variety and the Economy*. Cheltenham: Edgar Elgar.

Schumpeter, J. A. (1911/1983). *The Theory of Economic Development*. New Brunswick: Transaction Publishers.

Snijders, T. A. B. (2001). 'The Statistical Evaluation of Social Network Dynamics', in M. E. Sobel and M. P. Becker (eds.), *Sociological Methodology—2001*, London: Blackwell, 361–95.

Snijders, T. A. B., Steglich, C. E. G., Schweinberger, M., and Huisman, M. (2007). *Manual for SIENA version 3.2*, Oxford: University of Oxford Department of Statistics.

Steen, J., and MacAulay, S. (2012). 'The Past, Present and Future of Social Network Analysis in the Study of Innovation', in D. Rooney, G. Hearn, and T. Kastelle (eds), *Handbook on the Knowledge Economy, Volume Two*, Cheltenham: Edward Elgar Publishing, 216–37.

Uzzi, B., and Spiro, J. (2005). 'Collaboration and Creativity: The Small World Problem', *American Journal of Sociology*, 111(2): 447–504.

van der Valk, T., and Gijbers, G. (2010). 'The Use of Social Network Analysis in Innovation Studies: Mapping Actors and Technologies'. *Innovation: Management, Policy & Practice*, 12(1): 5–17.

Vonartas, N. S. (2009). 'Innovation Networks in Industry'. In F. Malerba and N. S. Vonartas (eds), *Innovation Networks in Industry*. Cheltenham: Edward Elgar Publishing, 27–44.

Wasserman, S., and Faust, K. (1994). *Social Network Analysis: Methods and Applications*. Cambridge: Cambridge University Press.

Watts, D. J. (1999). *Small Worlds: The Dynamics of Networks between Order and Randomness*.

Princeton: Princeton University Press.

Watts, D. J. (2003). *Six Degrees: The Science of a Connected Age*. London: William Heinemann Ltd.

Watts, D. J., and Strogatz, S. H. (1998). 'Collective Dynamics of Small-World Networks', *Nature*, 393: 440–2.

第7章

知识、创造力管理与创新管理

多萝西·伦纳德(Dorothy Leonard)
米歇尔·巴顿(Michelle Barton)

引 言

知识与创造力和创新之间存在着矛盾关系：知识对于创造力和创新尤其必要，但在某些情况下，也会造成不利影响，知识也可以催生或扼杀创新想法。本章从三个层面(个体、团队、组织)来讨论如何管理这种矛盾。在进行该讨论之前，我们需要了解一些相关的定义。

定 义

知识

人们往往混淆知识和数据的定义。达文波特和普鲁萨克(Davenport and Prusak,1998)对数据给出了定义，即数据是"离散的关于事件的客观事实"。更多情况下，知识更容易与信息相混淆，达文波特和普鲁萨克也对信息给出了定义，即"一种信息……旨在改变接受者对某种事物的观念……能够产生改变的数据"(1998:4)。相反地，知识是相关的、可执行的、基于经验(至少有一部分)的信息，它反映了对过程、形势、互动、技术和价值的理解。知识可以从科学、历史、教育或个人经验中获得(伦纳德,2011:xiv)。因为具有经验的成分，知识具有隐性的维度，即不能明确表达或者在某种情况下未被发觉的部分(波兰尼,1996)。这些隐性的维度使得有些个人更具有竞争价值(斯彭德,1996)，并且很难将该价值传递给其他人。

这些区别和定义十分重要。知识管理系统很难激发创新的一个原因是，它们更多地关注于数据和信息的传输，而非提供接近知识的通道。另外从上述描述中可以知道，知识可能会嵌入产品和服务、雇员脑海中的组织流程——甚至嵌入行为规范中。

尽管隐性和显性知识可能来源于组织边界的内部和外部，本章我们将更多地关注组织内部的知识，而不考虑组织从外部获取资源的情况，同时将跨组织边界的知识转移到其他章节。

创造力

在开始的时候,很重要的一点是要明确什么是创造力。创造力往往被认为是个人的先天特征(西蒙顿,1999),也可以描述为群体或者团队甚至是组织的特征(E. G Kurtzberg and Amabile,2000)。Leonard 和 Swap(1999:6)在某种商业背景下,将创造力定义为"为开发和表达可能有用的新想法的过程"。管理者对创造力的影响(包括正面和负面),要远比他们想象的重要得多。创造力的激发能引发商业创新,即知识在新颖的、相关的、有价值的产品、过程和服务中体现、组合并且/或者合成(Leonard and Swap,1999:7)。

在接下来的章节,我们从之前提到过的三个组织层面讨论知识和创造力以及创新的互动,尽管我们知道这些连接都是人为设定的。我们认为组织就像不规则碎片,即组织层面鼓励或不鼓励的文化、规范、行为、过程通常都会在团队和个人层面得到复制。此外,正如下文将会讨论的,个人(特别是领导者)的态度和行为会影响集体的创造力,较大的个体影响着较小的个体,反之亦然。在接下来的部分我们将从三个层面分析知识的正面和负面影响。

组 织 层 面

创新潜在的核心能力

知识作为组织竞争力和创新的基础,拥有很长的历史。1964 年,彼得·德鲁克(Drucker,1964)写道:"只有知识能让企业变得与众不同,进而生产出在市场上具有价值的产品。"学者和管理者同样意识到公司的净值和市值之间的差异,它们中的大部分都可以用产生创新流的深层知识来解释(Rumelt,1986)。这些知识在不同名称下被研究,如独特性(Snow and Hrebinik,1980)或者组织的竞争力(Hayes,Wheelwright and Clark,1988)、无形资产(Itami and Roehl,1987)、企业专有能力(Pavitt,1991)、动态能力(Teece,Pisano and Shuen,1997)和核心能力(Leonard Barton,1992)。

通过对同时包含成功和失败项目的五个不同企业(福特汽车公司、查帕拉尔钢公司、惠普公司及其他两家简单定义为化学和电子的企业)的研究,研究者识别出核心能力的四个维度:①员工所掌握的知识和技能;②包含企业专有知识的技术系统;③管理系统,即知识创造和控制的过程;④与知识及其创造相关的价值观和行为规范。早期的一些著作深入地探索了这些知识的本质和创造过程(Leonard-Barton,1995;Nonaka and Takeuchi,1995)。企业开始齐心协力,以期通过任命"知识人员"等方式,更好地管理知识。伴随着知识管理实践的是对该领域持续的研究兴趣(Eisenhardt and Martin,2000)。现有的知识资产能够带来许多显而易见的好处,一些企业在利用内部能力来服务创新方面有良好的信誉,它们的文化和管理实践鼓励知识的创造和再利用。对这些企业的密切观察揭示了发明(刚问世的知识)已经从连续的项目转化为一系列的衍生产品——这通常需要经过很多年并且这些产品已经远离最初的市场。

举个例子,3M 公司的技术平台可追溯至 20 世纪 30 年代的一个发明。一位名叫爱尔·波斯的研究人员在某个晚上做了一个实验，探索这部加热和捏制胶带机器的替代用途。这部机器本身就是已有的揉捏和抚平物质的知识的例证，但爱尔·波斯想知道机器是否可用于捆绑纤维。他将一团醋酸纤维放在机器的滚轴上，于是产生了一种新颖的无纺布纤维材料，然而将这项知识用于可出售的产品上却花了将近十年的时间。两度叫停该项目后，管理层给爱尔·波斯三个月期限找出可行的新产品。经过一些小修改后，Sasheen 装饰丝带正式上线，该产品面市的第一年，3M 公司就获得了 25 万码的销售额。更重要的是，这项生产无纺布材料的技术催生了一系列产品，例如软盘衬垫、绝缘胶布、scotch-brite 清洁布等。之后另一位名叫戴夫·布劳恩的研究员加宽了网格，催生了更大的产品线：呼吸防护面罩。不断的完善产生了许多衍生产品，当一些粒子被加到超细纤维后，面罩就有了更好的过滤功能。接下来，3M 公司的工程师们想出了使纤维带电的方法，这样它们就能吸附灰尘，从而制造出更轻、更舒适的口罩，这些产品的效果是之前的六倍，广泛用于医疗、工业和居住场所(Gundling，2000)。2008—2009 年，美国经济急剧下滑，在这样的背景下，3M 公司的首席执行官乔治·巴克利带领团队进行成本缩减创新，于是另一个衍生产品也诞生了：低成本呼吸防护面罩。由此可见，大量的产品从最开始的发明中产生，在这个过程中个体不断奉献包含市场方面的新知识。

一些采用专利数据的研究表明，相比于部门内部的知识流，不同企业间跨部门边界的知识流会导致更多的创新(Miller，Fern and Cardinal，2007)。但不幸的是，因为知识具有黏滞性，即知识很难跨越组织边界，这种跨组织边界所能带来的好处往往很难实现(Szulanski，1996)。然而知识也会遗漏，即无意间便进行了跨边界的转移，以往关于创新的文献中有许多这样的例子。最有名的例子是史蒂夫·乔布斯 1979 年对施乐帕洛阿尔托研究中心(Xerox's PARC)的参观。在意识到施乐研究中心中图形用户界面和定点设备的价值时，史蒂夫·乔布斯立即将这项技术复制并应用于苹果麦金塔电脑。施乐并未从这次知识转移中获得任何有形利益，主要因为大公司认为不可能将 PARC 的创新整合应用。那时候帕洛阿尔托研究中心内，许多科学家的发明和施乐的产品线之间没有清晰的匹配。今天图形用户界面被广泛使用，从复印机到汽车——但是在那时，图形用户界面无法与施乐的核心能力相匹配。组织的核心能力，被认为是企业应该拥有能够反映组织历史和创立者的信条，以及随时间积累的一系列决定和行为。如果组织所处的竞争、社会和技术环境保持稳定，这些核心能力就能够维持企业的成功，同时路径依赖（原先的决策和行为对现有问题的强烈影响）也会变得不那么明显。然而，当组织所处的市场、技术、人口统计学、社会和政治环境发生变化时，这些核心能力会成为核心刚性(Leonard-Barton，1992，1995)。在一个领域的专业化意味着对其他市场、技术和过程，以及其相关知识的较少关注。

核心刚性阻碍创新

帮助企业获取成功的知识使得两种重要的创新行为变得困难：探索和更新(Henderson and Cockburn，1994；Doz，1997)。实际上，克莱·克里斯坦森曾谈到在环境保持稳定的情况下，推进企业获得持续性成功的特定技能往往会妨害破坏式创新的最优理念。由于新进入者在初期市场中的良好适应力，破坏性创新者一般不是现任的产业领导者。因此，保守者在竞争中失败的原因更多是基于旧技术下与客户形成的纽带关系及对新市场理解能力的缺失，而不是技术知识的匮乏。

在这种情况下，知识的几种形式（除了对旧市场的熟悉度）都阻碍了创新。一些技术被公司高度重视，其执行人员在组织内也得到了权力的提升；然而当这些技术变得相对不重要时（例如高分子化学技术在胶片公司中的地位，如柯达、富士胶片、宝丽来），将基于这些知识的技术部门全部置换却并非易事，因为这些知识曾经造就了公司的成功。此时，管理者甚至不知道如何制定用人标准。

另一个不明显但也是阻碍创新的重要原因，是管理者对企业成功关键要素的预设。宝丽来早前成立了一个电子成像小组开发智能相机，根据 Tripsas 和 Gavetti 的回忆，尽管在1986年公司就已经定位要发布智能相机，但十年里他们并没有采取行动。造成延迟的主要原因在于，智能相机对企业过去的成功模式所带来的挑战。企业70%的利润来源于胶片销售，管理层深陷"剃刀模式"，即从设备的附属产品而非设备本身中获利，他们对智能相机所能带来的38%的利润率不屑一顾。而且，保守派认为客户实际需要的是打印版，所以可携式录像机没有竞争力。到1996年，专门研究数字成像技术的员工从300个减至50个。2001年10月12日，宝丽来申请破产。当意见领袖对自身的知识和理念坚信不疑时，在不利环境下抓住创新机遇变得愈加困难。

将思维能力外包给"大众"

在组织或全球范围内进行众包，是挑战组织预设或解决创造性问题的一种方法（参见第5章）。一些企业如宝洁、IBM 和政府机构、医疗机构等，选择将需要创造性解决方案的问题放到万维网。例如 Google 公司开展了全球性的竞赛来创建代码，进入决赛的选手可获得在 Google 实习三个月的机会——这是一个非常聪明的做法，因为它通过将选手与现有的 Google 员工放置在一起，来获取该选手的潜在知识资源，同时企业的内部网也为挖掘知识和创意提供了机会。电子信箱的使用方便了公司员工提建议，例如拥有强大研发能力的诺华制药，通过 ideapharm 系统向超过 100 000 名员工征求意见，向 ideapharm 系统贡献观点的员工也为创造性问题的解决提供了不同的视角。

关于促进和阻碍创新的组织故事

另外一种会帮助或阻碍创新的知识，存在于可被听众或读者获取并且对其十分有意义的组织故事里。有几种类型的故事与创造力有关。第一种，关于组织以往创新的故事：如何发现新想法，管理者如何奖励或惩罚创造性思考，生产出成功或不成功的产品和服务后团队将会怎样等，这些故事都会对员工的期望和行动产生影响。马丁等人辨识出七种类型的典型故事，其中有两种类型会影响创造力，即打破常规的行为及管理层对失误的反应。当公司中的每个员工都听说过成功打破常规的行为以及管理层对于失误采取谅解的态度时，创新就有可能发生；反之，听说创新者被管理层惩罚的事例将会抑制创新的欲望。

第二种故事被认为是驱动组织创新的"跳板",因为它们提供了合理性和连贯性,因此可以帮助人们在复杂变化的现实世界中找到意义(Denning,2001:37)。故事往往是充满力量的,可以促进人们对创新的追求,它包含了许多人们容易记住的细节和情感。相比于其他形式,叙事者能够传递更多的默会知识,因为他们记录的是行为而不是无力的论点。故事可以在人们记忆中停留很久,因此致力于提升组织创造力的管理者应该意识到它的重要性。

团 队 层 面

对于团队和整个组织而言,知识在促进创新的同时也会阻碍创新。在承担创新任务的团队中,将创新思想交给创造者,即那些因工作头衔或过往经历而被视为会有新想法来源的人,这种做法会对团队创新造成威胁。然而在现实中,即便是具有创造潜力的个体也会强调与他人互动的重要性(Csikszentmihalyi and Sawyer,1995)。事实上,如同哈格顿和贝奇所说(2006),问题的创造性解决方案往往来自团队间的互动而非单独的个体。团队的创新想法从成员中产生,团队构成、团队凝聚力、团队准则、决策过程和团队领导都是团队创造力水平的决定因素。

团队知识多元化有利于创新

组建一个拥有不同知识的个体的团队是提高团队创造力最有效的方法之一,创造力大多在不同知识领域产生交叉时发生。因此,拥有一定程度的"多样性"是可取的(Nonaka and Takeuchi,1995)。实验室研究及一些极富创意的企业的实践表明,团队内部拥有不同人生经历和知识集的成员为创造互动搭建了平台(Leonard and Swap,1999,2000;Rodan and Galunic,2004)。当由此导致的团队成员之间的分歧达到一定程度时(Eisenhardt,Kahwajy, and Bourgeois,1997),便会产生正向的"创造性摩擦"(Hirshberg,1998)。在这些团队里,观点的碰撞会产生对不同问题框架和决策识别的探索,当然团队的个体主义同样具有价值。所以,更确切地说,当团队更看重一致性而非个人贡献时,创造力将受到阻碍(Goncalo and Staw,2006)。

团队凝聚力有损创造力

群体思维,指的是高凝聚力的群体寻求共识的倾向。以往关于群体思维的著名研究显示,高凝聚力的群体在进行和接受创新时会有困难(Janis,1972)。詹尼斯(1972)的研究,尽管是基于决策制定的案例分析,仍然受到了一些学者的挑战,包括他更多研究的是危机时刻而不是常规创新活动中的群体思维。然而,他发现了团队成员身上存在附和别人而不是寻找可替代方案的压力,该研究也得到了工程管理领域对研究团队创新表现的研究结果的支持。卡茨(1982)的研究发现超过五年的研发团队基本失去了创造力。通过对其他可能存在的众多解释(例如个人竞争力或55个被研究项目的相对可视性)进行检验后,卡茨总结道:"一些团队表现得更好的原因是他们经常与项目外部的成员进行交流。"他解释道:"因为项目成员长时间在一起工作,所以他们会强化他们共同的看法、承诺和策略。"这些源于团队过程的共享的观点会极大地限制个体的看法和行为(Katz,1982:201)。相似地,Pelz和Andrew(1966)发现有更高流动性的团队相比于稳定的团队(即使团队中的成员拥有不同的背景)更具有创造力。

当卡茨将研究发现用于解释著名的"不在此处发明"综合征时(not invented here syndrome),他对工程管理文献进行了谴责,认为它们应该对拒绝来自组织或者团队外的创新想法的现象负责,这一现象与詹尼斯的"群体思维"非常相似。一些研究者注意到,在考虑关键选择前一味寻求一致的倾向对组织绩效十分不利(Longley and Pruitt,1980)。这个对群体思维的微妙观点与对群体创新过程的观察相吻合,即 Leonard and Swap(1999)所描述的在分歧阶段(探寻选择)和趋同阶段(对一系列行动的赞同)之间移动。因此,有人可能会说,群体思维并不影响趋同,即知识的巩固和一致,而是会对知识创造和思维能力的分歧过程产生不利的影响。

集体例行通过框定问题阻碍创新。曼恩峡谷火灾夺取了几个经验丰富的消防员的生命,韦克在对该事件的分析中指出,消防团队在消防过程中做出了"十点钟火灾"(火灾能够在早上十点钟被轻易控制和熄灭)的假设。这一假设妨碍了消防员们弄清与设想截然相反的现实情况。更重要的是,他们的假设限制了大部分的团队成员采用常用的消防工具和进程(例如,从正面扑击),只有一个消防员及时意识到采取不同方法的必要性,即兴想出了一个独特的救生方案。

用少数意见挑战团队凝聚力

避免群体思维、挑战群体设想的一种方法是引入少数观点。我们从阿施(1955)进行的著名试验中可以知道,群体成员经常会屈服于同伴压力并且同意一些他们已经知道是错误的判断——但是即使只有一个持反对意见的声音出现,也能激发其他人表达他们的真实想法。内梅特和沃切特勒(1983)发现多数人的影响会导致团体决策趋同,无论这些决策正确与否,少数人的影响会促使实验产生新奇、正确的判断。他们总结后认为,少数观点的表达会对团队其他成员造成影响,使其重新分析问题,并且在整个过程中可能会更加精准和有创造力。

团体规范有利有弊

"团体规范是那些用以调整团队成员行为的非正式规则"(Feldman,1984:47)。这些规范很大程度上能激励创造力,但同样地,它们也会抑制创新行为。那些针对知识获取和共享的规范在团队中极具影响力。

冒险行为和心理安全

对于创造力十分重要的一个规则,是失败被容忍或鼓励的程度。创新失败与犯错是不同的(Leonard and Swap,1999)。科学和技术研究在不断失败的过程中前行,承担可接受和预期的风险以期获得创新回报。即使是在一个风险导向较小的环境里,心理安全规则,即"在团队中进行人际冒险是安全的……一种对于团队的自信,相信团队不会为难、拒绝或惩罚那些说出自己想法的人"能够使团队直面自己的错误,从而促使团队的提升或者提出有创造性的解决方案（Edmondson，1999）。如果所有的失败都被当成失误并且会影响职业生涯，团队成员则不会冒险。当然，创新需要冒险，就如同它的定义所说，创新行为包含一定程度的新颖性。

等级及专业知识

正如我们在团队领导力的部分会进一步讨论的一条准则，等级与专业知识毫无疑问是与创新背道而驰的，并且会在创新想法未被表达之前将其扼杀。在危机中亟须即兴创造与创造力的组织，会将责任推给拥有相关知识的底层人员。尽管美国海岸警卫队只是一个军事组织，却因其在应对危机时（例如破坏美国沿海城市新奥尔良的飓风，或者2001年摧毁纽约两栋摩天大楼的"9·11"恐怖袭击事件）所显现的创造力闻名。该组织能够随机应对的主要原因之一是，警卫队不需要得到组织上级的允许便可以自由行动。即便是海军上将在船上，行政等级最低的船长对其指挥的船只也拥有绝对的权力。因此最靠近现场的人员便是决策者，在必要的情况下可以忽略标准操作流程。

引导创新的团队过程

准则能够使流程支持创造性的努力。伦纳德和斯沃普（1999）将商业创新划分为五个过程，即创新准备、创新机会识别、发散性思考（创造选择）、酝酿期以及创新聚焦（挑选选择）。该顺序模型被费舍和阿马比尔称为"成分"创造过程，同时该模型也是新产品和流程发展的特点。他们也描述了另一个相反的模型，"随机创造"模型，即对短暂的外在刺激进行回应的行为。这些行动包含了高程度的新颖度以及对问题提出、构思产生、构思执行三阶段较低的分离（2009：19）。这两个模型主要的区别，在于创意与其执行之间的时间紧密度。前面章节提到的警卫队案例可以视为随机创造，然而与伦纳德和斯沃普所说的相似，费舍和阿马比尔注意到随机创造可以被嵌入成分模型的阶段里。

头脑风暴

头脑风暴是一种可以促进创新的团队过程。这种技术因其作为一种知识创造机制被嘲笑，因为多年的实验室研究显示，个体独立工作比在团队中工作时能够产生更多更好的想法，团队规模越大，个体和团队之间的这种差距就更明显。然而，萨顿和哈格顿（1996）发现，基于过程规则的头脑风暴（例如著名设计公司IDEO的"建立于其他人的想法之上"理念）往往限制时间，它常聚焦于现实问题而非经常在实验室研究中运用的不相关的挑战（例如人们每只手都拥有两个大拇指会怎样），这两个因素可促进发散性思维。同样地，头脑风暴主要的好处之一是为挖掘不同领域的知识提供机会，从而刺激创造性摩擦。

孵化

孵化是被低估的一个过程，作为一个个体，我们可能意识到它可能能够帮助我们从一个问题中抽离出来，并且让我们的潜意识伴随我们在其他事项上开展。但将注意力从一个问题上转移开，往往是团队管理者不乐意见到的事情。谁能将时间从一个紧张的产品发展项目上挪开呢？然而有些例子证实了这样做对于团体和个人的好处。杰瑞赫西伯格（1998）将日产探路者设计中一个障碍的克服，归功于在工作过程中团队成员去看了一部新上映的电影：《沉默的羔羊》。考虑到组织已经落后于预定计划，日产的设计总监 Kengo Ishida 对于在紧急关头让设计者休息提出质疑："我们现在正在出发"，杰瑞赫西伯格解释道："因为我们落后了。"

越来越多的研究显示孵化和创造力之间存在着很强的联系（Amabile and Kramer，2011）。心理学家认为孵化过程能促进创造的原因，可能是由于潜意识从逻辑、惯例、习惯中被解放出来，从而可以自由连接想法并且创造出有洞见的结果。不管潜在的机制是什么，"从任务中剥离的时间对于创造过程的重要性是显而易见的"（Leonard and Swap，1999：99）。一个具有创造力的团体可能因此建立标准，允许在棘手的问题上稍作休息以产生创新想法。

势头失调

打断正在开展的进程，可能会对团队思考产生另一种影响——这种打断可能会以有益的方式打乱项目的势头。一旦成员或团队加入了一项持续的行动，他们很少会花时间重估或审视他们的进程和假设。为"完成工作"或"保持工作"所设定的规范阻碍了对当前方式方法的审视，这会导致巴顿和萨克利夫（2009）所定义的势头失调现象，即一旦陷入目前的进程，团队便不会重新审视和评估无效的行动。在对野地火灾进行的研究中，研究者发现当团队成员或领导者在思考和行动的大潮中有意地引入阻断时，团队更加有可能重新评估他们的假设和行动，从而采取新的不同的方法。因此创新过程的打断不仅使得想法在个体脑中孵化，也能引发对状况进行重新评估的趋向——通常通过引入新的框架或者新的假设——从而个体或团队能以新的视角审视当前的问题。

移情设计

移情设计是许多富有创造力的团队经常使用的过程。移情设计是将人类学的考察嵌入潜在客户所处的环境内，从而识别出未能明确表达的需求（Leonard and Swap，1999；Leonard-Barton，1995）。从移情设计中得到的知识，与通过传统市场研究（如抽样调查和讨论小组）获取的知识有很大的不同，原因之一是人类往往不擅长对所做的选择进行解释，这些原因往往会与情绪相混淆，又或者我们的意识无法对其进行访问。即使是询问客户对熟悉产品线的偏好（如手机），也是很困难的事。市场研究员在通过隐喻和可视化方法挖掘人们观点中的隐性维度方面十分有创造力（Zaltman，2003），然而寻求客户对新兴产品的意见更加棘手。作为潜在的客户，我们可以对原型提出意见——即便原型十分粗糙——但在不知何种技术知识可以解决问题的情况下对问题提出解决方案有一定难度，在这种情况下，我们甚至都无法意识到问题和需求的存在。

没有人向金佰利公司要求过一种特殊市场定位的尿布——然而设计公司 GVO 的观察发现父母和刚学步的小孩都有介于尿布和大男孩内裤之间的需求。好奇纸尿裤对市场产生了急速而持续的冲击，因为它不仅能够满足保持干爽的实际需求，同时能兼顾成人及儿童的自我意识。通过在消费者自身的环境下对其进行观察，设计者可以产生在其他情况下，无论是设计者自身还是消费者都无法设想的一些方案。有时候他们能够解决人体改造工程学、适用性以及理解力的问题；有时候他们也会提出全新的想法。在消费产品公司，很多设计公司和产品开发部门常规性地将移情设计包含在过程中,从而挖掘用户的隐性知识和无法言说的需求。

团队领导

团队领导既可以鼓励创造,也可以扼杀创造,上面已经提到了鼓励或扼杀创造的方式。建立创造性摩擦的团队、从一些来源中引入少数观点、鼓励支持冒险、孵化和移情设计的规范等,都能强化创造力;相反地,支持等级专制以及牺牲其他知识流的技术专业化都会破坏创造力。下面我们将转向讨论对团队创造力有深刻影响的几种个人领导行为,这些行为的责任人是个体领导而不是集体。

激发创造力的进展法则

领导者是阿马比尔和克拉默(2011)所称的"进展法则"的负责人。在对 7 个公司的 26 个项目团队进行的一项影响深远的研究中,研究员对 238 个员工每日的工作生活进行了研究。他们的研究识别了一种能够激励员工努力工作和创造力的强大力量,这种力量是个体在当天能对他们的工作产生有意义的进展的程度。研究员识别出七种影响进展的催化因素,在这些因素中,有两个已在本章提及,并且对创造力有正向影响的因素,即观点的自由流动(包含辩论)以及从成功和失败中学习。应该提到的是,这两者都和知识创造有关,同时研究者也发现这项法则会影响员工的情绪——进而影响创造力。有趣的是,滞后效应也存在,即员工在某一天的情绪越积极,其在接下来的一天也更具创造力,甚至在某种程度上,在接下来的几天这种效应也会存在——无论她在这几天的心情如何。阿马比尔和克拉默借鉴伊森(1999)的研究(积极情绪和创造力之间的关联)将这个效应归于孵化。同时也有观点认为,愉悦的心情会"激发思考的深度——更大的认知变化"(Amabile and Kramer, 2011: 52)。

时间压力

管理者有时候相信时间压力会激发团队,使其更具有创造力。研究发现,时间压力对创造力的影响并非是简单一致的,但主流的研究成果显示,时间压力所带来的破坏远甚于它带来的帮助。例如在前面提到的案例中,阿马比尔和克拉默(2011)发现,尽管人们觉得他们在处理时间紧迫的事务时更具有创造力,但除了少数个例,人们实际上在有时间探索、与他人合作,以及提出备选方案时更具有创造力(George and Zhou, 2007,他们假定时间压力只有在积极的情绪和组织的支持同时存在的情况下才会产生正面影响)。

对等级的坚持

如同前面小节所述,创造力在组织中出现的概率很微小,但领导者可以极大程度地影响创造力的表达。1927 年,华纳兄弟电影公司的哈利·华纳就曾当众反对有声电影:"谁想听演员说话?"然而后来的事实证明我们全都希望如此。历史书籍中也有一则引人警戒的故事:1707 年 10 月,英国西南部的 20 英里处,5 艘英国军舰中有 4 艘撞到锡利群岛附近的礁石上,海军上将克劳兹利·肖维尔指挥的 2 000 名士兵全部死亡。当时没有办法可靠地估算精度,领航员只能根据离开海岸后经历的时长来估计方位。然而众所周知,摆钟会受到温度、湿度和船体运动的影响,因此船上所有的领航员一致认为船只肯定位于乌埃尚岛的西部。然而他们错了,肖维尔上将的旗舰第一个沉没,接下来三艘旗舰也随之沉没。只有两个人被冲到岸边,活了下来。如果知识能够流上高层,悲剧就能避免。船上的一名水手坚持自己的判断,坚信船只撞击将给他们带来巨大的危险,于是他不惜冒着生命危险向官员反映自己的判断,肖维尔上将当场将其绞死。几小时之后,他的预言被证实,然而船上没有人能够活着说"我早就告诉你了"(Sobel,1995)。领导者不应该像肖维尔上将般专制,这将导致创造性想法被扼杀。领导仅仅通过在讨论之前提出自己的意见,就可以阻断团队其他成员的想法(Lenard and Swap,1999)。并且,领导的技术专业水平越高,就越容易通过这种方法阻隔异议。

情境谦虚

一种能够帮助领导者倾听的态度(以及随之而来的行为)是"情境谦虚"(Barton and Sutcliffe,2009)。尽管他们拥有高水平的能力或专业知识,有这项特质的领导者认识到这种特殊的情境是动态且复杂的,因此对它的评估必须具备延展性,它能够使组织根据新信息和新视角的变化而变化。他们会意识到无论他们有多专业,对形势的评估也有局限性,他们无法察觉的其他视角或者事件也可能出现。这种开放性和对更多知识流入的期望,对早前提到的即兴创造特别有利。展现出情境谦虚的领导者更可能征求其他专家的意见,倾听不同的,甚至来自低层级的观点。

然而,如果知识探求中的大部分都是隐性维度,这些努力也不一定有结果。人们往往不了解他们拥有何种知识,直到将一个问题框定在某个情景中,即使那样,他们也可能无法对其做出解释(Reber,1989),这在下面的个体深度智能部分会进行进一步的解释。此外,作为个体,我们经常意识不到大脑发挥功能的方式。我们接下来将转向讨论个体知识创造力的利弊。

个 体 层 面

深度智能

因为大脑内存在高度个性化的内容,所以知识的多样性对于创造力来说尤为重要。研究表明,只有经过 7~10 年的不懈努力,人们才能成为某知识领域的专家(爱立信,1996)。然而,一旦他们达到了这种专业水平,他们往往表现得和初学者不同(伦纳德和斯沃普,2005),他们会更快速地做出决定、认清形势(例如他们的知识如何应用到特定的情景)、并且能够察觉专业水平较低的人发现不了的差异。最重要的是,他们能够根据之前的经验在情境和行为中识别模式,并且拥有大量的隐性知识(Klein,1998),这些专业知识会给个人以及雇用他们的公司带来好处。我们将大量的发明归功于有准备的大脑,即有足够的智慧去获取知识及想象力的飞跃。微波炉的发明就来自这样一个人:1946 年,佩尔西·斯宾塞到雷神公司的实验室进行参观,其间对一个 N 驱动雷达的磁控管产生了兴趣。令他惊讶的是,他发现口袋里的糖果开始融化。不够聪明的人都会认为是身体的体温将糖融化了,但佩尔西·斯宾塞迅速将这一现象与磁控管联系起来。他将谷粒放置在磁控管面前，想要看看会发生什么。在谷粒爆破时，他又拿来一个茶壶，在其内部剪一个小洞，将鸡蛋放置其中，他惊喜地发现鸡蛋也出现了同样的现象（弗莱托，1992）（如今微波炉的一大主要功能就是用来炸爆米花，这多少有些讽刺）。这些故事表明，发明只会产生在有准备的大脑。

认知偏差会破坏创造力

然而，专家们也会受限于自大和过度自信。他们也和我们一样会受到任何可以破坏创造力的认知偏差的影响（巴泽曼，1998）。

思维定式及功能固着

几十年来，心理学家了解了许多人对于思维定式的普遍倾向，即习惯用过去使用的熟悉的方法来诊断问题——即便该方法在给定情境下并不是最优的（陆钦斯，1942）。在NASA 2003年的空难中，哥伦比亚飞船在回程时解体。肇事元凶是一块绝缘泡沫材料，这块泡沫在飞机起飞时脱落，并撞上了机翼。在回程过程中，过热的空气在无保护的机翼上溶解出一个洞，没有人预料到该结果的原因是泡沫脱落，因为在以往这从来不是一个问题。甚至在爆炸后，NASA的工作人员一直未将热保护层破裂视为事故原因，直到实物证据证实了这一事故原因（哥伦比亚事故调查组，2003）。与偏见相近的概念还有功能固着，即用某种物体常见的功能来思考该事物或过程的倾向，而不去考虑其他可能更具创造性的用途。例如，硬币可用于消费——但它也可用于拧螺钉头。

确认性偏差

我们同样也会陷入确认性偏差，即人们倾向寻求信息，来证实我们所相信的事物的正确性，而不愿意去考虑反对这些事物正确性的新的信息和资料。在过去的几十年里，这种偏差被媒体源加强，吸引目标观众；同时，网络的功能使我们能够只选择那些我们相信可以证实我们了解的事物的信息，并回避那些令我们不舒服的反驳信息。科学家们对大脑的研究也为这一生理表现提供了数据。在2004年的美国大选中，研究员试验了关于民主党和共和党如何面对另一方候选人的矛盾观点的一系列假设（Westen et al.，2006）。不出意外，当一方对另一方的矛盾观点进行严厉指责时，每个党派的追随者都会为他们支持的候选人辩护。然而，研究发现了一个意料之外的结果，当这些认知上的不协调解决后，大脑便会点燃涉及正面情绪的脑电路。偏差论证得到了回报！很明显，确认性偏差会阻碍对于创造性思考尤为关键的开放思想。

结　　论

管理者对知识和创造力矛盾关系的解决方案可以被简单阐述（操作起来明显更困难）。对待知识抑制作用的最好方法是，在每个层面挑战假设，包括自身的层面。最好地提升每个层面创造力的方法是，识别不同知识源的价值。

参 考 文 献

Amabile, T. M., and Kramer, S. J. (2011). *The Progress Principle*. Boston, MA: Harvard Business Review Press.

Asch, S. E. (1955). 'Opinions and Social Pressure', *Scientific American*, 193: 31–5.

Barton, M., and Sutcliffe, K. (2009). 'Overcoming Dysfunctional Momentum: Organizational safety as a social achievement', *Human Relations*, 62(9): 1327–56.

Bazerman, M. (1998). *Judgment in Managerial Decision Making*. New York: John Wiley & Sons.

Christensen, C. M., and Raynor, M. E. (2003). *The Innovator's Solution*. Boston, MA: Harvard Business School Press.

Columbia Accident Investigation Board (2003). *Final Report*. Washington DC: U.S. Government Printing Office.

Csikszentmihalyi, M. (1997). *Creativity: Flow and the Psychology of Discovery and Invention*. New York: Harper Perennial.

Csikszentmihalyi, M., and Sawyer, K. (1995). 'Creative Insight: The Social Dimension of a Solitary Moment', in R. J. Sternberg and J. E. Davidson (eds), *The Nature of Insight*. Cambridge, MA: The MIT Press.

Davenport, T. H., and Prusak, L. (1998). *Working Knowledge: How Organizations Manage What They Know*. Boston MA: Harvard Business School Press.

Denning, S. (2001). *The Springboard: How Storytelling Ignites Action in Knowledge-Era Organizations*. Boston, MA: Butterworth-Heinemann.

Doz, Y. (1997), 'Managing Core Competency for Corporate Renewal: Towards a Managerial Theory of Core Competencies', in A. Campbell and K. S. Luchs (eds), *Core Competency-Based Strategy*. London: International Thomson Business Press.

Drucker, P. F. (1964). *Managing for Results: Economic Tasks and Risk-Taking Decisions*. New York: Harper & Row.

Edmondson, A. (1999). 'Psychological Safety and Learning Behavior in Work Teams', *Administrative Science Quarterly*, 44(2): 350–83.

Eisenhardt, K. M., and Martin, J. A. (2000). 'Dynamic Capabilities: What are they?' *Strategic Management Journal*, Special Issue 21: 1105–21.

Eisenhardt, K. M., Kahwajy, J. L., and Bourgeois, L. J. III (1997). 'Conflict and Strategic Choice: How Top Management Teams Disagree', *California Management Review*, 39: 42–62.

Ericsson, K. A. (1996). 'The Acquisition of Expert Performance: An Introduction to Some of the Issues', in K. A. Ericsson (ed.), *The Road to Excellence: The Acquisition of Expert Performance in the Arts and Sciences, Sports, and Games*. Mahwah, NJ: Lawrence Erlbaum.

Feldman, D. (1984). 'The Development and Enforcement of Group Norms', *The Academy of Management Review*, 9 (1): 47–53.

Fisher, C. M., and Amabile, T. M. (2009). 'Creativity, Improvisation and Organizations', in T. Rickards, M. A. Runco, and S. Moger (eds), *The Routledge Companion to Creativity*. Routledge: New York, 13–24.

Flatow, I. (1992). *They All Laughed*. New York: HarperCollins.

George, J. M., and Zhou, J. (2007). 'Dual Tuning in Supportive Context: Joint Contributions of Positive Mood, Negative Mood, and Supervisory Behaviors to Employee Creativity', *Academy of Management Journal*, 50: 605–22.

Goncalo, J. A., and Staw, B. M. (2006). 'Individualism—Collectivism and Group Creativity', *Organizational Behavior and Human Decision Processes*, 100: 96–109.

Gundling, E. (2000). *The 3M Way to Innovation: Balancing People and Profit*. Tokyo: Kodansha International.

Hargadon, A. B., and Bechky, B. A. (2006). 'When Collections of Creatives Become Creative

Collectives: A Field Study of Problem Solving at Work', *Organization Science*, 17(4): 484–500.

Hayes, R. H., Wheelwright, S. C., and Clark, K. B. (1988). *Dynamic Manufacturing: Creating the Learning Organization*. New York: Free Press.

Helfat, C. E. (1997). 'Know-how and Asset Complementarity and Dynamic Capability Accumulation: The Case of R&D', *Strategic Management Journal*, 18: 339–60.

Henderson, R. M., and Clark, K. B. (1990). 'Architectural Innovation: The Reconfiguration of Existing Product Technologies and the Failure of Established Firms', *Administrative Science Quarterly*, 35: 9–30.

Henderson, R. M., and Cockburn, I. (1994). 'Measuring Competence? Exploring Firm Effects in Pharmaceutical Research', *Strategic Management Journal*, 15: 63–84.

Hirshberg, J. (1998). *The Creative Priority: Driving Innovation Business in the Real World*. New York: HarperBusiness.

Isen, A. (1999). 'Positive Affect', in T. Dagleish and M. Power (eds), *Handbook of Cognition and Emotion*. New York: Wiley, 521–39.

Itami, H., and Roehl, T. W. (1987). *Mobilizing Invisible Assets*. Boston, MA: Harvard University Press.

Janis, I. (1972). *Victims of Groupthink*. Boston: Houghton Mifflin.

Katz, R. (1982). 'The Effects of Group Longevity on Project Communication and Performance', *Administrative Science*, 27: 81–104.

Klein, G. (1998). *Sources of Power*. Cambridge, MA: MIT Press.

Kurtzberg, T. R., and Amabile, T. M. (2000). 'From Guilford to Creative Synergy: Opening the Black Box of Team-level Creativity', *Creativity Research Journal*, 13 (3–4): 285–94.

Leonard, D. (2011). *Managing Knowledge Assets, Creativity and Innovation*. London: World Scientific.

Leonard, D., and Swap, W. (1999; 2000). *When Sparks Fly: Igniting Creativity in Groups*. Boston, MA: Harvard Business School Press.

Leonard, D., and Swap, W. (2005). *Deep Smarts: How to Cultivate and Transfer Enduring Business Wisdom*. Boston, MA: Harvard Business School Press.

Leonard-Barton, D. (1992). 'Core Capabilities and Core Rigidities: A Paradox in Managing New Product Development', *Strategic Management Journal*, 13 (Summer Special Issue): 111–25.

Leonard-Barton, D. (1995). *Wellsprings of Knowledge: Building and Sustaining the Sources of Innovation*. Boston, MA: Harvard Business School Press.

Longley, J., and Pruitt, D. G. (1980). 'Groupthink: A Critique of Janis' Theory', in L. Wheeler (ed.), *Review of Personality and Social Psychology*. Newbury Park, CA: Sage, 507–13.

Luchins, A. S. (1942). 'Mechanizations in Problem Solving', *Psychological Monographs*, 54: 248.

Martin, J., Feldman, M., Hatch, M. J., and Sitkin, S. (1983). 'The Uniqueness Paradox in Organizational Stories', *Administrative Science Quarterly*, 28(3): 438–53.

Miller, D. J., Fern, M. J., and Cardinal, L. (2007). 'The Use of Knowledge for Technological Innovation within Diversified Firms', *Academy of Management Journal*, 50(2): 308–26.

Nemeth, C. J., and Wachtler, J. (1983). 'Creative Problem Solving as a Result of Majority vs. Minority Influence', *European Journal of Social Psychology*, 13(1): 45–55.

Nonaka, I., and Takeuchi, H. (1995). *The Knowledge-Creating Company: How Japanese Companies Create the Dynamics of Innovation*. London: Oxford University Press.

Pavitt, K. (1991). 'Key Characteristics of the Large Innovating Firm', *British Journal of Management*, 2: 41–50.

Pelz, A., and Andrews, F. (1966). *Scientists in Organizations*. New York: John Wiley.

Pettigrew, A. (1979). 'On Studying Organizational Cultures', *Administrative Quarterly*, 24: 570–81.

Polanyi, M. (1966). *The Tacit Dimension*. New York: Doubleday.

Reber, A. S. (1989). 'Implicit Learning and Tacit Knowledge', *Journal of Experimental Psychology*, 118: 219–35.

Rodan, S. and Galunic, D. C. (2004). 'More than Network Structure: How Knowledge Heterogeneity Influences Managerial Performance and Innovativeness', *Strategic Management Journal*, 25(6): 541–62.

Rothaermel, F. T., and Hess, A. M., (2007). 'Building Dynamic Capabilities: Innovation Driven by Individual-, Firm-, and Network-level Effects', *Organization Science*, 18(6): 898–921.

Rumelt, R. P. (1986). *Strategy, Structure and Economic Performance*. Boston, MA: Harvard Business School Press.

Simonton, D. K. (1999). *Origins of Genius: Darwinian Perspectives on Creativity*. New York: Oxford University Press.

Snow, C. C., and Hrebiniak, L. G. (1980). 'Strategy, Distinctive Competence, And Organizational Performance', *Administrative Science Quarterly*, 25: 317–35.

Sobel, D. (1995). *Longitude: The True Story of a Lone Genius Who Solved the Greatest Scientific Problem of His Time*. New York: Walker and Company.

Spender, J. (1996). 'Competitive Advantage from Tacit Knowledge? Unpacking the Concept and its Strategic Implications', in B. Mosingeon and A. Edmondson (eds), *Organizational Learning and Competitive Advantage*. London: Sage Publications, 56–73.

Sutton, R., and Hargadon, A. (1996). 'Brainstorming Groups in Context: Effectiveness in a Product Design Team', *Administrative Science Quarterly*, 41(4): 685–718.

Swap, W., Leonard, D., Shields, M., and Abrams, L. (2001). 'Using Mentoring and Storytelling to Transfer Knowledge in the Workplace', *Journal of Management Information Systems*, 18 (1): 95–114.

Szulanski, G. (1996). 'Exploring Internal Stickiness: Impediments to the Transfer of Best Practice Within the Firm', *Strategic Management Journal*, 17 (Winter Special Issue): 27–43.

Teece, D. J., Pisano, G., and Shuen, A. (1997). 'Dynamic Capabilities and Strategic Management', *Strategic Management Journal*, 18(7): 509–533.

Tripsas, M., and Gavetti, G. (2000). 'Capabilities, Cognition, And Inertia: Evidence from Digital Imaging', *Strategic Management Journal*, 21: 1147–61.

Weick, K. E. (1993). 'The Collapse of Sensemaking in Organizations: The Mann Gulch disaster', *Administrative Science Quarterly*, 38(4): 628.

Westen, D., Blagov, P. S., Harenski, K., Kilts, C., and Hamann, S. (2006). 'Neural Bases of Motivated Reasoning: An fMRI Study of Emotional Constraints on Partisan Political Judgment in the 2004 U.S. Presidential Election', *Journal of Cognitive Neuroscience*, 18(11): 1947–58.

Woodman, R. W., Sawyer, J. E., and Griffin, R. W. (1993). 'Toward a Theory of Organizational Creativity', *Academy of Management Review*, 18(2): 293–321.

Zaltman, G. (2003). *How Customers Think: Essential Insights into the Mind of the Market*. Boston: Harvard Business School Press.

第8章

设计驱动型创新：以意义为创新之源

罗伯托·韦尔甘蒂（Roberto Verganti）
克劳迪奥·戴乐拉（Claudio Dell'Era）

引 言

创新管理研究常专注于两个重要领域：技术和市场（更多的综述参见 Garcia and Calantone,2002；Calantone et al.,2010），其中技术创新已受到广泛关注,特别是关于根本性技术转变的话题。过去数十年里,已有大量研究探讨了技术突破的前因（Abernathy and Clark,1985；Henderson and Clark,1990；Utterback,1994；Christensen and Bower,1996；Christensen,1997）,其他一些研究则更关注如何应用现有技术或新技术或新产品以开拓新市场（Kim and Mauborgne,2005；MaGrath and MacMillan,2009）。在此背景下,设计作为创新的一个来源,也越来越引起从业者及学者的关注。企业越来越多地投资于设计,并在其创新过程中引入设计型企业参与（Nussbaum,2005）；学术期刊正不断发表一些文章,探究设计对产品发展及经营绩效的影响（Gemser and Leenders,2001；Platt et al.,2001；Hertenstein et al.,2005；Journal of Product Innovation Management,2005a,2005b）；而大量关于从业者的报道也十分关注这一主题（Verganti,2006,2009,2011；Brown,2008,2009；Martin,2009）。然而,因为设计通常存在较模糊的边界及其他不明确之处,探究其在创新和竞争中的作用依然是相当新颖的话题之一。在本章中,我们旨在从具体的角度就设计提出具备理论可靠性和实证扎实性的观点,其中之一就是,设计为创新的来源之一。首先,我们对设计驱动型创新进行了定义,并将其与其他创新方式区分。设计与创新产品和服务的意义创新相关联,关注创新的目的,关注人们使用事物的原因,而非产品的功能及性能（"是什么"和"怎么样"）。这一类创新旨在为人们带来新的意义体验,并通常对于他们的文化、象征及情感方面具有重要影响。其次,我们讨论在事物意义上,设计促进创新的不同路径：用户驱动型创新,是主要刺激诱发渐进式创新；而设计驱动型创新,则是驱动根本性创新。我们将重点讨论根本性意义创新的价值,进而说明如何管理设计驱动型创新。

设计和创新

对创新管理学者而言,科学探究设计创新难度极大,其中一个原因在于"设计"的定义是变化且不稳定的（全面的分析请参见 Lee,2000）。通过宏观整合（high level of aggregation)来看,我们可以把这些定义归纳为三类:作为事物形式的设计、作为创造性问题解决方式的设计,以及让事物具有意义的设计。

作为事物形式的设计

第一种方式以狭义视角定义设计:设计与产品形式相关,并通常与产品功能并列。确实,当探究概念时,许多人认为设计即形式。如果说工程师通过运用技术使产品具备功能,那么设计师的任务则是让产品精美,设计的研究历史曾因流行的形式和功能究竟哪一个是创新的驱动因素的争论而中断。现代主义者尤其质疑形式至上,从美国建筑师路易斯·苏利文在20世纪初关于"形式服从功能"到包豪斯建筑学派(德国1919年至1933年活跃的艺术和建筑学院)领导者之一的密斯·凡·德罗"少即是多"的格言,他们都质疑形式的重要性。然而,如查看20世纪应用最广的设计,对于形式的关注尤为流行,并更遵从"式样"(styling)之父、法裔美国人雷蒙洛伊的格言——"丑陋之物无销路",而当今大部分商业人士也依然将设计与产品美观联系起来。在此我们将不再深入探讨这一概念。美观和创新确实几乎没有相同点,甚至在某些时候相反。人们将美观与脑海中已有的美学标准联系在一起,然而新颖事物,尤其是当它们有根本的创新性时,会与现存的标准不一致;而实际上,它们通常会提出新的标准(Eco,2004)。

作为创造性问题解决方式的设计

以形式定义设计过于狭义,因此,诸多专家将其丰富扩展,使它能与任何创造性活动结合。正如赫伯特·西蒙所说,"那些践行旨在优化现状而行动的人,都是设计师"(Simon,1982)。对此陈述的一个解释是,如果我们以更广的视角思考设计,需要考虑环境中所有具有改良性的创造性活动和职业:"如工程、医药、商业、建筑以及绘画,它们不关注必要性而注重具体情形,不注重事情如何,而是它们可能如何,简单说,即注重设计"(Simon,1996)。因此,我们可以探讨产品设计、工程设计、软件设计、组织设计、商业模式设计以及市场设计。它们都有各自的研究领域及方式,我们在此不进行深入讨论。近来,有人开始尝试将设计与"更好的思考方式"联系在一起(通常指的是"设计思维"),它可以用来处理任何问题(Boland and Collopy,2004;Brown,2008,2009;Martin,2009)。由于设计思维设计经常被设计师推广,又被认为是反映设计师较好的处理和解决问题能力的一个标准。不幸的是,人们对设计思维的概念并未形成一致意见:一些人认为设计是一种诱导性的或直觉性的思维,而非分析性的思维;而另一些人则认为设计是实验、视觉及用户理解的混合,除了不清楚为什么这些特征是设计的独特之处,而不是其他创造性活动的特征外,这一观点貌似是合理的。但是这一视角缺少理论基础,并且至今没人或可能也不会有人对"设计师的思维更好……"进行实证检验。我们喜欢乔纳森·伊夫(苹果公司设计师)所说的,"好的东西不是设计,好的设计才是设计"。我们也喜欢西蒙所说的,"设计不仅是一个活动,它创造新事物,并且适合于任何职业"。最后,我们也可能赞同广受尊重的设计理论家托马斯·马尔多纳多所说的,"设计这个词汇存在一个日益前进的语义虚化问题。正如它被应用于回应所有活动全局性的(以及提升性的)需求……词语失去具体含义……设计定义的不确定性是设计在当今成为一个学科的主要障碍,并且阻碍了该领域的科学进步"(Maldonado,2000)。

让事物具有意义的设计

以上两种视角,一种狭义地关注于物体的形式,另一种认为设计在根本上是一切事物,这两种视角都难以提升对"设计如何促进创新及竞争优势"的理解。实际上究竟什么是设计的根基,又是什么使它与已被广泛研究的技术创新等其他形式创新区别开来,比如技术创新,是我们关注的两个问题。在此,主要引用两个设计理论家——克劳斯·克里彭多夫和约翰·赫斯克特的观点,来解释这一特点:

> 设计从词源学上要回到拉丁语 de signare,意味着制造某物,通过一个标志使其独特,赋予其重要性,并指定它与其他事物、所有者、使用者或神的联系。基于这一初始的含义,我们可以说认为:设计赋予事物意义。
>
> ——克里彭多夫,1989

> 设计,可被定义为用崭新的方式以塑造和创造环境的自然中未存方式的人类能力,这些设计,以能够满足我们的需求,并使我们的生活具有意义为目的。
>
> ——赫斯克特,2002

两位学者都清楚地指出了设计的独特特点:它与使事物更具有意义相关。设计是我们通过它可以创新事物意义的活动。如果技术创新通常由"能否使产品运行更好"这一问题驱动,设计驱动型创新则由"绩效提升是否带来意义"的问题驱动,我们是否还能创造如下体验:即使未达到最优的技术表现,对于消费者而言依然更具意义。当我们将设计作为创新的驱动力之一时,我们对产品的认知才能从"产品是什么"(它的特点)转向"为什么":我们从人们购买和使用产品的目的及原因进行创新。并且我们不仅同时运用功利主义指导行动("我买车因为我需要安全快速地从 A 地移动到 B 地"),而且以情感/象征意义指导行动(参见律子尾崎和道奇森撰写的第 14 章)。情感意义与个人动机联结,有时使人感到亲切满意(感觉体验,例如"我买这辆车是因为喜欢它的皮革方向盘",抑或是心理体验,例如"我买这辆车是因为我父母总是买这个品牌")。象征意义与社会动机联结,指的是产品关于自身及其他产品的表述(例如,"我买这辆车,是因为它能彰显我的富裕以及运动型生活方式")。产品风格(纯粹的美学外观)只是产品传递顾客象征及情感信息的多种途径之一。每一件事,从产品到服务,从工艺到商业模式,都具有意义。

设计的意义方面已获得一些设计学者和理论家的认可和研究(Copper and Press,1995;Margolin and Buchanen,1995;Petroski,1996;Friedman,2003;Karjalainen,2003;Lyoyd and Snelders,2003;Bayazit,2004;Norman,2004;Redstorm,2006)。针对市场营销、消费者行为、消费人类学的研究同样证明,消费的情感/情绪及象征/社会文化方面与传统经济模型的效用同样重要,甚至产业组织亦如是(Douglas and Isherwood,1980;Csikszentmihalyi and Roch-Halton,1981;Fournier,1991;Sheth et al.,1991;Kleine et al.,1993;Mano and Oliver,1993;Brown,1995;Du Gay,1997;Holt,1997,2003;Bhat and Reddy,1998;Schmitt,1999;Pham et al.,2001;Oppenheimer,2005;Shu-pei,2005)。

使我们从市场营销转向设计境界的重要原因在于，由于意义不仅仅是被赋予的（因此我们只能尽力通过市场研究去理解它们），更根本的是，社会文化背景的演化以及新技术的出现，意义同样可以创新。当然，意义不能被强加（它们仰赖于顾客与产品交互），但企业可以设计一些元素来迎合或刺激用户对意义的解读：从产品的功能到产品的设计语言（与产品有关的标志、符号、图标的集合，而风格只是其中一种，包括材料及声音、用户界面等感觉特征，如声音、用户界面等）。

设计和创新战略

以上的定义使我们能够将设计更准确地与其他创新理论结合，并可理解其特殊的本质。

创新的维度

基于以上的讨论我们可以说，创新可能是由技术驱动的，或是由意义驱动的，或两者共同驱动的。相似地，技术创新主要分布于渐进性/根本性转变的连续区间上的某个位置；同样地，意义创新也可能或多或少是根本性的。特别是当产品与现有社会文化模式演进的目标一致时，意义创新是渐进性的：它提升了已有用户的体验，并且更好地与用户需求相适应。然而，当产品以能提供前所未有的体验为目标时，意义创新同样也可能是根本性的。

一个著名的根本性创新的例子是"让家庭如科幻小说"的艾烈希产品线。1991年，作为一家行业领先的意大利设计密集性公司，艾烈希公司主要经营的是厨房用品，它创造了值得玩味、色彩光鲜并富有内涵的厨房用品，比如长得像舞女或鹦鹉的开瓶器，形状像中国古代官员的鲜橙榨汁机。尽管如今这些象征性物品常被模仿，但在20世纪90年代前，没人想到人们会爱上舞姿翩翩的开瓶器。就厨具对人的意义而言，这是一个巨大的突破：从简单的厨房工具到过渡性物品，使得产品带有的情感触动每一个成人的童心①。由于在意义上的突破，艾烈希三年内的周转率增长了70%（当时行业平均周转增长率为4%），且其股本回报率增长了40%（当时行业平均增长率为5%）。如今，艾烈希每年都在"家庭玩具"的设计分类下推出新产品。它们可被视为渐进性意义创新：厨房用品依然作为有趣的情感物件，甚至随着社会审美情趣和文化解读的变化而不断强化和更新。

图8.1右上角的区域非常有趣，在这里，根本性意义转变通过新技术的产生实现，比如任天堂、苹果和斯沃琪就是混合利用技术和设计的例子。以上三家公司，都运用技术使细分产品的意义得到根本性转变，即改变消费者购买产品的原因及消费者使用产品的方式。任天堂对于微型机电系统加速度传感器的巧妙应用，改变了人们对游戏控制器的体验，使

---

① 当创造"让家庭如科幻小说"的生产线时，艾烈希从以下各方面获得启发：儿科医生和精神分析学家大卫·温尼科特的过渡物体理论，精神分析学家弗兰科·福纳里的情感代码，以及基恩·布吉利拉德的物体系统。尤其是，大卫·温尼科特特别关注物体在儿童心理发展中的作用，他们将感情和意义与日常生活中的物体联系起来。他考察了过渡性意义增量创新的作用：厨房用具的意义作为一个具有情感而有趣的物体仍然存在，甚至加强和提升了社会变化中的审美情趣和文化解读。

得人们从消极踏足虚拟世界变为主动的身体娱乐。苹果创造了 iPod 和 iTunes Store，使人们更容易发现并购买新的音乐，同时方便用户将他们喜欢的音乐收藏在个人播放列表里，这为解决威胁音乐行业的盗版问题提供了一个方案。而斯沃琪使用廉价石英，将手表从守时工具变为时尚配件的创意同样了不起。这些公司都不是第一个将相关技术引入产品部门（iPod 在 2001 年发布，第一款 MP3 当时已发布四年），但它们展示了其最具意义及盈利最丰的形式。

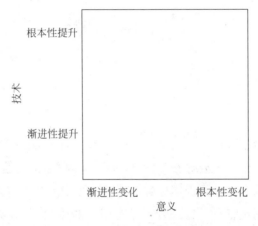

图 8.1 以技术和意义为创新维度

用户驱动型设计

创新事物的意义有两种路径：用户驱动和设计驱动。用户驱动型设计在过去十年十分流行，它成为焦点要归功于主要的设计公司如 IDEO（Kalley, 2001）或 Cotinuum（Lojacono and Zaccai, 2004）成功地向人们展示了这一创新的重要作用。这也意味着产品发展应该从深入的用户需求分析开始。这种模式假定的前提是企业通过询问用户需求，或更有效的是通过观察用户使用现存产品的表现，以及跟踪用户的消费行为，获得推动产品创新的独特洞察力。应用民族志研究（也就是在使用背景下观察用户行为）兴趣的提升，即体现了这一方法的信号作用和直接结果。对于用户驱动设计的探究以及对相关成功案例的分析，有助于对作为一个组织过程的设计进行更深入、更有价值的解读，可以将其视作与用户和他们实际需要更接近的过程。目前，已提出了合适的步骤及方法，即以用户为中心的设计过程模式（user-centred design processes）（Patnaik and Becker, 1999；Whitney and Kumar, 2003）。此模式一方面有助于我们更好地理解顾客需求（例如民族志研究及其差异，参见 Rosenthal and Capper, 2006 的例子），另一方面则是我们"如何提升创造性技能"的指南（Sutton, 2001）。

用户驱动型设计被证明是渐进性创新的有效形式。由于它使企业与现有的行为更接近，故能促使人们对"当下如何赋予事物意义"有更好的理解。在此，设计过程的目标不是改变意义，而是更好地满足意义。这里的前提假定是，人们目前对事物和现有产品的意义不匹配。通过使用民族志及观察的方式，设计过程能够与用户更为接近，帮助企业能更好地理解意义，进而通过创造性的问题解决方式，解决已有意义和已有产品间的不匹配问题。

设计驱动创新

根本性意义创新很明显需要一个不一样的过程。人们当然不会在1991年前需要一个形状像中国古代官员的笨重刻板的鲜橙榨汁机，但是在看到艾烈希的产品后，他们便爱上了它。类似地，青少年（尤其是最熟练的游戏玩家），在使用游戏控制台时，从来没有要求移动的体验［他们甚至不能想象这是可能的，由于他们并没有意识到微型机电系统（MEMS）加速度计的存在］。他们感兴趣于拥有更强大的控制台，以提供更精确的虚拟体验，这促使微软和索尼投资昂贵的芯片。任天堂通过回顾已有用户的行为，并且与游戏开发者和加速计制造商合作，设想了新Wii的体验。

实际上，客户很少在预期产品意义的根本性转变上提供帮助。他们当前融入的社会文化背景，使他们的解读倾向于当前社会上正在发生的一切保持一致。而根本性创新需要对产品意义进行根本性的解释，而这只能通过以更广的视角看待事物才能做到。因此设计驱动型创新由企业对人们可能喜爱的突破意义的预见性决定。由于这样的视野并不能仅通过观察当前用户行为得到，这些企业的创新过程与用户为中心的方法完全不一样。

也就是说，与根本性技术创新需要技术制度的深刻转变类似（Latour，1987；Bijker and Law，1994；Geels，2004），根本性意义创新需要社会文化制度的深刻转变。在此，我们谈论的不是流行的产品，而是可能促进新美学标准产生的产品，可能在未来成为标杆的某种事物，是某种一定会在转变社会文化模式中发挥主要作用的事物。换句话说，设计驱动型创新可以被视为重构主义（Kim and Mauborgne，2004，2005）的表现或社会建构主义（Prahalad and Ramaswamy，2000）的市场观，在这样的情况下，市场不是预先给定的（例如Porter，1980的结构观），而是顾客和企业互动的结果：因此新的根本性意义是共同产生的。设计驱动型创新不是市场的答案而是与市场的交互，以及对市场的改良。

将设计驱动型创新管理理论追根溯源可以发现，我们承认其中一些观点与技术管理学者一致。20世纪70年代，关于创新过程的方向存在激烈的争论（技术推动还是技术牵引），最终达成了技术和市场共同推动的认识；同时，技术范式的转变（比如根本性创新）主要是技术推动的，而在已有范式内的渐进性创新，则主要是市场牵引推动的（Dosi，1982）。这一方法在最近关于破坏式创新和用户需求的研究中得到应用（Christensen and Rosenbloom，1995；Christensen and Bower，1996；Christensen，1997；Dahlin and Behrens，2005），这些考虑在创新维度图中有所体现，并强调了三种创新模式的主要区域（见图8.2）。

- 设计驱动型创新。创新始于社会文化模式微小而无声息的动态变化，并且导致暗示社会文化制度变化的根本性新意义和语言的提出。
- 市场牵引导向创新。创新始于首先对用户需求的分析，然后对用户实际需要的技术和预言进行搜寻。并接着搜寻可以实际满足他们的技术和语言。我们将以用户为中心的创新作为市场牵引创新的一个特例，因为它们都始于直接或间接地指出创新方向。尽管以用户为中心的方式更为先进和复杂，正如其方法论可以使人更好地理解人们为何以及如何赋予现有事物以意义。相比传统的技术牵引，该过程有

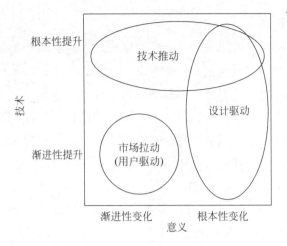

图 8.2 设计和创新策略

利于获得更加创新性的概念,但它依然是在已有的社会文化制度内行动。
- 技术推动创新,也就是,技术研究动态变化的结果。图 8.2 中右上角技术推动和设计驱动创新的重合部分,强调了突破性技术的转变通常与产品意义的根本性变化相联系,也就是说,技术范式的变迁通常伴随着社会文化制度的变化(Geels,2004)。例如 20 世纪 70 年代石英表的引入,既是技术的突破性变化(半导体的引入),也是意义的根本性转变(手表从宝石饰品转变为工具,一些手表甚至拥有计算器的附加功能)。反之,意义的根本性创新通常被新技术的应用和探索激发。

设计驱动型创新的相关性

在如今的商业和学术领域,设计越来越被视为一项重要的战略资产。21 世纪的头十年,管理和组织领域对设计的研究兴趣不断增加。最初管理学者通过研究专业性杂志对这一争论做出了贡献(Dumas and Mintzberg,1989,1991;Verganti,2003);而更多最近的研究成果则在专业性杂志之外的其他更具广泛性的期刊中发表(Hargadon and Sutton,1997;Boland and Collopy,2004;Rindova and Petkova,2007;Verganti,2006,2009,2011;Michlewski,2008)。对设计关注度的增加,促使学者和企业经理探究和理解设计、创新以及竞争优势间的关系。最近的研究,例如一些学者具体分析了设计管理及设计实践对于公司绩效的影响(Gemser and Leenders,2001;Hertenstein et al.,2005;Veryzer,2005)。正如一些研究论证的(Schmitt and Simonson,1997;Bloch et al.,2003),顾客越来越根据产品和服务的美学及象征价值做决定。波斯特利尔(2003)提出,一个产品的美学和象征性意义越来越与公司的成功相关。结果是一些在不同产业经营的公司,投资越来越多的资源以使它们的产品更有意义,而不是仅有更好的功能(Pesndorfer,1995;Cappetta et al.,2006)。如果在奢侈品和时尚产业,美学和象征性是重要的成功因素,那么它们在那些传统上通过直接技术演进的产业也变得越来越重要(Trueman and Jobber,1998;Ravasi and Lojacono,2005;Rindova and Petkova,2007;Verganti,2011)。尽管事实上苹果、诺基亚、任天堂或 Bang&Olufsen 都是在由新技术主导的产业内经营,但它们产品的成功还是与美学和象征性意义的重要作用有关(Cappetta et al.,2006;Cillo and Verona,2008)。

设计密集型产业中的扩散模型:聚合及重释

卡佩塔等(2006)构建并检验了高端时尚产业风格创新创造和演化。与技术基础行业不同,对于时尚基础行业,在识别占据主导地位的设计上较为困难;尽管如此,常见的风格群组还是有规律可循的,卡佩塔等(2006)将聚合设计(convergent design)定义为在某个特殊时间段,大部分企业将其作为参考的一种风格。他们通过背景的独特特征解释聚合设计,例如虚荣效应(snob effects)、顾客对差异的需求以及公司风格的信号作用。

正如一些关于文化人类学和文化品牌的研究论述的(Holt,2003,2004),人与产品联系的意义通常聚合在能够比其他普通竞争者存活更久的典型或标杆附近。艾伯纳西和厄特巴克(1978)将主导设计(dominant design)定义为一种特定的技术参数的配置,这是由之前产品中独立引进的技术创新的组合而产生的。厄特巴克(1994)改良了这一概念,将主导设计定义为占领市场的设计,它是竞争者和创新者在拥有市场之前必须依附的设计。这一技术管理理论说明,主导设计的出现深刻影响了产业动态性:竞争从产品创新转向工艺创新,而且伴随着效率以及竞争者的数量的显著下降(Utterback and Abernathy,1975;Utterback and Suarez,1993)。比较探究根本性意义创新和技术创新的文献,韦尔甘蒂(2008)探究了主导设计和主导语言概念的区别与相似性。对大样本的探索表明,产业动态性很少受主导语言的影响(Cappetta et al.,2006;Dell'Era and Verganti,2007)。

对意大利家具行业内进行的研究发现(Dell'Era and Verganti,2007),在给定的一段时间内,多个产品意义共存,它们通常是对现有产品语言的新解释。也就是说,产业内的创新并不一定要使用新材料或新颜料,引起社会大众对旧风格的相关意义的重新关注,同样能够使其东山再起引领创新,只要与它们相关的意义在社会内再次变得重要。戴乐拉和韦尔甘蒂(2007)识别了设计策略和公司研究态度之间的关系,探究解释社会文化和美学趋势如何在促使创新者能集中关注一个具体的主导产品语言中的重要作用,而不是检验它们的差异性。换句话说,与技术领域中出现的主导设计不同(Abernathy and Utterback,1978;Utterback,1994),在同一行业中,几种主导语言共存;伴随时间的快速演变和市场上主导语言的出现,使得市场上选定语言的趋势识别变得非常困难。在这类产业中运营的公司(尤其是模仿者)无法清楚地识别主导语言,从而增加了在市场上推出的提案的种类。

新产品意义的扩散:决定因素及动态性

根据之前的回顾,产品意义创新可以引发铰接式(articulated)的扩散和再扩散过程。利用主要从技术创新视角探究创新扩散的丰富文献(Fourt and Woodlock,1960;Mansfield,1961,1963;Floyd,1962;Chow,1967;Bass,1969;Mahajan et al.,1990,1995,2000;Geroski,2000;Ruttan,2000;Rice et al.,2002;Chakravorti,2003,2004;Rogers,2003;Mukoyama,2004;Alexander et al.,2008),戴乐拉和韦尔甘蒂(2011)识别了影响产品意义扩散动态性的决定因素。具体地,他们分析了创新者采取的市场战略,以及其组织特征对新产品意义

动态性扩散的影响：扩散速度代表了新产品意义在市场中传播的速率，而扩散认同则代表了影响使用者的能力。

弗兰巴奇（1993）称，通过共享技术与其他供应商合作或教育目标受众（包括其他生产商）可以增加创新采纳速度。与技术基础创新的文献类似（Easingwoor and Beard，1989；Frambach，1993）在设计密集型产业中，通过采取同样的产品意义与其他制造商合作，可以增加扩散速度（Dell'Era and Verganti，2011）。几家公司引发的扩散过程可以快速地传播产品的意义；由很多共享同样意义的公司引发的扩散过程，有助于提高扩散速度（表8.1）。根据弗兰巴奇（1993）的研究，与其他公司共享技术可以增加总需求，并可以设定新的技术标准。早期采用新技术产生"锁定"效应（lock-in action）：提出新的解决方法，快速并首先行动的公司可以为竞争者和伙伴设定新标准。此外，进行相似创新的公司数量累积，可以提升影响整个市场的能力，并因此能够设定新的技术标准。正如戴乐拉和韦尔甘蒂（2007）论述的，创新性的意大利家具公司与其他制造商（甚至一些是竞争者）建立了非正式的合作关系，这是统一设计话语体系建设中的一部分。支持关于社会文化模式以及消费模式的连续性对话，公司可以发展出针对新产品意义共同的具有网络性的研究流程，并且识别可以显著影响市场的解决方案。也就是说，越多的公司在同时一时间提出一样的产品意义，就越有能力去影响竞争者采用同样的产品意义。众多公司在推出同样产品意义上的合作，增加了影响剩余市场的能力以及随时间推移传播扩散的可能性（见表8.1）。

表8.1 新产品意义动态扩散的决定因素

	扩散速度	扩散蔓延
推出新产品意义的公司之间的合作		
推出新产品意义的公司的焦点		
推出新产品意义的公司采用的系统开放性		

在新产品意义的扩散中，每个公司可以体现出不同程度的合作：实际上，每一个公司可以集中将其新产品组合的关注点放在产品意义上，或按照不同的风格分配其创造力。根据卡雅拉宁和瓦力尔（2005）的研究，跨产品相似内涵的识别便于一致性信息的发展及识别能力的提升。在几种风格同时存在的设计密集型产业（Cappetta et al.，2006；Dell'Era and Verganti，2007），只有那些已经暂时被几个公司提出的、具有精确识别性的产品意义，才代表了可以被快速感知以及被市场剩余部分其他市场参与者跟随的信号（Dell'Era and Verganti，2011）。换句话说，聚焦度正向影响新产品意义的扩散速度。

正如一些流派的研究证明的观点，公司直接联系的多样性显著影响了创新能力。联系的数量是重要的，因为它增加了网络多样性的可能性程度（参见第6章）。一些关于网络组织的研究表明，一个企业维持的伙伴组合可能和那些联盟的二元特征（dyadic characteristics）一样具有同等的影响力（Gulati，1998）。伙伴间的不同行为方式和组织背景可以增加信息来源的数量，使得组织更可能容易发现潜在的创新成果（Zaltman et al.，1973）。罗杰斯（2003）认为，一个组织可以与其他组织外人士建立联系的数量是衡量系统开放性的重要指标,它与创新采纳度有正向关系。在设计密集型产业,与其他伙伴合作增加了截获信号以及可能成为未来趋势的弱信号的能力。利用提供知识多样性的丰富网络,创新者能够影响市场中的大部分人,进而促使它们的竞争者采用它们的产品意义(Dell'Era and Verganti,2010)。由高系统开放性公司启动的扩散过程,能够更多地影响其他竞争者,并最终正向影响扩散传播(见表8.1)。换句话说,融入拥有密集而丰富设计师网络的公司,能够启动并且大致预期大部分市场采用新产品意义的扩散过程。这意味着创新不仅依赖于单独的设计师,也依赖于整个具有高度多样性的设计师组合所提供的知识数量。一次单独合作的价值总是存在于其他合作产生的外部性中(Dell'Era and Verganti,2011)。

设计驱动型创新:研究主题、研究发现以及应用

如果设计驱动型创新是对意义的根本性革新,那么它就是对人们购买并使用产品的原因进行解释(更确切地说,应为再解释)的过程,而非解决问题的过程。根据字面意思,意义确实是一个解释过程的结果。因此,那些推崇设计驱动型创新的公司从用户角度进行反向推倒,于是拥有了更广阔的视野。它们会从社会文化方面(人们购买物品的动机怎样变化)和技术层面(科技、产品以及服务如何形成不同的环境)两个方面出发,来探讨人们居住的环境是如何演变的。最重要的,他们预想了人们居住的环境怎样"可以"变得更好,这里所指的"可以"并不是偶然的。这些公司并不是简单地遵循现有的思潮,它们会提出完善环境的建议,如果没有主动提出建议,它们也会构建通常不可能发生(或缓慢发生)的情境。这是一个衍生的解释过程,因此它们的问题变为人们怎样给他们所处的不断演化的环境赋予意义。

作为解释过程的设计驱动型创新

当一家公司采取此广阔的视角时,它就会发现这不单是提出疑问。每个公司都被与其共享利益的代理人包围(那些在其他行业拥有相同目标客户、新技术提供者、研究人员、设计师、艺术家等的公司),例如一家食品公司会思索一个家庭选择在家吃饭或外出就餐是出于什么样的原因,而不是用镜头密切关注一个人如何切奶酪。同样的疑惑也会存在于别的公司,如厨房用具制造商、白色家电制造商、电视台、家居设计师、美食记者,等等。尽管他们有不同的客户,但他们也会关注同一环境中的同一个体,他们也会对个人如何对事件赋予意义进行研究,换而言之,他们正是解释者。

实施设计驱动型创新的公司,会高度重视他们与解释者之间的互动与联系,他们会与解释者交换信息的场景,测试他们假设的稳健性,并讨论他们自己的愿景。这些公司明白关于意义的知识会在他们的外部环境中扩散,即他们实际上是在进行一项共同研究,因为解释者不仅在进行自己的调研,同时也参与着持续的相互对话(见图8.3)。因此,解释者会更接近设计驱动型创新的过程。他们会利用自身能力来理解并影响人们对事件赋予意义的方式。这一过程包含三个步骤。

第一步为倾听,即通过与解释者交流进而获得关于产品新的可能意义。该步骤做得好

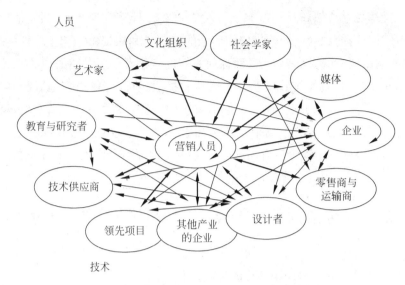

图 8.3 设计驱动型创新中的解释者

的公司,通常都会和重要的杰出解释者形成特殊关系,但它并不一定是行业中最出名的公司;相反,成功的公司则是最先发现了通常不为竞争者关注的解释者。核心的解释者是有前瞻性的研究者,他们通常出于自身原因拥有独特的视角并对环境的意义如何演变进行探索。实现了设计驱动型创新的公司相比其竞争者,能够更好地发现、吸引并影响核心解释者。

第二步为解释,该步骤的目的是形成公司独一无二的主张。这是一个将通过与解释者交流获取的知识,与公司自身的见解、技术与资产进行重新整合的内部化过程,这个过程意味着通过探索性实验进行知识的共享而非通过临时性的创新。很多时候,这更像是工程研究(尽管是对含义而不是技术进行研究)的过程而非一次有创意的代理。其结果是带来了一个产品家族具有突破性的新意义的发展。

第三步为处理。初始阶段,根本性意义创新有时不可预料,人们或许会感到困惑。为了使开创性的建议能够被接受,公司会利用解释者的个人魅力。通过与解释者进行讨论,并将公司的独特观点内化,它们将不可避免地改变更广义的环境(通过他们发展的科技,他们设计的产品与服务,他们创作的艺术品),从而使得公司的提议更有意义且使人们第一眼就会被吸引。

设计师的作用:作为解释者

这个网络中外部解释作用的发挥,毫无疑问需要靠设计师。设计师可以在人们如何赋予事物以意义的识别和解释中提供支持,并且绝大部分(这使得他们与人类学家或社会学家区别开来)可以设想从未存在过的新的可能的意义、体验,这大部分是由于他们对技术的理解,以及对顾客需求能力的调查。而社会文化模式的演化可支持"场景构筑"活动(scenario-building activities),并且最终促进产品根本性意义创新的发展。具体地,利用关于技术和工艺的知识,设计师将关于顾客文化变化的新意义和理解融入新产品中。作为文化的守门人，设计师可以在解释不同的文化和复杂的社会现象中帮助企业。正如一些研究证明的，与外部咨询师的合作而非利用内部能力可以收获内部能力无法获得的一定优势。尽管内部设计师对公司的行为方式和产品比较熟悉，但更加倾向于变得自满并较少创新(Bruce and Morris, 1998)；相反地，外部的设计咨询师倾向于提供新鲜及更具创新性的概念。与不同产业公司的合作，使得设计师能够将一个产业的语言转移到另一个产业(Capaldo, 2007)。正如韦尔甘蒂(2003)论证的，语言和意义可以轻易地从一个产业转移到另一个产业。从管理的视角来看，所有权意味着更具创新性和创造性的激励。通过获取、重组以及整合关于几个不同社会和产业背景下社会文化模型和产品语义学的知识，设计师起到的是设计语言的中介者，以及产品意义突破创造者的作用。与技术的中介者类似，设计师能够利用他们的连接和网络，跨产业转移产品语言和意义(Hargadon and Sutton, 1997)。人们生存的文化环境影响产品语言和意义的关系(Lloyd and Snelders, 2003)，这意味着不同国家的设计师能够提供不同的观点，并且可以在解释产品意义以匹配不同国家居民社会文化需求上为企业提供帮助。与外部设计师的合作实际上代表了旨在获取新鲜的视角、创造力以及新知识的数个产业的扩散实践(Verganti, 2003；Cillo and Verona, 2008)。在当前经济形势下，企业意识到大部分对创新有用的知识在其边界之外，与外部设计师的合作顺应了开放式创新和商业生态系统发展的大潮流(Rigby and Zook, 2002；Chesbrough, 2003；Soh and Roberts, 2003；Iansiti and Levien, 2004；Sorenson and Waguespack, 2005；Huston and Sakkab, 2006；Lakhani and Panetta, 2007；Pisano and Verganti, 2008；参见本书第22章与第11章)。

已有研究表明了外部设计师在创新过程中的重要性，而且他们中的一些人被视作超级明星：Bang & Olufsen 的雅各布·詹森和大卫·刘易斯，塔吉特的迈克尔·格雷夫斯，拥有几个家具公司的菲利普斯·斯塔克，以及耐克和彪马(Gierke et al., 2002；Ravasi and Lojacono, 2005；Durgee, 2006)。尽管设计杂志过于粉饰，然而企业的成功看起来并不必然与选择某个特定的设计师有关，而是与识别和管理技艺高超的设计师组合有关。例如艾烈希，利用一个超过200人的外部设计师网络而非只与其中少数合作(也就是那些较出名和成功的)。这说明艾烈希的创新并不是由引入少数外部设计师决定的，而是与企业构建复杂组合的能力有关。类似地，与艾烈希合作的独立设计师在与其他企业合作时，看起来并不会提供相似的成果(Heimeriks et al., 2009；Holmberg and Cummings, 2009；Verganti, 2009)。如果不是个人创造力的闪光特别突出，每一个设计师的贡献价值都难以识别，除非能够在从整个外部合作者获取知识的环境中查看。而从相反的角度，通过与一个特定设计师合作开发的知识，可在许多项目中得以利用(最终与其他设计师开发)。也就是说，一次单一合作的价值，可通过其他合作产生的外部性受益。戴乐拉和韦尔甘蒂(2010)论证了创新者和他们的竞争者构建的，是完全不同的设计师组合。例如通过分析设计师的教育背景，可以看出创新者通过混合不同的方法和思维，以设计独特和新颖的产品。他们构建了一个具有不同背景和来自不同国家的解释者的网络，通过与不同背景和不同经历的设计师合作发展的知识多样性，被发展为最终形成累积性的资产。识别、选择以及吸引重要的创造性合作伙伴要求较大的投资，这些活动对于设计密集型产业至关重要，使创造性资产得以随着时间发展。企业可以通过以下几种方式使用该资产：通过具体合作开发的知识，通常情况下会附着在公司，并且最终在其他项目中使用。也就是说，通过与法国跨产业建筑师的合作收集的知识，可通过意大利室内家具工程师进行重释并用于项目中。与创新人才发展的关系，代表了能够提供进入新业务机会的独特资产，识别和选择重要设计师要求的能力需要深入了解创新领域。创新并不依赖于一个设计师带来的多样性，而是取决于企业整个设计师组合带来的多样性。企业在发展合作创新战略时，不仅应关注单个外在方的特征，也要精心地管理合作者的平衡及组合。

创新的新视角

创新管理者有着传统的顾虑，他们主要的挑战是先于竞争对手寻找并开发出新技术，但由于公司对外部人员公开了其创新的过程，获取新技术的机会变得相对容易。得益于研究机构与公司之间的紧密合作，随着创新场所（如创新中心或九西格玛等网上市场的设立）、创新交流的不断增加，现今的技术、想法与方案才能快速扩展。因此在这样的环境下，对于创新管理者而言，主要的挑战是将技术解释转换为技术发展，即"面对如此丰富的技术创新机会，我们可以做些什么"。这不仅仅是筛选的问题，更是对这些新旧技术进行有意义的结合运用的设想，使其更好地适应市场。因此，在寻找技术的正确意义上成为领先者，比在推出新技术上成为领先者更有意义。

不幸的是，设计的主体（作为产品意义的创新）在创新管理学研究中被严重忽视了。虽然关于创新管理的文献已经对早先技术的根本性转变进行了探索，然而对意义根本性转变的动态性，我们仍缺乏深入的研究。造成这种缺失的一个原因是意义创新的本质是复杂的，它包含了象征性的、情感的以及无形的因素。因此，对这些传统理论视角下由有形因素如技术、实用性、绩效以及功能等构成的创新进行研究存在着困难。为此，我们需要更先进的方法与框架结构。

有趣的是，从这一角度而言，设计向我们提供了一种展现创新的全新视角。与现有理论认为创新来源于解决问题的过程（如寻找对既定问题的最优解决方案）或来源于构思（这里假设人们可以轻易地识别并记录一个好想法）不同，设计驱动型创新告诉我们，有些非常吸引人且十分有价值的设计通常来源于解释与想象的过程。因此，通过设计的创新成为一次解释的过程，即寻找新意义的过程（Oberg and Verganti, 2011），这是对过去几十年来广泛流传的创新经典案例与方法（聚焦于用户驱动型过程，认为基于一些相异观点的创新是重要因素）的重大突破。在此我们谈论的是愿景驱动而不是成千上万的想法驱动的过程，我们假定重新解读在这里至关重要。这可以说是创新世界的新大陆，是十分新奇有趣的。

尽管现存的创新管理方式（作为解决问题方式的创新以及作为思维能力的创新）对于考察意义创新的动态依然有用，但仍需要更丰富的视角来充分发掘这类创新的真正本质。我们对根本性意义创新案例研究的初步考察表明，主要的挑战不是产生想法，不是解决问题，而是通过将想法融入新背景而意识到其他的价值。因而，主要关注点从产品发展（20世纪90年代主要考察领域）和想法的产生（21世纪初主要考察内容），转移到企业如何重构它们赋予机会意义的方式，这对于创新战略和愿景创造意义重大。行动者网络理论（Latour，1987；Bijker and Law，1994）、创新扩散（Rogers，2003）以及组织意义建构（Weick，2995）的研究，都采取了相似的立场。而他们将社会学研究引入创新研究中，并作为创新的背景因素：通过社会市场和组织内的互动，用以解释创新（技术或战略）如何发生。我们建议企业将意义作为需要关注的创新过程产出，即企业想要实现的目标。

参 考 文 献

Abernathy, W., and Clark, K. (1985). 'Innovation: Mapping the Winds of Creative Destruction', *Research Policy*, 14: 3–22.

Abernathy, W. J., and Utterback, J. M. (1978). 'Patterns of Industrial Innovation', *Technology Review*, June–July: 40–7.

Alexander, D. L., Lynch, J. G., and Wang, Q. (2008). 'As Times Go By: Do Cold Feet Follow Warm Intention for Really-new vs. Incrementally-new Products?', *Journal of Marketing Research*, 45: 307–19.

Bass, F. M. (1969). 'A New Product Growth Model for Consumer Durables', *Management Science*, 15: 215–27.

Bayazit, N. (2004). 'Investigating Design: A Review of Forty Years of Design Research', *Design Issues*, 20(1) Winter.

Bhat, S., and Reddy, S. K. (1998). 'Symbolic and Functional Positioning of Brands', *Journal of Consumer Marketing*, 15(1): 32–47.

Bijker, W. and Law, J. (eds), (1994). *Shaping Technology/Building Society: Studies in Sociotechnical Change*. Cambridge, MA: MIT Press.

Bloch, P. H., Frederic, F. B., and Todd, J. A. (2003). 'Individual Differences in the Centrality of Visual Product Aesthetics: Concept and Measurement', *Journal of Consumer Research*, 29: 551–65.

Boland, R. J., and Collopy, F. (2004). *Managing as Designing*. Stanford, CA: Stanford University Press.

Brown, S. (1995). *Postmodern marketing*. London: Routledge.

Brown, T. (2008). 'Design Thinking', *Harvard Business Review*, 84–92.

Brown, T. (2009). *Change by Design: How Design Thinking Transforms Organizations and Inspires Innovation*. London: HarperCollins.

Bruce, M., and Morris, B. (1998). 'In-house, Outsourced, or a Mixed Approach to Design', In Bruce M. and Jevnaker, B. H. (1998), *Management of Design Alliances: Sustaining Competitive Advantage*. Chichester: Wiley, 39–64.

Calantone, R. J., Harmancioglu, N., and Dröge, C. (2010). 'Inconclusive Innovation "Returns": A Meta-Analysis of Research on Innovation in New Product Development', *Journal of Product Innovation Management*, 27: 1065–81.

Callon, M. (1991). 'Techno-economic Networks and Irreversibility', in J. Law (ed.), *A Sociology of Monsters: Essays on power, technology and domination*. London: Routledge, 132–61.

Capaldo, A. (2007). 'Network Structure and Innovation: The Leveraging of a Dual Network as a Distinctive Relational Capability', *Strategic Management Journal*, 28: 585–608.

Cappetta, R., Cillo, P., and Ponti, A. (2006). 'Convergent designs in fine fashion: An evolutionary model for stylistic innovation', *Research Policy*, 35: 1273–90.

Chakravorti, B. (2003). *The Slow Pace of Fast Change: Bringing Innovation to Market in a Connected World*. Boston, MA: Harvard Business Press.

Chakravorti, B. (2004). 'The New Rules for Bringing Innovations to Market', *Harvard Business Review*, 82(3): 58–67.

Chesbrough, H. W. (2003). *Open Innovation: The New Imperative for Creating and Profiting from Technology*. Boston, MA: Harvard Business School Press.

Chow, G. C. (1967). 'Technological change and demand for consumers', *American Economic Review*, 57: 1117–30.

Christensen, C. M. (1997). *The Innovator's Dilemma: When New Technologies Cause Great Firms to Fail*. Boston, MA: Harvard Business School Press.

Christensen, C., and Bower, J. (1996). 'Customer Power, Strategic Investment, and the Failure of Leading Firms', *Strategic Management Journal*, 17: 197–218.

Christensen, C., and Rosenbloom, R. (1995). 'Explaining the Attacker's Advantage: Technological Paradigms, Organizational Dynamics, and the Value Network', *Research Policy*, 24: 233–57.

Cillo, P., and Verona, G. (2008). 'Search Styles in Style Searching: Exploring Innovation Strategies in Fashion Firms', *Long Range Planning*, 41(6): 650–71.

Cooper, R., and Press, M. (1995). *The Design Agenda*. Chichester: John Wiley and Sons.

Csikszentmihalyi, M., and Rochberg-Halton, E. (1981). *The Meaning of Things: Domestic Symbols and the Self*. Cambridge: Cambridge University Press.

Dahlin, K. B., and Behrens, D. M. (2005). 'When is an Invention Really Radical? Defining and Measuring Technological Radicalness', *Research Policy* 34: 717–37.

Dell'Era, C., and Verganti, R. (2007). 'Strategies of Innovation and Imitation of Product Languages', *Journal of Product Innovation Management*, 24: 580–99.

Dell'Era, C., and Verganti, R. (2010). 'Collaborative Strategies in Design-intensive Industries: Knowledge Diversity and Innovation', *Long Range Planning*, 43: 123–41.

Dell'Era, C., and Verganti, R. (2011). 'Diffusion Processes of Product Meanings in Design-intensive Industries: Determinants and Dynamics', *Journal of Product Innovation Management*, 28: 881–95.

Dosi, G. (1982). 'Technological Paradigms and Technological Trajectories: A Suggested Interpretation of the Determinants and Directions of Technical Change', *Research Policy*, 11: 147–62.

Douglas, M., and Isherwood, B. (1980). *The World of Goods: Towards an Anthropology of Consumption*. Harmondsworth: Penguin.

Du Gay, P. (ed.) (1997). *Production of Culture: Cultures of Production*. London: Sage.

Dumas, A., and Mintzberg, H. (1989). 'Managing Design/Designing Management', *Design Management Journal*, 1(1): 37–43.

Dumas, A., and Mintzberg, H. (1991). 'Managing the Form, Function and Fit of Design', *Design Management Journal*, 2: 26–31.

Durgee, J. F. (2006). 'Freedom of Superstar Designers? Lessons from Art History', *Design Management Review*, 17(3): 29–34.

Easingwood, C., and Beard, C. (1989). 'High Technology Launch Strategies in the UK', *Industrial Marketing Management*, 18: 125–38.

Eco, U. (ed.) (2004). *History of Beauty*. Milan: Rizzoli International Publications.

Floyd, A. (1962). 'Trend Forecasting: A Methodology for Figure of Merit', in J. British (ed.), *Technological Forecasting for Industry and Government*. New Jersey: Prentice Hall, 95–105.

Fournier, S. (1991). 'Meaning-based Framework for the Study of Consumer/object Relations', *Advances in Consumer Research*, 18: 736–42.

Fourt, L. A., and Woodlock, J. W. (1960). 'Early Prediction of Early Success of New Grocery Products', *Journal of Marketing*, 25: 31–8.

Frambach, R. T. (1993). 'An Integrated Model of Organizational Adoption and Diffusion of Innovations', *European Journal of Marketing*, 27(5): 22–41.

Friedman, K. (2003). 'Theory Construction in Design Research: Criteria: Approaches, and Methods', *Design Studies*, 24: 507–22.

Garcia, R., and Calantone, R. (2002). 'A Critical Look at Technological Innovation Typology and Innovativeness Terminology: A Literature Review', *Journal of Product Innovation Management*, 19: 110–32.

Geels, F. W. (2004). 'From Sectoral Systems of Innovation to Socio-technical Systems: Insights about Dynamics and Change from Sociology and Institutional Theory', *Research Policy*, 33: 897–920.

Gemser, G., and Leenders, M. (2001). 'How Integrating Industrial Design in the Product Development Process Impacts on Company Performance', *Journal of Product Innovation Management*, 18: 28–38.

Geroski, P. A. (2000). 'Models of Technology Diffusion', *Research Policy*, 29: 603–25.

Gierke, M., Hansen, J. G., and Turner, R. (2002). 'Wise Counsel: A Trinity of Perspectives on the Business Value of Design', *Design Management Journal*, 13(1): 10.

Gulati, R. (1998). 'Alliances and Networks', *Strategic Management Journal*, 19(4): 293–317.

Hargadon, A., and Sutton, R. I. (1997). 'Technology Brokering and Innovation in a Product Development Firm', *Administrative Science Quarterly*, 42: 716–49.

Heimeriks, K. H., Klijn, E., and Reuer, J. J. (2009). 'Building Capabilities for Alliance Portfolios', *Long Range Planning*, 42(2): 96–114.

Henderson, R. M., and Clark, K. M. (1990). 'Architectural Innovation: The Reconfiguration of Existing Product Technologies and the Failure of Established Firms', *Administrative Science Quarterly*, 35: 9–30.

Hertenstein, J. H., Platt, M. B., and Veryzer, R. W. (2005). 'The Impact of Industrial Design Effectiveness on Corporate Financial Performance', *Journal of Product Innovation Management*, 22: 3–21.

Heskett, J. (2002). *Design, a very short introduction*. Oxford: Oxford University Press.

Holmberg, S. R., and Cummings, J. L. (2009). 'Building Successful Strategic Alliances: Strategic Process and Analytical Tool for Selecting Partner Industries and Firms', *Long Range Planning*, 42(1): 164–93.

Holt, D. B. (1997). 'A Poststructuralist Lifestyle Analysis: Conceptualizing the Social Patterning of Consumption in Postmodernity', *Journal of Consumer Research*, 23 (March): 326–50.

Holt, D. B. (2003). 'What Becomes an Icon Most?', *Harvard Business Review* (March): 3–8.

Holt, D. B. (2004). *How Brands become Icons: The Principle of Cultural Branding*. Boston, MA: Harvard Business Press.

Huston, L., and Sakkab, N. (2006). 'Connect and Develop; Inside Procter & Gamble's New Model for Innovation', *Harvard Business Review*, March 2006.

Iansiti, M., and Levien, R. (2004). *The Keystone Advantage: What the New Dynamics of Business Ecosystems Mean for Strategy, Innovation and Sustainability*. Boston, MA: Harvard Business School Press.

JPIM, (2005a). *Journal of Product Innovation Management*, 22: 1.

JPIM, (2005b). *Journal of Product Innovation Management*, 21: 2.

Karjalainen, T. M. (2003). 'Strategic Design Language: Transforming Brand Identity into Product Design Elements', *10th International Product Development Management Conference*, Brussels, June 10–11.

Karjalainen, T. M., and Warell, A. (2005). 'Do you Recognise this Tea Flask?: Transformation of Brand-specific Product Identity Through Visual Design Cues', *Proceedings of International Design Congress—IASDR 2005*, Taiwan, 31 October–4 November 2005.

Kelley, T. (2001). *The Art of Innovation*. New York: Curreny.

Kim, W. C., and Mauborgne, R. (2004). 'Blue Ocean Strategy', *Harvard Business Review* (October): 1–9.

Kim, W. C., and Mauborgne, R. (2005). 'Blue Ocean Strategy: From Theory to Practice', *California Management Review*, 47(3): 105–21.

Kleine, III R. E., Kleine, S. S., and Kernan, J. B. (1993). 'Mundane Consumption and the

Self: A Social-identity Perspective', *Journal of Consumer Psychology*, 2(3): 209–35.

Krippendorff, K. (1989). 'On the Essential Contexts of Artifacts or on the Proposition that Design is Making Sense (of Things)', *Design Issues*, 5(2): 9–38.

Lakhani, K. R., and Panetta, J. A. (2007). 'The Principles of Distributed Innovation', *Innovations* (Summer): 97–112.

Latour, B. (1987). *Science in Action: How to follow scientists and engineers through society.* Cambridge, MA: Harvard University Press.

Lloyd, P., and Snelders, D. (2003). 'What Was Philippe Starck Thinking Of?', *Design Studies*, 24: 237–53.

Lojacono, G., and Zaccai, G. (2004). 'The Evolution of the Design-Inspired Enterprise', *Sloan Management Review* (Spring): 75–79.

Love, T. (2000). 'Philosophy of Design: A Metatheoretical Structure for Design Theory', *Design Studies*, 21: 293–313.

McGrath, R., and MacMillan, J. (2009). *Discovery Driven Innovation.* Boston, MA: Harvard Business Press.

Mahajan, V., Muller, E., and Bass, F. M. (1990). 'New Product Diffusion Models in Marketing: A Review and Directions for Research', *The Journal of Marketing*, 54(1): 1–26.

Mahajan, V., Muller, E., and Bass, F. M. (1995). 'Diffusion of New Products: Empirical Generalizations and Managerial Uses', *Marketing Science*, 14(3): 79–88.

Mahajan, V., Muller, E., and Wind, Y. (eds) (2000). *New Product Diffusion Models.* London: Kluwer Academic Publishers.

Maldonado, T. (2000). 'Opening lecture', Design + Research Conference, Milano, 18–20 May.

Mano, H., and Oliver, R. L. (1993). 'Assessing the Dimensionality and Structure of the Consumption Experience: Evaluation, Feeling, and Satisfaction', *Journal of Consumer Research*, 20: 451–66.

Mansfield, E. (1961). 'Technical Change and Rate of Imitation', *Econometrica*, 29: 741–66.

Mansfield, E. (1963). 'The Speed of Response of Firms to New Techniques', *Quarterly Journal of Economics*, 77: 290–311.

Margolin, V., and Buchanen, R. (eds) (1995). *The Idea of Design: A Design Issues Reader.* Cambridge: MIT Press.

Martin, R. (2009). *The Design of Business: Why Design Thinking is the Next Competitive Advantage.* Boston, MA: Harvard Business Press.

Michlewski, K. (2008). 'Uncovering Design Attitude: Inside the Culture of Designers', *Organization Studies*, 29: 373–92.

Mukoyama, T. (2004). 'Diffusion and Innovation of New Technologies under Skill Heterogeneity', *Journal of Economic Growth*, 9(4): 451–79.

Norman, D. A. (2004). *Emotional Design. Why We Love (or Hate) Everyday Things* (New York: Basic Books).

Nussbaum, B. (2005). 'The Power of Design', *BusinessWeek*, Cover Story, 17 May.

Öberg, Å., and Verganti, R. (2011). 'Vision and Innovation of Meaning: Hermeneutics and the Search for Technology Epiphanies', *18th EIASM International Product Development Management Conference*, 6–7 June 2011, Delft, the Netherlands.

Oppenheimer, A. (2005). 'Products Talking to People: Conversation Closes the Gap Between Products and Consumers', *Journal of Product Innovation Management*, 22: 82–91.

Patnaik, D., and Becker, R. (1999). 'Needfinding: The Way and How of Uncovering People's Needs', *Design Management Journal*, 2: 37–43.

Pesendorfer, W. (1995). 'Design Innovation and Fashion Cycles', *The American Economic Review*, 85: 771–92.

Petroski, H. (1996). *Invention by Design.* Cambridge, MA: Harvard University Press.

Pham, M. T., Cohen, J. B., Pracejus, J. W., and Hughes, G. D. (2001). 'Affect Monitoring and the

Primacy of Feelings in Judgment', *Journal of Consumer Research*, 28: 167–88.

Platt, M. B., Hertenstein, J. N., and David, R. B. (2001). 'Valuing Design: Enhancing Corporate Performance through Design Effectiveness', *Design Management Journal*, 12(3): 10–19.

Pisano, G., and Verganti, R. (2008). 'Which Kind of Collaboration is Right for You?', *Harvard Business Review*, December.

Porter, M. (1980). *Competitive Strategy: Techniques for Analysing Industries and Competitors*. New York: Free Press.

Postrel, V. (2003). *The Substance of Style*. New York: Harper Collins Publishers.

Prahalad, C. K., and Ramaswamy, V. (2000). 'Co-opting Customer Competence', *Harvard Business Review* (January–February): 79–87.

Ravasi, D., and Lojacono, G. (2005). 'Managing Design and Designers for Strategic Renewal', *Long Range Planning*, 38: 51–77.

Redstrom, J. (2006). 'Towards User Design? On the Shift from Object to User as the Subject of Design', *Design Studies*, 27: 123–39.

Rice, M., Leifer, R., and Colarelli O'Connor, G. (2002). 'Commercializing Discontinuous Innovations: Bridging the Gap from Discontinuous Innovation Project to Operations', *IEEE Transactions on Engineering Management*, 49(4): 330–40.

Rigby, D., and Zook, C. (2002). 'Open-market Innovation', *Harvard Business Review*, 80(10): 80–9.

Rindova, V. P., and Petkova, A. P. (2007). 'When is a New Thing a Good Thing? Technological Change, Product Form Design, and Perceptions of Value for Product Innovations', *Organization Science*, 18(2): 217–32.

Rogers, E. M. (2003). *Diffusion of Innovations*, 6th edn. New York: The Free Press.

Rosenthal, S. R., and Capper, M. (2006). 'Ethnographies in the Front End: Designing for Enhanced Customer Experiences', *Journal of Product Innovation Management*, 23(3): 215–37.

Ruttan, V. W. (2000). '*Technology Adoption, Diffusion, and Transfer*'. In V. W. Ruttan, *Technology, Growth, and Development: An Induced Innovation Perspective*. New York: Oxford University Press.

Sanderson, M., and Uzumeri, M. (1995). 'Managing Product Families: The Case of the Sony Walkman', *Research Policy*, 24(5): 761–82.

Schmitt, B. (1999). *Experiential Marketing: How to get Customers to Sense, Feel, Think, ACT, and Relate to your Company and Brands*. New York: The Free Press.

Schmitt, B., and Simonson, A. (1997). *Marketing Aesthetics: The Strategic Management of Brands Identity and Image*. New York: Free Press.

Sheth, J. N., Newman, B. I., and Gross, B. L. (1991). 'Why we Buy What we Buy: A Theory of Consumption Values', *Journal of Business Research*, 22: 159–70.

Shu-pei, T. (2005). 'Utility, Cultural Symbolism and Emotion: A Comprehensive Model of Brand Purchase Value', *International Journal of Research in Marketing*, 22: 277–91.

Simon, H. (1982). *The Sciences of the Artificial*, 2nd edn. Cambridge, MA: The MIT Press.

Simon, H. (1996). *The Sciences of the Artificial*, 3rd edn. Cambridge, MA: The MIT Press.

Soh, P. H., and Roberts, E. B. (2003). 'Networks of Innovators: A Longitudinal Perspective', *Research Policy*, 32: 1569–88.

Sorenson, O., and Waguespack, D. M. (2005). 'Research on Social Networks and the Organization of Research and Development: An Introductory Essay', *Journal of Engineering and Technology Management*, 22: 1–7.

Sutton, R. I. (2001). 'The Weird Rules of Creativity', *Harvard Business Review* (September): 95–103.

Trueman, M., and Jobber, D. (1998). 'Competing Through Design', *Long Range Planning*, 31: 594–605.

Utterback, J. M. (1994). *Mastering the Dynamics of Innovation*. Boston, MA: Harvard Business Press.

Utterback, J. M., and Suarez, F. F. (1993). 'Innovation, Competition, and Industry Structure',

Research Policy, 22: 1–21.

Utterback, J. M., and Abernathy, W. J. (1975). 'A Dynamic Model of Process and Product Innovation', *OMEGA, The International Journal of Management Science* 3(6): 639–56.

Valente, T. M., and Davis, R. L. (1999). 'Accelerating the Diffusion of Innovations using Opinion Leaders', *The Annals of the American Academy* (November): 566.

Verganti, R. (2003). 'Design as Brokering of Languages: The Role of Designers in the Innovation Strategy of Italian Firms', *Design Management Journal*, 3: 34–42.

Verganti, R. (2006). 'Innovating Through Design', *Harvard Business Review*, December: 1–8.

Verganti, R. (2008). 'Design, Meanings, and Radical Innovation: A Metamodel and a Research Agenda', *Journal of Product Innovation Management*, 25: 436–56.

Verganti, R. (2009). *Design-Driven Innovation: Changing the Rules of Competition by Radically Innovating What Things Mean.* Boston, MA: Harvard Business Press.

Verganti, R. (2011). 'Designing Breakthrough Products', *Harvard Business Review*, October.

Veryzer, R. W. (2005). 'The Roles of Marketing and Industrial Design in Discontinuous New Product Development', *Journal of Product Innovation Management*, 22(1): 22–41.

Weick, K. (1995). *Sensemaking in Organizations.* Thousand Oaks, CA: Sage.

Whitney, P., and Kumar, V. (2003). 'Faster, Cheaper, Deeper User Research', *Design Management Journal*, 14(2): 50–57.

Wind, J., and Mahajan, V. (1987). 'Marketing Hype: A New Perspective for New Product Reseach and Introduction', *Journal of Product Innovation Management*, 4(1): 43–9.

Zaltman, G., Duncan, R., and Holbek, J. M. A. (1973). *Innovations and Organizations.* New York: Wiley.

第9章

代理和创新

安德鲁·哈格顿（Andrew Hargadon）

创新的代理模型解释了个人和组织如何利用新的方式，将过去的知识和积累的经验进行重新整合以进行创新。从制度层面到组织层面再到个人层面，这些理论的共同点是都强调了不同分析层面中事件、状态和行动之间的关系。事实上，这些理论将历史研究中关注创新的不同经典方法的共同之处进行了提炼，即塑造创新潜力（以及记录创新影响力）的社会和结构规模越大，组织的战略管理和实践就越追求创新，个人和集体的行为及认知对创新流程的影响就越大。

这一系列代理理论的提出，源于将创新流程视作已有创意、工艺和人的重新组合，这是创新中被大多数人认可的一个事实。1922年，社会学家威廉·奥格本将创新定义为"为了形成新的要素将已有或已知的文化要素进行重新组合"。1929年，历史学家艾伯特·佩顿·亚瑟（1929：11）认为"在将已有要素合成为新物质，转化为新模式或新的行为形态的结构性消化的过程中，发明成果逐渐发掘出自身的显著特点"。1934年，经济学家熊彼特在其书中写道："创新——生产新事物或通过新方法生产已有事物——意味着将要素和能力重新组合"（1934：656）。然而，关于创新管理的研究更强调新创意，而非对已有事物的重新消化整合。

所以与聚焦于创造产生新解决方案的传统模型不同，代理模型关注管理者如何认识并重组已有资源。例如，托马斯·爱迪生被视为发明天才，但他的成果也可被视为一种已有要素的重新整合——创意、素材和人——从电报业入手，并逐渐拓展应用到其他新的市场（Conot，1979；Friedel and Isearl，1986）。在爱迪生的故事中，他发明最多产的时期是1876年到1881年这五年，当时他的公司提供跨行业的咨询服务，并且时常将一开始应用于电报行业的机电技术应用到其他领域。传统模型常将新想法（如颠覆性创新）和革命性影响（如破坏性创新）等同起来，代理模型则关注持续性而不是新奇性如何带来这一革新性结果。例如，爱迪生在搭建第一代大规模、可信赖、可盈利的照明系统中大获成功，这得益于爱迪生之前十年间其他发明家在发电器、电线和灯泡方面做出的贡献（Hughes，1989）。

将创新放置于一个更大的背景中，代理理论聚焦于不同行业中已有的知识和技术经过重新组合应用于新领域所迸发出的巨大潜能。在这一理论视角下，爱迪生不仅仅被视为一个极具创造力的个体,代理理论同时也将他的工作实践和组织策略放置在零散的行业领域。在这些领域,他能通过将知识和解决方案从原本的行业(电报行业)应用到新行业并以此获利。艾迪欧设计公司(IDEO)正是这样,作为现代创新的典范,它为一系列不同的行业提供咨询服务,并且它的成功取决于建设性地同化过去业务中获得的创意、工艺和创新人才(Hargadon and Sutton,1997)。

通过这种方式,代理理论认识到了支持创新的个人实践经验和管理战略,是如何受到更大的社会结构的推动和限制的。像爱迪生和艾迪欧设计公司这样的创新型组织,都应在更宏观的制度背景中进行研究,就像分析跨领域行业时一样。只有这样,创新型企业才能够区别于一般的只在有限几个领域中经营的传统企业。同理,头脑风暴也应放置于这样的制度背景中,在这样的背景下,参与者被要求从个人跨领域的历史经验中提取并重新组合已有的想法而非提出新想法(Sutton and Hargadon,1996;Sawyer,2007)。换句话说,头脑风暴的效率可能更多地取决于参与者能够带入的各种相关、离散的经验,而不是实践的细节。

在创新研究领域,代理理论可以被用来解释一系列现象。例如

- 一些组织如何通过寻找并挖掘联结不同领域的代理者的位置以获得持续创新的战略(Hargadon and Sutton,1997;Hargadon,1998)?
- 通过个人和组织联结起更大的社群并为多样的需求提供新的解决方案,特定的创新成果如何从多样的社区中涌现出来(Burt,2004;Lingo and O'Mahony,2010)?
- 为什么这些创新的重塑本质好像建立在现有的制度资源之上,能产生重要影响(Hargadon,2003;Chen and O'Mabony,2007)?
- 为什么个人和团体的认知会同时受到多领域模式和特点的推动与限制,而非局限于某一单独行业(Di Maggio,1997;Hargadon and Douglas,2001;Hargadon and Fanelli,2002)?

研 究 溯 源

在讨论代理模型的研究范围前,十分有必要简短地回顾一下这一研究领域的起源。除了和创新管理相关的现有研究,代理理论也借鉴了以下几个领域的研究:社会网络理论、行动者网络理论、认知心理学和问题解决方法,以及新制度理论。联系最紧密的便是社会网络理论,特别是关于对代理人和结构洞这两个概念的研究,让人们认识到了个体和组织扮演的重要角色以及他们所处的网络结构所蕴藏的机会(Granovetter,1973;Gould and Fernandez,1989;Burt,1992)。通过弱连接(Granovetter,1973)、结构洞(Burt,1992)和代理人等概念,社会网络理论将更大的网络看作一系列小的,通过一些连接完善的个体使其紧密连接的子网络。代理人占据的位置能够将原本分离的两个子网络联系起来,并通过推动或阻碍两者之间的资源流动来获利(Gould and Fernandez,1989;Burt,1992;DiMaggio,1992;Padgett and Ansell,1993)。

然而除此之外,代理人模型还吸收了行动网络理论(ANT)的一些精华,ANT认为人、工艺和创意都有中介,并且这些中介都在大网络中扮演节点的角色(Callon,1989;Law and Hassard,1999)。进一步地,行动网络理论将技术系统概念化为个人、工艺和想法集合到一

起形成的网络,最终这一网络会演化成机构。因此,行动网络理论认为,机构代表着一群独立要素(创意、人和工艺)的集合或网络,当这些要素还未被整合或重新整合时,就为创新提供了原材料。同样地,新制度理论聚焦在关注制度领域中组织和原则的相似性,它也提供了一个强调不同领域间差异的有价值的视角。最后,认知心理学,特别是和问题解决相关的研究捕获了个体和小群体的认知过程,通过这一过程人们利用新的方式重新整合他们已有的知识以识别机会,同时该研究还发现对于仅仅只在一个领域进行创新的个人或团体,制度会带来较大的阻力。

常见思路

代理理论及其管理创新的方法具有三个特征。

首先,创新流程包含三个维度:制度层面(或者领域层面)、组织层面和个体及小群体层面。事件、环境、行为和情境在这三个层面的匹配和调整,可以解释任何一种创新的产生和影响机制。那么关键的问题便是,跨层的、跨边界的和跨时间的互动如何带来创新。简单而言,这和创新如何反映想要改变它们的已有的社会结构和个体、集体行为有关。图9.1展现了发生在跨层分析中的交互,即从制度架构和逻辑到组织战略和实践,再到个体或集体的行为、认知。创新过程反映了三个维度的动态交互,换句话说,如果不理解特定时间和地点中社会、组织及个体要素如何塑造流程,也就没有办法理解创新。①

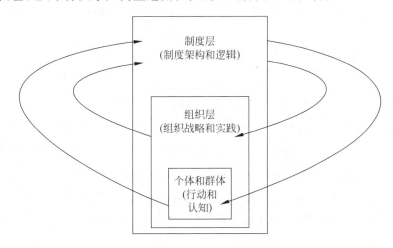

图9.1 创新流程的三大维度

其次,创新的代理理论本质上是过程理论。过程理论或模型阐述了一个特定结果是如何发生的。在这里指的就是创新在组织中如何出现以及如何被评估。这些模型包含不同

---

① 例如,组织创新仅仅关注于一种不会被它所在的环境下的制度变化影响的过程的创新管理(例如,Tushman 和 Anderson,Ferment 那个时代的研究;E. Roger 及其后续的研究),除了知名的 S 曲线和摩尔定律。相似地,基于领域层面的创新研究常常忽略了个体和组织行为在塑造大规模创新的速度和方向中所起到的巨大作用。例如,在塑造新兴市场和技术的特殊性质和时机中设计、标准设定、创业起步扮演的角色。以及最终,那些关注组织中个体和群体创造力(如头脑风暴)的研究仅仅只是聚焦于个体的行动而忽略了更大的组织和制度背景。

的事件和情境而非变量，并且模型的结果，即创新的发生，也是一个事件性结果（Mohr, 1982）。相反地，差异理论关注自变量变化对因变量带来的影响程度的大小。① 差异理论本质上将创新视作一个持续的过程，这一过程持续地被一系列变量影响（例如组织萧条的程度，对经理人的支持程度，内在动机）。因此，过程被从每一次投入的特定情境和时机剥离出来。对创新的追寻可以视为将管理控制开关拧上拧下的过程。然而没有组织衰退或内生动机可以解释在爱迪生的照明系统发明的十年前或十年后，高压低流白炽灯的发展。②

最后，在代理理论中，分析对象（关注的结果）是创新，所以我们必须谨慎厘清它的含义。一个有效的定义应该具有新意和可持续性，因为尽管所有的创新在某些方面是新的，在其他方面都是旧的。另外，当一个东西成为创新成果后，对它的认识应该是一致的：不论是这个创意的概念本身，还是它的演示过程，抑或是它被更大范围接受和正规化的程度。这样的区分十分必要。当拉里·谢普教授因发现了一个前人发现过的理论而被质疑时，他说道："是的，但当我发现它时，它已经是被发现的"（Kolata, 2006）。在这里，可以被视作创新的一定是那些新奇的、有价值的、还未被更大的群体采纳的事物，并最终制度化——无论是小的、无足轻重的，还是大的、具有颠覆性的。

结合这三条思路，代理理论认为创新是一个过程，这一过程对个体和群体层是外显的，且内嵌于组织和跨制度领域中。这些社会结构造就推动同时也限制着创新的过程，进一步反过来改变社会结构自身。从顶部往下，社会结构通过制度前提来塑造创新，制度前提可能会给创新带来障碍（例如维持行为稳定的制度结构），也可能激发创新潜力，因为同一要素可以分解或重组以形成新的东西（O'Reilly and Chatman, 1996; Hargadon and Fanelli, 2002）。组织既包含着这些结构情境，又代表着个人和群体你追我赶寻求创新的舞台。最后，在个体和群体层面，认知和行动反映镶嵌在这些大环境下的过程——创新在这些环境中获取原材料。从这一角度我们可以发现，为何那些跨行业或跨市场的公司能够更容易地开发出某一领域要素的新用途（并将其同其他要素重新整合），以解决其他领域的问题。这一代理人位置具有两大绝对优势；首先，它使得创新者可以获得他们所发现要素之前数十年的发展积累，并且这些积累有助于避免认知、政策和技术依赖，这些依赖使得个人和组织很难开拓新领域。其次，如果从下层往上分析，当个体和群体行动重塑组织并最终影响更大范围的制度环境时，创新就会带来结构的改变。当将创新视作一个组织或制度发生持续改变的开端，而非一个单独的新想法或短暂的演练时，这一过程就能够在创意、人和工艺间搭建起新的、可持续的关系。通过这种方式，创新代理理论关注的不仅仅是新组合想法产

---

① 在过程理论中，事件发生的顺序是最为重要的，而整体看来制度变迁理论对于变量因果关系的关注更少。最终，在过程理论中，每一个事件或状态都是最终结果发生的必要不充分条件。另外，制度变迁理论把每一个因素以及因素之间的交互关系视作分别导致因变量发生变化的不同的自变量。而对于过程理论，如果他们能在事件发生的顺序不符合模型设定的情况下得出结论，那么这一过程会被认为是拟合不成功的。

② 早期的创新过程理论，也称作阶段模型研究，致力于梳理出组织创新过程的每一个环节。这一研究大幅理论化，开发出的大量阶段模型大都遵循着常见范式（如概念开发→产品规划→工程设计→细节设计→预生产→实际生产），但是这些阶段模型所呈现的都太过简单或线性，在组织的实际生产运作中并不会出现。通常在实际中，创新都是有很多反馈和回路的复杂循环过程。

生的条件,它还关注新网络的构建,一种和这些构念有关的新的社会秩序。

这一章将分析创新代理理论的三个维度:制度层、组织层和个体层。

制 度 层

要想理解创新的代理模型,阐明那些推进(或限制)创新的制度层的事件和环境是十分必要的。制度层被划分为多个松散连接的领域,这些领域由其成员的习惯性行动、交互和信念定义并构成(Gidden,1979,1984;DiMaggio,1992)。后来,他们将 Friedland 和 Alford(1991:248-9)提出的"制度逻辑"概念进一步发展,这一概念指"具有代表性的定位、有组织的架构、政治上的定义与技术和物质上的限制"。从领域内最紧密的相关关系引申出的重复性交互,创造出社会共享但由个人持有的模式和脚本(DiMaggio,1997;Hargadon and Fanelli,2002)。领域特定的模式和脚本,塑造了一个人在当下环境中可能的理解方式和合适的行为的组合,这些组合把人的行为限制到他们自我感知的角色中,但是也同等地触发了这些角色的行为并使其具有合法性。新制度理论认为,在某一领域中,制度动态推动着个人和组织向结构、战略、逻辑思维方式往同质化方向发展,减少了领域内的多样性。然而,这些制度动态在限制创新的同时,也为创新带来机会。

同质化倾向的制度动态让不同领域分割开来,促使同一领域内知识和常规的一致性并减少着不同领域间的交互(Swidler,1986;DiMaggio,1997)。这样的领域被定义为一系列"组织",这些组织共同组成了一个被广泛认可的制度领域,在同一领域中,关键的供应商、资源、消费者、管理机构和其他组织都提供相近的服务或产品(DiMaggio and Powell,1983:148)。在新制度理论中,对领域边界的强调是认知和文化层面的:"领域这一概念意味着组织集群的出现,它们分享共同的价值体系,它们更频繁且有准则地同领域内和领域外的其他组织进行交互"(Scott,1995:56)。这些领域可以描绘成市场、行业或其他现有知识和常规,被(相对)共享并且被制度压力维持和限制的领域,被视为相互紧密的耦合网络,互相之间松散地连接着。事实上,社会网络理论中的相似语言,正是在更大的网络中区分子群体的关键。例如,Burt(1983:180)曾将个体如何融入某一特定子群体的过程描述为"互相了解,明晰同样的机会,具有同样资源的机会并享有相同的感知"。

然而同时,领域内的同质化现象,使得每个领域产生不同的完备知识和常规,这些差异反过来为通过新的有价值的方式整合现有要素(创意、工艺和人)的创新提供了潜在的可能。在领域内,制度由特定且持续的创意、工艺和人组成,这些要素变得如此的紧密相关,以至于成为人们想当然的思维定式。然而对于那些并不坚持传统逻辑的外来者,这些要素代表着可以被用以新方式来解构或重新整合的具有新用途的新素材。

亨利·福特的批量生产模式(1907—1914)也许是解释创新的重新组合的本质最好的例子。亨利·福特没有发明汽车,但是他开发出了一种被后世称为"批量生产"的新生产流程,这一发明大大节省了生产成本。换言之,福特的贡献在于生产出对于大众市场(大众市场规模)而言足够好的车,并且同时也保证了公司和投资人的利益。1906年,福特的工程师开发出了T型车的基本设计,基于该款车和850美元的初始价格,代理商预定了15 000辆。

1907年，福特汽车公司生产了近1 600辆车；1908年，生产了6 000辆；截至1914年，福特公司平均每年产能达265 000辆。与此同时，售价由850美元降至490美元，最终低至260美元。经过不断发展，福特占据了美国汽车市场55%的份额。

亨利·福特并没有发明批量生产这一模式，他只是将不同科技要素整合利用起来，而这些技术有的已经在别的行业存在了将近100年。在兵工业、自行车制造业和缝纫机制造业，他发现可交替部件这一技术；在罐头食品业、粮食存储业、啤酒业，他发现流水线生产技术；以及在芝加哥的肉类包装工厂发现了分装线技术（Hounshell，1984；Hargadon，2003），然而对汽车行业而言，这些技术很多都是颠覆性的创意。但是对马克思·沃勒因却并非如此，他是福特特聘的工程师之一，专门致力于改造可交替部件模式下的汽车、工具和工厂。可交替部件对市场来说并不新鲜，但是它对于福特汽车公司而言是崭新的，因为他们之前所处的行业并没有机会接触它（Hounshell，1984：221）。

相似地，福特将集合装配线创意的产生，归功于芝加哥肉类加工工厂的生产线分拆模式。福特工程师们参观了这些工厂并做了详细的笔记。福特引擎部门的负责人威廉·克兰回忆起在芝加哥工厂参观时的思考，"如果他们能够用那种方式杀猪和牛，我们也可以用同样的方式生产汽车"。事实上众所周知的是，正如上述故事所述，福特既不是汽车的发明者也不是批量生产技术的发明者。

> 我没发明任何新东西。我只是简单地把前人的发现整合到汽车产业中……如果我之前已经工作过50年、10年，甚至5年，我一定会失败。所以一定要以一个充满新鲜感的状态对待每件事情。万事俱备，自然会水到渠成。少数几个人是不可能实现人类伟大几步的迈进的，传输这种理念是最没有意义的。
>
> ——Gordon，2001：103

福特的批量生产对汽车行业有着革命性的影响，不仅仅是生产层面的，更是社会层面的——而这并不是由于这项技术有多么新奇。福特在构建大规模生产系统时所利用的现有元素使该公司能够在机械工具工业和铸造厂、啤酒厂、谷仓和肉类加工厂中建立60年的学习经验，这些工厂已经开发出了新的设备和方法（Rosenberg，1963；Hounshell，1984；Hughs，1989）。事实上，学习曲线中向下部分所占有的时间，能够通过利用新方法整合已有要素而有效缩短。例如，福特流水线生产第一天实验就提高了近40%的生产率；而在第一年末，生产率提高超过400%。福特批量生产获得成功并非因为想法的创新性，而是在于它将已有的创意、工艺和人进行重新组合。

相反地，创新创建得越早，后期开发和市场化就需要越多努力。1891年，惠特科姆·贾德森首先申请了拉链的专利（Friedel，1994）。他的创意是"一个为鞋子设计的关闭或开合的钩子"，这项技术几乎没有可供参考的前物先例。不幸的是，这意味着贾德森和他的投资人不得不设计与其相关的所有部件，甚至用于生产它的机器。对它的持续开发花费了20年，直到为贾德森投资人工作的吉迪恩·森贝克，设计出一个可以流畅工作并且廉价生产的模型。并且，一旦生产流程最终确定，使其他被设计师、零售商以及大众消费者完全接纳还需要再花费20年。

组 织 层

创新代理理论认为,组织在创新过程中扮演的角色既是更大范畴组织背景下的一个参与者,又是个体和群体的舞台。这样看来,代理理论就可以有效解释创新的两个方面:首先,一些组织如何能够经常性地进行创新;其次,组织背景如何塑造个体和群体层面的创新。

代理理论描绘了跨领域公司如何通过将创意从已知领域转移到未知领域,以及如何通过重新整合已有知识来进行创新。例如,爱迪生的门罗帕克实验室、福特汽车公司和现代产业巨头如3M、苹果或艾迪欧设计公司等,之所以能成为伟大的不被遗忘的公司,就是因为他们持续不断地通过重新整合已有技术而非开发新技术,进行持续不断的创新。这样的战略能够让公司处于跨领域的位置上,并且能够看到如何通过结合其他领域的创意、工艺和人才来解决某一领域的问题。

当观察参与创新过程的公司时,塑造创新的结构优势应该被更多地关注。托马斯·爱迪生和他的门罗帕克实验室利用重新整合式创新开发出一系列创新专利(6年间专利超过400件)(Hargadon and Sutton,1997;Hargadon,2003),比如通过整合在电报行业获得的创意,爱迪生的实验室开发出证券报价机、火灾报警器、蜡纸油印机和电话。其中,蜡纸油印笔是爱迪生第一款获得商业成功的产品,该产品的创意来源于自动电报机一个用以快速穿孔进行信息记录的小部件(Conot,1979)。即使蜡纸油印机已经过时,这一设计也一直沿用到今天,通过一些小的改进作为打眼针使用(Morton,2002)。相似地,利用大西洋光缆的建造工程获得的经验,爱迪生团队为电话发明了麦克风。在米勒德(1990)看来,爱迪生能够利用任何一次开发项目的机会获得有价值的信息,并在其他项目中进行持续的挖掘。但是否所有的洞察力都应该来自一个项目?关于这个问题,米勒德解释道:"如果它能为一个完全不同的项目中的另一个问题提供关键思路,爱迪生总是时刻准备着快速有效地利用它。"门罗帕克实验室正是基于这样一种动态创新的能力而建立的。

在门罗帕克,爱迪生通过科技代理模型创造了追求创新的理想情境。这个公司能够轻松地为不同行业的不同客户服务并在这些不同的领域移动——这使得它们可以率先了解到某一行业的创意能否对其他领域适用。事实上,为了发掘这些机会,爱迪生将自己和其他很多成员所待的实验室打造成机器商店的样子,在实验室中,机器以及每一个创业者都紧紧挨着,一起工作,他们可以共享机器、互相讲故事、传递有价值的想法和机会。门罗帕克的团队大约有14个,爱迪生紧挨着查尔斯·巴特勒工作,巴特勒是一位训练有素的工匠,能够与爱迪生天马行空的想法互补,因此他们俩以50:50的份额共享专利使用费。实验室的很多突破性进展一方面得益于巴特勒这样的发明家的巧手匠心,另一方面得益于爱迪生在客户和发明家之间进行的良好沟通。弗朗西斯·杰尔也是这许许多多个门罗帕克的助理之一,他说:"爱迪生事实上是一个集体名词,他代表着许多人的辛勤劳动"(Conot,1979:469)。实验室来自不同行业的客户范围,意味着任何一个开发项目都能为爱迪生在其他项目上提供可能被利用的有价值的信息。

追求代理战略的现代公司,包括产品开发领域的艾迪欧设计公司和设计联盟,以及管理咨询领域的麦肯锡和埃森哲公司等。以设计联盟为例,它与计算机、办公设施、通信、消费电子、应用、日用消费品(如纸尿裤)、运动品、工业产品(如机器人)、医疗器械和健康护理产品等多行业的上百家公司之间都存在合作关系。设计联盟的CEO(首席执行官)吉安·扎卡伊相信,在不同行业工作可以"从一个行业的教条主义以及他们对于问题和解决方案之间连接的信念中解放出来"。这并不意味着只有占据"结构洞"位置的公司能够通过整合其他行业的知识和惯例进行创新,而是这样的地位确实能够更好地为持续创新提供支持。以福特汽车公司为例,它使用了一种通过借用其他领域的创意使其成为某个领域的中心和领导者的战略。不过值得注意的是,福特十年后的消亡,正是源于他们不再愿意从组织外部获取创意和机会。

不论公司希望寻求跨网络的代理人地位还是某一领域的中心地位,它们的结构和战略都创造了一种环境,这种环境是孵化个体和群体创新的舞台。例如,某一发生在制度层面的情景,通常会在组织层面得到复制。组织架构区分开不同的部门以及部门中的小组,以匹配他们面临的不同行业和市场,这些内部部门承担着它们自身的组织架构。正如萨兰西克(1995:346-7)指出的,"所有的交互都发生在相应制度背景下,包含规则和角色设定。机构内部的规章制度制定于几个方面:每个单位被明确指定和哪个单位进行互动,或被指定向哪个单位汇报。"为了稀缺资源或市场机会而进行的竞争等这类非正式准则,也会减少不同群体间的互动,如减少特定语言的开发、群体内感知等方面的互动(Dougherty and Hardy, 1996;Bechky,1999)。最终,组织内开始涌现不同领域,它们映射并加强着相互之间彼此的互动。在这种情景下,某一领域中关于组织的创意、有价值的技术工艺以及有经验的个人,对领域外的人而言都是未知的且不可获得的。换言之,大型机构市场因为它们的架构而变得非常割裂——由于人为的划分和竞争而出现的多个业务部门,在组织内部形成了隔膜,阻碍着不同部门间人才、创意和技术工艺的流动,但同时也为代理人通过将组织中不同部门间的创意进行迁移的方式进行创新,提供了更多的空间。

当3M公司的研究人员研发出在塑料表面加上小型几何棱柱的技术时——现在成为微缩印刷技术——他们便意识到这能够有更广阔的用途。"这是一次影响深远的发现,"科学家罗杰·阿普顿说道:"因为3M公司之前的所有产品都有外表面,微缩印刷技术有潜力将某些标志添加到这些表面上。"①但是20年后,这项技术却逐渐衰弱,只存在于一个小小的生产并销售照明系统的业务部门中。1983年,3M公司开设了光学技术中心,这个中心致力于开发微缩印刷技术在3M公司其他业务部门中的新用途,他们不关注发明新的技术,而是致力于将微缩印刷技术与已有产品的结合。因此,3M公司新设立了一个内部小组,在各自独立的业务部门间承担桥梁的作用,将创意从已知的领域拓展至之前未涉及的领域并与其

---

① 来源于 < http://www.3M.com/about3m/pioneers/appeldorn.jhtml > < http://www.3M.com/about3m/pioneers/appeldorn.jhtml > (2002年3月28日)。

中已有的要素相结合,最终实现盈利。如今,这一项技术已被应用于工业磨床、船体涂层、光盘、电脑屏幕、街灯和一系列其他商品中。

创新代理模型凸显了组织如何被嵌入更大的背景环境中,以及致力于创新的管理战略、架构和行为如何被大环境中的制度动态影响和限制。以爱迪生或设计联盟在创新方面的经验为例,他们获得了网络中的优势位置,因而能够获取更多的机会以推动创新。相似地,一个组织内个体和群体的创造力和创新能力,可以也应该视作一个更大的组织或领域背景中的一部分。

个 体 层

代理理论最终聚焦在个体和小群体这一层面。换言之,制度领域的割裂使得某一领域中有价值的资源不为其他领域所知,从而带来了创新的机会。此外,组织通过为追求创新的个体或群体营造一定的氛围,增强或削弱着创新的机会。从个体层面理解创新需要结合其身处的组织或机构环境,只有这样才能切入更微观的视角,这个视角关注的是个体的认知和行为是如何被他们身处的社会结构所塑造,而后这些社会结构又如何反过来影响个人的认知和行为(Fine,1991;DiMaggio,1997)。个体通过拼凑、解体或重构他们之前的经历(这些方式能让它们理解新环境并对其提出应对之策),构建新颖的理解和行为(Levi-Strauss,1966;Swidler,1986;DiMaggio,1997)。从这一视角看来,个体和群体层面的创新过程包含对历史经验的获取学习(acquisition),对组成这些历史经验中的制度因素(技术工艺、创意和人)进行重新整合的概念构建(conception),结合这些因素并将其作为新环境中的持续解决方案的现实创新产出的结构(construction)。

获取学习需要个体和群体能够接触并学习结合不同领域知识和实践的要素——通过发掘解决方案以及对他们所处理的问题进行定义的形式。个体和群体的经历越丰富,他们就越有可能从共享的经历中找到共鸣。社会网络视角认为,通过联通割裂的领域,代理人可以通过在不同领域间传递解决方式来进行创新(Burt,2004;Hargadon and Sutton,1997)。然而,这种理想化的结构方法忽略了社会和认知对不同领域的个体和群体行为的影响,仅仅只是接触不同领域的创意、技术工艺和人也会对创新过程产生复杂的影响。例如,学习代表着一种过程,在这个过程中,经验融入惯例、规则和技术中,继而成为无意识应用(Cohen et al.,1972;March,1972;Weick,1979)。在稳定的环境中,这样的学习过程能够有效地提升表现(Wright,1936;Epple et al.,1991;Tyre and Orlikowski,1994)。但并非所有的学习都一样,在单一领域学习的个体和群体,与通过跨行业经验学习的个体和群体迥然不同。代理人既没有动力在相似领域中进行重复的知识搬运,也不具备在单一领域中积累优势以获得地位和权力的希望,所以他们转而将目光放到在不同(未知)领域的价值挖掘上。以哈格顿和萨顿1997年对设计公司艾迪欧的研究为例,工程师将这种学习称为将一堆工具扔进工具盒。他"记得这些工具,但不记得它们的来源"。因此,个体能够知道他们是被单一领域限制住在单一领域还是在不同领域间自如穿梭,以及他们能够学习到的东西(学习的动机)也存在巨大差异。概念构建是对以新的方式整合旧资源该如何(以及何时)在新领域应用的认识过程。跨领域的知识和实践的学习塑造着通过代理机制产生的创新潜能,但这还不够。所有的知识都是和其背景紧密相关的,甚至当知识被学习获得后,它依旧带有很强的原有情境的烙印(Berger and Luckman,1967;Nonaka,1994)。因此概念构建是很困难的,因为它需要对已镶嵌于一个或多个领域中的制度要素进行解构和重组(DiMaggiio,1997;Hargadon and Fanelli,2002)。事实上,失败与问题的解决通常是由旧知识无法适应新情境,而非缺少知识所导致的(Lave,1988;Reeves and Weisberg,1993;Thompson et al.,2000)。

要想将个体和群体从某一领域所学到的东西中解脱出来,并观察其在其他领域的价值,依赖于认知心理学家所说的逻辑推理(Gick and Holyoak,1980,1983;Gentner and Gentner,1983)。逻辑推理凸显出两个看似不同的事物之间潜在的相似性,个体通过逻辑联想将面临的问题同他们曾经遇到过的其他问题联系起来,并通过调整已有的解决方案来解决新问题(Reeves and Weisberg,1993,1994)。这一过程也会以集体认知的形式出现在群体中,即逻辑联想出现在有着多重丰富经历的个体的交互之间(Hargadon and Bechky,2006)。再一次,纯粹的代理结构方法会忽视社会和认知对来自不同领域的个人和群体行为的影响,正如 DiMaggio(1997:280)指出的,"当个体或群体从一个领域切换到另一个领域,他们的观点、态度、偏好和性格都可能发生剧烈改变"。换言之,通过在不同领域间迁移,代理人能够更好地战胜认知障碍,这些障碍存在于领域内的信念和行为中,知识从这些领域中来并被应用到该领域中去,因此代理人也能够更好地看清他人所忽视的跨领域的联结。

最终,概念构建形容了如何将这种重新组合后的新概念落地。创新可以通过多维度加以考量测度:作为创意、作为例证、作为可行的解决方案。纵观历史,我们倾向于研究那些已经实现的创新——那些在时间的洗礼中能够存活下来,并逐渐被广泛接受和使用并体系化的创新。当认识到潜在的新组合是充满挑战时,创新者和创业者一定也会树立起新的连接,将那些曾经分散的要素串联起来,并努力使得这种连接保持下去(参考1997年Walker等人对于搭建网络连接的差异性优势的讨论)。当围绕着创新的新连接出现,它们会带来能够将创新转化为自身制度的协同效应、合法性和社会资本(Baker and Obstfeld,1999)。以马丁和艾森哈德(2001)为例,他们发现成功开发新产品的企业都是在公司内部将不同工作小组联通起来的,并且不同于以往的弱连接或无连接,他们在其公司内部建立起强连接。

那么这三个环节的活动如何通过个体和群体层面来协同影响设计联盟公司的创新呢?[①] 1988年,锐步公司找到设计联盟,希望它能够为公司设计一款与耐克空气新系列产品相抗衡的产品,空气系列是一款有着"空气"后跟,有效缓压的运动跑鞋。于是,设计联盟为锐步公司设计出一款名为"Pump"的运动鞋与耐克对抗,这款鞋在普通运动鞋外侧添加了可充气气囊,这样鞋子就能根据不同的脚形进行调整。这种想法最早来源于曾为一款篮球鞋设计过可充气夹板的一位设计师,他意识到这种充气夹板能够通过使篮球鞋提供踝关节支持来防止受伤。团队中的另一位设计师曾经设计过医疗器械并对注射袋很熟悉,在设计可

---

① 这一例子来源于哈格顿(Hargadon,2003)。

充气夹板时就想到注射袋这种封闭的小袋子可以被设计为气囊,这些气囊对于"鞋子中放置夹板"概念的实施至关重要。不过,到目前为止,如何使顾客便捷地给气囊充气和放气这一问题依旧没有得到解决。于是,公司中其他设计师也参与进来共同制造这些产品——他们曾设计过诊断仪、小型泵、管道系统和阀门。当他们发现这么多部件该如何整合到一起形成最终产品时,最终创意也就成型了。整合这些创意并对其进行工业设计只用了六个月,六个月后,锐步"Pump"系列产品推向市场。上市一年,这一产品就为锐步公司在运动鞋这一竞争激烈的市场获得超10亿美元的收益,它的创新性也获得商业媒体的一致称赞。

设计联盟公司开发"Pump"所经历的一系列事件和环境,很好地阐述了创新代理理论的价值。创新的首要条件,是从其他领域的充气夹板、注射袋(以及它们的制造)、泵、阀的相关知识和实践中,创造和剥离出运动鞋行业的知识和实践。在设计联盟公司中,设计师对多样化知识的接触,并且拥有机会和激励用新方式将知识进行整合和连接,都是使其实现成功的要素之一。最终,创新需要建立起一个能够将这些因素从物质和社会层面上连接起来的切实可行的方案:锐步、注射袋、注射袋生产商(目前是篮球鞋充气囊的供应商)、气阀生产商、设备和消费者。锐步"Pump"运动鞋最终的成功,既得益于设计联盟对创新设计有利的代理人地位,也离不开锐步在运动鞋市场的中心地位,这使得它能够迅速地进行新鞋的生产、宣传和改进。

结　　论

埃尔默·斯佩里是爱迪生同时代的一名发明家,他的主要贡献包括回路控制系统方面的开创性工作,此项发明主要应用于发电机(同样也应用于飞机和轮船自动驾驶仪)。他将创新代理战略与在一个行业中获得成功相比,对其价值进行了总结。像爱迪生一样,他也扮演着跨多个领域的代理人的角色,并发掘跨界的优势,他曾说:

> 如果我一辈子都只研究发电机,我很可能只能做出很小的贡献,也就是将机器的效率提升6%或7%而已。那么,有如此多需要使用电的行业,整体效率就能提升400%或500%。让我来解决其中任何一个的问题。(Hughes,1989)

斯佩里的策略是将他已有的电磁技术应用于新领域而非专攻单一领域,而他的贡献碰巧赶上了电力和电力解决方案迅速扩散的时期,所以斯佩里的策略十分奏效。1899年,电力只占据美国制造业中安装马力的5%;到了1909年,这一数字就上升为25%;1919年为55%;1929年已超过80%(Rosenberg,1982)。

未来这一领域的研究可以从以下几个富有前景的方向进行:首先,通过继续挖掘历史,来探索创新过程的社会性和随时间的变迁性。我们需要更好地理解为什么创意和创业者在那个时间点获得了成功,不早也不晚,而这一方法可以向学者们更好地揭示创新和战略。其次,对创造力微观层面进一步的分析,将有助于我们理解个体和集体的表现为何既是外部环境的直接结果,也是它们历史的产物。这一分析,将使得个体和群体层面的创造力能够更好地在心理学领域得到研究。最后,对个体和组织能够实现创新的能力和行为的关注,将更好地揭示创新过程的模型,目前这类研究还只局限于创意产生和新奇性。

从爱迪生、福特和斯佩里到艾迪欧、设计联盟和3M公司,个体和群体追求创新的行为,可以通过他们所处的组织以及他们工作的大环境进行理解。传统的研究创新的方法可能关注的是接受这种创新的组织战略和管理实践,例如,宽松的组织环境、矩阵式的或扁平化的组织架构、决策制定时的风险承受和创意的开源,或者个体和群体层面的实践、设计思维、头脑风暴等其他被用来收集新想法的方式。然而,这些管理创新的工具的效率都取决于其所处的组织和企业,而这些大环境为创新提供了原材料和机会,以及度量创新产生的影响力的方法。要想将创新实践从相应大环境的束缚中抽离出来,就需要模糊创新过程发生的方式、时间和地点。而创新代理理论代表了为明晰创新嵌入的环境所进行的一种尝试,并且在这个过程中,为管理创新过程开发出切实可行的策略。

参 考 文 献

Baker, W. E., and Obstfeld, D. (1999). 'Social Capital by Design: Structures, Strategies, and Institutional Context', in R. T. A. J. Leenders and S. M. Gabbay (eds), *Corporate Social Capital and Liability*. Boston: Kluwer Academic Publishers, 88–105.

Basalla, G. (1988). *The Evolution of Technology*. New York: Cambridge University Press.

Bechky, B. A. (1999). 'Crossing Occupational Boundaries: Communication and Learning on a Production Floor', Ph.D. Dissertation, Stanford University.

Berger, P. L., and Luckman, T. (1967). *The Social Construction of Reality*. New York: Doubleday.

Burt, R. S. (1983). 'Range', in R. S. Burt and M. J. Minor (eds), *Applied Network Analysis: A Methodological Approach*. Thousand Oaks, CA: Sage Publications, 176–194.

Burt, R. S. (1992). *Structural Holes: The Social Social Structure of Competition*. Cambridge, MA: Harvard University Press.

Burt, R. S. (2004). 'Structural Holes and Good Ideas', *American Journal of Sociology*, 110(2): 349–99.

Callon, M. (1989). 'Society in the Making: The Study of Technology as a Tool for Sociological Analysis', in W. E. Bijker, T. P. Hughes, and T. J. Pinch (eds), *The Social Construction of Technological Systems*. Boston: MIT Press, 83–103.

Chen, K., and O'Mahony, S. (2007). *The Selective Synthesis of Competing Logics*. Wayne, NJ: William Paterson University, 67.

Cohen, M. D., et al. (1972). 'A Garbage Can Model of Organizational Choice', *Administrative Sciences Quarterly*, 17(1): 1–25.

Conot, R. E. (1979). *A Streak of Luck*. New York: Seaview Books.

DiMaggio, P. (1992). 'Nadel's Paradox Revisited: Relational and Cultural Aspects of Organizational Structure', in N. Nohria and R. G. Eccles (eds), *Networks and Organizations: Structure, Form and Action*. Boston: Harvard Business School Press, 118–42.

DiMaggio, P. (1997). 'Culture and Cognition', *Annual Review of Sociology*, 23: 263–87.

DiMaggio, P. J., and Powell, W. W. (1983). 'The Iron Cage Revisited: Institutional Isomorphism and Collective Rationality in Organizational Fields', *American Sociological Review*, 48(April): 148–60.

Dougherty, D., and Hardy, C. (1996). 'Sustained Product Innovation in Large, Mature Organizations: Overcoming Innovation-to-Organization Problems', *Academy of Management Journal*, 39(5): 1120–53.

Epple, D., et al. (1991). 'Organizational Learning Curves: A Method for Investigating Intra-Plant Transfer of Knowledge Acquired through Learning by Doing', *Organization Science*, 2(1): 58–70.

Fine, G. A. (1991). 'On the Macrofoundations of Microsociology: Constraint and the Exterior Reality of Structure', *Sociological Quarterly* 32(2): 161–77.

Friedel, R. D. (1994). *Zipper: An Exploration in Novelty*. New York: W. W. Norton.

Friedel, R., and Israel, P. (1986). *Edison's Electric Light: Biography of an Invention*. New Brunswick, NJ: Rutgers Unversity Press.

Friedland, R., and Alford, R. (1991). 'Bringing Society back in: Symbols, Practices, and Institutional Contradictions', in W. W. Powell and P. DiMaggio (eds), *The New Institutionalism in Organizational Analysis*. Chicago: University of Chicago Press, 232–63.

Gentner, D., and Gentner, D. R. (1983). 'Flowing Waters or Teeming Crowds: Mental Models of Electricity', in D. Gentner and A. Stevens (eds), *Mental Models*. Hillsdale, NJ: Lawrence Erlbaum Associates, Inc., 99–129.

Gick, M. L., and Holyoak, K. J. (1980). 'Analogic Problem Solving', *Cognitive Psychology* 12: 306–55.

Gick, M. L. and Holyoak, K. J. (1983). 'Schema Induction and Analogic Transfer', *Cognitive Psychology*, 15: 1–38.

Giddens, A. (1979). *Central Problems in Social Theory: Action, Structure and Contradiction in Social Analysis*. Berkeley and Los Angeles: University of California Press.

Giddens, A. (1984). *The Constitution of Society*. Berkeley and Los Angeles: University of California Press.

Gordon, J. S. (2001). *The Business of America: Tales from the Marketplace—American Enterprise from the Settling of New England to the Breakup of AT&T*. New York: Walker Publishing Company.

Gould, R. V., and Fernandez, R. M. (1989). 'Structures of Mediation: A Formal Approach to Brokerage in Transaction Networks', *Sociological Methodology*, 19: 89–126.

Granovetter, M. (1973). 'The Strength of Weak Ties', *American Journal of Sociology*, 6: 1360–80.

Hargadon, A. B. (1998). 'Firms as Knowledge Brokers: Lessons in Pursuing Continuous Innovation', *California Management Review*, 40(3): 209.

Hargadon, A. B. (2003). *How Breakthroughs Happen: The Surprising Truth about How Companies Innovate*. Cambridge, MA: Harvard Business School Press.

Hargadon, A. B., and Bechky, B. A. (2006). 'When Collections of Creatives become Creative Collectives: A Field Study of Problem Solving at Work', *Organization Science*, 17(4): 484–500.

Hargadon, A. B., and Douglas, Y. (2001). 'When Innovations Meet Institutions: Edison and the Design of the Electric Light', *Administrative Science Quarterly*, 46: 476–501.

Hargadon, A. B., and Fanelli, A. (2002). 'Action and Possibility: Reconciling Dual Perspectives of Knowledge in Organizations', *Organization Science* 13(3): 290–302.

Hargadon, A., and Sutton, R. (1997). 'Technology Brokering and Innovation in a Product Development Firm', *Administrative Science Quarterly*, 42(4): 716–49.

Hounshell, D. A. (1984). *From the American System to Mass Production*. Baltimore: Johns Hopkins University.

Hughes, T. P. (1989). *American Genesis: A Century of Invention and Technological Enthusiasm, 1870–1890*. New York: Viking.

Kolata, G. (2006). 'Pity the Scientist who Discovers the Discovered', *New York Times*, from <http://www.nytimes.com/2006/02/05/weekinreview/05kolata.html>

Lave, J. (1988). *Cognition in Practice: Mind, Mathematics, and Culture in Everyday Life*. Cambridge: Cambridge University Press.

Law, J., and Hassard, J. (1999). *Actor Network Theory and after*. Oxford: Blackwell Publishers.

Lévi-Strauss, C. (1966). *The Savage Mind*. Chicago: University of Chicago Press.

Lingo, E. L., and O'Mahony, S. (2010). 'Nexus Work: Brokerage on Creative Projects', *Administrative Science Quarterly*, 55(1): 47–81.

March, J. G. (1972). 'Model Bias in Social Action', *Review of Educational Research*, 44: 413–29.

Martin, J. A., and Eisenhardt, K. M. (2001). *Exploring Cross-Business Synergies*, Best Paper Proceedings, Academy of Management Conference, Washington, DC.

Millard, A. (1990). *Edison and the Business of Innovation*. Baltimore: Johns Hopkins University Press.

Mohr, L. B. (1982). *Explaining Organizational Behavior*. San Francisco: Jossey-Bass.

Morton, D. (2002). 'Tattoing', *Invention & Technology*, Winter 2002: 36–41.

Nonaka, I. (1994). 'A Dynamic Theory of Organizational Knowledge Creation', *Organization Science*, 5(1): 14–37.

Ogburn, W. F. (1922). *Social Change*. New York: Viking Press.

O'Reilly, C. A., and Chatman, J. A. (1996). 'Culture as Social Control: Corporations, Cults, and Commitment', *Research in Organizational Behavior: An Annual Series of Analytical Essays and Critical Reviews*, 18: 157–200

Padgett, J. F., and Ansell, C. K. (1993). 'Robust Action and the Rise of the Medici, 1400–1434', *American Journal of Sociology*, 98(6): 1259–319.

Reeves, L. M., and Weisberg, R. W. (1993). 'On the Concrete Nature of Human Thinking: Content and Context in Analogical Transfer', *Educational Psychology*, 13(3 and 4): 245–58.

Reeves, L. M., and Weisberg, R. W. (1994). 'The Role of Content and Abstract Information in Analogical Transfer', *Psychological Bulletin*, 115(3): 381–400.

Rosenberg, N. (1963). 'Technological Change in the Machine Tool Industry. 1840–1910', *Journal of Economic History*: 414–43.

Rosenberg, N. (1982). *Inside the Black Box*. New York: Cambridge University Press.

Salancik, G. R. (1995). 'WANTED: A Good Network Theory of Organization', *Administrative Science Quarterly*, 40: 345–9.

Sawyer, R. K. (2007). *Group Genius: The Creative Power of Collaboration*. New York: Basic Books.

Schumpeter, J. (1934). *The Theory of Economic Development*. Cambridge, MA: Harvard University Press.

Scott, W. R. (1995). *Institutions and Organizations*. Thousand Oaks, CA: Sage.

Sutton, R. I., and Hargadon, A. (1996). 'Brainstorming Groups in Context: Effectiveness in a Product Design Firm', *Administrative Science Quarterly*, 41(4): 685–718.

Swidler, A. (1986). 'Culture in Action: Symbols and Strategies', *American Sociological Review*, 51: 273–86.

Thompson, L., et al. (2000). 'Avoiding Missed Opportunities in Managerial Life: Analogical Training More Powerful than Case-Based Training', *Organizational Behavior and Human Decision Processes*, 82: 60–75.

Tyre, M. J., and Orlikowski, W. J. (1994). 'Windows of Opportunity: Temporal Patterns of Technological Adaptation in Organizations', *Organization Science*, 5(1): 98–118.

Usher, A. P. (1929). *History of Mechanical Invention*. Cambridge, MA: Harvard University Press.

Walker, G., et al. (1997). 'Social Capital, Structural Holes and the Formation of an Industry Network', *Organization Science*, 8: 109–25.

Weick, K. E. (1979). *The Social Psychology of Organizing*. Reading, MA: Addison-Wesley.

Wright, T. P. (1936). 'Factors Affecting the Cost of Airplanes', *Journal of the Aeronautical Sciences*, 3: 122–8.

第三部分

创新环境

第10章

产业创新系统

弗朗哥·马雷尔巴（Franco Malerba）

帕梅拉·亚当斯（Pamela Adams）

引　言

本章分析了在创新活动中创新和组织的产业差异。理解不同产业在变化率、特征、科技变革资源以及创新性活动管理方面的差异，与旨在使企业采纳创新的分析密切相关。其中最典型的，当属这些要素在信息通信技术产业和纺织业之间的差异。本章展现了产业差异的研究在过去几十年中取得的突破性进展，从早期对于高科技产业和低技术含量产业（使用研发支出为指标）的简单差异的研究，到之后聚焦于市场结构和创新的研究（如熊彼特创新Ⅰ和Ⅱ），再到后来对创新资源的分析（如Pavitt分类法）和竞争分析（如波特五力模型）。随着时间的推移，这些不同的方法论将学者和管理者的注意力从原来单一关注研发密度，拓展到了包括产业内和跨产业创新的多维度的更广阔的视角。本章还将这些研究往前推进了一步，致力于为研究分析产业差异提出一个系统性和不断演变的框架。这个框架连接起了知识、创新者的创新来源、创新涉及的制度以及创新行为的架构，它试图把对创新管理和企业战略的研究拓展到更宽广的范畴，从而为理解产业内和跨产业的创新行为的动态变化提供更坚固的基础。通过使用这个新的分析框架，管理者不但能够更好地理解自身所处产业的创新性行为的驱动因素，更能够把握这些因素随着时间推移所发生的变化。

产业差异重要吗

在熊彼特关于经济增长的研究中，他清晰地认识到了产业差异在创新过程中的重要作用。熊彼特对创新的两个阶段做了明确的区分：创新第一阶段（Schumpeter，1911）的典型特征是"创造性破坏"，其中创业者和新创企业在创新行为中扮演了重要角色；创新第二阶段（Schumpeter，1942）的典型特征，是技术进步的积累和成熟大企业的普遍化（又称为"创造性积累"）。他也提出产业差异与理解经济增长和长期的产业变迁密切相关。

经济学和管理学两个领域的最新研究也表明了这种产业差异的重要性。在工业经济学领域，当检验科技和需求时，产业差异常常被认为是和产业结构均衡的变化有关的。使用不同的方法——从结构执行绩效到沉没成本的分析——这些研究都从产业集中度，纵向整合,多样化经营,技术进步,企业进入和增长等方面的程度对产业进行区分(Bain,1956;Tirole,1988;Scherer,1990;Sutton,1991,1998)。在管理学领域的文献中,迈克尔·波特的五力模型将产业结构的分析,应用到了理解竞争优势和企业战略的层面,它对基于现有竞争者的传统产业边界,扩展到了包括市场上买卖双方、潜在的新进入者以及替代产品等互动方式的边界上(Porter,1979)。随后,波特在价值链方面的研究方法将产业结构差异相关观点推进了一步,认为产业结构差异可能影响到企业层面的决策,这些决策关注为了设计、生产和对产品进行商业化所需的主要的支持性活动(Porter,1985)。

虽然这些来自经济学和管理学领域的贡献,体现了学术界在理解公司竞争力和盈利能力的产业背景方面的巨大进展,但它们在理解创新方面仍然存在局限性。第一,由于这些研究的焦点都放在了企业和企业间的市场交易行为层面,因而很少关注金融机构、大学、研究中心、产业协会、标准化机构和政府代理商等非企业组织,但这些非企业组织对创新的影响常常是非常重要的。第二,这些研究框架关注企业规模、企业战略和市场关系,对企业创新和价格,包括盈利和增长的影响方面,企业之间的非市场关系却不包括在该研究范围之内。但与此相反的是,创新可能也包含了超越市场交易的一些关系,比如沟通过程和合作等,在这些关系中会发生学习和知识创造。第三,这些研究方法为分析相关产业的相互依赖性和独立性连接提供的基础太少,而这些依赖性和独立性常常能驱动创新并且决定产业随时间而变化的边界(Dahmen,1989;Geroski,1995)。即使是波特(他在研究中认识到了产业的边界应该是连续而非刚性和边界明显的区域,同时他也认可供给和需求方的持续性)也将他的分析聚焦于产业结构的静态定义,而忽视了产业的动态变化过程,而这动态的变化可能会作为一个改变产业结构的反馈。这种方法很难使我们超越现在的边界去理解对于跨产业和跨时间所潜在的创新的学习过程(Rosenberg,1976,1982;Grandstand,1994;Gant,1996),也阻碍了我们对拥有在不同市场和(或)不同科技方面创新活动的企业进行创新理解(Granstrand et al.,1997)。第四,现有的价值链等概念集中在供应方,并且聚焦于企业将一种产品或服务市场化的各类行为层面。这些概念对理解创新过程中的需求方扮演的角色,或者对理解特定产业中供应链之外的参与者和制度的投入留下的空间不够。第五,虽然很多的由产业经济学和管理学学者提出的框架强调了市场结构对绩效的重要性,但对市场结构与创新二者之间呈现的清晰但不直接的关系的支持性证据却很少(Cohen and Levin,1989;Sutton,1998;Gilbert,2006)。但是已经有研究表明,市场结构和创新二者是联合演进的(Nelson and Winter,1982;Nelson,1994)。

关于产业差异的重要性还可以在与创新研究相关的文献中找到支持。研究创新的产业经济学家们,倾向于用定量分析作为案例研究的补充。这些定量分析基于一些诸如研发密度、研发合作、专利和专利密度等指标。基于有限的关键变量,这些研究也被用作对不同的产业类型加以分类,但大多数是沿用熊彼特的创新的第一/第二阶段划分的。其中一种被国际经济合作与发展组织(OECD)和欧盟使用,它将产业分为"高研发密度"(如电子和医药产业)和"低研发密度"(如纺织业和鞋业)两类。另外,谢雷尔(Scherer,1982)将产业划分为"净产出"的研发产业(如计算机和仪器产业)和"净使用"的技术产业(如纺织业和冶金业)两类。罗伯森(Robson)、汤森德(Townsen)和帕维特(Pavitt)(1988)将产生经济中绝大多数创新和资源以及技术来源的产业,称为"核心产业"(如电子、机械产业、仪器和化学产业),将那些创新较少且需要从核心产业获取技术的产业定义为"次级产业"(如汽车和冶金产业),并将主要吸收技术的产业称为"使用者产业"(如服务业)。也许最广泛应用的分类标准是由凯斯·帕维特(1984)提出的。他根据创新的来源和专属机制将产业分为四个种类。在供应商主导(supplier dominated)的产业内(如纺织业、服务业),新的技术嵌入在新的零部件和设施中,并且技术扩散和学习往往通过"在实践中学"(learning-by-doing)或者"在使用中学"(learning-by-using)的方式实现。在规模效应(scale intensive)显著的产业内(如汽车和钢铁产业),流程创新高度相关,并且创新的资源可能来自内部(如研发和做中学),也可能来自外部(涉及原材料、零部件和机器的主要供应商)。在这类产业中,技术专属性一般是保密的或者通过专利获得。而在"专业供应商"(specialized suppliers)产业中(如装备制造业),创新往往聚焦于绩效、稳定性和用户性能的改进,并且创新资源同时来自内部(熟练技工的隐性知识和经验)和外部(用户—厂商交互)。在这类产业中,专属性主要来自本地化和知识交互的本质。最后一类是"基于科学"(science-based)的产业(如制药业、电子业),这类产业的典型特征是,高频次的产品和流程创新、内部研发,以及在大学和公共研究实验室完成的科学研究。在这类产业中,科学是知识和创新的主要来源,专属性则是通过一系列的机制来获得,例如专利,时间上的领先性,学习曲线和保密协议。

与这些分类有关的实证研究丰富了我们对过去几十年中产业创新的路径的理解,这些研究也强调了企业之外的参与者以及产业内不同学习机制扮演的重要角色。然而到目前为止,基于有限的几个变量(诸如研发投入和专利,或者是基于学习和专属性的分类)不足以提供对产业创新差异的完整理解,这就要求一个更宽泛的研究框架,这个框架不仅包括创新的来源,还包括创新发生和动态变化的更宽阔的情景。

创新的产业生态系统

基础

产业生态系统(sectoral system)框架,旨在尝试提出一个更加完整的方法用于分析创新和创新活动中的产业差异。产业生态系统是一个多维度、融合,且动态的方法,这个方法衍生于经济学和创新研究中三个重要的研究领域。

第一个研究领域由产业变迁相关的文献组成。这方面的研究包括对产业生命周期(Utterback,1994;Klepper,1996)以及更广泛的,由熊彼特、库兹涅茨(1930)和克拉克(1940)建立的对长周期产业演进的分析,还包括对创新活动和科技制度范式的最新研究(Malerba and Orsenigo,1996;Dosi,1997),这些研究都强调了在产业研究中采用动态分析视角的重要性。事实上,用熊彼特主义者的分类方法,对熊彼特创新第一阶段向第二阶段演化的情境加以识别是有可能的。在产业发展的早期,知识变化非常快,不确定性很高,产业进入门槛很低。在这种情境下,新企业极有可能成为创新的主要来源和产业动态变化的主要驱动者。然而,随着产业发展并最终步入成熟阶段,科技变革开始遵循一个规范定义的路线,规模经济、学习曲线、进入门槛和金融资源都成为竞争力的重要组成部分。从这一点来看,拥有垄断势力的大企业可能成为创新过程中的先锋(Gort and Klepper, 1982; Utterback, 1994; Klepper, 1996)。相反地,若存在主要的知识、技术和市场不连续的状况,熊彼特创新第二阶段的路径可能会被第一阶段的路径所取代。在这种情况下,一个非常稳定的、带有典型垄断性的大企业,可能会被使用新技术或注重新市场细分的动荡的新企业所击败。因为这类新企业往往使用新技术或者聚焦于最新的需求市场(Henderson and Clark, 1990; Christensen, 1997)。虽然这些都非常典型,但这样的动态变化强调了测量长时期内不同产业中知识和学习机制差异的重要性。

第二个研究领域是产业系统方法根植于其中的演化经济学。演化理论强调动态性、创新过程和经济变革,学习和知识被认为是经济体系演化中的关键组成部分。另外,演化经济学还关注学习过程中的认知层面,比如信仰、期望、目标等,这些会受到先前学习和经历的影响,也会受到主体所处的环境的影响。"有限理性"的代理者会在一个不确定和变化的环境中行动、学习和搜寻,代理人知道如何用不同的方式做不同或者相同的事。因此,学习、知识和行为隐含了代理中介在经历和组织方面的同质性,出色的能力可以导致持续的绩效差异(Nelson, 1995; Dosi, 1997; Metcalfr, 1998)。然而,代理中介的同质性、在学习过程中的差异以及出色能力,某种程度上会被他们所操作的外部产业的环境所限制。事实上,在同一产业中运行的企业会面临同样的技术,也会搜寻类似的知识基础,执行相似的生产活动,并被嵌入相同的制度设计。因此,这些企业会发展出一套针对其所在产业的学习模型、行动和制度形式。

第三个领域的研究则与创新系统相关。根据这类文献,企业的创新不是独立进行的。相反,创新被认为是一个包含了企业和非企业组织众多不同对象的交互过程。这些非企业组织包括大学、研究中心、政府代理商、标准化机构和金融组织(Lundvall, 1992; Carlsson, 1995; Dquist, 1997)。这个传统是从跨学科和历史研究方法中衍生出来的,并被应用在创新研究中,同时,这个传统也将学习视为创新的关键决定因素(Edquist, 1997)。这类研究的出发点类似于环境分析法,后者主要研究影响企业决策和绩效的外部因素(Narayanan and Fahey, 2001)。系统方法的丰富性来源于它将更广泛的环境视为要素的一个系统,在这个系统中,各种要素相互合作和交互,而不是独立运行。

很多关于创新系统的文献都聚焦于国家(Freeman, 1987; Lundvall, 1992; Nelson, 1993)、区域性或本地创新系统(Cooke et al., 1998)。这些研究往往旨在理解国家或地方制度、政府政策、法规和标准,在影响特定国家和区域的企业的创新绩效方面扮演的角色。它在测量创新发生的国家情景或者地方环境,以及公共机构、大学、科研中心、其他的国家或区域组对提升创新的作用方面很有用,但是在理解产业特征如何影响区域边界内和跨区域创新方面仍然存在障碍。随着全球竞争的加剧,这些特征的定义应该被置于创新管理最前沿的位置。

最近,系统方法也被应用到以商业生态系统为背景的企业战略制定(Moore, 1996;

Adner,2006；同时参照第 11 章 Autio 和 Thomas 的分析）。生态系统通常的定义是：一个由中介、供应商、竞争者、消费者和其他利益相关者组成的松散网络，进而影响或被企业战略所影响（Iansiti and Levien,2004）。和其他生态系统一样，在商业生态系统中，企业的生存和成功取决于企业管理自己的战略以及提升整个系统中其他成员的整体健康的能力。对于单个的企业或商业而言，这个概念在强调跨时间和跨价值链的创新过程中，不同的参与者之间的相互依赖的重要性时非常有用（Ander,2012）。然而，这个概念并没有太深入地定义各个要素之间的互动过程的特征，它们的关注点在于企业所处的商业环境以及系统中模糊的风险要素，这些风险要素横跨众多商业并且定义了单个企业运行所处的更宽的产业环境。分析企业所处的产业生态系统的即时状态固然非常重要，但对企业而言，理解商业出现和发展的更广泛的产业情景的特征同样重要。

产业生态系统的要素

产业生态系统方法是基于以上三个领域的研究成果提出的，用以分析产业的特征以及对比不同产业中创新驱动力的差异。根据这个方法，一个产业被认为是由一系列活动组成的，这些活动与广阔的相关的产品集团有关，强调了相似性的已存在的或者新兴的需求与应用，以及共享一些公共知识库（Malerba,2002）。产业创新系统框架聚焦在以下三个主要要素（见图10.1）。

图10.1　产业创新系统框架

（1）知识和技术控制型。这样的产业特征由独特的知识基础和特别的技术，以及研发、生产和分配所需的投入所塑造，知识在这类产业系统方法中占据核心位置。知识在企业层面具有高度独特性，不会自动和免费地在各个企业之间扩散（Foray,2004），且只能通过企业长期积累的能力加以消化吸收（Gohen and Levinthal,1990）。知识，尤其是技术性知识，包含了不同程度的特性、隐秘性、复杂性、互补性和独立性（Winter,1987；Cowan et al.,2000）。从一个动态视角来看，理解知识和技术如何被创造、流动、在企业之间交换，以及这样的过程如何对产业边界进行重新界定，都是非常重要的。

（2）参与者和网络。一个产业是由诸多异质性的参与者组成的，包括企业、非企业组织（如大学、金融机构、产业协会）和个体（如消费者、创业家和科学家）。这些异质性的参与者的特征由特定的学习过程、能力、信念、目标、组织架构和行为所塑造，它们通过沟通、交换、竞争、控制和合作等方式进行互动。因此，在一个产业系统框架中，创新被认为是一个包含了广泛参与者系统性互动的过程，参与者在这个过程中，创造和交换与创新相关的知识并将其商业化（网络）。

（3）制度。认知框架，行为和参与者的互动都受到制度的影响。制度包括规范、公共习惯、实践、规则、法律与标准。制度可能由上述参与者所创造或者应用，或者通过不同参与者之间的互动过程而建立（如合同）。它们可绑定可不绑定，可正式也可非正式（如专利法律或特定的规则与传统惯例）。很多制度具有特定的国家背景（如专利法规与规定），有的针对特定产业的甚至可能会跨越国界（例如与一些特殊材料的跨国交易有关的国际惯例，或者是与某种知识有关的已建立起来的实践经验，这些实践经验可以在产业内自由交流）。

这些要素中的每一个都有其独有的特征以及其自身动态变化的过程，这对理解这些要素非常重要。但是每一个要素又处于一个更大的系统中，在这个系统中，要素之间的互动会促进改变和创新。接下来的部分将要讨论这些要素是如何独自工作或者系统性合作的。

产业系统的动态变化

知识在经济系统的发展和变迁中起到了最主要的驱动作用。个体和组织的学习与知识构成了创新的根基，而且定义了企业和产业增长的动力。知识通过多种方法对企业和组织边界进行重塑。首先，知识的来源（供应商、大学、用户等）、知识的主导者（如一个产业中特定的科学和技术领域的创新活动）以及知识的应用方（用户）均不相同。知识是积累性的（新知识在多大程度上产生于现有知识的积累），并且可能有不同程度的可接近性（如企业获得外部知识的机会）。知识也有可能通过个体或者组织有意识地扩散，比如文献知识的溢出和创新者、管理者与熟练工人的流动性所带来的影响（Malerba and Orsenigo，2000；Malerba，2002）。

最近，对知识和产业系统的关注已经改变了看待企业和产业的传统观点。这一改变基于对产业内和跨产业创新的四个驱动力的关注，这四个驱动力分别是：学习和能力、网络、需求和使用，以及制度（Lundvall and Johnson，1994；Kim，1999；Dosi et al.，2000）。就学习而言，企业通过内部过程积累知识的同时，也通过与外部具备不同知识和能力的主体进行交流获得知识。能力（capabilities）指的是吸收、发展、整合隐性知识和汇编知识的能力，以及将这些知识应用到特定的功能、应用、技术和生产过程的能力（Nelson，1991；Dosi et. al.，2000；Malerba and Orsenigo，2000）。能力可能被看作一系列的技能、方法和补充性的资产，它们不一定具有正式形式。

能力是基于与特定应用或科技主导相联系的程序性知识，因此很难在企业之间扩散。换言之，企业成为储藏知识（已被嵌入组织管理中，大部分是隐形的）的仓库，这些知识包含了学习、适应和搜索的过程（Nelson and Winter，1982；Malerba，1992）。

从这个角度来看，企业的"知识"边界不一定与企业的法律边界相关，而是与企业为了创新和生产而运用和创造知识相关（Brusoni et al.，2001）。在企业的创新活动中，可以有多种途径获取科学知识，包括研发合作、非正式网络、人际流动和研究合同。一个企业的知识边界可能包括了与大学、研究中心或者其他与从事科技行为的企业之间的关联。知识边界可能会延伸至提供特定知识的企业，或者包含有特殊知识背景或应用的消费者。为了理解创新，这些知识网络常常以一种比传统法律边界定义法更有意义的方式对企业边界进行定义。

网络一词指的是连接起不同参与者的多样的连接，这些连接会对产业系统的动态性产生巨大的影响。正如之前提到的，在一个产业系统中，异质性的参与者通过市场或者非市场关系以多种方式进行相互关联。早期的产业组织理论将代理人视为交换、竞争和控制（如纵向整合）过程的参与者并对其进行研究；后来分析的焦点不断扩大，并且包含了合作、混合治理方式和正式的研发合作等过程。而演化方法以及创新系统方面的文献对这个分析方法扩展得更远,它们认为网络是一个知识流动的载体,这类知识包括需要不同能力的参与者才能吸收和结合的汇编知识和隐性知识。因此,从这个视角来看,在一个不确定和变化的环境中,网络的出现并不是因为参与者是相似的(原因在于传统观点的关注点在于知识溢出和信息不对称),而是因为他们在知识、能力和独特性方面的不同(Teubal et al. , 1991;Lundvall,1992;Nelson,1995;Edquist,1997;Powell and Grodal,2005)。事实上这个方法已经用来解释为什么企业和非企业组织(如大学和公共研究中心)之间的关系,已经成为生物医药、信息和通信等产业系统中一个重要创新和变革的来源(Nslson and Rosenberg,1993)。

第三方面,需求和使用的改变也已经成为很多产业系统变革的关键驱动力。需求方和构成需求的用户(如消费者、工业和专家用户以及公共代理机构),已经成为诸如半导体、机床和软件等多产业创新的核心(Nowery and Nelson,1999)。需求被认为是获得知识、改变产业系统知识边界的一个重要因素。消费者、个人、工业用户和公共机构等,这些受他们自身需求、学习过程、竞争能力和目标影响的对象,为创新和生产提供了相关的知识(Lundvall, 1992),这些都以不同形式发生并且伴随着不同程度的跨产业密度(DiStefano et al. ,2012)。在某些情况下,需求可能成为创意的信息、反馈或者品位的一种来源;另外一些情况下,用户自身也可能设计出适合自身独特需求的产品,这些产品可能与大众市场的需求不相同,甚至超越现有需求(Von Hippel,1988,2005);还有一些情况下,用户应用特有的知识不仅可以为他们的需求设计出创意的解决方案,还可以将这些创新通过他们自己的创业行为进行商业化(Shah and Tripsas,2007;Fontana and Malerba,2010;Adams et al. ,2003)。

最后,制度通过影响科技变革的速度、组织创新行为和创新绩效,使其在所有产业系统的动态变化中都扮演着重要的角色。不同产业制度的类型和本质并不相同,例如在制药产业和软件产业中,企业通过知识产权和专利保护自身创新的战略和行为所产生的影响大相径庭(Levin et al. ,1987)。类似地,引导投资决策和劳动力市场的准则在机床业和软件业中有明显不同。这些差异再次凸显了将制度研究纳入产业生态系统研究中的重要性。

还有一点需要指出,制度同样也会有国家层面的特征,这可能会导致不同国家的企业创新行为的不同(Nelson,1993)。例如知识产权方面,美国的发明优先制和日本的注册优先制对两国的企业行为产生不同的影响。此外,一国的制度可能更支持那些更贴合国家制度的产业。因此,一个产业系统可能会在一个国家中占据主导地位,因为现有的国家制度环境支持那个产业中的公司的发展。例如法国政府机构的决策和投资行为,就更多倾向于支持那些公众需求能够成为刺激创新的因素的产业。在其他例子中,国家制度也可能限制某些产业的发展或创新,或者产生国家制度和产业制度的错配。关于这种错配以及国家之间制度的不同对于不同产业演化的影响的例子,可以在 Dosi 和 Malerba 教授对高级经济学以及 Malerba 和尼尔森(2012)对发展经济学的研究中得到验证。当然,从国家制度作用到产业层面,国家制度和产业系统的相互作用并不是单向的,有时候方向恰恰相反,特定产业中的发展会反过来影响国家制度。为支持生物科技公司制定的特殊政策或者为保护银行消费者而设定的规则,在某种程度上会为国家制度带来更大的变革(例如,支持更多产业中的创业者,或者完善保护隐私的法律)。这些政策有时候被证明是成功的,有时候则相反(Dodgson et al. ,2008)。

工作情境下的产业系统创新

  产业系统中不同要素的交互创造了能产生创新的交流和学习过程。不同的产业包含了不同的创新系统,这些系统包括不同的知识类型、不同的参与者和不同的制度。产业系统框架有助于我们理解这些差异,以及它们在创新管理中的含义。从研究的目的来看,这个产业系统的框架可以在不同程度上,帮助我们理解这些过程是如何在跨产业或者在一个产品集合和用户分类划分的更窄定义中运作的。在这一部分,该框架将被应用于对三种产业系统的分析中,以展现它如何被应用于对不同环境下的创新过程的理解。本节我们首先从制药业说起,然后分析机床产业和服务业这两个差异很大的产业以此对比后两个产业系统的要素与制药业要素的不同。为了强调这三个系统之间的差异,并展示这些差异将如何影响创新,我们仅在每个系统中挑选少数特征进行分析。更多关于每个产业差异的深度分析,则可以通过参考文献查阅。

制药业

  制药业的参与者包括大小制药企业、新的生物科技公司、大学、研究机构、医院、医学专家(如内科医生、护士)、金融机构(如风险投资)、监管机构和消费者。在过去40年内,就知识积累和科技而言,制药业经历了持续变革和增长。物理学、生物医药、酶化学以及细胞生物学的前沿科技,随着分子结构和DNA重组技术的发展获得了长足的进步,随后基因测序、基因排序、转基因动物、分子生物学和化学都取得了极大进步。技术进步伴随着药品设计和测试的新技术和设施,这些技术和设施带来了新药生产过程的极大变革(从随机搜寻到指导性发现,再到生物和平台科技)(Henderson et al. ,1999)。制药业的制度框架中,有三个要素可能需要加以强调。第一是公共政策对创新行为的影响。国家健康系统对新药研发、组织机构,以及政策采纳均会影响制药业的创新。第二是产业中的专利权立法与知识产权保护。与这些因素密切相关的,是定义金融机构(特别是风险投资)在制药业中的作用的规范和行为。事实上,需要有一个强有力的专利权来保障企业、研究机构及其投资伙伴,从而使他们可以得到投资回报(McKelvey,2004)。

  虽然这些制度框架的要素在不同国家和地区表现出地域差异,但在该产业更大的框架中,这些制度和科技在这段时间内改变了制药业的特征,从而导致企业之间横向和纵向网络的产生。就横向网络而言,交易和转化网络的出现,使得现在的企业得以接近并最终吸收来自年轻的和更具有动态变化性企业的前沿知识和技术。这样动态的变化将人力资源在成熟的大企业和新的进入者之间进行划分,这也为更大的科学领域提供特定的知识和创新。与横向网络相伴的,还有通过产业内的垂直融合产生的纵向网络,这些垂直融合来自产业内的兼并和重组(Gambardella,1995;Pisano,1991)。因此,制药产业的学习模式和筛选过程不仅会对产业现存的参与者之间的关系密度产生影响(包括企业和其他组织),也会对通过扩张知识边界加入的新成员和新网络产生影响。

机床业

机床业的产业创新系统与制药产业存在几个方面的明显差异。和制药业相反,机床业的参与者一般包括:稳定的中等规模企业和家族企业作为供应方(a stable base of medium-sized and family-owned enterprises),以及用户公司(a large base of user firms)作为需求方。研究机构在该产业中起的作用很小,而外部的金融机构、政府机构和监管机构基本上不起作用。机床业的创新具有产品渐进式完善的特点,且涉及的研发投入较少(Wengel,Shapira,2004)。另外,与制药业中需求方不直接参与产品生产过程相比,机床业的创新中供给方和用户公司互动紧密。事实上,机床业的创新是由现存大企业主导的,他们能够与主要用户公司建立紧密的联系,以实现特定应用性知识的交换(Mazzoleni,1999),而非依靠引入新的具备前沿科技的创业企业。这种互动使得供应商可以吸收关于消费者应用的隐性知识,并在组织内部创造出一种学习过程,这种学习过程有助于满足用户需求的方案的形成。最后应该提及的是,制度(例如政府政策和专利法案)在机床业中的作用远不如其在制药业中的作用。企业认为他们为消费者量身定制方案的能力能为他们的独占性提供更好的保障(相比于使用专利而言)。并且,由于研发水平低且外部投资较少,机床业的公司并不会面临像制药产业公司那样的压力,这种压力迫使他们用专利来保护他们的投资。

这些特征也存在于机床业内不同类型的网络的发展过程中。这个产业并不存在连接领先的科技公司与外部研发机构的网络。与此同时,强大的区域集群建立起来,在这些区域集群中,企业能够接近熟练劳动力市场并与大型用户和领先消费者接触,同时还可以与金融(如当地银行)、维修和沟通等服务的互补连接中受益。

在这样的背景下,我们再看与创业有关的知识扩张对这个产业的动态性带来的影响就很有意思了。来自激光、新材料、软件和微电子等领域的新型科技,在如今的机床业创新中占据重要的地位,同时机床业也将存在于供应商内部的隐性知识最上层进行了引进与汇编。例如快速成型技术(RP)的引进,使得单体和复杂形态的产品设计更为迅速,甚至不再需要模具,这使得公司可以在最终投产之前,便捷地开发和测试不同的模型。因而,很多公司从原有的基于现有客户需求的特定驱动战略,转向了模型驱动策略,后者可以从对更大范围的学科和功能的投入中获益(Schrage,1993)。而且,与创新相关的新知识基础的发展,促进了企业内新能力的产生、高水平的研发投入以及与在某一特定领域拥有高科技的外部组织的合作关系。虽然在这个产业中,与用户的关系仍然很重要,但是机床业的创新正在由更大范围的利益相关者组成的新兴创业公司所驱动。最后,由于新的消费者来自全球各地,该产业的传统区域网络特征逐渐被国际间的合伙关系以及与研发、投资机构之间的合作所取代。

服务业

服务业有广泛的参与者,包括人(如医生、保险人员、导游)、物理器具(如维修器材、存储、运输)、数据、标识和信息(如电子通信,金融服务)等。本节将强调少数将服务业中最具创新的系统,与上面所提到的产业区分开来的一般性特征。这些特征不能应用于所有的服务业,但接下来的讨论可以帮助我们理解它们在这种领域中是如何被应用的。

服务业与其他产业在很多方面存在差异。服务是无形的、差异化明显的、易逝的、可以同时被生产和消费的,与制造业不同,服务业的创新包括了商业模式创新、组织形式创新和商业流程创新。从服务提供者到消费者,从代理公司到供应商和关心公共政策、公共服务的政府机构,都是服务业的参与者。然而需要指出的是,服务业和机床业的相似点在于,很多服务最大的特点就是与消费者之间的紧密互动。事实上,服务业需要与服务活动中的设计方、生产商、传播者和消费者等有紧密的联系。因此,相比于其他产业系统的创新,服务业的创新与社会和文化范式更加相关,而不仅仅关注于有形产品。

虽然服务业的创新与同消费者一起"通过实践来学习"高度相关,但是如果把服务业视作与制造业那样仅仅只是技术的接收者,将可能产生误导(Pavitt,1984)。事实上,最新的调查显示,在服务业中除了购买器械装备之外,存在着大量的、针对科技(包括软件产品)、研发和培训的投资。服务业的知识和学习特征,体现在对硬件和人造物品使用过程中的技术和流程的重视。装备技术的创新与组织,与提供服务的技能创新和流程创新是相辅相成的(Tether and Metcalfe,2004)。通过经验和合作进行学习的过程,发生在服务机构与辅助设备和技术供应以及消费者之间建立起的网络中。这些网络一般是由大量的、小而独立的供应者和消费者组成,一般活跃在社区层面,流动性极高,并且可以根据服务问题的解决情况决定个体的进入和退出。最近几年,这些网络逐渐扩展到了国家甚至是国际层面,并且包含了与正式资源和科学知识的关系。

与制药产业相似,制度在服务业创新中的作用极其显著。这些制度包含了广泛的政策和规则,涉及市场结构、公共服务提供、健康和安全规则、劳工法案和隐私法案等问题。然而,除了上面强调的这些,即服务创新中供应者和消费者之间存在的密切关联,文化和社会范式在服务业中也起到了重要作用(Tether,2005)。这些范式决定了这种互动的发生方式、发生频率和发生对象,以及在互动中交换的信息的性质。最后,在服务业中很少用到知识产权保护。相反,服务性的公司倾向于依靠定制化产品、商标和版权来保护他们的创意不被模仿。但是有一点仍需要注意,这个传统可能会随着对于机制发展的越来越多的关注度而改变,这些机制能够帮助公司在竞争中保护它的隐性知识资产和"商业模式"。

虽然对这三个产业的观察相对原始而且并没有覆盖产业创新系统各个方面,但是这个简短的分析加强了我们对于产业系统框架的价值的重视,从而更好地分析不同产业的创新因素和动力。

主要课题与研究发现

在过去的十年中,关于产业系统的研究在三个大的主线上不断推进着。

(1)更多不同类型的产业系统得到检验。最近几年用产业系统框架分析的不同产业的数量越来越多,而且已经不再局限于制造业(是该领域大量早期研究的主体)(Mowery and Nelson,1999;Malverba,2002,2004)。从对这些新研究的检验中,我们可以得出一些基本的结论。①知识是产业系统发展演变的主要驱动力。知识与学习的变革引发了产业内部关系网络的变革，为新型产业和新制度的出现做了铺垫，同时对原有的产业边界进行了重新定义。因此，理解知识、知识积累以及知识如何影响产业系统的特征，成了创新管理中最重要的内容，但管理研究领域中很少对知识要素加以分析应用。产业系统框架为该问题提供了一个解决的途径。②随着企业和其他参与者的纵向数据的可用性越来越高（如在企业中常规性进行的 CIS 企业形象识别系统性调查，或者在公司或个人层面对专利以及专利引用数据的统计），对产业和跨国的产业系统进行定量分析成为可能。③这些研究表明产业系统方法对分析创新和生产并非一个制约工具，而是一个更广泛的、灵活和适应性的工具。对产业的主要要素进行识别之后，研究者可以根据手中的目标来选择分析的层级。例如在覆盖范围较广的服务产业，用这个框架分析高创新性的服务领域（如机场道路系统和逻辑），或者像医院和餐馆等创新度较低的服务产业具备可能性。类似地，这个框架可以用来检验更广泛的产业系统，例如信息通信技术产业，这个产业的目标是理解不同技术质检的更为广泛的交互过程，理解之前独立的产业和被重新定义的产业边界的融合，或者理解信息与通信技术产业中具有更狭义定义的系统（如定制软件产业），这个系统的目标是对参与者、知识基础、特定创新行为中的网络进行详尽的分析，并且识别有特色的联合演进过程（Steinmuller, 2004）。

（2）不同产业系统之间的追赶。第二个进展是关于产业系统框架在不同国家背景下产业追赶过程中的应用。对中国、印度和巴西的研究提供了很多有趣的案例：印度在制药产业实现了成功的追赶，但是在通信设备产业则没有成功；巴西在食品产业成功实现了追赶，但是在制药业没能实现追赶；中国在汽车制造和电子通信产业飞速发展，但是在半导体行业却面临着巨大的挑战。现有的关于行业追赶的文献，强调了企业的学习能力在追赶过程中的重要性（Lee and Lim, 2001）。产业系统方法则通过展现学习过程、能力、组织和国内公司为何需要在特殊情境下进行研究的原因，对这些研究做出了贡献。Malerba 和 Nelson (2012) 对五个国家的电子通信、制药、软件、半导体、汽车、农产品等不同产业的分析显示，创新和追赶效应受到了一系列不同因素的影响。但是在这些例子中，从政府的政策到市场结构（小公司或者大公司，或二者都有）、金融机构、用户和需求、大学、公共研究实验室以及标准和规定，产业追赶的关键驱动力并不相同。但是这些研究不单指出了这些多样性，还表明将分析放置于系统性的框架下最有助于理解这些要素扮演的角色。

（3）仿真模型。最近几年大量的进展都来自于对分析机制的仿真模型的研究，这些机制会影响创新以及产业系统的动态变化。仿真，以代理人为基础的模型（Tesfatsion, 2006）的形式出现，为检验产业结构、多样性和反馈过程（这些是该领域的特征）提供一个有用的工具。这个框架也提供了一种展现复杂环境、发展创新路径观点，以及将产业放置于不断演化的、动态设定中的方法。

在代理人模型的家族中，历史友好型模型最近被用于分析创新、市场结构动态变化以及历史演进之间的关系。历史友好型模型一般从对产业主要因素的实证研究入手，这些因素塑造了一个产业融合和演化的特征，并且对这些因素的因果关系进行量化分析，这些因果关系会影响市场结构的动态性和创新。从这些基础来看,模型是由能够用来解释观察到的特定实证模式的成分所构建的。历史友好模型通过构造丰富并具有衔接作用的量化研究和对系统中特定要素的作用所进行的形式分析之间的连接,使其在连接不同水平和类型的分析之间扮演重要角色(Malerba et al.,2012)。

基于历史友好模型的研究已经在计算机(Malerba et al.,2012)、半导体(Garavaglia et al.,2012)和合成染料(Bernner and Murmann,2003)等产业开展。这些研究用此模型来检验产业中特定的要素的作用,如企业(和能力、组织以及战略相关)、需求和用户、供应商、政府、大学和制度(IPR)等,并且这些分析可以被简易地扩展到对产业中其他要素的分析,例如知识基础、风险投资,以及企业间的合作网络现状等。他们也可能通过检验先入者优势,用于给予企业战略以方向,例如模仿、进入和用户—供应商的交互(Malerba et al.)等。

对管理和未来发展的启示

为了理解不同产业的创新而进行的对于动态性、竞争性和系统框架的发展和应用,对创新管理主要有三点启示。

(1) 在公司层面的创新战略需要被放置在一个更广泛和系统的视角中来对其进行管理。创新不仅包括产业中的企业及其决策,还包括知识流动和学习过程,以及决策依据的制度条件,甚至包括被网络和回馈过程所连接起来的其他参与者。

(2) 当我们讨论创新管理时,所谓的"官方统计意义上"的产业边界可能并未包含最有用的定义。事实上,这些边界可能忽略了塑造创新的纵向和横向的链接,这些链接跨越产业,链接起了塑造创新的知识、科技和产品以及依赖性。想象一下信息通信技术产业的集聚效应,最近在所谓的传统产业被使用和整合的新技术,或者生物科技和纳米技术在众多产业的应用。因此,静态的视角注定要被动态变革的分析框架和模型所取代。

(3) 和我们对共同演化过程的理解有关,这种过程塑造了活跃于一个产业系统中的公司和其他参与者的特征。在广义上,共同演进也包含了不同要素之间的反馈机制,正是这些反馈机制驱动了演化向前推进。共同演化过程包括参与者、知识、技术、需求和制度具有路径依赖性(Nelson,1994),并且具有特定的产业背景。创新管理者面临的挑战是,如何从所有因素看上去都有关联的宽泛无用的观察,转向更有用的分析,这些分析可以增加他们对于共同演化发生的具体过程、演化密度以及反馈机制的种类的理解。

那么,管理者如何使用系统分析框架呢?这个框架提供了一个系统性的视角,可以帮助管理者在发现变化的要素的同时,还可以预测这些变化对其他要素的影响。因此,它通过将分析对象从单一的要素扩展到交互的要素之后,丰富了用于许多商业中的传统环境扫描方法。同时,这个方法让管理者能够发现系统中的要素如何组合才会产生价值,通常这些价值会超过任何一个部分单独创造出来的价值。这个观察是很多与创新管理相关的新兴战略的基础,包括开放式创新、创新平台和价值网络等。要想在动态的产业生态系统中取得成功,就要了解这个系统是如何作用和变革的,同时也要了解作为系统的一分子将面临的挑战,在系统中任何参与者可能都会严重受到身边其他参与者的特征和表现的影响。

产业系统视角也为管理者提供了一个间接观察其所处商业环境上下游中，所存在的新创意和知识的有用工具，并以此来促进创新。事实上，创新的动力可能来自企业所处的商业环境中的其他要素。通过对自身所处的产业系统特征的深刻理解，管理者可以对自己公司在产业系统中所处的位置和所需要采取的战略有更清晰的认识。

参 考 文 献

Adams, P., Fontana, R., and Malerba, F. (2013). 'The Magnitude of Innovation by Demand in a Sectoral System: The Role of Industrial Users in Semiconductors', *Research Policy*, 42(1): 1–14.

Adner, R. (2006). 'Match your Innovation Strategy to your Innovation Ecosystem', *Harvard Business Review*, 84(4): 98–107.

Adner, R. (2012). *The Wide Lens*. New York: Penguin Portfolio.

Bain, J. (1956). *Barriers to New Competition*. Boston: Harvard University Press.

Brenner, T., and Murmann, P. (2003). *The Use of Simulations in Developing Robust Knowledge about Causal Processes: Methodological Considerations and an Application to Industrial Evolution*, Papers on Economics and Evolution #0303, Max Plank Institute, Jena.

Brusoni, S., Prencipe, A., and Pavitt, K. (2001). 'Knowledge Specialization, Organizational Coupling and the Boundaries of the Firm: Why do Firms Know More than they Make?' *Administrative Science Quarterly*, 46(4): 597–621.

Carlsson, B. (ed.) (1995). *Technological Systems and Economic Performance*. Dordrecht: Kluwer.

Chesnais, F. (1993). 'The French National System of Innovation', in R. Nelson (ed.), *National Innovation Systems*. Oxford: Oxford University Press, 192–229.

Christensen, C. M. (1997). *The Innovator's Dilemma*. Boston: Harvard Business School Press.

Clark, C. (1940). *The Conditions of Economic Progress*. London: Macmillan.

Cohen, W. M., and Levin, R. (1989). 'Empirical Studies of Innovation and Market Structure', in R. Schmalensee and R. Willig (eds), *Handbook of Industrial Organization*. New York: North Holland, 1060–1107.

Cohen, W. M., and Levinthal, D. (1990). 'Absorptive Capacity: A New Perspective on Learning and Innovation', *Administrative Science Quarterly*, 35(1): 128–52.

Cooke, P., Heidenreich, M., and Braczyk, H. J. (1998). *Regional Innovation Systems*. London: Routledge.

Cowan, R., David, P., and Foray, D. (2000). 'The Explicit Economics of Codification and the Diffusion of Knowledge', *Industrial and Corporate Change*, 9(2): 211–53.

Dahmen, E. (1989). 'Development Blocks in Industrial Economics', in B. Carlsson (ed.), *Industrial Dynamics*. Dordrecht: Kluwer Academic Press, 109–22.

DiStefano, G., Gambardella, A. and Verona, G. (2012). 'Technology Push and Demand Pull Perspectives in Innovation Studies: Current Findings and Future Research Directions', *Research Policy*, 41(8): 1283–95.

Dodgson, M., Mathews, J., Kastelle, T., and Hu, M. (2008). 'The Evolving Nature of Taiwan's National Innovation System: The Case of Biotechnology Innovation Networks', *Research Policy*, 37(3): 430–45.

Dosi, G. (1997). 'Opportunities, Incentives and the Collective Patterns of Technological Change', *Economic Journal*, 107(444): 1530–47.

Dosi, G., and Malerba, F. (1996). *Organization and Strategy in the Evolution of the Enterprise*. London: Macmillan.

Dosi, G., Nelson, R., and Winter, S. (2000). *The Nature and Dynamics of Organizational Capabilities*. Oxford: Oxford University Press.

Edquist, C. (ed.) (1997). *Systems of Innovation*. London: Frances Pinter.

Fontana, R., and Malerba, F. (2010). 'Entry, Demand and Survival in the Semiconductor Industry', *Industrial and Corporate Change*, 19(5): 1629–54.

Foray, D. (2004). *The Economics of Knowledge*. Cambridge, MA: MIT Press.

Freeman, C. (1987). *Technology Policy and Economic Performance: Lessons from Japan*. London: Frances Pinter.

Gambardella, A. (1995). *Science and Innovation: The U.S. Pharmaceutical Industry during the 1980s*. Cambridge: Cambridge University Press.

Garavaglia, C., Malerba F., Orsenigo L., and Pezzoni M. (2012). 'Technological Regimes and Demand Structure in the Evolution of the Pharmaceutical Industry', *Journal of Evolutionary Economics*, 22(4): 677–709.

Geroski, P. (1995). 'What Do We Know About Entry?', *International Journal of Industrial Organization*, 13(4): 421–40.

Gilbert, R. (2006). 'Looking for Mr. Schumpeter: Where Are We on the Competition—Innovation Debate?', in A. Jaffe, J. Lerner, and S. Stern (eds), *Innovation Policy and the Economy*. Cambridge, MA: MIT Press, 159–215.

Gort, M., and Klepper, S. (1982). 'Time Paths in the Diffusion of Product Innovations', *Economic Journal*, 92(367): 630–53.

Granstrand, O. (1994). *The Economics of Technology*. Amsterdam: Elsevier Science Publishers.

Granstrand, O., Patel, P., and Pavitt, K. (1997). 'Multi-technology Corporations: Why They Have Distributed rather than Distinctive Core Competencies', *California Management Review*, 39(4): 8–25.

Grant, R. (1996). 'Towards a Knowledge-based Theory of the Firm', *Strategic Management Journal*, 17: 109–22.

Henderson, R., and Clark, K. (1990). 'Architectural Innovation: The Reconfiguration of Existing Product Technologies and the Failure of Established Firms', *Administrative Science Quarterly*, 35(1): 9–30.

Henderson, R., Orsenigo, L., and Pisano, G. (1999). 'The Pharmaceutical Industry and the Revolution in Molecular Biology', in D. Mowery and R. Nelson (eds), *The Sources of Industrial Leadership*. Cambridge, MA: Cambridge University Press, 267–312.

Iansiti, M., and Levien, R. (2004). 'Strategy as Ecology', *Harvard Business Review*, 82(3): 68–78.

Kim, C., and Lee, K. (2003). 'Innovation, Technological Regimes and Organizational Selection in Industry Evolution: A "History Friendly Model" of the DRAM Industry', *Industrial and Corporate Change*, 12(6): 1195–221.

Kim. L. (1999). *Learning and Innovation in Economic Development*. London: Edward Elgar Publishing.

Klepper, S. (1996). 'Entry, Exit, Growth and Innovation over the Product Life Cycle', *American Economic Review*, 86(3): 562–83.

Kuznets, S. (1930). *Secular Movements in Production and Prices: Their Nature and their Bearing upon Cyclical Fluctuations*. Boston: Houghton Mifflin.

Lee, K., and Lim, C. (2001). 'Technological Regimes, Catching-up and Leapfrogging: Findings from the Korean Industries', *Research Policy*, 30(3): 459–83.

Levin, R., Klevorick, A., Nelson, R., and Winter, S. (1987). 'Appropriating the Returns from Industrial R & D', *Brookings Papers on Economic Activity*, 3, 783–831.

Lundvall, B. Å. (1992). *National Systems of Innovation*. London: Frances Pinter.

Lundvall, B. Å., and Johnson, B. (1994). 'The Learning Economy', *Journal of Industry Studies*, 1(2): 23–42.

McKelvey, M., Orsenigo, L., and Pammolli, F. (2004). 'Pharmaceuticals as a Sectoral Innovation System', in F. Malerba (ed.), *Sectoral Systems of Innovation: Concepts, Issues and Analyses of Six Major Sectors in Europe*. Cambridge: Cambridge University Press, 73–120.

Malerba, F. (1992). 'Learning by Firms and Incremental Technical Change', *Economic Journal*, 102(413): 845–59.

Malerba, F. (2002). 'Sectoral Systems of Innovation and Production', *Research Policy*, 31(2): 247–64.

Malerba, F. (ed.) (2004). *Sectoral Systems of Innovation: Concepts, Issues and Analyses of Six Major Sectors in Europe*. Cambridge: Cambridge University Press.

Malerba, F., and Nelson, R. (2011). 'Learning and Catching up in Different Sectoral Systems: Evidence from Six Industries', *Industrial and Corporate Change*, 20(6): 1645–75.

Malerba, F., and Nelson, R. (eds.) (2012). *Economic Development as a Learning Process: Variation across Sectoral Systems*. Cheltenham: Edward Elgar.

Malerba, F., and Orsenigo, L. (1996). 'Schumpeterian Patterns of Innovation', *Cambridge Journal of Economics*, 19(1): 47–65.

Malerba, F., and Orsenigo, L. (2000). 'Knowledge, Innovative Activities and Industry Evolution', *Industrial and Corporate Change*, 9(2): 289–314.

Malerba, F., Nelson, R., Orsenigo, L., and Winter, S. (forthcoming). *Innovation and the Evolution of Industries: History-friendly Models*. Cambridge: Cambridge University Press.

Mazzoleni, R., (1999). 'Innovation in the Machine Tool Industry: A Historical Perspective on the Dynamics of Comparative Advantage', in D. Mowery and R. Nelson (eds.), *Sources of Industrial Leadership*. Cambridge: Cambridge University Press, 169–216.

Metcalfe, S. (1998). *Evolutionary Economics and Creative Destruction*. London: Routledge.

Miles, I. (2005). 'Innovation in Services', in J. Fagerberg, D. Mowery, and R. Nelson (eds.), *The Oxford Handbook of Innovation*. Oxford: Oxford University Press, 433–58.

Moore, J. F. (1996). *The Death of Competition: Leadership and Strategy in the Age of Ecosystems*. New York: Harper Business.

Mowery, D., and Nelson, R. (eds.) (1999). *The Sources of Industrial Leadership*. Cambridge: Cambridge University Press.

Narayanan, V. K., and Fahey, L. (2001). 'Macro-environmental Analysis: Understanding the Environment Outside the Industry', in L. Fahey and R. Randall (eds.), *The Portable MBA in Strategy*. New York: John Wiley and Sons, 189–214.

Nelson, R. (1991). 'Diffusion of Development: Post-World War II Convergence among Advanced Industrial Nations', *American Economic Review*, 81(2): 271–5.

Nelson, R. (ed.) (1993). *National Innovation Systems: A Comparative Study*. Oxford: Oxford University Press.

Nelson, R. (1994). 'The Coevolution of Technology, Industrial Structure and Supporting Institutions' *Industrial and Corporate Change*, 3(1): 47–63.

Nelson, R. (1995). 'Recent Evolutionary Theorizing About Economic Change', *Journal of Economic Literature*, 33(1): 48–90.

Nelson, R., and Rosenberg, N. (1993). 'Technical Innovation and National Systems', in R. Nelson (ed.), *National Innovation Systems*. Oxford: Oxford University Press, 1–18.

Nelson, R., and Winter, S. (1982). *An Evolutionary Theory of Economic Change*. Cambridge, MA: The Belknapp Press of Harvard University.

Pavitt, K. (1984). 'Sectoral Patterns of Technical Change: Towards a Taxonomy and a Theory', *Research Policy*, 13(6): 343–73.

Pisano, G. (1991). 'The Governance of Innovation: Vertical Integration and Collaborative Arrangements in the Biotechnology Industry', *Research Policy*, 20(3): 237–49.

Porter, M. E. (1979). 'How Competitive Forces Shape Strategy', *Harvard Business Review*, 57: 86–93.

Porter, M. E. (1985). *Competitive Advantage*. New York: The Free Press.

Powell, W., and Grodal, S. (2005). 'Networks of Innovators', in J. Fagerberg, D. Mowery, and R. Nelson (eds.), *The Oxford Handbook of Innovation*. Oxford: Oxford University Press, 56–85.

Robson, M., Townsend, J., and Pavitt, K. (1988). 'Sectoral Patterns of Production and Use of Innovation in the U.K.: 1943-1983', *Research Policy*, 17(1): 1–14.

Rosenberg, N. (1976). *Perspectives on Technology*. Cambridge: Cambridge University Press.

Rosenberg, N. (1982). *Inside the Black Box: Technology and Economics*. Cambridge: Cambridge University Press.

Scherer, M. (1982). 'Inter-industry Technological Flows in the United States', *Research Policy*, 11(4): 227–46.

Scherer, M. (1990), *Industrial Market Structure and Economic Performance*. Boston: Houghton Mifflin.

Schrage, M. (1993). 'The Culture(s) of Prototyping', *Design Management Journal*, 4: 55–65.

Schumpeter, J. A. (1911). *The Theory of Economic Development*. Boston: Harvard Press.

Schumpeter, J. A. (1942). *Capitalism, Socialism and Democracy*. New York: Harper.

Shah, S. K., and Tripsas, M. (2007). 'The Accidental Entrepreneur: The Emergent and Collective Process of User Entrepreneurship', *Strategic Entrepreneurship Journal*, 1(1–2): 123–40.

Steinmueller, W. E. (2004). 'The Software Sectoral Innovation System', in F. Malerba (ed.), *Sectoral Systems of Innovation: Concepts, Issues and Analyses of Six Major Sectors in Europe*. Cambridge: Cambridge University Press, 193–242.

Sutton, J. (1991). *Sunk Costs and Market Structure*. Cambridge, MA: MIT Press.

Sutton, J. (1998). *Technology and Market Structure*. Cambridge, MA: MIT Press.

Tesfatsion L. (2006). 'Agent-based Computational Economics: A Constructive Approach to Economic Theory', in L. Tesfatsion and K. Judd (eds.), *Handbook of Computational Economics, Volume 2: Agent-Based Computational Economics*. Amsterdam: Elsevier/North-Holland, 831–80.

Tether, B. S. (2005). 'Do Services Innovate (Differently)?: Insights from the European Innobarometer Survey', *Industry and Innovation*, 12(2): 153–84.

Tether, B. S., and Metcalfe, J. S. (2004). 'Services and Systems of Innovation', in F. Malerba (ed.), *Sectoral Systems of Innovation*. Cambridge: Cambridge University Press, 287–324.

Teubal, M., Yinnon, T., and Zuscovitch, E. (1991). 'Networks and Market Creation', *Research Policy*, 20(5): 381–92.

Tirole, J. (1988), *The Theory of Industrial Organization*. Cambridge, MA: MIT Press.

Utterback, J. (1994). *Mastering the Dynamics of Innovation*. Boston: Harvard Business School Press.

Von Hippel, E. (1988). *The Sources of Innovation*. Oxford: Oxford University Press.

Von Hippel, E. (2005). *Democratizing Innovation*. Cambridge, MA: MIT Press.

Von Tunzelman, N., and Acha, V. (2005). 'Innovation in Low-tech Industries', in J. Fagerberg, D. Mowery, and R. Nelson (eds), *The Oxford Handbook of Innovation*. Oxford: Oxford University Press, 407–32.

Wengel, J., and Shapira, P. (2004). 'Machine Tools: The Remaking of a Traditional Sectoral Innovation System?' in F. Malerba (ed.), *Sectoral Systems of Innovation: Concepts, Issues and Analyses of Six Major Sectors in Europe*. Cambridge: Cambridge University Press, 243–86.

Winter, S. (1987). 'Knowledge and Competencies as Strategic Assets', in D. Teece (ed.) *The Competitive Challenge: Strategies for industrial innovation and renewal*. Cambridge, UK: Ballinger Publishing Company, 159–84.

第11章

创新生态系统：创新管理的应用

埃尔科·奥蒂奥（Erkko Autio）

卢埃林·托马斯（Llewellyn D. W. Thomas）

引 言

"生态系统"（ecosystem）一词提供了一个极具吸引力的隐喻，用来描绘存在一系列相互交织的组织之间的价值创造和关系网络。这个隐喻在 20 世纪 90 年代中期由实践类杂志首次提出（Moore，1993，1996），然后逐渐被包括《战略管理》（*Strategic Management Journal*）等在内的学术期刊接受（Teece，2007；Pierce，2009；Adner and Kapoor，2010；Gulati，Puranam and Tushman，2012）。最近的学术讨论普遍认为市场和战略必须聚焦于塑造企业赖以生存的生态系统（Singer，2006），企业也应该将战略的焦点逐渐从行业转向企业所处的生态系统（Iansiti and Levien，2004b）。辩证来看，这个宽泛的定义和多功能隐喻的吸引力在于，其具有唤起和强调组织间相互依赖性的能力，并且能提供一个用于思考专业化、共同演化和共同价值创造的全新工具（Frels，Shervani and Srivastava，2003；Adner and Kappor，2010）。

但是，用另外一个经常应用的隐喻，就是说生态系统是否像长了腿似的会移动、传播，生态系统一词是否超越了诸如价值链、供应网络等现有的众多概念；或者说，我们是否为管理者和管理咨询人员提供了一个更简单的替代词汇。对现有文献稍加查阅就会找到对这个概念较多的质疑。这个概念大多都是被实践者文献所使用，只有一小部分出现在学术期刊上；概念扩充的同时是很难进行调和的；这个概念在没有被充分刻画的情况下（包含跨行业和跨层面分析）被使用于各类情境中。然而，正如我们将在本章阐述的，概念构建的完善并不意味着停滞不前，尽管这个领域是割裂的，进步还是在不断涌现。总的来说，大量刊登的文献提供了创新管理的视角，这些视角涉及交互参与者所形成的演化网络是如何围绕核心企业或平台交织的。因此，我们在本章将会对不断涌现的生态系统相关的文献加以梳理，并为创新管理提炼出有价值的信息。我们将会说明生态系统的构造的确长了腿，并且我们会尽可能去阐释这些"腿"究竟长得怎么样。

本章我们将首先讨论生态系统的定义；然后从两个视角对生态系统的已有文献进行回顾。第一个视角是借鉴放置于不同的实证情境中对生态系统的研究，总结关于生态系统边界、结构和协调性等见解。其次是回顾可以应用生态系统研究的三个理论视角:价值创造视角、网络嵌入视角,以及网络管理视角。通过借鉴这些文献,我们将分析如何把生态系统这一概念应用到创新战略分析、设计和实施的过程中。

定 义

生态系统一词最早在生物系统情境下使用,随后扩展到多种多样的情境下。在管理研究领域,生态系统一词主要是指围绕在一个核心企业或者平台的、由众多关联的组织所构成的网络以及它们的运作方式(Moore, 1993, 1996; Iansiti and Levien, 2004a, b; Teece, 2007)。生态系统作为一个理论概念,与管理研究中其他以网络为核心的概念的差异,体现在产品和用户方,以及互补资产供应方和消费者的基本组成上。我们正式将创新生态系统定义为一个由相互连接的组织构成的网络,这些网络围绕着一个核心企业或一个平台构建,由生产方和用户方参与构成,并在此基础上通过创新实现价值创造和共享。

根据我们的定义,生态系统是围绕着一个共享的核心点或者核心资产进行构建的。生态系统中的生产方和使用方可以与一个本地的核心企业(Teece, 2007; Adner and Kapoor, 2010)、一个孵化公司(Moore, 1993, 1996; Iansiti and Levien, 2004a, b)或者一个共享的技术平台(Cusumano and Gawer, 2002; Gawer and Cusumano, 2002; 以及参见本书第32章)建立联系。生态系统包含了用户参与者,这使得它可以与其他管理文献中以网络为核心的概念加以区分,例如集群、创新网络和产业网络等,这些概念都聚焦在生产方。另外,用户网络专注于产业价值链的用户端,因此,在覆盖到的利益相关者(如生产者、用户、竞争者和合作者)方面,生态系统的概念应该是应用于管理研究中的不同的网络概念中最为广泛的。正是得益于广泛的覆盖面以及对价格共创和分享的聚焦,生态系统这个概念也更加突出。

作为管理学文献中的一个重要方向,生态系统研究也在与网络相关的文献(属于管理学研究的范围)中占据很大的比例(参见第6章)。在这类文献中,包含用户作为参与方并不是生态系统独有的,因为用户参与方也是战略网络(Jarillo, 1988; Gulati, Nohria and Zaheer, 2000)、商业网络(Moller and Svahn, 2006; Anderson, Hakansson, and Johanson, 1994)、价值网络(Christensen and Rosenbloom, 1995; Stabell and Fjeldstad, 1998)和价值星系(Norman and Ramirez, 1993)等情境下使用的概念。这些研究都将网络视为组织形式的一个典型模式,这一模式和市场以及组织性阶层有所差别(Thorelli, 1986),它更强调经济行为的社会嵌入性(Granovetter, 1985; Uzzi, 1997),也吸收了网络组织和虚拟组织的观点(Miles and Snow, 1986),强调价值链、市场结构和价值分享顾虑等(Porter, 1980, 1985; Teece, 1986)。这些都建立在资源基础性、相关性和以核心竞争力为基础的优势等的概念上(Prahalad and Hamel, 1990; Barney, 1991; Dyer and Singh, 1998),并承认创新是一个复杂的、由多种不同利益相关者驱动的过程(Von Hippel, 1998)。这些理论为发展生态系统思维提供了充足的基础。

虽然缺乏清晰的定义,但是广泛应用的生态系统概念呈现出的特征,使其可以与相关的概念加以区分。我们在之前提到这是少数的一个明确包含了上游(生产方)和下游(用户方)的概念,这个"全系统"视角呼应了这一概念的生物学起源。这个生态系统概念与价值链和供应链的明显区别在于其非线性的视角,因为它同时包含了纵向和横向的参与者。生态系统概念因其聚焦于价值共享和应用,也与价值创造导向的概念(如价值网络和价值星系等)有所区别。一个虽然与生态系统相关但不普遍适用的突出方面是,它聚焦于由相互关联的参与者(共同向新状态努力)构成的网络的演化过程,而不是强调对现存的静态网络的产出潜力的优化(Gustafsson and Aution,2011)。

生态系统的边界、结构和动态性

生态系统概念与定义的多元性,恰恰反映了它可以在其中被广泛应用的各类情境,而且对不同背景下的研究抽样为生态系统的本质提供了有洞察力的见解。我们将对其中三个见解进行讨论,即生态系统边界、结构,以及由生态系统参与者之间的关系和交互所产生的动态变化。

自从这个概念被引入管理文献以来,已经有若干学者对创新生态系统概念的实质性探究进行了尝试。摩尔(Moore,1993)第一次用它来描绘围绕核心组织、借以促进自身绩效的一系列生产者和消费者。在摩尔看来,一个公司不仅可以被看作一个给定的产业中的成员,还可以被看作一个"商业生态系统"的组成部分。摩尔认为企业之间的交互和集体的价值创造过程往往比工业组织视角下的战略框架(Poter,1980,1985)所描述得更加复杂。这个观点呼应了 Christensen 和 Rosenbloom(1995)提出的价值网络概念,后者认为价值网络是一个情境或者蜂巢状的商业系统,特定的企业可以在其中参与竞争和解决消费者的问题。与 Christensen 和 Rosenbloom 的概念相比,生态系统的概念更广,因为它覆盖了多样的组织社群、机构和个人。这些组织社群、机构和个人对企业以及它的消费者和供给者产生影响,包括互补商、供应商、管理机构、标准制定者、司法机关和教育研究机构的命运(Teece,2007)。

越过这些基本的情境视角,生态系统也被认为是动态的、有目的的网络,参与者在其中进行共同的价值创造(Adner and Kapoor,2010;Lusch,Vargo,and Tianniru,2010)。从这个角度来看,生态系统的参与者围绕着一组共享的核心科技实现能力的共同演进,并在合作与竞争中去支持新的产品,满足消费者需求,最终进入新一轮的创新(Moore,1993,1996)。据此来看,生态系统是一种合作性的安排,包含在其中的一大波企业将其能提供的资源合并成一个综合的、面向消费者的解决方案,这使得企业可以共同创造价值,而这样的方法只有少数公司可以独立完成(Adner,2006;Moore,1996)。因此,生态系统将价值链概念扩展到了系统的层面,包含了任何可能对共同方案有所贡献的组织机构(Iansiti and Levien,2004a,b)。这也意味着生态系统可能包含了以往供应者和分配者的价值链未曾包含的外部参与者,如外包公司、金融机构、技术提供者、竞争者、消费者、监管机构和协调机构等。

生态系统参与者的多元性使得对生态系统的边界很难定义。很多人认为生态系统是开放且可以渗透的,这使得定义生态系统边界变得更加困难(Gulati et al.,2012),这种困难也与各种关于生态系统边界的操作性的方式有关。例如，在 Adner 和 Kapoor(2010)基于价值的模型中，他们将创新生态系统定义为仅由三类参与者(供应方、互补方和消费者)构建的，并且也是唯一一个脱离核心公司和客户的网络，其他操作化建议并不太清晰。Iansiti 和 Levien(2004b)强调了生态系统社区中的参与者识别问题，并认为生态系统的边界是核心企业，并且该边界是由识别更大生态社区的生态系统参与者划分的。Santos 和 Eisenhard(2005)则指出生态系统的边界远远超过市场效率界定的边界，他们特别强调了生态系统的边界定义应该基于组织权力和特殊的组织竞争力。虽然不同的边界定义会被应用于不同的目的和视角中，但生态系统的边界很少与传统的产业边界重叠，后者被定义为产品和它们的生产者的组合。创新生态系统的定义性要素不是一个给定的产品，而是一个相互连接的、与科技和相关组织的竞争力，并且在这个连接中，许多参与者齐心协力为不同的用户群体和用户创造一系列解决方案。生态系统不能等同于产业，更应该把它视为一个不断进化的社区，这个社区专注于发展、发现、传递和调度各类正在演化过程中的应用(这些应用利用一系列互补科技和技能)。

以上的阐述暗示创新生态系统的特征是它的适应与演变能力(Basole,2009)。一个健康的生态系统是高产的，也就是说，它源源不断地将科技等创新投入转化为更低成本的、新的市场；同时它又是稳健的，有能力应对不可预知的科技变革，并能够为增加有意义的多样性提供机会(Iansiti and Levien,2004a)。生态系统成员之间的关系是共生的，都是系统中共同演化的一员(Moore,1996;Iansiti and Levien,2004a;Li,2009)，创新生态系统中的每一个成员的命运都和系统整体的命运息息相关(Li,2009)。只要满足这些特征，一个既定的参与者一定处于生态系统的边界之内。

关于如何判定一个成员是否属于某一生态系统的问题，必然引出另一个问题，也即生态系统的结构。参与类型、角色和相互依赖的多样性，预示着挑战不会被平均施加于生态系统的各个成员(Adner and Kapoor,2010)。生态系统成员的相互依赖性同样引发了另外一个问题，就是如何协调和管理生态系统。在很多情境下，无论一个核心企业或者非核心企业，都存在将其服务与系统相协调的现象(Cusumano and Gawer,2002;Iansiti and Levien,2004a;Li,2009;Pierce,2009)。这些公司可能控制驱动生态系统中的价值的技术架构或品牌，或者说这种协调是基于对结构或者准入机制的控制来实现的，类似于 eBay 和安卓系统等。事实上，很多文献将"平台"视为核心企业使用的协调工具，或者其他生态系统中的成员能够将其用来提高自身绩效的服务、工具和科技(Cusumano and Gawer,2002;Iansiti and Levien,2004a;Li,2009)。

值得注意的是，无论什么协调工具都对生态系统自身的健康和稳定极其重要，因为它通过帮助价值创造和价值共享促进了整体的发展(Cusumano and Gawer,2002;Iansiti and Levien,2004a;Evans,Hagiu,and Schmalensee,2006)。网络研究表明，无论网络的结构、成员或者彼此的连接性质如何，核心企业大都会自然而然从网络中诞生(Barabasi and Albert,1999;Newman,2001;Barabasi,2002;Cohen,2002)。例如对数码服务的研究发现，当数码服务的数量呈现线性增长时，核心企业互补方的分布会倾向于遵循同一个权力法则，这意味着大多数公司的核心生产要素由少数核心企业供应（Weiss and Gangadharan,2010）。对协调机制的控制可能是由单个公司掌握的,也可能是由一个公司组合进行的,或者是一个财团,甚至是一个非营利组织（Chesbrough and Appleyard,2007）。这些基础架构可能会成为一个"平台",但这并不是必然的（Cusumano and Gawer,2002；Iansiti and Levien,2004a,b；Jacobides, Knudsen and Augier, 2006；Teece,2007）。虽然一个成功的平台往往伴随着一个生态系统,但是生态系统不一定必须得有平台才能生存和发展。

除了正式的和基于所有权的控制机制,还有一些非正式的协调机制会影响到创新生态系统的发展演变。这些非正式协调机制,包括嵌入在生态系统关系中的社会与行为方面的协调机制,如信任、联系、专业态度、开放性、透明度和互补性等,这些都被看作生态系统发展的重要影响因素（Agerfalk and Fitzgerald,2008）。对生态系统的信任构建起关键作用的促进者包括横跨产品生命周期的互补规则、对不同义务履行观点的结合,以及价值创造和社区价值之间的平衡。在软件公司中,Lyer、Lee 和 Venkatraman（2006）发现,软件部分始终作为一个小的生态系统在运营,在互联网出现的过程中也维持着小规模生态系统的状态,并且不会随着技术变革而发生改变。得益于成熟的非正式控制机制,软件行业的生态系统在通过自身进行信息传递、传播创新前沿技术和资源方面表现得非常高效。因此,非正式机制是通过改善信息披露与信息共享来促进创新的,这种机制也使创新可以通过知识聚合来实现；反之,正式的机制在防止资源浪费,以及使企业更加关注有发展潜力的领域方面,有重要的促进作用。

一些学者利用制度方法来理解创新生态系统的协调与发展（Thomas and Autio,2013；Gawer and Phillips, 2013）。创新生态系统也可以被认为是组织领域的,或者说是"那些由一系列组织组成的一个公认的整体的制度生命,包括主要的供给者、资源与产品的消费者,代理机构和其他提供类似服务或产品的组织"（DiMaggio and Powell, 1983：148）。作为一个理论概念,创新生态系统与组织领域类似,因为它有自身的制度参与者、逻辑和治理结构（Scott,2007）。特别地,一个创新生态系统由于其公认的组织生命领域,以及与一个公共行业的传统考虑的差异,可以被视作有共同创造价值的组织领域,或者因其公认的组织生命领域,可以被视作有共同创造价值的组织问题（Thomas and Autio,2013）。将制度理论引入创新生态系统分析,为我们提供了一个理解组织原则和行为规则与范式（在分工方面对非正式的合作提供了支持和管理）的有效理论工具。

生态系统的行为逻辑

以上综述为我们在创新生态系统的边界、结构和治理机制的理解方面,提供了有洞察力的见解,接下来我们会将理论的焦点转向理解创新生态系统的行为逻辑上。我们的文献回顾主要集中于三个主题——价值创造、网络嵌入和网络管理,同时基于广泛和典型的理论基础,使得我们可以关注创新生态系统的多个方面。这些文献总结在表 11.1 中,表 11.2 则分别列出了这三个主题的一些实例。

表 11.1 生态系统以及相关研究概览

主题	生态系统	价值创造	网络嵌入	网络管理
概念变体	生态系统；创新生态系统；商业生态系统	价值网络；价值星系	战略网络；商业网络；创新网络	商业网络；价值网
描述	由生产方和消费方组成的动态和有目的的网络	非线性价值创造系统	在不同但有关联的组织之间长期且有目的地准备	为了特定的目的而有意识地建立起的组织架构
核心原则	一般管理	一般管理；市场营销	一般管理；市场营销	市场营销
关键概念	价值共创；参与者共生；生态系统合作	价值共创；相互联系	专业化合作；互补	网络合作
有关键影响的文献	Chandler(1962); Williamson(1975); Porter(1980,1985); Wernerfelt(1984); Teece(1986); Brandenburger and Nalebuff(1996); Gawer and Cusumano(2002)	Porter(1980, 1985); Katz and Shapiro(1985); Normann(1993); Christensen(1997); Chesbrough and Rosenbloom(2002)	WIlamson(1975); Granovetter(1985); Thorelli(1996); Von Hippel(1988); Womack(1990)	Anderson(1994); Uzzi(1997); Dyer and Singh(1998); Achrol(1999); Zollo(2002); Gulati et al.(2000); Hakansson and Ford(2002)
实证背景	信息与互联网技术；通信技术；制造业	信息技术；通信技术	跨行业；制造业；信息技术	跨行业；制造业
主要期刊	Harvard Business Review; Solan Management Review; Strategic Management Review	Telecommunications Policy; Long Range Planning; Journal of Academy of Marketing Science	Industrial Marketing management; Solan Management Reivew; Strategic Management Journal	Industrial Marketing Management
主要工作	Moore(1993); Isansiti and Levien(2004); Teece(2007); Adner and Kapoor(2010)	Norman and Ramirez(1993); Christensen and Rosenbloom(1995); Stabell and Fjeldstad(1998)	Jarillo(1988); Anderson et al.(1994); Gulati et al.(2000); Afuah(2000)	Ritter et al.(2004); Moller et al.(2005); Moller and Svahn(2006)

表 11.2 实证研究举例

主题	研究	背景	类型	样本来源	主要发现
生态系统	Lyer, Lee, and Venkatraman(2006)	信息技术	定量	软件包装行业	软件行业像一个小的生态系统,随着互联网的出现和信息技术的变革,软件行业的结构不会发生变化,这表明生态系统网络在通过生态系统进行信息、创新和资源流动方面非常高效
	Adnerand Kapoor(2010)	信息技术	定量	半导体；印刷业；装备业	外部生态系统的挑战可以促进或者腐蚀一个公司的科技领先地位。特别地,技术带来的优势会在组成部分的挑战中加强,而在互补的挑战中减弱

续表

主题	研　究	背景	类型	样本来源	主　要　发　现
价值创造	Cheistensen and Rosenbloom(1995)	信息技术	案例研究	硬盘驱动行业	除与在位者的能力相关的科技变革的特征和变革程度、新进入者带来的管理过程和组织动力外,第三个影响在位者和新进入者创新的成败的因素是价值网络
	Huemer(2006)	物流	案例研究	物流提供方	有价值的网络逻辑为价值链提供了一个极有价值的替代,而且揭示了一系列供应关系中的复杂性,例如价值创造逻辑的差异,附加的结构维度和多重依赖性
网络嵌入	Afuan(2000)	信息技术	定量	微处理器工作站制造业	随着科技变革使得原来的竞合能力遭到淘汰,一个公司的绩效也会随之降低
	Rabinovich, Knemeyer, and Mayer(2007)	信息技术	定量	电子商务	电子商务基于低水平的资产差异化和不确定性驱动,建立了供应关系,同时,这些关系也提供了一个捆绑诸多互补性服务的网络
网络管理	Hugher, Ireland, and Morgan(2007)	跨行业	定量	英国孵化器	孵化器中的网络仅仅表明了价值创造的机会,而企业的行为则决定了这些机会是否能够被实现
	Oberg, Hannenberg, and Mouzas(2007)	跨行业	案例研究	卡车制造;电子广告系统集成;IT销售	兼并或收购之后,管理者需要从根本上调整他们之前的网络;然而并不是所有的管理者都能够调整其先前的网络形象和网络活动,使其与新现状相符合

价值创新主题聚焦于创新生态系统情境下的价值创造过程,它建立于战略管理中的产业组织框架的基础之上(尤其是那些强调产业结构、产业价值链和价值整合的框架)(Porter 1980,1985;Teece,1986),同时又通过强调产业网络中非线性、交互性和不连续的创新过程对其加以扩展。这个主题通过说明生态系统中的价值创造和共享的理论逻辑,以及网络情景下的价值驱动(例如网络的外部性和互补创新),对生态系统研究做出贡献。网络嵌入主题强调了网络的结构和相关性,并且通过引入诸如社会信任和合法性等社会理论,扩展了生态系统研究的理论基础(Miles and Snow,1986)。网络管理主题强调了在网络情境下的合作和管理的战略和战术(Miles and Snow,1986;Moller, Rajala, and Svahn,2005),这个主题包含了对核心企业以及网络管理不同方法的清晰考虑,扩展了生态系统的概念。总的来说,这三个主题深化了生态系统研究的理论基础,并通过这种方式,使其更适用于实证应用。

价值创造的主题

"价值创造"主题是由一系列主题组成的大杂烩,我们可以从一系列的视角(在理论框架上有略微差异)对网络中的价值创造进行考虑(Lee,Lim,and Soriano,2009)。然而,一般的介入都是围绕着一个旨在构建价值网络参与者之间横向连接的中心思想进行的,而这个思想与熊彼特价值链模型中涉及的显著纵向和时间序列的关系相反。

在这个主题中,早期的研究方法聚集在由 Mormann 和 Ramirez(1993)提出的"价值簇"的概念上。他们观察到,价值并非熊彼特所认为的那样,由连续的过程所创造,而是在一系列存在于供应商、消费者、特殊的服务提供者和其他互补方之间复杂的经济交换和制度管理中所创造的。这个对于价值创造的不连续性和系统性本质的观察,被作者以一个叫作"新逻辑"(new logic)的价值创造概念而提出。特别地,Normann 和 Ramirez 指出,商业目的在于调动消费者进行价值共创;商业最吸引人的地方在于消费者、供应商、联盟者和商业伙伴以一种新的组合形式参与网络;并且竞争优势的唯一真实来源,是构建一个价值创造的系统并使之运作起来的能力。这些主题和网络中的价值创造所带来的成果相呼应。例如,Normann 指出创新价值簇"识别经济参与者并通过一个能够创造新商业的方式将其联系在一起,或者改变他们原来的价值创造方式"(2001:107)。对这个价值创造逻辑的强调,发生在非线性价值创造系统的环境下,这个系统的目的,在于通过改变联合供应商、合作伙伴、商业联盟和消费者之间共同创造价值的方式来"创新消费者"(Michel, Brown, and Gallan, 2008)。回应意味着依赖于创新生态系统的概念,价值簇同样也被视作一种特殊的跨组织网络,这种网络只在某些情境下创造价值,这些情境包括单个企业凭借一己之力不足以开发产品,以及每个在价值簇中的参与者,都能够在所有的价值中得到自己应得的那部分价值(Lin, Wang, and Yu, 2010)。价值簇概念已经成为很多服务主导的商业逻辑中的成熟概念(Michel, Vargo, and Lusch, 2008)。

和价值簇相似,Stabell 和 Fjeldstad(1998)提出,如何将价值链理论提供的分析概念扩展到传统的制造业情境之外,进而强调一些迄今仍由波特价值链理论主导概念的局限性。除了价值链,Stabell 和 Fjeldstad 将"价值商店"和"价值网络"看作研究价值共创的可替代概念工具。价值网络中的一个企业可以通过媒介技术促进与消费者的关系网络来创造价值(Thompson, 1967)。在这个概念里,价值是通过管理完善的中介服务创造的;而在这些服务中,价值由需求方正向的外部性和服务机会以及传递相关服务的能力所驱动。竞争优势来自规模、能力利用,以及参与者和学习之间的联系(Stabell and Fjeldstad, 1998)。价值网络的概念也被广泛应用于供应链情境中,在该情境下,价值创造的过程会呈现出一系列复杂性,例如不同价值链之间价值创造逻辑的差异,附加的结构维度和多种形式的相互依赖(Huemer, 2006)。因此,Stabell 和 Fjeldstad 所提出的价值网络的概念提供了一个理解中介网络情境下的价值创造的可替代理论框架。

另一种用于理解网络情境下价值创造的方法,整合了价值链和网络的概念。在早期研究中,Weiner、Nohria 和 Hickeman(1997)提出,当价值链没有被整合、且不存在能够控制全部价值链的组织时,价值网络才会出现。按照这种说法,核心企业连接和开拓了每一个互补性的价值提供者,以协作生产和企业间价值传递的方式,将价值传递给特定消费者从而达到细分市场的目的。价值网络因此促进了参与者联合起来争取更大的市场权力,并扩大市场范围销售它们的商品。一个备选的方法,则是将价值网络视为一系列相互交织的价值链,在这些价值链中的节点,可以同时存在于好几个价值链中(Li and Whalley, 2002)。在这个概念里,市场进入点的多元化会发生在不同公司通过不同路径进入市场的情境中;同时,市场退出点——那些企业与其终端消费者进行互动的节点——可能会根据商业模型中的不同类型的参与者而产生差异(Li and Whalley,2002)。同样地,Funk(2009)认为,价值网络是一个链接同一个节点出现的、多个买卖双方的网络,在这个网络中,这个节点可能会成为一个价值链或者一个价值网络中的一部分,这种观点整合了价值簇和价值网络的概念(Weiner et al.,1997)。Funk(2009)认为,一个价值网络意味着企业间关系、网络外部性、标准、临界质量、多方市场的复杂性增加,并伴随着价值网络内的政策考量。价值网络中的每一个参与者都会共享网络的成功与失败(Pagani and Fine,2008)。

价值创造系统研究方面的另外一个相关概念是"价值网"(value net)(Parolini,1999),它是由每一个参与者的核心竞争力组成的动态合作网络(Bovet and Marthe,2000)。价值网围绕消费者组成,并且在满足消费者真实需求的努力过程中捕捉到了消费者的实时选择。价值网是流动的、灵活的,它有一群合作者联合起来去探索特定的机会——并且一旦机会成为现实,价值网就会解散。这个概念的理想形式是,每一个为了创造一个实际的集团而与其他公司联系的企业,都仅仅对他所认定的核心竞争力做出了贡献(Christopher and Gaudenzi,2009)。

总的来说,价值创造主题已经在很多方面,对创新生态系统中价值创造的动态性进行了探索。研究线的提出是为了回应波特1985年提出的价值链理论中的观点,该观点认为价值创造过程是线性连续的。和这个观点不同的是,价值创造主题强调价值共创和网络参与者之间合作的重要性,以及通过联合每一个参与者的独特能力和价值网络中的核心竞争力来创造价值。

网络嵌入主题

网络嵌入主题强调社会网络的结构和相关方面,在这个社会网络中,生态系统参与者会被认为是创新生态系统运作的先决条件和限制因素(从参与其中的组织的视角来看)。这个主题旨在理解独立的生态系统参与者,如何能够最大化地利用围绕在他们身边的生态系统。由于生态系统关系的特征是由参与者之间的频繁互动塑造的,因此研究主要放在理解生态系统参与者如何在他们的生态系统中构建相关性的资产进而促进合作与交易(Dyer and Nobeoka,2000)、建立亲近的原始网络位置(Ozcan and Eisenhardt,2009;Hallen and Eisenhardt,2012)、促进知识共享以推动创新(Yli-Renko,Autio,and Sapienza,2001)、寻找利于绩效的偏好网络结构位置(Wincent,Anokhin,Ortqvist,and Aution,2010a)、促进生态系统朝着期望的方向移动(Wincent,Ortqvist,Eriksson,and Aution,2010b),以及创造可以促进网络运转效率的信任和规则范式。

早期一个有关在更大网络中的运营挑战框架,是由"战略网络"概念引入(strategic network)的,该概念将该框架定义为相互联系的企业之间的长期、有目的性的安排,旨在建立针对网络外部竞争者的竞争优势(Jarillo,1988)。Jarillo认为战略网络呈现了市场和层级的一些特征,原因在于一个产品或服务的必要生产活动,可以由一个整合的公司完成,也可以由一个企业网络共同完成。在战略网络中的企业会参与开辟一些新的活动,并且将注意力集中于可以建立他们自身竞争优势的活动上。外包和专业化的组合,创造了网络参与者的互动,并进一步成长为更大、更多样的专业联盟。在这个方法中,价值要么被公平分配(如果在关系中存在足够的信任),要么建立在对核心资产的权力和控制力来进行分配(如果存在不对称的权力关系,且权力滥用不会被自身利益所缓和的情况)(Jarillo,1988;Casciaro and Piskorsho,2005;Adner and Kapoor,2010)。因此,对于参与企业而言,更好地理解他们有竞争优势的活动和可能存在的潜在威胁,是其在创新生态系统中成功运作的关键。

平衡专业化的收益和相互依赖的危害,对于建立可以减轻机会主义的相关性资产十分必要。在战略网络概念的基础上,Gulati,Nohria 和 Zaheer(2000)等用更大的视角(Dyer and Singh,1998)去理解参与者网络的嵌入性,认为关系网络的组成是持久的,且对于即将进入其中的企业具有明显的战略意义。因此,这些关系可以是战略联盟、合资,以及长期买卖关系等,本质上都是围绕着企业横向和纵向关系的组合,这些关系包括供应商、消费者、竞争者,以及其他实体,诸如跨产业和跨国关系等。这样的关系网络可以成为参与企业的机会资源,但同时也是一种约束。特别地,网络嵌入之所以能够成为机会来源,是因为它可以为参与企业提供一个接近信息、资源、市场以及科技(如合同权利)的途径,从而提高创新的集聚和科技成果转化,同时增加进入机会(Nosella and Petroni,2007)。此外,网络嵌入还能使企业实现战略目标,例如风险共担,将价值链的一些阶段或者组织功能外包,从而促进学习、规模效应和范围经济(Gulati et al.,2000;Rabinovich et al.,2007)。在这些背景下,学习可以被认为是组织间或者机构之间的有效方式(Knight,2002)。参与企业的网络嵌入也可能成为一种约束,因为它可能将其锁定在一些低效关系中,或者排斥其他合作者(Gulati et al.,2000)。企业需要在扩大关系网络中的成员数量和维护现存的关系之间寻求平衡,因为这两者对企业绩效都有影响(Wincent et al.,2010a)。同样地,嵌入一个网络中只能带来某种机会,并不一定会带来价值增加,参与企业如何通过行动去争取机会是其成败的关键(Hughes et al.,2007)。

网络参与者还可以从二元专业化的相关性资产提升到生态系统层面的合作范式,进而可以增加共同交易的可预测性并且降低机会主义倾向(Bosse et al.,2009;Wincent et al.,2010a)。战略网络旨在通过多方的合作努力来追求目标共享,这些参与方拥有他们自己的战略利益,但这些利益并不总是与更广泛网络中的其他参与者相一致(Gulati et al.,2000),战略网络和创新生态系统因此都面临很明显的治理挑战,其中一个很重要的挑战就来自缺少单个成员的努力和合作效应之间的链接(Winkler,2006)。为了使战略网络的收益对每个参与者都有益,参与者需要为目标共享做出承诺。然而,由于交易并非即时的,这就会为搭便车者打开方便之门(Rosenfeld,1996;Vanhaverbeke et al.,2009)。交易很多时候不是直接进行的,因此一个企业的承诺也可能使生态系统中的第三方获益。资源承诺与交易的间接以及延迟本质,为搭便车者提供了激励,并增加了对合作伙伴的评估难度(Powell et al.,1996;Human et al.,1997)。为了应对这个治理难题,战略网络中的参与者需要建立和执行一般性的互惠原则,来减少机会主义和搭便车现象(Das et al.,2002,2003;Bercoviz et al.，2006）。如果没有这些范式，一个企业单独做出的努力很可能会没有收益。强大的促进交易以及增加搭便车者社会成本的共享规则，是降低机会主义和促进合作行为的非正式的治理方式（Bercovitz et al.，2006）。因此，一般性的交易机制为契约治理机制，尤其是拥有许多利益相关者的机制，提供了一个备选方案（Wincent et al.，2010a）。

网络变革会改变网络关系的平衡，进而带来适应性挑战（Halinen et al.，1999）。挑战性的二元事件会对网络产生影响，而且网络变革也反映了每个二元实体的平衡。为了理解参与者在网络变化时期的决策制定过程，Boerg 等（2007）提出一个认知方法，也即"构图法"（picturing），在这一方法中，网络中参与者的位置是通过消费者的需求和增长的认知集合而视觉化的。改变的努力可以被认为是一个协商的过程，在这个过程中有重叠的网络代表重新协商，从而适合多个参与者的组织（Karagh et al.，2009）。网络的认知框架进一步又被拓展为包括了"网络视角"（network insight）的概念，这个视角不仅包括由个体管理者形成的构图，也存在于企业间的实际交易过程中（Mouzas et al.，2008）。

总结而言，网络嵌入主题强调了网络的结构和相关性视角，并且把更广泛的市场考量引入了生态系统研究范畴。这个主题通过引入社会理论、信任和合法性，拓展了生态系统研究的理论基础。

网络管理主题

网络管理主题主要关注组织如何主动管理创新生态系统或者"商业网络"（Moller and Svahn，2003；Ritter et al.，2004）。这个主题和网络嵌入主题的差异在于，网络嵌入旨在理解企业如何最快适应和利用创新生态系统，网络管理关注企业自身如何管理创新生态系统并且影响其运转。这个主题建立在早期的观察上，认为战略网络是可以被管理的（Dyer et al.，1998；Jarillo，1988），以往主要聚焦在商业网络、价值网或者战略网层面（Nalebuff，Brandenburger，1996；Ritter et al.，2004）。这些相互联系的组织结构是为了一些特定的目的而设立的，是由独立但又相互依赖的企业为实现其共同利益而相互合作建立的（Moller and Svahn，2006），也有学者扩展了此概念的范围，将联盟伙伴（Afuah，2000，2004）和追随者、模仿者、大学、专业机构和其他制度等包含在内（Kang and Aufah，2010；Moller and Avahn，2009）。

网络管理早期主要关注的是由 Nalebuff 和 Brandenburger（1996）提出的"竞合"（Coopetition）一词，并认为核心企业有能力利用博弈从网络中获取合作和共享价值。这个主题将"价值网"看作由消费者、供应商、竞争者和互补者组成的网络，理解这个主题的关键在于理解参与者之间的关系：消费者和供应商扮演对称角色，竞争者和互补者扮演镜面角色（Nalebuff and Brandenburger，1996）。因此 Nalebuff 和 Brandenburger（1996）开发出一种博弈论的方法，聚焦于平衡竞争和合作带来的挑战，经典的竞合策略包含模仿、组合、退出、进入和保持。而这类博弈策略也使企业可以更好地定位自身，从而抓住创新机会来实现进一步的创新（Kang and Afuah，2010）。这个博弈论方法也被扩展到了包括产业和政府的制度互动层面上，因为影响政府的努力常常是一种伪装的商业竞争（Watkins，2003）。这个扩展包括两类更深层次的博弈,其中政府是规则制定者和裁判,还可以参与价值网博弈和公共利益博弈(Watins,2003)。

网络管理研究中的很多工作都来自 Moller 和 Svahn(2003),他们认为在网络中进行管理需要特定的组织能力。根据这个观察,Ritter 等(2004)对组织间关系的"参与式管理"(managing in)和"主导式管理"(managing of)进行了区分。参与式管理指的是在特定的网络环境下的应对处理;主导式管理指的是在领导、决定和组织方面进行管理。Moller 等(2005)区分了不同层级的网络运作,并且认为管理对于不同层级带来的挑战是不同的。他们认为当关注点是整个网络本身时,网络愿景和统筹能力是高度相关的。当一个核心企业在管理一个现存的网络时,网络运营、合作是相关的。在关系组合层面,组合管理更为重要;而在个人层面,关系管理则更为重要。Moller 进一步识别了三个因素,这三个因素是企业管理其网络的能力的边界。①核心企业需要有能力去影响和控制网络价值活动和其他网络参与者。这样的控制可以通过多种合作机制来实现。②整个网络以及组成它的参与者之间的目标应该具有足够高的公平性。③网络结构应该经得起合作的检验——例如,核心企业和参与企业之间的关系使得他们可以随时开展合作,比那些没有核心位置企业的平均网络更有合作优势。最后,学者们根据网络的成熟度区分了三种类型的商业网络(Moller et al.,2007,2005;Moller and Svahn,2006)。成熟的商业网络有稳定且设计良好的价值系统和知名的特定价值活动、知名的参与者、技术和商业过程,这些都会促进网络的管理并提升合作能力。商业更新网络则应有一个已经建成的、且不断提升的价值系统,由著名的价值系统和改变组成,这些改变在现存的价值系统中通过本地和渐进的修改得以实现。新兴商业网络有一个新型的价值系统,变革也更为频繁,有不断的进入和退出,在前期建设活动方面存在急剧的变革,不断有新的价值创造活动出现,围绕着价值活动和参与者的不确定性还存在系统层面的剧烈变化,这些特征明显地降低了网络的管理和合作能力。最近这个架构被提出来用以分析网络管理能力如何被用以影响新商业领域的开发。此处的核心影响机制是认知——例如决策控制和日程建构——因为这些影响到参与者的认知框架,然而对生态系统如何创造的研究依然处于初期阶段。

一个有趣的新的主题是关于探索创业企业如何利用行为战略去创建和塑造创新生态系统(Hallen,2008;Hallen and Eisenhardt,2012,Ozcan et al.,2009;Zott et al.,2007)。例如,Ozcan 和 Eisenhardt(2009)发现,具备所在行业的战略愿景的初创企业更有可能建立高绩效的联盟组合。此外,他们发现用联盟关系先发制人地塑造新兴产业结构的战略,更有可能带来更好的绩效表现;而那些在结构上受约束的战略很难做到这一点。哈伦和艾森哈特(2012)认为,企业家可以在创新生态系统中通过使用不同的催化战略建立有利地位,例如围绕着重要里程碑事件的临时约定和时间关系活动。总的来说,这个新兴的研究主题认为企业家可以通过采取一系列相关的制度性合作战略来避免网络中的结构惯性,从而建立更加有利于自身的网络地位,最终在既定的生态系统中获得更大范围的优势。

总之,网络管理主题已经探索了管理战略和组织能力这两个可以使企业主动管理他们所处的创新生态系统的方面。目前存在的大部分研究都聚焦在企业可以在生态系统中操作的博弈策略和战略行为上,直到最近才有学者开始研究企业是否和如何能够在早期主动地塑造一个加强自身优势的创新生态系统。目前这项工作还处于初期阶段,关于生态系统发展的初创时期,人们知之甚少。

对创新管理的讨论和含义

虽然主要的研究已经探索了创新生态系统和与之紧密相关的概念,但近期才有文献开始探究创新生态系统在创新管理中的含义。因此,关于企业如何主动创建、维护和拓展创新生态系统来促进创新绩效的问题,我们还知之甚少。在最后的讨论部分,我们将提供对重要研究机会的理解,并探讨它在实践领域的含义。其中最重要的研究空白则是对价值分配和生态系统创造的不充分了解,以及对战略管理中实践者的含义了解太少。

虽然生态系统的价值创造逻辑很重要,关于生态系统的文献讨论仍然没有明确将价值创造和分享纳入进去。虽然Adner和Kapoor(2010)已经通过实证研究将价值创造和价值获取与生态系统情境联系起来,但这也许是目前唯一与之相关的文献。价值创造逻辑是非常重要的,尤其是在生态系统构建过程中的价值共创和分享,一个与Doz和Hamel(1998)的联盟情境中的价值创造逻辑相似的、连续和详细的计算方式,将会对学术和实践者的理解做出贡献。我们认为管理实践者在规划创新生态系统中的价值创造和价值分享时,应该考虑以下的内容:

- 控制机制,即哪些是促使企业影响生态系统演变的关键机制,哪些是用来促进价值传递的手段。可能的控制机制应该包括如下方面。
  - 共享平台(Cusumano et al., 2002)。如果生态系统围绕着一个核心企业(如运作系统、硬件平台或者云服务)建造,那么对这个平台的控制往往是由强有力的价值分享方法控制的。
  - 核心资产(Teece, 1986; Teece, 1998)。核心资产是对生态系统运行至关重要但极其缺乏的资源,稀缺性和紧急性的联合必然会塑造强大的分享价值能力。例如英特尔的微处理器结构,独有的分销渠道,以及难以取代的原材料。
  - 先发制人的联盟(Ozcan and Eisenhardt, 2009)。有时候先发制人的联盟可以成为一个强有力的控制机制,尤其是当先发优势成为比竞争对手更快地接触核心资产的手段时。Ozcan和Eisenhardt(2009)的研究发现,早期进入移动游戏行业的企业可以建立有效的联盟,并形成长期的优势地位。
- 动态的价值创造。动态的价值创造即在一个生态系统中,价值是如何被创造和传递的;它可以在多大程度上依赖于服务、加工品或者无形资产;价值过程是连续且平均地在价值链上进行分配,还是它们平行地或者水平地分配;有多少价值是在使用时生产的,又有多少价值被存储在可转化的物品或服务上。对价值创造的动态过程的理解是对成功定位生态系统中企业位置的关键因素,因此也是成功分享价值的关键。
- 控制转移。随着生态系统的演化,关键的控制机制可能转移到其他地方。如果企业没有提前规划和参与到生态系统的演进过程中,其地位可能会随着生态系统的发展而被削弱。一个经典的例子是 IBM 并不是第一家将用户界面作为个人电脑生态系中的核心控制设备的公司,最新的例子则是诺基亚手机,它错失了由价值链控制的系统向智能手机控制的系统转变的机会,使得其他企业开发的手机应用构成了主要的控制手段。

- 价值的外部性。创新生态系统中的价值创造一个很重要的方面就是价值的外部性——或者说是直接或间接的网络效应,这种效应使得生态系统创造的总价值高于其自身价值。如果创新生态系统为互补性的创新提供了激励和结构,这会鼓励一个非常出名的价值创造动态过程——例如,在安卓生态系统中的案例。

如前所述,我们对于创新生态系统的创建过程知之甚少。目前,生态系统创建过程被从生命周期和科技角度两个方面进行解读(Van De Ven and Poole,1995)。例如,生命周期研究方法被用来解释生态系统、网络结构和网络管理等视角,此方法认为生态系统的创建是一系列路径依赖的阶段,这些阶段由一个普遍的基础性过程驱动。相反地,从科技视角来看,一个最终状态是由一系列目标计算、实施、评价和改进而达成的(Gawer and Cusumano,2008)。然而,虽然理解生态系统的演进是很重要的问题,但是生态系统创造的实践案例却很少。正如前面提到的,行为战略的兴起被认为是同时连接了科技和生命周期两个过程(Hallen,2008;Hallen and Eisenhardt,2002)。但是,该文献被认为缺乏相应的模型来解释互补性的市场是如何在最开始时被创造的,也很少有系统的工作去探索其发展的过程。我们认为对生态系统的创造过程的完整理解需要一个多种理论的方法,并且需要认真考虑三个相关的支柱性内容——科技架构、活动架构和价值架构(Thomas,Aution,and Gann,2012)。

- 科技架构,或者说是共享科技资源和平台的设计原则,会决定哪些企业会被链接进生态系统以及他们的角色如何定位。关键的设计问题包括诸如系统模块、关键特征是开放还是封闭的、哪些方面需要设置成开放的而哪些应该被隐蔽起来,等等。在修正了科技架构的这些方面之后,平台的拥有者将会影响到那些可能被接入平台的人(如活动架构),以及将会导致的价值的动态变化(如价值结构)。
- 活动架构定义了可能围绕在核心企业或者平台周围的创新生态系统的成分和结构。活动架构不仅包括参与者和参与者的角色,还包括专业化合作的驱动者和合作机制。对参与者角色的定义将定义新加入的参与者发展的专业化能力,进而会决定活动网络的长期形态。
- 价值架构描述了价值动态变化的结果,也是由科技架构和活动架构之间的相互作用决定的。价值结构的关键方面和之前已经讨论过的一致。

如此一来,虽然很少有文献对生态系统的创造过程加以探索,但我们认为,创新生态系统的复杂本质要求战略行为,可以在以下四个层面展开合作(Aution and Thomas,2012)。

- 科技战略。科技战略不仅包括之前提到的科技结构决策,也包括标准化战略、开源战略、专利和授权战略。

- 经济战略。经济战略包括选择、进入和互补性资产的提升以及关联投资策略。价值链功能的哪些部分可以列入系统中,这些部分将如何被组织,以及如何将必备的资产包含进系统中,是我们要考虑的问题。
- 行为战略。行为战略包含了最初的网络节点创造和联盟的行为策略。例如,说服和影响策略,这些在之前都已经简要地讨论过。
- 制度战略。制度战略包括创造以及与之关联的制度架构(正式、非正式),这些架构对生态系统合作以及建立组织和规则框架,确保生态系统平稳的合作和运行都非常重要。

总地来说,虽然越来越多的文献认为战略网络和创新生态系统已经成为新的竞争基础(Moore, 1993, 1996; Normann and Ramirez, 1993; Gulati et al., 2000; Iansiti and Levien, 2004b; Lyer et al., 2006),但是这个视角的管理含义还是非常不成熟的。越来越多的研究者认为在"信息""知识"和"数字"经济中,"创新生态系统"提供了一个战略制定与实施的新的架构(Lyer et al., 2006)。创新生态系统战略涉及的特定任务包括生态系统构建、生态系统合作、为了取得生态系统外部性优势而进行的商业模式优化以及创造控制战略以便保障价值分享。然而,在应用层面依然是不充分的,反映了这一重要主导话题的断层。

在这一章中,我们总结了与创新生态系统相关的实证与理论文献,并且勾勒出它们在管理实践中的主要内容和任务。我们希望本章提供的视角可以为未来对这一重要主题的研究起到推动作用。

参 考 文 献

Adner, R. (2006). 'Match your Innovation Strategy to your Innovation Ecosystem', *Harvard Business Review*, 84: 98.

Adner, R., and Kapoor, R. (2010). 'Value Creation in Innovation Ecosystems: How the Structure of Technological Interdependence Affects Firm Performance in New Technology Generations', *Strategic Management Journal*, 31: 306–33.

Afuah, A. (2000). 'How Much do your Co-opetitors' Capabilities Matter in the Face of Technological Change?' *Strategic Management Journal*, 21: 397–404.

Afuah, A. (2004). 'Does a Focal Firm's Technology Entry Timing Depend on the Impact of the Technology on Co-opetitors?' *Research Policy*, 33: 1231–46.

Agerfalk, P. J., and Fitzgerald, B. (2008). 'Outsourcing to an Unknown Workforce: Exploring Opensourcing as a Global Sourcing Strategy', *MIS Quarterly*, 32: 385–409.

Anderson, J. C., Hokansson, H., and Johanson, J. (1994). 'Dyadic Business Relationships within a Business Network Context', *Journal of Marketing*, 58: 1.

Autio, E., and Thomas, L. D. W. (2012). 'Tilting the Playing Field: Towards a Strategic Theory of Endogenous Action', *Innovation & Entrepreneurship Group Working Papers*: 1–46. London: Imperial College Business School.

Barabási, A. L. (2002). *Linked: The New Science of Networks*. New York: Perseus.

Barabási, A. L., and Albert, R. (1999). 'Emergence of Scaling in Random Networks', *Science*, 286: 509.

Barney, J. B. (1991). 'Firm Resources and Sustained Competitive Advantage', *Journal of Management*, 17: 99–120.

Basole, R. C. (2009). 'Visualisation of Interfirm Relations in a Converging Mobile Ecosystem',

Journal of Information Technology, 24: 144–59.

Bercovitz, J., Jap, S. D., and Nickerson, J. A. (2006). 'The Antecedents and Performance Implications of Cooperative Exchange Norms', *Organization Science*, 17(6): 724–40.

Bosse, D. A., Phillips, R. A., and Harrison, J. S. (2009). 'Stakeholders, Reciprocity, and Firm Performance', *Strategic Management Journal*, 30(4): 447–56.

Bovet, D., and Martha, J. (2000). *Value Nets: Breaking the Supply Chain to Unlock Hidden Profits*. New York: Wiley and Sons.

Casciaro, T., and Piskorski, M. J. (2005). 'Power Imbalance, Mutual Dependence, and Constraint Absorption: A Closer Look at Resource-dependence Theory', *Administrative Science Quarterly*, 50: 167–99.

Chesbrough, H. W., and Appleyard, M. M. (2007). 'Open Innovation and Strategy', *California Management Review*, 50: 57.

Christensen, C. M., and Rosenbloom, R. S. (1995). 'Explaining the Attacker's Advantage: Technological Paradigms, Organizational Dynamics, and the Value Network', *Research Policy*, 24: 233–57.

Christopher, M., and Gaudenzi, B. (2009). 'Exploiting Knowledge Across Networks Through Reputation Management', *Industrial Marketing Management*, 38(2): 191–7.

Cohen, D. (2002). 'All the World's a Net', *New Scientist*, 174: 24–9.

Cusumano, M. A., and Gawer, A. (2002). 'The Elements of Platform Leadership', *MIT Sloan Management Review*, 43: 1–8.

Das, T. K., and Teng, B. (2002). 'A Social Exchange Theory of Strategic Alliances', in F. J. Contractor, and P. Lorange (eds), *Cooperative Strategies and Alliances*, Oxford: Elsevier Science, 429–60.

Das, T. K., and Teng, B. S. (2003). 'Partner Analysis and Alliance Performance', *Strategic Management Journal*, 19: 279–308.

DiMaggio, P. J., and Powell, W. W. (1983). 'The Iron Cage Revisited: Institutional Isomorphism and Collective Rationality in Organizational Fields', *American Sociological Review*, 48(2): 147–60.

Doz, Y. L., and Hamel, G. (1998). *Alliance Advantage: The Art of Creating Value through Partnering*. Boston, MA: Harvard Business School Press.

Dyer, J. H., and Nobeoka, K. (2000). 'Creating and Managing a High-performance Knowledge-sharing Network: The Toyota Case', *Strategic Management Journal*, 21(3): 345.

Dyer, J. H., and Singh, H. (1998). 'The Relational View: Cooperative Strategy and Sources of Interorganizational Competitive Advantage', *Academy of Management Review*, 23(4): 660–79.

Evans, D. S., Hagiu, A., and Schmalensee, R. (2006). *Invisible Engines: How Software Platforms Drive Innovation and Transform Industries*. Cambridge, MA: The MIT Press.

Frels, J. K., Shervani, T., and Srivastava, R. K. (2003). 'The Integrated Networks Model: Explaining Resource Allocations in Network Markets', *Journal of Marketing*, 67: 29–45.

Funk, J. L. (2009). 'The Emerging Value Network in the Mobile Phone Industry: The Case of Japan and its Implications for the Rest of the World', *Telecommunications Policy*, 33: 4–18.

Gawer, A., and Cusumano, M. A. (2002). *Platform Leadership: How Intel, Microsoft, and Cisco Drive Industry Innovation*. Boston, MA: Harvard Business School Press.

Gawer, A., and Cusumano, M. A. (2008). 'How Companies Become Platform Leaders', *MIT Sloan Management Review*, 49: 28.

Gawer, A., and Phillips, N. (2013). 'Institutional Work as Logics Shift: The Case of Intel's Transformation to Platform Leader', *Organization Studies*, 34(8): 1035–71.

Granovetter, M. (1985). 'Economic Action and Social Structure: The Problem of Embeddedness', *American Journal of Sociology*, 91(3): 481–510.

Gulati, R., Nohria, N., and Zaheer, A. (2000). 'Strategic Networks', *Strategic Management Journal*, 21(3): 203–215.

Gulati, R., Puranam, P., and Tushman, M. L. (2012). 'Meta-organization Design: Rethinking Design in Interorganizational and Community Contexts', *Strategic Management Journal*,

33(6): 571–86.

Gustafsson, R., and Autio, E. (2011). 'A Failure Trichotomy in Knowledge Exploration and Exploitation', *Research Policy*, 40(6): 819–31.

Halinen, A., Salmi, A., and Havila, V. (1999). 'From Dyadic Change to Changing Business Networks: An Analytical Framework', *Journal of Management Studies*, 36: 779–94.

Hallen, B. L. (2008). 'The Causes and Consequences of the Initial Network Positions of New Organizations: From Whom do Entrepreneurs Receive Investments.?', *Administrative Science Quarterly*, 53: 685–718.

Hallen, B. L., and Eisenhardt, K. M. (2012). 'Catalyzing Strategies and Efficient Network Tie Formation: How Entrepreneurs Obtain Venture Capital', *Academy of Management Journal*, 55(1): 35–70.

Huemer, L. (2006). 'Supply Management-Value Creation, Coordination and Positioning in Supply Relationships', *Long Range Planning*, 39: 133–53.

Hughes, M., Ireland, R. D., and Morgan, R. E. (2007). 'Stimulating Dynamic Value: Social Capital and Business Incubation as a Pathway to Competitive Success', *Long Range Planning*, 40(2): 154–177

Human, S. E., and Provan, K. G. (1997). 'An Emerging Theory of Structure and Outcomes in Small-firm Strategic Manufacturing Networks', *Academy of Management Journal*, 40(2): 368–403.

Iansiti, M., and Levien, R. (2004a). *The Keystone Advantage: What the New Dynamics of Business Ecosystems Mean for Strategy, Innovation, and Sustainability*. Cambridge, MA: Harvard Business School Press.

Iansiti, M., and Levien, R. (2004b). 'Strategy as Ecology', *Harvard Business Review*, 82: 68–78.

Iyer, B., Lee, C.-H., and Venkatraman, N. (2006). 'Managing in a Small World Ecosystem: Some Lessons from the Software Sector', *California Management Review* 48: 28–47.

Jacobides, M. G., Knudsen, T., and Augier, M. (2006). 'Benefiting from Innovation: Value Creation, Value Appropriation and the Role of Industry Architectures', *Research Policy*, 35: 1200–21.

Jarillo, J. C. (1988). 'On Strategic Networks', *Strategic Management Journal*, 9(1): 31–41.

Kang, J., and Afuah, A. 2010. 'Profiting from Innovations: The Role of New Game Strategies in the Case of Lipitor of the US Pharmaceutical Industry', *R and D Management*, 40: 124–37.

Knight, L. (2002). 'Network learning: Exploring learning by interorganizational networks', *Human Relations*, 55(4): 427–454.

Kragh, H., and Andersen, P. H. (2009). 'Picture This: Managed Change and Resistance in Business Network Settings', *Industrial Marketing Management*, 38: 641–53.

Larson, A. (1992). 'Network Dyads in Entrepreneurial Settings: A Study of the Governance of Exchange Relationships', *Administrative Science Quarterly*, 37(1): 76–104.

Lee, S. M., Lim, S.-B., and Soriano, D. R. (2009). 'Suppliers' Participation in a Single Buyer Electronic Market', *Group Decision and Negotiation*, 18: 449–65.

Li, F., and Whalley, (2002). 'Deconstruction of the Telecommunications Industry: From Value Chains to Value Networks', *Telecommunications Policy*, 26: 451–72.

Li, Y.-R. (2009). 'The Technological Roadmap of Cisco's Business Ecosystem', *Technovation*, 29: 379–86.

Lin, Y., Wang, Y., and Yu, C. (2010). 'Investigating the Drivers of the Innovation in Channel Integration and Supply Chain Performance: A Strategy Orientated Perspective', *International Journal of Production Economics*, 127: 320–32.

Lusch, R. F., Vargo, S. L., and Tanniru, M. (2010). 'Service, Value Networks and Learning', *Journal of the Academy of Marketing Science*, 38: 19–31.

Michel, S., Brown, S. W., and Gallan, A. S. (2008). 'Service-logic Innovations: How to Innovate Customers, not Products', *California Management Review*, 50: 49–66.

Michel, S., Vargo, S. L., and Lusch, R. F. (2008). 'Reconfiguration of the Conceptual Landscape: A Tribute to the Service Logic of Richard Normann', *Journal of the Academy of Marketing Science*, 36: 152–5.

Miles, R. E., and Snow, C. C. (1986). 'Network Organizations: New Concepts for New Forms', *California Management Review*, 28(2): 68–73.

Möller, K. (2010). 'Sense-making and Agenda Construction in Emerging Business Networks: How to Direct Radical Innovation', *Industrial Marketing Management*, 39: 361–71.

Möller, K., and Rajala, A. (2007). 'Rise of Strategic Nets: New Modes of Value Creation', *Industrial Marketing Management*, 36: 895–908.

Möller, K., Rajala, A., and Svahn, S. (2005). 'Strategic Business Nets: Their Type and Management', *Journal of Business Research*, 58: 1274–84.

Möller, K., and Svahn, S. (2003). 'Managing Strategic Nets: A Capability Perspective', *Marketing Theory*, 3(2): 201–26.

Möller, K., and Svahn, S. (2006). 'Role of Knowledge in Value Creation in Business Nets', *Journal of Management Studies*, 43: 985–1007.

Möller, K., and Svahn, S. (2009). 'How to Influence the Birth of New Business Fields: Network Perspective', *Industrial Marketing Management*, 38: 450–8.

Moore, J. F. (1993). 'Predators and Prey: A New Ecology of Competition', *Harvard Business Review*, 71: 75–86.

Moore, J. F. (1996). *The Death of Competition: Leadership and Strategy in the Age of Business Ecosystems*. New York, NY: HarperBusiness.

Mouzas, S., Henneberg, S., and Naudé, P. (2008). 'Developing Network Insight', *Industrial Marketing Management*, 37: 167–80.

Nalebuff, B., and Brandenburger, A. M. (1996). *Co-opetition*. Cambridge, MA: Harper CollinsBusiness.

Newman, M. E. J. (2001). *The Structure of Scientific Collaboration Networks*. Paper presented at the Proceedings of the National Academy of Sciences.

Normann, R. (2001). *Reframing Business: When the Map Changes the Landscape*. Winchester: Wiley.

Normann, R., and Ramirez, R. (1993). 'From Value Chain to Value Constellation: Designing Interactive Strategy', *Harvard Business Review*, 71: 65–77.

Nosella, A., and Petroni, G. (2007). 'Multiple Network Leadership as a Strategic Asset: The Carlo Gavazzi Space Case', *Long Range Planning*, 40(2): 178–201.

Oberg, C., Henneberg, S., and Mouzas, S. (2007). 'Changing Network Pictures: Evidence from Mergers and Acquisitions', *Industrial Marketing Management*, 36: 926–40.

Ozcan, P., and Eisenhardt, K. M. (2009). 'Origin of Alliance Portfolios: Entrepreneurs, Network Strategies, and Firm Performance', *Academy of Management Journal*, 52(2): 246–79.

Pagani, M., and Fine, C. (2008). 'Value Network Dynamics in 3G-4G Wireless Communications: A Systems Thinking Approach to Strategic Value Assessment', *Journal of Business Research*, 61: 1102–12.

Parolini, C. (1999). *The Value Net: A Tool for Competitive Strategy*. Chichester: Wiley and Sons.

Pierce, L. (2009). 'Big Losses in Ecosystem Niches: How Core Firm Decisions Drive Complementary Product Shakeouts', *Strategic Management Journal*, 30: 323–47.

Porter, M. E. (1980). *Competitive Strategy: Techniques for Analyzing Industries and Competitors*. New York: Free Press.

Porter, M. E. (1985). *Competitive Advantage: Creating and Sustaining Superior Performance*. New York: Free Press.

Powell, W., K., Koput, K. W., and Smith-Doerr, L. (1996). 'Interorganizational Collaboration and the Locus of Innovation: Networks of Learning in Biotechnology', *Administrative Science Quarterly*, 41(1): 116–45.

Prahalad, C. K., and Hamel, G. (1990). 'The Core Competence of the Corporation', *Harvard Business Review*, May/June: 275–92.

Rabinovich, E., Knemeyer, A. M., and Mayer, C. M. (2007). 'Why do Internet Commerce

Firms Incorporate Logistics Service Providers in their Distribution Channels? The Role of Transaction Costs and Network Strength', *Journal of Operations Management*, 25(3): 661–81.

Ritter, T., Wilkinson, I. F., and Johnston, W. J. (2004). 'Managing in Complex Business Networks', *Industrial Marketing Management*, 33: 175–83.

Rosenfeld, S. A. (1996). 'Does Cooperation Enhance Competitiveness? Assessing the Impacts of Inter-firm Collaboration', *Research Policy*, 25: 247–63.

Santos, F. M., and Eisenhardt, K. M. (2005). 'Organizational Boundaries and Theories of Organization', *Organization Science*, 16: 491–508.

Santos, F. M., and Eisenhardt, K. M. (2009). 'Constructing Markets and Shaping Boundaries: Entrepreneurial Power in Nascent Fields', *Academy of Management Journal*, 52: 643–71.

Scott, W. R. (2007). *Institutions and Organizations: Ideas and Interests,* 3rd edn. London, UK: Sage Publications.

Singer, J. G. (2006). 'Systems Marketing for the Information Age', *MIT Sloan Management Review*, 48: 95.

Stabell, C. B., and Fjeldstad, O. D. (1998). 'Configuring Value for Competitive Advantage: On Chains, Shops, and Networks', *Strategic Management Journal*, 19: 413–37.

Teece, D. J. (1986). 'Profiting from Technological Innovation: Implications for Integration, Collaboration, Licensing', *Research Policy*, 15: 285–305.

Teece, D. J. (1998). 'Capturing Value from Knowledge Assets: The New Economy, Markets for Know-how, and Intangible Assets', *California Management Review*, 40(3): 55–79.

Teece, D. J. (2007). 'Explicating Dynamic Capabilities: The Nature and Microfoundations of (Sustainable) Enterprise Performance', *Strategic Management Journal*, 28: 1319–50.

Thomas, L. D. W., and Autio, E. (2013) 'The Fith Facet: The Ecosystem as Organizational Field', *Innovation and Entrepreneurship Group Working Papers*: 1–40. London: Imperial College Business School.

Thomas, L. D. W., Autio, E., and Gann, D. M. (2012). 'Value Creation and Appropriation in Ecosystem Contexts', *Innovation and Entrepreneurship Group Working Papers*: 1–35. London: Imperial College Business School.

Thompson, J. D. (1967). *Organizations in Action*. New York: McGraw-Hill.

Thorelli, H. B. (1986). 'Networks: Between Markets and Hierarchies', *Strategic Management Journal*, 7: 37–51.

Uzzi, B. (1997). 'Social Structure and Competition in Inter-firm Networks: The Paradox of Embeddedness', *Administrative Science Quarterly*, 42(1): 35–67.

van de Ven, A. H., and Poole, M. S. (1995). 'Explaining Development and Change in Organizations', *Academy of Management Review*, 20: 510.

Vanhaverbeke, W., Gilsing, V., Beerkens, B., and Duysters, G. (2009). 'The Role of Alliance Network Redundancy in the Creation of Core and Non-core Technologies', *Journal of Management Studies*, 46(2): 215–44.

von Hippel, E. (1988). *The Sources of Innovation*. New York: Oxford University Press.

Watkins, M. D. (2003). 'Government Games', *MIT Sloan Management Review*, 44: 91–6.

Weiner, M., Nohria, N., and Hickeman, A. (1997). 'Value Networks: The Future of the US Electric Utility Industry', *MIT Sloan Management Review*: 21–35.

Weiss, M., and Gangadharan, G. R. (2010). 'Modeling the Mashup Ecosystem: Structure and Growth', *R&D Management*, 40: 40–9.

Wincent, J., Anokhin, S., Örtqvist, D., and Autio, E. (2010a). 'Quality Meets Structure: Generalized Reciprocity and Firm-Level Advantage in Strategic Networks', *Journal of Management Studies*, 47(4).

Wincent, J., Örtqvist, D., Eriksson, J., and Autio, E. (2010b). 'The More the Merrier? The Effect of Group Size on Effectiveness in SME Funding Campaigns', *Strategic Organization*, 8(1): 43–68.

Winkler, I. (2006). 'Network Governance Between Individual and Collective Goals: Qualitative

Evidence from Six Networks', *Journal of Leadership and Organizational Studies*, 12(3): 119–34.

Yli-Renko, H., Autio, E., and Sapienza, H. J. (2001). 'Social Capital, Knowledge Acquisition, and Knowledge Exploitation in Young Technology-Based Firms', *Strategic Management Journal*, 22: 587–613.

Zott, C., and Huy, Q. N. (2007). 'How Entrepreneurs Use Symbolic Management to Acquire Resources', *Administrative Science Quarterly*, 52: 70–105.

第12章

技术市场

阿方索·甘巴尔代拉(Alfonso Gambardella)
保拉·吉里(Paola Giuri)
萨尔瓦托·托里西(Salvatore Torrisi)

引 言

通常,企业会将技术创新成果融入其新工艺、产品和服务中,然后通过销售这些根植于新工艺、产品和服务的创新成果而获利。有时,发明家们为了进行技术推广、技术开发或者外包第三方开发的技术,也需要依赖市场的力量。从传统意义上而言,知识的外部来源(external sources of knowledge)对中小企业来说是一种重要选择,因为它们很少有可靠的内部研发实验室。同时,小企业也愿意在技术市场中出售他们的技术,因为他们缺乏用于直接接触产品市场的下游互补性资产(complementary assets)。然而近年来,许多大企业也已经向知识的外部来源和互补性资产开放了他们的创新活动。这种行为最终造成的结果,就是技术市场正变得规模更大、更加普及。尽管技术市场的未来成长、发展在很大程度上取决于大企业的大量参与,但是许多大企业仍然不愿意依赖技术交易。

为了更好地理解技术市场的未来发展趋势,我们需要了解技术市场的特征。根据Arora等学者的研究(2001),技术市场的特征是以纯粹的技术,而非以具体的商品为交易核心的。然而,当技术与计算机程序或设计成果融为一体时,纯粹技术与具体商品之间的界限就变得模糊起来。贸易的标的可以是知识产权(如专利)、专业技能和服务,也可以是特定的技术。严格而言,市场交易的特征应当是交易双方保持一定距离(arm's length)、互相匿名、仅涉及钱货交易,但技术市场交易却总是无法同时满足上述所有特征。它们通常涉及既复杂又非匿名的合同,同时也有可能与买卖双方的技术合作紧密结合,从而又不符合保持一定距离的特征。技术也可以通过合作项目、并购或资本的跨企业流动实现交易,事前技术合同(如技术研发合同或共同研发合同)和事后技术合同(如针对现有技术的合同)之间存在重要差别。从交易成本角度看,事前交易将导致更严重的合同订立问题(如道德风险),而我们将更多地关注事后技术合同(如许可交易、技术销售,以及基于现有技术交易产生的合作发展或企业联合)。我们并不认为收购技术导向型企业和人员的跨企业流动是知识交易的渠道(参见第25章和第29章)。

如同其他交易"创意"(ideas)或无形资产的市场一样,从技术市场的厚度欠缺(thickness)(极少的市场双方实际参与者跟潜在参与者相关)、闭塞程度高(参与者因时间不足或每个交易持续时间过长而无法轻易对比可替代的技术商品或服务)和市场安全保障有限(参与者有动力为了技巧性原因操控信息或在市场外交易)等方面来看,它是相对低效率的(Gans and Stern,2003;Roth,2008)。这些特征影响了企业是否参与技术市场的决策,技术交易过程的特征(磋商期限和成本),以及交易过程的结果(价格水平和结构,合同条款的复杂程度等)。

况且,技术市场并不总是意味着知识的实质转移。许可协议(license agreements)通常源于知识产权诉讼,它指签署了交叉许可协议(cross-licensing agreements)的专利组合权所有人,给予对方当事人在其各自的技术和市场范围内使用其专利之自由的情形,而非不允许对方享有技术专利。有时侵权诉讼是由"专利流氓"(patent trolls),即所谓的累积专利组合并强迫可能的侵权人获得其技术使用许可的组织——引发的。非常有可能的是,这些专利许可协议有可能同样也并不意味着交易双方存在任何真实的技术转移。通常,大企业都愿意寻求快速地与专利流氓或小专利所有权人于庭外解决纠纷,以避免停止专利侵权的禁止令引发的风险。NTP 软件公司诉讼加拿大 RIM 公司(黑莓公司)专利侵权就是一个例子,在经历持续四年的纠纷后,承受着美国法院发布停止侵权的禁止令风险,RIM 公司终于同意支付 NTP 公司 6.12 亿美元以避免其在美国市场停止运营的风险。根据协议条款,NTP 公司授权许可 RIM 公司使用其专利产品。

其他类似的技术交易形式由诸如 MPEG-2(digital image compression,数字图像压缩)、RFID(Radio Frequency Identification,无线射频识别)和 SNP(human genome,人类基因组)等专利池产生,这些专利池对技术市场和产品市场效率的影响依然存在争议(Lerner and Tirole,2004)。最终,专利许可得以为政府所用,以限制市场的力量(AT&T、IBM 和微软)。

那些引发授权许可和其他技术交易形式的手段因不同的参与者、动机、成本和收益而有所不同,创新管理者应当对这些因素加以重视。

为什么技术市场很重要

有关技术的贸易能够产生重要的收益。首先,企业能从运行良好的技术市场中受益,因为技术市场为企业技术的获得或开发,提供了可供依赖的更为广阔的选择范围。其次,技术市场也能从高效的工业组织中获益,公司会根据其相对优势而选择专注上游生产或下游生产。例如,技术开发者可以专注于下游生产者的技术供应,因为下游生产者拥有更好的制造和市场资源,从而使之在技术使用方面存有相对优势(Arora and Gambardella,1994)。

从事化学加工工业的"专业工程建造公司"(SEF),就是对技术市场引起工业组织专业化和发生改变的佐证。正如 Arora 和 Gambardella 于 1998 年所言,SEF 专注于化工厂的设计和建造,而非化学品的生产,其通常出售包含工厂设计在内的工艺技术,并且提供大量附随技术服务。然而,有一些 SEF,如 Universal Oil Product(UOP)在技术许可方面的专攻范围更窄,它只负责几种主要的化学加工发明(Remsberg and Higdon,1994)。有关技术市场所支持的工业组织专业化问题另一个值得注意的例子是,软件销售和硬件服务销售的分类交易,这是1969年由IBM开创的商业实践,它刺激了独立的软件行业的进步(Torrisi,1998)。

这种劳动分工导致了专业化,也导致了强调规模与学习的"斯密式经济"(Smithian economies of scale and learning)(Stigler,1951)。产业经济学同样强调技术市场授权许可对于技术的使用和传播、减少重复研发投入和促进产品市场竞争的积极作用(Gallini,1984;Shepherd,1987;Rockett,1990)。

技术市场的重要性也在过去几十年里,因其巨大的规模和增长而得到验证,实践证据表明,专利许可制度和专利交叉许可制度是获取专利的重要动机。然而,专利许可活动和专利交叉许可活动的传播,尤其是在大公司之间的传播,仍然不够广泛。

技术市场的规模

过去二十年里,技术市场的发展十分迅速。据Arora和Gambardella于2010年的统计,20世纪90年代中期美国技术市场价值累计250亿~350亿美元,全球技术市场价值累计350亿~500亿美元。而20世纪80年代,技术支出占据了OECD国家民间技术研发总支出的10%(Arora et al.,2001:43),其他研究也显示了类似的估算结果(Robbins,2006;Athreye and Cantwell,2007;Mendi,2007)。OECD公布的数据同样表明,1980年至2003年,在G8国家的纯粹技术贸易中,技术专利使用费的支出和收入年均增长10.7%,该增长率明显高出同时期世界GDP的增长率(OECD,2006)。

虽然很多国际技术流动是发生在联营经济实体之间的交易中(Arora and Gambardella,2010),但是来自不同渠道的数据证实,技术市场一直保持持续增长,尽管它并非都存在于跨国、跨产业和跨企业中。

技术市场对于企业的重要性:专利许可、交叉许可和销售

分析观察专利许可、专利交叉许可和专利销售的案例,有助于描述不同国家、产业和企业之间技术市场重要性的差别。

专利许可、专利交叉许可作为获得专利的原因

尽管专利许可、专利交叉许可在获得专利的因素中占比不大,如直接商业开发、技术模仿防范、封锁专利和专利侵权诉讼防范等,但这两个因素的重要性在20世纪90年代至21世纪初日渐提高。通过专利许可获得专利的情况在北美和日本企业出现的频率较之于欧洲企业更为频繁(Sheehan,et al.,2004),甚至在生物技术、制药业、有机化学品和核技术等领域中,能够进行专利许可被视为一种取得专利的极重要动力(InnoST,2011)。交叉专利许可在日本及一些技术领域——如电信、视频音频技术、信息技术和半导体技术等——尤为重要(Grindley and Teece,1997;Cohen et al.,2000,2002;InnoST,2011)。

事实专利许可(actual licensing)、专利交叉许可和专利销售

根据PatVal1[①]提供的数据,我们发现约8.3%的专利被授权给了独立方,并且案例中

[①] 贯穿整章,我们引用的数据来源于本章作者执行的两个欧洲项目。出于简单性的考虑,我们分别将这两个数据定义为PatVal1(Giuri et al.,2007)和PatVal2(InnoST,2011)。

8.5%的被许可人也有意愿进行授权许可。美国的事实专利许可在所有专利许可中所占比重,高于欧洲与日本,但仅17%的专利许可交易属于专利交叉许可协议(InnoST,2011)。这些结果与先前的研究结果是一致的(Zuniga and Guellec,2009)。

专利销售是评价技术市场外延的另一要素,不幸的是,关于该主题的实践案例十分稀很少(Lamoreaux and Sokoloff,2001;Serrano,2010)。Serrano分析了专利交易问题,并且发现在美国专利商标局(USPTO)注册的大量专利在其有效期间内至少会被交易一次。个体发明者和小型创新组织(每年注册专利达五项)比起大型创新组织(每年注册专利超过100项)更趋向于出售专利。计算机、电信业、制药业和医疗器械业是专利贸易率最高的技术部门。专利引用与技术普及均增大了一项专利得以成功交易的可能性。

我们基于PatVal2的数据得出的统计结果,为专利销售提供了新依据。我们发现,专利销售在技术市场中占据重要份额,因为有5.47%的专利销售给了独立所有者,而5.61%的所有者愿意出售他们的专利。美国的专利销售占其技术市场的比重与欧洲和日本相比更大。

尽管绝对价值总量巨大,专利许可和专利销售仍然无法成为创新过程的中心,不过也有一些值得注意的例外,诸如化学品行业、生物制药行业、视频音频行业和信息技术行业等。总而言之,虽然技术市场在持续增长,但它们依然局限在相对少数的地区与国家。

企业参与技术市场的动机

近20多年来,人们对传授企业参与技术市场技巧的文献资料产生了日益浓厚的兴趣。但大多数文献都聚焦于技术市场的供应方,主要研究知名公司和小企业及新企业进行专利许可的决定因素,只有少数几篇近期研究着重于对技术市场需求方和技术贸易障碍的理解。

技术供应方的动机

经济学和管理学文献已经识别出企业将其技术专利许可给他人——有时甚至是许可给未来或当前的对手——的数种原因。我们区分了收益导向性动机和战略性动机。

收益导向性动机

在大多数案例中,进行技术专利许可最为重要的动机就是许可产生的收益,即许可人所得支付款项流转产生的现值。这样的收益必须同转让技术的成本相比较,而该成本也许十分巨大。最终,扣除交易成本的源于技术许可的收益,必须与放弃直接利用技术开发新产品或新工艺所得收益的机会成本相比较。收益作为许可动机的重要性取决于以下几个不同的因素。

互补性资产(complementary assets)。创新者并非总是创造发明的最佳使用者。正如Teece(1986)的论证,创造发明的价值取决于需要用于技术利用(exploitation)的互补性下游资产,包括市场、分销、品牌名称和财务。缺乏这些下游资产的创新者,能够将其技术专利许可给另一家企业,若该企业恰好配置了这些资产,创新者就可以从中获得不错的收益。

然而，互补性资产可能要么具有一般性，要么具有专用性。在后者专用性的条件下，专利许可有可能会存在问题，例如国际专利许可，当公司认识到他们无法通过外国直接投资进入外国市场，或者因为两国间地理距离、文化距离乃至"心理"距离（psychical distance）（Hofstede,1991），而使得这样的方式变得极其昂贵或极具风险时，专利许可才会存在诸多问题。相反，除非存在重大缔约问题，该企业就可以通过技术专利许可交易或者其他合作协议，从其技术中获得收益，这意味着特定国家的风险更低，而进入当地市场的成本也更低了（Hill et al.,1990）。

专有性、信息不对称，以及交易成本。一个运作良好的知识产权体系能够减少技术贸易中产生的交易成本，因为技术转让者几乎不用担心知识产权在创新方面的潜在损失（Teece,1986）。

从这种意义上说，Caves等（1983）认为，因专利许可市场的漏洞，专利许可权人仅能获得其发明组今年收益的1/3。比起无形商品，如设计、构思或者技术，有形商品的产权更容易界定，也更容易实现。如果没有充分地揭示一个新知识，那么试图了解它的全部价值就十分艰难，但是一旦新知识被完全揭示出来，获得知识的人为其支付报酬的动力也就消失了。正因为这种非完全专有性，潜在的消费者将不会基于最佳标准做出采购决定。

竞争和租值耗散效应（competition and rent dissipation effect）。此效应寓于专利许可权人收益（如来自专利许可协议的一切收益而非支出）减少的过程中，该收益的减少源于许可协议允许新参与者加入产品市场或当前竞争，以提高其竞争优势（Arora and Fosfuri,2003; Fosfuri,2006）。租值耗散效应取决于多个因素，这些因素中最为首要的就是产品市场新进入者所施加的竞争压力的大小。当许可企业在产品市场中不占份额或所占份额极小时，租值耗散效应十分微小。而且，当被许可人在远方市场（地理意义的或产品空间意义的）使用专利时，租值耗散效应的拘束力偏小，这些问题我们同样会在下文讨论。

技术通用性（technological generality）。对于通用技术（general-purpose technologies）市场的利用而言，收益和租值耗散效应的结合非常有利。专用技术（dedicated technologies）仅仅表达了特定用户的需求或专利申请书的要求，从而只拥有有限的市场潜力。相反，通用技术可以在不同领域得以应用，高额的固定成本和相对较低的边缘成本是其主要特征（Bresnahan and Trajtenberg,1995; Bresnahan and Gambardella,1998）。在大批专利申请的范围内分配高额固定成本的可能性，推动了通用技术的传播（广度）；而专用技术关注的是少数大规模专利申请，相较之下，通用技术拥有更广阔的潜在市场（深度）。通用技术的广泛适用性，支撑了技术专家和垂直整合企业（vertically integrated firms）之间的劳动分工，这类企业可以在市场中获得通用技术，而非自行研发专用技术。很清楚的是，大企业一般会被认为比小企业有更大动力自行开发专用技术。然而，当技术价格随着通用技术应用到不同领域的适用费用的减少（如生物技术领域引入平台技术，软件领域引入应用研发工具）而下降时，大企业便有了从技术市场上而非自行研发获得技术资产的原动力。

近年来，一些技术专家开发了能够在不同子市场上推广的通用技术，从而能够利用来自技术广度的机会。Gambardella 和 McGahan（2010）列举了几个关于技术专家致力于通用技术开发的事例,这些事例涉及了生物科技、软件和纳米技术等领域。当通用技术投入市场时,企业内部专用技术的开发和获得,将会因为技术应用的限制设置而造成价值减损。缺乏下游操作设备的技术专家能够通过两种途径增加收益:(a)为了覆盖更大的技术应用范围,可以将他们的技术变得更加通用化;(b)探索技术的新用途,在不同终端市场,通过与下游企业联合或进行其他交易,对技术应用进行测试或者开展可能的技术开发合作。

此外,Gambardella 和 Giarratana(2012)认为,当技术成为通用技术,产品市场被细分成不同的领域时,技术市场才有可能得到增长。这一点需要结合之前的论点,一个被细分的市场意味着,在产品市场进行技术许可造成的许可人租值损耗的可能性降低了。专用技术在一个差距很大的次级市场里进行推广,不可能获得丰厚的利润,尽管许可人和被许可人不会产生竞争;对于通用技术而言,尽管它能在次级市场里得到推广,但是当产品市场是同质的情况下,它只能被许可给一个临近的竞争者。因此,技术市场在技术足够通用、产品市场被细分且技术供应者(或者说潜在的技术许可人)在不同的次级市场中运营时,才有可能迅速成长起来。在这种情况下,许可申请人就期望通过支付一定许可费而获得一项技术专利许可,因为这十分有用;而许可人也愿意将其技术专利许可给合适的许可申请人,因为在这个产品市场,租值损耗的程度是最小的。

战略性动机:固定许可(stick licensing)和交叉许可

有时交易中产生的收益,并非创新发明者将其知识产权授权许可于人的主要理由。现有文献已经确定了几个进行技术许可的战略性动机:①Gallini(1984)的研究表明,在位企业可以通过将其产品技术授权许可给他人的方式,以抑制潜在的竞争者,从而发展更好技术的动机。而且,在位企业可能会将其技术专利许可给一个力量稍弱的对手,以阻止更强的竞争者进入该行业(Rockett,1990)。②技术许可也会被用来维持市场力量。即使产品市场禁止恶意串通行为,一个企业也可以把技术专利许可给它的对手,并设定专利使用费比率。此费用能产生均衡利润,与卡特尔在产品市场中产生的利润相同(Freshtman and Kamien,1992)。③技术的市场竞争能产生专利许可的战略性动机。当目标专利许可申请人无论如何都能从其他潜在的专利许可人手中获得技术,并且最终得以在产品市场中竞争时,技术持有者就得到了许可其专利的动力。④技术许可能作为第二种筛选战略存在(Shepard,1987;Farrel and Gallini,1988),或者说它来源于技术或商业注意力的集中,例如致力于提升创新能力的企业,可能决定出售或许可非核心专利技术(Corts,2000)。⑤技术许可可能因被创造和控制市场标准的尝试而被激发出来(Khazam and Mowery,1994)。

最终,在拥有不断累积的技术变化和复杂产品的产业领域,企业为了有权使用被其他企业注册专利的核心技术,只能被迫接受声称被侵权的专利权人(固定许可)提供的专利许可,或者达成交叉许可协议。

如上所述,交叉许可是一种战略,尤其为处于诸如计算机、半导体和电子产品等复杂产品产业内的大型专利组合所有者青睐(Grindley and Teece,1997;Cohen et al.,2000)。大企业所拥有的大部分专利——如 IBM,TI 和惠普——所拥有的大部分专利,都可能在诉讼和交叉许可协议中被用作谈判的筹码，如 IBM，TI 和惠普（Rivette and Kline，2000；Hall and Ziedonis，2001）。

交叉许可协议通常并不意味着显著的技术转移，因为交易双方对于获得技术专利之后进一步设计或制造的自由更为感兴趣。交叉许可是技术和知识产权管理的一个重要议题，其原因如下（Giuri and Torrisi，2011）。

首先，它代表了一种协作机制，该机制允许拥有重叠专利组合的人降低诉讼成本（Bessen and Meurer，2008；Hall et al.，2009）。随着技术专利应用自 20 世纪 80 年代开始之后的广泛普及，以及相关专利诉讼成本的不断提高，企业采用交叉许可（或类似商业安排）的激励日益加大（Harhoff and Reitzig，2004；Bessen and Meurer，2008，另请参见 Leiponen 所著的第 28 章）。对于资本密集型的企业而言，因为存在技术相关活动的沉没成本，来自诉讼的威胁异常严重（Hall and Ziendonis，2001；Beard and Kaserman，2002；Ziedonis，2004），因此这些企业有更多理由选择交叉许可及其他庭外协议的许可形式。Giuri 和 Torrisi（2010）发现，资本密集度，能够对产品复杂性与进行交叉许可作为获取专利动机之间的关系，起到正向调节作用。正如 Cohen 等学者所言："在产品复杂的产业中，企业很少对他们所研发技术中，所有的必要互补元件拥有专利控制（2002：1356）。"例如，有一些互补性专利对于技术标准的实施而言十分必要，如 GSM、DVD6video 和 MP3 专利。以 GSM 为例，"必要"专利的所有者（Nokia，Motorola，Ericsson，Siemens，and Alcatel）通过签署交叉许可协议，对其他市场参与者开放技术标准，进而促进了技术标准的最初推广（Bekkers et al.，2002）。

其次，在如半导体和生物科技这样的产业中，企业常常发现签订交叉许可协议，或创造一个专利池[在专利池里，所有阻碍专利（blocking patents）都可以通过一揽子许可协议被许可]能够带来诸多便利，比如避免互相阻碍专利，减少"多重专利负担"和敲竹杠问题（hold-up problem）（企业未曾注意到的专利的所有者提起侵权诉讼的风险），以及减轻非故意侵权的风险（Hall and Ziedons，2001；Davis，2008）等。

除了可提供应对偶然的专利侵权风险、保障专利设计和制造自由的保险外，交叉许可协议还为研发密集和专利密集产业的企业提供了一些优势：①交叉许可协议有助于释放内部资源以用于研发活动中，而这些研发活动不仅仅只是复制先前的创造性投入；②交叉许可协议加速了企业的开发进程，从而也加快了创新成果的商业化。

技术市场中大企业和小企业的区别

大企业（拥有 250 名以上雇员）拥有欧洲专利局 2/3 的注册专利，比起规模更小的企业，大企业将其技术授权许可给他人的可能性更小。同理，与它们的小企业同行相比，大企业也更不愿将其专利授权许可给他人（Gambardella et al.，2007. InnoST，2011）。①

这些观察与理论是一致的，即较之更大与大的企业相比，小企业所拥有的能从技术中获利的互补性资产十分有限，同时，它受制于来自额外竞争的租值耗散效应的影响更少

---

① 与先前的研究一致（Zuniga and Guellec，2009），我们基于 PatVal2 调查结果的计算表明，在专利许可和企业规模之间存在 U 型关系。

(Arora et al.,2001；Arora and Fusfori,2003)。

不仅仅是企业规模,创新管理活动的组织也可能有力地影响到企业利用外部技术的动机(和能力),如 Arora 等(2011)指出,将"许可或开发"的决策分散到业务单元,会降低许可发生的可能性。

有关 IBM,Dow,Boeing,Motorola,Xerox 和 Procter & Gamble 的案例研究表明,在那些广泛许可其技术专利的公司里,许可活动由一个专门的业务单元处理(进行许可经常被视为一个独立的业务),并且这种组织结构是受到多种方式的驱动的(通常,许可收益会在运营单位之间进行共享)。Arora 等(2011)发现,那些下放了专利组合经营权的企业,销售额增长更快。因为专利许可活动会蚕食产品市场的销售额,所以他们的结论是,与非集权化(decentralization)背景下进行专利许可的倾向更低的现象是一致的。一份由 Jung 和 Walsh(2010)进行的关于美国专利持有人的调查结果显示,如果专利发明家来自制造**单元**(而非研发机构),那么其专利将被授权许可给他人的可能性更低。

缺乏参与技术市场的激励,对于该市场的未来成长有重要的影响。技术市场中的大量交易都是与专利相关的,且大公司占据了全球范围内极大的专利份额。与小企业相比,大企业所拥有的、从未被使用过的专利占专利总量的份额也更多,于是,大企业就代表着一个未被开发的大型技术储藏室。如果大企业能提升其创新活动的开放程度,技术市场的规模则会变得更大。

技术市场的需求方

大量文献已经主要从技术许可人的角度探讨了进行许可的动机(incentives)。尽管在很多行业内,技术外包(outsource)作为内部研发(in-house R&D)替代措施的重要性与日俱增,但是目前还基本没有从"技术被许可方"的角度进行的研究(Silverman,1999；Arora et al.,2001；Fosfuri,2006)。虽然学者们已经渐渐承认,"买方角度和卖方角度对于提升知识产权管理都是有必要的"(Chesvrough,2003:158),但只有很少的研究从理论和实证上去探究技术获取战略,特别是"引入式许可"(in-licensing,指通过购入产品而自然获得技术专利使用许可)的方式(Killing,1978；Caves et al.,1983；Atuahene-Gima,1993；Atuahene-Gima and Patterson,1993；Lowe and Taylor,1998)。这些关于技术引入式许可的研究认为,已得专利许可通常在大多数情况下,与企业本身的技术能力密切相关。然而从这些资料来看,技术市场相比企业内部探索研究,其在多大程度上使得创新者有更大的**战略柔性**(strategic flexibility)和更多的可行性选择依然未知。Laursen 等(2010)比较了引入式许可企业的行为和非引入式许可企业的行为,发现那些依赖许可引入(licensing-in)的企业,与那些具有可比性却没有依赖许可引入的企业相比,会以它们现有的技术组合(technological portfolio)为起点而探索得更远。同时,他们也指出,技术许可作为一种针对内部 R&D 的替代方式,其使用强化了企业监察能力(由其专利引用的多样化和规模来衡量)对技术研发深度(the distance of technological exploration)的积极影响。该分析表明了技术获取市场的重要性,它也表明想要通过技术市场取得距离较远的、陌生的技术,需要针对监察能力进行先期投资。

该结论与 Cohen 和 Levinthal(1990)的观点是一致的,即知识并非公共产品,它需要吸收一些特定的投资。技术市场能够降低,但不能消除使用外部知识的成本。

技术贸易的障碍

参与技术市场,意味着市场双方要面对风险和交易成本。正如先前所探讨的那样,技术供应方必须平衡积极的"收入效应"和消极的"租值耗散效应",而后者正是因为技术转移给了竞争者。而且,企业在利用技术市场时,因为各种低效率的因素,也面临着严重的管理困境。

不确定性、信息不对称及合同的不完整性

Arrow(1962)和 Nelson(1959)的开创性研究,说明了知识作为商品的本质是如何导致了创新市场的低效率的。后来的研究也指出知识的其他特征,如默会性和黏性(stickines),这些特征阻碍了不同组织间的技术交易(Winter,1987;Von Hippel,1990;Kogut and Zander,1992;Arora and Gambardella,1994)。最近有许多的理论研究,都使用了不完全市场理论来解释技术专利许可市场增长的动机和障碍(Arora et al. ,2001;Anton and Yao,2002;Gans and Stern,2003;Scotchmer,2004)。从一个不同的角度来看,战略管理学文献通过指出企业尝试在"战略要素"市场(strategic factor markets)中获取诸如 R&D 和顾客忠诚度等无形资产(intangible assets)时经历的困难,得到了相似的结论(Barney,1986;Dierickx and Cool,1989)。Dierickx 和 Cool 主张,诸如 R&D 这样的战略要素市场事实上并不存在,因为战略资产(如为用户提供异常收益的资产)具有不可交易性,企业必须从内部发展这些要素。

技术市场买方和卖方之间的不确定性和信息不对称性,使得订立具有强制实施效力和完整内容的合同十分困难。Scotchmer(1996),Anton 和 Yao(2002)早已指出,在不断累积和连续的创新活动中,达成最优技术交易合同的障碍尤为巨大,而且贸易合伙人也可能不再向竞争对手公开专利信息,或者在未来的交易中利用这些专利信息(Mowery,1983)。更为重要的是,创新活动和商业化经常交织在一起,而且在创新产业链(innovation chain)的不同阶段形成一些反馈,但这些互动很难提前预见和明确(Kline and Rosenberg,1986)。因此,这也妨碍了企业起草完整的合同,而且也可能要求两种活动极为贴近(in close proximity)地开展并伴随着紧密而频繁的信息交换,这两种活动通常最好是在企业内部完成,而非技术市场(Teece,1986)。尽管存在这些困难,在以下特定条件下起草有效的技术交换合同依然是可能的:(a)技术的默会成分和可编码成分要互相补充,一起被捆绑在同一个合同包里;(b)可编码技术成分能够被知识产权保护;(c)支付结构由两部分构成——一部分是预付费用,即技术诀窍(know-how)被转移时的许可费用,而另一部分则在那之后另行支付。如果许可方拒绝支付第二阶段款项,技术供应方应当能够撤回可编码部分的许可,这一点对于有效力合同的起草非常重要。互补性(默会性技术成分的价值取决于可编码成分的使用)和完善的知识产权保护,使得撤销许可的威胁变得可靠(Arora,1995),于是,对技术产权薄弱而不确定的保护,成为不确定和低效率的重要来源(Teece,1968,1998)。理论上,专利

保护降低了交易成本,因为它要求技术供应方揭露技术关键信息,同时也会保护技术供应方免受来自技术需求方的知识盗用。自 20 世纪 80 年代以来,技术交易的增长一直与专利应用的扩张并行,这一事实支持了上述规律(WIPO,2011)。

然而,现行专利体系引发了产利权利的过度细分,维系了对专为纯粹战略原因而存在的低价值发明创造的保护,提高了大量专利非故意侵害(involuntary infringement)的风险,从而也增加了技术市场的交易成本(Heller and Eisenberg,1998;Harhoff et al.,1999;Hall and Ziedonis,2001;Gambardella et al.,2008;Hall et al.,2009)。

技术积累、战略专利许可和未利用专利

在以累积技术变化和复杂产品为特征的产业里,企业必须积累大量专利组合。组合专利竞争中,一切竞争企业都试图获取尽可能多的专利,以培育自己的专利丛(由重叠的专利权组成的高密度集合),同时它们并没有支持诸如专利许可和交叉许可等技术交易的必要,特别是当专利权利被过于细分时(Siebert and Von Graevenitz,2008)。

确实,大量专利确实并没有得到利用。依据 PatVal2 调查,我们发现商业公司持有的专利中,约占 40% 的专利既没有得到其所有权人商业性的利用,也没有被售出许可或者用于成立一家新企业(Giuri and Torrisi,2011b)。这表明,大量未利用专利(unused patents)都可以得到利用,而且此项发现也引发了创新管理实践中的一个议题,即集约化使用专利技术障碍的降低。

实际上也存在这种可能,即专利之所以没有得到利用,可能是因为专利申请人没有意识到他们的专利组合中该专利的价值。拥有大型专利组合的组织,通常不会实行技术跟踪核查,因此无论是内部利用还是技术市场利用,它们都错过了开发所有专利全部经济价值的机会(Rivette and Kline,2000)。

一个有效率的技术市场,会帮助专利所有权人更好地评估和利用他们的技术。然而,一个更为有效率的技术市场,却不一定会导致对那些出于非纯粹战略目的的、专利的集约化使用。正如上文所述,这与封锁性专利相关,也即那些用于防止他方为互补性或替代性发明申请专利的专利,以及那些纯粹的防御性专利(Grindley and Teece,1997;Hall and Ziedonis,2001)。

技术贸易障碍的其他证据

除了战略性原因和知识产权细分外,技术贸易还面临其他障碍,这些障碍在实证研究中已被强调。Razgaitis(2004)说明了许多专利许可交易之所以最终无法达成协议,是因为一些更细微而难以察觉到的因素,诸如,无法找到买方、难以取得达成协议的内部批准、在排他性上存在分歧或者存在地理区域限制等。其他束缚专利许可市场增长的典型因素包括:用于吸收外部知识的投资、知识产权强制实现的成本、体制和文化障碍以及在不同的组织间传播隐性技术诀窍(know-how)的重重困难等。

基于对 22 家欧洲企业的知识产权和专利授权经理人面对面采访而收集的数据,Gambardella 和 Torrisi(2010)更为深入地探究了许可人和被许可人参与技术市场的障碍。

研究表明,进行专利许可最重要的障碍是,合伙人之间可能被敲竹杠和被机会主义行为所威胁,同时文化和组织差异也是原因之一。一些案例强调的另外一个障碍以评估技术的不确定性和困难性为代表,特别是在技术开发的早期阶段。这些困境在制药领域十分重要,制药领域的企业获得一项新分子专利许可并不意味着可以通过技术获利,因为其在临床实现中还可能会发现更多无法预测的难题。而在其他领域(如汽车)产生不确定性的一个代表性原因则是,当技术从专利发明阶段抑或是简单的样本产品阶段,发展至生产阶段时,其生产成本难以预测。造成不确定性的另外一种原因是评估,而这种评估困难源于技术许可市场是双边交易谈判市场而非多边贸易机制。

从专利许可人的角度来看,另一种形式的不确定性源于难以评估专利申请人创造收入能力的困难性,其创造收入能力并非不完全取决于技术的内在价值。这个问题对于小公司尤其严重,因为有限的议价能力,它们很难获得至关重要的预付费用,并且通常要提供排他性许可。因为小企业的真正价值直到后期才会随着里程碑和专利使用费体现出来,因此获取专利许可人的开发和商业化能力便极为重要,而且小型技术企业也会担心出现机会主义行为和敲竹杠的风险。大型专利申请人拥有大型的项目渠道(project pipeline),可以在数个备选选项中进行选择,并且能够耗费一定时间进行协商,而他们相对弱势的对手则因为过分紧缩的财务限制而更加缺乏耐心。[①]

减少技术贸易障碍的机制

事实上,无论在技术转移中是否存在障碍和管理困境,对于能够为搜寻合作方及双方谈判过程提供助力的中介服务的利用,也依然十分有限。

近期,技术贸易的线上市场也出现了,比如,yet2and.com、ICAP 和 Ocean Tomo。这些市场的优势在于它们可以减少搜寻和执行成本,但是却造成信息不对称(和逆向选择),以及租金征用(rent expropriation)的高度风险(Dushnitsy and Klueter,2011)。Dushnitsky 和 Klueter(2011)注意到,技术市场利用逆向选择,调节诸如预付参与费用和资料公开等要求的机制。未来的分析需要去理解线上市场所利用的逆向选择机制,是如何成为社会网络关系、地理临近性的替代品,进而促进技术市场增长的。

未来的研究方向

未来研究的一个重要议题,主要是关注制度和组织障碍在专利许可市场的增长中扮演何种角色的问题。有些文献已经研究了限制技术交易的几种因素,例如那些与知识特征相关的因素(Arrow,1962;Von Hippel,1990;Arora and Gambardella,1994)、合同的不完整性(Mowery,1983;Anton and Yao,2002)、市场规模(Bresnahan and Gambardella,1998)和知识产权保护(Lamoreaux and Sokoloff,2001;Arora and Merges,2004)等。然而,对于这些进行技

---

① 我们没有考虑知识产权企业和专利流氓的情况,它们的核心业务包括累积专利组合和向第三方进行技术许可,但是这种许可面临着专利侵权诉讼的风险。在这些条件下,成为一个大型上市企业反而可能是企业的弱点,这是因为,大企业在接到法院停止侵权的禁止令时,相对小企业而言,会遭受更大的资金和名誉损失。

术专利许可的不同障碍，其相对重要性应当得到更为深入的分析，以便理解尤其是诸如文化、机构和组织障碍在其中扮演的角色。

对于制度障碍而言，Arora 和 Ceccagnoli（2006）已经注意到，专利保护通过同时影响专利申请的决策和专利许可的决策来影响专利许可活动，这种影响也会根据已经拥有的专利而变化。一个强有力的专利体系，有可能在缺乏互补性资产的企业间鼓励专利许可，但是它也会减少这些资产的所有权人进行专利许可的动力。未来的研究应当考虑到知识产权与互补性资产之间的互动，以及这种互动给予专利许可决策的启示。

对于文化和组织障碍而言，它们对于进行专利许可的重要性会受到地理距离和公司间 R&D 活动组织的区别的调节（Furman，2003）。Alcacer 等（2008）强调，在美国生物科技行业中，引入式许可的可能性受协同定位（co-location）的影响。甚至为了探索线上市场的有效性，细致研究（finer-grained research）也不可或缺。为了理解这些线上市场是如何区别于传统技术市场的，未来的研究应当在技术（如知识产权体系、一般性等）和市场参与者（线上和线下技术市场的经验，市场规模和声誉等）之间的差异问题上多做笔墨。而且，在这些市场上进行交易的技术，其质量可以与那些在传统技术交易市场中进行交易的技术的质量相比较。

关于专利许可和企业技术开发之间的联系，是一个更为深入的研究主题，但目前只有一小部分研究聚焦于专利许可市场的需求方（Laursen et al.，2010）。更为透彻地理解许可引进的决定因素，以及许可引进形式与企业整体的 R&D 战略之间的关联十分重要。例如，我们需要更为清楚地了解一个企业何时决定是否获取或者通过许可引进专利，抑或是决定何时收购一个技术创业企业等。

在企业层面下，针对专利许可活动是如何形成的，以及技术外部开发与内部开发的不同战略之间存在的互补性等问题的理解也是非常有限的。知识产权集中化的启示，以及公司层面进行许可决策的原因，仍然没有得到充分理解（Arora et al.，2001），并且值得更为深入地研究。

最后，仅有非常有限的研究关注技术市场和金融市场的互动。除上文所探讨的作为收入来源的价值外，专利许可也可以拥有信号传递的价值，故而观察市场是如何对专利许可声明做出回应的也十分重要。尽管有大量研究分析了企业联盟与 M&A 声明的市场反应，但是针对专利许可声明的市场反应的研究却很少（e.g. Anand and Khanna，2000）。

参 考 文 献

Alcacer, J., Cantwell, J., and Gittelman, M. (2008). 'Are Licensing Markets Local? An Analysis of the Geography of Vertical Licensing Agreements in Bio-pharmaceuticals', Draft. Harvard Business School.

Anand, B., and Khanna, T. (2000). 'Do Firms Learn to Create Value? The Case of Alliances', *Strategic Management Journal* 21(3): 295–315.

Anton, J. J., and Yao, D. A. (2002). 'The Sale of Ideas: Strategic Disclosure, Property Rights, and Contracting', *Review of Economic Studies*, 67: 585–607.

Arora, A. (1995). 'Licensing Tacit Knowledge: Intellectual Property Rights and the Market for Know-how', *Economics of Innovation and New Technology*, 4: 41–59.

Arora, A. Belenzon S., and Rios L. A. (2011). 'The Organization of R&D in American Corporations: The Determinants and Consequences of Decentralization', NBER Working Paper No. 17013.

Arora, A. and Ceccagnoli, M. (2006). 'Patent Protection, Complementary Assets, and Firms' Incentives for Technology Licensing', *Management Science*, 52(2): 293-308.

Arora A., Fosfuri, A., and Gambardella, A. (2001). *Markets for Technology: The Economics of Innovation and Corporate Strategy*. Cambridge: MIT Press.

Arora, A., and Fosfuri, A. (2003). 'Licensing in the Presence of Competing Technologies'. *Journal of Economic Behavior and Organization*, 52: 277–95.

Arora A., and Gambardella, A. (1994). 'The Changing Technology of Technical Change: General and Abstract Knowledge and the Division of Innovative Labour', *Research Policy*, 23: 523–32.

Arora A., and Gambardella, A. (1998). 'Evolution of Industry Structure in the Chemical Industry', In Arora, A., Landau, R., and Rosenberg, N. (eds) *Chemicals and Long-Term Economic Growth*. New York: John Wiley & Sons, 379–414.

Arora A., and Gambardella, A. (2010). 'Ideas for Rent: An Overview of Markets for Technology', *Industrial and Corporate Change*, 19: 775–803.

Arora A., and Merges, R. (2004). 'Specialized Supply Firms, Property Rights and Firm Boundaries', *Industrial and Corporate Change*, 13(3): 451.

Arrow, J. K. (1962). 'Economics Welfare and the Allocation of Resources for Invention'. In Nelson, R. (ed.), *The Rate and Direction of Inventive Activity*. Princeton: Princeton University Press, 164–81.

Athreye, S., and Cantwell J. (2007). 'Creating Competition?: Globalisation and the Emergence of New Technology Producers', *Research Policy*, 36(2): 209–26.

Atuahene-Gima, K. (1993). 'Determinants of Inward Technology Licensing Intentions: An Empirical Analysis of Australian Engineering Firms', *Journal of Product Innovation Management*, 10: 230–40.

Atuahene-Gima, K., and Patterson, P. (1993), 'Managerial Perceptions of Technology Licensing as an Alternative to Internal R&D in New Product Development: An Empirical Investigation', *R&D Management* 23(4): 327–36.

Barney, J. B. (1986). 'Strategic Factor Markets: Expectations, Luck, and Business Strategy', *Management Science*, 32(10): 1231–41.

Beard, T. R., and Kaserman, D. L. (2002), 'Patent Thickets, Cross Licensing, and Antitrust', *The Antitrust Bulletin*, 47(2/3): 345–68.

Bekkers, R., Duysters, G., and Verspagen, B. (2002) 'Intellectual Property Rights, Strategic Technology Agreements and Market Structure: The Case of GSM', *Research Policy*, 31(7): 1141–61.

Bessen, J., and Meurer, M. J. (2008). *Patent Failure: How Judges, Bureaucrats, and Lawyers Put Innovators at Risk*. Princeton: Princeton University Press.

Bresnahan, T., and Gambardella, A. (1998). 'The Division of Inventive Labor and the Extent of the Market', in Helpman, E. (ed.) *General-Purpose Technologies and Economic Growth*. Cambridge MA: MIT Press, 253–81.

Bresnahan, T. and Trajtenberg, M. (1995). 'General Purpose Technologies: Engines of Growth', *Journal of Econometrics*, 65: 83–108.

Caves R., Crookel, H., and Killing, J. P. (1983). 'The Imperfect Market for Technology Licensing', *Oxford Bulletin of Economics and Statistics*, 45(3): 249–67.

Chesbrough, H. (2003). *Open Innovation*. Cambridge, MA: Harvard University Press.

Cohen, W. M., Goto, A., Nagata, A., Nelson, R. R., and Walsh, J. P. (2002). 'R&D Spillovers, Patents and the Incentives to Innovate in Japan and the United States', *Research Policy* 31: 1349–67.

Cohen, W. M., and Levinthal, D. A. (1990). 'Absorptive Capacity: A New Perspective of Learning and Innovation', *Administrative Science Quarterly* 35: 128–52.

Cohen W. M., Nelson R. R., and Walsh, J. P. (2000). 'Protecting their Intellectual Assets: Appropriability Conditions and Why U.S. Manufacturing Firms Patent (or Not)', NBER Working Paper no. 7522.

Corts, K. S. (2000). 'Focused Firms and the Incentive to Innovate', *Journal of Economics & Management Strategy*, 9(3): 339–62.

Davis, L. (2008). 'Licensing Strategies of the New "Intellectual Property Vendors"', *California Management Review*, 50(2): 6–30.

Dierickx, I., and Cool, K. (1989). 'Asset Stock Accumulation and Sustainability of Competitive Advantage', *Management Science*, 35(12): 1504–11.

Dunning, J. H. (1981). *International Production and the Multinational Enterprise*. London: Allen and Unwin.

Dushnitsky, G., and Klueter, T. (2011). 'Is There an eBay for Ideas? Insights from Online Knowledge Marketplaces', *European Management Review*, 8: 17–32.

Farrell, J., and Gallini, N. T. (1988). 'Second Sourcing as a Commitment: Monopoly Incentive to Attract Competition', *Quarterly Journal of Economics*, 103: 673–94.

Fershtman, C., and Kamien, M. I. (1992). 'Cross Licensing of Complementary Technologies', *International Journal of Industrial Organization*, 10: 329–48.

Fosfuri, A. (2006). 'The Licensing Dilemma: Understanding the Determinants of the Rate of Technology licensing', *Strategic Management Journal*, 27(12): 1141–58.

Furman, J. (2003). 'Location and Organizing Strategy? Exploring the Influence of Location on Organization of Pharmaceutical Research', *Advances in Strategic Management*, 20: 49–88.

Gallini, N. T. (1984). 'Deterrence Through Market Sharing: A Strategic Incentive for Licensing', *American Economic Review*, 74: 931–41.

Gambardella, A., and Giarratana, M. (2012). 'General Technologies, Product-market Fragmentation and the Market for Technology', *Research Policy*, 42: 315–25.

Gambardella, A., Giuri, P., and Luzzi, A. (2007). 'The Market for Patents in Europe', *Research Policy*, 36: 1163–83.

Gambardella, A., Harhoff, D., and Verspagen, B. (2008). 'The Value of European Patent', *European Management Review*, 5(2): 69–84.

Gambardella, A., and McGahan, A. (2010). 'Business-model Innovation, General Purpose Technologies, Specialization and Industry Change', *Long Range Planning*, 43: 262–71.

Gambardella, A., and Torrisi, S. (2010). 'Heterogeneity of Technology Licensing Patterns across Europe', *Working Paper. GlobInn Project, EC FP 7 Cooperation Work Programme*, January.

Gans, J. S., and Stern, S. (2003). 'The Product Market and the Market for "Ideas": Commercialization Strategies for Technology Entrepreneurs', *Research Policy*, 32: 333–50.

Giuri, P., Mariani, M., Brusoni, S., Crespi, G., Francoz, D., Gambardella, A., Garcia-Fontes, W., Geuna, A., Gonzales, R., Harhoff, D., Hoisl, K., Lebas, C., Luzzi, A., Magazzini, L., Nesta, L., Nomaler, O., Palomeras, N., Patel, P., Romanelli, M., and Verspagen, B. (2007). 'Inventors and Invention Processes in Europe. Results from the PatVal-EU Survey', *Research Policy*, 38: 1107–27.

Giuri, P., and Torrisi, S. (2011a). 'Cross-licensing, Cumulative Inventions and Strategic Patenting', Paper presented at the *DRUID Society Conference 2011*, Copenhagen Business School, 15–17 June 2011.

Giuri, P., and Torrisi, S. (2011b). 'The Economic Use of Patents", in InnoS&T report of the EC project *Innovative S&T Indicators Combining Patent Data and Surveys: Empirical Models and Policy Analyses*. Grant agreement no.: 217299, Del. 7.3.

Grindley, P. C., and Teece, D. J. (1997). 'Managing Intellectual Capital: Licensing and Cross-licensing in Semiconductors and Electronics', *California Management Review*, 39(2): 8–41.

Hall, B. H., Thoma, G., and Torrisi, S. (2009). 'Financial Patenting in Europe', *European

Management Review, 6: 45–63.

Hall, B. H., and Ziedonis, R. H. (2001). 'The Determinants of Patenting in the U. S. Semiconductor Industry, 1980–1994', *Rand Journal of Economics*, 32: 101–28.

Harhoff, D., and Reitzig, M. (2004). 'Determinants of Opposition against EPO Patent Grants: The Case of Biotechnology and Pharmaceuticals', *International Journal of Industrial Organization*, 22: 443–80.

Harhoff, D., Narin, F., Scherer, F. M., and Vopel, K. (1999). 'Citation Frequency and the Value of Patented Inventions', *Review of Economics and Statistics*, 81: 511–5.

Heller, M., and R. Eisenberg (1998). 'Can Patents Deter Innovation? The Anticommons in Biomedical Research', *Science*, 280: 698–701.

Hill C. W., Hwang, L. P., and Kim, W. C. (1990). 'An Eclectic Theory of the Choice of International Entry Mode', *Strategic Management Journal*, 11: 117–28.

Hofstede, G. (1991). *Cultures and Organizations: Software of the Mind*. Berkshire, UK: McGraw-Hill.

InnoS&T (2011). Final Report of the FP7 Project 'Innovative S&T Indicators Combining Patent Data and Surveys: Empirical Models and Policy Analysis', Available at <http://bcmmnty-qp.unibocconi.it/QuickPlace/innovativest/Main.nsf/h_C93B07E6012A16EBC125775800682F36/6D9A810AEBB96DDFC1257989002E1F30/?OpenDocument>

Jung T., and Walsh, J. (2010). 'Organizational Paths of Commercializing Patented Inventions', Paper presented at Imperial College London Business School, 16–18 June 2010.

Khazam J., and Mowery, D. (1994). 'The Commercialization of RISC: Strategies for the Creation of Dominant Designs', *Research Policy*, 23(1): 89–102.

Killing, J. P. (1978). 'Diversification Through Licensing', *R&D Management*, 8(3): 159–63.

Kline S., and Rosenberg, N. (1986). 'An Overview of Innovation', in Landau, R. and Rosenberg, N. (eds), *The Positive Sum Strategy*. Washington, DC: National Academy Press, 275–305.

Kogut, B., and Zander, U. (1992). 'Knowledge of the Firm, Combinative Capabilities and the Replication of Technology', *Organization Science*, 3: 383–97.

Lamoreaux, N. R., and Sokoloff, K. L. (2001). 'Market Trade in Patents and the Rise of a Class of Specialized Inventors in the 19th-century United States', *The American Economic Review*, 91(2): 39–44.

Laursen, K., Leone, I., and Torrisi, S. (2010). 'Technological Exploration Through Licensing: New Insights from the Licensee's Point of View', *Industrial and Corporate Change*, 19(3): 871–97.

Lerner, J., and Tirole, J. (2004). 'Efficient Patent Pools', *American Economic Review*, 94(3): 691–711.

Lowe, J., and Taylor, P. (1998). 'R&D and Technology Purchase Through License Agreements: Complementary Strategies and Complementary Assets', *R&D Management*, 28(4): 263–78.

Mendi, P. (2007). 'Trade in Disembodied Technology and Total Factor Productivity in OECD Countries', *Research Policy*, 36: 121–33.

Mowery, D. (1983). 'The Relationship between Intrafirm and Contractual Forms of Industrial Research in American Manufacturing, 1900–1940', *Explorations in Economic History*, 20: 351–73.

Nelson, R. R. (1959). 'The Simple Economics of Basic Scientific Research', *Journal of Political Economy*, 67(2): 297–306.

OECD (2006). *Technology Indicators, Technology Balance of Payment: Payments/Receipts*. Paris: OECD.

Plaines, I. L., Rivette, K. G., and Kline, D. (2000). 'Discovering New Value of Intellectual Property', *Harvard Business Review*, January–February: 54–66.

Razgaitis, S. (2004). 'US/Canadian Licensing in 2003: Survey Results', *Journal of the Licensing Executive Society*, 34: 139–51.

Remsberg, C., and Higdon, H. (1994). *Ideas for Rents: The UOP Story*. Des Plains, IL: Universal Oil Corp.

Rivette, K. G., and Kline, D. (2000). 'Discovering New Value in Intellectual Property', *Harvard Business Review*, 78(1): 54–66.

Robbins, C. A. (2006). Measuring Payments for the Supply and Use of Intellectual Property', Bureau of Economic Analysis U.S. Department of Commerce, Washington, DC.

Rockett, K. E. (1990). 'Choosing the Competition and Patent Licensing', *RAND Journal of Economics*, 21: 161–71.

Roth, A. E. (2008). 'What Have We Learned from Market Design?', Hahn Lecture *Economic Journal*, 118: 285–310.

Sakakibara, M. (2011). 'An Empirical Analysis of Pricing in Patent Licensing Contracts', *Industrial and Corporate Change*, 19: 927–45.

Scotchmer, S. (1996). 'Protecting Early Innovators: Should Second Generation Products be Patentable?', *Rand Journal of Economics*, 27: 322–31.

Scotchmer, S. (2004). *Innovation and Incentives*. Cambridge, MA: MIT Press.

Serrano, C. (2010) 'The Dynamics of the Transfer and Renewal of Patents', *Rand Journal of Economics*, 41(4): 686–708.

Sheehan, J., Martinez, C., and Guellec, D. (2004). *Understanding Business Patenting and Licensing: Results of a Survey*', Paris: OECD.

Shepard, A. (1987). 'Licensing to Enhance Demand for New Technologies', *Rand Journal of Economics*, 18: 360–68.

Siebert, R., and von Graevenitz, G. (2008). 'Does Licensing Resolve Hold Up in the Patent Thicket?' Discussion Papers in Business Administration, 2104, University of Munich, Munich School of Management.

Silverman, B. S. (1999) 'Technological Resources and the Direction of Corporate Diversification: Toward an Integration of the Resource-based View and Transaction Cost Economics', *Management Science*, 45(8): 1109–24.

Somaya, D., Kim, Y., and Vonortas, N. S. (2011). 'Exclusivity in Licensing Alliances: Using Hostages to Support Technology Commercialization', *Strategic Management Journal*, 32: 159–86.

Stigler, G. (1951). 'The Division of Labor is Limited by the Extent of the Market', *Journal of Political Economy*, 59: 185–93.

Teece, D. J. (1986). 'Profiting from Technological Innovation', *Research Policy*, 15(6): 285–305.

Teece, D. J. (1998). 'Capturing Value from Knowledge Assets: The New Economy, Markets for Know-how, and Intangible Assets', *California Management Review*, 3: 55–79.

Torrisi, S. (1998). *Industrial Organization and Innovation: An International Study of the Software Industry*. Cheltenham: Edward Elgar.

Von Hippel, E. (1990). 'Task Partitioning: An Innovation Process Variable', *Research Policy*, 19: 407–18.

Winter, S. (1987). 'Knowledge and Competence as Strategic Assets', in Teece, D. J. (ed.), *The Competitive Challenge: Strategies for Industrial Innovation and Renewal*. Cambridge, MA: Ballinger, 159–184.

WIPO (2011). 'World Intellectual Property Indicators', World Intellectual Property Organization Economics and Statistics Division. Available at<http://www.wipo.int/ipstats> (accessed 21 July 2013).

Ziedonis, R. H. (2004). 'Don't Fence Me In: Fragmented Markets for Technology and the Patent Acquisition Strategies of Firms', *Management Science*, 50: 804–20.

Zuniga, M. P., and Guellec, D. (2009). 'Survey on Patent Licensing: Initial Results from Europe and Japan', STI Working Paper 2009/5. Paris: OECD.

第13章

资本市场、创新系统和创新融资

艾伦·休斯(Alan Hughes)[①]

引 言

创新要求多种组织内外部关系的协调,其中包括与业务相关的内外部财务资源的获取。当商业活动为创新成功所需资源的获取、重组与协调提供财务支持时,这些关系同时推动着技术和组织创新。本章将聚焦于业务部门的(business sector)创新和金融资本(financial capital)获取之间的关系,从创新系统的角度(innovation systems perspective)来衡量也是如此。因此我们需要将商业融资定位于更广泛的资源和关系协调模式范围内,而国家、地区或者行业的商业创新系统都具备这种模式的特征。

这些关系的扩展超出了私有部门(private sector)范围,它们包括了大量证券和人力资源流动以及产生于公共部门的资本之间的联系,同时也包括获得高等教育和中等教育领域内公共资金支持的研究和人类资本输出,而州政府也可能为与创新相关的私有部门提供直接或间接财政支持。

在一定程度上,诸如此类的补充性公共投资和财政支持也会因地域和行业而存在差异,我们可以期望未来会存在不同的财务关系(financial relationship)体系。财务制度也可能受到合同关系和非合同关系中文化差异的影响,此外法律差异以及公司治理(corporate governance)也会对财务制度产生影响。因此,我们期待能够寻找到对于创新活动和资金支持有区别而且集中的全国性架构(national configuration)。如果知识流动自身具有相对黏性,且依赖于人际交往,那么在区域或者当地的层面上这种架构就会被强化。这些可能性,在国家系统、创新支持和融资方法(capitalism approaches)中被广为探索,同时在为支持创新和融资的多种融资方法中也有深入讨论。

与此同时,有一篇文章从更统筹的整体层面探讨了与创新相关的独特融资关系。这涉及一种观点,即以不同创新融资模式为基础的系统之间的竞争,将会导致国家之间体制架构的融合。当认识到创新需要多管齐下时,这篇文章通常会站在创新实践的角度,将注意

---

① 作者感谢通过英国创新研究中心(UK-IRC)获得ESRC、TSB、NESTA和BIS的资金支持,以及来自Alberto Garcia Mogollon和Robert Hughes的研究支持。

力置于作为创新关键投入的研发(R&D)投资。

本章的开端将会用一般市场失灵理论去分析融资、创新及相关实践发现；然后，本章将聚焦于国家间的差异及对不同观点的评价，这些观点来自实证研究，尤其是那些基于多种融资及创新系统方法的实证研究；最后一部分将对本章内容进行总结。

创新融资：一般市场失灵相关的问题

有一种观点认为，创新活动融资会在很大程度上限制创新，并对创新构成巨大限制（并最终导致典型融资困难，以及创新企业与非创新企业资本结构的变化），这种观点通常会以创新需要大量资金支持作为起点，并与涉及创新过程中的某些具体特征相关，其范围也从发现与发明一直延伸到产品或者流程的创新引入。但持此观点的人也一贯认为，研发是其中最为重要的组成部分，进而又将其视线转移到研发费用的主要特征(Hall, 2010)，以及已经形成特殊融资问题的研发特征上来。

特殊融资问题的第一部分，就是在研发费用中占主导地位的、对于高技能高质量劳动力投入相关的劳动力成本，因此，研发的努力，便被认为跟人力资本密切联系的无形资产相关。从企业雇用这些人力资本的角度看，无形资产的价值是蕴于雇员之中的，一旦雇员主动离开该企业或是被该企业解雇，这种价值马上就会消失。尽管研发投资在有些竞争激烈的行业里已经变得越来越重要（如信息技术行业），但有证据表明，在美国研发投资增长率的整体水平仅为其他投资增长率的1/5到1/4(Hall, 2005, 2010)。因此，企业需要找到方法平滑(smooth)其研发费用，并获得更高的回报率以抵销调整所耗费的成本。特殊融资问题的第二部分，即研发费用的投资回报是高度倾斜的(skewed)，其分布伴随着广泛的或者是不明确的变异(Scherer, 1999)。这种情况很有可能出现在网络行业和一些倾向于发生突破式创新(radical innovation)的行业，其中网络行业的先发优势(first mover advantage)尤其明显。最终，如果寓于研发所创造的无形人力资本中的隐性知识，对创造这些隐性知识的企业而言变得具有专用性，那么破产也不能轻易地挽救企业价值了。这种情况给我们的启示是，高研发强度的企业因为其潜在资产的价值而很难确保合同的履行，这将限制他们对负债或是贷款的使用。因此，研发密集型企业的杠杆率要低于其他企业。

这些有关创新投入的特征（可以通过研发投资的角度来看）突显了金融市场中更为一般化的特征，而这些特征可能会导致市场失灵(market failures)，同时这些更为一般化的影响通常被认为是由信息不对称(asymmetric information)和道德风险(moral hazard)[①]的主题引起的。潜在的创新者可能比潜在的投资者拥有更多的信息来源，也可能更清楚地认识到创新成功的可能性，基于这一论断，可以看出研发投资是具有不确定性的，尝试为风险定价会导致差的项目驱逐好的项目。对于创新而言，拥有新颖而又具有挑战性的创意的企业，不会愿意将他们的灵感在市场上公布。关于研发费用层面上的共有知识，可能有助于降低

---

① 此外，政府的税收安排可能改变创新融资类型的选择和融资成本，例如，外部资金和内部（现金流）资金之间的融资成本，或者正如研发所示，投资支出方式的相对成本构成了可退税额度(tax credits)。

不确定性,但它并不会降低与创新结果相关的不确定性。

另外一种观点认为,企业所有权和管理权的分离可能会导致管理者(他们希望一直保住工作)在投资战略中相对厌恶风险,从而阻碍了企业管理者对内部现金流的使用,他们会倾向于支持更能增加工作稳定性的投资。而长期的研发投资意味着更高的失败风险,这与他们对工作稳定性的追求相冲突,自然地,企业管理者将会避免此类决策。[1]

创新融资也曾从管理战略(management strategy)而非市场失灵的角度研究过,O'Brien(2003)对这种思路的研究工作进行了系统的妥善总结。为了整合商业战略(business strategy)的行为模式,他拓展了与研发相关的平滑投资(investment smoothing)重要性的概念,而这些都与财务宽松(financial slack)的概念有关。O'Brien认为,基于创新的研发相对密集(R&D intensive)型企业会保持高度的财务宽松,以及相对较低的杠杆率(Vincente-Lorente,2001)。

与股权和债权相比,研发投资的具体特征,会造成对支持平滑的研发投资活动的内部资金相对较重的依赖。因此,研发密集型企业比起其他企业会受到更多限制(考虑到内部流动现金方面的限制)。

大量的文献开展了对于研发密集型企业所面临财务障碍的本质、程度和形式的实证估计。广义上,这些文献可以被分为两种类别:第一类评估了投资理财方程(investment financing equation),即针对现金流变化对投资的影响,是否因各企业研发强度不同而有所区别的问题。第二类则提出一个问题,即是否有可能识别出研发密集型企业与其他企业在融资特征上的区别。为了解答这个问题,这些研究始终聚焦于,研发密集型企业与其他企业在权益、负债和其他用于资助增长的财务来源方面是否存在资本结构差异。

这些研究的一个特殊子集,专门研究早期知识密集型或创新驱动型企业的融资,而本文的关注点则在风险投资上,这种融资形式被假定为一种对投资者减少信息不对称和创新结果不确定性需要的特有回应。在这种背景之下,风险资本融资有不同于其他融资方式的特征。为了保证绩效的谨慎监控,风险投资将管理专家意见融入广泛的投资前分析中,在恰当的时候可以任命新的管理者或特别指派一位CEO。专门融资工具(如可转换债券)允许采用实物期权的方式进行融资。连续融资则取决于实现指定业绩目标的过程,也可能与将借贷转化为股权的选择权相结合。

与此相关的文献已经被学者进行过详细的回顾与综述(Hall and Lerner,2010;Hall,2010)。Hall和Lerner(2010)总结认为,已存在证据能够证明,小企业比大企业更可能面临不确定性和信息不对称的问题,同时就研发密集型企业的创办而言,不确定性和信息不对称性问题可能成为极其严重的问题。Hall和Lerner指出,风险投资产业的存在,就是针对该问题本质和延伸的一个说明。但他们同样强调,风险投资作为有效解决融资问题的手段,在某些领域能起到的作用是有限的,譬如其关注个别行业的能力。风险投资的繁荣发展主要取决于活跃的证券市场的退出通道(exit route),它要么特意将注意力集中于研发密

---

[1] 在信息不对称方面,因为新的商业模式的出现,认为企业内部人员比企业外部人员的信息来源更真实的观点可能会遭到否认。此处可能引发的讨论是,起步阶段的企业家们可能会过度自信,从而在其事业成功的可能性问题上变得骄傲自大。既然如此,那么外部市场的问题就在于实施有效的监管和控制。

集型企业,要么关注证券市场的整体表现。因而风险投资这种融资方式,可能会对证券市场的波动和整体趋势的变化极其敏感。较之早期投资,风险投资也总是会更多地聚焦于后期投资(Lerner,2009)。

拓展程度之广泛是这些文献的一个特征,随着它渐渐扩展至不同的国家,关于融资模式和创新活动之间的关系,也在各国范围内不同产业间广泛拓展。因此,市场失灵问题也将随着更广范围内的创新系统特征的变化而变化,而这些特征是嵌入在市场中的。

国家金融系统和创新融资

关注融资和创新关系的治理及协调的一个广为人知的主流研究流派是,关于多种融资方法的研究(capitalism approach)(Hall and Soskice,2001a)。这类文章基于企业解决协调性问题的方式,对国家的政治经济进行了分类,而这些问题广泛存在于劳资关系、职业培训教育、公司治理、买卖企业双方关系以及企业内部员工协调(employee coordination)中。创新的资金问题最有可能会在公司治理结构分析中产生,这个问题被认为对寻求融资的本质、对投资者和资金提供者互动的方式,以及对资金提供者如何寻求控制投资并保证其收益等问题,有至关重要的影响(Hall and Soskice,2001b)。

大量关于融资方法的文献的一个核心区别,在于对理想"自由市场经济"(liberal market economies)和"协调市场经济"(coordinated market economies)的倾向理解。对于前者,协调活动的方式主要通过充满竞争的市场与企业间的科层制度(inter-firm hierarchies)进行。市场关系是具有一定距离的,并且在一个充斥着竞争而又正式的合同订立框架中体现出来。在协调市场经济中,非市场关系在协调市场战略时更为重要,这意味着组织间关系的活动会更多,而完整的合同订立活动会更少。市场监管并非以市场信号为基础,而是以各种类型的内部信息交易为基础。在自由市场经济中,企业行为的均衡结果通过市场价格的调节实现。企业间战略互动和协调结果,被视为力求在寻求协调市场经济中达成平稳结果的关键因素。在协调机制里,特定的组织和制度(行为规则)都将注意力放在减少与对方行为相关的创新不确定性上,以期实现双方的可靠承诺。制度化的行为规则包括重要的信息交换、行为管控和对公司行为背叛者的制裁,这意味着在雇主和劳动组织之间存在强有力的网络关系。当涉及融资问题时,尤其意味着跨企业股权持有模式,以及银行和其投资企业之间的密切关系。

各种融资方法假说理论的支持者们,认为它们在公司发展战略层面存在系统性的区别,这包括各种融资方法之间的创新行为的差异。这些差异以整体制度框架为基础,企业均在此制度框架内运行。从这个角度可以延伸出一个更为深刻的观点,即在经济发展不同部分的制度之间存在着重要的互补关系。以自由市场为基础的经济,在其金融系统(financial system)中,偏向于为短期盈利项目提供资金支持的市场反应,且不会与劳动力市场十分契合;而在劳动力市场中,企业一直试图维持长期劳动合同关系。后者会对一个企业进行短期而灵活的劳动力投入再分配,或者对劳动力投入减少的能力产生偏见。于是,在评估不同融资形式和不同财务协调类型在导致创新绩效差异方面的有效性程度时,同时考虑劳动力市场中协调的本质也是至关重要的。根据实证结果，这会导致一种观念的形成，即经济应当以大群体（broad groups）的形式集聚起来。一方面，那些大群体的劳动力雇佣和融资环境被市场交易高度控制；另一方面，直接协调活动也控制着这一群体。

关于金融系统（以及公司治理制度运行的相关方式），有观点认为，长期"耐心资本"（patient capital）的获得，与基于高技能劳动力长期保留的劳动力市场协调，与用于产生长期回报的投资是互补的。在自由市场制度中被视为秘密或内部消息的信息，在协调市场制度中，必须披露给那些期待投资能带来长期收益的投资者，这样的结果在公司或企业之间形成了十分错综复杂的网络。也有观点认为，这意味着比起自由市场经济，协调市场经济中组织机构高级管理层做出单边决策（unilateral decision-making）的范围更为狭窄。

最后，有一种观点认为协调市场经济更适合为小型创新活动提供支持，在这种情况下，产品或工艺流程相对持续缓慢的变化都是一种持续和渐进的进步。另外，在自由市场经济中，高层执行政策在人力和其他资本重新分配上的快速变化和柔性的能力，更适合于支持行业中的突破式创新，而突破式创新意味着技术会快速、持续地变化（Hall and Soskice，2001a）。①

但是，Lazonick 认为，一种与公司其他元素相协调的"耐心"融资行为对证券市场制度中生产性创新过程的支持至关重要。在他看来，分析证券市场功能的适当框架必须被分解为对五种次级功能的分析，即创造力、控制力、资产组合、补偿机制和现金，特别是这些功能对高科技产业的启示。在一系列论文中，他认为这些功能运行的方式，可能同时存在于一个特别的国家系统和不同经济领域的企业里，并随着时间发生重要变化。他的分析特别指出了一种观点，即在近十年来的美国证券市场里，在追求经理人个人利益时过度关注了现金和补偿（cash and compensation）。这种过程以牺牲了能够在高风险创新环境下支撑长期投资的金融和公司治理的框架为代价（Lazonick，2007，2009）。

自由市场经济和协调市场经济之间的差异，在概念上与金融市场的分析密切相关。在这里，银行制度和证券市场制度之间的差异，已经被十分明晰地确定下来（Rajan and Zingales，1995；Allen and Gale，1999）。本文对比了证券市场系统中的一定距离关系和银行系统下长期的协调关系。在银行系统中，银行扮演的一个重要角色是，将家庭储蓄款项引导到商业部门中，同时银行还在证券市场中扮演企业大宗股权持有者的重要角色，这种区别与另外一种公司持股分析的方式有关。这种方式强调公司控制和治理结构"外部"（outsider）模式和"内部"（insider）模式的区别。对于外部模式而言，证券市场系统中分散化的股东影响通过相对价格信号发生作用。客观的购买或者出售股份是对公司绩效的回应，这改变了资本的价格和成本。在业绩不佳的极端案例中，收购是企业管理失败的最后手段。与之相反的是，在协调制度中，内部人员持有大量股权的现象司空见惯。内部人员的影响力可以直接对一个开放的市场发生作用，而不用通过间接的价格信号和所有权转移等方式起作用。在内部/外部的分类方法下，持有大量股权的内部人员可以包括金融机构或非金融机构。另外，非持有大量股权的股东，如劳动者和工会，可能会通过参与公司治理（例

---

① 请参考 Dore，2000 的例子；针对协调市场经济的一种较为不悲观的观点，请参考 Berger and Dore，1996。

如德国产生的两层级董事会)而对公司决策产生重要影响。这种状态也可能作为更为广泛的产业或经济发展战略形式的一部分,从而在股权持有中扮演一种协调角色(Zysman,1983)。

尽管这些内部或外部的分类(insider/outsider classifications),对自由市场和协调市场是一种强有力的补充,但是它们也强调市场制度的不同组成要素。这些组成要素至少在原则上可能会在不同的方向产生变化。因此,当其他内部人员持有的大宗股权数量能够增加或者维持不变时,降低银行中介的重要性以及减少银行股权持有的数量,都是有可能的,反之亦然(Deeg,2009)。同样地,面对这些广义的市场类型,各国的市场制度可能会操纵其金融体系,也可能会受到其所身处的整体法律制度发展方式的影响。

以针对各国法律制度变化的定量分析为基础,大量相关研究也逐渐得到发展。特别是,这些研究检测了各国金融管理和企业破产制度所在的法律框架效力,与整体经济发展运营之间的联系(La Porta et al.,1998,2008)。在其初始形态中,这种研究方法也包括回应协调市场和自由市场制度等各种融资方法。但是,这里仅仅是针对英美法系(english-law)国家的经济制度(如英国和英联邦国家、美国)和大陆法系(civil-law)国家的经济制度(典型如东亚和大部分欧陆国家)做出的对比分析。有一种观点认为英美法系国家的经济制度相比大陆法系国家的经济制度,对契约和财产权利保护的力度更大。故此,前者在其金融市场的发展过程中拥有"比较竞争优势"。跟大陆法系相比,人们认为英美法系在促进大规模财务流动、在备择方案中实现资源有效配置所要求的形式,以及将整体创新绩效、公司和经济成长率融为一体更胜一筹。但是,近期使用更加丰富度量形式的研究结果对上述观点产生了质疑。这些研究更加强调制度互补性,故而所有金融市场的"效率"必须同时考虑其他法律制度的背景(如劳动力市场)。

Deakin and Mina(2012)针对金融系统和创新的研究结果提供了有用的回顾,见表13.1。

表13.1 公司治理和创新模式之间的互补性

项目	股东保护	债权人保护	职工保护	创新模式
自由市场制度	强(法律会为恶意收购,股权回购股东维权提供支持)	中等或弱(保护财产法中的债务人,支持企业清算时救济的法律)	弱(为职工保护提供最低限度的法律支持,职工不可以参加企业决策)	• 强风险资本市场 • "熊彼特式"的创造性破坏理论 • 高风险投资 • 高概率的突破式创新 • 有效率的劳动力市场匹配
协调市场制度	弱(对公司管控市场提供最低限度的法律支持,有限而少量的股东权利)	中等或强(法律承认有担保的债权人权利的优先权)	强(为职工保护提供有效的法律支持,职工可以参与企业决策)	• 有限利用风险资本 • 较慢的创造性破坏动态 • 投资风险广泛传播 • 渐进式的技术开发模式 • 持续性的员工学习

来源:Deakin and Mina,2012。

综上所述,研究结果表明,对创新融资的分析需要一种整体的方法。它尤其需要考虑劳动力市场和金融市场之间的制度互补性,并需要一种评估制度,这种评估制度不仅仅涉及经济制度中的金融中介，还需包括企业能够获得的资金流的全部来源，以及本质和持股形式之间的关系。而且，考虑到大公司利用资本市场的广泛程度，在不同的企业融资形式之间形成了重要区别，这种区别不仅存在于不同的发展平台和不同的创新活动的规模上，也存在于具体的创新制度背景之下。

创新系统和创新融资

Dosi(1990)认为，创新环境以两个孪生的核心系统要素为特征，即学习和选择。企业组织和经营方式的差异，与学习和选择内在的不同模式直接相关，这意味着不同金融架构与制度形式对创新的影响，是通过影响企业学习和形式的选择而发生作用的。Dosi 进行的两种系统的对比建立在 Zysman(1983) 和 Hirschman(1970) 的研究成果之上。第一种系统包括以"制度化的所有权、控制关系和发言权的运用"为基础的经济制度，它强调银行融资和借贷合同的作用，并将此经济制度作为影响资金供应的方向和规模的方式，作为影响企业业绩监控的方式。第二种系统以"非个人所有权控制关系"的利用为基础，这种系统有赖于选择的进入和退出机制，这种选择需要通过在系统中的金融市场上进行交易而得以实现，而金融市场又通常依赖股权和期权市场的融资制度。

这引发了一种观点，即协调制度或以信用为基础的系统，将更为重视学习而非选择。此外，学习对信用制度和协调制度的依赖可能会导致排他效应，从而使得特定的能力成为关注的焦点，需要在信息的广度和学习过程的深度，以及能力高低之间进行平衡取舍。这种对学习的强调会在技术轨迹(technological trajectories)中很好地建立体现，但在以市场为基础的系统中探索新技术轨迹可能性更大。

而无论是 Dosi 还是各类融资方法文献都没有提到，一个特定或其他的系统作为一个整体必然会产生更高的创新率。也没有观点指出，个人也会在将创意转化成创新成果和生产率提升方面进步更快。任何以信用为基础的系统，或以证券市场为基础的系统，其运行的特定方式取决于其自身的内部制度特性和制度内代理人之间的市场和非市场联系的深度与有效性。

Guerrieri 和 Tylecote(1997) 以及 Tylecote(2007) 将这种观点延伸到了创新的产业系统（请参考 Malerba & Adams 所著的第 10 章），他们在技术竞争优势和创新成效的外部要求中列举了金融系统，而这和经过严格训练的人力资源以及科研基地质量的评估同样重要。他们区分了投资(investments)和建设(buildings)，前者可见于外部资金来源，例如资本设备投资，而后者伴随着越来越少的可见费用，这些费用的范围涉及科学研究以及通过人才培训、市场管理、创新设计和服务等手段实现的技术发展。在创新系统中，对可见投资要求颇多的产业将会更加适应外部主导系统。那些大多依靠社会公开可见信息经营的股东，他们拥有各种各样的专利组合，同时对个体企业承担相对有限的义务，因而会成为创新融资的首要来源。

另外，对于与协调市场经济联系在一起的内部主导系统而言，增加低可见度的投资更为合适。这时，管理者和大股东之间的关系、管理者和大股东与银行之间的关系均处于稳定状态。于是，基于企业特定洞察力与产业特定知识的相对重要性，产生了各国的交叉分类。前者是以协调或信用为基础的系统特征，而后者则是以证券市场为导向的系统特征。

学者们将他们的分析应用于德国、日本、法国、意大利和瑞士，同样还有瑞典、美国和英国。他们对数据的量化评估，使他们也发现了与上述各个国家经济制度特征相一致的专业领域（sectoral specialization）的广泛形式，但这些发现不包括瑞典和瑞士这类经济规模相对较小的国家。这些学者认为，这些案例的分析结果取决于少数组织的专门决策。Guerreri 和 Tylecote 也注意到，依赖证券交易或外部主导系统，为低可见度的投资活动提供了相对低水平的支持，这可能在有关创新识别和创新研发方面提供重要优势。此处，内部系统也许是最脆弱的，除非风险资本市场得以发展，其发展可以为新技术领域提供内部专业技术、资金以及合适的管理结构。

研发费用、研发融资、股权和资本市场结构：实证证据①

本部分将对各国在其研发费用、费用的融资模式以及金融系统的本质上各不相同的实证维度进行简要概括，这是评估有关融资和创新之间联系的实证分析结果的背景所必需的。这一部分利用了各类文献资料所频繁引用的各国相关数据，包括美国、北欧国家、英国、日本、韩国、德国以及法国［接下来的部分则广泛地引用了 OECD 的数据，这些数据在 Hughes 和 Mina（2012）的论文中得到了更为充分的讨论］。

尽管美国和日本主导了研发的总支出（gross expenditure on research and development, GERD），然而研发密集型经济（GERD/GDP）程度最高的国家，却是芬兰、韩国、瑞典和日本，这些国家同样是位于"企业营业支出占 GDP 份额"（BERD）排行榜前列的经济体。在这些经济体中，研发的营业支出在所有研发费用中占比最大。因此，企业研发融资的方式很显然是诸经济体创新成就所关切的核心特征。

在每一个经济体和某些个案中，有关高等教育领域和政府部门的研发投资同样十分重要，例如德国在该领域的研发投资数额，相当于半数全部企业经营支出数额；法国的研发投资数额甚至更高，英国和丹麦也是如此。BERD 对整体创新的影响，不考虑其融资方式，也可能取决于各国公共资金投入。

这些国家对人力资本、品牌资产以及固定资本设施的投资，超过了研发投资。如果整体看来，创新过程极度依赖研发本身之外的补充性投资，那么采用比企业研发融资更广的视角，在理解金融和创新关系的过程中就十分重要了。同时，考虑创新整体的融资方式，以及研发和其他创新传统要素之间的交互关系也是必要的。

各国在服务产业于 GDP 中的占比上存在显著差异。同样，各国的制造业经济活动可能被划分为高、中、低三等，技术制造活动的程度也各有不同。上述提到的第一个因素可能会影响一个经济体的整体研发强度，这也是诸如美国和英国等拥有相对较大服务产业规模的

---

① 金融和公司治理制度的国际比较存在许多实践和理论问题。因为概念分类的差异，或者因为概念的定义非常不严密，可以产生截然不同的结果。

经济体,可能会在其研发占 GDP 比重上存在下滑偏差的原因之一。

OECD 的数据与各种融资方法经济发展模式广泛的一致(broadly consistent),美国和英国的研发相对集中于高科技产业,而德国的研发则相对集中于中高科技产业。与之相似的是,作为协调市场经济的实例,日本尽管在这方面的差异比德国小,但中等科技在其制造业研发之中所占份额,要比其高科技所占份额略高。然而,韩国的技术发展模式则更接近于英国和法国,而非德国或日本。芬兰是这些国家中技术密集型经济程度最高的国家。

谈及企业研发投资融资的方式和总体研发投资融资的方式,各国存在着显著差异。整体来看,在大多数国家,GERD 融资相对较多地受到国内融资渠道的控制。在日本和韩国,几乎很少有海外资金支持国内 GERD,但是英国就是一个依赖外部投资,以支持其国内研发的极端典型。瑞典也同样受到海外投资相对较大的影响。此外,各国政府投资情况的差异也很大。令人惊讶的是,因为自由市场的标签通常为美国贡献颇多,美国政府投资支持的 BERD 份额相比其他国家而言却是最高的。在美国,作为风险投资来源的政府投资的社会公共项目,如"小企业创新研究项目"(small business innovation research programme,SBIR);在早期技术的直接发展中扮演了主要角色,并通过后期私营经济领域的风险投资,为规避投资风险提供了支持(Lerner,1998;Connell,2006;Hughes,2008)。因此,各国在其创新投入和公共部门投资、影响私有部门研发的程度等方面,存在重大差异。

表 13.2 揭示了股票市场、债券市场、银行杠杆率和风险投资之间相对重要性的区别。[①]

表 13.2 融资 RETD:股票市场、债券市场、杠杆率和风险投资

国家	股票市值/GDP		股票交易总值/GDP		私人债券市场总值/GDP		上市公司中位数杠杆率		风险投资占 GDP 的百分比			
	平均值(2001—2010)	排名	平均值(2001—2010)	排名	平均值(2001—2010)	排名	平均值(1991—2006)	排名	平均值(2000—2003)	排名	2008	排名
芬兰	106.5	3	129.5	4	23.8	9	0.3	4	0.20	5	0.23	2
韩国	68.4	7	143.2	3	57.7	3	0.5	1	0.27	2	0.07	8
瑞典	102.4	4	125.5	5	45.5	4	0.2	7	0.24	3	0.21	3
日本	77.8	6	88.8	6	41.8	6	0.3	3	0.03	10	0.01	10
丹麦	62.3	8	50.3	10	140.9	1	NA	NA	0.13	6	0.30	1
德国	46.4	10	65.5	8	39.6	7	0.2	6	0.10	7	0.05	9
美国	124.4	2	259.3	1	107.5	2	0.2	9	0.38	1	0.12	6
法国	81.2	5	81.8	7	44.0	5	0.3	5	0.11	8	0.09	7
英国	127.5	1	175.7	2	16.0	10	0.2	8	0.22	4	0.21	3
挪威	52.9	9	60.1	9	25.2	8	0.4	2	0.21	7	0.13	5

来源:世界银行全球金融发展数据库(GFDD),世界银行(Cols1-3),Fan et al.,2010(Col 4)和 OECD 科学和技术指标(Col 5)。

[①] 所展示的研究关注 21 世纪初十年内的数据。因此,它受到了 2008 年与 2009 年金融危机的影响。然而,对 1991—2000 年数据的分别统计却揭示了几乎相同的评级,因此,基于 21 世纪初 10 年内数据的类型化研究结果是一个相对稳定的研究结果。

由表 13.2 可知,英美和德日的差异显现,因此这两大"盎格鲁—撒克逊"经济体,与日本和德国相比,每单位 GDP,实质上拥有更高的股票市值,以及更多的股票交易额。同样,与美国相比,德国和日本对私人债券市场活动的依赖更少,但英国在这种情况下却与美国截然不同。英国是所有示例国家中债券市场总值占 GDP 比重最低的国家,与美国相比,它的经济杠杆水平相对较低,与日本和北欧国家相比尤其如此。但是,在英美两国和德国之间却不存在明显的差别。

最后,表 13.2 显示了风险投资占 GDP 份额的具体情况。绝对意义上,可以肯定的是,美国拥有最大的风险投资市场,英国紧随其后,这种融资形式对股票市场的状态极其敏感。因此,表 13.2 的最后两栏展示了全球金融危机前与危机后风险投资基金占 GDP 的份额。在金融危机爆发前夕,美国的确是风险投资密集程度最高的国家,这与其股票市场的定位是一致的。但是,在金融危机后,美国失去了该地位不再是风险投资密集度最高的国家。而令人颇为惊讶的是,北欧国家和英国都能在金融危机中维持其风险投资密集型的证券市场模式(尽管分子和分母都减少了)。日本和德国则因为实行了以银行为支配的金融系统,所以其风险资本密集程度较低。

整体而言,这些宽泛的指标表明,各国之间会出现重要而复杂的变化,它们并不总是与上述两种简单的理想分类保持一致。这说明创新融资分析需要根植于一个国家整体创新和经济制度的具体背景之中。

一系列十分有影响力的研究对比了 20 世纪 70 年代和 20 世纪 80 年代的国际金融系统。研究表明,企业过度依赖内部资金作为来源的国家不在少数,包括英国、美国、德国和日本,而且目前没有证据表明"银行—股市"之间存在清晰的界线(Mayer,1988;Edwards and Fischer,1994)。

还有一项由 Byrne 和 Davis(2002)进行的关注资产负债结构(balance sheet structure)的研究,它利用了最近统计的覆盖了未来多年的全国会计数据。该研究结果表明,金融市场结构的重大差异,持续存在于诸如英国和德国等国家之间。这些差异与实行协调的内部系统的德国,以及实行更为分散的股东自由市场经济系统的英国极其一致。英国有 52% 的家庭资产以股权的形式存在,而德国与之相比,仅有 27% 的家庭资产以股权形式存在。同时,德国有 45% 的家庭资产以储蓄形式存在,英国则仅有 25% 的家庭资产以储蓄形式存在。相似的是,2002 年,贷款占德国公司债务责任的 42.8%,而英国与之相比,贷款仅占英国公司债务责任的 22.5%。此外,2000 年 70% 的英国公司债务责任以股权的形式存在,但仅有 55% 的德国公司债务责任以股权的形式存在。当这些差异渐渐变得相对明晰时,在上述形式方面,英国、法国和意大利之间的差异,并没有德国与英国后两项之间的差异那样清晰(Deeg,2009 and Schmidt et al.,2002)。

公司治理系统以及内部或外部模型也强调股权持有的分散。例如,金融机构持股(financial institutional holdings)在英国、美国(尤其是大型企业)、挪威和瑞典,比起在丹麦、芬兰或德国以及日本和韩国来说更为重要。欧陆体系与英美体系之间存在一个特殊而又重要的特征,即随着针对创新融资的各种协调策略的出现,部分国家一直存在许多大宗非金融交叉持股（non-financial cross shareholdings）（Gordon and Roe, 2004; Gugler et al., 2004）。

所有制全球化（globalization of shareownership）的近期趋势，可能会削弱国家协调股权持有制度的稳定性。总体而言，过去 20 年内，证券市场的国际化已经在外国股权持有（foreign shareholdings）数量的增长中得以体现，英国、德国和法国尤其如此。尤其对于法国而言，国营经济、外国机构乃至海外短期的对冲基金活动（overseas short-term focused hedge fund）的角色都发生了显著变化（O'Sullivan, 2003; Goyer, 2011; Culpepper, 2005）。

在权益投资国际化中，最为引人注目的发展是主权财富基金（sovereign wealth funds）的增长。主权财富基金尤其对于那些以中东和中国经济为对象的主权财富基金尤为重要，已经引发了欧美国家股权持有形式的重要变化。以美国为例，随着主权财富基金重要性的增加，产生了必须保护以自由市场为基础的美国经济安全的压力，这样的压力源于所谓的国有或战略性主权财富基金投资活动重商主义的入侵（Pistor, 2009; Gilson and Milhaupt, 2008）。

这些进步加强了动态地观察金融系统变化的需要。金融系统的变化，一直以来都被用来反复强调这样一种观点：资本流动全球化和激烈的国际贸易竞争，最终将会触发以创新为目的的金融结构的融合。金融系统的结构性差异依然清晰可见，而且尽管上述两种主要的融资方法和经济系统理想类型，在银行融资和股权持有形式等方面依然存在显著差异，但这两种系统类型下也非常明显地存在多种融资方法制度形式。这些差异表明，各国及其境内企业相互之间很有可能发生金融创新和限制等方面的差异。企业在不同的国家背景下为研发和创新活动提供资金，然而当潜在的金融结构与其他市场结构持续发展变化时，这些金融系统的形式也可能会发生改变。金融系统特别容易受到全球金融危机针对不同国家系统造成的不同力度冲击的波及，并且这种危机尚未解决。

国家金融系统对创新融资重要吗

尽管学者们对这个主题有浓厚的兴趣，但是在国家层面将企业创新举措和金融结构联系起来，这样的国际比较研究的尝试相对而言是十分稀少的。Jaumotte 和 Pain（2005）通过研究大量 OECD 国家经济体的实例，探索了金融系统发展模式对研发和专利许可活动的影响。他们研究的范围，包括公司获取内部融资的措施、证券市场资本化的措施、作为金融整体发展举措的国内金融机构提供的贷款，以及这些金融机构所提供的贷款占证券市场资本化的比例等，他们认为很难区分这三种因素各自产生的独立影响，所有这些因素都与国家研发强度高度正相关。他们也发现了利润份额（profit share，即在本行业所有利润中所占的份额）和累计金融发展交互项的系数是负向的，这个负系数表明，当利润高时，对于证券市场和其他资源的要求就更少了。因为欠缺充足的数据，他们并没有评估风险资本的影响力。Furman 等（2002）的研究，将获得风险投资视为 OECD 经济体创新能力的潜在决定因素，该创新能力体现为经济体的专利活动，他们发现风险投资在其中毫无作用。最后，Fu 和 Yang（2009）在研究 1990—2002 年间 21 个 OECD 国家的横截面数据后发现，风险投资对研发和其他投资转化成专利许可活动的效率存在显著消极影响。

总而言之，尽管创新融资形成了具有挑战性的大市场，且协调系统以不同方式解决这些挑战，但是这些不同的解决方式与各国之间在创新成就上的差异无关。

大量研究在公司层面，聚焦于跨国融资效应的微观分析，它们涵盖了VC（风险投资）活动和IPO（首次公开募股）活动，以及公司和产业的研发活动。

Black 和 Gilson(1998)在其研究中强调，风险投资市场的规模与通过IPO退出的可能性之间存在相互依赖的关系。他们认为，虽然美国在生物科技和计算机相关的高科技等方面已经处于世界领先水平，但来自风险投资市场的投资却支配着这些领域的活动。他们也注意到，与大量有关融资方法制度的著作观点一致的是，阻碍劳动合同解除和"灵活雇用"活动的劳动力市场制度，也同样阻碍了诸如德国和日本等国家的风险投资活动的发展。通过比较，Manigart 等(2002)发现比起法国、比利时与荷兰等国家，英国和美国的风险投资公司需要更高的回报率。而且，Mayer 等(2005)对 2000 年英国、以色列和德国，以及 1999 年日本的共 500 类风险投资基金进行了定性分析后，从中得出的结果与简单的"市场与银行"的分类分析所得结果并不一致。其与 Black 和 Gilson(1998)以及 Allen 和 Gale(1999)研究结果的关键差异在于，在展现诸如英国与德国的制度相似度比英国与日本的制度相似度更高等事实时，其侧重点略有不同。Kim 和 Weisbach(2007)考察了 38 个国家从 1990 年到 2003 年的 IPO 和股权再融资(seasoned equity offerings)的动机，他们发现，法律渊源(legal origin)影响了股权融资和随后研发支出的关系。

表 13.3 总结了有关公司与产业研发的研究成果。

表 13.3 有关公司与产业研发的研究成果

作 者	研究主题	样 本	结 果 说 明
Bhagat and Welch (1995)	公司研发的决定因素	1985—1990 年，美国、加拿大、英国、欧洲和日本的 1 484 家大公司	企业在债务、股权回报、资金流动或税务责任的影响方面的差异不大，但是那些高杠杆率与研发正相关的众多日本企业之间却存在重大差异
Bah and Dumontier (2001)	公司政策的选择：将营业收入的很大部分用于研发	美国、英国、日本和欧洲共 900 家研发密集型企业和非研发密集型企业	欧洲、英国和美国在依赖短期债权融资等方面十分相似，这种依赖在研发密集型企业比在非研发密集型企业的程度更高。这种情况在拥有长期债权的日本并不会发生
Bond, Harhoff, and Van Reenen (2003)	现金流、固定资本投资和研发投资之间的关系	1985 年与 1994 年共 900 家德国和英国的制造业企业	现金流与研发密集型企业的投资在英国呈正相关关系，而在德国却不是如此
Carlin and Mayer (2003)	不同金融系统下研发的比较增长和各产业的投资特征	1970—1995 年，14 个 OECD 国家的 27 类产业	集中而非分散的所有权与股权的快速增长，与技能依赖型行业，与在依赖股权投资的行业中更高的研发份额均密切相关。股权投资依赖型行业在拥有高度集中的银行体系的国家中，其研发份额更低

续表

作　者	研究主题	样　本	结果说明
Hall, Mairesse, Brandstetter and Crepon(1999)	资金流动、投资和研发之间的关系	1978—1989年，204家美国企业、156家法国企业和221家日本企业	在美国，现金流对研发支出有很高的预测功能，但在法国和日本并非如此
Honore, Munari and Van Pottelsberghe de la Potterie(2011)	治理评价(governance ratings)和研发强度之间的关系	2003—2007年，279家积极进行研发的欧洲企业	回应短期金融市场预期的公司治理实践于长期研发投资不利
Belloc(2013)	股东保护和研发投资	1993—2006年，48个国家	较强的股东保护将削弱而非鼓励研发投资
Munari et al.(2010)	所有权人的身份认同(identity)、公司治理和研发	20世纪中期，法国、德国、意大利、挪威、瑞典和英国共1 000家上市公司	股权分散(widely held)的企业趋向于比股权集中的企业，特别是家族企业，有更频繁的研发活动，对英国而言，此种积极影响的程度比其他欧洲国家更弱，因为英国股权分散的集团缺乏大股东作为短期经营压力的缓冲
Lee and O'Neill(2003)	所有权结构和研发投资	1995年，7个产业部门中进行公开贸易的美国和日本公司	日本企业在企业管理方面更多地以管理规则为特征，并且在面对风险研发时也更有耐心
Miozzo and Dewick	公司治理和创新之间的关系	采访丹麦、瑞典、德国、法国和英国等国的建筑行业巨鳄	股权和红利分配压力的国家差异均对新技术投资造成了负面影响，英国尤其如此

将以上回顾的研究汇总，并不能表明在自由市场经济或股票市场融资系统背景下，投资研发和创新会有更优越的表现。相反，基于更协调的以银行为基础的系统，内部融资和控制会在公司层面产生更好的绩效。或许，存在于理想系统中的差异反而比其两者之间的差异更为有趣。

结论：趋同和创新融资

融资方法经济体金融和公司治理系统的趋同是必然的，此观点也得到了广泛认同(Baumol,2002；Hansmann and Kraakman,2004)。本章所回顾的证据表明，这种趋同的趋势，以及证券市场金融关系和公司治理的特定系统的胜利被夸大了。金融系统之间仍然存在很大差异，但是这些持续性的差异，并不会在理想的融资方式的特征上得以体现，但是这也的确意味着各个国家之间存在显著差异。全球金融危机及其在美国系统中的起源，均重新激发了针对长期致力于实体经济发展的系统的兴趣。

因此，当涉及未来产业经济结构的政策辩论时，国家系统之间的差异仍然十分重要。诸如急需追求经济再平衡、减少服务业依赖的英国和美国等经济体，面临着来自长期研发融资的巨大挑战。本章回顾的证据表明，在研发投资和创新投资等方面，拥有更为"耐心"协调的资本结构的企业生产力更高。同时全球金融危机也表明，我们所预言的理想自由证券市场系统,对世界经济的称霸还为时尚早。

即便重新浮现出了趋于向自由证券市场制度发展的市场和政治社会力量,以上证据分析也能表明在强制实施作为万全市场驱动的解决方案时,将出现亟待克服的重重障碍。在日本,通过对冲基金活动强制推行股东积极主义(shareholder activism)的大量尝试,重申了以公司为中心的治理结构的好处。这在日本重新强调了企业的重要性及其长期经营表现的作用和重建日本企业的银行资本的作用(Ahmadjian,2007;Arikawa and Miyajima,2007;Jackson and Miyajima,2007),而非不是特定股东群体的短期融资需要(Buchanan et al.,2012)。更具一般性的是,侧重于对经济系统不同组成部分的制度形式之间互补性问题的分析,始终强调除非与其他经济行业相结合或者相一致,否则仅仅一种行业的变化就是无效的。因此,对于强调更为协调的劳动力市场过程之形式的系统而言,引入如与分散的证券市场相关的股东行为规则,可能与制度内部发展并不相宜,这些规则与根植于股东的代表权利和参与权利的公司治理结构也不配套。新行为规则或者说是不断变化的行为规则与股东最大化相关,被这些行为规则预先影响的协调机制或内部人员机制的市场过程,也将变得多样化,它们将依赖同时在公司治理制度和政治制度下拥有不同权力要素的集团所扮演的角色(Gordon & Roe,2004;Amable,2009;Dore,2000;Aoki,2010)。根据这些差异的持续存在及其对研发融资和创新融资影响的程度,我们可以期待企业及其国家背景之间在创新行为上的差异也应该是持续存在的。

参 考 文 献

Acharya, V., Baghai-Wadji, R., and Subramanian, K. (2010a). 'Labor Laws and Innovation', *NBER Working Paper* No. 16484.

Acharya, V., Baghai-Wadji, R., and Subramanian, K. (2010b). 'Wrongful Discharge Laws and Innovation', Working Paper, NYU-Stern Business School.

Ahlering, B., and Deakin, S. (2007). 'Labour Regulation, Corporate Governance and Legal Origin: A Case of Institutional Complementarity?', *Law & Society Review*, 41: 865–98.

Ahmadjian, C. (2007). 'Foreign Investors and Corporate Governance in Japan', in Aoki, M., Jackson, G., and Miyajima, H. (eds), *Corporate Governance in Japan: Institutional Change and Organizational Diversity*. New York: Oxford University Press, 125–150.

Akerlof, G. A. (1970). 'The Market for 'Lemons': Quality, Uncertainty, and the Market Mechanism', *Quarterly Journal of Economics*, 84(3): 488–500.

Allen, F., and Gale, D. (1999). *Comparing Financial Systems*. Cambridge, MA: MIT Press.

Amable, B. (2009). *The Diversity of Modern Capitalism*. Oxford: Oxford University Press.

Aoki, M., Jackson, G., and Miyajima, H. (eds) (2007). *Corporate Governance in Japan: International Change and Organizational Diversity*. Oxford: Oxford University Press

Aoki, M. (2010). *Corporations in Evolving Diversity*. Oxford: Oxford University Press.

Arikawa, Y., and Miyajima, H. (2007). 'Relationship Banking in Post-bubble Japan: Co-existence of Oft- and Hard-budget Constraints', in Aoki, M., Jackson, G., and Miyajima, H. (eds) *Corporate Governance in Japan: Institutional Change and Organizational Diversity*, New York: Oxford University Press, 51–78.

Armour, J., Deakin, S., Mollica, V., and Siems, M. (2009). 'Law and Financial Development: What we are Learning from Time-series Evidence', *BYU Law Review*: 1435–1500.

Bah, R., and Dumontier, P. (2001). 'R&D Intensity and Corporate Financial Policy: Some International Evidence', *Journal of Business Finance & Accounting*, 28(5/6): 671–92.

Baumol, W. J. (2002). *The Free-market Innovation Machine: Analysing the Growth Miracle of Capitalism.* Princeton, NJ: Princeton University Press.

Belloc, F. (2013). 'Law, Finance and Innovation: The Dark Side of Shareholder Protection', *Cambridge Journal of Economics* (forthcoming): 1–26.

Berger, S., and Dore, R. (eds) (1996). *National Diversity and Global Capitalism.* Ithaca, NY, and London: Cornell University Press.

Bhagat, S., and Welch, I. (1995). 'Corporate Research & Development Investments: International Comparisons', *Journal of Accounting and Economics,* 19: 443–70.

Black, B. S., and Gilson, R.J. (1998). 'Venture Capital and the Structure of Capital Markets: Banks versus Stock Markets', *Journal of Financial Economics,* 47: 243–77.

Bond, S., Harhoff, D., and Van Reenen, J. (2003). *Investment, R&D and Financial Constraints in Britain and Germany.* Centre for Economic Performance, London School of Economics and Political Science.

Buchanan, J., Chai, D. and Deakin, S. (2012). *Hedge Fund Activism in Japan: The Limits of Shareholder Primacy.* Cambridge: Cambridge University Press.

Byrne, J. P., and Davis, E. P. (2002). 'A Comparison of Balance Sheet Structures in Major EU Countries', *National Institute Economic Review* No. 180: 83–95.

Carlin, W. (2009). 'Ownership, Corporate Governance, Specialisation and Performance: Interpreting Recent Evidence for OECD Countries', in Touffut, J.-P., *Does Company Ownership Matter?* Chelmsford: Edward Elgar.

Carlin, W., and Mayer, C. (2003). 'Finance, Investment, and Growth', *Journal of Financial Economics,* 69: 191–226.

Connell, D. (2006). *'Secrets' of the World's Largest Seed Capital Fund: How the United States Government Uses its Small Business Innovation Research (SBIR) Programme and Procurement Budgets to Support Small Technology Firms.* Cambridge: Centre for Business Research, University of Cambridge.

Culpepper, P. D. (2005). 'Institutional Change in Contemporary Capitalism: Coordinated Financial Systems since 1990', *World Politics,* 57: 173–199.

Deakin, S., and Mina, A. (2012). 'Institutions and Innovation: Is Corporate Governance the Missing Link?', in Pittard, M., Monotti, A. and Duns, J. (eds) *Business Innovation: A Legal Balancing Act—Perspectives from Intellectual Property, Labour and Employment, Competition and Corporate Laws.* Cheltenham: Edward Elgar, 456–82.

Deeg, R. (2009). 'The Rise of Internal Capitalist Diversity? Changing Patterns of Finance and Corporate Governance in Europe', *Economy and Society,* 38(4): 552–79.

Dore, R. (2000). *Stock Market Capitalism: Welfare Capitalism: Japan and Germany versus the Anglo-Saxons.* Oxford: Oxford University Press.

Dosi, G (1990). 'Finance, Innovation and Industrial Change', *Journal of Economic Behavior and Organization,* 13: 299–319.

Edwards, J., and Fischer, K. (1994). *Banks, Finance and Investment in Germany.* Cambridge: Cambridge University Press.

Fan, J. P. H., Titman, S., and Twite, G. (2010). 'An International Comparison of Capital Structure and Debt Maturity Choices', *NBER Working Paper* No. 16445.

Fu, X., and Yang, Q.G. (2009). 'Exploring the Cross-country Gap in Patenting: A Stochastic Frontier Approach', *Research Policy,* 38: 1203–13.

Furman, J. L., Porter, M. E., and Stern, S. (2002). 'The Determinants of National Innovative Capacity', *Research Policy,* 31: 899–933.

Gilson, R. J., and Milhaupt, C. J. (2008). 'Sovereign Wealth Funds and Corporate Governance: A Minimalist Response to the New Mercantilism', *Stanford Law Review,* 60(5): 1345–70.

Gordon, J. N., and Roe, M. J. (eds) (2004). *Convergence and Persistence in Corporate Governance.* Cambridge: Cambridge University Press.

Goyer, M. (2010). 'Corporate Governance', in Morgan, G., Campbell, J. L., Crouch, C., Pedersen,

O. K. and Whitley, R. (eds) *The Oxford Handbook of Comparative Institutional Analysis.* Oxford: Oxford University Press.

Goyer, M. (2011). *Contingent Capital: Short-term Investors and the Evolution of Corporate Governance in France and Germany.* Oxford: Oxford University Press.

Guerrieri, P., and Tylecote, A. (1997). 'Inter-industry Differences in Technical Change and National Patterns of Technological Accumulation', in Edquist, C. (ed.) *Systems of Innovation: Technologies, Institutions and Organisations.* London and New York: Routledge, 107–29.

Gugler, K., Mueller, D. C., and Yurtoglu, B. B. (2004). 'Corporate Governance and Globalization', *Oxford Review of Economic Policy,* 20(1): 129–56.

Hall, B. H. (2005). 'Measuring the Returns to R&D: The Depreciation Problem', *Annales d'Economie et de Statistique,* 79/80: 341–381.

Hall, B. H. (2010). 'The Financing of Innovative Firms', *Review of Economics and Institutions,* 1(1) : Article 4.

Hall, B. H., and Lerner, J. (2010). 'The Financing of R&D and Innovation', in Hall, B. H. and Rosenberg, N. (eds) *Handbook of the Economics of Innovation.* Elsevier-North Holland.

Hall, B. H., Mairesse, J., Branstetter, L., and Crepon, B. (1999). 'Does Cash Flow Cause Investment and R&D: An Exploration using Panel Data for French, Japanese, and United States Firms in the Scientific Sector', in Audretsch, D. and Thurik, A. R. (eds) *Innovation, Industry Evolution and Employment.* Cambridge: Cambridge University Press, 129–56.

Hall, P. A., and Soskice, D. (2001b). 'An Introduction to Varieties of Capitalism', in Hall, P. A. and Soskice (eds) *Varieties of Capitalism: The Institutional Foundations of Comparative Advantage.* Oxford: Oxford University Press, 1–68.

Hall, P. A., and Soskice, D. (eds) (2001a). *Varieties of Capitalism: The Institutional Foundations of Comparative Advantage.* Oxford: Oxford University Press.

Hansmann, H., and Kraakman, R. (2004). 'The End of History for Corporate Law', in Gordon, J. N. and Roe, M. J. (eds) *Convergence and Persistence in Corporate Governance.* Cambridge: Cambridge University Press, 33–68.

Hirschman, A. (1970). *Exit, Voice and Loyalty.* Cambridge, MA: Harvard University Press.

Honoré, F, Munari, F., and van Pottelsberghe de la Potterie, B. (2011). 'Corporate Governance Practices and Companies' R&D Orientation: Evidence from European Countries', *Bruegel Working Paper* 2011/01, January.

Hughes, A., and Martin, B. R. (2012). *Enhancing Impact: The Value of Public Sector R&D.* Cambridge and London: UK~IRC and CIHE. Available at < http://www.cbr.cam.ac.uk/pdf/Impact%20Report%20-%20webversion.pdf >

Hughes, A. (2008). 'Innovation Policy as Cargo Cult: Myth and Reality in Knowledge-led Productivity Growth', in Bessant, J. and Venables, T. (eds), *Creating Wealth from Knowledge: Meeting the Innovation Challenge,* Cheltenham: Edward Elgar, 80–104.

Hughes, A., and Mina, A. (2012). *The UK R&D Landscape.* UK~IRC and CIHE Cambridge and London March Available at <http://www.cbr.cam.ac.uk/pdf/RDlandscapeReport.pdf>

Jackson, G., and Miyajima, H. (2007). 'Introduction: The Diversity and Change of Corporate Governance in Japan', in Aoki, M., Jackson, G., and Miyajima, H. (eds) *Corporate Governance in Japan: International Change and Organizational Diversity.* Oxford: Oxford University Press, 1–47.

Jaumotte, F., and Pain, N. (2005). 'From Ideas to Development: The Determinants of R&D and Patenting', *OECD Economics Department Working Papers,* No. 457, Paris: OECD.

Kim, W., and Weisbach, M. S. (2007). 'Motivations for Public Equity Offers: An International Perspective', *Journal of Financial Economics,* 87: 281–307.

La Porta, R., Lopez-de-Silanes, F., and Shleifer, A. (2008). 'The Economic Consequences of Legal Origins', *Journal of Economic Literature,* 46: 285–332.

La Porta, R., Lopez-de-Silanes, F., Shleifer, A., and Vishny, R. (1998). 'Law and Finance', *Journal of Political Economy,* 106: 1113–55.

Lazonick, W. (2007). 'The US Stock Market and the Governance of Innovative Enterprise', *Industrial and Corporate Change*, 16(6): 983–1035.

Lazonick, W. (2009). *Sustainable Prosperity in the New Economy? Business Organisation and High-tech Employment in the United States.* Kalamazoo, MI: Upjohn Institute Press.

Lee, P. M., and O'Neill, H. M. (2003). 'Ownership Structures and R&D Investments of US and Japanese Firms: Agency and Stewardship Perspectives', *Academy of Management Journal*, 46(2): 212–25.

Lerner, J. (1998). *The Government as Venture Capitalist: The Long-Run Impact of the SBIR Program.* Cambridge, MA: NBER.

Lerner, J. (2009). *Boulevard of Broken Dreams: Why Public Efforts to Boost Entrepreneurship and Venture Capital have Failed—and What to Do about it.* Princeton, NJ: Princeton University Press.

Manigart, S., De Waele, K., Wright, M., Robbie, K., Desbrières, P., Sapienza, H. J., and Beekman, A. (2002). 'Determinants of Required Return in Venture Capital Investments: A Five-Country Study', *Journal of Business Venturing*, 17(4): 291–312.

Mayer, C. P. (1988). 'New Issues in Corporate Finance', *European Economic Review* 32: 1167–1183.

Mayer, C., Schoors, K., and Yafeh, Y. (2005). 'Sources of Funds and Investment Activities of Venture Capital Funds: Evidence from Germany, Israel, Japan, the UK and the United States', *Journal of Corporate Finance*, 11(3): 586–608.

Miozzo, M., and Dewick, P. (2002). 'Building Competitive Advantage: Innovation and Corporate Governance in European Construction', *Research Policy*, 31: 989–1008.

Morgan, G. (2010). 'Money and Markets', in Morgan, G., Campbell, J. L., Crouch, C., Pedersen, O.K., and Whitley, R. (eds) *The Oxford Handbook of Comparative Institutional Analysis.* Oxford: Oxford University Press.

Munari, F., Oriani, R., and Sobrero, M. (2010). 'The Effects of Owner Identity and External Governance Systems on R&D Investments: A Study of Western European Firms', *Research Policy*, 39: 1093–1104.

O'Brien, J. P. (2003). 'The Capital Structure of Implications of Pursuing a Strategy of Innovation', *Strategic Management Journal*, 24: 415–31.

O'Sullivan, M. (2003). 'Recent Developments in the Financing Role of the Stock Market for French Corporations', *Working Paper* No. 03-36, European Integration, Financial Systems and Corporate Performance (EIFC).

Pistor, K. (2009). 'Sovereign Wealth Funds, Banks and Governments in the Global Crisis: Towards a New Governance of Global Finance?', *European Business Organisation Law Review*, 10(3): 333–52.

Rajan, R. G., and Zingales, L. (1995). 'What do we Know About Capital Structure? Some Evidence from International Data', *The Journal of Finance*, 50(5): 1421–60.

Rajan, R. G., and Zingales, L. (2001). 'Financial Systems, Industrial Structure, and Growth', *Oxford Review of Economic Policy*, 17: 467–82.

Scherer, F. M. (1999). *New Perspectives on Economic Growth and Technological Innovation.* Washington, D.C.: The Brookings Institution.

Schmidt, R. H., Hackethal, A. and Tyrell, M. (2002). 'The Convergence of Financial Systems in Europe: Main Findings of the DFG Project', *Schmalenbach Business Review*, May: 7–53.

Tylecote, A. (2007). 'The Role of Finance and Corporate Governance in National Systems of Innovation', *Organisation Studies*, 28: 1461–81.

Vincente-Lorente, J. D. (2001). 'Specificity and Opacity as Resource-based Determinants of Capital Structure: Evidence for Spanish Manufacturing Firms', *Strategic Management Journal* 22 (2): 157–177.

Wehinger, G. (2012). 'Bank Deleveraging, the Move from Bank to Market-based Financing, and SME Financing', *Financial Market Trends* 2012(1): 1–15.

Zysman, J. (1983). *Governments, Markets and Growth.* Ithaca, NY: Cornell University Press.

第14章

创新消费

律子尾崎(Ritsuko Ozaki)

马克·道奇森(Mark Dodgson)

引 言

当大量消费者决定使用创新产品时,创新就得到了传播,因此思考消费者如何做出选择,对于理解创新产品得到广泛使用并且取得成功的原因至关重要。创新的传播,源于创新成果得到的日积月累的应用,而日积月累创新成果的应用又有赖于消费决策。为了理解创新成果的传播——乃至达到理解创新成功的水平——我们必须了解消费。这对创新管理意义深远。在创新的过程中,消费者不断参与其中,而且也有参与的需求(Von Hippel,2005),诸如选择具有可持续性绿色和有益于身心健康等特点的生活方式也变得更为重要。例如,对可持续性绿色生活方式的关注会影响消费者对混合动力汽车的选择(Heffner et al.,2007),进而影响可再生能源的使用,以及加强对我们后代施加的保护,还可以同时促使消费者树立节约能源意识,使用诸如太阳能热水器和节能灯等"绿色"科技(Caird and Roy,2008)。因此,有效识别认识消费行为的本质和重要性,对于创新管理而言至关重要。

本章开篇以工业革命中的一位企业家为例,描述了创新和消费之间的相互关系,在大规模消费现象出现时,这位企业家所生产的产品对社会、经济以及文化的改变,都产生了很大的影响并做出了贡献。接着本章提供了文献分析,该分析认为,有关创新成果应用的研究,也是属于一种关注经济学和应用设计学(the applied sciences of design)的研究领域,可以有效地通过创新消费理论的研究加以补充,而后者属于关注社会学、人类学以及社会心理学的研究领域。进而,我们分析了两个当代案例——丰田普锐斯和绿色电能税——用以描述影响及限制创新消费因素的多样性。

消费和创新——来自过去的教训

这里我们通过一个有关知名改革家的事例,来开始说明创新管理消费的重要性。这位改革家的创新成果在不断变化的消费形态下,取得了很大的成功。我们对工业革命非常感兴趣,在这段期间内,消费和生活方式均发生了巨大变化,工业主需要支付工人薪资,新兴产业创造了财富的新来源。18世纪,英格兰的人口增长了一倍,工业革命时期出现的制造业新城极大地增强了购买力。

因此,这个国家见证了一个"消费者爆炸"的时代(McCracken,1990)。这个时代"……商品购买频率有了新发展,消费者受到了影响,越来越多的人开始热衷于消费,而且消费品位、消费偏好、社会工程和文化也会根据消费热点而协同发展"(McCracken,1990:16)。Berg(2005)参照了18世纪消费结构从必需品到奢侈品的重新配置后认为,穷苦的劳动阶层、小工匠和商人越来越旺盛的对上好陶器的欲望,均反映了社会大众对奢侈品日益增长的偏好。Uglow(2002:xvii)写到了在18世纪工业革命时期,英格兰是如何"重新思考'奢侈品'对文化的整体关系"的。这些已发生了变化的消费品位,源于越来越频繁的国际贸易带来的琳琅满目的奢侈品,也源于商人和年轻女性之外的人们对"商业和购物的社交"不断滋长的歆羡的追求(Berg,2004,2005:36)。Agnew(1993:25)也提到,人们也将当时的消费方式描述为一种狂热而上瘾的消费方式。

消费者市场的规模和多样性在整个18世纪得到了快速发展。例如,时尚的桌面配件,其在迅速成长的工业城市以及越来越富裕的殖民地中拥有巨大的市场需求。品茶,或者饮用更为时尚的咖啡和热巧克力,也成为一种国家特色(McKendrick,1960)。18世纪,数以百计的咖啡商铺在伦敦营业。

McCracken(1990:17)将这种消费方式定位于"商品突然成为身份地位游戏的符号,这代表了18世纪英格兰邪恶等级制度的本性"。时尚也在其中占有一席之地。Koehn(2001:25)指出了当时人们对新奇事物的强烈渴望:"在家具、陶器、纺织品和衣帽等方面,消费者坚定地追求时尚元素。"Robinson(1986:108)认为:"时尚既能强化等级制度,同时也能说服中产阶级甚至是地位更低的阶级,至少能够在某种程度上模仿上流社会的时尚潮流。"

奢侈品消费是"技术、产品、市场策略以及商业和金融制度等创新的重要原因"(Berg,2004:92)。以陶器为例,如下所言:

> 高品质的陶器渐渐发展为餐具,在这里,品位、审美、礼仪以及饮食文化的新特点都可以同技术和工业发展结合起来。其结果是新商品为消费市场提供了巨大机会。
>
> ——Berg,2005:130

伟大的企业家同时也是成功实业家的Josiah Wedgwood(Dodgson,2011),便是在这种背景之下发展起来的,并且取得了巨大成功。通过观察他所阅读的关于文化变迁的书籍,我们可以了解他的许多产品、工艺流程以及组织创新成果,从他巧妙地让产品进入上流社会所获得的成功,以及巧妙地运用所掌握的"滴流效应"而使产品进入较低阶层所获得的成功,也可以增进我们对他的了解。这种经营策略一直被认为是身份定义,以及商品表达身份这种状态完全改变的一部分,Wedgwood瞄准了他所称的"中产阶级"——一个崭新且欣欣向荣的消费者市场,这些人"想要享受大都市风格的商品却连一件瓷器也难以获得"(Young,1995:10)。

Wedgwood坚持勤恳地向政客和贵族寻求赞助:他所谓的"连线、渠道和关系"(McKendrick,1960:48)。他的客户包括英国国王乔治三世和王后夏洛特,以及俄国女王凯瑟琳。"上千的包裹,装着价值20 000英镑的陶瓷,他通过模仿从社会金字塔上端顺势而下的策略,将这些包裹分给了欧洲的小贵族"(Tames,2001:22)。他的商品立刻让越来越多的中产阶级兴奋起来,因为这些人开始将他们自己与使用劣质陶器的较低阶层隔开,并开始陈列象征着上流社会的精致瓷器。Wedgwood通过对贵族地位的不懈追求,最终也开始成为小贵族。

上层社会对Wedgwood商品的消费是极其有价值的。"他们大力赞赏Wedgwood的商品,并为他的商品打广告,他们不仅自己购买这些商品,还推荐朋友来购买这些商品……在盘根错节、说长道短的18世纪英格兰贵族小圈里,这样的商品引介推荐必不可少,因为即便是数量非常少的销售也可能带来重要的影响"(McKendrick1960:414~15)。Wedgwood的"吸引力在于价格、质量、市场以及自利和自尊"(Robinson,1986:105)。

因此,对于Wedgwood而言,他生产的陶器以及陶器制作和推广的方式,在消费方式巨变的背景下产生了很多创新成果。这些创新成果的成功依赖于Wedgwood对当时社会和文化变化的深刻理解,以及Wedgwood将这些创新成果作为商业优势的充分利用。

有关创新应用和消费的文献——二者结合的案例

在古典经济学著作中,消费被同时视为"交换价值"(购买价格和再销售价格)和"使用价值"(功能或对需求的满足)(Du Guy et al.,1997)。从这种消费观点来看,人的能动作用毫无可发挥空间,然而消费并不仅仅是经济生产活动的附属品,也是一个重要的社会命题(Featherstone,1991)。Alan Warde(2005:137)将消费定义为"中间人谨慎地参与占有和增值的过程"。这个定义认为,消费者并非是被动的,而是主动的,且消费不能被降格为经济价值。消费的重要性具有象征意义。

当代消费者市场的实证研究,通过考察行为结构(如新颖事物的发现、风险承担等)、耗费在某一项特定活动上的时间和金钱,以及人口统计学和地理学的有关贡献,分析消费者群体之间的量化差异。但集中研究这些量化差异的结果,只是呈现了消费者与环境无关的、静态的特征,而且如此得出的结果也不能真正地解释消费者是"如何"形成对特定商品和服务的意见的(Holt,1997;Ozaki and Dodgson,2010)。我们需要理解的是根植于社会实践的创新应用的深度和它的文化维度。尽管定性和解释型市场调研的确存在(e.g. Alvesson,1994;Belk,1995;Thompson,1997),但是它并不以创新应用为研究焦点。创新管理的目标是使创新成果得到消费并最终实现传播;故而创新成果的提供者需要解释,"为何"人们偏好且需要特定的物品。"你想要什么"并不足够。因此,通过定性的镜头(qualitative lens)观察消费,可以补充消费者创新应用的定量研究,增加Prabbu在第3章描述的市场营销手段带来的洞察力。

Rindova和Petkova(2007)发现,在创新成果的"目的价值"和"感知价值"之间有一条鸿沟,前者是生产者、设计师与工程师所期待的创新价值,后者则是消费者所期待的创新价值。只要这条鸿沟一直存在,创新传播就会受到它的限制,而为了搭建一座沟通的桥梁,我们有必要去了解消费者对特定创新成果有怎样的认知,是什么样的动机使消费者愿意应用该创新成果。

成功的创新者可以卓有成效地说服消费者,他所创造的特殊物件不仅拥有使用功能,而且拥有消费者可以认同的特定文化内涵,以及消费者所珍视的产品质量,因此设计者的角色就是要使消费者知悉创新成果的目的与质量。为此,创新者需要了解消费者是如何看待他们的创新产品或服务的,以及他们赋予了创新怎样的内涵。

1999年引入日本市场的索尼机器人AIBO就是一个很好的例子(Rinda and Petkova,2007)。当索尼公司将它推广到美国市场时,引起的反响并不热烈。为了转变消费者的看法,索尼公司将机器人的外形从小狗变成了人形,以期在消费者心中塑造对机器人的新认知,即这款产品是人类的伴侣,绝非玩具。这样的转变创造了新的认知价值,AIBO也终于开始获得消费者的青睐(Rindova and Petkova,2007)。另外一个例子是索尼随身听(Du Guy et al.,1997)。最开始,索尼随身听是面向城市里听音乐的年轻人的,因为在公众场合独自听音乐被认为是不礼貌的,所以它配备了两个耳机插孔,可以让人们同时在一台设备上与朋友们分享音乐。然而,越来越多的人会购买一台随身听,年龄跨度从18岁到60岁,尤其是那些进行诸如慢跑和骑行等户外活动的人,他们都是独自一人听音乐。人们使用随身听的方式越来越个人化,而不是与他人分享。因此,索尼随身听二代的新设计中只配备了一个耳机插孔。户外活动的图像也被纳入产品的宣传中。索尼随身听二代取得了巨大成功,因为它的消费方式很好地被设计师所领悟,这些设计师在其中扮演生产和消费之间媒介的角色。

因此,理解消费需要定量和定性的分析,需要生产者的经济和功能意图以及消费者感知的价值,这需要参考广泛的解释,接下来关于应用和消费的文件综述解释了为什么创新传播会被进一步探讨。

应用

1962年第一次出版的Everett Rogers的《创新传播》(2003)依然是创新传播的经典研究教材,作者在此书的第一页写道:"即便优势明显,获得可以被应用的新灵感总是非常困难的。许多创新成果的出现需要一个漫长的时期,从创新成果出现到被广泛使用,通常要历经许多年。"是否接受一项新发明的决策从来不是一蹴而就的,它是一个事后发生的过程,包括一系列不同的举动。因此Rogers认为,创新传播研究应该将更多注意力集中于创新成果的消费者身上,人们接受新想法(如明显的行为或动作变换,而非认知或意图的变化)的程度应该成为创新传播研究的主要因变量。

Rogers认为在创新应用过程中有五个连续阶段。分别是:①汲取创新知识(知识阶段);②形成态度(说服阶段);③决定接受或拒绝(决定阶段);④贯彻实施(实施阶段);⑤确认决定(确认阶段)。首先,初始条件的幅度范围就会将把消费者带入上述过程中第一个阶段,包括他们之前的经历,既存的需求和问题,社会制度规范(如他们的社会群体),以及普遍的"创新性"。

所以,创新应用会受到所在社会背景强大的制约。对于Rogers而言,创新决策正如它是经济过程一样,也是社会和心理过程。在创新应用相关的文献中这个观点得到了广泛认同。例如,作为创新传播研究最为知名的案例之一,Morison(2004年,1966年首次出版)的海上军火研究表明,尽管内部优势十分明显,更多的情形却是有赖于引入创新的社会背景和对待创新资源的态度。

其他学者则认为,诸如网络效应(Bikhchandani et al.,1992)、动物行为(Banerjee,1992)和社会互动与学习(Bandura,1986)等因素,在创新应用加速的趋势中扮演了重要角色。根据Rogers(2003)的理论,一旦有10%至20%的消费者接受了一个创新成果,那么余下的消费者对这项创新成果的接受程度会相对迅速增加,这个过程的演进呈S形曲线①。这与其他创新研究的模型形成了共鸣,如Foster(1986),Abernathy和Utterback(1978)的研究,但是Rogers却在潜在创新接受者社交网络的重要性,以及领导者和同侪意见的影响力等问题上进行了特别关注。

恰恰是在Rogers的说服阶段,针对创新的一般态度和认知才得以发展。个体消费者会全身心地投入创新过程中,并且积极寻求、解释和评估创新信息的可靠程度。这一阶段最为重要的因素就是消费者对创新特征或贡献的认知。Rogers认为,创新成果接受率的多数变化可以解释为五种认知贡献:相对优势(如经济条件和社会地位)、协调度(如价值观、社会规范和实践)、复杂度(在理解和使用上存在困难)、试验度(一项创新成果可以得到试验操作的程度)以及观察度(接受效果可见程度)。Rogers将前两种视为最为重要的认知贡献。

正是对这些贡献的认知影响了个体接受创新成果的决定。Ostlund(1974)在他关于创新贡献的研究里表示,感知变化(消费者对产品的感知)是比应用者的个人特征和人口档案更合适的创新应用预测变量。此外,假设创新成果可以包括不确定性元素,Ostlund和其他研究人员会因为来自创新的经济损失或社会损失预期的可能性,而给Rogers的五项创新贡献增加感知风险(Labay and Kinnear,1981;Ostlund,1974)。例如,Lunsford和Burnett's(1992)关于老年人创新应用障碍问题的研究认为,是感知相对优势、产品使用(复杂度)以及价值和风险协调并存的状态影响了老年人的创新应用决定。这展现的是,对创新贡献的分析结果相比单薄的人口档案和心理变化分析,能够提供更为深入的理解。

技术接受模型(technology acceptance model,TAM)是另外一种研究创新应用的方法,它的关注焦点是创新的效用和可用性,其目的是解释消费者如何才会接受一项特殊的技术。TAM提出了影响消费者决定使用新技术及怎样使用新技术的最重要因素:感知有用性和感知便利性(Davis et al.,1989;Bagozzi et al.,1992)。这些因素被定义为一个普通消费者对一项特殊技术将会达到某种效果——"有助于他的表现"且"事倍功半"——的信任程度(Davis,1989:320)。TAM对有用性和便利性的强调也回应了Rogers框架中的相对优势(有用性)和复杂度(便利性)。后来,Venkatesh和Davis发展了第二代技术接受模型(TAM2),融合了诸如主观规则等社会影响。根据TAM2,个人的创新应用行为能够被以下两个要素所预测:(a)对于接纳新技术后果的信任程度,以及(b)如果接受了新技术,他们

---

① 不同于Rogers(2003)关于平稳持续增长的观点,Moore(1998)讨论了"越过差异"(crossing the chasm)的困难,这种转变来自早期创新应用者对大多数创新应用的接纳,最终推动S形曲线的增长。

是如何考虑其他人是怎样看待他们的。

TAM 是对社会心理学中目的模型的适应,该模型研究消费者的信仰形成对特定行为的态度的过程(良好行为的意图),继而实现良好的行为表现(Davis et al.,1989),Ajzen 和 Fishbein(1980)的原因行为理论(theory of reasoned,TRA)就是专门的一种理论。TRA 假设,人类行为会被行为人理性地选择,而决定决策的做出本身也会以一个特定的目标为基础。

对社会环境的影响,以及对创新成果有用性和可用性的重视,与 Rogers 的框架是完全一致的,社交网络的效力、规则协调性、相对优势以及创新的复杂性尤为如此。TAM 和 TAM2 在消费者的创新感知力和创新应用决定之间,展现了一种理性的关系,突出了创新应用决定的产生过程,在这个过程中,关于创新的信息评估形成了对创新的态度,最终促使创新应用决策的产生。

然而,这些或理性或认知的方式与 Rogers 的框架相比,只为理解消费者应用行为提供了相当有限的视角。这是因为创新的应用和传播是一个社会过程(Rogers),在认知评估和理性选择之外,非理性影响要素和文化差异都会对消费者的创新行为起作用(Faiers et al.,2007)。确实如此,潜在的创新采用者用不同的方式对创新做出反应,而消费者做出接受创新成果的决定也会广泛地受到个人及社会因素影响。在 Triandis(1977)的人际行为理论中,就和 TAM 与 TRA 一样,因事前已有适当行为的意图,便同时考虑了消费者态度和社会规则的影响,而且 Triandis 的研究也包括了"情感作用"(affect)的影响,如对特定行为与行为习惯所扮演的角色给予无意识的、固有的回应,并将之作为实际行为的中介。相似的是,Fitzmaurice(2005)认为,人们的购买行为是崇尚享乐、追求自我以及自我认同的,这些元素也应该融入 TRA。例如,解释为何有些人会选择 iPod 而非其他使用相同技术、价格更便宜的竞争者产品,主要在于产品的情感因素。

为了全面了解人类行为,在理解消费者创新应用行为时,需要考虑更为动态、上下文联系更密切、感情更丰富的行为图景。当我们在探索一项创新成果对于消费者的日常生活而言意味着什么,以及这又如何引起了创新应用时,我们需要使用超越理性和感知的方法。创新应用的方法中,我们发现 Rogers(2003)的框架对于理解消费者创新评估的来源以及接受创新成果的动机是如何形成等问题,比起其他研究方法更为全面,也更为适合。不过,尽管 Rogers 的理论确实关涉诸如价值观、实践和社会地位等命题,但是,在消费研究中,这些命题却能得到社会学、人类学和社会心理学等方法的更好解释。为了补充 Rogers 的传播理论,我们要将注意力转移到创新消费的文献资料上来。

消费

当代社会是一个消费者社会,《Blackwell 21 世纪社会思想词典》(1993)将其定义为以消费为中心组织而成的社会,而非以商品和服务的生产为中心组织而成。这不是低估生产的社会影响,而是简单地强调消费者社会的成员,将高水平的消费视为社会成功和个人幸福的象征,因此选择消费作为他们的首要生活目标(Campbell,1995:100)。

对于消费的标志性含义存在不同的观点。其中之一是将消费作为对当前社会秩序的反应和表达（如阶级和财富）（Bourdieu，1984）。另外一种观点则认为当代消费者有"选择权"，这一意义上的消费主义观点，代表了我们的身份并没有被过去或继承所限定。消费是一种身份建构的实践（Lash and Urry，1994），因此消费者可以超越他们的家乡、性别、年龄和种族的限制，它是一种"已经实现"的身份，而非"附加的"身份（Dittmar，1992）。所以，消费不仅带来了经济的"交换价值"和"使用价值"，更带来了代表标志性含义的"标识价值"（sign value）。消费区分了价值观、身份和成员权，并且也沟通了这几个要素（Slater，1997）。Hirschman（1982）的研究表明，象征主义可以成为创新时代的源泉，一个特定的象征性创新（如衣帽的风格），在消费者发现创新与其自我身份和形象协调一致时，也会得到接受。与其他形式的创新相比，主要通过象征性变化形成的创新，与过去所做的相比，沟通覆盖了不同的社会意义。

Dittmar（1992）声称消费关乎"自反性"问题：我们这些当代的消费者，可以选择、建构、呈现并维持我们当前的形象，以及我们想要他人看见的形象。在消费者社会的年代，身份通过消费实现沟通：我们通过消费的内容来定义自己。我们可能想与Joneses保持一致，或者我们也可能想要与Joneses完全不同，这都取决于我们自己。

消费品沟通的含义兼具内外两部分，内部沟通具有不需要传达给他人的个人意义，另外，外部沟通却可以直接与他人进行交流。这些外部含义包括"引人注目的消费"作为一种地位的象征（如一块劳力士手表），或宣扬一种特定的信仰或推进一种社会运动（如可持续的环境友好型家用产品），用以炫耀人们的财富和地位（Veblen，1899）。Timmor 和 Katz-Navon（2008）关于人们怎样才能接受一种新产品的研究，展示了人们对同化和异化的需求取决于与他人与众不同的需求的程度（或与一个社会群体相同的程度），也取决于所感知的群体的规模。例如，消费者之所以在他已经有了一款相似设备的同时，却仍需要一款iPod的原因，可能就在于其想要变得与众不同或者是成为团体中的一员。外部意义也可能会形成并代表社会关系、社会纽带和道德责任（如礼物交换；Mauss，1990）：人们通过获得或者被赠予的商品而产生相互联系，从而商品被视为社会发展进程的构成要素（Miller，1987）。因此，我们在消费中努力达成我们的目标和欲望，如财富、健康饮食、环境保护主义以及稳定的社会关系。

从这种方式来看，很明显的是，消费品沟通的内涵既是内生的，也是外生的。在健康饮食和环境保护主义方面，产品本身已被赋予了特定含义，而消费者也会认可。然而，在消费的过程中，消费者另外附加产品含义的情况也是存在的。例如，黑莓手机一开始并不普及，只有商务人士才会使用，黑莓手机的短信形式（"发送自我的黑莓"）最开始被认为用来展示用户的身份。但是如今，越来越多的人拥有了黑莓手机，而这些黑莓式的短信（these kinds of messages），也正在渐渐被诸如"抱歉无法及时回复"等可以被解释为用户因有要事在身而无法及时回电的致歉短信所替代。正如Baudrillard（1988）指出的，产品含义并非一定要附着在一件物品上，而是可以附着在这件物品得以利用的方式上。因此，企业可以通过了解一件商品如何被消费，以及在这件商品上被附着的含义为消费者带来商品，并同时附带文化意义的象征，正如索尼随身听的例子所示，这种文化意义反映了消费者所珍视的东西。

设计带有文化意义的产品对于创新经理人而言十分重要,为此,了解消费者和消费是至关重要。

"滴漏效应"(trickle down effect)是消费研究提供的、对创新管理很有用处的概念之一(Simmel,1904)。下级社会团体通过获取上流社会身份制造者的帮助,创建了下行传播方式。正如我们早先所见到的那样,Wedgwood希望他的产品能打入上流阶层的生活方式里,然后通过滴漏效应将其产品推广到较低阶层的战略,就是对这个效应很好的描述(McCracken,1988)。滴漏效应的当代解释,展示了在消费中既存在上行运动,同时也存在下行运动。在这里,人们利用消费实现了与他人的区分以及模仿他人,这不仅表达了社会地位和权力,也表达了其他身份元素,这种观点有助于我们理解创新传播的社会背景(如象征意义、目的、差异的本质等)(Slater,1997)。

与之相似的是"狄德罗效应"。这是一种创新组织可以钻研的文化现象,是一种鼓励人们保持已有文化一贯性的力量(McCracken,1988)。这个效应是这样产生的:法国百科全书编辑Denis Diderot从一个朋友那儿收到一份礼物,是一件猩红色礼服。于是Diderot高兴地用新礼服换下了原来那件舒适的旧礼服。穿上那件优雅的礼服后,他环视四周布满小物件的书房,认为他书桌不够高档。后来,他又换掉了墙上的挂毯,因为旧挂毯看起来有些陈旧粗糙,书房的替换过程就这样继续着。最后,他终于失去了他的旧礼服和原来的书房及书房里的摆设所共同创设的和谐空间。他总结后认为,这就是那件猩红色礼服的效用(McCracken,1988:119)。一件文化内涵与当前所有物品完全不协调的新物件的到来,引入了全新的消费品。消费品通过"整合"(unity)互相联系,苹果的"i"系列就是一个很好的例子。一个消费者一旦接受了一款新产品,如一款iPod,就会促使消费者在接下来的一系列用品中保持"文化一贯性",如一款Macbook,一款iPhone,以及一款iPad。

消费研究中的观点不仅可以应用于产品创新,还可以用于服务创新。服务消费的含义有如前往影剧院看一场戏,或者来一场假日游。进行这些活动可以反映出消费者对自我表态("我支持艺术")的个人认同,从关切成员身份的朋辈中寻找安心的社会认同("我是这个社团的一部分"),尊重社会组织的仪式("我不喜欢这个剧本,但我还是会参加它,因为这可以说明我很关心由所在组织支持的新工作"),以及符合有想象力的享乐主义形式的寻乐追求("它就像天堂一样")(E. G. Campbell,1995;Holt,1995)。所以,消费者为服务寻找内容,为服务附加意义,而服务创新者也可以从了解这种意义中获益。

总之,购买新商品和新服务都被认为可以代表个人和社会内涵,因为有抱负的消费者"对消费和生活方式的培养采取了学习模式"(Featherstone,1991:19)。正如Lash和Urry(1994:57)的观点,"由于消费对当代身份建构的重要意义,这里的选择就不应当以一种简单的功利主义方式来理解"。例如,购买一辆混合动力汽车不仅关乎降低汽油的使用量,也关乎成为绿色联盟成员的一种自我表态(Kahn,2007;Ozaki and Sevastyanova,2011)。理解了附加在消费品和消费活动上的内涵,将有助于创新者提高其消费者的感知价值,这在接下来有关消费决策贡献者的多样性问题的案例中有所展现。接下来的案例描述了参与创新服务的消费者所面临的一些困境。

丰田普锐斯案

对消费者购买如丰田普锐斯这类混合动力汽车原因的审查,揭示了购买原因的复杂性。此处,我们以一个审查消费者购买普锐斯汽车的动因的研究为基础进行了报告(Ozaki and Sevastyanova,2011)。资金原因——初始经费和后续运行费用——被认为是最为重要的原因,因为这涵盖了尤其被消费者所关切的燃料消费和降低的道路税等问题。感性因素,如尺寸、舒适度、安静状态以及易于使用性等,增加了实用、理性和功利主义维度。公司的名誉,以及消费者过去驾驶丰田汽车或混合动力汽车的经验(如通过一次驾驶测试——Rogers 意义上的可实验性——或通过早先驾驶的汽车)等也对消费决策具有影响力。正如Rogers(2003)所言,针对某种创新的知识,可以为学习更多创新知识并最终接受创新产品提供动机。

同时,受到购买者高度评价的是汽车受认可的环境效益(如"驾驶混合动力汽车将会减少排碳量"),以及与环境价值或信仰相符的协调性(如"驾驶混合动力汽车意味着在做一件正确的事情"),这些同样也反映了通过消费表达的个人和社会诉求。表达个人身份(identity)和一种时尚的个人形象十分重要,混合动力汽车的车主通过绿色价值达到了这一点。人们的身份通过他们的消费活动反映出来(Lash and Urry,1994),消费活动同样塑造了他们所渴求的形象,在这种情况下,人们正在变得"与众不同"而且"符合潮流"。对技术的个人兴趣同样高度相关,有些人本质上受技术吸引,且对于技术革新持积极态度,如混合动力汽车中电能发动机和汽油发动机功能的结合。因此,根据 Rogers(2003)的分类,当代普锐斯的拥有者属于早期的创新产品接受者,因为他们能够接受更为超前的创意,如环境,并且也十分支持科学和技术的革新,更乐于接纳新观点。

消费的表达力方面(expressive aspect)坚持遵循社会规范。热衷于遵从组织规范的人们需要使创新与这些规范保持一致。学者们研究发现遵循表达为"社会期望行为""体谅他人""分享共同价值",以及"承担社会责任"等的社会规范很重要。这指出了社会规范所扮演的重要角色和接受这些可持续行为的压力。

创新管理从对消费者混合动力汽车购买动机多维性的系统化审查中获益良多,因为这强调了做出影响创新应用决策重要元素的范围,并指出了提高创新应用率的方法。拥有一辆混合动力汽车是资金驱动消费的标志,但是购买者的偏好也强调了消费的实用、表达和经验层面及其社会压力。

绿色电能税案

产生于诸如风能、太阳能和生物质能等可再生资源的绿色电能,是一项迄今为止尚未被消费者普遍应用的环境创新。制定绿色电能税有助于国内消费者减少碳排量,但是只有不足1%的英国家庭是这么做的(Graham,2007)。绿色电能几乎不需要住户在日常能源使用习惯方面发生变化,这种"易于应用"的服务创新,或许可以期待其成为消费者价值在创新应用过程中平和转变的明证。但是消费者使用能源的习惯并不如我们所期待的那样"绿色",学术界对环境友好型产品在市场中的传播一直十分缓慢这一问题有很多解释(E. G. Fraj-Andres and Martinez-Salinas,2007；Rehfeld et al. ,2007)。例如,人们可能会认为绿色替代品过于昂贵,且提供不出与现有产品相同的功能,或者可能会要求消费者处理令人难以接受的情况等。

我们基于一项在伦敦帝国大学部分员工中绿色税的应用,做出了研究报告(Ozaki,2011)。其中样本人员强烈偏向于绿色消费者,众多回应者积极参与环境保护活动,如资源的循环利用,并且成为绿色运动的会员,为绿色运动捐款。尽管这群人偏好"绿色",他们对于是否接受一项绿色电能税依然十分犹豫,即便是那些对接受这项税收有极高倾向的人也是有些犹豫不决。赞同环境保护行为的态度,并不一定会转化为相应行为的实施,人们总是擅长自相矛盾或言不由衷。

可以看出,征收绿色税极不方便。它不仅要求有足够的时间用于填充制度框架,也要求联系供应方,改变支付标准以及其他行动。大多数人在日常生活中十分忙碌,征收绿色税并不是一个吸引人的提议。此外,成本也是一个问题,在能源价格迅速增长并不断影响每一个家庭的时代,即便只是轻微地提高能源成本也是不受欢迎的。因此,成本以及不便利性都严重制约着绿色税的实行。当消费者没有充足而精确的信息,且对绿色电能的质量没有把握时,这个问题就会变得错综复杂(如"绿色电能真的是来自可再生能源吗"和"绿色电能究竟可靠吗")。合同和成本的本质也可以引起一些焦虑,这反过来又导致了反对声音。很明显,感知相对优势理论(Rogers,2003)和风险理论(Ostlund,1874)在这个案例中扮演了重要角色。

来自上述案例的教训

上述案例通过揭示促成或限制创新产品和服务的因素,为创新管理提供了一些教训。混合动力汽车的案例,说明了财务效益和有效的公众交流的重要性。这样的交流形成了购买一件特定的创新产品十分寻常的普通观点,也告知消费者创新产品的功能,甚至创新产品的美学特征、实用特征和经验特征。绿色电能的案例则提出了,如何填补在愿望(intentions)和实际行动之间形成的鸿沟的挑战,而且这个案例要求对人们消费创新产品的原因进行深入评价。推动人们从"有意应用创新产品"向"实际应用创新产品"转变的是一系列因素的结合：控制成本和相关不便利因素的意识,感知个人收益与人们的价值和身份相符的状态,较强的社会影响和规范化的信仰,以及有助于缓和感知风险或不确定性的良好信息渠道。对于创新经理人而言,为了理解应用创新产品的驱动力和障碍,整合应用与消费视角,对于充分认识接下来影响因素的范围十分有帮助。

成本和经济效益

即便是在消费者有足够的知识水平,且乐于接受创新产品的时期,转变产品和服务也会产生成本和不便利因素,而足够的资金可以使消费者克服对此成本与不便利因素的抵触心态,各类研究也确认了这种财务动机的价值。在绿色税的例子中,创新者必须能够识别成本费用导致的不利后果的程度。能源账单已经十分昂贵,即便是有环境保护意识的人们也不会热衷于支付额外的费用。这种"转换"程序本身就是一种障碍,而从一个供应方转换到另外一个供应方更是如此,将这种成本最小化会影响到消费。在混合动力汽车的案例中,我们看到了强调减少交通阻塞和停车费用,以及获得各种补贴的好处。

用户效益

这些案例展示了来自具有个人关联性的创新应用的感知利益的价值。以环保技术为例,情感的吸引力会鼓励目标技术应用者采取行动。对自己孩子未来的关心可以引发情感反应,从而改变对创新产品的认知和态度。环境话题可能看起来有些抽象,且并非紧急问题,而许多人对环境做出的反应并不像他们面对个人利益和社会规范做出的反应迅速,后者给予了接受和期待的具体暗示。协调性与个人身份有关(如"我是环保主义者,我支持环保行动"),也与针对社会身份的社会规范有关(如"我是环保组织的一部分")。

社会影响

上述案例表明,自身树立了环保价值观和意识并不意味着就能说服自己接受绿色税,或者驾驶一辆混合动力汽车。因此,生产者、供应者和政策制定者呼吁个人的行为可以改变世界的这一强烈信号是必需的。从社会的高度来看,社会利益的保障,如当顾客接受一项特定的创新技术或服务时,电能供应者做出捐款环保慈善机构的承诺,将会为潜在的消费者缴纳绿色税提供激励。消费者教育培育了对接受创新成果的积极结果的公共认知,并在消费者之间创设了共享的社会规范。

信息提供

潜在的创新成果接受者需要精确的信息用来评估创新的价值、风险和不确定性,并对之做出决定决策。我们看到的绿色电能信息零碎而不精确,绿色电能仍然处于信息传播过程的早期阶段,而有关它的信息必须清晰而连贯地提供给消费者。当信息不足或者信息不精确时,消费者就会对创新产生疑惑,例如关于电能如何产生,以及消费者支出的额外费用如何使用等的确切信息,会使潜在的创新采用者得以比较不同的电能供应方,从中选择一家促成合同的订立。创新者制作的方便用户浏览的网站,以及消费者组织发布的报告,都会为有高度创新应用倾向的消费者做出创新应用采纳的决策起到特别的帮助作用。提及环保技术,股东可以从生态标签(eco-labelling)的例子中获得相关知识。生态标签最开始由NGO发展起来,后来欧盟立法规范了它的使用。标签不仅仅是关于产品或服务的信息,还是关于产品或服务可持续标准的有效性宣告,该标准得到了官方正式认可的独立第三方的确认(De Boer,2003)。生态标签鼓励公司通过其可持续产品的贡献实现与其他公司的区分,也帮助了消费者识别更多环境友好型产品或服务以及相应的供应方(Gune and Anders,2007;Sammer and Wustenhagen,2006)。标准化信息会帮助有高度创新产品应用倾向的消费者考虑绿色电能,并建立他们对绿色电能供应方的信任。

普锐斯案确认了对消费者有用的信息范围，它包含与技术相关的美学价值、经验价值和实践价值，甚至是购买决定中的试验经验或过去经验的作用，而这些作用突出了关于这些创新成果所提供信息的重要性。这类知识会帮助人们克服对创新产品或服务的技术表现、实用性的担忧或疑虑，并且产生对创新产品或服务的需求。这表明，在创新及其"增值"潜力方面，应当存在更多交流。更多有吸引力的实用信息会增进消费者对新技术的积极认知。

结　论

消费者应用一项创新成果的决定，不仅受到效用和技术质量的制度性评估的影响，还受很多其他因素的影响。现今消费者的消费决策变得更为复杂（see Gabriel and Lang, 1995; Kotler and Caslione, 2009），也让创新管理面对的挑战越来越大。

所以，理解创新消费的方式对于创新管理而言至关重要。在有关创新应用的问题上，市场调研可以有效地区分各团体在其个人特征和人口特征上的差异。然而，成功的创新应用和创新传播，取决于消费者背景、动机和创新成果之间的协调一致。因此对于创新管理而言，很有必要研究一下这些潜在因素对于接受创新应用决策的影响。创新消费研究的观点提供了更宽广的消费者的情境背景和情感图景，不仅包括以市场调研为中心的影响消费者的人口统计和个人特征，而且还包括形成消费者意见和影响消费者行为的潜在价值观等动态背景。消费动机形成的方式，以及产生于消费的文化内涵，都需要融入我们对创新应用消费的理解中。通过结合两种传统理论研究——创新应用研究和消费研究——当下经理人对创新的需求方的理解将得到拓宽。创新传播在创新研究中涉及范围不广，它着力于关注创新产品的创造，而非其使用形式（Ozaki and Dodgson, 2010; Ozaki, Shaw, and Dodgson, 2012）。如果"面向市场"创新的研究兴趣越盛，那么人们超越对所消费产品的表面理解，形成对消费者为何消费的深层次探讨，就变得尤为重要。

所以，在创新应用和创新消费之间的关系中，遗留下来许多有趣的创新管理研究问题。此处将提出其中的两个问题。第一，在创新应用和消费中，对动机优先性的深入理解非常有价值。例如，关于消费的文献向我们展示了，社交网络的规范和影响（如来自朋辈团体或者意见领袖的压力）如何才能在创新成果应用的决定中起到重要作用。这些问题是指，与诸如成本和效用等因素相比，这些社交维度是否、如何以及何时才呈现出更多重要性。理解创新应用过程的关键涉及探索更完整的情感动机和制度动机的组合情况和关系情况。

第二，从相似的脉络来看，Rogers 的理论主张相对优势，而观察消费行为（observability）对比了社会地位。消费研究为创新的身份比较本质提供了更深入的视角，例如，自我态度的表达在文化意涵附着在消费产品和消费活动的过程中扮演重要角色的方式。某些创新活动，还可以帮助人们相信他们取得了较高的社会地位。通过探索从创新应用和消费观点中获得上述文化意涵的过程，消费者们逐渐接受一项创新成果的方式将会更好地呈现出来，同时这将有助于理论研究，实际提高创新者的市场承载力，并更好地定位他们的产品和服务。

消费角度的思考同样需要扩展至 B2B 交易。创新管理标准化的含义十分清晰，创新过程中最为重要的决策是由消费者做出的。建立市场，获得盈利后，创新企业才得以在竞争中幸存下来，并且仅当个人和组织决定应用创新产品时才会获得成长。希冀提高创新水平的企业，必须将"供应方"的投入纳入创新过程中，如市场和技术知识，产品开发，以及 R&D 投资。但是了解"需求方"的创新消费，以及创新应用者影响创新过程的方式，对于创新企业而言同样十分重要。确认消费者创新应用行为的决定因素，可以使企业科学衡量和预报创新的经济效应，继而有助于企业提高其创新产品的定位高度。很少有组织可以在不了解消费者购买创新产品和服务的动机和行为的情况下获得成功，了解消费者的独特特征和消费动机，有助于解释为何消费者会在同样价格、功能和效用的产品中仅选择其中一种，这要求针对附着于产品和创新应用决定的做出背景之上的文化意涵加以研究。

参 考 文 献

Abernathy, W., and Utterback, J. (1978). 'Patterns of Industrial Innovation', *Technology Review*, 80(7): 40–7.

Agnew, J.-C. (1993). 'Coming Up for Air: Consumer Culture in Historical Perspective', in J. Brewer and R. Porter (eds), *Consumption and the World of Goods*. New York: Routledge, 19–39.

Ajzen, I., and Fishbein, M. (1980). *Understanding Attitudes and Predicting Social Behaviour*. Englewood Cliffs, NJ: Prentice-Hall.

Alvesson, M. (1994). 'Critical Theory and Consumer Marketing', *Scandinavian Journal of Management*, 10(3): 291–313.

Bagozzi, R. P., Davis, F. D., and Warshaw, P. R. (1992). 'Developing and Test of a Theory of Technological Learning and Usage', *Human Relations*, 45: 660–86.

Bandura, A. (1986). *Social Foundations of Thoughts and Action: A Social Cognitive Theory*, Englewood Cliffs, NJ.: Prentice-Hall.

Banerjee, A. V. (1992). 'A Simple Model of Herd Behaviour', *Quarterly Journal of Economics*, 107(3): 797–817.

Baudrillard, J. (1988). *Selected Writings*. Stanford: Stanford University Press.

Belk, R. W. (1995). 'Studies in the New Consumer Behaviour', in D. Miller (ed.) *Acknowledging Consumption: A Review of New Studies*. London: Routledge, 53–94.

Berg, M. (2004). 'In Pursuit of Luxury: Global History and British Consumer Goods in the Eighteenth Century', *Past and Present*, 182: 85–142.

Berg, M. (2005). *Luxury and Pleasure in Eighteenth-Century Britain*. Oxford: Oxford University Press.

Bikhchandani, S., Hirshleifer, D., and Welch, L. (1992). 'A Theory of Fads, Fashion, Custom, and Cultural Change as Information Cascades', *Journal of Political Economy*, 100(5): 992–1026.

Bourdieu. P. (1984 [1974]), *Distinction: A Social Critique of the Judgement of Taste*. Cambridge, MA: Harvard University Press.

Caird, S., and Roy, R. (2008). 'User-centred Improvements to Energy Efficiency Products and Renewable Energy Systems: Research on Household Adoption and Use', *International Journal of Innovation Management*, 12(3): 327–55.

Campbell, C. (1995). 'The Sociology of Consumption', in D. Millar (eds), *Acknowledging Consumption: A Review of New Studies*. London: Routledge, 96–126.

Davis, F. D., Bagozzi, R. P., and Warshaw, P. R. (1989). 'User Acceptance of Computer Technology: A Comparison of Two Theoretical Models', *Management Science*, 35(8): 982–1003.

de Boer, J. (2003). 'Sustainability Labelling Schemes: The Logic of their Claims and their Functions for Stakeholders', *Business Strategy and the Environment*, 12(4): 254–64.

Dittmar, H. (1992). *The Social Psychology of Material Possessions: To Have is To Be*. Harvester

Wheatsheaf St Martin's Press.

Dodgson, M. (2011). 'Exploring New Combinations in Innovation and Entrepreneurship: Social Networks, Schumpeter, and the Case of Josiah Wedgwood (1730–1795)', *Industrial and Corporate Change*, 20(4): 1119–51.

du Guy, P., Hall, S., Janes, L., Mackay, H., and Negus, K. (1997). *Doing Cultural Studies: The Story of the Sony Walkman*. Thousand Oaks: Sage.

Faiers, A., Cook, M., and Neame, C. (2007). 'Towards a Contemporary Approach for Understanding Consumer Behaviour in the Context of Domestic Energy Use', *Energy Policy*, 35(8): 4381–90.

Featherstone, M. (1991). *Consumer Culture and Postmodernism*. London: Sage.

Fitzmaurice, J. (2005). 'Incorporating Consumers' Motivations into the Theory of Reasoned Action', *Psychology and Marketing*, 22: 911–29.

Foster, R. N. (1986). *Innovation: The Attacker's Advantage*. London: Macmillan.

Fraj-Andrés, E., and Martínez-Salinas, E. (2007). 'Impact of Environmental Knowledge on Ecological Consumer Behaviour: An Empirical Analysis', *Journal of International Consumer Marketing*, 19(3): 73–102.

Gabriel, Y., and Lang, T. (1995). *The Unmanageable Consumer*. London: Sage.

Graham, V. (2007). *Reality of Rhetoric? Green Tariffs for Domestic Consumers*. London: National Consumer Council.

Gunne, G., and Anders, B. (2007). 'The Impact of Environmental Information on Professional Purchasers' Choice of Products', *Business Strategy and the Environment*, 16(6), 421–29.

Heffner, R., Kurani, K., and Turrentine, T. (2007). 'Symbolism in California's Early Market for Hybrid Electric Vehicles', *Transportation Research Part D: Transport and Environment*, 12:396–413.

Hirschman, E. C. (1982). 'Symbolism and Technology as Sources for the Generation of Innovations', *Advances in Consumer Research*, 9: 537–41.

Holt, D. B. (1995). 'How Consumers Consume: A Typology of Consumption Practices', *Journal of Consumer Research*, 22: 1–16.

Holt, D. B. (1997). 'Poststructuralist Lifestyle Analysis: Conceptualizing the Social Patterning of Consumption in Postmodernity', *Journal of Consumer Research*, 23: 326–50.

Kahn, M. E. (2007). 'Do Greens Drive Hummers or Hybrids? Environmental Ideology as a Determinant of Consumer Choice and the Aggregate Ecological Footprint', *Journal of Environmental Economics and Management*, 54: 129–45.

Koehn, N. (2001). *Brand New: How Entrepreneurs Earned Consumers' Trust from Wedgwood to Dell*. Cambridge, MA: Harvard Business Press.

Kotler, P., and Caslione, J. A. (2009). *Chaotics: The Business of Managing and Marketing in the Age of Turbulence*. New York: Amacon.

Labay, D. G., and Kinnear, T. C. (1981). 'Exploring the Consumer Decision Process in the Adoption of Solar Energy Systems', *Journal of Consumer Research*, 8: 271–8.

Lash, S., and Urry, J. (1994). *Economies of Signs and Space*. London: Sage.

Lunsford, D. A., and Burnett, M. S. (1992). 'Marketing Product Innovations to the Elderly: Understanding the Barriers to Adoption', *Journal of Consumer Marketing*, 9(4): 53–63.

McCracken, G. (1990). *Culture and Consumption: A New Approach to the Symbolic Character of Consumer Goods and Activities*. Bloomington: Indiana University Press.

McKendrick, N. (1960). 'Josiah Wedgwood: An Eighteenth-century Entrepreneur in Salesmanship and Marketing Techniques', *The Economic History Review*, 12(3): 408–33.

Mauss, M. (1990), *The Gift*. New York: Norton.

Miller, D. (1987). *Material Culture and Mass Consumption*. New York: Basil Blackwell.

Moore, G. A. (1998). *Crossing the Chasm: Marketing and Selling Technology Products to Mainstream Customers,* 2nd edn. Bloomington, MN: Capston.

Morison, E. E. (2004 [1966]). 'Gunfire at Sea: A Case Study of Innovation', in R. A. Burgelman, C. M. Christensen, and S. C. Wheelwright (eds), *Strategic Management of Technology and Innovation*, 4th edn. Boston: McGraw-Hill, 431–40.

Ostlund, L. E. (1974). 'Perceived Innovation Attributes as Predictors of Innovativeness', *Journal of Consumer Research*, 1: 23–9.

Outhwaite, W. (ed.) (1993). *The Blackwell Dictionary of Twentieth-century Social Thought*. Oxford: Wiley-Blackwell.

Ozaki, R. (2011). 'Adopting Sustainable Innovation: What Makes Consumers Sight up to Green Electricity?' *Business Strategy and the Environment*, 20(1): 1–17.

Ozaki, R., and Dodgson, M. (2010). 'Adopting and Consuming Innovations', *Prometheus: Critical Studies in Innovation*, 28(4): 311–26.

Ozaki, R., and Sevastyanova, K. (2011). 'Going Hybrid: An Analysis of Consumer Purchase Motivations', *Energy Policy*, 39: 2217–27.

Ozaki, R., Shaw, I., and Dodgson, M. (2013). 'The Co-production of "Sustainability": Negotiated Practices and the Prius', *Science, Technology and Human Values*, 38(4): 518-41.

Rehfeld, K. M., Rennings, K., and Ziegler, A. (2007). 'Integrated Product Policy and Environmental Product Innovations: An Empirical Analysis', *Ecological Economics*, 61(1): 91–100.

Rindova, V. P., and Petkova, A. P. (2007). 'When is a New Thing a Good Thing? Technological Change, Product Form Design, and Perceptions of Value for Product Innovations', *Organization Science*, 18(2): 217–32.

Robinson, E. (1986). 'Matthew Boulton and Josiah Wedgwood: Apostles of Fashion', *Business History*, 28(3): 98–114.

Rogers, E. M. (2003). *Diffusion of Innovations*, 5th edn. New York: The Free Press.

Sammer, K., and Wüstenhagen, R. (2006). 'The Influence of Eco-labelling on Consumer Behaviour: Results of a Discrete Choice Analysis for Washing Machines', *Business Strategy and the Environment*, 15(3): 185–99.

Simmel, G. (1904). 'Fashion', *International Quarterly*, 10: 130–50.

Slater, D. (1997). *Consumer Culture and Modernity*. Cambridge: Polity Press.

Tames, R. (2001). *Josiah Wedgwood*. Princes Risborough: Shire Publications.

Thompson, C. J. (1997). 'Interpreting Consumers: A Hermeneutical Framework for Deriving Marketing Insights from the Texts of Consumers' Consumption Stories', *Journal of Marketing Research*, 34(4): 438–55.

Timmor, Y., and Katz-Navon, T. (2008). 'Being the Same and Different: A Model Explaining New Product Adoption', *Journal of Consumer Behaviour*, 7: 249–62.

Triandis, H. (1977). *Interpersonal Behaviour*. Monterey, CA: Brooks & Cole.

Uglow, J. (2002). *The Lunar Men: Five Friends Whose Curiosity Changed the World*. New York: Farrar, Straus and Giroux.

Veblen, T. (1994 [1899]). *The Theory of the Leisure Class: An Economic Study in the Evolution of Institutions*. New York: Penguin.

Venkatesh, V., and Davis, F. D. (2000). 'A Theoretical Extension of the Technology Acceptance Model: Four Longitudinal Field Studies', *Management Science*, 46(2): 186–204.

Von Hippel, E. (2005). *Democratizing Innovation*. Cambridge, MA: MIT Press.

Warde, A. (2005). 'Consumption and Theories of Practice', *Journal of Consumer Culture*, 5(2):131–53.

Young, H. (1995). 'Introduction', *The Genius of Wedgwood*. London: Victoria and Albert Museum.

第15章

可持续创新管理

法兰斯·伯克霍特(Frans Berkhout)

引 言

依照传统观点,创新的焦点在于为消费者提高产品价值,并减少生产的私人成本,从而为企业所有者提供更大的利润。但是,现在越来越多的企业在着力拓展其商品价值和生产成本被定义的方式,其中考虑了产品生产、商品使用及服务使用的环境和社会维度。一切商品和服务都有环境和社会成本以及相关风险,因为这些商品和服务在其生产和消费的环节中,消耗了自然资源和环境服务。这里核心问题是这些外部因素、影响和风险代表了"负公共产品",而这种"负公共产品"需要私人生产者和消费者与他人共同承担。在无监管的状态下,几乎不存在讨论"负公共产品"的动机。这同样也适用于创新管理,很少有人讨论环境和社会等外部因素驱动创新发展的常规动机。这也意味着,企业尚未从惯例上形成处理环境和可持续发展问题的战略、结构、资源和能力。通常,政府扮演了公共利益承载者的角色,规范企业行为以保护公共财产,如清洁的空气和安全的水资源,物种和森林保护或气候系统,等等。许多监管规范都以技术为基础(包括补贴、标准和禁令),因此它们能对企业创新和新技术的应用产生影响。遵从这些规范已经说明了企业努力创新的程度。

但是,目前这种传统的技术观念和环境观念已经不再适合时代潮流了,理由如下。

- 企业开始在管理商品和服务的环境,以及社会影响方面上变得越来越积极,而这最终会被转化为企业的技术和创新战略,而"不仅仅是遵守规则"。
- 消费者开始对商品和服务的环境和社会效益更为关注,寻求支持环境和社会的选择和行为。
- 政府不再是公共意愿的唯一保障者,承担广泛的组织和社会利益,包括企业本身,更为一般化地影响着公众话语、技术标准和技术变革方向的发展。

这说明企业不仅越来越意识到其活动产生的直接或间接的社会与环境影响,而且还在更为积极地尝试从内到外地管理它们。对于很多企业而言,可持续发展带动的产品、服务和商业模式的创新,成为回应更为复杂的社会和政治背景的核心内容(C. F. Kiron et al., 2013)。在处理这些挑战的过程中,企业面临所需增加创新回应或基本创新回应的程度问题。这是因为众多关键领域的潜在技术和体系,诸如能源、交通、食品和农业等,以及现有环境状态,而今都被视为是基本不可持续发展的,或因为它们仰赖于非可再生资源或稀缺资源,或因为他们处于全球环境主要问题的中心地带,如生物多样性减少或者气候变化。因此,对于基本选择而言,存在一种社会需求。

企业内创新管理的关键问题有如下方面。

- 什么是与商品、服务和运营有关的已知的外部因素或风险,什么是不确定性和矛盾,以及什么是可能在未来出现的潜在的新风险。
- 这些外部因素和风险能够通过创新的增加而得到管理吗?或者说更根本的价值重构是企业所追求的吗?这对于技术和创新战略,对于企业的商业模式又意味着什么?
- 为将环境和社会效益嵌入创新管理中,企业内的结构、资源、能力和经营过程应当如何改变?这对上下供应和价值链的关系以及对消费者和其他利益相关者之间的关系又意味着什么?
- 如果存在可持续发展创新的治理背景,在创新管理中,在尝试影响创新背景(宣传、政策和行为)的过程中,企业应当如何处理和利益相关者(内部及外部)的关系?
- 可持续发展是如何与企业的身份、活动和绩效互相整合的?与接下来的战略有关的领导职位的优势是什么?

本章的基础是,企业拥有一张用于运营的"社会执照",且它取决于针对企业运营过程和产品绩效的法律规则和标准(Gunningham et al.,2004)。这些规则设定了企业运营过程、透明度和企业需要实现的绩效的底线,随着关于企业活动的环境和社会影响的知识的发展,也随着社会规范的变化,经过一段时间的成长,这些规则将显著增加,并可得到强化。新规则和标准总是要求从企业获得创新回应,而企业在尝试塑造其运营的监管和治理环境的过程中也渐渐变得越来越积极。企业通过市场营销、品牌管理、公众沟通和社会责任活动等渠道回应公共辩论,通过提出可持续发展的创新解决方案,以及积极参与公共领域活动等方式,在制定新规则扮演了重要角色。在全球范围内,环境和社会规则制定在诸多经济领域成为一种重要的竞争优势。

所以,企业"不仅仅是在遵守规则",其原因十分广泛:回应市场需求;寻找成本领先优势;作为差异化战略的一部分;作为升级战略的一部分;围绕绿色环保声誉建立无形品牌价值;降低监管风险和其他风险,等等。公司的整体战略,包括商业模式在内,将会决定企业在遵守规则的前提下如何追求创新战略发展。一系列环保战略对于公司而言是可行的,其范围从良好的企业内务扩展到制定企业活动中心环节的可持续发展目标。为了实施一项选定战略,企业需要建立包括创新在内的能力,市场营销和企业沟通能力,同时也要处理包括社会团体组织在内的和监管者、消费者、产品供应方、社会的意见领袖等人的关系。故而,创新管理问题与一家企业处理外部关系的方式密切相关。而且,创新管理的分析需要被视为根植于关系网络中,与(全球)价值链、监管和社会治理,以及更广泛的社会技术领域相关。

接下来的部分刻画了技术创新和环境之间的关系,并认为这种关系是复杂却互惠的。

社会技术领域,为资源、能源、食品、交通和建筑工业等未来十年内都会被人期待的产业,打下了坚实的基础,在面对可持续发展变迁的挑战中,制度创新作为一种在这些领域内面对可持续发展能力变迁的挑战,具有极大的变革潜力。接下来的部分简要地讨论了包括技术和制度、基础建设和消费者偏好与实践共同发展的制度创新理论,该理论将制度、基础建设和消费者偏好与实践视为企业创新管理的主要挑战。基于此背景,本章将讨论涉及可持续发展创新能力、产品供应和价值链、利益相关者关系以及商业模式创新的学术论著。最后总结部分,将讨论公司战略和可持续发展创新战略之间的关联。

创新和环境

技术变革对企业环境绩效有三类主要影响:获悉并提供有关环境状态的信息(信息和知识效应);提高资源收获、提取和转变为输出的效率(效率效应);为企业提供转变资源利用和环境影响的方法(转换效应)。在此,我们回顾了公司环境管理和创新管理的相关性。

信息和知识效应

用传感器、监控器以及其他一些设备在所有层面——大到地球,小到微观物质——收集关于资源分配(如石油和天然气的地震调查)、生产活动的环境影响(如生产地点污染物排放集聚),以及环境状态(如鱼群数量)等相关信息。过去几十年来,企业、政府和国际组织在环境监控上不断加大力度,这些努力覆盖了环境作用和质量的各个方面。环境监控是基本要求,因为企业活动所产生的极为重要的环境影响是无形中发生的,不会立即被我们的经验所获知。专业的科学分析能力可以解释环境数据,并将这些数据揭示的风险,放入某些社会和经济背景中加以考量,但只有少数企业愿意发展这些能力。企业对其环境和社会影响的认知很大程度上取决于科学设备和科学知识。

企业活动造成的可见环境影响(诸如发电厂的烟雾,或者风力涡轮机对地貌的影响)是公众意识的重要方面,也是早期监管活动关注的焦点。但是现在许多最具挑战性的企业环境因素大多却是无形的,或者是随着时间变化的,只有在对人体健康或呼吸系统功能造成毁灭性损害时才会被人发现。例如,二噁英是在许多工业生产过程中发现的致癌氯化物,这些工业包括化学工业和造纸业。探查此类物质要求有样本和实验分析,而健康影响结果的评估则有赖于大量毒理学和流行病学的证据。这些外部因素并不总是直接可见,它们同样只有通过科学分析才能产生深远影响,并被人们理解。再如,在作为制冷剂的氯化物(CFCs)和臭氧层的破坏("臭氧层空洞")之间建立一种联系,就需要结合长期的观测数据的考察以及专业的大气化学知识。因此,许多对环境问题的现代理解和社会认知,都是通过科学设备和分析形成的。而科学也有不能完成的事,比如定义一个已经被探知且得到分析的环境或健康问题是否重要,以及是否需要被解决。为此,一种对科学和商业都可以产生重要作用的社会和政治方法,就是必须的。

对于公司战略有三种重要考量。第一,企业已经开发出新的技能和能力来理解、衡量以及管理企业所需负责(通常仅需部分负责)的惯常复杂的环境影响。第二,因为向公众披露信息的新规则,企业开始热衷于向监管者和普通大众报告他们的环境保护成效和社会表现(Haddock-Fraser and Fraser,2008)。主要是因为消极(或积极)的环保活动信息能够对消费者、投资者、监管者和邻人产生企业声誉效应,这样的信息披露制度反过来成为企业创新和投资的推动力(Bebbington et al.,2008)。第三,企业开始围绕他们的经营活动和产品产生的危害和风险,积极参与相关的公共信息科学披露活动。因为范式案例中所示的气候变化,企业活动所产生影响的规模或重要性通常存在很大的不确定性,以至于在把环境问题"框定"为重要和紧急问题,并且在可能导致社会管控压力的社会和政治活动中,企业总是直接或通过其代理人其中扮演着重要角色。

效率效应

技术在将输入资源转换为产品的过程中扮演了基础角色,而创新,则通过提高输入转换为输出的效率,也成为提高企业环境效益的重要推动者。这些具有生态效率的改进,通过增加创新、投资新资本、商业活动控制和供应链的完善,以及额外附加给消费者的服务条款等,可能被视为企业效率升级的一种自然结果。如何提高效率,这个由 Michael Porter 所写的一篇小报道引发的问题,已成为近 20 年来重要的学术争议(Porter,1991)。而与通行的经济常识相反,Porter 不认为追求利润最大化的企业会为了提高效率而忽视利润丰厚的机会。他认为,如果企业被"聪明的"监管规范强制要求提高企业生产流程中的资源利用效率,并减少其产品的环境影响,那么企业就会获得竞争优势。这种观点的背后是一系列案例研究的结果,这些研究发现企业正在挥霍资源。

实证研究的确表明,即便在高能耗和高资源成本的经济领域内,如造纸业,其企业竞争同样依赖资源的有效利用,但是每个公司的资源利用率依然存在极大差异(Tyteca et al.,2002)。Porter 认为,严格而灵活的监管规则,会促进具有更好环保表现的创新产品的出现,而且在很多情况下,都会提高企业绩效。Porter 和 Van Der Linde(1995)认为有如下五个原因:

- 给公司提供资源利用效率低以及具有创新潜力的信号;
- 通过提高公司资源利用和环境意识,鼓励收集可以产生收益的信息;
- 减少环保投资将产生经济价值的不确定性;
- 创造推动学习和创新的压力;
- 改进企业当前运营,产生更高的环境效益。

即使是现在,"Porter 假说"依然是有关企业经营、创新、环境绩效和公共政策角色的争论的试金石。它简洁地总结了对创新作用的重要关注点,以及这种关注与本身十分有活力的灵活的监管规则之间是如何互动的。关键问题在于,一家企业是否应该为实现环境绩效的提高而投资稀有的创新资源,一般而言这种提高绩效的方式可能成本很高,而且所得收益可能不会完全被企业占有。企业未能投资可持续发展技术,源于 Rennings(2000)所言的"双重外部因素"问题。与企业通过从其创新投资中获取额外知识的问题相似,可持续发展技术创造了额外的环境效益,而该环境效益很难被企业所获取。积极的环境收益,如清洁的空气,或者安全的气候,都可以同(全球)社会中的其他人共享。企业的创新投资创造了大部分通常能被社会吸收的社会价值,这种价值一旦消逝,便会抑制企业投资可持续发展技术的动机(Lepak et al.,2007)。

在这种情况下,政策和规则可以为更广泛地提高环境效益的社会期待,但是同时也为企业获得市场租金的款项提供基础。"创新抵偿"的观念对于 Porter 的观点而言十分重要;这种观念的含义是,监管规则所强制的这个令企业难以承受的额外费用,通常(尽管并不总是如此)可以通过消除资源浪费或创造消费者价值得到抵充(例如,通过自愿为拥有更高的环境质量的产品和服务支付费用)。这些效益或许并不会马上实现,随着时间推移和监管力度的加大,或者相关价格发生变化,先行者将会从新工艺和产品中获益良多,这种获益来自先于其竞争对手发展满足不断出现的市场需求的新工艺和产品。这样的挑战在于,好的投资机遇正在逝去,因为它们被经理人认为风险太大,成本太高,或者不符合他的习惯。

许多实证研究事关创新、生产和商业绩效等更为严格的环境监管规则,这些研究提供了混杂的证据(C. F. Jaffe and Palmer,1997;Popp,2006)。最近的一项研究中,Lanoie 等(2011)调查了七个 OECD 国家共 4 200 家制造业工厂,发现环境监管规则会导致企业更大规模的 R&D 投资。因此,随着企业绩效收益的产生,监管规则会催生创新。但是他们同样发现,遵守规则所增加的成本,对企业盈利能力会产生网络式的消极影响。因此至少在短期内,其对创新产生的积极影响,并不会超过监管规则本身的消极成本的影响。

正如 Ambec et al.(2011)所言,这种分析对 Porter 假说的考虑并不完善。对企业的创新回应及对企业成本和竞争的影响,强制实施一项监管规则需要一定的等待时间。Lanoie 等(2008)利用魁北克的制造业工厂环保技术的生产和投资的数据进行了研究,发现环境监管规则对生产增长率有重要的积极影响,在高度暴露于外部竞争的领域内尤其如此。也许只有经过更长时间的实施,严格的环境监管规则和企业竞争的"双赢"理念才会得以出现。

Porter 假说及其推动产生的争论的一个共同特征是,二者只关心企业的私人成本,来自严格的监管规则的巨大环境或健康收益并没有被考虑在内。如果这些社会效益被包括在内,那么企业竞争的潜在成本可能会完全不同。在发展其环境创新战略的过程中,这类较广泛的社会收益会在社会成本效益分析中得到考虑。

转换效应

除了提高企业资源利用效率和减少环境影响之外,企业可能还会高瞻远瞩,力求在解决环境问题上贡献绵薄之力。本质上,一切商业活动都需要利用自然资源和能源资源,这些资源最终将回到环境的"水池"里——水、陆地、生物圈和大气——但是回归形式却是废品和代谢物。从很大程度上说,现代经济基本上以"直线"的方式处理资源问题,并且经济发展依靠化石燃料带动,化石能源占当今世界主要能源利用的 85% 以上(BP,2012)。线性利用化石资源的根本替代选择,是循环利用的太阳能资源。此想法在 20 世纪 70 年代被 Amory Lovins 等预言家首次提出(Lovins,1976),他们认为经济发展的直接或间接动力主要是太阳能,如阳光、风和以生物质能形式储存的可再生太阳能。在这个范围内,核能作为一种可再生能源还存在争议。技术经济制度的物质条件会在一种脱碳化的经济下被继续升级和循环(Hawken et al.,1999)。当废品被当作资源时,闭环经济或者说"从摇篮到摇篮"的经济(McDonough and Braungart,1998)就会出现了。

尽管这样的观点一直没有得到重视,但它越来越成为一种"元叙事",是评判企业可持续发展主动权的标准。脱碳的最终目标和资源环的封闭,在过去几十年内对诸多环境政策一直十分重要。根据《联合国气候变化框架公约》(1992)的权威分析,它是目前为止超过190个国家签署并同意以行动防止"危险的人类活动对气候造成影响"的国际法里程碑,它意味着在21世纪全球温室气体的排放需求达到最大值,并会下降至零(Rogelj et al.,2011)。尽管这并未在国际法中正式化,但完成能源脱碳化的全球目标已经被多国政府所接受。

为了突显这项挑战的艰巨性,以欧洲发电体系为例进行分析。目前大家普遍认为,欧洲大多数碳排放的减少将会在这个领域中体现出来(Deetman et al.,2012)。当前欧洲的目标是到2050年碳排放量减为目前水平的一半,这就需要在2050年前建立3 000亿千瓦时的可再生发电能力(Jacobsson and Karltorp,2011),而这个数量是现在英国发电能力的两倍。

从一个化石燃料带动的线性经济,转化为一个太阳能带动的闭环经济所面对的技术和创新挑战是根本、普遍和紧急的。例如,脱碳化代表的是全球能源生产工业(石油、天然气和煤)的转变,以及能源利用部门、交通和移动、环境以及食品和农业等产业的转变。为使这些转变能被意识到,这种转变可能颠覆所有产业部门,而一种全新的技术、企业、部门和消费者偏好与实践的构建也需要在接下来的几十年内相继出现。故而,现在诸多关于能源和材料的创新研究及政策的关注焦点在于,持续的大规模经济转型变化,最终将从根本上产生创新的社会制度(Geels,2002;Smith et al.,2005)。对于很多领域的企业而言,技术和商业转型代表了他们所面临的新窘境。尽管它暗示了长期R&D投资和创新投资回报的巨大潜力,技术、商业和市场中断的前景同样也会产生巨大的战略风险和不确定性,技术和市场路径创造并非企业可以独自处理的事务。

体制创新和技术制度

可持续创新最终与大规模的技术制度变革有关,这将对我们如何看待创新管理产生影响。可持续发展创新所关注的,既不是工艺流程、产品和服务的渐进式创新,也不是既存技术制度明确组成要件的替代品的渐进式创新,它的目标是重构整体经济结构和运行的基础制度规则。因此,创新管理面向的也是体制变化。对激进制度创新的关注,并非创新学者关注的新问题。当Henderson和Clark(1990)提出的制度结构需要变化时——即他们所称的制度创新——企业必须发展出新的知识、能力和网络。但是此外,一系列变化也应发生在产品供应和价值链、基础设施、决定技术产生和使用的制度规则、消费者的偏好和实践等方面。近期关于制度创新的研究,已经试图理解复杂的协同演进的变化集,企业成为众多变化角色中的一个。从这个观点来看,创新是长时间内发生的,本质上是不确定的、合作的和开放的过程,这个过程中除企业竞争之外,一系列社会或环境的期许和目标都十分重要。协调这些通常会与私人和社会目标发生冲突的部分,是目前可持续创新管理的主要任务之一。

技术体制变化的本质、速率和方向,与明确已知的技术、商业模式和价值链的变化完全不同。技术体制由稳定的技术集合组成,分为同步发展的市场系统、制度系统、社会系统和知识系统。由于技术体制诸要素的相互关联和环环相扣,技术体制的变化也十分异常缓慢,并且具有路径依赖。制度变迁要想得以实施,必须是被多数参与者和机构视为必要、可行且有益的,而不仅仅是零星的技术变化。

技术系统的创新分析已经取得了重要进步。Rip 和 Kemp(1998)以及 Geels(2002)在阐述逐渐形成有关系统创新的多层次观点的过程中,认为不能将技术创新和变化,从社会变化、经济变化和制度变化等方面分开看待。技术与社会和个人的偏好、行为及规则同步发展,彼此之间相互在"社会—技术系统"中塑造对方的形态。因此,需要将可持续发展创新看作根植于社会的要素,涉及广泛的社会参与者和竞争舞台,以及其中的参与、合作和交流等活动。创新意味着塑造未来的不确定性和基本蓝图。主要问题也相继出现了,例如将煤电作为主要电能来源的现实,如何回应消除能源系统碳排放问题的社会观念;什么才是主流汽车制造商在面对汽车转向非汽油推进系统的过程中挑战的应有态度;以及当野生鱼类越来越稀少,动物蛋白产业渐渐被认为是不可持续发展的,全球食品产业又能为挖掘蛋白质的新来源做什么。

对于分析家如 Kemp,Schot 和 Hoogma(1998)等人而言,获取更多可持续的生产和消费系统的核心,是社会技术体制的转型(系统过渡)。简而言之,因为固有而无法解决的问题,由在位厂商、传统商业模式、技巧模式、能力和创新诸要素组成的现有技术体制,在面临压力的情况下解决了这些问题。有关例证包括,19 世纪后期西方大城市的马匹和粪肥管理对寻找更清洁的交通工具产生了压力(Geels,2004),以及当代社会对非人道对待作为肉制品生产而饲养的动物的强烈反对。也许有争议认为,一切社会技术体制都面临大量的、内在而固有的缺陷或弱点(例如,道路系统堵塞和事故等),但是在稳定发展期间,这些缺陷或弱点没有对社会技术体制的稳定发展和路径依赖发展造成威胁。然而在某些情况下,这些压力却在现存体制推动寻找直接替代品的过程中产生了张力,同时也通过防御性调整而投入更多精力保护传统惯例。

回应当下体制弱点的激进替代方案,或多或少地出现在了技术和市场领域,它们被视为主流领域之外的参与者网络,包括创新厂商、从业人员(通常与价值运动或社区相关)、民间社会组织和可能为实验提供赞助或帮助的公共权威(Kemp and Rip,2001)。这些领域可能渐渐在或大或小的某种程度上打破了当下体制。Smith(2006)从周围环境中调查了近 30 年来英国有机食品运动的出现,这种运动受到反文化组织的支持,并于 20 世纪 90 年代末期成为主要食品零售商价值提供的主流部分(a mainstream part of the value offer of major food retailers)。他认为,有机食品运动对食品生产、食品供应链的透明度、当地食品来源的增长,以及影响部分食品零售市场的食品标签等领域内大量新方法的采用,产生了重要影响。食品企业通过全球价值链为创新做出了重要努力,但是却没有从根本上改变农业和食品体制。

技术和市场领域的参与者在引导更为稳定的技术、实践和规则的出现时,发挥了三种关键作用,这些满足消费者偏好的技术、实践和规则能够对传统体制形成有竞争力的现实选择,这三种关键作用如下。

- 引导合作学习过程,吸引注意力,以及使促进保护措施合法化的期待与愿景的结合。
- 提供新的支持者的社交网络的建立、促进互动和利用资源。
- 从多角度进行学习:关于技术和设计的说明书、市场偏好和成本(或价格)、产业和生产网络、社会和环境影响等。

技术或市场领域的参与者面临了大量的战略困境。Schot 和 Geels(2008)认为这可能与以下内容相关联:面对不确定性时是否有弹性预期或直接目标;是否鼓励技术多样性并鼓励学习该技术,或者因为技术多样性会产生不确定性而限制学习该技术;是否和拥有资源及广泛能力的在职人员或者有一定兴趣的新人一起工作;产业保护会维持多长时间;以及是否需要等待"机会窗口"在当下体制中出现,或者试图通过创造可持续发展的备选项并带入外界压力来推进技术创新问题。企业作为可持续发展的创新领域的参与者,如何处理上述困境将取决于他们的创新能力、当前商业模式和设想的商业模式,以及处理供应链及社会利益相关者的合作问题的能力。

环境创新能力、商业模式及二者的结合

环境创新承载力

环境创新是否需要有具体的新能力,一直是众多文献广泛讨论的话题。Wagner 和 Llerana(2011)在对欧洲和北美企业的调查中发现,当前的创新能力是可持续创新的基础。同样,Chakrabarty 和 Wang(2012)认为,与集约型 R&D 相关的强势创新能力和与高水平国际化相关的强势市场定位,是发展和维系大企业可持续发展创新实践的基础。Nidumolu 等(2009)与 Padgett 和 Galan(2009)同样发现,R&D 为支持可持续产品和流程进步提供了坚实的基础。这对于中小型企业同样适用,Hofmann 等(2012)在分析 239 家美国中小型制造业企业的过程中发现,高技术的应用(如计算机辅助设计和统计过程控制)和环境保护实践(如环境管理系统)之间存在显著的正相关关系。

在对管理可持续创新的动态能力发展(Teece et al.,1997,Dodgson,Gann and Phillips)进行一般讨论时,Seebode 等(2012)结合了具体的战略和能力,定义了四种广泛的管理方式。所采取的管理方式将取决于创新挑战是渐进性的还是根本性的,以及所追求的是现有制度框架还是新制度框架(图 15.1)。在左栏里,已经建立的搜寻、挑选和实施的常规方式将会满足管理需求。但是追求新制度,就需要更为开放而合作的创新管理,同时强调在不熟悉的技术领域中进行调查,在高度不确定性的条件下进行甄选,结合在内部组织新技能、结构

和语言的需要,以及一个涉及长期绘制的路径图和潜在的新的公司范式的创新战略。他们通过描述飞利浦逐步发展的、卓有成效的重构的管理框架和共同发展的创新战略,给出了该观点。

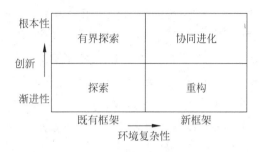

图15.1　创新空间地图(Seebode,Jeanreaud,and Bessant,2012)

尽管根植于既存的创新能力,也借鉴了既存的创新能力,环境创新同样需要企业发展新的能力,这些企业与环境管理、供应商和顾客之间的新合作形式,以及利益相关者参与等要素息息相关。采用的环保方式和追求可持续创新的潜在动机也不相同,它满足了创新管理更为外向的定位。各类研究中所确认的最为普遍的商业环境管理实践包括:员工参与项目、内部审计、供应商审计、环境报告、环境管理体系(EMS)、ISO 14000(国际标准组织的环境管理标准)、全面质量管理、实时生产、生命周期分析、全成本核算、污染防治计划和指定环境管理人员(Florida and Davison,2001;Simpson and Samson,2010)。EMS体系始于1990年,全球产业质量管理标准的广泛应用紧随其后,它的增长受到一种相似信念的推动,这种信念认为标准化的管理控制和独立的认证,会带来环境状态的提升,同时还可以节约成本,帮助企业获得竞争力。Berkhout(1997)发现,环境评估能力,如生命周期评估,已经在很多领域成为惯例,这些领域包括过程导向的商品生产者(造纸业、钢铁工业)、复杂产品(汽车行业、电子产品行业)以及简单消费品(健康和家庭护理)。本书有一个共同的主题,即商业组织在采纳环境管理实践的动机、实践和环境成就之间存在较大差异。

构建环境管理能力或者公司责任能力,不管动机如何,都给企业带来了大量管理挑战。第一种挑战是企业责任能力应当向内或向外发展的程度。尽管很多企业在过去20多年里已经形成了独立的环境或企业责任能力,但与其他组织和利益相关者的合作经常不可避免,因为在进行环境评估或者开发新颖的可持续发展的产品和流程等方面,都需要专家知识和能力。这些外部知识和能力的来源,在管理关系和知识整合的过程中需要新技能(Foster and Green,2000)。Petruzzelli等(2011)在针对全球公司在四大产业领域内的"绿色"和企业专利获取行为的研究中发现,绿色创新与同一公司开发的其他创新产品相比,其特征是更高水平的企业间及企业内部的合作。他们同样还发现,绿色创新与其他创新成果相比,代表了更高水平的复杂性和新颖性。

另外一种外部合作同样十分重要,环境管理和报告通常是朝向外部,指向供应链、顾客、监管者和更广义的公民社会。生产流程或产品的环境质量,通常对顾客或者监管者而言并不明显,但是却需要生产流程系统的证据、供应链或者产品的命运来支持。这些证据必须透明而且可靠,第三方认证在反对"漂绿"(企业尝试通过对产品或流程的环境质量发出毫无根据的声明以期待获得市场或声誉优势的举动)指控的过程中扮演了重要角色(Laufer,2003;Ramus and Montiel,2005)。管理与环境知识的外部供应者相联系的部分,以及与建立环境保护声明的合法性和声誉的外部利益相关者相联系的部分,是一种重要的新能力,许多企业(和其他的组织)正在开发这种能力。

第二种考虑是将环境管理整合到企业功能中,包括了 R&D、质量管理、供应链管理和市场营销(Shrivastiva and Hart,1995;S. L. Hart,1995)。环境管理功能可以为开发更为专业的环境技能提供基础,但是随着环境问题成长到战略重要性的地位,从企业功能的整合中获得的利益也会越来越多。Hall 和 Wagner(2012)发现与环境管理相关的战略要素的整合,对产品和流程创新有正反馈,他们发现这种正反馈促成了更好的相关环境绩效。企业战略的可持续目标的调整取决于高层管理的支持,但是也需要与组织负责人决策的去中心化相结合。Wagner 和 Llerena(2011)强调了"从下到上"生态效益激励机制的重要性,这些激励机制得到了他们所调查的公司的关键个人的支持。他们还认为,对于龙头企业而言,环境标准在更早的时候已经被引入了创新管理中(在前开发阶段和门径管理流程中),因为管理可持续发展被视为企业的战略要素。

供应管理和价值链

依照可持续发展创新的外向定位和合作设定,过去 20 年里的重要发展之一是,对可持续发展的供应和价值链管理越来越多的关注(Lamming and Hampson,1996)。Carter 和 Rogers(2008:6:3)将可持续发展的供应链管理定义为:"为提升个体组织的长期经济绩效及其供应链,在重要组织间商业流程的体系协调中,一个组织的社会、环境和经济目标有战略意义的、透明的整合和成就"。在逐渐扩大的全球市场的背景下,Seuring 和 Muller(2008)认为,企业可能正尝试管理风险(如新的公共或私人环境表现标准)和环境及经济表现(因为需要在完整的产品生命周期中考虑产品的环境表现,并且损耗增加了成本),或者通过可持续发展产品的创新来探索获得竞争优势的机会。Ageron 等(2012)在关于法国公司的供应链经理人的调查中,展现了监管要件、客户需要、竞争压力和外部利益相关者为可持续发展的供应链管理提供的重要动机,而高管支持也是重要的因素。因此,支持可持续创新的关键创新能力,是一种为全球龙头企业及其供应商创造、维系和提升供应链与价值链之间合作的能力。

与多元、复杂、有活力的供应链和价值链保持一致——很大限度上通常在企业的直接管理视角之外——以及通过它们影响可持续发展创新战略,已经成为企业创新管理的重要关注重点。它也已经成为龙头企业内部和供应链及价值链之间新创新能力发展的主要关注点。无论这些焦点公司是零售商或是最终的商品供应者,他们都在改善供应商环境方面起到了枢纽作用。为了在供应商中完成这些改变,这些公司宣布了知识转移和创新技术合作,增加了相互依赖,并将"一臂之隔"理念转向更为复杂的公司治理结构中去(Simpson et al.,2007;Marchi et al.,2013)。此类企业间的联系,可能因传统的质量、速度、依赖性和成本等原因而早已存在，但是这些联系却也被管理环境质量和社会质量的需要所加深。例如，对全球纺织品和平行供应链的研究表明，有机棉的供应商必须做出实质性的投资来改进生产设备和流程，以满足环境标准（Chouinard and Brown，1997；Goldbach et al.，2004；Seuting and Muller，2008）。重要的新知识流动，需要成为 King 和 Lenox（2002）所形容的"精简和绿色"供应商，乃至比之传统更为必要的是，或者伴随着供应链的更广范围内企业之间的合作（De Bakker and Nijhof，2002）。

全球价值链（GVC）框架，已经发展成为一种分析发达国家和发展中国家独立创新参与者之间全球劳动力分配的方式。它强调全球龙头企业在塑造价值链、决定企业治理和创新活动组织的过程中所扮演的角色（Gereffi，2005）。GVC 关心的是从生产的去整合化角度分析国际上企业之间的联系，去整合化过程是指从垂直整合的企业到全球分布的企业需要协调一致的价值链。这种方法对理解全球产业链的环境升级同样十分有用（Marchi et al.，2013）。通过要求全世界的供应商与环境标准保持一致，并通过转换与产品和流程的可持续发展相关的技术和专业知识，龙头企业能够在塑造其供应商的环境表现过程中扮演决定性的角色。的确如此，也有人可能认为，富裕国家的环境表现主要是由监管制度、利益相关者和竞争压力所驱动，而在新兴经济体的价值链中，龙头企业施加的压力可能才是最重要的驱动因素（Jeppeson and Hansen，2004）。

利益相关者管理

Hall 和 Vredenburg（2003）认为，可持续发展创新比传统受市场驱动的创新更复杂，因为公司必须考虑众多利益相关者及其经常相互矛盾的需求。从广义上看，有两种相关领域的学说，曾试图解释企业与这些"次级"利益相关者之间的关系：利益相关者理论和公司企业社会责任（CSR）相关著作。Freeman（1984）提出了公司的"利益相关者模型"，指出经理人不仅需要关心利益相关者，还需要关心工作人员、供应商和客户，以及不同社会组织成员的观点和利益，包括当地社区组织、消费者保护团体、环境保护主义者，等等。企业与利益相关者的来往，是为了预见和管理针对企业业务的社会风险，同时也是为了从与利益相关者的积极关系中获得盈利（Donaldson et al.，1995；Jones and Wicks，1999）。良好的利益相关者关系会通过名誉利益产生竞争优势，通过建立信任降低监督成本，并将其作为推动创新的新想法的来源。

建立企业和创新性利益相关者之间的联系是十分复杂的。Ayuso 等（2011）将可持续发展创新框定为一种组织的能力，这种能力结合了企业与利益相关者之间建立强有力和互动性的关系的能力，辅之以管理所需要的利益相关者知识，并将其转换为社会创新和环境创新的能力。在计量经济学的一项大型研究中，使用了不同领域的道琼斯工业指数中的 983 家企业的数据，他们发现，源于工作人员和外部利益相关者的知识，确实影响了创新能力。但是此过程却以企业内利益相关者的参与路径，及其知识管理路径的本质为媒介。如果企业有能力获取和吸收他们最终所得到的信息和信赖，那么企业仅能将杠杆从强势的利益相关者关系倾斜至更大的创新能力中来。

关于公司企业社会责任(CSR)的争论有一段很长的历史，并且提出了企业(或者代表利益相关者经营企业的经理人)在盈利之外是否有社会责任的问题。有的学者，如 Milton Friedman(1970)，认为"社会责任"的实践影响总是一定会驱使管理重心远离正常竞争，并给企业经营带来不必要的成本。但是，在企业领导人发表的广泛可得的宣言以及不断增加的倡议中，都可以看到对企业社会责任的广泛关注，并且其中大多都得到了近年来政府的支持。O. Hart(1995)是率先提出企业社会责任可以成为企业形成持续竞争优势的资源或能力的人之一。McWilliam 和 Segal(2000)建立了 R&D 和创新之间的联系，他们认为，应用于 R&D 和创新管理中的企业社会责任原则，会促进新的或改进的产品和流程的形成。他们对企业社会责任在企业通过创新达成的分化战略中所扮演的角色进行了重点考察，例如，开发可以循环利用的产品。数宗多项研究已经发现了 R&D 强度和企业社会责任实践之间积极的关系(Bansal，2005；Husted and Allen，2007)。Lopez 等(2008，cited in Gallego-Alvarez et al.，2011)发现，公司 R&D 受到了企业社会责任取向目标的应用的积极影响，并且认为，承担社会责任的公司趋向于有更高的 R&D 支出。但并非所有研究都对能促进企业社会责任承担的 CSR 和创新的联系同样乐观，Gallego-Alvarez 等(2011)对比了名列道琼斯可持续发展指数(DJSI)中的企业的 R&D 强度，和未曾名列 DJSI 中的企业的 R&D 强度。他们发现，在企业社会责任的承担和创新之间存在短期的消极关系，尽管这种影响在不同行业有所区别。因此，企业社会责任和创新之间的联系似乎在很长时间后才渐渐浮现，并且根据不同的行业会有所区别。

单独将企业社会责任视为与创新表现直接相关是远远不够的。企业社会责任同样也是一种动态能力，它能生成广泛的难以理解的优势，促使公司变得更加有创造性并取得成功。通过企业社会责任强调广泛的社会价值和规范，除了仅有的经济价值(Porter 和 Kramer(2011)将之称为"共享价值")外，企业社会责任还是企业内部和外部之间连接的媒介。企业社会责任为企业绩效做出了大量贡献：第一，它是一种企业寻求构建公司价值的连续图景的一种方式，并将其作为一个思想体系，用于培养员工的战略目标。它也可以通过帮助工作人员与这些公司目标相结合，成为管理控制分层的替代方法，因此企业社会责任总是指向内部。

第二，结构和市场变化也深刻地影响着竞争环境，很多企业就是在这样的竞争环境中运营的(Baron，2001；Maxfield，2008)。更大的竞争，尤其是在商品化的市场中的竞争，已经迫使最终消费者寻找在交易时能区分其产品和服务(及其品牌)的新方法。由于可持续发展是一种社会价值，因此企业社会责任是一种支持公司声誉和品牌的创造和再生产的一种方式，这种提醒客户的方式同样面向利益相关者。随着股权越来越分散，公司公共提醒作用的强度和多样性也在增加。利益相关者的价值通常由股票价格的增长所决定，但是通过商业，也有许多其他提示利益相关者通过商业化实现价值增加的方式得到了发展。即便是在股市表现弱势的时期，这些方式也可以证实管理质量和未来股份绩效的前景。企业(及其经理人)在更具竞争性的市场里表现得却更为脆弱，竞争愈发激烈的市场就会产生新的交流管理成效的形式。企业社会责任的存在就是对这种需要的一种回应。

第三,公司企业社会责任(CSR)可以被看作对企业运作社会规范改变的背景的回应(Matten and Moon,2008)。"中央集权"的管制方式是一种强制企业实施法定标准的制度,无论是国际政府、区域政府、国家政府还是地方政府,都有这样的权力。但这种管制方式正逐步被更具互动性和分散性的社会监管模式所补充。新的信息丰富的自愿措施和基于市场的管制措施,正逐渐在经典的"命令和控制"规则体系之外得到实施。尽管国家环境政策风格依然十分明确,但是政府在环境领域保障公共利益的能力已经被重塑。与日俱增的志愿主义,企业和政府的"合伙",以及非政府组织所扮演的更具影响力的角色等都是这种被称为"生态现代化"过程的标志。

社会规则的新背景,对尝试回应开发新能力和社会角色的企业构成了挑战。虽然许多产业中的企业因为市场自由化和管制的解除,而保证了更大的经济自由,但是在许多情况下,企业还要与社会规则和期望保持一致,面临的这一新压力抵消了前面的经济自由。因此,公司社会责任可以被视为一种"填充空间"的方式,这种方式已经在企业的环境和社会治理的重塑中出现了(Kolk,2005)。但令人啼笑皆非的是,许多企业在一种更为艰难且不安全的社会环境中运营,需要联系众多支持者,满足更多样的期待。正式的规范尽管经常显得不够灵活,而且程序繁杂,但它给企业(尤其是大企业)呈现了清晰的目标和需要管理的简单的外部关系。在一种更为流动且拥挤的监管背景下,这些确定性将不复存在,企业也开始尝试通过在目标设置和关系管理的过程中变得更为积极,以重建监管秩序。

简而言之,公司企业社会责任可能被认为是由众多企业的成捆需求所塑造的,如内部文化凝聚性和管理控制的新需要,向客户和利益相关者"警示"管理质量的新需要,以及积极参与到企业的社会监管新环境的新需要。一套成熟公司的可持续发展战略,包括意识到可持续发展创新的潜力,以及价值链与商业模式的彻底重构,需要以强势的 CSR 和社会价值承载力为基础。

可持续发展的商业模式创新

众多商业领域已经存在可持续发展创新的根本暗示,尤其是那些严重依赖非可再生、有害或者稀缺资源的领域,随着企业渐渐将可持续发展视为一种核心战略目标,一种关于商业模式的需求的新争议业已经出现(Nidumolu et al.,2009,以及本书第 21 章)。研究表明,全球企业越来越意识到可持续发展驱动的商业模式创新和长期盈利性之间的联系。在对 2 600 名决策者的调查中,Kiron 等(2013)发现,48% 的企业因为可持续发展的原因改变了商业模式,其中 75% 的企业见证了商业模式创新和盈利性之间的积极联系。而且商业模式(在市场细分和价值链流程变化中尤为如此)的变化越深刻,与更多盈利之间产生关联的可能性也越大。他们同样也展示了一种"利益相关人效应",即那些增加了与利益相关者之间的合作的企业,盈利的关联性更大。这些是有指导意义的结果,也是经济学著作中对商业战略重新定位的需求和益处等问题日益增加的密切关注的一部分,战略重新定位是对可持续发展挑战的回应。当战略重新定位被置于得到利益相关者的积极参与,并配合良好的企业社会责任承担的环境时,这些战略重新定位的效果会更好。

定义可持续发展创新战略

很明显,众多经济部门内,公司和创新战略之间存在密切联系,对可持续发展创新战略而言也是如此。大量文献证明,不同企业在同一时期内会面对减少污染、提高生态效率以及开发更加绿色的产品和服务的需求,而他们会通过调节自身来适应遇到的压力和机会。对更少的污染和更高的生态效率的需要,以及对发展更绿色的产品和服务的需要,都体现了企业的压力和机会。总的来说,这些可以被视为"阶段模型",在阶段模型中企业变得越来越关注企业活动的环境和社会影响,积累管理这些活动的能力,并开始将可持续发展整合入他们的商业模式、创新和公司战略中。通过这种整合将可持续发展深植企业的核心战略目标中,可持续发展就会与企业的竞争战略越来越一致。相关的所有文献资料并没有在这里一一呈现,但是两个最近比较有影响力的文献著作需要在本文中得到关注。

Nidulomu 等(2009)以不同领域企业的案例研究为例,描述了公司可持续发展战略是如何经过一段时间后从起点位置发展起来的。最初,尽管通向可持续发展的战略外观需要一系列五个阶段,而此战略外观在通过可持续发展的透镜观察企业逻辑,但是既有制度和标准的一致性是企业参与环境保护和可持续发展的基础(表15.1),每一个阶段都在呼唤商业模式创新的新维度。他们详细描述了每一阶段的具体创新机会,而这些机会反过来与企业创新能力的升级密切相关。

表 15.1 公司可持续发展战略和创新机会的不同阶段

阶段1 将合规性视为机会	阶段2 使价值链具有可持续发展性	阶段3 设计可持续发展的产品和服务	阶段4 发展新的商业模式	阶段5 创造下一个实践平台
核心挑战	核心挑战	核心挑战	核心挑战	核心挑战
要保证遵循规则成为创新的机遇	要增加价值链的效益	开发可持续发展方案或重新规划既有方案使之具有环境友好性	要发现传递新思想和抓住机遇的新方式,这将改变竞争的基础	要通过可持续发展的透镜对当今商业背后的支配逻辑提出质疑
所需要的竞争力	所需要的竞争力	所需要的竞争力	所需要的竞争力	所需要的竞争力
参与和形成规则的能力	诸如碳管理生命周期评估等专业技术	了解哪种产品或服务对环境不友好的能力	了解消费者需要什么,以及想出满足这些需求的不同方式的能力	关于可再生和非可再生资源如何影响商业生态系统和产业的知识
与其他公司,包括竞争对手共事的能力,以实施创造性的方案	重新规划企业利用更少能源和水资源,产生更少碳排放,以及产生更少废物的能力	产生真正的对可持续发展供应品的公共支持的能力,且这种能力不会被视为"漂绿"	了解合伙人如何才能增强供应品价值的能力	综合不同产业的商业模式、技术和规则的专业知识
	保证供应商和零售商的运营是生态友好型运营的能力	相关管理人员知道如何衡量绿色材料供应和产品制造		

续表

阶段1 将合规性视为机会	阶段2 使价值链具有可持续发展性	阶段3 设计可持续发展的产品和服务	阶段4 发展新的商业模式	阶段5 创造下一个实践平台
创新机会	创新机会	创新机会	创新机会	创新机会
利用合规性来引导公司及其合伙人尝试可持续发展技术、材料和生产流程	开发原材料和组件的可持续发展资源	在产品开发中应用新技术，如生物模仿	以不同寻常的方法开发新的改变价值链关系的产品传送技术	建立使客户和供应商以完全不同的方式管理能源的商业平台
	增加清洁能源资源的利用，如风能和太阳能	开发紧缩包装和生态友好型包装	创造揭示服务而非产品的货币化模式	在传统上与其相关的产业目录中，开发那些不需要用到水的产品，如清洁产品
	发现回收产品的创新性使用价值		策划结合数字基础设施和现实基础设施的商业模式	设计那些允许产业使用作为副产品生产的能源的技术

Orsato(2006)描述了第二种可持续发展战略的方式。这种方式对长期的战略动态关注较少，但它试图将企业潜在的竞争战略与他们的环境战略相结合。他认为，受到企业自身追求的具体竞争和创新战略的驱动，企业可以获得大量环境保护战略。Porter(1980)的竞争优势模型鉴别出低成本和差异性两种竞争优势类型，以此为基础 Orsato(2006)设提出了四种竞争环境战略，它们取决于企业的竞争焦点（无论是组织创新或是产品/服务创新）及竞争优势（成本或差异）。如果关注焦点是组织创新，那么企业将会追求生态效益和"超越合规性"（beyond compliance）领导战略（Marchi et al.,2013）。在生态效益战略中，公司凭借低成本参与竞争，因此在减少对环境的影响同时提升了竞争力。当这家公司通过差异性找到竞争优势，并践行超越合规性效益的战略，该公司将会获得巨大的优势地位，使公司通过生态标签或绿色营销而获取最终的市场。如果企业的关注焦点在产品和服务创新（而非组织创新）上，那么生态品牌和环境成本领导力的战略就会更为合适。在此战略之下，一家企业通过提供清晰独特的生态友好型产品和服务，试图将自己与其竞争者区别开来，即能够使其与不可持续或造成污染的替代品区别开来。溢价为绿色市场租金提供了机会。因为环境成本领导力战略，该企业通过提供新颖的绿色产品或服务参与竞争，同时和不可持续发展的替代品相比，实现了更低的销售价格。此突破性战略通常会涉及对产品或服务的颠覆性思考。Orsato(2009)也提出了一种被称为"蓝海战略"的战略方式，此战略的关注点是通过创新战略视野，为以可持续发展为基础的企业重置竞争蓝图，这与 Nidulomu 等(2009)的定位是相似的。

结　论

一切商业活动都有可能需要管理环境和社会的外部性。因为战后大多数时期，学者、商人和监管者之间的假设是，政府——试图保护诸如安全而干净的环境等代表社会的公共财产——会为商业设置标准,并保证合规性。监管规则的发展和成长路径更为严格,但总是会与商业产生互动,将消极的竞争影响考虑在内。产业环境不断升级的稳定过程发生了,导致来自产品和生产过程的众多污染物排放量锐减。随着全球关键资源的稀缺问题的出现,包括能源、水资源、磷和土地,以及在全球环境问题的背景下诸如气候变化、生态系统和生物多样性减少等,在生产和消费系统领域需要发生彻底的而非渐变的改变,这一观点得到了广泛认同。技术创新将会在这些系统创新中发挥关键作用,而企业的创新管理对长期以来这些根本变化的实现也十分重要。因此,了解可持续发展创新是一件迫在眉睫的重要的研究任务。政府在管理环境质量增长中所扮演的角色也发生了变化,这一点也得到了认同。其他社会参与者,包括公民、民间社会组织和消费者,都渐渐开始在塑造可持续发展创新的过程中扮演了重要角色。大大小小越来越多的企业也开始将可持续发展的目标嵌入技术、创新和公司战略中。这不再仅仅是通过生态效益追求短期竞争收益,更是一种将企业置身于可持续发展战略道路上的方式。

简而言之,本章得出如下观点。

(1) 可持续发展体系创新是近几十年来出现的,需要被视为一种合作共进的过程,不仅涉及创新型企业,还包括广泛的制度、基础设施、消费者实践等背景。

(2) 在此背景下,创新远远超出个体企业的边界,它需要被构想为具备开放、合作、活力和不确定性等特质,远非个体企业的边界。竞争需要有合作与之配套,而且企业也需要积极参与复杂的、新出现的、与体系转换有关的全球管理安排中。因此,管理与外部企业、政府以及社会环境的多重关系,以及与这些关系相关的无形资产,就成为公司战略和创新战略的核心部分。

(3) 体系创新为社会技术新结构创造了路径,甚至果断地禁止了旧的路径依赖和已建成的能力与秩序。

(4) 企业的可持续发展创新以众多传统动态能力为基础,但是他们同样需要以下要素的发展:与环境管理相关的新能力,供应链和价值链的增强合作,与不限于供应商、客户和股东的广泛利益相关者之间的关系的管理改进,以及与企业声誉、风险和品牌价值相关的无形资产的管理改进等。

(5) 更具可持续发展特征的创新与公司可持续发展战略息息相关,公司可持续发展战略本身已经越来越根植于公司核心战略之中。许多企业通过一系列环境和可持续发展战略的整合和调整,提高公司的战略水平。大量可供不同企业和产业效仿的可持续发展战略也是存在的。

(6) 建立可持续发展战略的短期竞争力或环境表现收益——承诺"双赢"——已经被证明是十分困难的,其结果也各不相同。然而,为可持续发展做出战略性的努力,有助于保证企业整体的长期可持续发展和盈利性——同时使之具有"未来的弹性"——其方式是,通过改进商业模式和创新以回应社会和环境需要,以及出现的资源和环境限制。

可持续发展已经从一种边缘管理话题发展为公司战略与创新战略的核心特征。技术创新将在保障可持续发展的增长道路中起到基础作用。企业所面临的挑战是如何把握这些将会塑造未来的创新性破坏的浪潮。

参 考 文 献

Ageron, B., Gunasekaran, A., and Spalanzani, A. (2012). 'Sustainable Supply Management: An Empirical Study', *International Journal of Production Economics*, 140(1), 168–82. doi:10.1016/j.ijpe.2011.04.007

Ambec, S., Cohen, M. A., and Elgie, S. (2011). *The Porter Hypothesis at 20: Can Environmental Regulation Enhance Innovation and Competitiveness?* Working Paper DP11-01, Resources for the Future: Washington, DC.

Ayuso, S., Rodríguez, M. Á., García-Castro, R., and Ariño, M. Á. (2011). 'Does Stakeholder Engagement Promote Sustainable Innovation Orientation?', *Industrial Management & Data Systems*, 111(9), 1399–417. doi:10.1108/02635571111182764

Bansal, P. (2005). 'Evolving Sustainably: A Longitudinal Study of Corporate Sustainable Development', *Strategic Management Journal*, 26(3): 197–218. doi:10.1002/smj.441

Baron, D. P. (2001). 'Private Politics, Corporate Social Responsibility and Integrated Strategy', *Journal of Economics & Management Strategy*, 10(1): 7–45.

Bebbington, J., Larrinaga, C., and Moneva, J. M. (2008). 'Corporate Social Responsibility and Reputation Risk Management', *Accounting, Auditing and Accountability Journal*, 21(3): 337–61.

Berkhout, F. (1997). 'The Adoption of Life-Cycle Approaches by Industry: Patterns and Impacts', *Resources, Conservation and Recycling*, 20: 71–94.

BP Statistical Review of World Energy June 2012 (bp.com/statisticalreview).

Carter, C. R., and Rogers, D. S. (2008). 'A Framework of Sustainable Supply Chain Management: Moving toward New Theory', *International Journal of Physical Distribution & Logistics Management*, 38(5): 360–87. doi:10.1108/09600030810882816

Chakrabarty, S., and Wang, L. (2012). 'The Long-Term Sustenance of Sustainability Practices in MNCs: A Dynamic Capabilities Perspective of the Role of R&D and Internationalization', *Journal of Business Ethics*, 110(2): 205–17. doi:10.1007/s10551-012-1422-3

Chouinard, Y., and Brown, M. S. (1997). 'Going Organic: Converting Patagonia's Cotton Product Line', *Journal of Industrial Ecology*, 1(1): 117–29. doi:10.1162/jiec.1997.1.1.117

De Bakker, F., and Nijhof, A. (2002). 'Responsible Chain Management: A Capability Assessment Framework', *Business Strategy and the Environment*, 11(1), 63–75. doi:10.1002/bse.319.

Deetman, S., Hof, A. F., Pfluger, B., Van Vuuren, D. P., Girod, B., and Van Ruijven, B. J. (2012). 'Deep Greenhouse Gas Emission Reductions in Europe: Exploring Different Options', *Energy Policy*, 55: 152–64.

Donaldson, T., and Preston, L. E. (1995). 'The Stakeholder Theory of the Corporation: Concepts, Evidence, Implications', *Academy of Management Review*, 20(1): 65–91.

Florida, R., and Davidson, D. (2001). 'Gaining from Green Management: Environmental Management Systems inside and outside the Factory', *California Management Review*, 43(3): 64–84.

Foster, C., and Green, K. (2000). 'Greening the Innovation Process', *Business Strategy and the Environment*, 9: 287–303.

Freeman, R. E. (1984). *Strategic Management: A Stakeholder Approach*. Boston: Pitman.

Friedman, M. (1970). 'The Social Responsibility of Business is to Increase its Profits', *New York Times*. Available at < http://www.umich.edu/~thecore/doc/Friedman.pdf > (accessed 8 July 2013).

Gallego-Álvarez, I., Prado-Lorenzo, J. M., and García-Sánchez, I.-M. (2011). 'Corporate Social Responsibility and Innovation: A Resource-Based Theory', *Management Decision*, 49(10): 1709–27. doi:10.1108/00251741111183843

Geels, F. W. (2002). 'Technological Transitions as Evolutionary Reconfiguration Processes: A Multi-Level Perspective and a Case-Study', *Research Policy*, 31: 1257–74.

Geels, F. W. (2004). 'From Sectoral Systems of Innovation to Socio-Technical Systems: Insights about Dynamics and Change from Sociology and Institutional Theory', *Research Policy*, 33(6–7): 897–920.

Gereffi, G. (2005). 'The Global Economy: Organization, Governance, and Development', in N. J. Smelser and R. Swedberg (eds), *Handbook of Economic Sociology.* Princeton: Princeton University Press, 160–82.

Goldbach, M., Seuring, S., and Back, S. (2004). 'Co-ordinating Sustainable Cotton Chains for the Mass Market', *Greener Management International*, 43: 65–79.

Gunningham, N., Kagan, R., and Thornton, D. (2004). 'Social License and Environmental Protection: Why Businesses go beyond Compliance', *Law & Social Inquiry*, 29(2): 307–41. doi:10.1111/j.1747-4469.2004.tb00338.x

Haddock-Fraser, J., and Fraser, I. (2008). 'Assessing Corporate Environmental Reporting Motivations: Differences between "Close-to-Market" and "Business-to-Business" Companies', *Corporate Social Responsibility and Environmental Management*, 15: 140–55.

Hall, J., and Vredenburg, H. (2003). 'The Challenges of Innovating for Sustainable Development', *MIT Sloan Management Review*, 45(1): 61–8.

Hall, J., and Wagner, M. (2012). 'Integrating Sustainability into Firms' Processes: Performance Effects and the Moderating Role of Business Models and Innovation', *Business & Society*, 21(August 2011): 183–96. doi:10.1002/bse

Hart, O. (1995). 'Corporate Governance: Some Theory and Implications', *Economic Journal*, 105(430): 678–89.

Hart, S. L. (1995). 'A Natural Resource Based View of the Firm', *Academy of Management Review*, 20(4): 986–1014.

Hawken, P., Lovins, A., and Lovins, H. (1999). *Natural Capitalism: The Next Industrial Revolution*. London: Earthscan.

Henderson, R. M., and Clark, K. B. (1990). 'Architectural Innovation: The Reconfiguration of Existing Product Technologies and the Failure of Established Firms', *Administrative Science Quarterly*, 35(1): 9–30.

Hofmann, K. H., Theyel, G., and Wood, C. H. (2012). 'Identifying Firm Capabilities as Drivers of Environmental Management and Sustainability Practices—Evidence from Small and Medium-Sized Manufacturers', *Business Strategy and the Environment*, 21(January): 530–45. doi:10.1002/bse

Husted, B. W., and Allen, D. B. (2007). 'Strategic Corporate Social Responsibility and Value Creation among Large Firms', *Long Range Planning*, 40(6): 594–610. doi:10.1016/j.lrp.2007.07.001

Jacobsson, S., and Karltorp, K. (2011). 'Formation of Competences to Realise the Potential of Offshore Wind Power in the European Union', draft Available at: < http://cvi.se/uploads/pdf/Jacobsson%20and%20Karltorp%202011.pdf > (accessed 8 July 2013).

Jaffe, A. B., and Palmer, K. (1997). 'Environmental Regulation and Innovation: A Panel Study', *Review of Economics and Statistics*, 79(4): 610–19.

Jeppeson, S., and Hansen, M. (2004). 'Environmental Upgrading of Third World Enterprises through Linkages', *Business Strategy and the Environment*, 13(4): 261–74.

Jones, T. M., and Wicks, A. C. (1999). 'Convergent Stakeholder Theory', *Academy of Management Review*, 24(2): 206–21.

Kemp, R., and Rip, A. (2001). 'Constructing Transition Paths through the Management of Niches', in R. Garud and P. Karnoe (eds), *Path Dependence and Creation*. Mahwah, NJ: Lawrence Erlbaum, 269–99.

Kemp, R., Schot, J., and Hoogma, R. (1998). 'Regime Shifts to Sustainability through Processes of Niche Formation: The Approach of Strategic Niche Management', *Technology Analysis & Strategic Management*, 10(2): 175–98.

King, A., and Lenox, M. (2002). 'Exploring the Locus of Profitable Pollution Reduction', *Management Science*, 48(2): 289–99. doi:10.1287/mnsc.48.2.289.258

Kiron, D., Kruschwitz, N., and Reeves, M. (2013). 'The Benefits of Sustainability-Driven Innovation', *MIT Sloan Review*, 54(2): 69–73.

Kolk, A. (2005). 'Corporate Social Responsibility in the Coffee Sector: The Dynamics of MNC Responses and Code Development', *European Management Journal*, 23(2): 228–36.

Lamming, R., and Hampson, J. (1996). 'The Environment as a Supply Chain Management Issue', *British Journal of Management*, 7(March): S45–S62.

Lanoie, P., Laurent-Lucchetti, J., Johnstone, N., and Ambec, S. (2011). 'Environmental Policy, Innovation and Performance: New Insights on the Porter Hypothesis', *Journal of Economics & Management Strategy*, 20(3): 803–42. doi:10.1111/j.1530-9134.2011.00301.x

Lanoie, P., Patry, M., and Lejeunesse, R. (2008). 'Environmental Regulation and Productivity: Testing the Porter Hypothesis', *Journal of Productivity Analysis*, 30: 121–8.

Laufer, W. S. (2003). 'Social Accountability and Greenwashing', *Journal of Business Ethics*, 43(3): 253–61.

Lepak, D. P., Smith, K. G., Taylor, M. S., and Smith, K. E. N. G. (2007). 'Value Creation and Value Capture: A Multilevel Perspective', *Academy of Management Perspectives*, 32(1): 180–94.

Lopez, M. V., Perez, M. C., and Rodrıguez, L. (2008). 'Strategy, Corporate Social Responsibility and R&D Expenditure: Empirical Evidence of European Convergence', Paper presented at the 31st Annual Congress of the European Accounting Association, Rotterdam.

Lovins, A. (1976). 'Energy Strategies: The Road Not Taken?', *Foreign Affairs*, 65: 65–95.

McDonough, W., and Braungart, M. (1998). 'The Next Industrial Revolution', *Atlantic Monthly*, (4): 82–92.

McWilliams, A., and Segal, D. (2000). 'Corporate Social Responsibility and Financial Performance: Correlation or Misspecification', *Strategic Management Journal*, 21(5): 603–9.

Marchi, V. De, Maria, E. Di, and Micelli, S. (2013). 'Environmental Strategies, Upgrading and Competitive Advantage in Global Value Chains', *Business Strategy and the Environment*, 22(May 2012): 62–72. doi:10.1002/bse

Matten, D., and Moon, J. (2008). '"Implicit" and "Explicit" CSR: A Conceptual Framework for a Comparative Understanding of Corporate Social Responsibility', *Academy of Management Review*, 33(2): 404–24.

Maxfield, S. (2008). 'Reconciling Corporate Citizenship and Competitive Strategy: Insights from Economic Theory', *Journal of Business Ethics*, 80: 367–77.

Nidumolu, R., Prahalad, C. K., and Rangaswami, M. R. (2009). 'Why Sustainability is now the Key Driver of Innovation', *Harvard Business Review*, September: 2–9.

Orsato, R. J. (2006). 'Competitive Environmental Strategies: When does it Pay to be Green?', *California Management Review*, 48(2): 127–44.

Padgett, R. C., and Galan, J. I. (2009). 'The Effect of R&D Intensity on Corporate Social Responsibility', *Journal of Business Ethics*, 93(3): 407–18. doi:10.1007/s10551-009-0230-x

Petruzzelli, A. M., Deangelico, R. M., Rotolo, D., and Albino, V. (2011). 'Organisational Factors and Technological Features in the Development of Green Innovations: Evidence from Patent Analysis', *Innovation: Management, Policy & Practice*, 13: 291–310.

Popp, D. (2006). 'International Innovation and Diffusion of Air Pollution Control Technologies: The Effects of NOx and SO2 Regulation in the US, Japan, and Germany', *Journal of Environmental Economics and Management*, 51: 46–71.

Porter, M. E. (1991). 'America's Green Strategy', *Scientific American*, 264: 168.

Porter, M. E., and Kramer, M. R. (2011). 'Creating Shared Value', *Harvard Business Review*, January–February: 3–17.

Porter, M. J., and Linde, C. van der (1995). 'Toward a New Conception of the Environment-Competitiveness Relationship', *Journal of Economic Perspectives*, 9(4): 97–118.

Ramus, C. A., and Montiel, I. (2005). 'When are Corporate Environmental Policies a Form of Greenwashing?', *Business & Society*, 44(4): 377–414.

Rennings, C. (2000). 'Redefining Innovation—Eco-Innovation Research and the Contribution from Ecological Economics', *Ecological Economics*, 32: 319–32.

Rip, A., and Kemp, R. (1998). 'Technological Change', in S. Rayner and E. L. Malone (eds), *Human Choice and Climate Change*, ii: *Resources and Technology*. Columbus, Oh: Battelle Press, 327–99.

Rogelj, J., Hare, W., Lowe, J., Vuuren, D. P. van, Riahi, K., Matthews, B., Hanaoka, T., Jiang, K., and Meinshausen, M. (2011). 'Emissions Pathways Consistent with a 2°C global Temperature Limit', *Nature Climate Change*, 1: 413–18.

Rotmans, J., Kemp, R., and Asselt, M. van (2001). 'More Evolution than Revolution', *Foresight*, 3(1): 15–31.

Schot, J., and Geels, F. W. (2008). 'Strategic Niche Management and Sustainable Innovation Journeys: Theory, Findings, Research Agenda, and Policy', *Technology Analysis & Strategic Management*, 20(5): 537–54. doi:10.1080/09537320802292651

Seebode, D., Jeanrenaud, S., and Bessant, J. (2012). 'Managing Innovation for Sustainability', *R&D Management*, 43(2): 195–206.

Seuring, S., and Müller, M. (2008). 'From a Literature Review to a Conceptual Framework for Sustainable Supply Chain Management', *Journal of Cleaner Production*, 16(15): 1699–710. doi:10.1016/j.jclepro.2008.04.020

Shrivastiva, P., and Hart, S. (1995). 'Creating Sustainable Corporations', *Business Strategy and the Environment*, 4: 154–65.

Simpson, D., Power, D., and Samson, D. (2007). 'Greening the Automotive Supply Chain: A Relationship Perspective', *International Journal of Operations & Production Management*, 27(1): 28–48.

Simpson, D., and Samson, D. (2010). 'Environmental Strategy and Low Waste Operations: Exploring Complementarities', *Business Strategy and the Environment*, 118: 104–18. doi:10.1002/bse

Smith, A. (2006). 'Green Niches in Sustainable Development: The Case of Organic Food in the United Kingdom', *Environment and Planning*, 24: 439–59. doi:10.1068/c0514j

Smith, A., Stirling, A., and Berkhout, F. (2005). 'The Governance of Sustainable Socio-Technical Transitions: A Quasi-Evolutionary Model', *Research Policy*, 34: 1491–510.

Teece, D. J., Pisano, G., and Shuen, A. (1997). 'Dynamic Capabilities and Strategic Management', *Strategic Management Journal*, 18(7): 509–33.

Tyteca, D., Carlens, J., Berkhout, F., Hertin, J., Wehrmeyer, W., and Wanger, M. (2002). 'Corporate Environmental Performance: Evidence from the MEPI Project', *Business Strategy and the Environment*, 11: 1–13.

Wagner, M., and Llerena, P. (2011). 'Eco-innovation through Integration, Regulation and Cooperation: Comparative Insights from Case Studies in Three Manufacturing Sectors', *Industry and Innovation*, 18(8): 747–64.

第16章

社会创新管理

托马斯·劳伦斯(Thomas B. Lawrence)
格雷厄姆·多弗(Graham Dover)
布莱恩·加拉格尔(Bryan Gallagher)

近年来,各界对于私营部门、国营部门和非营利组织管理社会创新方面的兴趣大大增加。最近同样涌现出一大批与社会创新有关的文章,其中有很多是与学术界搭边的组织撰写的,如基金会和智囊团等,它们也提供了许多有价值的观点和意见(Mulgan,2006 a;Phills,Deiglmeier,and Miller,2008)。但同时,一些对于社会创新文献的综述发现,当前该领域的文章"很少有严谨的学术研究,没有被广泛认可的概念、周详的发展历史、比较研究和定量分析",而这些严重限制了社会创新研究的潜在影响力发展(Mulgan,Tucker,Rushanara Ali,and Sanders,2007 a:7)。尽管社会创新管理领域的学术投入还是没有跟上业界相关实践投入的步伐,但已有的研究显示,这将是一个潜力十足的新兴领域(Nilsson,2003;Mulgan,2006 b;Phills et al.,2008)。本章我们将从以下两点,对社会创新管理的学术领域进行讨论:①我们综述了社会创新文献涉及的一系列重要的主题,并总结了每个主题发展的关键点和当前薄弱的环节;②我们对社会创新进行了概念化,这对当前已有文献是一个重要的补充,也为未来此领域的发展提供了一个平台。

社会创新管理的研究

社会创新可以衍生出一系列的话题和学科,与社会创新相关的文献可以在社会创业、社会经济、社会融资、企业社会责任等主题找到。该项研究出现在管理和组织学习领域(Drucker,1987;Westley,1991;Kanter,1999)、城市研究(Moulaert,Martinelli,Gonzalez,and Swyngedouw,2007)、科技管理(Dawson,Daniel,and Farmer,2010)、社会学(Gerometta,Haussermann,and Longo,2005)。毫不意外的是,对社会创新的兴趣弹性产生了一系列定义的扩展,而这些定义强调了不同的特征(Goldenberg,Kamoji,Orton,and Williamson,2009;Nilsson,2003)。因此,与其重新定义一个概念,我们回顾了目前的文献,整理出了四个社会创新的主题(Phills et al.,2008):①关注社会问题;②关注社会问题的创造性解决方案;③特定组织方式的缺乏;④革新者之外的利益分配。

社会问题

文献中对社会创新的普遍关注集中在解决社会问题方面。Phills 等(2008：3)曾对社会创新进行了文献综述,提出该领域不同观点之间是存在结合点的,即有关社会需求或问题、重要社会目的(如正义、公平、环境保护、改善医疗、艺术和文化、教育)的共识正在慢慢达成。然而,当我们超越这些抽象的概念(如公平、健康等)时,社会创新管理领域的文献显示,社会问题的识别正面临重要挑战。

社会创新管理文献中有关社会问题方面的变化,可以通过一系列的维度来描述,规模就是一个关键的维度。一些学者认为社会问题关注的是全球性问题如气候变化(库柏莱德和帕斯莫尔,1991),也有一部分学者则关注情境问题,例如特定区域的贫困问题(努斯鲍默和 Moulaert,2004;德鲁,2008)。社会问题在抽象性方面有显著的不同,从经济危机(摩根等,2009)到某些地区肥胖状况和药物成瘾(摩根等,2006b)等。同样地,社会创新有时会被框架性地认为是紧急的问题(摩根等,2006),也有学者将与社会创新相关的社会问题,定义为长期的、多代人的问题(亚历山大,2008)。

尽管社会问题的种类有很多,但有关社会创新的文献倾向于用客观的概念来描述,以至于它们无可争议的存在让自己明确地成为创造性方案的目标。然而,人们几乎没有意识到问题的识别和描述本身就是有争议的。摩根等(2007a：9)把酒瘾、毒瘾放到了行为问题的标签下,似乎这些都是社会所普遍接受和理解的。以往的文献普遍忽略了围绕着社会问题的冲突,经常用贫困等举例,似乎在这些例子当中,"假装"的需求是有共识的。既然"贫困"这个现象也是有争议的,就更不用说性别歧视、生育权、全球金融资源的不公平分配等事务了。这些问题是如何出现的、如何去定义和理解,以及如何优先对某些问题进行重点考虑等,这些我们都知之甚少(Loseke,2003)。社会问题为行动创造了环境,但是扮演着被动的角色。就好像社会创新者在一个廉洁的政治环境下运作,社会问题作为一个独立实体存在,不因审查或讨论改变,它的理解独立于解决方案。

为了更好地理解社会创新管理,社会问题的角色需从根本上重新审议。对创新能够有效解决社会问题的关注,应与如何识别创新的理解相平衡(Loseke,2003;格根,2009;度琪明和布兰茨,2010)。构成一个问题的部分、问题的边界、效应及重要性均是社会协商现象,反映了规范、价值、价值观、权力关系和资源分配(克莱格,courpasson,菲利普斯,2006;格根,2009)。这其中包括了对事件规模的协商,即社会问题是否必须为全球或社会的,还是可以包括影响小型社区的事件。除此之外,还包括了社会问题和个人成败的协商。最具争议的辩论来自围绕选择和社会系统对个人痛苦的影响,以及个体的痛苦是否会构成一个社会问题,又是如何构成的。人们若想发现社会问题是如何影响社会革新者的努力的,就不应该只考虑全球在毒品使用上的差异。美国对抗毒品的做法,是将毒品的使用视为一个个体错误的选择,反映的是使用者的弱点。相反地,在欧洲、加拿大和澳大利亚的"减轻危害"措施是基于对毒品使用的理解,从群体和个体的角度将其视为健康问题,因此采取措施以减少健康、社会和经济的破坏(Single,1995;Inciardi and Harrison,1999)。

社会问题是社会构建的,但这并不意味着它们不是实际问题或是不重要的。社会构建的真实性嵌入在构建这些问题的群体,及相应的人和个体中(Gergen,2009)。因此从社会构建的角度来看待社会问题并非是不作为,相当于理解为何和如何行动的方式。如果有什么区别的话,一种社会建构的角度强调了个体、群体和社会在社会问题上的责任。对于社会创新的学者来说,社会建构的角度对于社会问题的学习和理解具有一定价值。其将什么是社会问题从社会创新的边界转移到了社会创新管理不可或缺的元素,最终成为实践必不可缺的一部分。

新的解决方案

新加坡大学的利恩社会创新研究中心(Lien centre for social innovation),在2009年10月对创新竞赛的获奖者颁发了100万新币的奖励。成功入围的有可以嗅出地雷的兔子、可回收不需要的衣服以支援贫困地区的社会组织、为东柬埔寨和越南儿童寻找奖学金基金的网上平台、为减少组装基本住房费用而设计的嵌入式铅砖。这些举措引出了创新管理的第二个主题:用新的方案来解决社会问题(摩根、希尔斯等,2007a;菲利普斯,2008;默里、高利耶-格赖斯、马尔根,2010)。从新加坡大学的获奖名单可以看出,与社会创新相关的新方案有多种形式,如产品、过程、技术或者对社会问题更广泛的响应如一种原则、过程、观点、一项立法、社会运动、干涉(菲利普斯等,2008:36)。对社会创新同样重要的是组织的新形式如契约学校(菲利普斯等,2008)和农场代理人(德鲁克,1987)。尽管有多种多样的例子,文献中对新方案的讨论主要强调三个主要特征。

(1)新方案在不同情境下共享和扩散的程度(库伯和帕斯莫尔,1991;摩根、塔克等,2007a;皮尔森,2006;利德比尔,2008)。克莉史汀森等(2006)认为当新的解决方案足够好、容易复制、更便利、提供更低价的竞争服务时,这便可以实现。印度的阿拉文眼科医疗集团成功的流线化眼科手术,并将生产眼镜的成本从200美元降低至3美元,这样一来贫困地区300 000名患者可以接受治疗,而企业仍然可以盈利(龙高和图拉丝,2007)。

(2)强调与技术的关系(达德,2010)。在某些情况下,新技术可以作为一种新方案如为无电地区儿童提供的低功率手提电脑(Buchele和奥马苏-宁,2007)。更普遍的是,新方案将技术嵌入新环境里,与之紧密配合,为新技术的出现创造新环境(金德,2010)。互联网在新方案产生过程中扮演着核心作用(比特,2008;莫里诺,2009)。互联网及其相关的网络技术成为一系列社会创新的来源,如帮助残疾人联系家人和朋友的网上社交平台(赫德,2010),帮助人们随时随地学习的网上服务(school of everything,2013)。与该技术相关的举措往往被认为是合作和开放的,与之相比,有些新技术仅仅专注小群体,由专家发明,受到私有知识产权的保护(比特,2008;默里等,2010)。

(3)新方案的描述强调用户在开发和实现过程中的参与。用户被认为拥有社会问题的第一手信息,因而更适合从中产生和传播新方案(斯文森和本格森,2010)。技术可以提高参与度,如韩国的Ohmynews运用网络技术让公民记者参与进来,澳大利亚的ReadOut基于网络的点对点方法应对年轻人的抑郁症。更普遍的是,专注于设计的社会创新方案可以完成用户为中心的过程（曼兹尼,2009），该过程假设人们都是自身问题出色的理解者和解决者（摩根,塔克等,2007a：22）。在新方案的描述上，实践为导向的文献倾向于简化潜在方案及情境的关系。社会创新文献中对新方案的讨论倾向于掩盖有效性与价值信念间的不一致（培根,faizullah,摩根和 woodcraft,2008）。契约学校被认为是社会创新的例子（菲利普斯,2008），但因不适当遭到了批评（伦祖力和罗西诺,2008）。新方案间的交互可以产生更强的有效性。1980 年,邦迪创可贴和现场援助音乐会为饥荒救济募集资金,利用音乐、符号语言、电视画面的结合（韦斯特利,1991：1020）。

对新方案的深刻理解依赖于这样的认识，即这些方案嵌入创新网络中,与情境、历史问题、之前的解决方案有着复杂的交互。所有的创新都在一个生态系统中进行,该系统包括社会问题、解决方案、联系两者的角色、为解决社会问题的成功或失败尝试（希尔加纳和博斯克,1988；华莱士,1999）。新方案也在社会问题领域内外引起问题（弗劳德,约哈,蒙哥马利,威廉,2010），即便是成功也可能导致改变的阻力反而加固了社会问题（韦斯特利,齐默尔曼,巴顿,2006）。Mumford 和 Moertl（2003：265）认为社会创新可以看成一系列交互的方案产生的创新链。个体的解决方案可能看起来不完整、不连贯、不全面,但这些适时有限的方案可以解决关键的问题,并为长远的努力奠定基础（福德,2002：258）。因此,除非个体方案包含了复杂的生态系统和历史考虑,其有效性或者是可延展性研究具有有限价值。从这个角度看,社会创新管理不是产生社会问题的个体方案,而是一个持续的、反射的、响应的实践模式。该模式是从社会问题的历史、生态系统识别和理解演变过来的。

组织模式

社会创新的第三个重要主题是其如何组织的,包括哪些部分可能有所贡献,个体的角色、团体网络如何参与,情境对社会创新过程的影响。关于哪些部门是关键的,学者们倾向于多元化的回答,即社会创新可以从任何部门中产生,与跨部门组织内联系紧密相关（摩根,塔克等,2000a；培根等,2008）。跨部门的组织形式深植于不同的观点。第一种观点认为没有哪个单一的组织或部门拥有解决社会问题的资源、财力和专业知识（奥斯本,戈德史密斯,乔治,伯克,2010）。第二种观点强调跨部门合作表现出的创造力,如公平贸易,城市农耕,恢复性司法（默里等,2010）。尽管很大程度上令人信服,采取折中的组织形式可以盖住不同部门的不同目标和逻辑,及与之相关的潜在权力失衡、结构驱动的阻力（Antadze and Westley,2010；戈德史密斯,乔治,伯克,bloomberg,2010）。与不同组织不同部门的合作往往极难保持（伯杰,坎宁安,鼓莱特,2004），合作依赖于每个合作者随着关系的展开,重新调整自身角色的动力和能力。（莱伯和布兰代斯,2010：167）。

有关社会、公民企业精神和社会创新的文献不断强调个体在社会创新管理中的角色（伯恩斯坦,2007；莱特,2008；乔治和伯克,2010；韦斯特利和 antadze,2010）。回顾历史,可以看出能够从日常体验中发展创新的构想并愿意实践的人的重要性,如本杰明·富兰克林。两种交叉的技能凸显出来。第一,社会革新者不仅仅能够诊断出社会问题的起因,也能考虑到方案的后续阶段结果。这种诊断的能力来源于内部和外部知识的结合（马尔西和芒福德,2007)。第二,社会革新者拥有获取精英知识和金融资源的杰出能力。例如,富兰克林便能让提供想法和金融支持的精英加入(芒福德,2002)。

同个体一道除了强调个体,文献同时还强调网络和合作在社会创新管理中的重要性,社会网络在各方的共同努力下成为可能(默里等,2010)。现存的安排对个体和团队的参与产生不利(韦斯特利,2008)。尽管对该挑战的理解才刚刚出现,有几个主题显得尤为重要。第一,关注以往忽视的团体的生活体验,基于此种形式管理社会创新。这意味着寻找途径与希望从社会创新中获利的人进行合作(巴顿等,2006),同时鼓励专家密切关注这些团体(如小农户、学生、社区健康工作人员)的经历(布朗和怀亚特,2010:33)。这个观点的核心是方案可以从社区资产中寻找(Kretzmann and McKnight,1993)。有一种方法起源于资产导向的社会创新,其寻找那些看似能够克服困难的正向偏激(布朗和怀亚特,2010;罗丹,2010)。第二,高度多元的兴趣亟须促进各部分联系的组织形式,将充当联络者的个体包含进来(戈德史密斯、乔治、伯克等,2010;金德,2010),为想法的分享和实验创造安全的环境,扩展支持创新的网络(培根等,2008;默里,2010)。

尽管社会创新的文献倾向于强调个体、组织和网络,情境在塑造社会创新过程中的作用也受到关注。韦斯利等(2006)指出,成功的社会革新者同时也是转换多样性的一部分,而非引领改变的英雄人物。情境的影响可以通过创造地理和政治环境来支持促进社会创新。对不同城市和地区在社会创新方面的差异进行研究发现,其从外部压力和资源的复杂交互中产生(巴顿等,2008)。政策制定者和民间领袖开始设计和建构特定的区域来鼓励社会创新,如西班牙北部的"社会创新园"①、"创新中心"②(为相信能做出改变的人设置的12个城市办公地点的联结)以及多伦多的"社会创新中心"(旨在建立创新社区)。那些展现社会创新可行性的展区可以吸引专家学者,也可为宣传方案的人们提供培训(Mumford and Moertl,2003)。

社会创新管理讨论中被忽视的很重要一点是,管理伴随着社会变化的政治变化所带来的挑战。以往的文献认识到这其中紧张(菲利普斯等,2008:41)、特权阶级间的对抗(波尔和威尔,2009)。学者没有明确地注意管理这种动态性及竞争焦点对组织的影响。对改变的抗拒植根于人们的投资、材料(时间和金钱)、认知(假设和价值观)、关系(社会资本和网络),已存在的安排(摩根、塔克等,2007a)。当维持低位看起来没有效率,或人们面临不同的兴趣、观点和关系时开始反思目前的方式方法时才有可能放松。当这种转移发生时,却不清晰了。高效地管理社会创新需要预先知道完成一项社会创新的受益者和失败者,同时也要采取有细微差别的方式来应对阻力。阻力往往与旧秩序有关(默里等,2010:13),然而这种观点忽略了其嵌入型及目前安排对新方案的贡献。具有非典型经历和边缘化背景的人能够发现被他人忽略的问题,因而更能经常做出改变(Mumford and Moertl,2003:262)、利用系统中的矛盾(Pina e Cunha and Capose e Cunha,2003)。

---

① 访问以下网址获取关于"社会创新园"的更多信息:http://socialinnovator.info/connectingpeople-ideas-and-resources/innovation-intermediaries/hubs/social-innovation-parks。

② 访问以下网址获取关于"创新中心"的更多信息:http://the-hub.net/invitation.html。

通过查看个体、组织和网络如何组织社会创新,可以发现社会创新管理的复杂性,需要高度多元的角色参与完成,情境在社会创新出现和阐述过程的作用。为了更好地理解社会创新管理的交互性,如它是如何组织的,发生在何处,机构导向的分析应与情境导向的分析结合,并包含更清晰的政治视角。将社会创新管理视为一个结构化过程(吉登斯,1984)可以辅助完成此整合。结构化的概念将机构和结构联系起来,这样便成为人类行为的产物和限制(巴利和托尔伯特,1997:97)。每个角色不仅仅处于结构中,还会运用他们关于结构的知识采取行动重塑结构(劳伦斯,1999)。因此,从结构化的角度来组织社会创新突出了社会革新者的战略与社会、组织和技术结构直接的交互。

革新者之外的利益分配

社会创新的第四个主题考虑关乎其他的影响,以及从创新中产生的利益的分配。菲尔普斯等(2008:39)指出一个社会问题的新方案若比现有方案更有效、更具可持续性、其产生的价值针对的是社会而非个人,那便可以成为社会创新。然而,这个观点没有考虑到估值的复杂性。第一,弄清一个新方案如何影响一个复杂的社会问题本身就存在很大的困难,因为这并非简单的因果关系。第二,利益的分配本身不容易弄清,方案可能对个人和公众都有好处(艾肯,2010),许多创新如在健康和教育方面,都是在个人基础上的体验。因此关注一般的公众利益将忽视小群体的经历。

这种有限考虑大众利益的做法在市场导向的方案中尤其明显,这也引出了一个问题,即如何弄清市场和商业在社会创新中的角色。这不是商业企业能否通过创新减轻社会问题:在事业和就业领域,沃尔玛和麦当劳公司能抵上12个乡村银行(鲁道夫,2009:55)。社会金融领域的出现和投资所带来的影响反映了社会和经济目标的努力。私人投资者习惯于权衡收益,因此对该过程带来了考验(经济学家,2010:56)。摩根大通公司设立了1.65亿美元的城市复兴贫困基金,为美国最贫穷的社区提供经济适用房,并获得了15%的市场回报率(罗丹,2010)。当社会问题是由市场失灵造成的,或者经济利益难以估量时,市场导向的方式变得更具挑战。

评估社会创新收益分布分配最基本的问题是过程中的政治和民族问题。如同韦斯利和她的同事所说(2006),社会创新是一个不可避免的政治过程,包含了权力的再分配。最终,利益的分配依赖于仲裁和情境。此外,社会创新的过程和影响在伦理上并非中立的(波尔和维尔,2009:822)。即使不理会社会创新的政治性,也无法从客观的立场上评估利益的分配。这些动态性使得任何关于共有和私有利益分配的主流观点变得空洞。这迫使学者努力解决私人、志愿、公共部门间的关系。若将社会创新的概念限定在可以为公众带来清晰利益的行动,则应采取一种不加批判的形式。

管理社会创新的理论框架

对社会创新文献进行回顾,我们对社会创新管理的具体定义进行了描述,接下来将给出这个领域的方向。社会创新管理的文献指出社会创新的理解包括以下几个方案:①社会问题是社会建构的；②新方案是社会和历史嵌入的；③社会创新管理是一个建构的过程；④利益分配具有内在的政治和民族竞争性。综上所示，社会创新管理应该理解为一个社会嵌入的过程，在这其中社会问题的定义、解决方案、方案结果在持续的基础上再协商。尽管该描述提供了有用基础，但它仅仅提供一个理论牵引，对于社会创新来说依然是不足的。因此，社会系统对于社会创新的管理实践具有重要意义。

变革与社会创新

理解社会创新的实际诉求和学术意义的关键在于其与社会变化的联系。社会创新的学者认为社会创新与其他类型创新的区别在于革新者意在转变社会安排（芒福德，2000；韦斯利等，2006；卡希尔，2010；戈登堡，乔治和伯克，2010）社会创业关注个体行动，社会企业解决组织问题，与之不同，社会创新管理关注系统变化（Westley and Antadze, 2009）。社会创新的累积效应引起社会创新能力的提升（皮尔森，2006）。其关注的并非解决社会问题的直接症状，而是解决潜因的方案（韦斯利，2008）。什么能算变化，也受到了质疑。在变化的评估中，创新的影响可以作为其中一个标准（迪斯，安德森和斯基，2002；摩尔和韦斯利，2009）。在这个观点下，社会创新只有在全国或全球范围内接受才会产生变化（培根等，2008）。评估变化的其他标准还包括新的社会关系的产生如社会边缘化群体的更多参与（Nussbaumer and Moulaert, 2004），或者社会安排的持续破坏性影响（Westley and Antadze, 2009）。

社会创业是一种社会和历史嵌入的过程，这种观点导致变化的焦点较少地放在受影响的个体的数模数量，更多地放在他们如何受到影响。本文提出了社会创新管理的理论框架如图16.1所示。该框架的核心在于社会问题如何理解和解决这些问题的方案间的关系。在此框架下，社会问题由一系列的角色构建，这些角色包括那些受到影响的、解决问题的、直接或间接影响的、影响社会建构过程的网络。但这并不意味着提出了一个多元民主的过程：社会问题的社会构建过程可以通过激烈的矛盾政治或者角色来影响社会问题概念的延

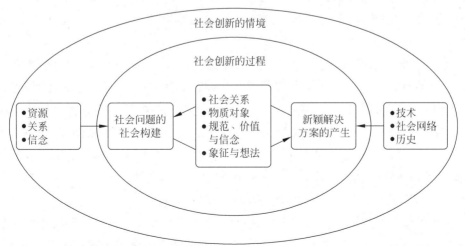

图16.1　社会创新管理研究的理论框架

伸。为了实现社会变革,"母亲反对酒后驾驶"运动不得不解决深深嵌入文化认知的观点:男人饮酒,饮酒过度(韦斯利等,2006:1995)。在这个观点下,社会创业需用一种显著的、创造性的、持续性的方式改变社会的想法(摩根,塔克等,2007a:22;尼尔森,2003:3)。当新观念通过从业者、受益者、资助者和公众重新诠释并被广泛接受时才可算成功(Mulgan, Rushnara Ali, Halkett and Sanders, 2007: 22-23)。一位社会革新者认为当新观点被视为水源时,这种变革便完成了(马斯基,2011)。

新方案被认为是实践、规则和技术的社会和历史嵌入。新方案的这个观点推动着有助于我们关注解决问题的复杂性和潜在多元和未预料的结果。这些差异中那些持续改变社会安排的努力成为必然,社会创新被定义为"对社会关系的创新,同时解决人类的需要"(麦克卡伦, Moulaert, 希利尔, 费凯丽, 2009: 2)。新方案的完成包括改变地方层面的规则(Moulaert等, 2007;哥德斯密斯, 乔治, 伯克等, 2010)。已有行为模式的选择靶向性虽没有广泛的接受度,但也有变革性的影响(韦斯利, 2008: 5)。新方案的嵌入型使得它们挑战、加强和复杂化社会系统的程度受到越来越多的关注。

以上的方式对社会创新管理的研究有以下几个好处:①它强调如何理解社会问题,而不是简单地以新方案开始和结束。关注社会问题的好处是它不仅仅提供了探索新方案影响力的方式,也可以避免仅仅关注新方案的特征而将其余环境脱离。②它是基于特定社会环境的。这确定了社会问题的边界、解决方案,也提供了将变化作为一个过程而不是结果进行探索的方法。社区提供了方式去探索社会问题如何被特定群体体验的方法,以及新方案如何与其他思考和行为方式交互从而产生显著的变化。③它强调社会问题的新方案和现存思考方式的复杂交互。社会创新管理的问题倾向于从单方向展现关系,新方案的引入使得目前对社会问题的思考方式发生了变化。小额贷款的引入经常被视为影响了世界最贫穷地区人们的态度。从这些角度去看待关系使得寻求改变的人们将焦点放到了方案的重复上,因为更多同样的方案也是和更多的改变对等的。文献中另一个共同的框架是识别新方案如何被现有的思考方式影响和塑造的。但这部分往往用负面的形式来展示(芒福德,2002)。当已有的方式产生约束的效应时,它们同时也创造了新方案出现和发展的环境。

因此,新方案和目前对社会问题的思考之间是循环递归的。最终,社会创新管理包括了社会问题如何建构,这些建构如何影响潜在的方案,这些方案如何通过观点、信念、价值、关系、技术来影响问题的理解。从这个角度看,变化是一个多层面的过程。包括了社会问题和新方案,还有嵌套的数据集:过程、时间、角色,变化则通过社会和材料的联系发生。此外,通过社会创新产生的变化是一个交互的过程,能够产生有意无意的结果。显著改变社区理解复杂、有争议的社会问题的新方案有可能会引起支持和对抗。变革性的新方案可能与社会过去的经历和现有的新方案紧密交织在一起影响对社会问题的思考。

从一个强调新方案与已有思维方式的动态递归关系的角度研究社会创新和变革亟须能够处理该复杂现象的方法和理论。一些社会创新的学者主张采用实践中学习的方法(摩根,塔克等,2007a;多佛和劳伦斯,2010)。其他则利用复杂理论探索复杂社会系统的动态性（韦斯利，2008），强调制度观点的动态性：现有的含义、规则、作为社会安排的实践基础（韦斯利等，2006；Heiskala，2007）。韦斯利（2008）认为那些理所当然的制度往往是棘手的问题的来源。没有制度的变化便没有实际的创新。制度创业者即那些具有识别现有制度动态性和抓住机遇能力的人非常重要（韦斯利，2008）。个人和组织如何做这项工作及如何塑造社会创新的变革影响还未被探索。

结　论

创新管理的研究引出了一系列的新兴领域，然而有更多需要探索和发现的方面。对社会创新管理的文献综述可以发现四个主要的主题：社会问题、对新方案的关注、多种多样的组织模式、在革新者之外的利益分配。在这个角度下，社会创新管理的学术研究引出了一系列问题。①对社会问题建构的理解。这一变化强调了个体和团队在识别问题和情境中的角色，将社会问题从社会创新的边界转移到社会创新管理的整合。②新方案的研究需关注其社会和历史嵌入性。这意味着社会创新管理应理解为一套识别和诠释社会问题和新方案历史和生态系统的实践。③在社会创新的组织上，学者们主张采用建构的观点，将组织概念化为一个个体和结构递归的二元化过程。④社会创新管理的利益分配必须包括对政治和民族的考虑。该分配取决于多部门的协商。根据上述的四个变化，我们提出了社会创新管理的框架。框架要适应变化的观点，即联系新方案和社会问题的社会构建的递归过程。这个框架为社会创新管理研究提供了基础，也为实践提供了指导。

参 考 文 献

Abdelnour, S., and Branzei, O. (2010). 'Fuel-Efficient Stoves for Darfur: The Social Construction of Subsistence Marketplaces in Post-Conflict Settings', *Journal of Business Research*, 63(6): 617–29.

Aiken, M. (2010). 'The Impact of Multi-Purpose Community Organisations: Towards a Conceptual Framework for Research' [online]. *Assessing the Impact of Multi-Purpose Community Organisations on Communities Using Action Research: Insights from a Collaboration between Practitioners and Researchers.* Presented at the NCVO/VSSN Researching the Voluntary Sector Conference, Leeds, UK, 6 September, p. 12.

Alexander, B. K. (2008). *The Globalisation of Addiction: A Study in Poverty of the Spirit*. Oxford: Oxford University Press.

Antadze, N., and Westley, F. (2010). 'Funding Social Innovation: How Do We Know What to Grow?', *The Philanthropist*, 23(3): 343–56.

Auerswald, P. (2009). 'Creating Social Value'. *Stanford Social Innovation Review*, 7(2): 51–5.

'A World of Winning Ideas to Lift up Asia' (2009, October). *The Straits Times*, A1, D1–D9 Singapore.

Bacon, N., Faizullah, N., Mulgan, G., and Woodcraft, S. (2008). *Transformers: How Local Areas Innovate to Address Changing Social Needs* [online]. (Research Report). London, UK: National Endowment for Science, Technology and the Arts, pp. 1–135. Available at <http://www.nesta.org.uk/library/documents/Report%20-%20Local%20Social%20Web.pdf> (accessed 24 July 2013).

Barley, S. R., and Tolbert, P. S. (1997). 'Institutionalization and Structuration: Studying the Links between Action and Institution', *Organization Studies*, 18(1): 93–117.

Berger, I. E., Cunningham, P. H., and Drumwright, M. E. (2004). 'Social Alliances: Company/Nonprofit Collaboration', *California Management Review*, 47(1): 58–90.

Bornstein, D. (2007). *How to Change the World: Social Entrepreneurs and the Power of New Ideas*. Updated. Oxford: Oxford University Press.

Brown, T. and Wyatt, J. (2010). 'Design Thinking and Social Innovation'. *Stanford Social Innovation Review*, 8(1): 31–5.

Buchele, S. F., and Owusu-Aning, R. (2007). 'The One Laptop per Child (OLPC) Project and its Applicability to Ghana'. *Proceedings of the 2007 International Conference on Adaptive Science and Technology* Accra, Ghana: 113–18.

Burns, C., Cottam, H., Vanstone, C., and Winhall, J. (2006). *Transformation Design* [online]. (No. 02). London, UK: Design Council: 1–33. Available at <http://www.designcouncil.info/mt/RED/transformationdesign/TransformationDesignFinalDraft.pdf> (accessed 24 July 2013).

Cahill, G. (2010). 'Primer on Social Innovation: A Compendium of Definitions Developed by Organizations Around the World' [online]. *The Philanthropist*, 23(3). Available at <http://www.thephilanthropist.ca/index.php/phil/article/viewArticle/846> (accessed 24 July 2013).

Christensen, C. M., Baumann, H., Ruggles, R., and Sadtler, T. M. (2006). 'Disruptive Innovation for Social Change', *Harvard Business Review*, 84(12): 94–101.

Clegg, S. R., Courpasson, D., and Phillips, N. (2006). *Power and Organizations*. London, UK: Sage.

Cooperrider, D. L., and Pasmore, W. A. (1991). 'Global Social Change: A New Agenda for Social Science?', *Human Relations*, 44(10): 1037–55.

Dawson, P., Daniel, L., and Farmer, J. D. (2010). 'Introduction to a Special Issue on Social Innovation', *International Journal of Technology Management*, 51(1): 1–8.

Dees, J. G., Anderson, B. B., and Wei-Skillern, J. (2002). *Pathways to Social Impact: Strategies for Scaling out Successful Social Innovations* [online]. CASE Working Paper Series No. 3. Center for the Advancement of Social Entrepreneurship: 1–15 Available at <http://www.caseatduke.org/documents/workingpaper3.pdf> (accessed 24 July 2013).

Dover, G., and Lawrence, T. B. (2010). 'A Gap Year for Institutional Theory: Integrating the Study of Institutional Work and Participatory Action Research', *Journal of Management Inquiry*, 19(4): 305–16.

Drewe, P. (2008). 'The Challenge of Social Innovation in Urban Revitalization', in P. Drewe, J.-L. Klein, and E. Hulsbergen (eds), *The Challenge of Social Innovation in Urban Revitalization*. Amsterdam: Techne Press, 9–16.

Drucker, P. F. (1987). 'Social Innovation: Management's New Dimension', *Long Range Planning*, 20(6): 29–34.

Etmanski, A. (2011). *Social Innovation and Finance: What is it and Why is it Going On in Canada?* Presented at the Social Innovation and Finance Tour, Vancouver, BC, 19 January.

Froud, J., Johal, S., Montgomerie, J., and Williams, K. (2010). 'Escaping the Tyranny of Earned Income? The Failure of Finance as Social Innovation', *New Political Economy*, 15(1): 147–64.

Gergen, K. J. (2009). *An Invitation to Social Construction*, 2nd edition. London, UK: Sage.

Gerometta, J., Haussermann, H., and Longo, G. (2005). 'Social Innovation and Civil Society in Urban Governance: Strategies for an Inclusive City', *Urban Studies*, 42(11): 2007–21.

Giddens, A. (1984). *The Constitution of Society: Outline of the Theory of Structuration*. Berkeley, CA: University of California Press.

Goldenberg, M. (2010). 'Reflections on Social Innovation' [online]. *The Philanthropist*, 23(3). Available at <http://journals.sfu.ca/philanthropist/index.php/phil/article/viewArticle/844> (accessed 24 July 2013).

Goldenberg, M., Kamoji, W., Orton, L., and Williamson, M. (2009). *Social Innovation in Canada: An Update* (Research Report). Ottawa: Canadian Policy Research Networks: 68.

Goldsmith, S., Georges, G., and Burke, T. G. (2010). *The Power of Social Innovation: How Civic Entrepreneurs Ignite Community Networks for Good*, 1st edn. San Francisco: Jossey-Bass.

Goldsmith, S., Georges, G., Burke, T. G., and Bloomberg, M. R. (2010). *The Power of Social Innovation: How Civic Entrepreneurs Ignite Community Networks for Good*. San Francisco: John Wiley and Sons.

Hämäläinen, T. J., and Heiskala, R., (eds) (2007). *Social Innovations, Institutional Change, and Economic Performance: Making Sense of Structural Adjustment Processes in Industrial Sectors, Regions, and Societies*. Cheltenham, UK: Edward Elgar Publishing.

Hilgartner, S., and Bosk, C. L. (1988). 'The Rise and Fall of Social Problems: A Public Arenas Model', *American Journal of Sociology*, 94(1): 53–78.

Huddart, S. (2010). 'Patterns, Principles, and Practices in Social Innovation', *The Philanthropist*, 23(3): 221–34.

Inciardi, J. A., and Harrison, L. D. (1999). *Harm Reduction: National and International Perspectives*. Thousand Oaks, CA: SAGE.

Kanter, R. M. (1999). 'From Spare Change to Real Change: The Social Sector as Beta Site for Business Innovation', *Harvard Business Review*, 77(3): 122–32.

Kinder, T. (2010). 'Social Innovation in Services: Technologically Assisted New Care Models for People with Dementia and Their Usability', *International Journal of Technology Management*, 51(1): 103–20.

Kretzmann, J. P. and McKnight, J. L. (1993). Building Communities From the Inside Out: A Path toward Finding and Mobilizing a Community's Assets [online]. ACA Publications. Available at <http://www.units.muohio.edu/servicelearning/sites/edu.servicelearning/files/BuildingCommunitiesInsideOut.pdf>

Lawrence, T. B. (1999). 'Institutional Strategy'. *Journal of Management*, 25(2): 161–87.

Le Ber, M. J., and Branzei, O. (2010). '(Re)Forming Strategic Cross-Sector Partnerships', *Business & Society*, 49(1): 140–72.

Leadbeater, C. (2008). *Understanding Social Innovation* [online]. Melbourne, Australia: Center for Socail Impact:1–5. Available at <http://www.charlesleadbeater.net/cms/xstandard/Understanding%20Social%20Innovation.pdf> (accessed 24 July 2013).

Light, P. C. (2008). *The Search for Social Entrepreneurship*. Washington, DC: Brookings Institution Press.

Loseke, D. R. (2003). *Thinking about Social Problems: An Introduction to Constructionist Perspectives*, 2nd edition. New Brunswick, NJ: Aldine Transaction.

MacCallum, D., Moulaert, F., Hillier, J., and Vicari, S. (eds) (2009). *Social Innovation and Territorial Development*. Farnham, UK: Ashgate.

Manzini, E. (2009, December 19). 'Designing for Social Innovation: An Interview with Ezio Manzini' [online]. Available at <http://johnnyholland.org/2009/12/designing-for-social-innovation-an-interview-with-ezio-manzini/> (accessed 24 July 2013).

Marcy, R. T., and Mumford, M. D. (2007). 'Social Innovation: Enhancing Creative Performance through Causal Analysis', *Creativity Research Journal*, 19(2–3): 123–40.

Moore, M.-L., and Westley, F. (2009). *Surmountable Chasms: The Role of Cross-Scale Interactions in Social Innovation* [online]. Waterloo, ON: Social Innovation Generation, University of Waterloo. Available at <http://www.ipg.vt.edu/resilience/docs/MooreML&WestleyF_CrossScaleInteractions_v1.docx> (accessed 24 July 2013).

Morino, M. (2009, April 16). 'The Innovation Imperative' [online], *Social Innovations Stanford Social Innovation Review*. Available at <http://www.ssireview.org/blog/entry/the_innovation_imperative/> (accessed 24 July 2013).

Moulaert, F., Martinelli, F., Gonzalez, S., and Swyngedouw, E. (2007). 'Introduction: Social

Innovation and Governance in European Cities: Urban Development between Path Dependency and Radical Innovation', *European Urban and Regional Studies*, 14: 195–209.

Mulgan, G. (2006a). 'The Process of Social Innovation', *Innovations*, 1(2), 145–62.

Mulgan, G. (2009). Post-Crash, Investing in a Better World: Video on TED.com [online]. Available at <http://www.ted.com/talks/geoff_mulgan_post_crash_investing_in_a_better_world_1.html> (accessed 3 January 2012).

Mulgan, G., Ali, R., Halkett, R., and Sanders, B. (2007). *In and Out of Sync: The Challenge of Growing Social Innovations*. London, UK: NESTA.

Mulgan, G., Tucker, S., Ali, R., and Sanders, B. (2007a). *Social Innovation: What it is, Why it Matters and How it Can be Accelerated* [online] (Working Paper). London, UK: The Young Foundation, pp. 1–52. Available at <http://youngfoundation.org/publications/social-innovation-what-it-is-why-it-matters-how-it-can-be-accelerated/>

Mulgan, G., Wilkie, N., Tucker, S., Ali, R., Davis, F., and Liptrot, T. (2006). *Social Silicon Valleys: A Manifesto for Social Innovation: What It Is, Why It Matters and How It Can be Accelerated*. London: The Young Foundation.

Mumford, M. D. (2002). 'Social innovation: Ten cases from Benjamin Franklin', *Creativity Research Journal*, 14(2): 253–66.

Mumford, M. D., and Moertl, P. (2003). 'Cases of Social Innovation: Lessons from Two Innovations in the 20th Century', *Creativity Research Journal*, 15(2–3): 261–6.

Murray, R., Caulier-Grice, J., and Mulgan, G. (2010). *The Open Book of Social Innovation*. London, UK: Young Foundation.

Nilsson, W. O. (2003). *Social Innovation: An Exploration of the Literature*. Montreal, QC: McGall-Dupont Social Innovation Initiative.

Nussbaumer, J., and Moulaert, F. (2004). 'Integrated Area Development and Social Innovation in European Cities', *City*, 8(2): 249–57.

Osborn, T. (2009). 'Toward Commonality: Thoughts on Diversity in a New Era of Change', *National Civic Review*, 98(3): 25–9.

Pearson, K. (2006). *Accelerating Our Impact: Philanthropy, Innovation and Social Change* [online]. Montreal, QC: The J.W. McConnell Family Foundation:1–32. Retrieved from <http://angoa.org.nz/docs/Accelerating_our_Impact.Pearson.pdf>

Phills, J. A. J., Deiglmeier, K., and Miller, D. T. (2008). 'Rediscovering Social Innovation', *Stanford Social Innovation Review*, (Fall), 34–43.

Pina e Cunha, M., and Capose e Cunha, R. (2003). 'The Interplay of Planned and Emergent Change in Cuba', *International Business Review*, 12(4): 445–59.

Pol, E., and Ville, S. (2009). 'Social Innovation: Buzz Word or Enduring erm?', *Journal of Socio-Economics*, 38(6): 878–85.

Rangan, V. K., and Thulasiraj, R. D. (2007). 'Making Sight Affordable (Innovations Case Narrative: The Aravind Eye Care System)', *Innovations: Technology, Governance, Globalization*, 2(4): 35–49.

Renzulli, L., and Roscigno, V. (2008). 'Charter schools and the public good', in J. H. Ballantine and J. Z. Spade (eds), *Schools and Society: A Sociological Approach to Education*, 3rd edn. London, UK: Pine Forge Press, 363–9.

Rodin, J. (2010). *Social Innovation: What it is and What it Means for Philanthropy* [online]. Denver, CO. Available at <http://www.rockefellerfoundation.org/uploads/files/e0ebe32d-795a-444f-ae03-bdb09e0b3acc-social.pdf> (accessed 24 July 2013).

School of Everything (2013). *About us* [online]. London, UK:1–18. Available at <http://schoolofeverything.com/about>

Single, E. (1995). 'Defining Harm Reduction', *Drug and Alcohol Review*, 14(3): 287–290.

Svensson, P. and Bengtsson, L. (2010). 'Users' Influence in Social-Service Innovations: Two Swedish Case Studies', *Journal of Social Entrepreneurship*, 1(2): 190–212.

The Economist (2010, August 12). 'Social Innovation: Let's Hear Those Ideas' [online]. Available at <http://www.economist.com/node/16789766> (accessed 24 July 2013).

Wallace, J. M. (1999). 'The Social Ecology of Addiction: Race, Risk, and Resilience', *Pediatrics*, 103(Supplement 2): 1122–7.

Westley, F. (1991). 'Bob Geldof and Live Aid: The Affective Side of Global Social Innovation', *Human Relations*, 44(10): 1011–36.

Westley, F. (2008). *The Social Innovation Dynamic* [online], 1st edition. Waterloo, ON: Social Innovation Generation. Available at <http://sig.uwaterloo.ca/sites/default/files/documents/TheSocialInnovationDynamic_001_0.pdf> (accessed 24 July 2013).

Westley, F., and Antadze, N. (2009). 'Making a Difference: Strategies for Scaling Social Innovation for Greater Impact', *The Innovation Journal: The Public Sector Innovation Journal*, 15(2): Article 2.

Westle, F., and Antadze, N. (2010). *From Total Innovation to System Change: The Case of the Registered Disability Savings Plan, Canada* [online]. Waterloo, ON: Social Innovation Generation, University of Waterloo: 1–14. Available at <http://sig.uwaterloo.ca/sites/default/files/documents/Westley,%20Antadze%20-%20RDSP%20Case%20Study_VMarch 1502010.pdf> (accessed 24 July 2013).

Westley, F., Zimmerman, B., and Patton, M. (2006). *Getting to Maybe: How the World is Changed*. Mississauga, ON: Random House Canada.

第17章

日本的创新管理

藤本隆宏(Takahiro Fujimoto)

引 言

本章主要描述和分析了战后日本产品创新和工艺创新的主要特点,以及对它们的管理。需要指出的是,我们并没有把日本的国家创新体系,包括政府和大学(Nelson,1993)当作一个整体来进行分析,而是通过分析制造业企业来重点关注产业创新。这是由于相对于其他发达国家,日本创新系统与众不同的特点之一就是私营企业在其整体创新行为中占据了较大的比重。

总的来说,20世纪末到21世纪初的日本发生了许多产业创新。自20世纪90年代中期,日本在研究与开发的投入就占到GDP的3%,甚至略高于美国、德国、英国以及其他发达国家(OECD,2012)。1995年至2010年,日本企业和个人共获得约285 000项全球专利,美国位居其后,有186 000项专利(世界知识产权组织统计数据库)。而日本的技术出口/进口比率(2010年是460%),以及技术贸易顺差(2010年为220亿美元;仅次于美国排名第二;2009年为330亿美元)早已在主要发达国家中名列前茅。日本汽车的标志之一——丰田公司,在2012年也成为世界上最大的研发支出者(欧盟委员会,2013)。所有这些指标表明,即使日本经济在20世纪90年代后期出现了滞胀,创新活动也一直在国际竞争的层面上持续。然而这也意味着,这一时期日本的产业创新,不足以支撑它整体的经济增长(Sakakibara and Tsujimoto,2003)。因此换句话说,虽然在最近几十年日本产业创新频繁出现,但它们并没有在整体上有效地促进国民经济的发展。

日本高效创新的本质

日本"引领世界"的创新包括丰田自动织机、味精(味之素)、石英手表、光盘(CD)卡拉OK系统、并联式复合车辆以及其他许多例子等。仅仅列出这些个例并不能回答日本为何具有如此独特的创新特点,因为它也受到许多因素如偶然事件和创新者个性的影响。

我们应该注意到某些日本制造业,如汽车、机床、机器人以及功能化学品,即使在国家整体经济经历低增长的"冷战"后,其在国际上也具有很强的竞争力。而在这些产业中创新已相当频繁,因此,这种创新导致了日本竞争领域的相对增长,从这个意义上可以说,产业创新对国家的这些特定部分发挥了作用。

因此本章将关注日本企业创新的本质,这些创新导致了产业富有竞争力的表现,或称为"高效创新"。这里要特别注意创新相关特性的两个主要方面:日本企业创新何种产品会高效,以及什么样的能力使他们高效地创新产品。通过应用一个基于设计比较优势的演化框架(Fujimoto,2007,2012a),预测组织能力和产品结构之间的动态匹配为企业带来竞争优势,本章将试图确定日本有效创新及其管理的基本特征(图17.1)。

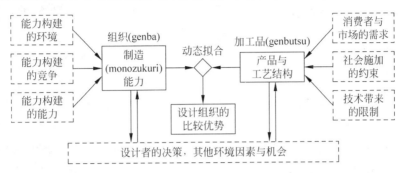

图17.1 基于设计的比较优势

基于能力—结构框架,我们的分析表明:战后的日本,通过调动他们具有资源禀赋优势的协同能力(Fujimoto,1999),往往在具有相对整体架构的产品上,可以做出积极有效的创新(Ulrich,1995)。

在这方面,我们会重点关注日本的汽车行业,主要原因包括:①这个部门中有大量的创新行为。②该行业仍然在国际上具有竞争优势。③日本汽车的产品结构相对来说具有整体性。④该行业以能够建立强有力的协同能力闻名,包括丰田生产系统(toyota production system)(Monden,1983;Ohno,1983;Womack et al.,1990)。因此,该行业中产品和技术的发展对于研究日本的高效创新似乎是一个很好的例子。

能力—结构—绩效框架

在研究这个命题之前,我们有必要弄清某些关键概念和逻辑,来解释为什么一个国家的公司倾向于通过使用某些类型的能力,来创新某些类型的产品。这种观点认为,创新和制造都是基于设计的,创造和利用新设计带来额外的经济价值,而制造在广泛意义上意味着具有价值的设计信息在市场中有效地流动。

基于信息的设计(design-as-information):公理化设计理论表明(Suh,1990),它由一件产品的功能元素(如效用目标)和结构元素(如组件的设计参数)之间的一系列相互联系组成。作为一件产品只不过是一个可交易的加工品,产品创新可以解释为产品功能—结构设计元素以及它们之间联系的全新组合。

基于活动的设计(design-as-activity)是一系列协调产品的功能和结构设计元素所做的努力。有效design-as-activity的结果即为产品创新,或design-as-information的新组合。

如今的产品(或工艺)创新在许多情况下,都是竞争组织进行的一系列新产品(或工艺)的重复创造。换句话说,执行有效的创新主要是通过某种相关组织程序的系统,或组织能力完成的(Nelson and Winter,1982；Clark and Fujimoto,1991)。由于组织是一个协同活动的系统(Barnard,1938)，其能力的关键维度包括协同的程度和类型。

另外，在信息设计或其功能和结构要素之间联系的抽象模式基础上(Ulrich,1995)，我们可以定义一个加工品的结构，是其基于信息设计的正式方面，或其功能和结构要素之间联系的抽象模式(Ulrich,1995)。尽管产品技术，或加工品结构和功能之间的共同知识，因行业不同而存在差异，但这种生产—工艺结构的概念或功能—结构互联的抽象模式，依然可以应用于对各行业的分析。

遵循上面的观点，一个国家的产业创新的模式至少可以从以下两个观点来描述：(a)企业创新能力，以及(b)该国企业进行创新的产品的结构。

对日本产业应用这种能力—结构框架研究表明，主要是出于某些历史的原因，战后日本产业往往拥有丰富的协同能力(如具有多样技能的工程师/工人的团队合作)，在协同密集型的产品设计方面享有比较优势。也就是说，日本的工业创新在相对整体化结构的行业(协同密集型)更加常见，包括汽车和功能化学品，而不是那些模块化(协同分散型)结构的行业，如数码产品和数据包软件。

本章提出了一种基于设计的比较优势的演化框架，或能力和结构动态适应的演化框架，来解释战后日本创新的某些特征(Fujimoto,1999,2007,2012b；Shiozawa and Fujimoto,2010)。这种观点的总结如下。

(1)符合传统的比较优势理论框架，强调国家—行业之间的契合与各国的相对生产率优势。采用基于设计的比较优势概念，将广义的制造(日语"monozukuri"，造物)概念融入现有的贸易理论中。在保留比较优势框架的同时，它还关注制造业组织的能力和产品结构之间的契合程度。

(2)能力与结构被视为内生和动态的。它假定一个进化过程导致国家与企业之间的给定组织能力的不均匀分布(如禀赋)，而这种能力受到资源可用性和稀缺性的影响。从这个意义上来看，历史因素是很重要的。

(3)它假设在全球化的时代，组织能力比金钱、资本、商品和服务更难以跨越国界，因而往往成为国家所特有的。国家能力建设的环境(如资源短缺)、行业能力建设的竞争强度和企业"能力建设"的能力(发展能力)，都会影响其制造组织(日语"genba"，现场)能力的普遍本质功能。

(4)它还假设产品的宏观(整体)结构一般在事后被市场和社会选择，而它的微观结构在事前由工程师所制定。当产品面临着严格的功能需求和/或严格限制(如安全性和环境法规)，在其他条件相同的情况下，其宏观结构往往会变得整体化。相比之下，当需求和限制不太严格时，它往往会变得更加模块化。因此，某种产品的结构并不是事先给定的，通过工程师与市场的设计选择，它在微观与宏观的循环中不断演化发展。

(5)它试图在21世纪对差异化产品的产业内贸易的整体趋势框架下，解释为什么进口或出口某些产品。

为什么在日本创新依然重要

整体化和模块化的体系结构之间的平衡观点

这篇研究在 21 世纪产业创新与竞争方面提出了更多的见解。在世纪之交时,虽然学术界对赞扬整体化产品协同能力的力量(如精益生产)(Womack et al.,1990;Clark and Fujimoto,1991)或模块化的产品组合能力的力量(Baldwin and Clark,2000)有所争论,但毋庸置疑的是,21 世纪的世界将变得更加复杂。

在数码产品领域,例如电子硬件、数据包软件、信息服务和金融产品等,这些基本上是由电子与逻辑学这种无形的事物所驱动的,为客户创造几乎无限的、功能多样性的模块化力量一直是巨大的(Baldwin and Clark,2000)。

同时,在具有强大功能的重要加工品领域,如汽车、电站以及复杂工业设备等,产品往往变得更加复杂和整体化。这是因为从 21 世纪初以来全球资源约束、环境保护和安全问题,以及其他强加于他们身上的技术—物质—环境的限制更加严格。

同样,21 世纪初大型新兴经济体的增长(如中国、印度和巴西),带来了大众消费品部门的爆炸式扩张与消费者的大量拥入,由于是价格驱动的,因此更喜欢简单与模块化的产品。突然出现的大量低端部门,对许多日本绩效导向的创新者造成了负面的影响,因为他们过度设计的产品在相对于竞争对手的逆向工程或逆向创新的产品面前迅速失去了成本竞争力(Christensen,1997)。

另外,当客户积累了关于问题产品的经验,在发达国家与新兴经济体中他们可能变得更加追求产品绩效。在新兴国家环境与安全规制也逐渐变得更加严格。因此基于产品、部门、国家的性质,我们很难预测某种给定产品简单化或复杂化的长期趋势,因为我们观察到了简化与复杂化的混合趋势。

基于上述原因,本章回到传统的比较优势贸易理论,包含了设计理论的某些见解(架构思想),以及通过引入能力建设的演化框架使其动态化(Aoki,1994,2001;Langlois and Robert-son,1995;Ulrich,1995;Fujimoto,1999,2007,2012b;Baldwin and Clark,2000)。在日本,有效的创新可以通过这种涉及整体化与模块化结构优劣,以及协同和特定(或组合)能力的比较与权变框架来解释。

在这种背景下,本章的其余部分将探讨:①协同能力在战后的日本为什么以及如何得以积累;②在什么条件下给定产品会变得整体化或模块化;③我们是否可以将能力结构假设应用到汽车行业和其他情境下。

协同能力的演化

能力建设作为一种历史现象

以上述的框架和问题为基础,本章考察了日本产业创新的能力、体系结构和性能等方面。首先我们来研究动态能力。

日本制造业组织(genba)的一个主要特征,就是具有优势的协同能力和多技能员工的团队合作。尽管日本民间的团队取向通常被认为是一种文化现象(Cole,1971;Hazama,1971;Dore,1973;Hofstede,1980),但本章认为,协同能力作为日本产业竞争力的来源,基本上是一种特定历史需要造成的结果(Fujimoto,1999)。但一个例外是战前日本的棉花纺织行业,不仅通过低工资还通过生产力改进来获取国际竞争优势(Kuwahara,2004;Shimokawa and Fujimoto,2009;Koike,2012)。第二次世界大战之后,日本的产业竞争力和协同制造能力(如丰田生产系统)得到国际认可,因此自20世纪下半叶以来历史对日本制造业的影响(或贸易商品)值得我们特别关注。

为创造"优秀设计的良好流动性"的制造能力

一个组织的能力被定义为,可以产生相对于其竞争对手的、比竞争对手更能可持续的绩效优势的组织程序系统(Nelson and Winter,1982;Grant,2005)。广义概念的制造("monozukuri")涉及创造给客户的优秀设计信息的流动(增值信息),包括产品开发、生产、采购和销售(Clark and Fujimoto,1991;Fujimoto,1999)。制造业的协同能力是一个相互调整的开发—生产—采购—销售程序的系统,通过工人、工程师、经理的协作来创造有价值的设计信息的竞争型的流动。

战后日本的生产组织和产业以建立多种多样的协同能力,包括丰田生产系统(TPS)、全面质量管理(TQC)、全面生产维护(TPM)、团队导向的产品开发、协作供应商系统等(Monden,1983;Takeuchi and Nonaka,1986;Womack et al. 1990;Clark and Fujimoto,1991;Nishiguchi,1993;Dyer,1994;Cusumano and Nobeoka,1998;Fujimoto,1999;Liker,2004)闻名,它们为日本相对协同密集型产业(产品具有整体架构),如低排放和节能汽车、模拟电视机、高精度机床、功能性化学品等带来了竞争优势。这些能力或许可以被视为一种工艺创新。

优势和生产绩效的改善

一般来说,竞争力(竞争绩效)是指在可以自由选择的情况下,被他人选择的能力。我们一般考察三个层面的竞争表现:利润绩效是一个公司被资本市场上投资者所选择的能力(如投资回报、股票价格);市场表现是其产品被产品市场上客户选择的能力(如市场份额、价格竞争力);生产绩效是其生产组织的能力(如生产力、交货期、次品率)。

这三者之中,针对协同密集型(或复杂整体化)产品的日本工厂和开发项目(genba)的生产绩效,自20世纪80年代以来形成了高水平的国际竞争优势。例如Womack等(1990),发现日本汽车装配生产率(每车组装工时)在80年代末比美国同行平均高1.5倍,尽管在之后的20年中双方的组装效率均提高了约1.5倍,但到21世纪初日本仍保持明显的生产优势(Holweg and Pil,2004,Oshika and Fujimoto,2011)。

在汽车产业的产品开发领域,Clark和Fujimoto(1990)发现,20世纪80年代末日本的平均开发生产率(每个项目所消耗的人员—工时)比北美大约高两倍。与之前提到的装配生产率不同,日本和西方国家的开发生产率在之后的几十年逐渐降低,部分原因是产品复杂性的增长抵消了公司的能力建设,但在 20 世纪末仍存在相当明显的生产力差距(Higashi and Heller,2012)。同样的研究也证实了,日本的项目在交货期上具有明显的优势。

我们在协同密集型的产品,如超级计算机和大型企业软件中也发现开发绩效优势有相似的情况(Cusumano,1991;Iansiti 1997)。

总之,甚至在 1990 年之后长期的经济衰退和通货紧缩时期,由于生产组织拥有丰富的协同能力,日本的制造业和工厂在协同密集型产品中往往拥有相对较高的生产绩效。

"稀缺经济"和协调能力的起源

接下来的问题是,这种丰富的协同能力从何而来,一个可能的答案就是日本的集体导向型文化。例如,在现代农业社会之前水稻种植中紧密的协作过程、自 17 世纪以来商人以家庭为导向的商业秩序,以及将战前的棉花纺织行业作为丰田模式(toyota-style)制造系统的原型等。本章主要强调的是,战后特别是 20 世纪 50 年代和 70 年代早期之间,高速增长时期的历史性需要。

应该注意的是,日本的高速增长时期(主要是 20 世纪 50 年代和 60 年代)是在日本协同密集型部门的产业绩效被全球公认(20 世纪 70 年代到 80 年代)之前。前者是一个劳动力长期短缺的时期,这一时期的大部分失业率维持在大约 1%。这在某种程度上是因为日本不依赖像在美国高增长时期出现的大规模的移民流入,也不依赖像 20 世纪 90 年代到 21 世纪初的中国从农业地区大规模迁移的劳动力。

当经济快速增长伴随着行业中大规模的劳动力流入时,公司便发现它可以通过将生产过程划分为精细的任务,进一步的分工以简化个人的工作内容、缩短培训时间,同时规范操作规程,从而合理地利用人口流入,使生产系统变得协同弱化与专门化。Ford 和 Taylor 系统等都是支持美国高速发展时期协同弱化的典型例子(Nelson,1980;Hounshell,1984)。中国在 20 世纪 90 年代由南方地区,如广东等省份,引领的快速增长,也依赖于利用从内陆省份单一技能劳动力的快速流入的协同分散系统。

例如战后的日本,当高速增长并没有通过大规模移民来实现时,工人的长期短缺使得劳动力转换成本更高,这促使企业选择长期就业系统的方法来培养他们的协同能力。劳动力短缺也使精细的专业化分工不那么效率,为了使有限的员工能够应对增长,他们需要成为同时处理多项任务的多面手,就像一支现代足球队(Drucker,1998,2004),在球队中进攻球员也会参与防守,反之亦然。当与技能工资和晋升体系挂钩时,长期就业也为工人和工程师提供了成为多面手的机会。

劳动力短缺也可能迫使各个企业更多地依赖分包商,然而这些供应商的转换成本也非常高,所以这将促进与他们的长期交易。反之,长期就业与交易,也可以进一步促进制造企业与供应商内部与相互之间协同能力的积累。

总而言之,当一个经济体的快速增长,没有伴随从国外和农村地区劳动力的大量流入时,劳动力投入的短缺就可能带来以下影响:①限制公司内部的劳动分工(多技能员工);

②促进企业间的劳动分工(供应商系统);③促进企业内部和企业间的协同能力(如团队合作和关系交易)。日本的制造业创新活动,可以描述为"多技能员工的团队合作"和"与供应商的关系性交易"。

这种历史因素,即在高速增长时期的投入短缺,可能成为日本的产业竞争力和创新性的来源,尤其是在协同密集型的汽车等行业(Fujimoto,1999)。这种由投入短缺引起的能力建设现象称为稀缺经济。在高增长时代劳动力投入的匮乏起到"原始驱动力"的作用,导致在战后日本的不同地区和行业中,许多具备高水平协同能力的制造组织的出现。

国内的制造组织一旦建立后,它们将会通过进一步的能力建设,以试图在激烈竞争与更严酷的环境中生存下来(如货币升值,经济增长放缓,低工资国家的出现),这也是自20世纪70年代以来在日本发生的事情。通过这种方式,日本制造组织的协同能力成为战后日本生产绩效的可持续来源,表现为更高的生产率和质量,以及更短的交货周期。

能力建设与设计的比较优势

"冷战"时期的生产、市场、利润表现

然而,这并不意味着日本企业和行业,在同一时期内一直拥有高水平的市场和利润绩效。

国际市场表现(或贸易结构)不仅被物理生产力(生产性能),也被其他因素如国际汇率和工资差异所影响。如有200年历史的大卫·李嘉图公式所表述的:$p_{ij} = a_{ij}w_je_j(l+r_j)$,$p_{ij}$为商品$i$在$j$国的生产价格(以美元为主要货币);$a_{ij}$为行业劳动力投入系数(人力劳动生产率的倒数);$w_j$为平均每小时工资率(以本国货币为单位);$e_j$为$j$国货币对主要货币的汇率,以及$r_j$为$j$国企业的平均利润率(李嘉图假定所有公司都相同)。

为简单起见,我们假设在同一个国家所有现存公司生产同样产品类别的生产率是相同的,并调整国际质量和配送的差异,忽略关税和运输成本,j国i产品的竞争优势可以由相对于竞争国家a的李嘉图自然价格来衡量,即p_{ij}/p_{ia}。使用通过这个简单的公式,我们可以看到相对生产率绩效(a_{ij}/a_{ia}),市场绩效(p_{ij}/p_{ia}),利润业绩(r_j/r_a)的长期趋势是如何被相对工资(w_j/w_a)和汇率(e_j/e_a)等"障碍"因素影响的。所以从上述意义来说,贸易是一种存在障碍的竞争。

在20世纪50年代和60年代,日本的汇率(20世纪60年代的汇率为1美元/360日元)和工资率(1965年约为美国的1/6,以美元计)都很低,但日本交易商品的生产力水平同样很低。因此,直到60年代日本都存在一个长期的贸易逆差。到70年代和80年代,日本的汇率(1985年为1美元/240日元)、工资率(1975年约为美国的1/2,以美元计)开始提高;90年代,日本的国际平均工资率已经赶上了西方主要国家($[w_je_j]/[w_ae_a] \cong 1$)。然而日本制造业和协同密集型商品,如汽车和模拟电视机,开始拥有国际价格优势,这导致了80年代日本巨大的贸易顺差和与西方国家的贸易摩擦。然而相对于他们的西方竞争对手,日本龙头企业的利润率水平(r_j/r_a)最多只能说差强人意。

这一历史证据表明，20 世纪 70 年代和 80 年代日本制造业的能力建设和生产率增长（$a_{ij}/a_{iA}\downarrow$），是足够抵消相对工资和汇率的大幅增加的（$[w_j e_j]/[w_A e_A]\uparrow$），并可以在不牺牲利润率（$r_j/r_A$）的情况下获得价格竞争力（$p_{ij}/p_{iA}\downarrow$）。另外，基于日本贸易顺差主要集中在汽车和复杂模拟机械和电器行业这一事实，我们可以推断，设计成本的李嘉图比较优势往往存在于协同密集型商品（I），而不是协同分散型商品中（S）中，即 $a_{ij}/a_{iA}<a_{sj}/a_{sA}$（Fujimoto and Shiozawa，2011）。

"后冷战"时期的生产、市场、利润表现

然而在 20 世纪 90 年代，两个不利于日本贸易商品部门的重要事件接连发生。一是"冷战"结束与中国企业进入全球市场，这意味着一个巨大的、邻近的低成本国家突然出现，而其相对工资率（$w_j e_j$）/（$w_A e_A$）却不足，只有 20 世纪 90 年代日本的不到 1/20。二是自 20 世纪 90 年代中期以来，网络和其他数字通信技术的革命性创新，导致模拟设备（相对协同密集）被数字设备（相对协同分散）快速替换。此外，日元汇率也得到了继续增长（1995 年和 2012 年约为 1 美元/80 日元）。

由于上述工资障碍和日本产品结构的变化，日本在协同密集型产品（I）（如汽车、机床、功能化学品）和协同分散型产品（S）（如自行车、电脑、内存半导体）之间的市场，所表现出的竞争差距越来越明显。尽管在 I 和 S 部门中物质生产力持续增加（$a_{ij}/a_{iA}\downarrow$），但自 20 世纪 90 年代以来，许多日本 S 行业的制造业基地已经关闭。举个例子，一个日本主要消费电子公司的摄像机生产国内组装厂，2000—2010 年生产率提高了五倍（$a_{ij}/a_{iA}\downarrow$），同时通过将其主要的劳动力变为低工资临时工的方式来降低工资率（$w_j/w_A\downarrow$），但 2012 年该公司最终还是决定关闭这个工厂。随着电视机成为数码产品，日本主要的电视机制造商（松下、索尼、夏普）在 2012 年遭受了严重赤字。尽管工资水平下降和生产率得到提高，日本协同分散型产品在 21 世纪依然很难生存。

许多协同密集型行业的制造企业，通过减少生产能力和利润来应对恶劣的环境，但他们保留了许多国内工厂和普通员工。在后冷战时期（20 世纪 90 年代至 21 世纪初），日本国内汽车生产仍然保持了大约 1 000 万辆的产量，其中大约一半用于出口。在美国金融泡沫经济时期，尽管当时日本制造业公司的平均利润率继续恶化，日本主要的汽车公司仍保持相对较高的利润率。

我们需要对基于设计的比较优势进行深入的实证研究，但一些探索性数据分析表明，结构整体性（如协同密集性）与国际市场表现（如出口比率）呈正相关（Fujimoto，2007），以及工厂的协同能力和产品的协同强度的共存与产品开发的生产绩效之间也呈正相关（Tsuru and Morishima，2012）。我们发现在 1980 年和 2010 年间，日本协同密集型产品在生产与产品开发中（a_{ij}/a_{iA}）的生产率优势依然很大（Womack et al.，1990；Clark and Fujimoto，1992；Holweg and Pil，2004；Higashi and Heller 2012）。

基于所有这些证据，日本产业和企业绩效的变化可以概括如下：

1950 年到 1990 年，日本制造业组织的相对生产绩效迅速增长（$a_{ij}/a_{iA}\downarrow$），这完全足以

补偿工资—货币障碍带来的负担$[(w_j e_j)/(w_A e_A)\uparrow]$，使日本许多制造业部门建立竞争优势。

因此在20世纪70年代和80年代，日本贸易商品的相对市场表现(出口竞争力)继续提升($p_{ij}/p_{iA}\downarrow$)，尽管(工资—货币)障碍更加严重，这依然导致了贸易顺差和摩擦。由于80年代主要发达国家的工资率极为相似，基于协调创新和能力建设，日本龙头企业的生产力优势直接促进了它们在世界市场中的市场表现。

"冷战"结束和数字时代的开始，彻底改变了日本领先企业国际竞争的本质。20世纪90年代，尽管日本的持续能力建设和生产率提升(a_{sj}/a_{sA})，但由于其与新兴国家(例如中国)的工资差异程度巨大$[(w_j e_j)/(w_A e_A)>1]$，以至于日本协同分散型产品的制造组织迅速失去了其相对市场表现($P_{sj}/P_{sA}>1$)，这些行业中日本主要企业的利润率急剧下降($r_{sj}\downarrow$)。

然而协同密集型行业保持了质量调整的价格竞争力($p_{ij}/p_{iA}<1$)，从而可以继续出口这些产品同时扩大海外生产。他们的平均工资率，核心员工比例和利润率往往高于协同分散型行业的企业和工厂($w_{ij}>w_{sA}$；$r_{ij}>r_{sj}\downarrow$)。因此尽管自20世纪90年代以来经济增长出现停滞，但在1990年到2010年的大部分时间里，日本依然扩大了其出口产值并产生了贸易顺差。

整体化结构的演变

需求、约束和宏观结构

到目前为止本章认为，我们可以用日本制造业公司和工厂的组织能力来描述日本创新和生产的特征。但同时也要关注市场或社会的方面，某些产品的结构并不是给定而是内生的，不仅被受物理定律和技术的限制影响，也受到客户的功能需求、社会约束和政府规制强度的影响。

当这些需求和约束的要求越来越高时，无论是产品还是工艺，其加工品的整体结构(其功能—结构联系的整体模式)往往会变得更加整体化(Ulrich,1995；Fujimoto,2007)。反之，它往往变得更加模块化，原因之一是大多数工程师不断试图简化(模块化)加工品精细的功能—结构联系的微观结构。因此我们再次认识到，在加工品与结构的演化框架中，微观结构的变化是事前由工程师确定的，而宏观结构在事后由市场和社会选择(Fujimoto,2012 b)。

在这种情况下，一些其他的因素可能会使日本产品和工艺比其他国家更加整体化。

(1)日本是一个缺少丰富自然资源与空间的国家。能源成本高、城市人口密度大、空间限制、担心自然灾害等因素都会使得日本政府和社会提高安全—能源—环境约束和规制水平。例如，在高速增长时期，为了应对严重的污染和安全问题，日本政府开始采取严格的环保法规，刺激了日本汽车制造商许多节能和低排放的创新，包括控制排放设备和催化剂，稀燃发动机、混合动力汽车，等等。

(2)日本客户对产品外观的细节、紧密度和功能性严谨苛求的通常(可能是文化)趋势，可能迫使日本制造商开发整体化产品，这可以在面对高要求的国内市场时优化和定制他们的设计参数。日本爱好者在各个领域也提出了非常高的功能要求。比如日本公司虽然在许多数码产品中失去竞争优势，但在高端数码相机领域仍然拥有巨大的全球市场份额。人们常说摄影爱好者、铁道发烧友、鸟类爱好者及其他爱好者的细微而严格的要求支撑了其大部分的国内需求。

（3）日本工程师不仅在产品功能，而且在紧密度和轻巧性上，喜欢优化设计和给自己设定非常高的目标。例如，日本不再是主要的个人电脑生产商，但直到2012年，世界上最轻的全功能的电脑仍然是日本设计和制造的。

问题是在全球市场上，这些功能强、精密、轻巧和坚固的日本公司产品并不是卖得最好的。许多可以满足小部分日本爱好者和完美主义者的日本高性能产品，往往由于过于高科技、过度设计、过于注重质量，从而失去了成本优势（Christensen，1997），尤其是在拥有大量新进入的价格敏感消费者的新兴市场。

随着用户体验的积累，这些价格取向的消费者可能最终成为功能取向，但在高端市场的被动策略带来了巨大的机会成本，并允许低端竞争对手进入高端市场。日本许多知名的制造业公司，必须在功能取向市场（他们的传统优势领域）与进入新兴和发展中国家的价值取向市场之间进行权衡。

总而言之，日本社会、客户和工程师自身高水平的需求和限制，都刺激了相对整体化结构产品与工艺的创新，这也成为日本产业竞争力的来源。然而，从日本的要求超出全球市场的角度这个意义来说，制造商至少要做好两件事。首先，他们需要建立在国内外适应越来越简单化、模块化的产品的开发能力。其次，他们可能会加强全球营销和品牌战略来培养新兴市场的新用户，提高他们对功能的敏感度，从而使得他们更容易从这些"大量"市场转移到"功能取向"市场。

日本整体化产品的高效创新

回到设计理论的基本概念（Suh，1990；Ulrich，1995），作为一种理想类型，整体化结构是指加工品的功能设计元素（如性能目标）和结构设计元素（如其组件的形状和材料）之间的联系是复杂的多对多关系；而模块化的结构，从纯粹形式来说，指的是一种简单的——对应关系。

本质上讲，设计活动是在生产之前协调一个加工品的功能和结构元素。由此可见，整体化结构更强的产品和工艺更加协同密集，而那些模块化的产品表现为更加协同分散。采用公理化设计理论的类比设计解决的功能—结构联立方程（Suh，1990）可以表明，通过一个简单的经济模型，协调能力较强的设计组织在相对整体化的产品（协同密集）而非模块化的产品方面，可以获得设计成本上更强的李嘉图比较优势（Okuma and Fujimoto，2006；Fujimoto，2012b）。

当同一个国家的制造业公司或项目团队共享同一类型的组织程序，来加快上述协作解决问题的过程时，这一系列程序可以被称为产品创新的协同能力。这种协同程序可能包括紧凑和连贯的、拥有多技能工程师的项目团队（Clark and Fujimoto，1991；Yasumoto and

Fujimoto,2005；Koike,2012），基于信任关系的供应商参与来共同设计、共同解决问题（Asanuma,1989；Helper,1990；Clark and Fujimoto,1991；Cusumano and Takeishi,1991；Sako,1992；Nishiguchi,1993；Dyer,1994；Takeishi,2002,2003），在项目内部或项目之间解决重叠或前期吃重（front-loading）问题（Clark and Fujimoto,1991；Nonaka and Takeuchi,1995；Cusumano and Nobeoka,1998；Thomke and Fujimoto,2000），以及为概念导向协调的重量级产品经理（Fujimoto,1989；Clark and Fujimoto,1991）。

当我们讨论的公司随着时间的推移逐渐产生协同程序（Fujinioto,1999），这种能力建设过程可以视为一系列的高效工艺创新。而反过来，由协同能力建设带来的这些工艺创新，将带来相对整体化产品的设计比较优势，例如高性能或低排放汽车、高精度机床和组件、功能化学品、高压钢，等等。

这样，在战后日本重要的竞争领域，为整体化产品发展的有效的产品创新与为建立协同能力的有效工艺创新之间似乎是一种相互促进的关系。

日本汽车产业的情况就是如此。

第一，21世纪早期日本汽车产业在产品开发以及生产效率方面的生产率、成本与交货期上仍然保持相当程度的优势（Fujimoto and Nobeoka,2006；Oshika and Fujimoto,2011；Higashi and Heller,2012）。因此，尽管存在不利汇率和国际工资差异的因素，日本公司设计的汽车仍在全球市场上占据大量市场份额（2012年约为30%，即2 400万辆）。

第二，与国际竞争对手及日本其他行业（如数码产品等）相比，产品创新在汽车行业继续蓬勃发展。比如汽车行业在2004年占了日本技术出口总额（1.8万亿日元）的54%，而电气/电子机械行业的份额是17%。2004年日本汽车工业的技术出口/进口比率为137.8（电气机械1.6、电子零件1.5、信息与通信机器1.0）。汽车行业也是在电子—电气行业之后，日本的第二大研发支出产业。

第三，日本汽车的产品结构仍然是相对整体化的。比如在平均"全新"模型中产品特定部分的比例大约是80%（Higashi and Heller,2012），高于20世纪90年代（大约60%）。21世纪初，高性能汽车的复杂性和整体性看起来似乎是在进一步增加（Fujimoto,2012）。

第四，日本汽车行业和公司近年来仍继续建立他们的协同能力，而大多数日本协同能力与产品开发程序的文献都是以学者对汽车产业的观察与数据收集为基础的（Asanuma,1989；Clark and 1991；Cusumano and Nobeoka,1998；Thomke and Fujimoto,2000）。

通过这些研究结果我们可以推断，20世纪末和21世纪初，日本汽车行业的创新已经十分常见和高效。这些创新至少在两个方面发挥了重要作用：工艺创新能够构建协同能力（例如丰田生产系统），以及产品创新可以开发整体化与复杂化的加工品，这与我们高效产业创新的能力—结构—绩效视角一致。

结论和未来的议题

本章探讨了战后日本创新与创新管理的基本特征。在指出近年来在国家层面上日本创新的相对表现之后，我们重点关注特别类型的创新有效地促进了日本特定产业的国际竞争力。基于设计比较优势的框架,分析假设战后日本的高效创新往往集中在协同密集型(整体化)结构的产品,以及具有协同能力的工艺流程中,部分由于工程师/设计师的选择,市场/社会的选择,以及特定的历史需要。

统计证据支持上述框架和假设。通过选出的日本公司在企业层面一手数据的回归分析,Oshika 和 Fujimoto(1999)指出,在装配和加工工业中,结构整体性与这些日本产品出口比例之间存在显著正相关(在控制了劳动强度后)(图17.2)。Tsuru 和 Nakajima(2012)对日本、韩国和中国公司做了类似的分析,统计显著的结果表明当人事政策(可以被重新解释为协同能力水平)符合他们产品结构的整体化/模块化时,利润表现往往更好。

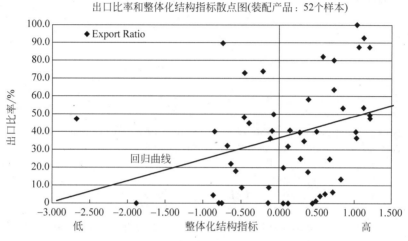

图 17.2　结构整体化与日本产品出口比率

我们还有其他方法测量结构的整体化/模块化,其中一些在理论上更精确但难以测量;其他的则容易测量,但从理论的角度看过于简单(Yasumoto and Fujimoto, 2005; Fujimoto, 2007)。我们需要进一步开发出一个在学术上被认可的测量系统,同时需要进一步积累更多关于结构、能力、绩效之间关系的统计证据。

第一次世界大战之后,阿尔弗雷德·马歇尔在他的著作《工业和贸易》(Marshall, 1919)中,分析了英国(老牌工业国家)、德国和美国(当时的新兴国家)产业领导力的特征,并强调了这些具有不同产业领导力的国家之间的李嘉图贸易利益。一个世纪之后,我们依然需要马歇尔对发达工业国家(日本、美国、欧盟等)和新兴国家(韩国、中国、印度等)的产业领导力的分析。

21世纪初的全球经济经历了产品差异化产业内自由交易的扩张,从这个意义上来说,基于设计的比较优势框架,在解释各种不同类型产业领导力的国家之间的贸易现象时,可能变得更加重要(Fujimoto, 2012b)。在这种背景下,尽管20世纪80年代被过分强调而在这之后又被过分忽略,日本的产业创新将继续带来某些类型的产业领导力,尤其是在协同密集型商品的行业中。

参考文献

Aoki, M. (1994). 'Contingent Governance of Teams: Analysis of Institutional Complementarity', *International Economic Review*, 35: 657–76.

Aoki, M. (2001). *Towards a Comparative Institutional Analysis*. Cambridge, Mass.: MIT Press.

Asanuma, B. (1989). 'Manufacturer–Supplier Relationships in Japan and the Concept of Relation Specific Skill', *Journal of the Japanese and International Economies*, 3: 1–30.

Asanuma, B. (1997). *Nihon no kigyo soshiki: Kakushinteki tekio no mekanizumu* (in Japanese). Tokyo: Toyo Keizai Shinposha.

Baldwin, C. Y., and Clark, K. B. (2000). *Design Rules: The Power of Modularity*. Cambridge, Mass.: MIT Press.

Barnard, C. I. (1938). *The Functions of the Executive*. Cambridge, Mass.: Harvard University Press.

Christensen, C. M. (1997). *The Innovator's Dilemma: When New Technologies Cause Great Firms to Fail*. Boston: Harvard Business School Press.

Clark, K. B., and Fujimoto, T. (1990). 'The Power of Product Integrity', *Harvard Business Review*, 68(6): 107–18.

Clark, K. B., and Fujimoto, T. (1991). *Product Development Performance*. Boston: Harvard Business School Press.

Clark, K. B., and Fujimoto, T. (1992). 'Product Development and Competitiveness', *Journal of the Japanese and International Economies*, 6: 101–43.

Cole, R. E. (1971). *Japanese Blue Collar: The Changing Tradition*. Berkeley and Los Angeles: University of California Press.

Cusumano, M. A. (1991). *Japan's Software Factories: A Challenge to U.S. Management*. New York: Oxford University Press.

Cusumano, M., and Nobeoka, K. (1998). *Thinking Beyond Lean: How Multi-Project Management is Transforming Product Development at Toyota and Other Companies*. New York: Free Press.

Cusumano, T., and Takeishi, A. (1991). 'Supplier Relations and Management: A Survey of Japanese, Japanese-Transplant, and U.S. Auto Plants', *Strategic Management Review*, 12(8): 563–88.

Dore, R. (1973). *British Factory, Japanese Factory: The Origins of National Diversity in Industrial Relations*. Berkeley and Los Angeles: University of California Press.

Drucker, P. F. (1998). *Peter Drucker on the Profession of Management*. Boston: Harvard Business School Press.

Drucker, P. F. (2004). *Jissensuru keieisha* (in Japanese) [Advice for entrepreneurs], trans. A. Ueda. Tokyo: Daiyamondosha.

Dyer, J. H. (1994). 'Dedicated Assets: Japan's Manufacturing Edge', *Harvard Business Review*, 72(6): 174–8.

EU Commission (2013). 'The 2012 EU Industrial R&D Scoreboard'.

Fujimoto, T. (1989). 'Organizations for Effective Product Development: The Case of the Global Automobile Industry' (unpublished DBA dissertation, Harvard University Graduate School of Business Administration, Boston).

Fujimoto, T. (1999). *The Evolution of a Manufacturing System at Toyota*. New York: Oxford University Press.

Fujimoto, T. (2007). 'Architecture-Based Comparative Advantage: A Design Information View of Manufacturing', *Evolutionary and Institutional Economics Review*, 4(1), 55–112.

Fujimoto, T. (2012a). 'Manufacturing Capability and the Architecture of Green Vehicles', in G. Calabrese (eds), *The Greening of the Automotive Industry*. Basingstoke: Palgrave Macmillan.

Fujimoto, T. (2012b). 'An Economic Analysis of Architecture and Coordination: Applying Ricardian Comparative Advantage to Design Costs and Locations', *Evolutionary and Institutional Economics Review*, 9(1): 51–124.

Fujimoto, T., and Nobeoka, K. (2006). Kyosoryokubunseki niokeru keizokuno chikara [Competitive strength-analysis and the power of duration] (in Japanese), *Soshiki Kagaku* [Organizational Science], 39(4): 43–55.

Fujimoto, T., and Oshika, T. (2006). 'Empirical Analysis of the Hypothesis of Architecture-Based Competitive Advantage and International Trade Theory', MMRC Discussion Paper Series No. 71, Manufacturing Management Research Center, the University of Tokyo, <http://merc.e.u-tokyo.ac.jp/mmrc/dp/pdf/MMRC71_2006.pdf>.

Fujimoto, T., and Shiozawa, Y. (2011). 'Inter and Intra Company Competition in the Age of Global Competition: A Micro and Macro Interpretation of Ricardian Trade Theory', *Evolutionary and Institutional Economics Review*, 8(1–2): 1–37, 193–231.

Grant, R. M. (2005). *Contemporary Strategy Analysis*, 5th edn. Oxford: Blackwell.

Hazama, H. (1971). *Nihonteki keiei* [Japanese management] (in Japanese). Tokyo: Nihon Keizai Shinbunsha.

Helper, S. R. (1990). 'Competitive Supplier Relations in the U.S. and Japanese Auto Industries: An Exit/Voice Approach', *Business and Economics History*, Second Series, 19: 153–62.

Higashi, H., and Heller, D. A. (2012). 'Thirty Years of Benchmarking Product Development Performance: A Research Note', MMRC Discussion Paper Series No. 395, Manufacturing Management Research Center, University of Tokyo.

Hofstede, G. H. (1980). *Culture's Consequences: International Differences in Work-Related Values*. Beverly Hills: Sage.

Holweg, M., and Pil, F. K. (2004). *The Second Century: Reconnecting Customer and Value Chain through Build-To-Order*. Cambridge, Mass.: MIT Press.

Hounshell, D. A. (1984). *From the American System to Mass Production: 1800–1932*. Baltimore: Johns Hopkins University Press.

Iansiti, M. (1997). *Technology Integration: Making Critical Choice in a Dynamic World*. New York: Free Press.

Koike, K. (2012). *Kohinshitsu Nihon no kigen*. Tokyo: Nihon Keizaishinbun Shuppannsha.

Kuwahara, T. (2004). 'Zaikabono soshikinoryoku: Ryotaisenkino Naigaiwatakaisha [Organizational capabilities of zaikabo (Japanese owned cotton spinning mills in China): Naigaiwata & Co. in the inter-war years]', *Ryukoku Daigaku Keieigaku Ronshu*, 44(1): 45–65.

Langlois, R. N., and Robertson, P. L. (1995). *Firms, Markets and Economics Change: A Dynamic Theory of Business Institutions*. London: Routledge,.

Liker, J. K. (2004). *The Toyota Way*. New York: McGraw Hill.

Marshall, A. (1919). *Industry and Trade*. London: Macmillan.

Monden, Y. (1983). *Toyota Production System*. Norcross, Ga.: Industrial Engineering and Management Press, Institute of Industrial Engineers.

Nelson, D. (1980). *Frederick W. Taylor and the Rise of Scientific Management*. Madison: University of Wisconsin Press.

Nelson, R. R. (ed.) (1993). *National Innovation Systems: A Comparative Analysis*. New York: Oxford University Press.

Nelson, R. R., and Winter, S. G. (1982). *An Evolutionary Theory of Economic Change*. Cambridge, Mass.: Belknap Press of Harvard University Press.

Nishiguchi, T. (1993). 'Competing Systems of Auto Components Development', Presented at the Annual Sponsors' Briefing Meeting, International Motor Vehicle Program (MIT), June.

Nonaka, I., and Takeuchi, H. (1995). *The Knowledge-Creating Company: How Japanese Companies Create the Dynamics of Innovation*. New York: Oxford University Press.

OECD (2012). *Main Science and Technology Indicators*.

Ohno, T. (1988). *Toyota Production System: Beyond Large-Scale Production*. Cambridge, Mass.: Productivity Press.

Okuma, S., and Fujimoto, T. (2006). 'Sekkei purosesu to akitekucha no kyoso yui' (in Japanese), MMRC Discussion Paper Series No. 70, Manufacturing Management Research Center, the University of Tokyo, <http://merc.e.u-tokyo.ac.jp/mmrc/dp/pdf/MMRC70_2006.pdf>.

Oshika, T., and Fujimoto, T. (2011). 'Comparative Analysis on Productivity in Asian Automaker Plants: IMVP Round 4 Studies (2006)', MMRC Discussion Paper Series No. 351, Manufacturing Management Research Center, the University of Tokyo, <http://merc.e.u-tokyo.ac.jp/mmrc/dp/pdf/MMRC351_2011.pdf>.

Sakakibara, K., and Tsujimoto, M. (2003). 'Why did R&D Productivity of Japanese Firms Decline?' ESRI Discussion Paper Series No. 47, Economic and Social Research Institute, Cabinet Office.

Sako, M. (1992). *Prices, Quality and Trust: Inter-Firm Relations in Britain and Japan*. Cambridge: Cambridge University Press.

Schumpeter, J. A. (1912/1934). *Theorie der wirtschaftlichen Entwicklung*. (1912, in German) Leipzig: Duncker & Hamblot. *The Theory of Economic Development*. (1934) Cambridge, Mass.: Harvard University Press.

Shimokawa, K., and Fujimoto, T. (eds) (2009). *The Birth of Lean*. Cambridge, Mass.: Lean Enterprise Institute.

Shiozawa, Y., and Fujimoto, T. (2010). Sekaikyosojidainiokeru kigyokan-kigyonaikyoso (in Japanese), *Keizaigaku Ronshu*, 76(3): 22–63.

Suh, N. P. (1990). *The Principles of Design*. New York: Oxford University Press.

Takeishi, A. (2002). 'Knowledge Partitioning in the Interfirm Division of Labor: The Case of Automotive Product Development', *Organization Science*, 13(3): 321–38.

Takeishi, A. (2003). *Bungyo to Kyoso* (in Japanese). Tokyo: Yuhikaku.

Takeuchi, H., and Nonaka, I. (1986). 'The New New Product Development Game', *Harvard Business Review*, 64(1): 137–46.

Thomke, S., and Fujimoto, T. (2000). 'The Effect of "Front-Loading" Problem Solving on Product Development Performance', *Journal of Product Innovation Management*, 17: 128–42.

Tsuru, T., and Morishima, M. (eds) (2012). *Sekai no kojo kara sekai no kaihatsu kyoten he: Seihin kaihatsu to jinzai management no nichi chu kan hikaku* [From Global Factories to Global R&D Centers: An International Comparison of Product Development and Human Resource Management in Japan, Korea, and China; in Japanese]. Tokyo: Toyo Keizai Shinposha.

Tsuru, T., and Nakajima, K. (2012). 'Product Architecture and Human Resource Management: Comparing Japanese, Chinese, and Korean Firms Based on a Questionnaire Survey', Discussion Paper Series A No. 563, Institute of Economic Research, Hitotsubashi University.

Ulrich, K. T. (1995) 'The Role of Product Architecture in the Manufacturing Firm', *Research Policy*, 24(3): 419–40.

Womack, J., Jones, D. T., and Roos, D. (1990). *The Machine that Changed the World*. New York: Rawson Associates.

World Intellectual Property Organization (2011). 'WIPO Statistics Database', December.

Yasumoto, M., and Fujimoto, T. (2005). 'Does Cross-Functional Integration Lead to Adaptive Capabilities? Lessons from 188 Japanese Product Development Projects', *International Journal of Technology Management*, 30(3–4): 265–98.

第18章

中国的创新管理

张越(Marina Yue Zhang)

引　言

李约瑟(Joseph Needham)是一位英国生物化学家,最终却成为世界知名的中国科学史学科带头人。他几乎终其一生都在调查中国的科学成就,并寻找相关文献证据(Winchester,2008)。造纸术、火药、印刷术以及指南针等古老的发明仅仅是中国科学成就中最为著名的一小部分。实际上一直到16世纪的将近两千年里,中国创造的科学和技术成就都远超世界的其他国家,这一事实却鲜有人知。然而,自从欧洲文艺复兴,并进入近现代后,西方国家在科学发现和发明中占据了领先地位。广为人知的"李约瑟之问"(Needham's grand question),问的就是为何中国在近现代的科学和技术发展中落后了。这个问题产生了诸多讨论和争议,许多相关解释涵盖了中国和西方在历史、文明、文化、意识形态、社会和政治等方面的差异。

今天,中国作为世界经济的一支主要力量,中国的再度崛起,是世界近现代历史最为重要的发展之一。这个国家30多年前启动的经济改革与对外开放政策,为中国经济发展奠定了基础,并在众多领域取得了辉煌成就。中国在其创新能力上取得了巨大进步,已经被认为是跨国企业研发活动的重要来源。然而,如何将中国和其他新兴市场的创新能力整合到全球创新网络中,仍然是一大挑战,并且这一挑战,已经成为创新管理中广泛认为应当进行值得研究的问题(Von Zedtwitz et al.,2004)。另外,中国惊人经济成就的背后,则是高昂的代价。支撑其经济发展的最重要因素,是低技能低成本劳工的集约利用,以及对自然资源侵略性的开发。在一个相对稳定的技术环境里,中国的制造企业可能会维持一定的竞争优势;但是,在技术发展轨道发展到另一个阶段时,他们不得不陷入技术的追赶模式的困局中,因为他们缺乏技术吸收能力和学习能力(Hu and Mathews,2008)。

中国的创新管理仍处于萌芽期,政策干预仍然在这个国家的创新能力发展上起到关键作用。事实上,中国的创新管理是一个在不同层面(国家、产业和企业)的诸多因素(经济、社会、政治、文化和技术等)共同作用的复杂过程。这样的复杂性根植于这个国家独特的制度安排,这种制度安排对外界人士来说是十分模糊难懂的(Peng,2000;Peng et al.,2009)。按照李约瑟的大问题,在中国成长为世界经济重要参与者的背景之下,有几个核心问题依然没有得到解答：中国的经济改革是如何影响其创新能力的？中国能重新成为世界科学技术的领导者，并将这种能力带入创新之中吗？如果是，其究竟会如何实现呢？

为了解答上述问题，本章试图从三个层面展开中国现代的创新发展：国家、产业和企业。国家层面的分析，集中于中国的创新政策框架和创新体系的发展；产业层面的分析，利用具体的产业实例剖析中国产业政策制定者取得的成就和面临的挑战；而企业层面的分析则调查了中国企业的创新管理实践，包括在中国营业的国有企业、创业企业和跨国企业。本章探索了在中国大的社会、政治、经济和文化背景之下创新管理所呈现的重要性，解密中国创新管理的历史经验是如何形成的，并描绘了那些有兴趣利用中国创新的发展增进其企业优势的经理人可能面临的未来。

国家层面的创新

从 18 世纪到 20 世纪中段，伴随着一连串的内部动乱和外部侵略，中国的创新活动几乎处于停滞状态。1949 年中华人民共和国成立后，中国采取了苏联式的创新体系，在这个体系中研究所和大学的科学与技术（S&T）活动都是为了国家的需要（本质上是政治需要）而开展，国有企业的生产活动也要按照制度规定需要满足中央计划体制所决定的生产份额，而这种计划体制完全与市场脱节。在这个体系内，只有由中国科学院管理的研究所和受教育部行政控制的少数大学，才能投入科学和技术的基础研究中来。在特定产业部门的行政保护下的许多专门大学和研究所，为其各自对应的产业部门提供了科技支持，并解决了一些实际问题（Gao et al., 2011），但研究和产业之间的联系是受国家控制的。在这种体制内，无论是知识生产者（研究所和大学）还是知识使用者（工业和企业），都没有提高其创新能力的动机，有意义的研究和工业之间的互动非常少见。尽管如此，在这段时期，中国依然取得了数个重大项目的科技突破，包括中国制造的导弹的发射，原子弹和人造地球卫星的发展，这些都向世界证明了中国的科学力量，尤其是军事力量。

这种创新体制在 1966 年到 1976 年的"文化大革命"期间被打断了，这个时期，整个中国都沉浸在激烈的政治斗争中。直到 1978 年，中国改革开放的先驱者邓小平宣布"科学技术是第一生产力"后，正常的工作秩序才在大学和研究所中重新确立起来。从那时候开始，中国推行了一系列创新政策，并以重建国家层面的创新能力为目标，开始建立它自己的国家创新体系。

中国创新能力概况

在过去的 30 多年里，在建立国家层面的创新政策框架过程中，中国已经取得了举世瞩目的成就。比如，因为这些努力，2007 年，中国 R&D 在 GDP 中的占比达到 1.49%，这比前十年的两倍还要多。考虑这一时期中国 GDP 的高速增长，中国 R&D 支出在 1998 年至 2007 年之间的年平均增长率为 21%，在 2007 年达到 3 710 亿元（约合 488 亿美元）[①]。这使中国

[①] 该数据是基于不同年份中华人民共和国科学技术部和国家统计局公开的数据计算而成。

紧随美国、日本和德国成为世界上 R&D 支出的第四大国(OECD,2010)。

除研发投入之外,高等教育和研究领域是中国创新显著发展的另一项内容。高等教育部门在经过一系列整合后,中国现拥有 1 552 所高等院校,其中有 678 所大学是研究型院校。在中国,有 49 个大学科学园,它们容纳了 4 000 家初创企业,超过 70 000 人在此就业。超过 57 万人在中国的 4 169 所公立研究所中工作。在国家层面,中国有 139 个国家重点实验室,其中 87 个实验室坐落于著名的研究型院校,52 个实验室建立在研究所(Gao et al., 2011)。这些国家重点实验室为中国承担了关键任务性质的基础研究项目。在研发人员的绝对数量上,中国从 1998 年开始就已经位列世界前三,而且在 2004 年,中国已经取代日本成为研发人员数量最多的国家。在研发人力资源投入方面,不仅仅在绝对数量上,从年龄结构和受教育水平方面衡量(如中国超过 50% 的研发人员在 35 岁以下,超过 45% 的研发人员拥有研究生学历),中国都可以作为领先国家在世界上脱颖而出(Stening and Zhang, 2011)。然而,中国创新的显著增长在输出量数据方面却不尽如人意。例如,中国研究人员的科学出版物产出数量按人均来看还处在世界最低水平的层面上[①]。

总体而言,过去 30 多年里,中国创新最重要的方面在于着重建立国家创新体系的"硬件"。尽管大量资金已经被投入创新基础设施的升级中来,包括楼房建筑、设施和装备等,但人们对诸如专利、专门技能、吸收能力和学习能力等创新"软件"的关注还非常少。大多数中国的创新都集中于发展(development),而非研究(research)。地区差异则是中国国家层面创新的另一缺陷,反映了广为人诟病的中国地区经济发展不平衡一直存在。沿海经济发达的省份和直辖市(如浙江、广东、北京和上海等)的创新能力和效率比经济落后的西部和中部省份要高出许多(《中国国家创新体系发展报告》,2008)。

创新政策框架

传统上,中国一直采用的是自上而下的政策制定路径,包括创新在内。这个过程可以分解成以下几个部分:认识特定政策领域的关键问题;确定政策的基本运作原理;设计政策措施;政策执行;以及评估政策的效果。这种方法被政府垄断,几乎没有产业和社会的参与。然而,最近几十年,人们可以看到从下到上的创新活动在中国的发展,中国创新政策的制定也转变为从上至下和自下而上方法的结合。

20 世纪 80 年代中国的科技政策出现了几大重要变化。随着中国经济离开中央计划体制,中国政府减少了其对公立研究所的资金支持,并引进了更为市场化的资助机制。在新的资助机制下,拥有创新点子的公立研究所和大学的研究人员会被国家给予资金奖励,他们的创新成果允许通过"技术市场"[②]正式获得商业化。技术市场指的是,由经济逻辑而非政策规则驱动的技术转移和技术商业化的服务平台。在市场体系中,技术市场是连接市场

---

① 根据汤森路透科学商务(Scientific Business of Thompson Reuters)提供的文献计量数据库,尽管在 SCI 和 SSCI 等国际出版物上发表论文数量,中国名列世界第三,位于美国和英国之后,其研究人员人均输出量却非常低。

② 20 世纪 80 年代初期,中国最早的技术市场即"技术服务公司"出现在辽宁省沈阳市,其目标是引导研究所的技术创新成果流向企业。

体系技术供应和技术需求的一种重要机制,其合法化被视为强化中国技术创业的最为重要的制度改革。为了推进以技术为基础的创业,中国启动了"星火计划"和"火炬计划",作为培育和发展新技术以及创新能力的"摇篮"。到 20 世纪 80 年代末期,中国开始营造一种鼓励创新型企业的支撑环境,科学园区和大学孵化器开始在中国出现,以容纳技术创业企业,这催生了一批高科技创业企业。北京大学方正集团、清华大学紫光集团和中国科学院的联想集团等都是早期高科技企业的先驱,后来成为享誉全球的企业。

20 世纪 90 年代,中国开始了大规模的研究所和大学的合并与整合。除了少部分精英大学外,许多大学都经历了权力下放的过程,这些大学的行政管理条线关系权限从中央的产业部门转变为地方政府,这就使地方院校和研究所得以成为地方层级创新至关重要的源泉。也正因为如此,研究所、大学和地方企业之间的相互作用变得越来越紧密,并且越来越市场化。同时,针对技术型中小企业(SME)提供的特别技术创新基金也建立起来,用来鼓励自下而上的创新活动。在 1997 年中国共产党第十五次全国代表大会上,时任国家主席江泽民,宣布了一项新的科技战略,即"科教兴国"战略。1999 年 8 月,全国技术创新大会在北京召开,大会确认了一批高新技术产业部门,如信息技术、生物技术、空间技术、能源技术,以及新材料技术等,作为强化中国"科技创新、高技术产业和工业化发展"的优先发展部门。中国还提出了"人才强国"战略,它触发了第一波"人才回流"浪潮——一大批生于中国但是在西方接受教育的人才回到祖国。

21 世纪伊始,中国见证了技术创业企业的飞速增长,出现了诸如新浪网、腾讯集团和阿里巴巴集团等"新经济"公司。2000 年,中国 R&D 支出占到 GDP 的 1%,成为中国科技发展的临界点(Gao and Jefferson,2007)。中国 2001 年至 2005 年的"十五规划",将技术创新确认为在 21 世纪实现"经济更为平稳和持续地增长"的支柱政策之一。其他政策举措包括科技活动的多样性资助来源,吸引科技人才的特殊渠道(例如继续吸引海外华人归国),以及支持高技术创业的更好条件。外国资本开始涌入中国创新体系。制造业的外商直接投资(FDI)和高技术产业的风险投资不仅提供了迫切需要的资金来源,同样也带来先进的技术,以及公司治理和管理实践的经验。这段时期的广泛做法是所谓的"技术市场"政策,即通过中外合作或技术许可协议,以技术转移为条件使外国企业进入有利可图的中国市场。虽然外国技术和投资帮助中国制造业者建立了其世界工厂的声誉,但中国企业不得不为引进先进技术支付大笔专利费用。

2006 年,中国创新政策框架发生了重要转变。此前,中国产业创新高度依赖外国技术供应。为了摆脱这种限制,2006 年全国科学技术大会正式对外发布了《国家中长期科学和技术发展规划纲要(2006—2020 年)》。这个文件奠定了中国未来数十年的创新政基调。这个政策中最为核心的内容是,政府决心将国家发展形式转变为一种更为可持续的发展形式,即注重自主创新能力的建设("自主创新")。时任国家主席胡锦涛强调了国家培育"独立自主创新能力"的需要,将其视为"我们国家发展战略的核心"。此政策的首要目标是到 2020 年使中国成为一个"创新型"社会,并且经过更长时间后,使中国成为世界领先的"创新经济体"之一。

从极端上来讲,关于中国的创新政策存在着两种对立的思想流派。一种流派相信,在全球化的背景之下,中国不需要发展自己的知识产权,可以依赖引进技术(除了那些诸如国防等关键领域的技术)。他们认为,最大化中国在低成本生产的竞争优势,完全可以维持中国长期经济的增长。然而,这种思想流派无法解答中国在未来面临以下一系列问题时应当如何面对:环境遭到更严重的破坏,社会问题愈演愈烈,而经济的长期可持续发展会面临严峻挑战。另一种思想流派则相信,中国应当推进自主创新,排除任何外国主体参与到从科学发现到技术创新和应用的创新价值链活动中。这种思想流派与"二战"后德国采取的"新技术民族主义"十分相似(Ostry and Nelson,1995)。尽管许多中国学者辩解,中国的自主创新政策显著不同于"新技术民族主义",但是这样一种政策的执行有时会偏离其初始目的,进而导致中国陷入走向孤立的创新道路的危险境地。事实上,随着全球化水平的提高,越来越多务实的政策制定者认识到,孤立在国界内的创新活动会越来越难以进行。而且,这些实用主义者还认为,自主创新不仅仅关乎原始创新,基于引进技术的吸收和整合的再创新活动或许具有更为重要的意义。通过再创新的过程,中国企业也可以加强他们的创新能力。

中国的国家创新体系(NIS)

国家创新体系(NIS)的概念已经成为塑造中国创新管理环境的重要政策工具,近年来,这个概念在中国也逐渐得到认可。人们在使用该工具时,有意识地将市场与非市场机制囊括在内,目标是通过公共领域和私人领域的制度化进程,使有益于可持续性的生产、发展和新知识利用最优化(OECD,2008)。按照这种逻辑,一个国家的创新能力不仅取决于制度设定和政策框架,还取决于包括企业在内的创新系统内多方参与者的互动。

中国国家创新体系的发展可以上溯至20世纪80年代中期,当时中国的科技制度改革才刚刚起步,改革带来的变化解放了个体科学家的创造力和生产力。这些科学家成为技术转移和创新商业化活动的主要参与者,其目标是解决地方产业的实践问题。这些自下而上的创新活动呼吁国家进行更深入的制度改革,最终使这些实践做法合法化。于是科技产业园区、大学科学园区和技术企业孵化器应运而生,而公立研究所的衍生企业也随即诞生。在20世纪90年代的政策制定中,中国政府开始更为积极地以国家创新体系的方式推进创新。在公共领域和私人领域的共同努力下,中国的创新系统逐渐形成。大学或研究所和企业之间建立了更为亲密的联系。并且,中国历史上首次承认企业为这个国家创新体系的关键一方。进入20世纪90年代后期,外资R&D实验室和技术创业企业成为创新的驱动力,而国有企业却经历了重组,并成为引进技术的重要消费者。2000—2006年,一个更为系统化的创新体制开始在区域层面形成。自2006年开始,中国进入了国家创新体系建设的新阶段,企业成为驱动创新发生的关键角色,一个整合性的、连接了产业、研究所和大学的创新价值链正在逐渐成形。

中国的国家创新体系仍处于发展的萌芽期。企业和创新亚体系(地区和产业层面)之间的联系依然很弱(Gu and Lundvall,2006;Dodgson and Xue,2009)。国家创新体系内的协同作用十分有限,溢出效应也不明显。公私合营的想法尚未很好地被这个体制的参与者所理解。对于大多数 R&D 活动而言,长远考虑是它们所欠缺的,多数创新活动集中关注于发展能快速商业化的近市场技术,而非培育居于市场竞争之前的、基础的科学发现。基础科学研究或许不能产生任何短期商业效益,却能对经济和社会的知识积累作出贡献。

中国的国家创新体系还面临着无数的政策挑战。一套国家创新体系是一个复杂而多面向的巨大社会网络,中国的国家创新体系需要扩张至科技园区、大学科学园区、孵化器之外,并在国内催生出区域和产业的创新集群以及次级创新网络。为使国家创新体系更具有可持续性,中国需要实现三种关键转变:①国家创新体系的创新活动关键参与者需要从研究所或大学转变为企业;②创新的焦点需要从技术引进转移至技术创造或创新;③创新驱动力需要从当前的技术推动模式转变为一种能够更好整合市场需求的模式。

产业层面的创新

中国工业化的历史并不长,政策干预一直是中国产业创新的重要特征,反映了传承自中国计划经济体制的从上至下的精神。中国的工业产业,尤其是基础设施方面的产业,如电信、公共交通或者国防等,都被塑造为精心计划的经济或政治目标推动取得显著成果的代表。在过去很长的一段时间内,创新产出是利用加总数据,由产业层面的技术转移指标来衡量。结果,技术的获取成为中国产业政策的焦点,对构建产业的技术吸收能力却缺乏重视。例如,中国的汽车产业,基本上是以"以市场换技术"政策为基础建立,并没有形成自己强有力的创新能力。尽管这个产业里的中外合资企业,为中国蓬勃发展的市场生产了大量小汽车,但是其核心技术却主要被众多世界汽车巨头所保留(《中国国家创新体系发展报告》,2008)。

产业标准

今天,大多数中国的重要工业企业,都是新近改革、整顿和改组的国有企业(以下简称"国企")。过去 20 年里,这些国企成为中国多个产业的经济支柱,甚至在中国承担重要的社会和政治功能。在中国工业化的短暂发展历史中,众多国企在政府的支持下经历了迅速的成长。在国企发展的第一个十年里,多数国企通过帮助外国企业获准进入中国市场的方式,从西方获得了重要技术。在第二个十年,大多数国企通过国内外主要证券交易市场将其部分资产私有化。私有化和政府的迫切需要,要求这些国企建立更具可持续性的创新能力,并采取现代化的经营管理模式和公司治理机制。然而,过去 30 年里中国实现迅速工业化的副作用是产能过剩,自然环境的过度开发,以及创新人才的严重短缺。

基础设施建设体系中对网络标准的标准化(诸如在电信产业和能源产业中),是政府干预的重要制度工具,那些在中国具有战略重要性的产业中更是如此。产业政策有力地鼓励了中国企业参与国际技术标准的制定,并为之做出贡献。这个逻辑十分简单:市场规模、市场活力,以及迅速发展的技术能力都为中国提供了制定和培育其行业标准的好机会。然而,一个行业标准要取得商业价值,依赖于建设完整的产业价值链,而不是仅仅依赖部分孤立的技术突破(见本书 Leiponen 著第 28 章)。换句话说,互补性的基础设施建设、应用和制度设定对于行业标准的成功至关重要。例如,中国力图推进其自主研发的 3G 移动通信技术——TD-SCDMA——作为一种行业标准。为实现此目标,中国政府委派中国移动通信集团——中国最大的移动通信运营商——来进行此标准的商业化,并通过为这该项自主创新技术创造必要的发展空间与时间的方式围绕该标准构建价值链。但是,TD-SCDMA 的价值链,依赖于受到在位的技术供应方控制的大量互补性资产,也比最初所预料的更为复杂。这个政策使中国 3G 商业化延缓了将近十年,并且依然未实现向全球推广中国的核心技术的目标(Zhang and Stening,2010)。

新兴产业

中国当前的产业政策,确认了 20 家对国家长期可持续发展至关重要的、由国家驱动发展的新兴产业,包括清洁能源、下一代互联网、高性能微处理器、生物技术、新概念交通工具、高端制造技术和新材料,等等。新兴产业的特征是市场、技术和竞争的高度不确定性,缺少清晰博弈规则下的不固定的制度环境设定、大量的机会和风险。中国的产业政策的目标是帮助中国企业在产业标准设定中占据先发制人的优势地位。

例如,中国的太阳能光伏产业(该产业对于中国解决其日益紧迫的环境问题十分重要)是一个新兴产业建立产业标准的成功案例。2010 年,中国占世界太阳能光伏电池和太阳能板产量的 50%,但是只消费了世界太阳能的 2.2%。中国太阳能光伏产业的相对成功,可以归功于它在制造过程中的低成本优势、一个相对短而新的价值链,以及价值链中不那么复杂的核心 IPR 所有权。而且,太阳能光伏产业的创新周期与 3G 通信产业的创新周期相比要更长,这便使中国企业得以更持久地维持其技术的竞争优势。地方政府同样在围绕产业价值链上数个明星企业建设大型区域产业集群的过程中起到了重要作用。例如,一个以尚德太阳能(NYSE:STP)、阿特斯太阳能有限公司(NASDAQ:CSIQ)和天合光能(NASDAQ:TSL)为中心的产业集群在江苏省建立,专注于太阳能板生产;一个以瑞能集团(NYSE:SOL)为中心的产业集群在浙江省建立起来,连同江西省以赛维集团(NYSE:LDK)为中心的产业集群,二者都专注于硅片提纯和光能系统安装;以及河北省以晶澳太阳能(NASDAQ:JASO)和英利绿色能源(NYSE:TGE)为中心的太阳能电池生产产业基地。

最近几十年来,技术融合——越来越普遍的技术、用户界面、应用和分配渠道共享的现象——已经成为建立新产业背后的重要力量。在技术很少被单独开发的数字时代,这一点尤为突出;它们形成了更大或更高水平的网络体系,在这个体系中产品或服务是相互依赖的。跨产业的技术融合可以导致技术创新、产品研发、价值创造或附加过程或者消费者行为的本质变化,这种被架构创新(architectural innovation)所驱动的技术融合,要求改变现有制度架构或创造新的制度架构以适应不同产业的需求(Zhang,2011)。这种努力更为复杂,为了从这个创新领域的机会中获益,中国需要更为灵活的产业政策来使新市场结构的创造得以发生,使利益相关方需要遵守的新规范和跨产业合作或竞争的新规则得以形成。为了从产业融合中获益,中国的产业需要发展一体化创新(integrative innovation)的能力。

企业层面的创新

在大多数工业化国家里,企业是一个国家创新体系的关键角色。在中国,尽管在国家创新体系中企业的重要性已经得到认可,并且其重要性也在不断增加,但是企业在国家创新体系中还未扮演一个重要而独立的角色。在中国,企业主要有三种主要的创新参与形式:在中国经营的跨国公司、技术创业企业(公有、私有或集体所有)和国有企业。这三种企业形式,在公司治理和管理实践中遵循不同的游戏规则乃至创新战略。总体来看,中国企业花费在创新上的费用比平均销售收益少1%,而世界平均水平是3%(OECD,2008)。总而言之,目前已经发展出的核心技术基础、世界性品牌以及自主创新能力的中国企业数量,依然较少。

跨国企业(MNE)

现在,外商直接投资(主要是跨国企业)的R&D活动,占中国企业总体R&D活动的比重达到了25%至30%。中国吸引外商直接投资,本质上并非是为了外商资本,而是将其作为获得先进技术和现代管理实践的方式(Von Zedtwitz et al.,2007)。

对于跨国企业在帮助中国企业升级其创新能力方面,中国存在分歧。一种观点认为,通过既联合引进先进技术,又引进、现代管理实践和一系列大量其他的软技巧,跨国企业对中国产业的建设十分有帮助。劳动力的流动创造的溢出效应对于帮助中国建立某些产业的技术基础十分重要,如软件开发产业。然而另外一种观点却认为,核心技术大多数依然被中外合作企业的外国合作伙伴控制着,或者被外国公司总部所控制。根据这种观点,从外国合作伙伴到中国合伙企业的技术转移非常少,而且溢出效应也较低。第二种观点近些年来获得了大的实证支持,例如一些学术研究领军人物和政策制定者就指出,跨国企业借助其高技能的人力资源力量将本体企业排挤出本产业,并且通过控制核心技术和产业标准,索取不合理的高额技术许可费用(Von Zedtwitz et al.,2004)。

在中国的外商直接投资使跨国企业受益颇丰,增强了跨国企业在其母国的竞争力。而且,跨国企业在中国的R&D投资所获得的研发产出被视为加强这些跨国企业全球竞争优势的关键方式。近些年来,跨国企业在中国的研发投资目标已经从获得市场准入许可转变为获准进入中国巨大的研发人才资源池。跨国企业从本质上改变了它们在中国的创新战略,从原来的技术利用到现在的技术探索(March,1991),以充分利用它们对当地人才的投资。但是今天,跨国企业所面临的真正挑战是,整合它们在当地发达的"为部分创新的能力"(component competence)进入它们的全球R&D体系,因为这样一种整合大多依赖于在地方R&D中心所不具备的"为整个架构创新的能力"(architectural competence)[①](Qi et al.,即将出版)。

---

① 亨德森等学者(Henderson & Cockburn,1994)假设在研发活动中存在两种研发能力类型:"为部分创新的能力"是指地区性的能力和知识,这些能力与知识对以解决任务为目的的常规任务是根本性的,而"为整个架构创新的能力"是指有效整合"为部分创新的能力"并发展出新的创新成果。

以摩托罗拉为例,尽管在全球层面面临许多困境,但摩托罗拉已经在中国为摩托罗拉手机建立了一个成功的 R&D 中心。这个中心增强了其地区创新能力,最初只是服务于其全球化产品在中国的销售,后来转向为当地和全球市场同时提供独立的产品设计和发展,并最终将其地区创新能力整合进摩托罗拉的全球体系之内。为了实现地区适应能力和全球一体化之间的平衡,这个中心同时培养它的两种创新能力,即为部分创新和为整个架构创新的能力。溢出效应在这里十分重要。该中心被视为中国手机产业 R&D 人才的"培训学校"。事实上,当地手机产业(包括大量"山寨")的迅猛发展可以归功于这种人才移动的溢出效应(Qi et al., forthcoming)。

技术创业企业

从中国启动经济改革后的 30 多年时间里,政府政策一直在帮助众多的集体企业和私有企业更好地发展,这些企业则是众多自主创新成果产生的温床。这几年来,中国企业的创新浪潮已经出现,如个人电脑产业中的联想和电信产业中的华为,并且有的企业也提高了其创新能力,创立了国际品牌,并拓宽了其海外经营。通过并购和海外 R&D 机构的建立,有的企业充分利用了外国关键技术资源池。中国最具创新性的企业是资本集约的技术企业。

以华为为例,华为是中国最具创新性的企业之一。它是一家民营技术企业。1980 年一位退役老兵任正非在深圳创立了华为公司,华为公司创立之初是为中国的电信运营商提供 PBX(用户级交换机)转换系统。发展到今天,华为公司成为世界最大的电信装备供应商(提供各式各样的产品和服务)之一,连接了世界 1/3 的手机。华为公司 70% 的销售额来自全球市场,其 110 000 名员工中有 20% 的员工非中国籍。

长久以来,华为的创新基于"赶超模式"。20 世纪 80 年代,华为仅仅向电信运营商提供低成本(该领域比较边缘的部分)交换机,并且自身并没有多少创新成就。它的初始竞争优势,来自整合不同的零件以为其消费者实现低成本的解决方案,有时也会在产品开发中采用逆向工程(reverse engineering)的办法。20 世纪 90 年代,华为转入移动通信界,但其创新依然是以创造性模仿为基础。从 2000 年开始,华为极大地加强了它的创新能力,从模仿转变为创新。华为的创新能力在于,和它的竞争对手相比,它能够更快速地对消费者和瞬息万变的环境做出回应,甚至对商业模式拥有极强的适应能力。华为向 R&D 投入了不少于销售收入 10% 的资金和超过 45% 的人力,这是第一家这样做的中国企业。2008 年,华为申请了 1 737 项 PCT(专利合作协定)专利,超过日本的松下公司(WIPO,2009),成为世界企业专利申请领域的领军者。

华为在其创新管理中使用了一种技巧,即雇用一批"蓝色军团",即假想敌部队来严格审查公司战略,提出与目前提案相反的"反提案"(counter-proposal)。这种机制能够帮助华为确认是否存在潜在风险,并先于市场竞争之前就提出解决方案,"蓝色军团"有权直接向公司的七人高级管理团队汇报工作。这种技巧十分宝贵,并且增加了公司的创新技能,但是华为需要继续面对的挑战,却是为市场带来真正的技术突破,并在全球移动通信产业中成为真正的领军者。

在中国,有许多像华为这样推动产业升级和发展的技术创业企业。作为技术追随者,他们尚未拥有引领破坏性创新出现的能力。ICT 技术的普遍使用,以及 R&D 和制造生产的日趋模块化,都致使工业价值链呈现碎片化。这种价值链的碎片化趋势,为技术创业企业启动商业模式的创新提供了前所未有的机会。这些企业比它们的竞争者,更能灵活地快速回应消费者各种各样复杂而多变的需求,它们能从所有商业(国内外)的各个角落定位和整合分散的资源,以为消费者提供有效的——尽管并但不一定是最有效率的——解决方案。商业模式的创新引入了新颖的交易逻辑,这种逻辑可以在供应和需求的鸿沟之间建立沟通的桥梁。这些企业从来不是孤立的,一旦一种商业模式成功了,就会吸引千千万万个模仿者。在这些企业的共同努力下,价值链中的某些特定组件变得多余,在产业中引起骚动,从而将建立在这些多余组件上的现有企业连根拔起。在商业模式创新过程中,这种效用为主的方式与西方普遍使用的效率为主的方式存在明显的不同,却是中国产业颠覆式创新的驱动力。

近年来,风险资本资助下的互联网、IT 及其他高技术企业,为中国的创新能力注入了新鲜的血液。尽管中国金融体系中资产流动性充足,但是中国既缺乏风险投资体系运作的专业知识,也缺乏必要的法律和规则条件。国内由政府或国企建立的国家级或省级风投企业,由欠缺风险投资项目的技术、商业或管理技能的政府官员经营。不过,外商风险资本投资的新技术企业为中国引入了先进的技术和商业模式,乃至现代公司治理和管理经验。这些企业创造了一种整合引进技术、结合对当地市场商业模式的理解,以服务中国用户。这种模式关注研究领域和产业之间的合作,注重培养创业企业,依赖资本市场投资,正逐渐在中国经济体系内扩散开来,并为自下而上创新的发展大趋势提供了支持。

国有企业

中国几乎所有的核心产业都被国企垄断,但是只有少数国企算得上创新型企业。在 28 000 家国企中,拥有自己的 R&D 中心的国企只占总数的 25%(《国家创新体系发展报告》,2008)。然而,也有一些企业是例外,它们在创新上取得了令人瞩目的成就。

中国移动通信集团(中国移动)经营着世界上最大的移动网络,有将近八亿移动用户。中国移动早期的成功可以归功于政府的支持政策,消费者对移动通信需求的猛增,及其自身在市场营销、消费者服务、网络运营与优化、服务和商业模式等领域的创新能力。中国移动在 2G 时代就成功地将自己从"通信专家"的角色转变为"信息整合专家"。从 2009 年年初开始,中国移动提供了基于 TD-SCDMA 标准的 3G 服务,但是正如我们所看到的,TD-SCDMA 标准被大多数人认为在很多方面(技术成熟度、商业经验、终端可获取性、网络效率等)都落后于它的竞争者,即 WCDMA 和 CDMA2000。后二者的营业执照被分别许可给相比中国移动要弱势很多的竞争者,即中国联通和中国电信。这种政策干预的目标是通过打破中国移动的垄断,在移动通信产业中建立更为平衡的市场结构。尽管 TD-SCDMA 的发展存在很多不利因素,中国移动利用其庞大的用户基础和市场营销力量这两项优势,强化了自主创新能力。中国移动并未失去很多高端核心用户①,并且成为世界上最早将移动通信产业联合推向 4G 网络的移动通信运营商之一。

讨 论

为了回答自己提出的"李约瑟之问",李约瑟在自己之后的著作中声称(1969:190),"所有这些问题的答案,我目前所相信的是,主要在于不同文明的社会、知识和经济结构"。的确如此,中西方对科学发现和技术创新的不同态度应当放在更广的文化背景下来看待,这也是李约瑟的文明观的体现。文化有着不同的面向取向,并在广阔的社会中体现出来,包括商业体系、制度结构,甚至是管理行为和个体认知。因此,民族文化对一个社会的创业和创新活动影响深远。我们将要在三个层面探讨中国的文化背景下创新管理活动产生的影响:价值、制度设置和认知模式。

价值(value)

在儒家文化占重要地位的国家,儒家文化的影响通常都被用来解释为何这些国家缺乏最初的科学技术(Redding,1995)。根据这种观点,儒家文化宣扬的文化价值是尊敬长辈、尊敬知识和学习、追求和谐与秩序、规避风险、权力距离巨大的严格社会等级以及集体主义,以这样一种文化为基础的社会很可能形成敬重权威和维护现状的精神状态,对错误、失败和多样性的容忍度低,遵循感觉上的正确而非追求真理,推崇人际关系而非事实本质等。有人认为,这为创新思想的产生,尤其是那些源于社会地位较低的年轻人的创新点子的产生设置了障碍。

然而,这种观点已经被其他一些学者质疑。他们指出,在儒家文化的影响下,中国历史上取得过辉煌的科学发现成就,诸如日本、韩国等拥有相同的儒家文化背景的地区取得了不少科学成就,并且这些地区在现代依然不断地在科学技术领域取得重要进步。这些证据表明,儒家价值观并未直接束缚创新。"二战"后,日本、韩国和中国台湾地区也经历了中国大陆今天的发展道路,即从简单的模仿,到创造性模仿,再到创新(Kim,1997)。正是这些地区的政府政策、制度框架以及商业体系创造了管理创新的方式差异。例如,中国台湾地区的商业体系主要以家族企业为基础,这些小而灵活的企业能够迅速而富有创新性地做出改变。与之形成对照的是日本和韩国,创新领域竞争力的产生是基于这些地区大企业联合为基础的产业结构,较多地依赖政府政策的支持。

总而言之,并不是中国自身的文化直接影响了中国的创新实践。相反,核心文化价值观与中国的制度框架、市场机制、商业体系、产业结构、教育以及个体认同等共同存在、息息相关,所有这些都对中国的创新能力产生了影响。

---

① 中国移动通信能够防止其高端核心客户流失的原因源于一种保护政策,即禁止用户在改变移动网络服务时保留他们原来的移动电话号码。许多高端核心用户都是率先使用移动通信的消费者,他们的移动号码已成为他们身份的一部分。

制度设置（institutional setting）

制度设置是一个国家文化最为重要的体现方式之一。从宏观经济的角度而言，缺乏配合新思想的创造和传播的合适制度框架，可能是中国创新竞争力缺乏的一个原因。对知识产权的权利人法律保护力度弱，缺乏可以最小化知识分享和技术传播的交易成本的高效市场机制，鼓励知识消化而非知识创新的教育体制，以及创新奖励体制的不透明和不公正，都是中国的制度缺陷，这些缺陷阻碍了中国创新能力的发展（Zhang and Stening，2010）。中国企业的研发和创新活动主要被"明星人员"所控制，而不是像大多数西方企业一样依赖一种每个人都允许做出贡献的创新体制。中西方创新管理之间的差异可以做这样一个类比：中餐馆烹饪中国菜，依赖某些由少数明星主厨所掌握的特别秘方，而西式快餐厅则依赖系统而标准化的菜谱。正如我们所了解的西方公司的案例，如IBM（Gerstner，2002），创新并非仅仅来源于高层领导者的视野；它根植于一家企业的DNA——这种创新DNA包含了一种创新的核心价值，由每一个员工所认同并散布在整个商业运作过程中，而非将创新重点置于一个或数个明星雇员身上。对于中国企业而言，他们显然需要学习西方企业这种经验：中国企业需要投资建立创新DNA，撬动创新价值链中的每一位员工、企业合伙人甚至是顾客的智慧。

在西方社会，市场机制通常使基于"创造性破坏"的创新商业化活动成为可能。但在中国，制度使得交易成本十分高昂，以至于任何个人或组织在他们有机会将创新商业化之前，都可能无法在破坏性创新带来的制度变化和挑战的过程中存活下来。在中国的制度中，知识是通过人际交往实现传播，而不是通过正式的过程或体系，这使有风险的创新活动十分稀少，知识分享的交易成本高居高不下。在传统的中国企业尤其是国企内部，奖惩制度会惩罚那些发起存在错误和失败风险的创新变化的人，并奖励那些维持现状但表现平庸的人。总体来看，中国社会缺乏对个体的信任，这使知识的分享和传播比西方社会更为困难（Gu and Lundvall，2006）。

中国的教育制度强调通过记忆内化现有知识的学习，而不是追问思维和创造性破坏思维。这也总被视为中国现代科学发现和技术创新落后于西方的原因（Stening and Zhang，2011）。中国教育偏向理论学习，这意味着许多大学毕业生创新和实践能力差，而创新和实践能力却对创新至关重要。

硅谷的成功，就是建立在技术和资本相联系的方案之上。中国成功地复制了建立各种科学园区和技术孵化器的模式，而事实上它们就是生产技术性的创新。另外，像在浙江和山西等地拥有丰富的私人资本。这些资本无法找到正确的投资方向，因此它们被投入了国内外房地产市场。如果中国能有一种市场金融体系，这个体系能够提升证券市场的效率和透明度，那么地方发展生成的技术创新成果就会有更好的机会在中国得到商业化。

认知模式（cognitive patterns）

在一个国家里，民众的认知模式或许是一个国家深层次文化最深刻的表现，而民众的认知则源于这个国家的历史、社会结构、语言和政治体制。认知是一个国家文化的长期特征,对一个国家科学、技术和创新的发展具有深远的影响。中国式的全盘思维模式将复杂的问题视为嵌入在问题背景中的一部分。这种认知类型完全区别于古典牛顿式的科学方法,后者看重实验基础上的逻辑严密和因果关系。相反,前者强调科学观察变量的"相关性"。这种认知模式的一种结果是导致中国式的"惯性思维",这种思维反对挑战权威,支持维持现状和代表"中庸之道"的观点(集体但是却妥协的观点),鼓励容忍高度模棱两可的意见,而不是探寻真理和追求精确。尊敬权威而非事实本质,追求和谐,以及寻求组织和社会的集体意志,这些认知习惯限制了钻研意识,弱化了组织的创新能力。对于那些被这种思维方式主导的人而言,要他们采取主动行动或做出改变,开展更有建设性与竞争性的团队合作,是十分困难的,而改变与竞争对成功的创新活动十分重要。这种认知方式的另外一种劣势在于,它会导致思维的过于简单化、程式化和固定化,这对于解决不断变化而且复杂的问题而言显然是不足的。

发展一个具有促进知识分享与利用的文化的社会,需要做出复杂的努力,这对创新而言是一个必要的因素。深深寓于文化根基的认知,其持续不断的强大影响力可以被这样的事实所描绘,即许多海外归侨,在国外生活了很长一段时间后,一旦他们回到中国,就会重新调整他们的态度和行为,以和中国文化保持一致。

结 论

中国在创新管理能力上已经取得了实质的进步,在国家、产业和企业方面都发生了重要变化。在这个过程中,政府政策框架在塑造产业结构、市场竞争、投资乃至技术标准等方面扮演着重要角色。经历了过去30多年的迅速发展后,对于政府政策制定者而言是一次很好的反思国家创新政策有效性的机会,对商业决策者而言也是一次调整创新战略的机会。他们的目的都是帮助中国实现到21世纪中期将国家建成创新型社会的目标。

中国目前面临的一个明显的两难困境是,在产业层次上,政府正在推动自主创新;但是,在企业层面上,许多企业却依然相信他们的竞争优势(至少在短期内)仍旧主要来自引进的技术。这种两难局面的出现,是因为在诸如中国的混合经济中,产业和企业总是有不同的创新动力。对于产业而言,产业在国家层面的战略重要性,在全球价值链的位置,长期经济可持续性,以及社会责任是要实现的优先任务;但是,对于企业而言,创新最终应当由投入产出比来体现的效率、强化竞争和盈利能力的底线所驱动。在产业受政府控制的中国,多数企业(甚至是国有企业),至少是部分公有企业或私有企业,所面临的两难境地显得格外真实。协调不同利益相关者的不同利益并不是一项容易的任务。

近些年来,产业价值链的碎片化,已经使得那些具有创新性商业模式的企业比过去更容易被整合到产业价值链中。今天,许多这样的商业模式创新来自企业及其客户以及其他利益相关方在产业价值链上的交互作用(Chesbrough,2003)。消费者的见解也正成为未来创新的关键来源,而中国拥有世界最大的企业消费者互动网络,在这些网络上,用户不仅分享哪种产品更好的信息,也分享如何给那些不尽如人意的产品进行改进的信息。例如,中国拥有超过十亿的移动电话用户和5.5亿的互联网用户。能够建立从中国消费者的"集体智慧"中获益的机制的公司,有潜力在他们与用户的大量交往中创造价值,并利用这种价值,为他们的全球创新价值链做出贡献。

在全球化的背景下,任何国家在创新中面临的一个重要挑战,即将其创新体系整合融入国际创新网络中。过去的30多年里,中国一直专注于建立国内创新基础设施;以全球视角来看,中国在发展研发和创新政策方面没有投入很多注意力。中国文化价值、制度和民众的认知仍然十分推崇零和的"我赢你输"的思想。这种思想的弊端在于它可能导致中国陷入四面树敌的境地。对中国的太阳能光伏电池制造提起的反垄断诉讼,对中国的电信设备进行封锁,让中国企业并购外国商业实体的尝试化为泡影等,都是中国和中国企业在世界面临的窘境。指责外国人对中国企业有偏见十分简单;然而,这或许可以成为一次很好的时机,使中国政府和中国企业能够重新思考其进入全球市场的方式。他们应当考虑采取一种更为全球化的视角,这种视角将通过科学发现和技术创新使全人类获益,而不再强调任何这种成就的国家来源。在建立其长远自主创新能力的同时,中国应当利用其在创新方面的独特优势,如整合能力、大规模生产能力、来自服务大量用户的商业模式创新,以及科学和工程建造的大量人才资源库,来推动尖端科技及其创新应用的发展。

参 考 文 献

Chesbrough, H. (2003). *Open Innovation: The New Imperative for Creating and Profiting from Technology*. Cambridge, MA: Harvard Business School Press.

The Developmental Report on China's NIS (2008). *The Developmental Report on China's National Innovation System* (in Chinese). Beijing: Strategic Research Group of China's NIS Construction.

Dodgson, M., and Xue, L. (2009). 'Innovation in China.' *Innovation: Management, Policy and Practice*, 11: 2–5.

Gao, J., and Jefferson, G. (2007). 'Science and Technology Take-Off in China? Sources of Rising R&D Intensity', *Asia Pacific Business Review*, 13: 357–71.

Gao, J., Liu, X., and Zhang, M.Y. (2011). 'China's NIS: The Interplay Between S&T Policy Framework and Technology Entrepreneurship', in S. Mian (ed.), *Science and Technology Based Regional Entrepreneurship: Global Experience in Policy & Program Development*. Cheltenham: Edward Elgar.

Gerstner, L. (2002). *Who Says Elephants Can't Dance? Inside IBM's Historic Turnaround*. New York City: HarperCollins Publishers.

Gu, S., and Lundvall, B. A. (2006). 'Policy Learning as a Key Process in the Transformation of the Chinese Innovation System', in B. A. Lundvall, P. Intarakumnerd, and J. Vang (eds), *Asia's Innovation Systems in Transition*. Cheltenham: Edward Elgar, 293–312.

Henderson, R., and Cockburn, I. (1994). 'Measuring Competence? Exploring Firm Effects in Pharmaceutical Research', *Strategic Management Journal*, 15(S1): 63–84.

Hu, M. C., and Mathews, J. A. (2008). 'China's National Innovative Capacity', *Research Policy*, 37: 1465–79.

Kim, L. (1997). *Imitation to Innovation: The Dynamics of Korea's Technological Learning*. Boston: Harvard Business School Press.

March, J. G. (1991). 'Exploration and Exploitation in Organization Learning', *Organization Science*, 2: 71–87.

Needham, J. (1969). *The Grand Titration: Science and Society in East and West*. London: George

Allen and Unwin.
OECD (2008). *OECD Review of Innovation Policy: China*. Paris: Organization for Economic Co-operation and Development (OECD).
OECD (2010). *OECD Factbook 2010: Economics, Environment and Social Statistics*. Paris: Organization for Economic Co-operation and Development (OECD).
Ostry, S., and Nelson, R. (1995). *Techno-Nationalism and Techno-Globalism*. Washington, DC: The Brookings Institution.
Peng, M. W. (2000). *Business Strategies in Transition Economies*. Thousand Oaks, Calif.: Sage Publications.
Peng, M. W., Sun, S. L., Pinkham, B., and Chen, H., (2009). 'The Institution-Based View as a Third Leg for a Strategy Tripod', *Academy of Management Perspectives*, August: 63–81.
Qi, M., Wang, Y., Zhu, H., and Zhang, M. Y. (forthcoming). 'The Evolution of R&D Capability in Multinational Corporations (MNCs) in Emerging Markets: Evidence from China', *International Journal of Technology Management*.
Redding, G. (1995). 'Overseas Chinese Networks: Understanding the Enigma', *Long Range Planning*, 28: 61–9.
Stening, B. W., and Zhang, M. Y. (2011). 'Challenges Confronting Higher Education in China', in Z. Szalai (ed.), *Higher Education in Hungary and the World: Tendencies and Potentialities*. Budapest: Mathias Corvinus Collegium, 56–69.
von Zedtwitz, M., Gassmann, O., and Boutellier, R. (2004). 'Organizing Global R&D: Challenges and Dilemmas', *Journal of International Management*, 10: 21–49.
von Zedtwitz, M., Ikeda, T., Gong, L., and Hamalainen, S. (2007). 'Managing Foreign R&D in China', *Research Technology Management*, 50: 19–27.
Winchester, S. (2008). *The Man Who Loved China: The Fantastic Story of the Eccentric Scientist Who Unlocked the Mysteries of the Middle Kingdom*. New York: HarperLuxe.
WIPO (2009). *Global Economic Slowdown Impacts 2008 International Patent Filings*. World Intellectual Property Organization (WIPO). http://www.wipo.int/pressroom/en/articles/2009/article_0002.html. Geneva, January 27, 2009.
Zhang, M. Y. (2011). 'The Intersection of Institutional Entrepreneurship and Industry Convergence: The Evolution of Mobile Payments in Korea', *Academy of Management Conference*, August. San Antonio, Tex.
Zhang, M. Y., and Stening, B. W. (2010). *China 2.0: The Transformation of an Emerging Superpower... and the New Opportunities*. Singapore: Wiley & Sons.

第19章

技术和创新

马克·道奇森(Mark Dodgson)
大卫·甘恩(David M. Gann)

引 言

本章论述的是创新管理技术的具体影响。与涉及创新如何产生新技术的更为一般化的研究相对比,我们探索了技术怎样影响创新进程的问题,如技术对新思想的创造、问题解决方式的寻找和设计,以及创新战略关键方面的发展和贯彻的影响等。

当我们讨论技术的重要性时,总存在一种屈从于技术决定论(technological determinism)的危险。首先,这是一种技术独立产生于它得到发展的社会、经济和政治体系之外的观点;其次,这是一种技术本身会导致社会和经济变化的观点。第一种假设很容易被反驳,已经被科学技术本身的研究领域中,关于影响特定技术发展广泛的大量因素的大量研究所推翻(Hackett et al.,2007)。第二种假设同样也是一种广受诟病的观点,却因为被视为一种"常识",并因为贴近人们的日常生活经验,仍旧保有其流行观点的地位(Wyatt,2007)。例如,互联网、移动通信设备,以及社交网络技术深刻地改变了我们的生活。这一观点的缺陷在于,它未能考虑人类在科技发展中可以做出的其他选择,以及推动技术配置以及技术成功被广泛应用的多重因素(Tuomi,2002)。在企业内部,这种观点会引起管理者将一切简单化的认识误区,危险的简单化的观点,即经理人所需要做出的变化都可能被简单地认为应当在技术上进行投资,例如,改革工作方式,提高生产力或者管理知识等。

尽管我们十分注意不去有意夸大技术的影响,并且认同技术与其社会、经济、政治和文化背景的联系是不可割裂的,但我们确实将技术所能为社会带来的巨大潜力,归功于它所拥有的变革性的力量。并不偶然的是,技术通常被用来定义我们所生活的历史时期:"铁器时代""蒸汽时代""大生产时代",或者"数字"时代。纵观历史,以器械和工具形式存在的特定技术一直扮演着重要角色,如望远镜、显微镜和手术刀,它们帮助人类了解自身和所生活的世界(Sennett,2008)。

有无数的例子证明在技术工具和思想进步之间存在紧密联系(Crump,2001; Galison,2003)。法拉第是实验器械的制造专家(Hamilton,2003)。作为瑞士专利局的官员,爱因斯坦曾经痴迷于电子钟表和分布式电时间信号的审查专利申请,作为他发展相对论的一种实践性思考。富兰克林与威尔金斯(Franklin & Wilkins)在伦敦大学国王学院发明和使用的X光线钻石切割方法,在克里克与沃森(Crick & Watson)发现DNA结构的过程中发挥了重要作用。诺贝尔奖获得者罗伯特·汤斯(Robert Townes)在发明激光的过程中,认为激光的理论和实践的发展是密切相关的(Townes,1999)。他描述了自己在贝尔实验室做基础研究时,使用战时雷达设备的经历,以及当时其他实验室是如何从廉价的战时科学器械中获益的。新的技术工具将继续创造观察世界的不同方式和方法,例如,电子通道显微镜,就使我们得以在纳米技术中"看见"和控制原子(Jones,2004)。正如Galison(2003:325)所言:"钟表、地图、电报机、蒸汽机、计算机等事物的发展,都提出了对那种将实物和思想进行截然二分的理念的质疑。在每一个事例中,物理问题、哲学问题和技术问题都相互交错。"知识和技术发明之间的联系密不可分。

当然,当代技术不仅仅有令人瞩目的、可用于检测和测量的技术工具的技术提升,还包括用于转移、变换和控制材料的自动化技术,以及用于生产、处理和存储数据的计算技术。这些技术为研究和实验提供了重要的工具,为建模和测试提供了方法,为生产、传输和维护商品与服务提供了运行机制。所有这些形式的技术为经济的各个领域,包括农业、制造业和服务业的生产力发展都做出了极为突出的贡献,并且巩固了世界从农耕社会到工业社会再到后工业社会所经历的巨大转变(Bell,1976)。例如,数字化进程①和互联网使经济发生了极大的改变,为日益增加的实验、交流和合作活动创造了机会。它们通过强化知识和鼓励学习,为企业创造价值,从而提高企业生产新产品、新流程和新服务的能力,同时也增加了企业的生产能力。

数字技术引入制造业,已经被《经济学人》形容为第三次产业革命的前兆,因为我们从大规模生产转向了个体化生产。有人认为,这将会扭转制造业工作机会流向低劳动力成本国家的趋势。

> 多亏了新材料和诸如3D打印、便利机器人和新式在线合作制造服务等全新的工艺,东西(将被)经济地制造出来,数量会更少,制造过程更灵活,劳动力投入量也更低。反过来,这也会将部分工作机会带回发达国家……
> ——《经济学人特别报道:制造业和创新》,2012年4月21日

创新学者长久以来一直认为技术会对产业的动态变化产生影响。这些其中包括熊彼特(1934)对资本主义本身的经典认识:他认为,资本主义是不断创新和"创造性毁灭"的进化过程,是一连串技术经济范式作用的过程,或者说是技术变化喷涌的过程,这些过程对经济增长产生了深刻的影响(Freeman and Perez,1988)。在这里,我们所关心的是技术在组织层面产生的影响,以及影响组织内部创新本质和关注点的因素。我们的讨论从经理人做出如何使用技术的决策开始,分析作为创新管理核心要素的技术,在解决问题的过程中扮演的角色。

---

① 不同形式的信息(如文本、声音、图像或语调)被转换为二位编码,从而极大地提高了处理信息和融合信息的能力。

技术、工作和问题的解决

以创新和生产为目的的技术利用,取决于技术是如何与人们的工作方式相适应的。工匠将工具紧密地用于制造工艺;产业工人控制着机器,并对机器活动做出反应,以制造出各种各样的产品;知识分子开发并依赖着计算机的力量、数据的创造和存储、网络和信息处理能力以指引他们的决策。利用技术的方式影响了企业创新、学习和创造其他知识的能力,而且技术变化为组织重新定义谁来做什么、应该怎样做提供了机会。对于引进新技术而带来的创新结果的研究,有一个长盛不衰的主题,即讨论两个程度的问题:一方面,技术因为消除了劳动力的自我裁量能力和创造性,致使劳动力技能减少的程度;另一方面,则是技术将劳动力从令人厌倦的重复劳作中解放出来的程度。

对诸如技术对工作与技能带来的影响,以及在增加、减少或分享管理控制和自主裁量权中技术的使用等问题的争论已经存在很长时期了。马克思在他的观点中十分明晰地指出,技术革新削弱了工人的技能和对工人的管控(Marx,1981:545)。使用技术是资本家实现控制的形式,在当时,这种观点也在布雷弗曼(Braverman,1974)进一步的研究努力下得到重申。他认为,技术的使用是现代管理的一种主要方式,它消除了以手工业为基础的工作所具备的高度专业化与个人裁决的特征,进而以"去个人技能"化(de-skill)的方式降低了成本。然而,历史却揭示了更为复杂的图景。例如,《工程师的故事》(Jeffery,1946)一书就谈及工业革命时期的技工。在1820年出现的大规模生产之前,技工事实上承担了所有与建造和维护工厂机器有关的任务,可以用于纺织业等工业的蒸汽动力的出现对技工的技能产生了巨大影响。但是他们的离开却与随着对更大的机器、更高的速度、生产越发的复杂以及更高的精准度的新专业技术的增长需求相呼应,传统的技工正逐渐消失(Jeffery,1946:16)。

> 这种新经济形式的主要特征,是重视计划生产而非"即兴创作"。除非制订了节约利用时间的计划,在六角车床上快速生产高速钢尽管节约了时间,但本身依然没有价值。除非生产用的刀具、钻模以及仪表都已经备好,人们采取了步骤确保生产的可持续性,消除停工的可能,否则即使拥有了最新的磨粉和钻探的机器也会成为负担。除非工厂的所有部门都以一种平稳的速度和稳定的合作纪律开展工作,新兴方法也会在混乱中消亡。
>
> ——Jeffery,1946:124

因此,技术革新对工厂作业和企业的影响十分深刻,而且有可能在破坏旧技能的同时,创造新技能,并且新技术的发展同时带来了对管理、技术设计、规划与组织的新需求,这也是新技术应用的必要条件。纵观这些变化过程,经理人保留了对技术装配和使用的方式的选择权力。在最早有关技术对管理的影响的实证研究中,伍德沃德(Woodward,1965)发现,工厂组织、管理方式和权威都受到不同生产系统的技术复杂性的影响(这些生产系统的区别主要在于分别以小批量和小单元生产,大批量和大生产,以及分布生产为基础)。不过,经理人也可以做出一些选择来施加影响。20世纪70年代的研究（Touraine，1962；Kerr et al.，1973）认为，工厂作业和技能的技术结果源于诸多因素，如劳动力市场的本质以及生产系统内例外情况的数量（Perrow，1970）。

一则关于技术发展中经理人对技术配置做出决策选择的经典研究是，Noble（1986）关于数字控制机床工具历史的研究。简而言之，他发现这种技术有助于保存机床操作者的技能，或者能够将机床操作者的技能转入独立规划的办公室。但因为美国国防部对新兴技术设计的影响，只能选择后者。随着这种技术的进步和计算机化，研究展现了利用操作人员对机器和材料的隐形知识，来提高其计算机技能的响应性和生产力的优势（Dodgson，1984）。

这些研究的经验是，技术在劳动力中创造和使用的方式可以受到一系列因素的影响，但这些因素中只有一种是技术在功能发挥上的必要条件。为了创新而使用技术的经理人，需要对如何配置技术做出选择。当新技术使旧技能变得多余时，它们就为新技能创造了需求，而且当经理人的责任是提高创新力时，使用和强化与这项技术打交道的人们的知识与技能，可以为技术应用带来优势。这在需要工作创造性和合作性的地方尤其重要，我们将会在接下来关于技术服务问题解决的部分关注这一点。

技术服务在设计、生产和维护社会和经济各方面的工业产品中均有所涉及，商品和服务的设计方式正深刻地受到技术的影响。自20世纪60年代开始，许多设计任务中传统而艰苦的手算、作草图、物理测试和建模等方式，都已经被计算机建模和模拟实验所取代。近几年来，这种技术已经显著地扩张了其自身的能力，得到更多功能强大的处理器的支持、更大的可视化能力的支持和更复杂的软件的支持，这些使计算机设计技术能够在各式各样、广泛分布的各类技术平台中发挥出新功能，以及生产出有关产品物质特性的更好数据。这些技术越来越被广泛用于支持领军企业的创新活动（Schrage，2000；Tuomi，2002；Thomke，2003；Brynjolfsson and Saunders，2010）。

为了解这些技术对问题解决的影响，我们需要思考工程师是如何进行设计工作的。工程知识建立在科学原则的基础上，但是却严重依赖解决问题的"经验法则""已知推测""惯例"和"规则"，这些法则通过工程学教育和解决真实世界问题的经验而得到建立。康斯坦（Constant，2000）将技术知识的发展视为递归实践（recursive practice）的发展，这些知识通过了解关于事物如何运作以及如何相互配合，来实现缓慢而平稳的增加。工程师们经常进行试验和即兴探索，在一连串先前的经验中思考学过的知识（Schon，1991）。理论和实践的结合，以及反思和应用，经过时间的积淀塑造了工程判断（Petroski，1985；Vincenti，1990；Simon，1996；Perlow，1999）。

为了解决他们所面临的问题，工程师们通常会依赖社会上的非正式文化、网络和交流方式（Allen，1977）。横跨许多不同组织、由各种不同学科队伍承担的工程项目工作通过分享经验、讲述奇闻逸事、延伸思考和工艺品制作等方式在寻找和提出解决方案方面获益。设计和研发过程中的增值来自创造性的图解工作，即设计者使用"对话"和"可视化线索"（visual cues）的方式，与其他设计者、客户和供应商进行互动（Schrage，2000；Whyte，2002）。这种图解工作包括观察技术要件的交互面，以及获得来自不同专家和利益相关者的参与。

建模与原型设计技术,在工程技术问题解决的过程中总是扮演着核心角色。对于工程师而言,模型为工程师提供了在实际建造前后的产品学习机制(Petroski,1985)。模型让工程师能够考察不同的选项,衡量结构元素、材料和组件的选择(Thomke,2003)。物理上实体模型制作起来十分昂贵,而且消耗时间,做出来后通常不可靠,而数字建模工具就十分便宜,而且容易获取(Schrage,2000;Thomke,2003)。数字模型可以帮助工程师将物理现象抽象化,允许工程师在建模活动有多方涉及时进行试验、测算并尝试不同的选项。

这些模型能够通过提供不同形式的整合渠道,帮助处理兼具创新性、复杂性、多学科性和合作性的项目。如果像西蒙(Simon,1996)所暗示的,工程师可以通过将复杂问题分解为一个个小问题,来达到解决问题的目的,那么这种技术也可以同时支持对这些分解组件的分析,以及这些分解组件重新整合的分析。模型技术有助于保障各个系统及系统间接口的兼容性,并提供了具备成本效益的方式来帮助工程师控制并使用潜在的问题解决方案。

这些数字技术整合社会与技术的潜力,于我们而言还是比较新鲜的,目前它们仍然对工程师的技能发挥产生重要影响。和计算机应用于工业技术所预言的相似,我们可能又要面对技术导致"去技能化"的发展轨迹(Braverman,1974)。尽管有些企业可能会走上数字技术的道路,但是其结果很可能和那些在创新所需要的情况下使用工业技术来推动去技能化进程的企业相似,即最终这些企业的尝试都以失败告终。生产力取决于新技术的可能性与旧理论原则的理解之间的融合,以及"做事情的方式",即已经建立起来的经验法则和规范。建模技术和人工模拟技术,正以十分新颖的方式与技术设计及问题解决的传统形式相结合。工艺知识惯有的重要性限制了某些设计方面的惯例化的尝试,而精湛的工艺技巧在得到新数字工具的帮助后,可以提供技术设计方面的创新性解决方案。以创新著称的建筑设计师 Frank Gehry,对新技术与设计过程的结合进行了评价,事实上这种结合使他能够产生具有创新性与可塑性的建筑设计形式。他是这样说的:

> 这种技术为我提供了一种更加贴近建造工艺的方法。过去,在我设计的粗糙框架和最终的建筑结果之间还存在着很大察觉差距,而且建造师往往无法捕捉到设计的感觉在它抵达建造师之前可能已经消失殆尽。这就像是我曾经说的一直都是外国语言,而现在,建造师一下子懂了我的意思。在这种情况下,计算机非但没有让我的工作非人化,相反,它扮演了翻译家的角色。

数字技术有潜力为技术设计和决策提供更为开放、透明的方法,它可以使设计结果更快发生,连带同一问题不同部分的技术工作任务同时进行,也能让实时的决策行动得以实现。数字技术因为允许来自不同背景的人理解问题的潜在解决方案,从而具有支持跨领域决策的能力,这种能力为更为公开和民主的工作实践提供了各种各样的可能性。

服务业技术和创新

我们关于创新管理的大多数知识及以上所讨论的大多数内容,都是以我们对制造业的了解为基础的。当前制造业和服务业之间的界限变得越来越模糊,服务业为创新管理提出了不同的挑战(参见本书第30章)。创新领域,工业经济和服务业经济之间的某些重要差异在表19.1中得到对比。工业经济的关注焦点是,了解和控制自然生成或人工设计的物理对象与系统;在服务业经济中,创新者将重点更多地放在理解和适应包括信息、人和过程的组织体系之上。制造业产业创新的核心目标是发展新产品,增进产品品质与功能,提升产量;与之相反的是,服务业创新的首要目标是提供出色的客户体验,而客户体验通常是高度个人化的。服务的个人化意味着对决策关注点的转变。转变包括了从生产者角度的决策转变为消费者角度的决策,以及创新者的一种优势,这种优势将能够使创新者同时整合消费者创新需求和创新决策的要素。

表19.1 变化中的创新本质

项目	工 业 经 济	服务业经济
焦点	自然生成或人工设计的物理对象与系统	组织体系、人员、信息和过程
设计目标	以生产为导向,产品要卓越,要有竞争性成本	以消费为导向,面向市场,出色的客户体验
组织和文化	知识在领域边界内储存着,狭隘,连续,厚重,被私人所拥有	多领域的,整体性,同时性,范围广泛性,合作性,开放性

来源:Dodgson,Gann,and Wladawsky-Berger,2010.

如特瑟在本书第30章提出的观点,工业R&D年代的实验室和工厂能够在物理上复制、完整地测试并优化产品,但服务绝不会产生于这些实验室和工厂内。服务产生于服务的被消费点上,并且只有消费行为而非发明行为才是服务业创新的焦点。所以,创新服务产品往往是通过"面向市场"的方式被开发出来,常常与那些能够在消费创新产品的过程中,清晰表达出其需求与条件的人和组织之间联系在一起。这种联系是通过与用户实时进行原型制造与共享性的试验活动而建立起来的,这里的用户包括了企业雇员、合伙人、客户和公众整体。联系的建立也增加了对合作技能的需求。

这说明,服务中出现的那些有潜力创造社会与经济价值的创新,并不只是存在于企业的技术功能之中,还会在企业及其服务用户的有效合作之中出现(参见本书第5章)。这使得对于创新管理来说,跨学科技能和合作技能常常对于结果的成功而言至关重要。就创新而言,团队对于一般的系统设计、开发和管理活动是十分必要的,它能够带来各种各样的活动所需必备的技能。这就需要有了解个体、团队和组织行为的专业知识。工程师们需要有效处理自己和那些过去没有联系的个人和组织之间的关系,并增强跨越传统边界的能力。

技术和战略

技术为几乎为每一个经济要素内的组织提供了战略竞争优势的核心资源,但这不仅仅适用于包括通信与制药行业的企业,还延伸到食品、建筑和交通等各式各样的领域。技术同样为服务业领域的企业带来了竞争优势,如保健行业、零售业、银行业和保险业等,带来了重要的竞争优势。本章这个部分会探讨技术如何在企业中战略性地得到选择、积累和保护。此处,我们使用三个公司的例子:奥雅纳(Arup)、IBM和宝洁公司(P&G),以描绘技术所能支持企业战略和创新战略的方式,这些战略涉及如何为支持商业多样性发展构建高水平的内外连通性（internal and external connectivity）。

奥雅纳是一家全球性的设计与工程服务公司，因其技术专业知识闻名于世。它为某些世界宏伟的现代建筑的建设做出了突出贡献，包括悉尼歌剧院和巴黎蓬皮杜艺术中心。通过这些工程建设，它掌握了关于许多不同领域的知识，如结构、机械、电力和电子系统、地震、火灾、声学和环境技术等。奥雅纳公司同时为大批客户处理上千个工程项目。这个公司的业务开始于结构工程学服务，后来继续扩张，进入了不同的技术服务领域，拥有50多个团队。技术被奥雅纳用于支持关键性的战略活动，以分享工程中涉及的知识，也为创造新的能力和交易提供基础。奥雅纳有着一个深厚广博的知识管理体系，这个系统包括了公司信息网站、项目、个人、利益相关群体、社交网络以及员工的洞见，这些信息与知识都广泛地用于处理计划之中或意料之外的事情（Criscuolo et al., 2007）。这个公司发展新技术和服务的能力，由它为消防工程的创造做出的贡献中可见一斑，这一技术基于与建筑师、施工者、监管者和消防员之间广泛而深入的合作，并成为公司的新业务（Dodgson, Gann, and Salter, 2007）。

IBM是一家信息技术和服务公司，它是创新领域的领军者，拥有几十亿美元的R&D经费，是世界上最多产的专利申请公司之一。格斯特纳（Gerstner, 2002）描绘了IBM公司20世纪90年代早期，濒临破产后转而复兴的故事。IBM公司复兴的关键在于，它通过更为有效利用其内部技术能力和外部联系，提高了应对市场和技术变化的能力。通过打破对大型的、半独立的R&D实验室的依赖并变得更为"面向市场"，IBM公司的目标是远离过去的思路和"非本地发明"综合征。

IBM战略的许多方面都影响了其对技术的利用。它从单纯的制造企业，迅速成长为IT服务企业，使IT服务成为其销售额的主要来源，而且这项进步一直依赖于IBM在技术上的领导地位。IBM在技术上领导地位的特征是"研发和工程设计倾向"，这是一种核心力量，维持着该企业探寻科技的能力和在纷乱时期复杂环境中从外界吸收新思想的能力（Gerstner, 2002）。IBM设立了一所技术研究院（academy of technology），选出了不同科学和技术领域的300名研究员——不同科学和技术领域的代表——他们在公司内外极受尊重。他们的目标是在技术潮流、方向和问题上为IBM公司提出建议，并通过建构和分享知识唤醒整个公司对新兴潮流的关注。作为这个研究院利用新技术的例子，该研究院曾在虚拟世界（virtual world）召开了两次年会。为了连续不断地学习新思想以避免重复20世纪90年代初期所经历的问题，IBM结合其全球视野（Palmisano, 2006），充分利用了它所拥有的企业网络和联盟（Dittrich et al., 2007）。为支撑这种联系，从其网站（ibm.com）可以发现，IBM广泛利用了社交网络和合作技术，并且在虚拟世界中也进行了广泛实验（Dodgson, Gann, and Phillips, 2013）。IBM公司还运营上线了一个门户网站"ThinkPlace"，在这里公司的员工可以提交、分享新想法，并会因为新想法而受到一定的奖励。IBM也组织了许多名为"Jams"的头脑风暴日，用来开放和管理对互联网门户网站的使用，目的是鼓励和优先处理来自员工和外部利益相关者的创新思路。IBM的创新头脑风暴吸引了来自150 000名员工的40 000多条建议。

宝洁公司是世界上最大而且最成功的消费型制造企业之一，它拥有重要的 R&D 组织和专利组合。但在 20 世纪 90 年代末期，宝洁公司也经历了实际销售增长比预期销售增长低的问题，该公司将之归因于生产新产品的能力缺陷——具体而言，新产品在该公司被定义为要拥有 10 亿美元以上销售额——从而无法满足消费者不断变化的需求。过去 20 年里，宝洁公司从未生产过新的主要产品，他们意识到，要实现销售额增长目标，其创新率就需要有实质性的增长。宝洁公司的管理层也同样意识到，公司在研发、技术与创新上的成本投入比销售额增长更快，而这样的情况不具有可持续性。因此，宝洁最终认为，解决公司问题的大部分方案应该来自宝洁公司外部。这种新认识的产生，使宝洁在以"联系和开发"为名的开放创新战略的发展过程中，迈出了至关重要的第一步（参见本书第 22 章）。

"联系和开发"项目(the connect and develop project)，因为支持跨组织边界的知识创新、转移和使用的技术而变得简单（Dodgson et al., 2006）。宝洁公司散布在世界各处的员工都可以通过内部网站"创新网"（innovation net）进行交流互动。利用人工智能技术（artificial intelligence），创新网可以自动进行数据挖掘工作，对使用者的兴趣点进行考虑，并向使用者发送其可能会感兴趣的材料，并同时将有相同兴趣点的人联系起来。这种方法也在亚马逊（amazon.com）那里得到了应用。这些同样被奥雅纳和 IBM 利用的互联网系统的目的之一是，为使"实践共同体"内部及相互之间的交流成为可能（Brown and Duguid, 2000）。宝洁公司内部拥有很多实践社区，社区的主题包括如漂白剂、聚合物、分析化学、柔性自动化和机器人、技术企业家和有机化学等。对于外部而言，宝洁的网站同样可以实现企业与外部商业伙伴的联网交流，并为获得外部的数据库提供关联入口（Sakkab, 2002）。据统计，因为其开放创新战略，宝洁公司借助外部力量展开的创新活动数量在全部创新数量中的占比从 10% 增长到了 50%。

通过对宝洁公司 CEO 的一次采访（Chui and Fleming, 2011），我们对技术所能影响企业及其竞争优势的具体范围有了比较清晰的认识。数字化的过程影响着企业的运营、交通、物流以及企业与零售商的关系，企业可以基于消费者的反馈信息，利用高阶的消费者反馈分析工具与顾客进行互动。下文中我们即将看到，数字化过程通过对模拟、建模和仿真原型制造等技术的运用，可以改变公司创新的方式。

上述几个企业的例子表明，通过对商业多样化的促成以及对内外部关联性与参与的促进的加强，技术可以在某些方面为企业战略的发展提供机遇。我们的讨论将转向技术对支持创新发展的组织过程的影响。

技术和创新过程

技术不仅仅是支持增强创新开放性和连通性的战略。道奇森等学者（Dodgson, Gann & Salter, 2005）提到，大量数字技术正在现代创新过程中得到利用，他们将这些技术称为"创新技术"（innovation technology, IvT）。创新技术包括可视化技术、虚拟技术、仿真技术和快速成型技术。道奇森等人认为，这些技术正变得无处不在，在大量多数领域中得到利用：从制药业到采矿业，以及建筑业和各种不同种类和规模的组织。这些技术被用来推动创新过程，提高创新速度。例如，葛兰素史克（glaxo smith kline, GSK）的新药物发现工作，应用了"自动化"技术，经统计，这项技术可以将新药推向市场所耗费的时间减少两年。而"自动化"技术在汽车设计中的利用，被认为能够将汽车从设计推向市场的时间从四年减少到三年（Gann and Dodgson, 2007）。我们现在转向可以被创新经理用来改进创新进程的一系列技术，在所有关于技术的讨论中，认识到技术应对迅速且不可预测的变化的能力极为必要。本章所讨论的技术是当前正得到应用的技术，但不能就此断定，当面对新的、可能难以预见的创新发展进步时，这些技术依然能够与新变化产生关联并继续得到应用。

数字基础设施

技术创新能力的进步，建立在一系列基础性的技术设施的增长和提高之上，例如计算机处理能力和储备能力，互联网和宽带的外联基础设施，以及能在不同体系之间建立联系的中介软件。这些技术本身就是主要的创新成果，而且它们通过促进交流、促进企业对企业以及企业对客户的交易的方式，为企业提供新的商业机会。我们此处考虑的正是这些数字基础设施所提供的增进创新过程的可能性。

管理决策是由企业可得证据的质量，以及企业基于证据所获得的洞见与理解决定。数字时代的一个关键要素是大量数据的可获得性，即所谓的"数据爆炸"和能够帮助搜寻、分析和代表大数据的技术的能力，其中"数据爆炸"是指数据可以来自科学实验、无处不在的传感器（这些传感器连接了物联网，即设备与设备间的连接网络）以及传递文字和图像的移动电话——以及能够帮助搜寻、分析和代表大数据的技术的能力。大数据技术包括科研在线（eScience）或者网格技术（Grid technologies），其基础是大量的数据传输和计算。这种技术包括一类软件，这类软件允许那些在不同地点、不同研发过程中工作的团队进行共享式的数据诊断与数据分析。这个过程涉及"中间件"，中间件允许合并数据集的可视化，以增进对虚拟研究组织的共同理解和操作。eScience对搜寻和实验过程的支持，可以用制药业中的实例来说明。在制药业，诸如葛兰素史克一类的公司都部署了强有力的计算系统，分析细胞化学中的形式（pattern），寻找新的可被用于药品测试和发展新台阶的"线索"过程。在航空航天领域，诸如罗尔斯·罗伊斯等企业，利用网格技术来连接不同地点的研究团队，也包括在他们的大学技术中心（university technology centre）利用高带宽计算机网络来连接发展实时喷气机引擎监控的工程师们，例如，其中一个叫作DAME（分布式飞机维护环境）的项目是一个典型案例。在罗尔斯·罗伊斯公司的联合大学技术中心进行的研究，采用这种方式将更宽广、更深入的观点和知识带入了企业决策中。

数据爆炸不仅仅用于研究和技术驱动的创新过程中。从事银行与保险业务的哈里法克斯苏格兰银行（HBOS），使用数据挖掘技术来分析大量客户数据，为新的、高度目标化的服务确定适宜的市场划分。卵子银行（egg banking）也部署了精致的仿真模拟工具，以模拟新定价和积分方法内的客户生命周期。德意志银行也广泛利用了风险模仿工具，以识别主要的风险以及替代性的风险消减策略所可能带来的影响。很多公司都用数据进行大规模的过程优化，探索怎样提升大规模预测的质量。这就要求在内在复杂而不可预测的社会系统内(这类社会系统包括城市环境系统、健保系统以及金融系统等),形成新的决策制定分析技能。数据获得的新来源为实时消费者服务需求分析提供了机会,在宝洁的案例中,该公司CEO宣称"有了数字技术后,企业和世界上每位消费者建立一对一关系完全是可能的",正是新机会的体现(Chui and Fleming,2011)。

大量数字化数据能够被人们获得,这就为人们将关联不同系统的计划、整合物理系统和数字系统提供了机会。这种现象可见于管理城市基础设施系统创新的情况中。用于城市基础设施的设计、建造和运行的技术工具和模型现在能够应用一整套技术和流程来实现不同工具间的整合。随着世界人口数量急剧扩张,城市能否成功运转,取决于其物质基础设施(如建筑、桥梁和道路)能否使用新数字技术来构建彼此间的互动联系,最终实现协同运转。传统而言,城市基础设施系统都是独立地发展并运作起来的,但是这些系统之间事实上有着很深的相互关联。例如,交通运输系统就与能源供应系统密切相连,电动车使用得越来越多,减少了汽油消费,却增加了对电力的需求。改进的电信基础设施增加了居家工作和远程医疗的机会,这些又影响了交通运输系统与卫生系统。饮用水供给需要有高水平能源供应来支撑水的处理与输送工作。冷却发电站需要大量水资源。城市如果具备连接这些系统的能力,就会为提升现有服务和创造全新服务类型的创新活动提供机会。"物理—数字"系统的整合为未来城市充分利用先进技术、仪器和传感器,整合其多样的系统组件提供了一个很好的范例(Dodgson and Gann,2011)。

建模和仿真模拟

先前描述的建模和仿真模拟活动利用了大量不同的技术,如计算机辅助设计(CAD),以及计算流体动力学(CFD)和有限元分析(FEA)等许多技术。CAD系统通常被用于航空器这类复杂新产品的设计,以及一些相对简单产品(如牙刷和鞋)的设计。建模和仿真模拟同样可以使用现成的计算机软件套件,利用诸如热点图(heatmap)在内的电子数据表和可视化技术。仿真模拟的开展要利用一些涵盖了系统重要参数和关系的模型,然后给系统提供一个具有因果关系与效用方面解释力的抽象化的呈现。仿真模拟技术简化了现实,方便人们分析系统内各部分如何共同运作。

这些工具越来越多地用于为多种设计活动进行的快速分析,增加了评估不同方案的可能效果的机会。它们也允许针对系统绩效进行实验,允许设计团队询问仿真产品的各个方面,并提出各种"如果……怎样"的问题。建模与仿真模拟工具同样可以用来设计物流网络,例如,宝洁公司在供应网络的设计中,就使用了最优选择和仿真模拟技术。这些技术允许企业从数以千计的选择中挑选出最为有效的解决方案,同时决定最有效率的供应链结构是哪一种。

可视化

电影和游戏产业中发展的可视化技术,提升了企业对现实中产品、服务和程序进行可视化呈现的能力。利用虚拟环境技术可以使现实中也许不可能完成或者十分昂贵的实验得以进行(Thomke,2003)。虚拟现实(virtual reality)正在时尚和服装产业中得到利用,以提升产品设计效果，方便实现产品的个性化定制。宝洁公司利用虚拟现实构建的"购物广场"，用来测试消费者对其产品以及相关竞争品的反应，这些工具提供了很多不易被传统焦点小组方法和电话产品评估方法提供的信息，例如眼球运动等因素的信息。宝洁公司利用可视化技术与消费者一同检验套件来测试与消费者一同进行包装设计后最终包裹的呈现效果。该公司还使用了一种与快速成型技术有关的、能够进行仿真模拟和原型建模的 3D 计算机辅助设计系统。

一些"混合现实"（mixed-reality）领域的仿真模拟工作室结合了真实和虚拟的物件，在"浸入式"（immersive）的工作室内创造出细节水平极高的产品虚拟原型。这些虚拟的原型使企业及其顾客，在产品和服务实际生产出来之前就能够体验这些产品和服务。这些工作室将高端的工程技术和设计工具与来自计算机游戏领域的技术（包括全息成像技术和敏感触控型虚拟模型技术）结合起来。通用电气公司和波音公司等企业，就利用了这些"浸入式"的工作室来探索设计选择，这降低了它们在传统原型设计与检验活动中的成本，节省了时间。

增强现实（augmented reality，AR），是另外一种通过结合 3D 虚拟现实模型与真实物理模型，来实现数字与现实整合的例子。AR 采用一台相机来截取真实世界的图像，之后使用移动计算机进行 3D 计算机辅助设计的模型建模，并覆盖在真实世界的图像上，使其在真实世界的物理模型上覆盖（或增强）了一层虚拟模型（有关实物或信息）。

作为使用实例，通过提供建筑物的信息，AR 有可能给建设环境带来革新。因为 AR 技术的帮助，用户周围的真实世界信息变得具有互动性和数字可用性。通过追踪用户的位置和方向，复杂的空间信息可以被直接输入物理模型中。大量有关一幢建筑物或者基础设施的数据能够轻易获得，例如隐藏的基础设施，如光学纤维、下水道和油气管道等，虽然都铺设在路面下方，但借用技术，其状况都可以被人们所"看到"，这对于拥挤的城市环境下基础设施的建设、改进和维护等尤其有意义。一家名为"Laing O'Rourke"的建筑公司，就在建筑活动中使用了 AR 系统，他们在用户从所站位置看到的视野上，覆盖了一层建筑结构系统的部分 3D 数字模型。AR 系统和细腻的 3D 模型让 Laing O'Rourke 的工程师和设计师得以透过天花板、墙壁、屋顶和地板看见建筑内既有的机械设备和电线（Gann et al.，2011）。

另一个例子是奥雅纳公司的防火工程团队，他们通过模型和模拟发现，在极端事件中疏散身处高楼大厦的民众的最佳方式就是使用电梯（假设烟雾可以从电梯井中清除）。但他们知道这个发现肯定会与经年的常识发生冲突："当遇到火灾时，不可使用电梯。"向持怀疑论的火灾权威、消防员、大楼住户和建筑公司、建筑师和建造商等推广一项极具创新的解决方案，需要企业有相当程度的交叉学科和专业理解。如果企业能够生产一种可供上述不同组织互动的可视化工具，以直接围绕技术性的图标和数据组开展讨论，这种新的可视化工具就可以让公众更容易理解企业的新方案（Dodgson et al.，2007）。

快速成型（rapid prototyping）

《经济学人》在一系列文章中提出，快速成型技术——有时也被称为 3D 打印——将变革制造业。快速成型技术目前得到了广泛使用,这种技术是另行一层一层地构建组件,而不同于传统的在一整块原材料上切割的技术。例如,宝洁公司就以"数字探索:现实确认"(exploring digitally:confirming physically)为宗旨,使用了虚拟系统和快速成型系统。一旦数字模型被生产出来,虚拟产品测试就开始了,来自世界各地的团队将会对此虚拟模型进行检验,并基于他们对新产品的好恶加以评判。这些技术也与制造技术相互联系:宝洁公司所使用的快速成型机器最开始是为 F1 赛车而开发,对 F1 赛车而言,迅速创造出高精度的机器部分便十分重要。宝洁公司团队与当地的快速成型工具开发商合作,并和他们分享关于开发原型的最佳经验。宝洁公司团队利用虚拟和快速成型来测试新包装盒能否被残疾人或者老年人打开,并在扩大规模进行大生产之前,测试一些新包装盒在他们指向的特定市场内受到的欢迎程度。在为男士香水开发新包装的情况中,宝洁利用快速成型技术在数组女性(男士香水的主要购买者)中测试了不同香水瓶形状的吸引力,这些女性顾客对于不同香水瓶的选择拥有精准的代表性,这样就不需要宝洁公司额外支出生产玻璃瓶原型所需的费用了。某些工程产业会使用快速成型机器,利用最终产品的真实原料,对产品的某个组成部分进行3D打印。这种做法对"订制生产"的生产新形式意义重大。

结　　论

技术深刻地影响着工作开展和创新产生的方式,但是技术影响的方向却不完全由技术因素所决定,如经理人就可以选择技术配置和使用的方式。在整个工业时代,对于技术使员工"去技术化"和消除工艺技能的问题,一直受到人们的持续关注,而这种关注也已经扩展到了服务产业和数字时代(Sennett,2008)。但是,在工作内容的配置中,让员工保留一些自由决断的权力和技艺,还是会带来一些特有的好处的。如果能使工作变得既有趣又有价值,那么员工的满意度就得到了提升,而且同样也可以更直接地提高创新能力和生产力。通过消除重复而枯燥的劳动,技术可以为员工带来更多时间,以进行有创造性、有趣味的活动。正如在工业时代一样,数字时代里,围绕数字技术进行技术的配置,最终会对工作、技能和工艺产生影响。正如数字时代的一位观察家所言:

> 人们如果拥抱作为一种工艺的数字制造,那么这种拥抱不仅能为实验和合作生产创造空间,还可以帮助人们获得对事物如何运作、如何构建以及如何修复方面的更深层次的理解。

——Carpenter,2011:51

当我们去审视创新技术——那些用于支持创新流程的技术,即数字建模、仿真模拟和可视化工具时,我们要认识到,人的分析技能以及基于工艺知识和经验的判断力,依然占据着十分重要的位置。

这些技术也存在一些需要创新经理人注意的明显危险。仿真模拟技术依赖数据,而这些数据却能放大任何小的错误或者误判,故而对技术使用结果的解释和确认可能会存在问题。熟练使用虚拟现实与可视化技术,可以以一种令人确信的方式呈现技术结果,但可能掩盖了支撑技术使用的模型建构中的问题和数据中的潜在错误，最终导致对真实世界的错误理解和错误解释。

为了获得能够捕获虚拟现实与快速成型技术的益处，克服这些技术的局限，利用好社会技术平台与协作技术平台，人们需要持续地发展深层次的知识与工艺。使用这些工具所能带来的价值取决于以下几个方面：人们所提出问题的质量，对输入数据可靠性的理解，对构建模型的假说与简化条件的清晰理解，以及对模型运行结果的正确解读。这些技术的价值，就在于得到热衷于认识并补充其员工的技能和创造性的组织的利用，但其使用价值需要在一类特定组织的应用下得以实现，这类组织的特点是：热衷于实现乃至弥补提升员工的技能与创造力，鼓励跨组织与跨技术边界的良好沟通，增进员工对工作的热情与参与度。技术不应当被用来削弱员工的技能，而应当允许不同技能的扩张和整合，因为各式各样的技能对于创造一些针对复杂问题的解决方案而言是十分必要的。

技术通过创新战略而与创新密切联系。长期而卓越技术应用成就（continuous deep technological excellence）使如 IBM 和奥雅纳这类公司得以建立自己的核心技术力量，实现商业活动的多样化。技术能够帮助组织实现组织内外事物有价值的整合，促进内外部事物对组织活动的参与。创新战略融合了内部创新力量和外部创新力量，技术则帮助更大范围的参与者投入创新活动之中，包括客户、供应商、创新生态系统成员，并塑造和呈现问题的潜在解决方案。这可能帮助人们对广泛的影响创新与设计的其他外部因素获得更为充分的了解。同时，企业让大量有潜力为技术应用创新做贡献的人员参与其中，这些外部人员的参与决定了解决方案所能取得的最终成功。对于有关团体而言，一些高度复杂的、人们缺乏相关知识的、传统上解决难度很大的问题，有可能在建模与仿真模拟技术的帮助下得到解决。设计师基于自身所拥有的技能和对技术局限性的认识，在虚拟设计环境中进行设计活动。这样，加上有关团体也参与到了这项工作中，最终使设计师能够对其创新成果的适当性、精确性和效果拥有更多自信。

在某些情况下，我们所讨论的一系列特定类别的模型与原型，鼓励人们进行集体的试验活动，检验不同的想法、愿景与故事（ideas, visions, and stories）。客户和终端用户也能够积极地参与到新产品和服务的设计中，并可以利用本书第 5 章所描述的设计工具，形成"面向市场"的创新过程的结果。只需要敲击、打字、说话或者拍摄一张照片，就能轻易与互联网相联结，而且与互联网相联结后，平台也能够对服务或产品进行实时的试验，提供相关反馈。IvT 同样给创新者提供了新的发展机会，创造了更为扁平的结构，并通过在线社区论坛和其他合作设计及社交网络空间的讨论，颠覆了"专家"的角色（Ball, 2004; Surowiecki, 2004）。我们可以预见的是，这股变化的势头将继续维持，而这些变化正在打破组织、学科、专业和公私领域之间的阻隔，从而为创新经理人创造了全新的环境和机会。

这就要求我们从大多数当代创新产品所体现出的"产品中心"（product-centric）观念中走出来，走向一个由人类与市场目标驱动下的组织系统设计观念。对诸如金融产业、数字媒体产业或城市公共事业等复杂系统的设计，可以从人们在新实验路径方面的技能中受益。这种路径利用了各种可视化技术和虚拟现实技术所提供的仿真模拟和建模机会。

技术的影响往往是模糊的，而且人们越来越多地从事多种项目，信息及其反馈传递的速度也越来越快，这可能导致人们在问题出现之前反思相关问题的时间越来越少。这些持续不断的挑战向人们强调：尽管技术能够在加强创新过程中做出贡献，但它们仍然存在风险。理解用户使用技术的局限性，对于技术的成功应用十分重要。我们必须承认，技术仅仅是一种工具，这种工具的发展和利用是人类选择的结果。人类的选择反映出的是组织内部的个体差异、偏好以及政治现实。

参 考 文 献

Allen, T. (1977). *Managing the Flow of Technology: Technology Transfer and the Dissemination of Technological Information Within the R&D Organization.* Cambridge, MA.: MIT Press.

Ball, P. (2004). *Critical Mass: How One Thing Leads to Another.* New York: Farrar, Strauss and Giroux.

Bell, D. (1976). *The Coming of Post-industrial Society.* New York: Basic Books.

Braverman, H. (1974). *Labor and Monopoly Capital: The Degradation of Work in the Twentieth Century.* New York: Monthly Review Press, 465.

Brown, J. S., and Duguid, P. (2000). *The Social Life of Information.* Boston, MA: Harvard Business School Press.

Brynjolfsson, E., and Saunders, A. (2010). *Wired for Innovation: How Information Technology is Reshaping the Economy.* Boston, MA: MIT Press.

Carpenter, E. (2011). 'Social Making', in Charny, D. 'The Power of Making', Exhibition Catalogue, London, Victoria and Albert Museum.

Chui, M., and Fleming, T. (2011). 'Inside P&G's Digital Revolution', *McKinsey Quarterly.* November.

Constant, E. (2000). 'Recursive Practice and the Evolution of Technological Knowledge', in Z. Ziman (ed.), *Technological Innovation as an Evolutionary Process.* Cambridge: Cambridge University Press, 219–30.

Criscuolo, P., Salter, A., and Sheehan, T. (2007). 'Making Knowledge Visible: Using Expert Yellow Pages to Map Capabilities in Professional Services Firms', *Research Policy*, 36(10): 1603–19.

Crump, T. (2001). *A Brief History of Science: As Seen Through the Development of Scientific Instruments.* London: Constable.

Dittrich, K., Duysters, G., and de Man, A.-P. (2007). 'Strategic Repositioning by Means of Alliance Networks: The Case of IBM', *Research Policy*, 36(10): 1496–511.

Dodgson, M. (1984). 'New Technology, Employment and Small Engineering Firms', *International Small Business Journal*, 3(2): 118–19.

Dodgson, M., and Gann, D. (2011). 'Technological Innovation and Complex Systems in Cities', *Journal of Urban Technology*, 18(3): 99–111.

Dodgson, M., Gann, D., and Salter, A. (2005). *Think, Play, Do: Technology, Innovation and Organization.* Oxford: Oxford University Press.

Dodgson, M., Gann, D., and Salter, A. (2006), 'The Role of Technology in the Shift Towards Open Innovation: The Case of Procter and Gamble', *R&D Management*, 36 (3), 333–46.

Dodgson, M., Gann, D., and Salter, A. (2007). '"In Case of Fire, Please Use the Elevator": Simulation Technology and Organization in Fire Engineering', *Organization Science*, 18(5): 849–64.

Dodgson, M., Gann, D., and Wladawsky-Berger, I. (2010). 'Engineers and Services Innovation', *Ingenia—Journal of the Royal Society of Engineers*, 44: 33–5.

Dodgson, M., and Gann, D. (2011). 'Technological Innovation and Complex Systems in Cities', *Journal of Urban Technology*, 18(3): 99–111.

Dodgson, M., Gann, D., and Phillips, N. (2013). 'Organizational Learning and the Technology of Foolishness: The Case of Virtual Worlds in IBM', *Organization Science*, 24(5): 1358–76.

Freeman, C., and Perez, C. (1988). 'Structural Crises of Adjustment: Business Cycles and Investment Behaviour', in Dosi G., Freeman, C., Nelson, R., Silverberg, G. and Soete, L. (eds), *Technical Change and Economic Theory*. London: Pinter Publishers, 38–66.

Galison, P. (2003). *Einstein's Clocks, Poincare's Maps: Empires of Time*. London: Sceptre: Hodder and Stoughton.

Gann, D., and Dodgson, M. (2007). *Innovation Technology: How New Technologies are Changing the Way we Innovate*, London: National Endowment for Science, Technology and the Arts.

Gann, D., Dodgson, M., and Bhardwaj, D. (2011). 'Physical–digital Integration in City Infrastructure', *IBM Journal of Research and Development*, 55(1&2): 1–10.

Gerstner, L. (2002). *Who Says Elephants Can't Dance: Inside IBM's Historic Turnaround*. New York: Harper Business.

Hackett, E., Amsterdamska, O., Lynch, M., and Wajcman, J. (2007). *The Handbook of Science and Technology Studies*, 3rd edn. Cambridge, MA: MIT Press.

Hamilton, J. (2003). *Faraday: The Life*. London: Harper Collins.

Hargadon, A., and Sutton, R. (1997). 'Technology Brokering and Innovation in a Product Development firm', *Administrative Science Quarterly*, 42(4): 716–49.

Jefferys, J. (1946/1970). *The Story of the Engineers, 1800–1945*. New York: Johnson Reprint Corp.

Jones, R. (2004). *Soft Machines: Nanotechnology and Life*. Oxford: Oxford University Press.

Kelley, T. (2001). *The Art of Innovation: Lessons in Creativity from IDEO, America's Leading Design Firm*. New York: Doubleday.

Kerr, C., Dunlop, J., Harbison, F., Myers, C. (1973), *Industrialism and Industrial Man* (London: Penguin).

Marx, Karl (1981). *Capital, Volume 1*. Harmondsworth: Pelican, 1136.

Noble, D. F. (1986). *Forces of Production: A Social History of Industrial Automation*. New York: Oxford University Press.

Palmisano, S. (2006). 'The Globally Integrated Enterprise', *Foreign Affairs*, 85(3): 127–36.

Perlow, L. A. (1999). 'The Time Famine: Toward a Sociology of Work Time', *Administrative Science Quarterly*, 44(1): 57–81.

Perrow, C. (1970). *Organizational Analysis: A Sociologial View*. London: Tavistock Publications.

Petroski, H. (1985). *To Engineer is Human: The Role of Failure in Successful Design*. New York: University of Columbia Press.

Sakkab, N. (2002). 'Connect and Develop Complements Research & Develop at P&G', *Research-Technology Management*, 45(2): 38–45.

Schön, D. A. (1991). *The Reflective Practitioner*. Aldershot: Ashgate Publishing.

Schrage, Michael (2000). *Serious Play: How the World's Best Companies Simulate to Innovate*. Boston, MA: Harvard Business School Press.

Schumpeter, J. A. (1934). *The Theory of Economic Development: An Inquiry Into Profits, Capital, Credit, Interest and the Business Cycle*. Cambridge, MA: Harvard University Press.

Sennett, R. (2008). *The Craftsman*. New Haven, CT: Yale University Press.

Simon, H. A. (1996). *The Sciences of the Artificial*, 2nd edn. Boston, MA: MIT Press.

Surowiecki, J. (2004). *The Wisdom of Crowds*. London: Abacus.

Thomke, S. (2003). *Experimentation Matters*. Boston: Harvard Business School Press.

Touraine, A. (1962). 'A Historical Theory in the Evolution of Industrial Skills', in C. Walker (ed.), *Modern Technology and the Organisation*. London: McGraw Hill.

Townes, C. (1999). *How the Laser Happened: Adventures of a Scientist*. New York: Oxford University Press.

Tuomi, I. (2002). *Networks of Innovation: Change and Meaning in the Age of the Internet*. New York: Oxford University Press.

Vincenti, W. (1990). *What Engineers Know, and How They Know It*. Baltimore: John Hopkins Press.

Whyte, J. (2002). *Virtual Reality and the Built Environment*. Oxford: Architectural Press.

Woodward, J. (1965). *Industrial Organization: Theory and Practice*. London: Oxford University Press.

Wyatt, S. (2007). 'Technological Determinism is Dead: Long Live Technological Determinism', in E. J. Hackett, O. Amsterdamska, M. Lynch and J. Wajcman (eds), *The Handbook of Science and Technology Studies*, 3rd edn. Cambridge, MA: MIT Press.

第四部分

战略、管理和组织

第20章

创新、战略与超竞争理论

丽塔·甘瑟·马格拉斯(Rita Gunther McGrath)
杰里·金姆(Jerry Kim)

战略学者(strategy scholar)一直认为创新实践距离他们所关注的基本问题十分遥远,他们总是关注诸如经济组织应当在何处以及怎样竞争,优势区位来自何处,以及产业是怎样发展的等问题。通常战略模型会假设一些稳定时期,在这段时期内,我们可以通过分析获知有关管理的选择。战略最终的目标是,了解一家企业如何才能创造出"持久"竞争优势,这种竞争优势被定义为"超出标准回报值的持久的公司差别"(Oliver,1997:697)。在竞争优势快速消退的时候,相对稳定性的基础也消散了。为了解企业的创新绩效,战略管理学者需要敢于探索不确定、反复无常而又不断迅速变化的塑造创新特征的环境(McGrath,2013)。在本文中我们认为,随着经济发展中称为"超竞争"的频繁出现,战略管理领域的研究人员应被建议将创新摆在他们研究日程中更为重要的位置。

战略管理研究领域

在讨论为何战略管理需要不断关注创新问题之前,研究战略管理如何发展为一个独立研究领域具有重要的指导意义。如果成功是以标榜自己研究此学科,或是为管理学会与战略管理学会这类组织的成员学者数量增长而定义的话,那么战略管理成为一个研究领域的成功的确一直引人注目。如它之前一直被称作"商业政策"一样,最开始的"战略管理"只是将其特殊之处定位为总经理(general managers)的职责,早期研究工作关注的是总经理所做出的关键决策。正如 Hambrick 和 Chen 指出,战略管理的核心观点是"高层或总经理的职责与底层经理人的职责截然不同"(Hambrick and Chen,2008:40)。不同于诸如组织行为学、市场营销学或经济学等更为完善的学科相竞争,或是尝试削弱这些研究学科的效用,战略管理的突出贡献在于,它可以广泛吸收并整合来源于那些建构更为完善的学科理论和研究结果,以总结出总经理的独特管理视角,因此战略管理学科的研究人员涉猎的范围更为广阔。

故战略管理学者在研究中借鉴了市场营销学(Hatten et al.,1978),来观察产业结构和市场需求;也借鉴了组织理论来了解诸如合法性、社会接受度、企业如何更好地处理制度问题(Miles and Cameron,1982);还借鉴了经济学来适应针对管理决策的经济学分析工具(Caves and Porter,1977)。然而,这也的确为这个学科增加了某些身份危机。如果它无法在方法论、内在理论假说甚至是边缘条件等因素上宣告其独特性,那么,又有什么因素可以使其在除关注总经理这一点外,还有其他独特性呢?Nag,Hambrick 和 Chen(2007)曾试图回答这个问题,并在一次对该领域内的出版文献和学者观点的详尽调查后,得出了以下表述:

> 战略管理学领域,涉及公司总经理代表公司所有权人执行公司主要预期计划以及紧急计划的问题,包括在公司外部环境中对有利于公司绩效的资源利用等。

即使给出了定义,Nag 等也提出了担心,战略管理"管理"的部分,在他们的研究中没有与战略群体表现出很大关联,至少在某种意义上,他们的调查对象接受战略过程处在学科的合法领域内。类似地,与战略有关的个体行为与战略的社会影响和结果,并未被视为领域的核心。他们的研究领域因此留下了一些重要的定性问题和人类所关心的问题(Barnard,1938;Ansoff,1965;Andrews,1971)。我们希望证明这是一个显著的差距,因为系统的创新管理与组织内/组织间的程序与社会基础结构有很紧密的联系。

战略管理学的理论和实践传统

在众多战略管理的相关文献中,主要存在两大理论传统。其一,借鉴产业组织经济学,主要将企业绩效看作企业参与竞争的潜在市场的结构功能,以及企业在这些市场中所处的不同区位。这种理论强调产业贡献,诸如产业集中率、广告投资的决策和定价选择,等等。其二,此种理论传统似乎最终形成了一种被称为企业的"资源基础"观或者战略的"动态能力"观的观点,聚焦于企业如何塑造能力,并强调诸如能力、学习、领导力,以及长期决策的累积效应等因素。

来自经济学的理论借鉴

Michael Porter 是战略领域一位成功的产业经济学理论大师(Porter,1980),他的文章在1980—1985 年被引用的次数最多(Hambrick,1990)。从学术角度来看,产业组织经济学(I/O)的亮点在于,它提供了可能与绩效相关的丰富的可量化变量因素的图景,以及一系列关于那些变量如何关联的假设。

此理论以"结构—行为—绩效"范式为基础,假设产业的发展表现取决于该产业中企业的行为,这种行为将在不同的潜在市场结构上产生不同的结果(Mason,1949,1959,1959)。同时,一个重要的假设是,正如 Porter 自己所观察到的,一个产业的结构反映了"相对稳定"的经济和技术维度,这意味着在相当长的时间内这些经济和技术维度都可以得到分析。此范式中有一个深入而简单的假设,正如 Porter 所言,"因为结构决定行为(战略),而行为会决定绩效,我们可能会忽视行为,并且为了尝试解释产业绩效而直接观察产业结构,行为仅仅反映了其所处的环境"(Porter,1981:611)。

讽刺的是,产业经济学观点的学术奠基者(intellectual fathers)之一,曾有过一种完全不同的观点,此观点支持的是战略研究中以经济学为基础的成果中大多被忽视的部分。1939年,Edward Mason 曾坚持认为"……不考虑经济理论可能假设的内容,企业并非是采用独立于其组织的方式,对特定市场环境做出反应,进而产生的无差别的盈利利润最大化的机构"(Mason,1939:66)。Schmalensee 在 2012 年国际产业组织会议上的一次演讲中评论道:"这种观点早已在经济学中过时了,部分原因是经济学理论已经无法对企业组织究竟如何重要做出更多解释"(Schmalensee,2012:160)。

然而,大量战略文献却是建立在这种理论传统之上的。最初,研究者研究了产业的特征,如集中程度、产品差异以及进入壁垒,并发现进入壁垒可能产生于规模经济、产品差异优势以及成本优势(Bain,1959)。后来的研究考察了博弈论的问题,如企业在信息不对称的情况下应当做出何种怎样做出选择(Saloner,1991)。其他有影响力的研究则调查了先动优势和转换成本(Lieberman and Montgomery,1988;Farell and Klemperer,2007)。交易成本理论试图解释企业为何按照其目前的方式组织经营,如在企业内部交易,或在开放的市场上交易(Williamson,1975)。代理理论试图解释的是,经营动机怎样影响企业决策的制定和经营结果(Jensen and Meckling,1976;Campbell et al.,2012)。竞争理论则采用了博弈论和其他概念来阐述关于企业在什么情况下才会对竞争活动做出回应,以及什么情况下不会回应的问题(Chen and MacMillan,1992;Gimeno and Woo,1996;Ferrier et al.,1999;Haleblian et al.,2012)。

或许这种传统下最著名的理论框架就是 Porter 的假说,此假说的核心是,只有通过分析五种竞争力才能使人最准确地理解一个企业的地位——因为它超越买方和卖方的力量、市场准入障碍、替代品的缺乏以及竞争对手的一般状态等。为审查企业做出的战略决策,关于战略研究的经济传统的关键点在于利用产业层次结构变化。

来自众多传统的理论借鉴:资源基础观(resource-based view)

I/O 观点的批评者反对 I/O 过于静态的研究方法。与之相反,所谓的资源基础观的支持者认为,随着企业的不断发展,它们获得了经营能力和资源,这些收获具有路径依赖性和相对持久性,同时也产生带来可持续竞争优势的异质性(Wernerfelt,1984;Barney,1991;Teece et al.,1997;Hoffman,2000)。资源基础观的理论传统可以追溯至 Edith Penrose 等,他们倡导从企业经营能力提供的"服务"等方面看待企业本身(Penrose,1959),尽管此观点同样需要借鉴大量其他领域的理论,包括认知能力和个体思维过程(Levitt and March,1988;Hodgkinson and Healey,2011)。

虽然支持资源基础观的学者,甚少很少处理与持 I/O 观点的学者完全相同的问题,但是相比于其所处的环境,企业仍然比他们所在的环境更为关注当前企业内部所发生的事情(McGrath,1993;Galunic and Rodan,1998;Ahuja and Katila,2004)。尽管这些问题并没有被明确地包括在资源基础观的范围内,组织学习(Cohen and Levinthal,1990)、组织的进化和适应(Levithal,1997)、知识管理(Helfat and Raubitschek,2000)、资产的路径依赖积累(Dierickx and Cool,1989)以及组织结构(Robins and Wiersema,1995)等领域研究分支均为战略研究的例证,其中学者们观察企业内部结构和经营过程,因为这对于企业经营绩效十分重要。对于资源基础观理论,也存在诸多批评,研究人员抱怨这种理论根本就是多此一举,而且这种理论的方法也不够严谨(Priem and Butler,2001;Edward and Hermann Achidi,2006)。

实证主义的开端

当然,理论不会凭空产生,为解战略管理理论发展的方式,思考该学科(大多产生于美国)出现的背景变得更有意义了。"二战"后期,美国产业经历了前所未有的成长发展,也没有面对过产业竞争,而其他国家的公司在那场毁灭性的战争后正挣扎着重新获得产业立足点。许多潜在竞争者都处于受苏联影响的"铁幕"之下,并且当时来自中国和印度的公司要么尚未参与国际贸易,要么因为自身制度而无法参与国际贸易。换句话说,美国公司享受了一段相对稳定的竞争交换时期(Whitman,1999)。随着竞争愈演愈烈,那个时候产生的理论假说已经很难站住脚了。

在此时期,Walter Kiechel 在咨询过程和研究过程中所称的战略"王者"(Lords),在学术领域占据主导地位(Kiechel,2010)。Kiechel 认为,战略本身就是出现在这一时期的新观念,同时此观念也认为通过量化分析,可以得出提升公司绩效的方法。令人激动的是:企业战略决策并非以丰富的经验为基础,也并非以观察其他企业获得的信息为基础;相反,企业战略决策可以采取许多分析技术,以期产生更为优越且可以重复使用的解决方案。

因此,我们将波士顿咨询公司(BCG)工作的成果置于学习曲线中,此曲线最终形成了产品组合矩阵,这是一种美国各公司领导者都广泛使用的模型(Lubatkin and Lane,1996)。McKinsey,BCG 和 Bain 开发了分析框架,以帮助公司做定价和生产决定,并研究公司利用追求绩效的"新泰勒主义"进行的公司经营。所有这些都强化了这样一种观点,即企业可以通过战略分析获得竞争优势。

Kiechel 认为,咨询顾问在 20 世纪 60 年代最先给出了商业领域战略的概念,学者们紧随其后。1977 年的匹兹堡,在 Dan Schendel 和 Chuck Hofer 的领导下,93 名学者、咨询顾问和商人聚在一起,用"战略管理"重塑了商业政策的含义(Schendel and Hofer, 1979;Hambrick and Chen,2008)。战略学者试图采用其他更成熟的学科领域所使用的研究风格。Hambrick 发现,许多 1980—1985 年间发表的最有影响力的论文,都采用了自然科学的研究方法,包括显性假设检验、多变量分析以及显著性样本(Hambrick,1990)。

因此,随着用于测量特定战略选择结果的首个大规模实证数据库的发展,许多问题已经得到了解决。营销战略对利润的影响数据库(简称 PIMS),是由通用公司的高级执行官 Sidney Schoeffler 于 20 世纪 60 年代建立的。在那个热衷于数据分析的年代,通用公司的领导者们迫切地想要知道,他们是否可以分析出为何一些业务部门要比其他部门更盈利。通用公司进行了一个综合调查,这个调查要求销售部门经理提供部门运转的各类成果的数据,他们做出的战略选择的数据及相关结果的数据。

今天看来,这些变量其实显而易见——包括相关产品质量、地区市场份额、成本、投资集约程度和市场增长率,等等。但在当时,该数据库确实具有突破性,因为它集中了这些因素及其对企业经营绩效影响的大样本实证数据库。PIMS 最终得以扩展，超越了通用公司的范围，并于 20 世纪 70 年代成为市场营销科学研究所的一个项目。PIMS 中的一些数据对学术研究人员开放，为公司战略问题的实证研究提供了丰富的可能性（Buzzell et al.，1975；Anderson and Paine，1978；MacMillan and Day，1987）。除 PIMS 外，其他大规模数据库，如 Compustat 数据库、FTC 数据库和 SIC（标准产业分类编码）数据库，也开始向那些急于寻找管理决策及其结果之间的数据规律的学者开放，而这被 Richard Bettis 关切地称作"搜索星号'*'"。

战略研究文献中的历史假设

经济学和战略的资源基础观都有某些特定假设。第一个假设是产业有明确的界限，它们相对稳定、变化较慢。这在 I/O 观点中更为突出，但它同样也出现在 RBV（资源基础观）中，尤其当学者们试图对企业进行比较以发现拥有具体资源对企业的影响时（Collis，1991；Carr，1993）。第二个假设是，任何企业最重要的竞争者都是其产业内的其他企业，即那些提供相近替代品的其他企业。第三个假设是，资源（只有少数例外）是组织的财产，并与企业密切相关。

但是这些假设渐渐无法反映现实情况，在这样的背景下，一家企业的商业模式，或竞争优势和生命力，都受到了比它们过去更快的挑战。从全球化到数字革命，许多因素都消除了市场准入障碍，赐予新竞争者力量，提高了技术领域水平，另外也为企业创造了所谓的"超竞争"环境。

超竞争和竞争"波动"的兴起

20 世纪 90 年代，D'Aveni 和他的同事们（D'Aveni and Gunther，1994）将矛头指向了可持续性竞争优势概念，此概念引发了一系列质疑占支配地位的可持续性竞争范式的研究，表明并提出许多竞争环境的主导性规则是超竞争而非竞争均衡（Craig，1996；Gimeno and Woo，1996；Ilinitch et al.，1996）。这些学者提出的假设是，所有优势地位都是暂时的，它们注定要被熊彼特提出的"创造性破坏波动"（Schumpeter，1942）所替代。优势的特征是暂时的或是说是短暂的，而创新（而非定位和资源积累）则可以产生业绩成果（D'Aveni and Gunther，1994；Christensen and Bower，1996）。

竞争在加速蚕食竞争优势的证据

有些人会问，超竞争是否只有在快速运行的产业中存在，如家用电子产业（McNamara et al.，2003）。我们考察了 1955 年财富榜 500 强（按收入计算）的前 100 家企业。大多数企业涉足能源、钢铁、食品，以及像电池制造等实体产业。1955 年前 100 名企业的榜单上，只有一家公司（CBS）没有涉足实体产业。但当我们考察 2012 年的前 100 名榜单时，就完全不是这样了：前 100 名的榜单上，仅有 39 家公司涉足制造业（这也是因为自 1994 年开始，财富榜改变了标准，允许服务业企业上榜）。

代替制造商的是零售商（沃尔玛、好市多）、银行以及其他金融服务公司（花旗集团、美国教师退休基金会、富国银行)。如今在榜单上出现的制造商大多都是高科技公司(思科、谷歌、苹果)。换句话说,2012 年榜单上的公司多为产品生命周期较短的产业部门,如家用电子、零售商以及技术服务商等。这说明至少在大企业之间,活跃的经济活动不是包括服务业就是包括快速发展的消费产品行业;反过来,这些产业在面对迅速竞争攻击时十分脆弱,因为它们的市场准入障碍更少,遭受被替代的风险更大。

其他研究者也发现了相似的竞争模式。前任 McKinsey 主管 Richard Foster,以及这一主题《创造性破坏》一书的作者(Foster and Kaplan, 2001),最近发现标准普尔 500 指数(用来表示经济总量的指数)公司的寿命近几十年来一直在缩短。1960 年,一家典型 S&P 公司可以运营 60 多年,但到了 2010 年,此类公司只能运营 16 年或 17 年。进一步,标准普尔 500 指数经常变动。根据 Foster 的研究,大约每两周就有一家新企业进入,而一家现存企业退出。因此,诸如快捷药方、瞻博网络和谷歌这一类公司进入标准普尔 500 指数时,西尔斯百货公司、《纽约时报》以及睿侠公司(Radio Shack)等却选择退出。这种变化并不只发生在美国,我们同样考察了伦敦的富时(FTSE)100 指数,且发现了同样的波动率:这些指数平均每年会有 15% 的变动。变动最大的年份(2000 年)里,富时指数(中的企业)足有 30% 的变化。

1958—1980 年期间,美国在"有效竞争"市场内产生的国民收入份额,整体从 56% 增长到了 77%(Shepherd, 1982),在许多产业中加速发展正在成为常态。可以举一个例子,一家汽车设计公司观察发现,五年前(约为 2008 年)一辆标准汽车的设计周期大约为 60 个月,也就是五年,而如今此周期只有 24~26 个月,也就是说只有 2~3 年(Altera Corporation, 2012)。这些证据清晰地表明,与过去相比,众多经济部门内的竞争某种程度上已经变得越来越激烈。

企业资源和产品市场定位发生常规贬值时,企业如何才能保持运作良好,我们对此知之甚少,甚至不及我们对企业如何才能开发出持久的优势地位了解得多。企业等高绩效来自开发仅仅是暂时的优势这一想法,这种观点似乎与经济学院派(economics-oriented schools)的思想与资源基础观背道而驰。随着 Clayton Christensen 颠覆式创新理论的出现,整合战略和创新理论的需要变得明晰起来(Christensen, 1997)。

竞争"波动"

MacMillan(1988)用"波动"来描述短暂的竞争优势,"波动"意味着出现后,便可以得到开发,继而再次消失的过程。图 20.1 以销售额或其他引人关注的结果变量为纵坐标,以时间为横坐标进行描述。该图由四个不同时间阶段组成。第一个阶段是从 T_0 至 T_1 的初始阶段,此时企业投入资金和资源以形成一种新的竞争优势;第二个阶段是从 T_1 至 T_2 的上升阶段,此时产品已投入市场,为消费者细分的价值创造结果,企业销售额在呈平稳状态前从 0 沿着 AB 线段一直增长至 d 单位;然后,该企业可以享受从 T_2 到 T_3 的研发期,此时销售额停止增长,保持平稳状态,直至出现竞争攻击或者其他导致销售额下滑的变化;最终,T_3 到 T_4 是企业销售额的下滑期,此时竞争者开始出现互相进攻的现象,或者发生技术变化,或者竞争基础发生转变,从 d 销售额沿着 CD 线段开始下降,直至该企业做出决定放弃被侵蚀的竞争优势。

基于此,由图 20.1 的虚线可见,在超竞争环境中,企业为了生存,会经历以下阶段:开始创立其向上发展期并探索其他竞争优势期,接着这项竞争优势开始重复图 20.1 所示的动态循环。要注意的是,为实现这一目标,后续竞争波动一定要在 T_G 到 T_3 的缓冲期前开始出现,从图所示的循环看,在此期间后续竞争优势为了维持利润增长一定要上升。许多企业组织面临的困境是,从一个成功的竞争中将资源剥离,并转而将其投入一项不确定且创新的新竞争中,从政治和权力角度看大多数组织在这个过程中都非常困难。相当少的企业会想到如何在持续基础上做到这样的转变(McGrath,2012)。

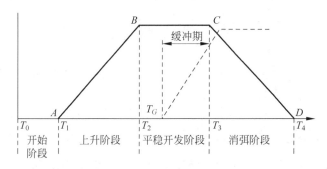

图 20.1 "波动":瞬时优势的时序图

作为战略过程的体系化创新

现在,我们要谈到关于需要更好地整合战略管理理论和创新理论的问题。大多数情况下,战略管理理论集中于竞争波动的"开发"部分,在这一阶段竞争优势已经确立。因此,战略研究必须处理策略和竞争的问题,弄清楚自身资源将如何带来好处,得到比相对竞争对手更有吸引力的成本地位,等等。从有利方面来看,创新是一种可以有规律地发生的活动,但当竞争优势可以持续很长一段时间时,连续创新就显得并不那么必要了。

然而在瞬时优势的环境下,开发时期就会相对较短。产业组织理论的边界条件与战略环境现实相符合的情形越来越少,研究资源基础观的学者们已经较为成功地将动态能力(dynamism)引入他们的研究模型,有的学者甚至融合了生命周期理论,并且试图区分"动态"能力和"经营"能力的不同(Helfat and Raubitschek,2000;Helfat and Peteraf,2003;Helfat and Winter,2011)。到目前为止,我们尚未得出关于创新成为系统化过程具体需要哪些要素的明确见解,考虑到瞬时优势提出的现有理论所面临的几个挑战,我们认为产业是结构分析的基本构造因素。今天,最重要的竞争者很可能正从其他产业取得竞争主动权,例如近日《华尔街日报》的一个记者发现,家庭在手机上的支出慢慢占据了原本外出就餐、汽车、旅行和服装的资源(Troianovski,2012)。

创新是否对战略研究越来越重要

创新对战略管理实践越来越重要,但我们的创新战略理论却没有跟上步伐。在很多情形下,创新仍然被看作战略的特殊情况。

瞬时优势经济有一种极端的观点,这种观点认为组织自身也是暂时的。想一想电影制作、政治活动或举办奥林匹克。打算做这些事情的组织,都集中在明确的项目上——当有需求时,能力就会产生;当需求消失的时候,能力也会消失。这些能力并非建立在容纳它们的组织之上,而是由松散的组织关系个体与网络创造。能够成为规范的,是掌握这些能力的途径,而非这些与企业半永久性相关能力的艰苦发展。而今,一家企业能够利用 Amazon 的计算能力(computing power)、oDesk 的程序设计师、雷格斯集团的办公空间,以及 guru.com 的优秀专家等。这对我们所衡量的内容、我们所关注的对象,以及我们认为经理人核心任务包含的内容等都有重要意义。

我们要衡量什么

战略管理研究 I/O 传统的优势之一,是可测量的丰富变量,这种优势通常与产业结构或竞争交易相关。这些测量标准的问题在于,它们通常会将"产业"的概念具体化,并且因为它们过于宽泛,以至于企业的单独行为——实际的战略选择——在战略分析中被平均化了。如果我们打算将创新驱动的超竞争行为考虑在内,那么我们的测量方法也需要改变。

我们可以使用一种不同的绩效评估方式:企业租,而非与行业中其他个体的比较收益

瞬时优势战略目标,与追求可持续性的战略目标并无多少不同。它保留了"租"概念的产生——通常被定义为超出竞争者平均值的额外利润(Alchian,1991)。然而,在瞬时优势的情况下,使用这种租的概念可能并不实际,因为我们很难知道在短暂情况下"产业标准"(industry normal)收益是什么样的。的确,"可持续"竞争优势的特别定义表明,存在已知的企业对照组,我们可以以其绩效为基准进行衡量。

更确切地说,我们假设一种针对达到瞬时优势更好的度量标准,这种度量标准可能是为了引出 Rumelt 所称的"企业租",也就是说,是对观察和开发其他企业错过的机会的回报(Rumelt,1987)。Rumelt 区分了古典的租与企业租,古典租是指表示一家企业利用它拥有的稀缺资源(如原材料所有权)的能力,企业租某种程度上源于资源重新组合的发现这种资源的所有权某种程度上是属于企业的。他将企业租定义如下:

> (它是)资源组合所成的投机的事后价值(或者支付流)和事前成本(或价值)。如果我们假设预期均衡(事前成本等于预期的事后价值),那么预期的企业租就为零。这个定义的基本要求,是确认那些成为事前不确定性结果的盈利因素(1987:143)。

此定义的用处在于,它使自己进入一种产业不可知论的观点,这种观点关注的是如何衡量战略创新的收益。理论上,人们可以通过收集对创新成果能够产生何种结果的期待的数据,并和实际发生的结果进行对比,从而开发出这种测量方法。尽管这种方法的确有缺陷,即它被定义为企业租存在的事后测量,但是它至少可以和用产业视角影响交易的测量标准相区分。人们甚至可以进一步衡量一家企业获取与竞争资源相关的部分其他任意资

源的能力。因此，在通信支付费用挤出用餐费用的例子里，我们就可以通过这样一种量度来研究。

我们会根据企业使创新成为一种关键系统化力量的能力来评估企业绩效

在许多将目标聚焦于长远竞争优势的企业里，创新是一种偶发行为（Burgelman and Valikangas，2005）。一种新思想会出现其拥护者，它可以集中势头，也会设立支持它的机构（如一家公司制的风险投资集团），之后通常企业组织会将其关注点转移到其他方面，进而新风险资本也就消亡了。当其他支持者决定开始推广一种新思想时，这样的循环又开始了，而且这个过程会不断地重复。尽管在某种程度上，这会成为企业首次探索新机会继而关注所发现领域的一种功能（Burgelman and Grove，2007）；但是，这种积极的形式往往不是那么回事。相反，在诸如索尼、诺基亚、富士施乐和柯达等公司中，创新活动的反复形式打压了创新者的积极性，浪费了珍贵的资源。

在瞬时优势经济中，以一种系统化基础创建创新渠道的能力将成为关键。同样，放弃和退出消逝的机会也变得十分重要，因为资源就是从那些交易中剥离出来，转而投资其他创新活动的。

企业绩效不应固守证券市场度量标准

创新具有资源密集性、不可预测性、不确定性等特点，而且并不会按期实现结果；而结构调整的过程往往十分痛苦，且在短期内会消耗资源，而企业组织会做出必要的改变来重新配置资本以应对新的竞争现实。只有在一个企业的战略"开发"期，传统的证券市场对可预测的企业绩效、平稳回报和精确的收益预测的度量标准才会有意义。但是在大量的战略研究中，企业绩效的衡量标准，诸如股东总回报、每股收益、股票价格和市价总额的变化等，都用来作为因变量。事实上在战略领域内有人认为，当论及企业绩效时，只有股东的总回报会产生影响（Friedman，1970）。

问题是，我们的公开市场在处理整个竞争波动时，并未运行得特别出色。最适合创新过程的金融手段被认为是期权价值。其在早期，专注于传递权利而非义务的小型投资，以期在未来做大型投资为目的的小型投资（McGrath，1997）。这样的想法就是用假设检验和实验寻找创新机会，并用这种想法作为创新的小赌注，而这些赌注很有可能不会产生结果。这与公共市场中反映的投资可预测性的期望是相反的，与这些投资最为契合的金融实体是风险投资公司或者创新财团。

作为一家上市企业，当一项或一系列竞争优势正在削弱时，企业进行竞争优势的必要性转型是特别困难的。分析者和市场研究人员通常对尝试重新配置他们的资产以反映新的竞争现实的企业十分不友好，例如，可以想象当Verizon公司的Ivan Seidenberg退出实体电话簿和固定电话网络市场，专注光纤服务和无线网络扩展时，外界对潮水般的批评（Brown and Latour，2004），在他所谓"豪赌"的几年之后，财务结果才证明了他当时大胆的投资组合变化的正确性（Rosenbush et al.，2003；Ward，2009）。更具代表性的是，面临资产调整需要的企业，尝试从公开市场的无情蔑视中获得庇护，找到私募股权公司弥补他们的资金需求，并给公司一些喘息机会，这样一种形式反映了诸如汉堡王、联合博姿和玩具反斗城等公司的转型。对于本文而言，传统的计算机制造商，曾经不会犯错的戴尔公司，如今看起来正再次寻求私募股权公司的保护。

金融市场的劳动力分工，并没有在战略学者研究的绩效变量中反映出来。数据的可获得性问题是部分原因——公开上市企业的信息，比获得风险投资或私募股权交易的信息要容易得多。但如果继续这样做，就仿佛证券市场为股东提供的度量标准，似乎是对企业绩效最好的度量标准，其实这跟一个绅士在灯下找钥匙的故事有些相似，即这个人并非因为他的钥匙丢在灯下而去灯下找钥匙，而是因为刚好那里的灯是亮的。有价值的股东应当得到为公司的所有者倾尽所有的管理团队的奖励，这样的观点不再能够反映出真实情况了。确实如此，例如，《纽约时报》最近报道："证券持有的平均时间在 1960 年是 8 年；而今天却只有 4 个月"（Einsinger, 2012）。与一家公司仅保持四个月的关系，与需要长期合作而获得竞争优势的观点背道而驰很难应对连续不断的竞争优势需求的长期性观点。而且对股东评估标准的过度关注，在某些观察者看来已经传播了极端短期主义观（Stout, 2012），而我们所需要的是评估竞争优势完整"波动"过程中企业绩效的度量标准。

我们研究的对象是谁

不同于侧重研究个体企业的比较绩效的战略学者，创新学者一直认为，在孤立的状态下很少产生技术突破。诸如企业、公司和政府研究室或大学等组织，在创新中扮演了关键角色，而更多学术性的工作也在推进创新的组织工作和结构中完成了（如本书前几章所提及）。但是随着超竞争的到来，组织边界外成员的网络对了解创新和战略绩效越发重要。

我们可以看到新的能力在网络中被创造；企业不再是关注焦点

从外部环境探索和整合知识，一直以来都是创新企业的重要战略活动（March, 1991；Kogut and Zander, 1992）。不过近年来发生的一些变化是，从企业内部到构成企业环境的企业员工的社交网络，其创新主要轨迹发生了明显变化。学术理论和公司项目，如开放创新范式（Chesbrough, 2003）、宝洁的创新联系和发展模式（Huston and Sakkab, 2006），以及对生态系统的"广视角"方式（Adner, 2012）等，都反映出我们对创新轨迹认识的显著改变。

特别是有两种趋势在推动创新轨迹转移到企业界限之外中起到重要作用。第一种是创新所需的知识的复杂性，以及必须实施创新的速度，这两点远远胜过了即便是最具创新性的企业的内部能力。随着多年来基础科学知识的不断深入，即使是资源最丰富的企业维持所有相关领域的专业性也面临极高的成本。但更重要的是，最近有关创新和创造力的研究表明，最革命的创新成果很可能在不同领域的知识结合时出现（Hargadon and Sutton, 1997；Fleming, 2001；Blurt, 2004）。网络结构提供了成功所需要的灵活性和速度，而且竞争市场将会因此导致以跨组织的视角来应用创新战略。

推动创新轨迹进入组织空间的第二种趋势是，技术推动的市场展现网络外部性的频率

（Katz and Shapiro,1985）。当其他消费者应用创新成果,提高了独立于特性的产品的价值时,正如电话、个人电脑和技术标准等例子中所见的,培养一种有活力的互补性产品的生态系统,就成为发起和维持有效率的增长循环的一种必要的战略工具。微软 Windows 系统作为个人电脑主要操作系统的兴起,是合伙企业和第三方开发者(如补足品)如何成为创新的关键驱动力的主要例证,尽管在企业界限内的创新毫无特点。孤立地看待微软就会严重低估出现在 WINTEL 标准之下企业社交网络的价值创造。

在研究网络时,我们不应局限于盈利性企业。许多情况下,更广阔组织社群的成员对于组织的成功起到关键作用。例如,在生物技术领域,"包括大学、公立研究机构在内的各类组织"为这一领域的发展做出了贡献(Powell et al.,2005),诸如圣地亚哥加利福尼亚大学和斯坦福大学等非市场成员,在其中作为"核心租户"支持初生创新企业。除研究机构外(通常是没有补偿的),考虑互补性产品的开发者也十分重要,在转换成本很高,消费者锁定可能出现的市场中尤其如此(Farrell and Klemperer,2007)。

我们要意识到竞争者与合作者的角色十分模糊,而且总是部分重叠

在传统的战略研究中,构成公司竞争环境的关键因素所扮演的角色十分清晰、界定明确。供应商提供资金投入;购买者购买产品输出;而竞争者对企业绩效构成威胁。然而,在一个关注速度和灵敏度的竞争环境中,关键市场参与者所扮演的角色变得更加动态与多元化。

供应商在创新绩效中扮演的角色,从最早的创新研究中可看出是条理清晰的事实(Rothwell et al.,1974),随着竞争的加剧和技术变革的加速,供应商就不仅仅是满足客户规范部分的制造者,更要成为设计和建立标准中共同的问题解决者(Dyer and Singh,1998)。制造规模的缩小和外包都使与供应商的创新合伙成为企业更大的竞争优势(例如,苹果公司的 iPhone 和 Macbook 笔记本电脑都源于诸如康宁公司这类供应商的技术突破)。

产品的终端用户也是创新外部网络的关键角色,会产生意外与创新的产品(Von Hippel,1986,1988),用户发明拥有丰富创新生态系统的潜力,但是他们也能够为企业提供有价值的反馈与想法。例如,对医药卫生器材产业的一项最新研究(Chatterji and Fabrizio)发现,整合了用户知识的公司发明能传播得更为广泛,也会产生更大影响力。最后,竞争者越来越被视为促进和扩展创新的盟友(Mitchell et al.,2002)。专利交叉许可(Grindley and Teece,1997)和专利池(Shapiro,2001)是高科技行业企业的通用战略,这样的协作促进了技术标准的形成,而技术标准可以导致更快的创新速率。

我们会认为什么才是总经理的核心任务

精心安排和建构而非制定宏伟的战略

20 世纪 60 年代和 70 年代,战略学者呈现出的一直是擅长逻辑分析的专业人员的形象。拥有规划和数据,这些人能够建立多年的战略计划,会使企业与对手相较占据更有利位置。在瞬时优势环境中,总经理的角色特征已经不能再如此概括了;相反,我们更多地相

信总经理更应该被视作协调者。

最近一项针对 10 年内净收益提高至少 5% 的 10 家公司（取自截至 2009 年年底市价总额 10 亿美元的 4 793 家上市公司样本）的研究，发现了这种协调者角色的证据（McGrath，2012）。这些公司结合了为持续性提供面对变化时创造恢复弹性的动力的稳定体系。需要特别关注的是，在整个 10 年的研究期间，尽管这些公司经历了巨大变化，但是没有任何一家公司进行了大范围的规模缩减或重构；相反，他们所做的似乎是随着竞争优势的出现、开发和消亡而不断调整它们的资源和结构。对于这些公司而言，没有"变化管理"的必要，因为这些企业也在不断改变和更新他们的能力，创新和其他管理范畴在这些公司占据了相同的位置，也得到了系统化管理。

我们会看到经营企业网络关系是一项重要的管理技能

在超竞争环境下，组织正确的关系和联盟的能力，对一家企业能够产生"下一波"竞争优势至关重要。但企业应当如何平衡网络内成员的构成，以创造一项特定的企业竞争优势呢？在内部知识式微之地有可能出现合作，但市场有可能失灵（Pisano，1989）。这暗示了，企业网络应当由最能补充组织的技能不足的成员构成，而更多合作将普遍转译为更多知识和潜在的创新。然而，最近针对组织学习的研究挑战了这种"作为补充的联盟"的观点，并且暗示了合作的一种更广泛的构成，强化了企业的吸收能力和适应新环境的能力。正如 Powell，Koput 和 Smith-Doerr（1996）所注意到的，合作会自然发生，而积极参与则是未来更多样合作的"入场券"。

将企业成员网络视为分析的关键单元，也唤醒了在超竞争和不确定环境下管理外部感知能力的重要性。社会学家一直论称，技术是"社会构建的"，因为除问题解决方案的质量在技术的演化中扮演了主要角色——其中最突出的是发明者的身份（Pinch and Bijker，1987）。与卓越而享誉内外的组织联系，通过企业网络内的关键成员可以产生对企业创新更为有利的感知能力（Podolny and Stuart，1995；Stuart and Podolny，1996），而这反过来会吸引更多地位高的合伙人加入企业创造的这些关系网络（如生态系统）。从这个角度来看，合伙人更多并不必然是一种战略优势，而事实上，如果更多合伙人向企业网络的其他部分发送低质量的信息，那么特定创新的吸引力就会遭到减损降低。

总体来看，创新轨迹的外部变化要求经理人花费更多精力在和不同的企业成员建立密切关系上，其中有许多人（如竞争者或互补者）在几十年前本是不会被看作战略合作者的。但是在牢固的暗含直接资源或知识的合作关系之外，创新战略必须考虑未来合作可能带来的间接声誉和合法化的影响。

结 论

我们在本章表明，超竞争的出现挑战了战略研究文献中企业战略行为概念，与放弃已利用殆尽的竞争优势同时创造不间断的新优势所需要的过程的传统分离。

从重点关注可持续性优势和战略分析的产业层面，到暂时性优势与企业甚至是单元层面的分析，对进行战略管理研究具有重要意义。许多完善的研究方法并没有阐明暂时优势的现象，因为暂时优势运行的层面过于集中。研究人员利用金融或分析数据库所掌握的数据，经常对产业和企业进行长期的研究。相比之下，瞬时优势揭示了特别的企业部门和每一个部门下的竞争活动及对应的反向活动。竞争"舞台"的观点作为战略分析的核心有可能变得越来越重要，这里的"舞台"是指市场环节的特殊连接，即一种要约和场所（McGrath et al.，1998）。

尽管我们将创新吹捧为创造竞争优势渠道的最重要因素，但是我们不应只是单一地肯定创新的正向结果；实际上 Rogers 多年前就指出，学者很少关注创新的负面或意外结果（Rogers，1983）。最近的研究也表明，引进或采用产生消极影响的创新成果是完全可能的，而这对于做出相应决策的企业而言后悔不迭（Greve，2011）。几乎没有消费者会认为一些创新会带来积极影响，一般来看，诸如担保债务凭证、航空公司行李托运费、自动电话线和糟糕的服务等这类的创新成果，从顾客体验视角来看会呈现积极变化。即便对于理论上从企业超竞争行为中获得收益的消费者而言，超竞争也并不一定非是一种完全积极的发展。

瞬时优势使战略的"资源配置"学派再次走在前沿（Bower，1970；Christensen and Bower，1996；Noda and Bower，1996；Gilbert and Bower，2002）。为了渐渐回到传统战略研究对总经理职责的关注，这一任务将涉及统筹协调处于不同发展阶段的竞争性领域，有些领域刚刚开始，而有些领域濒临结束。所以，战略研究拥有回到其传统根基的机会，并为忙于在高成本环境下做出这些决策的总经理们提供深刻理解。

参 考 文 献

Adner, R. (2012). *The Wide Lens: A New Strategy for Innovation*. New York: Portfolio/Penguin.

Ahuja, G., and Katila, R. (2004). 'Where do Resources Come from? The Role of Idiosyncratic Situations', *Strategic Management Journal*, 25(8/9): 887–907.

Alchian, A. A. (1991). *Rent: The World of Economics*, ed. J. Eatwell, M. Milgate, and P. Newman. New York: W. W. Norton, 591–7.

Altera Corporation (2012). 'Automotive Industry Trends', Available at <http://www.altera.com/corporate/about_us/abt-index.htmlhttp://www.altera.com/end-markets/auto/industry/aut-industry.html#fast>.

Anderson, C. R., and Paine, F. T. (1978). 'PIMS: A Reexamination', *The Academy of Management Review*, 3: 602–612.

Andrews, K. R. (1971). *The Concept of Corporate Strategy*. Homewood, IL: Dow Jones-Irwin.

Ansoff, H. I. (1965). *Corporate Strategy*. New York: McGraw-Hill.

Bain, J. S. (1956). *Barriers to New Competition*. Cambridge, MA: Harvard University Press.

Bain, J. S. (1959). *Industrial Organization*. New York: Wiley.

Barnard, C. (1938). *The Functions of the Executive*. Cambridge, MA: Harvard University Press.

Barney, J. B. (1991). 'Firm Resources and Sustained Competitive Advantage', *Journal of Management*, 17(1): 99–120.

Bettis, R. A. (2012). 'The Search for Asterisks: Compromised Statistical Tests and Flawed Theories', *Strategic Management Journal*, 33(1): 108–13.

Bower, J. L. (1970). *Managing the Resource Allocation Process: A Study of Corporate Planning and Investment*. Boston: Division of Research Graduate School of Business Administration

Harvard University.

Brown, K., and Latour, A. (2004). 'Heavy Toll: Phone Industry Faces Upheaval As Ways of Calling Change Fast; Cable, Internet, Wireless Hurt the Value of Old Networks, Threaten a Business Model; Echoes of Railroads' Ordeal', *Wall Street Journal*, 25 Aug.: A1.

Burgelman, R. A., and Grove, A. S. (2007). 'Let Chaos Reign, Then Rein in Chaos—Repeatedly: Managing Strategic Dynamics for Corporate Longevity', *Strategic Management Journal*, 28(10): 965–79.

Burgelman, R., and Valikangas, L. (2005). 'Managing Internal Corporate Venturing Cycles', *Sloan Management Review*, 46(4): 26–34.

Burt, R. S. (2004). 'Structural Holes and Good Ideas', *American Journal of Sociology*, 110(2): 349–99.

Buzzell, R. D., Gale, B. T., and Sultan, R. G. M. (1975). 'Market Share: A Key to Profitability', *Harvard Business Review*, 53(1): 97–106.

Campbell, J. T., Campbell, T. C., Sirmon, D. G., Bierman, L., and Tuggle, C. S. (2012). 'Shareholder Influence over Director Nomination via Proxy Access: Implications for Agency Conflict and Stakeholder Value', *Strategic Management Journal*, 33(12): 1431–51.

Carr, C. (1993). 'Global, National and Resource-Based Strategies: An Examination of Strategic Choice and Performance in the Vehicle Components Industry', *Strategic Management Journal*, 14: 551–68.

Caves, R. E., and Porter, M. E. (1977). 'From Entry Barriers to Mobility Barriers: Conjectural Decisions and Contrived Deterrance to New Competition', *Quarterly Journal of Economics*, 91: 241–62.

Chatterji, A. K., and Fabrizio, K. (2012). 'How do Product Users Influence Corporate Invention?', *Organization Science*, 23(4): 971–87.

Chen, M.-J., and MacMillan, I. C. (1992). 'Nonresponse and Delayed Response to Competitive Moves: The Roles of Competitor Dependence and Action Irreversibility', *Academy of Management Journal*, 35: 359–70.

Chesbrough, H. W. (2003). *Open Innovation: The New Imperative for Creating and Profiting from Technology*. Boston: Harvard Business Press.

Christensen, C., and Bower, J. (1996). 'Customer Power, Strategic Investment, and the Failure of Leading Firms', *Strategic Management Journal*, 17(3): 197–219.

Christensen, C. M. (1997). *The Innovator's Dilemma: When New Technologies Cause Great Firms to Fail*. Boston: Harvard Business School Press.

Cohen, W. M., and Levinthal, D. A. (1990). 'Absorptive Capacity: A New Perspective on Learning and Innovation', *Administrative Science Quarterly*, 35: 128–52.

Collis, D. J. (1991). 'A Resource-Based Analysis of Global Competition: The Case of the Bearings Industry', *Strategic Management Journal*, 12: 49–68.

Craig, T. (1996). 'The Japanese Beer Wars: Initiating and Responding to Hypercompetition in New Product Development', *Organization Science*, 7(3): 302–21.

D'Aveni, R. A., and Gunther, R. E. (1994). *Hypercompetition: Managing the Dynamics of Strategic Maneuvering*. New York: The Free Press.

Dierickx, I., and Cool, K. (1989). 'Asset Stock Accumulation and Sustainability of Competitive Advantage', *Management Science*, 35(12): 1504–13.

Dyer, J. H., and Singh, H. (1998). 'The Relational View: Cooperative Strategy and Sources of Interorganizational Competitive Advantage', *Academy of Management Review*, 23(4): 660–79.

Edward, L., and Hermann Achidi, N. (2006). 'What to Do with the Resource-Based View: A Few Suggestions for what Ails the RBV that Supporters and Opponents Might Accept', *Journal of Management Inquiry*, 15(2): 135.

Einsinger, J. (2012). 'Challenging the Long-Held Belief in "Shareholder Value"', *The*

New York Times.

Farrell, J., and Klemperer, P. (2007). 'Coordination and Lock-in: Competition with Switching Costs and Network Effects', *Handbook of Industrial Organization*, 3: 1967–2072.

Ferrier, W. J., Smith, K. G., and Grimm, C. M. (1999). 'The Role of Competitive Action in Market Share Erosion and Industry Dethronement: A Study of Industry Leaders and Challengers', *Academy of Management Journal*, 42(4): 372.

Fleming, L. (2001). 'Recombinant Uncertainty in Technological Search', *Management Science*, 47(1): 117–32.

Foster, R. (2012). 'Creative Destruction Whips through Corporate America', *Innosight Executive Briefing*, February, 10(1): 1–6.

Foster, R., and Kaplan, S. (2001). *Creative Destruction: Why Companies that are Built to Last Underperform the Market—and How to Successfully Transform Them*. New York: Doubleday.

Friedman, M. (1970). 'A Friedman Doctrine: The Social Responsibility of Business is to Increase its Profits', *The New York Times*.

Galunic, D. C., and Rodan, S. (1998). 'Resource Recombinations in the Firm: Knowledge Structures and the Potential for Schumpeterian Innovation', *Strategic Management Journal*, 19(12): 1193.

Gilbert, C., and Bower, J. L. (2002). 'Disruptive Change: When Trying Harder is Part of the Problem', *Harvard Business Review*, 80(5): 94.

Gimeno, J., and Woo, C. Y. (1996). 'Hypercompetition in a Multimarket Environment: The Role of Strategic Similarity and Multimarket Contact in Competitive De-escalation', *Organization Science*, 7(3): 322–41.

Greve, H. R. (2011). 'Fast and Expensive: The Diffusion of a Disappointing Innovation', *Strategic Management Journal*, 32(9): 949–68.

Grindley, P. C., and Teece, D. J. (1997). 'Managing Intellectual Capital: Licensing and Cross-licensing in Semiconductors and Electronics', *California Management Review*, 39(2): 8–41.

Haleblian, J., McNamara, G., Kolev, K., and Dykes, B. J. (2012). 'Exploring Firm Characteristics that Differentiate Leaders from Followers in Industry Merger Waves: A Competitive Dynamics Perspective', *Strategic Management Journal*, 33(9): 1037–52.

Hambrick, D. C. (1990). 'The Adolescence of Strategic Management, 1980–1985: Critical Perceptions and Reality', in J. W. Fredrickson, *Perspectives on Strategic Management*. New York: Harper & Row, 237–53.

Hambrick, D. C., and Chen, M.-J. (2008). 'New Academic Fields as Admittance-Seeking Social Movements: The Case of Strategic Management', *Academy of Management. The Academy of Management Review*, 33(1): 32–54.

Hargadon, A., and Sutton, R. I. (1997). 'Technology Brokering and Innovation in a Product Development Firm', *Administrative Science Quarterly*, 42(4): 716–49.

Hatten, K. J., Schendel, D. E., and Cooper, A. C. (1978). 'Strategic Model of the U.S. Brewing Industry: 1952–1971', *Academy of Management Journal*, 21: 592–610.

Helfat, C. E., and Peteraf, M. A. (2003). 'The Dynamic Resource-Based View: Capability Lifecycles', *Strategic Management Journal*, 24(10): 997.

Helfat, C., and Raubitschek, R. S. (2000). 'Product Sequencing: Co-evolution of Knowledge, Capabilities and Products', *Strategic Management Journal*, 21(10–11): 961–80.

Helfat, C. E., and Winter, S. G. (2011). 'Untangling Dynamic and Operational Capabilities: Strategy for the (N)Ever-Changing World', *Strategic Management Journal*, 32(11): 1243–50.

Henderson, B. D. (1980). 'The Experience Curve Revisited', Boston: The Boston Consulting Group, Perspective No. 229.

Hodgkinson, G. P., and Healey, M. P. (2011). 'Psychological Foundations of Dynamic

Capabilities: Reflexion and Reflection in Strategic Management', *Strategic Management Journal*, 32(13): 1500–16.

Hoffman, N. P. (2000). 'An Examination of the "Sustainable Competitive Advantage" Concept: Past, Present, and Future', *Academy of Marketing Science Review*: 4. Available at <http://thoughtleaderpedia.com/Marketing-Library/Sustainable%20Competitive%20Advantage/SustainableCompetitveAdvantage_hoffman04-2000.pdf>.

Huston, L., and Sakkab, N. (2006). 'Connect and Develop', *Harvard Business Review*, 84(3): 58–66.

Ilinitch, A. Y., D'Aveni, R. A., and Lewin, A. Y. (1996). 'New Organizational Forms and Strategies for Managing in Hypercompetitive Environments', *Organization Science*, 7(3): 211.

Jensen, M., and Meckling, W. (1976). 'The Theory of the Firm: Managerial Behavior, Agency Costs and Ownership Structure', *Journal of Financial Economics*, 11: 5–50.

Katz, M. L., and Shapiro, C. (1985). 'Network Externalities, Competition, and Compatibility', *American Economic Review*, 75(3): 424–40.

Kiechel, W. (2010). *The Lords of Strategy: The Secret Intellectual History of the New Corporate World*. Boston: Harvard Business Press.

Kogut, B., and Zander, U. (1992). 'Knowledge of the Firm, Combinative Capabilities and the Replication of Technology', *Organization Science*, 3: 383–97.

Levinthal, D. (1997). 'Adaptation on Rugged Landscapes', *Management Science*, 43(7): 934–50.

Levitt, B., and March, J. G. (1988). 'Organizational Learning', *Annual Review of Sociology*, 14: 319–40.

Lieberman, M. B., and Montgomery, C. B. (1988). 'First Mover Advantages', *Strategic Management Journal*, 9: 41–58.

Lubatkin, M. H., and Lane, P. J. (1996). 'Psst . . . The Merger Mavens still have it Wrong!', *Academy of Management Executive*, 10(1): 21–39.

McGrath, R. G. (1993). 'The Development of New Competence in Established Organizations: An Empirical Investigation (Ph.D. thesis, University of Pennsylvania).

McGrath, R. G. (1997). 'A Real Options Logic for Initiating Technology Positioning Investments', *Academy of Management Review*, 22(4): 974–96.

McGrath, R. G. (2012). 'How the Growth Outliers do it', *Harvard Business Review*, 90(1): 110–16.

McGrath, R. G. (2013). *The End of Competitive Advantage: How to Keep your Strategy Moving as Fast as your Business*. Boston: Harvard Business Review Press.

McGrath, R. G., Chen, M.-J,. and MacMillan, I. C. (1998). 'Multi-market Maneuvering in Uncertain Spheres of Influence: Resource Diversion Strategies', *Academy of Management Review*, 23(4): 724–40.

MacMillan, I. C. (1982). 'Seizing Competitive Initiative', *Journal of Business Strategy*, 2(4): 43–57.

MacMillan, I. C. (1988). 'Controlling Competitive Dynamics by Taking Strategic Initiative', *Academy of Management Executive*, 2(2): 111–18.

MacMillan, I. C., and Day, D. (1987). 'Corporate Ventures into Industrial Markets: Dynamics of Aggressive Entry', *Journal of Business Venturing*, 2: 19–39.

McNamara, G., Vaaler, P. M., and Devers, C. (2003). 'Same as it Ever Was: The Search for Evidence of Increasing Hypercompetition', *Strategic Management Journal*, 24(3): 261.

March, J. G. (1991). 'Exploration and Exploitation in Organizational Learning', *Organization Science*, 2(1): 71–87.

Mason, E. S. (1939). 'Price and Production Policies of Large-Scale Enterprise', *American Economic Review Supplement*, 29(29): 1.

Mason, E. (1949). 'The Current State of the Monopoly Problem in the U.S.', *Harvard Law Review*, 62: 1265–85.

Miles, R. H., and Cameron, K. S. (1982). *Coffin Nails and Corporate Strategies*. Englewood Cliffs, NJ: Prentice-Hall.

Mitchell, W., Dussauge, P., and Garrette, B. (2002). 'Alliances with Competitors: How to Combine and Protect Key Resources?', *Creativity and Innovation Management*, 11(3): 203–23.

Nag, R., Hambrick, D. C., and Chen, M.-J. (2007). 'What is Strategic Management, Really? Inductive Derivation of a Consensus Definition of the Field', *Strategic Management Journal*, 28(9): 935–55.

Noda, T., and Bower, J. L. (1996). 'Strategy Making as an Iterated Process of Resource Allocation', *Strategic Management Journal*, 17(Special Issue: Evolutionary Perspectives on Strategy): 159–92.

Oliver, C. (1997). 'Sustainable Competitive Advantage: Combining Institutional and Resource-Based Views', *Strategic Management Journal*, 18(9): 697–713.

Penrose, E. (1959). *The Theory of the Growth of the Firm*. Oxford: Oxford University Press.

Pinch, T. J., and Bijker, W. E. (1987). 'The Social Construction of Facts and Artifacts', in W. E. Bijker, T. P. Hughes, and T. J. Pinch (eds), *The Social Construction of Technological Systems*. Cambridge, MA: MIT Press, 17-50.

Pisano, G. P. (1989). 'Using Equity Participation to Support Exchange: Evidence from the Biotechnology Industry', *Journal of Law, Economics, & Organization*, 5(1): 109–26.

Podolny, J. M., and Stuart, T. E. (1995). 'A Role-Based Ecology of Technological Change', *American Journal of Sociology*, 100(5): 1224–60.

Porter, M. (1980). *Competitive Strategy: Techniques for Analyzing Industries and Competitors*. New York: The Free Press.

Porter, M. E. (1981). 'The Contributions of Industrial Organization to Strategic Management', *Academy of Management Review*, 6(4): 609–20.

Powell, W. W., Koput, K. W., and Smith-Doerr, L. (1996). 'Interorganizational Collaboration and the Locus of Innovation: Networks of Learning in Biotechnology', *Administrative Science Quarterly*, 41(1): 116–45.

Powell, W. W., White, D. R., Koput, K. W., and Owen-Smith, J. (2005). 'Network Dynamics and Field Evolution: The Growth of Interorganizational Collaboration in the Life Sciences', *American Journal of Sociology*, 110(4): 1132–205.

Priem, R. L., and Butler, J. E. (2001). 'Tautology in the Resource-Based View and the Implications of Externally Determined Resource Value: Further Comments', *Academy of Management: The Academy of Management Review*, 26(1): 57.

Robins, J. A., and Wiersema, M. (1995). 'A Resource Based Approach to the Multibusiness Firm', *Strategic Management Journal*, 16: 277–99.

Rogers, E. M. (1983). *The Diffusion of Innovations*, 3rd edn. New York: Free Press.

Rosenbush, S., Lowry, T., Crockett, R. O., and Kunii, I. M. (2003). 'VERIZON'S GUTSY BET. (cover story)', *Business Week* (3844): 52–62.

Rothwell, R., et al. (1974). 'SAPPHO Updated-Project SAPPHO Phase II', *Research Policy*, 3(3): 258–91.

Rumelt, R. P. (1987). Theory, Strategy and Entrepreneurship, in Teece, D. J. (ed.) *The Competitive Challenge: Strategies for Industrial Innovation and Renewal*. New York: Harper & Row, 137–58.

Saloner, G. (1991). 'Modeling, Game Theory and Strategic Management', *Strategic Management Journal*, 12: 119–36.

Schendel, D. E., and Hofer, C. W. (1979). *Strategic Management*. New York: Little Brown.

Schmalensee, R. (2012). '"On a Level with Dentists?" Reflections on the Evolution of Industrial Organization', *Review of Industrial Organization*, 41(3): 157–79.

Schumpeter, J. (1942). *Capitalism, Socialism, and Democracy*. New York: Harper Perennial.

Shapiro, C. (2001). 'Navigating the Patent Thicket: Cross Licenses, Patent Pools, and Standard Setting', *Innovation Policy and the Economy*, 1: 119–50.

Shepherd, W. G. (1982). 'Causes of Increased Competition in the U.S. Economy, 1939–1980',

Review of Economic Statistics, 64: 613.

Stout, L. (2012). *The Shareholder Value Myth: How Putting Shareholders First Harms Investors, Corporations, and the Public*. San Francisco: Berrett-Koehler Publishers.

Stuart, T. E., and Podolny, J. M. (1996). 'Local Search and the Evolution of Technological Capabilities', *Strategic Management Journal*, 17: 21–38.

Teece, D. J., Pisano, G., and Shuen, A. (1997). 'Dynamic Capabilities and Strategic Management', *Strategic Management Journal*, 18(7): 509–33.

Troianovski, A. (2012). 'Cellphones are Eating the Family Budget', *Wall Street Journal*. New York: Dow Jones Incorporated.

von Hippel, E. (1986). 'Lead Users: A Source of Novel Product Concepts', *Management Science*, 32(7): 791–805.

von Hippel, E. (1988). *The Sources of Innovation*. Cambridge, MA: MIT Press.

Ward, S. (2009). 'You Can Really Hear Them Now', *Barron's*, 89(5): 24.

Wernerfelt, B. (1984). 'A Resource-Based View of the Firm', *Strategic Management Journal*, 5: 171–80.

Whitman, M. N. (1999). *New World, New Rules: The Changing Role of the American Corporation*. Boston: Harvard Business School Press.

Williamson, O. (1975). *Markets and Hierarchies: Analysis and Antitrust implications*. New York: Free Press.

第21章

商业模式创新

洛伦佐·马萨（Lorenzo Massa）

克里斯托弗·图奇（Christopher L. Tucci）

引 言

在过去的15年中，商业模式（business model，BM）已经成为创新研究中一个越发重要的研究单元，这个研究领域中已经呈现出一个共识：商业模式在促进创新方面扮演着两重角色。首先，商业模式使经理人与企业家得以将两方面事物联系起来，一方面是创新性的产品与技术；另一方面是市场上可实现的产出。因此，商业模式代表了一种重要的创新驱动力。其次，商业模式也可以是一种创新来源，甚至商业模式本身就是一种创新。尽管商业模式创新是对几种传统创新维度（例如产品创新、工艺创新或组织创新）的一种补充，但它依然代表了一种全新而独特的创新维度。

本章主要介绍的是商业模式创新（business model innovation，BMI）的概念，共有四个主要目标：①厘清商业模式的概念与来源；②围绕新兴的各种研究流派，对商业模式创新的文献进行梳理；③对目前已经被提出的各种支撑经理人与企业家应对商业模式创新事务的工具，做一个纵览；④对那些与商业模式、商业模式创新管理相关的主要挑战进行讨论。

我们尝试以介绍、厘清商业模式这一概念的方式作为本章的切入点，首先，对一些广受好评的经典文献进行回顾，彰显出商业模式概念的起源，并对商业模式这一概念构想的本质做详尽解读。之后，我们将介绍商业模式创新的概念，并将其定义为新商业模式的设计活动。也就是说，创造、执行并使商业模式行之有效的行动。我们提出当企业存在一个既定的商业模式，相比那些没有既定商业模式的企业，其商业模式的创新过程会有着显著的不同。相应地，为了实现分析的目的，我们会将商业模式创新区分为新建组织中的商业模式设计（BM design，BMD），以及在位企业中的商业模式重组（BM reconfiguration，BMR）。我们注意到，本章所回顾的文献，通常倾向于关注商业模式创新背景中的创新先例（antecedents）与创新机制（mechanisms）。我们同时认为，新文献也在不断地出现，这些文献主要关注于商业模式创新的结果，指向商业模式创新所能扮演的一类重要角色，即激发出私有部门为解决环境与社会问题做贡献的潜能。我们在这方面也做了文献回顾。最后，我们分析了多种商业模式创新工具与研究视角，这些工具与视角旨在认清商业模式本质，并针对商业模式创新与经营过程建模(business modelling,即一组以商业模式创新为目的,支撑实现商业模式展示、意义构建与战略规划的行动)。我们认为,不同的研究视角在本质上是互补的,并将这些不同的视角整合到一个理论元框架(meta-framework)之中,通过这项工作,我们也为解读目前实践界对商业模式相关理念的应用提供了证据。最后,我们对一系列在管理层面与商业模式及商业模式创新相关的、最突出的挑战进行了讨论,以此为本章作结。

商业模式的概念与生成

在过去的几年中,人们对商业模式概念的兴趣确实呈现出爆炸式的增长。商业模式的概念吸引了诸如经理人与研究者等群体的关注,佐特与他的同事(Zott,Amit & Massa,2011)在总体上对管理学论文中商业模式一词的使用进行了探索。他们发现伴随着互联网的流行及其广泛扩散,商业模式一词的使用率在1995年至2010年这15年间有了极为显著的增长,而蒂斯(Teece,2010)也注意到,从前古典时代(pre-classical times)至今,商业模式始终作为经济行为整体中的一个部分存在。事实上,在20世纪90年代中叶之前,企业一直是根据同一种商业模式来运作的。从传统上讲,企业(通常是产业企业)的运作历来都遵循着相似的逻辑,在这种逻辑中,产品与服务——通常由企业(及其供应商)来制造——被递送到消费者手中,企业从消费者那里获取收益。尽管在商业史上,有一些企业与组织对创新性商业模式的应用案例得到了认可(Osterwalder & Pigneur,2010),但近年来才有学者和从业者,开始关注创新性商业模式在产业和文明社会中的作用,以及这种作用的规模和速度直接对产业以及间接对文明社会进行的改造,其规模与速度才吸引了学者与实践者的注意力。因此,商业模式就是要力图展示出那些"做生意"(doing business)的新奇模式是什么。根据玛格丽特(Magretta,2002)的研究,商业模式就是一个试图回答彼得·德鲁克经典问题的故事:①谁是消费者;②怎样创造消费者价值;③在商业活动中我们如何赚钱;④什么样的经济逻辑能够解释"我们如何以适当的成本支出水平向消费者传递价值"的问题。商业活动中,各种新颖逻辑不断出现并被企业采用,随着这些企业的进入市场,新商业逻辑的采纳活动推动了商业模式概念在市场中的进一步流行。

有些学者认为,互联网连同信息与通信技术的进步在商业模式试验与创新中扮演了催化剂的角色(Timmers,1998;Amit & Zott,2001;Afuah & Tucci,2001),并为组织商业活动创造了机遇。沿着新的创新轨道,整个产业部门业已发生了剧烈的演进现象,呈现出近现代商业史上前所未见的价值创造新逻辑。

卡萨德苏斯-马塞纳与里加特(Casadesus-Masanell & Ricart,2010)观察到了,伴随企业重大生意商业模式创新所出现的另外两重现象:①后工业时代技术的出现(Perkmann and Spicer,2010);②企业部门努力进入发展中国家或欠发达国家的新兴市场,以求到达获得"金字塔底层"(bottom of the pyramid,BoP)[①]消费者之所在的消费群体(Prahalad & Hart,

---

[①] 在经济学与工商管理领域,"金字塔底层"的概念是指社会中那个最为庞大但也最为贫穷的社会经济群体。这个概念被人们特别用于那些针对该社会经济群体发展新商业模式的行动。这些行动往往应用了新的技术。

2002）。当然，还存在第三种与"金字塔底层"相关的现象，可以称其为可持续性（sustainability）。我们将依次对这三种现象进行讨论。

在所谓的后工业技术（如软件或生物）层面，科学与技术的进步伴随着新组织结构式样与治理结构的不断涌起，这些新兴事物与在传统制造业企业中所能观察到的组织与治理结构之间有着巨大的不同（Bonaccorsi, Giannangeli & Rossi, 2006）。例如，一些互联网相关企业拥有着一些信息技术领域的软件应用，此时这些企业对它们的软件应用提供持续的维护，并将引用作为一种服务向市场提供（而不是作为一种产品）（Susarla, Barua & Whinston, 2009）。在IT产业中，开源软件运动（the open source software movement）也伴随着新治理结构（Bonaccorsi et al., 2006）与新颖的协作创业形式（collaborative entrepreneurship）（Miles, Miles & Snow, 2006）出现。类似地，生物科技部门同样成了大量商业模式创新的源泉（Pisano, 2006），该部门中出现了专注于特定任务以及沿产品开发价值链提供相关服务的企业（Konde, 2009）。创新性的商业模式在其他产业部门也可以被观察到，诸如ARM（半导体类）、杜比（Dolby，音响系统类）、CDT（电子显示类）或者Plastic Logic（塑料材料类）等企业都专门从事知识产权的管理工作。这些企业通过对外授权他们的创新技术或解决方案（而不是自主开展产品商业化）的形式，实现在一个"思想市场"（market for ideas）中的运营（参见本书第12章）。无论后工业时代的技术是否应当被解读为商业模式创新的先行条件，还是应当使用类似于知识产权革命这样的其他解释来解读商业模式创新的出现（Pisano, 2006），研究者都应该在这些议题之外注意到一些新现象，比如许多产业中所能观察到的价值链瓦解，或者开放式创新（作为在传统企业边界之外管理创新活动的一种方法）的制度化（参见本书第22章），都还是有待探讨的研究问题。总之，后工业时代的技术，总是伴随着商业活动的新方式而出现。

金字塔底层（BoP）市场的经济需求带来了新机遇，这种机遇也指引着研究者与实践者进行系统的商业模式研究（Ricart, Enright, Ghemawat, Hart & Khanna, 2004）。BoP相关文献的一个核心主张是：世界上欠发达国家所拥有的广大而未被开发的市场，对那些有志于服务消费者并创造利润的企业而言，意味着一个重大机遇的存在。然而，BoP市场中的商业机会，对传统的商业方式带来了挑战。与传统市场相比，新兴市场的社会、经济与文化环境在根本上是不同的。新兴市场的这些特征，迫使企业去重新思考构建供应链、发展新型商业模式的每一个步骤（Prahalad & Hart, 2002）。此外，既有商业模式的适用性很可能也是有限的，需要进行调整（Seelos & Mair, 2007）。切斯布鲁夫等学者（Chesbrough, Ahern, Finn & Guerraz, 2006）研究了发展中国家的产品配置问题。他们强调，尽管"正确"的产品设计是进入低收入市场的一个必要条件，但那些最终能够创造可持续商业运营活动的公司，都能将一个正确的商业模式摆到合适的位置上。商业交易活动的成功执行，都需要一些关键性的要素，例如分配、供给与销售渠道，商业模式正是在这些关键性要件的创造中扮演着重要的角色。因此，那些期望能够进入BoP市场的企业，构成了商业模式创新的一个重要来源（Prahalad, 2005）。

尽管传统上对商业模式的研究，集中关注在商业活动上，但随着一些为实现非营利目标(诸如解决社会问题或完成可持续发展任务)而设计的新组织结构的不断出现,研究商业模式的学者们也开始被这些新的组织设计吸引了(Seelos & Mair,2007;Yunus, Moingeon & Lehmann-Ortega,2010)。例如,诺贝尔和平奖获得者穆罕默德-尤努斯(Muhammad Yunus)倡导的所谓小微金融(micro finance)的概念,他设计了一种被称为格莱珉银行(Grameen Bank)的新颖组织。该组织的主要目的是消除贫困(Yunus et al.,2010),而贫困正是可持续发展议题中一个重要的讨论内容(WCED,1987)。学者们越来越多地将商业模式的概念用于指示组织运作的一种方式,该方式涵盖了那些本质上不必为经济利润而存在的价值创造活动(参见本书由 Lawrence 等编写的第 16 章)。

总之,商业模式是一个难以明确表述的概念,这一概念在很大程度上容许解读的灵活性(interpretative flexibility)(Bijker, Hughes & Pinch,1987)。不久前,佐特等学者(Zott et al.,2011)对商业模式主题下近期的一系列文献进行了回顾。他们注意到,现实中存在着各种各样的对商业模式的定义形式,这些定义形式往往是服务于研究者感兴趣的特定现象。不过,在现有的各种定义类型中已经浮现出一些共同的主题,它们可以被当作商业模式概念的共有特征。特别是学者们似乎都已对一个观点表达了明确或者隐晦的认可,即"商业模式是一个系统层面的概念,围绕行动并关注价值"(2011:1037)。商业模式的概念强调对问题的系统性与整体性理解,而关注的问题则是一个组织如何精心安排它的行动系统以实现价值的创造。此外,学者们还注意到,商业模式所表述的价值创造现象通常在一个价值网络(value network)中发生(Normann & Ramirez,1993; Parolini,1999),这个网络包含了供应商、合作伙伴、经销渠道以及帮助公司获得更多资源的联盟。因此学者们认为,商业模式在产品、企业、产业或网络层面之外提供了一个新的分析单元,这个新的分析单元嵌入在企业与网络中企业的交易伙伴之间。

从表面上看,上述学者的考量意味着商业模式应当被定义为这样一种概念,即它描述了一类原理,一个组织(企业或者其他类型的组织)在交易伙伴网络关系的影响下如何创造、传递并捕捉价值(经济的、社会的或其他形式的价值)的原理(Afuah & Tucci,2001; Osterwalder, Pigneur & Tucci,2005; Zott et al.,2011)。这种宽泛的概念与价值创造的本质有关,同时也服务于下文我们对商业模式创新的介绍。

商业模式和创新

在商业模式与创新的交叉领域中,现有文献推动人们认识到了商业模式在孕育创新中所扮演的两重补充性角色。首先,商业模式使创新型企业将新理念与新技术进行商业化的行动成为可能;其次,企业也可以将商业模式看作一种创新的来源,甚至直接将商业模式视为创新,从而在商业模式中获得竞争优势。

上述的第一种观点主要根植于技术管理与创业的研究之中,该观点认识到创新性的技术或理念本身是不具有商业价值的。借助恰当的商业模式设计,经理人与创业者才有可能将产能从研发投资中释放出来,并将生产与市场联系起来。通过将新技术与新理念商业化的形式,商业模式成为创新的驱动力。施乐(Xerox)发明了第一台复印机,但这项技术在当时过于昂贵,产品没有销路,而施乐的经理人通过创造了租赁复印机的商业模式,解决了这一问题。从这个视角来看,商业模式是一种可以操控的工具,该工具用于在技术与经济价值创造之间起协调作用(Chesbrough & Rosenbloom,2002)。

第二种观点认为,商业模式本身就代表了创新的一个新的维度,该维度超越了传统的过程、产品与组织创新模式。这种创新的新维度即使是放到成熟产业之中,也有可能成为卓越绩效的来源(Zott & Amit,2007)。举几个广为人知的例子:通过建立创新的商业模式,计算机产业中的戴尔、航空产业中的西南航空以及音乐产业中坐拥iPod与iTunes的苹果,都获得了令人瞩目的增长率,并在产业竞争中脱颖而出。

这意味着,企业可以通过他们的商业模式进行竞争(Casadesus-Masanell & Ricart,2007)。新颖的商业模式可以是颠覆的来源(Christensen,1997),并通过改变整个产业的逻辑,取代旧的商业行动方式,成为下一代创业者所期望打败的行业标准(Magretta,2002)。根据切斯布鲁夫的研究(Chesbrough,2007:12),商业模式创新可能比其他形式的创新有更为重要的战略影响力。用切斯布鲁夫的原话来表述就是"(相比以往),一个更好的商业模式将打败一个更好的理念或技术"。

根据有关商业模式与创新关系的文献,我们提出将商业模式创新分为两类:①为新形成的组织设计新的商业模式;②重组现有的商业模式。我们将第一种商业模式创新现象称为"商业模式设计",指的是为一个新成立的组织创造、执行一个商业模式并使之生效的创业行动。另一方面,我们则用"商业模式重组"指涉这样一种商业现象,即经理人通过重组资源(并获取新资源)的方式来改造一个既有的商业模式。因此,重组的过程需要在不同的激进变革水平上,实现从现有商业模式到新商业模式的转型。我们认为,BMD与BMR都属于变革现象,可以导致商业模式创新的出现。施乐在20世纪50年代末将Xerox914复印机通过租赁的方式投放市场,以及吉列(Gillette)的"剃须刀与刀片"模式,都可以看作创新性的商业模式设计,它们在实际上引发了前所未有的新商业模式的出现。不过,并不是所有商业模式设计与重组的努力都会带来商业模式的创新,要想成为商业模式创新的来源,商业模式设计行动或重组行动的产出,必须在某些特征上具有一定程度的新奇性或独特性。换言之,尽管在总体上来说,商业模式创新是新商业模式设计或既有商业模式重组的结果产物,但它只是BMD与BMR活动所有产物大集合中的一个子集(图21.1)。

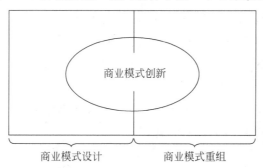

图21.1 商业模式创新是商业模式设计与重组的一个子集

另外,尽管 BMR 与 BMD 都有着获得相同成果(也就是商业模式创新)的潜能,但这二者是完全不同的行动,存在着显著的差异。例如,由于 BMR 假设一个现有商业模式的存在,因此重组活动将会面临一些现有组织所特有的挑战,大体上包括诸如组织惯性、管理过程、组织学习模式、变革模式以及路径依赖的阻碍等,这些问题可能在新生企业那里就不存在。然而,新生企业可能会面临其他的一些问题,比如大量的技术不确定性、合法性的缺失、资源贫瘠以及常见的新生企业债务问题。这些问题都会影响到新商业模式的设计与效果(Aldrich & Auster,1986;Bruderl & Schussler,1990)。因为上述的这些差异,为了便于分析,我们将在本章接下来的两个部分分别对 BMD 与 BMR 进行讨论①。

商业模式设计(BMD)

如前文所述,BMD 通常与创业活动联系在一起,特指新商业模式的第一次出现。BMD 的过程可以被看作创建企业的过程,这个过程发生在企业与网络内交易伙伴的合作创造并捕捉价值的行动中,具体包含了交易内容、结构与治理形式的设计(Amit & Zott,2001)。该过程涉及传统的创业行动,如借助内部与外部因素的激发,企业得以识别机会;组织的创造;与市场建立起关联(Bhave,1994);以及跨边界组织安排的设计(Zott & Amit,2007)等。根据佐特与阿密特的研究(Zott & Amit,2007),跨边界组织安排的设计是 BMD 的一个关键性特征,因为"一个商业模式说明了一个组织如何与外部利益相关者发生关联,还说明了组织如何参与到与利益相关者的经济交易之中,以此来为全体交易伙伴创造价值"(2007:181)。因此,BMD 不仅被认为与传统的创业选择(产品/市场的搭配组合、组织设计以及控制系统等)有关,也和跨边界行动系统的设计有关。通过对这一系统的设计,商业模式将企业的一组供给(技术或服务)与一个能够实现产出的市场联系起来。简单地说,BMD 包含了发生在企业间和企业内的两类设计活动(McGrath,2010)。

对于新商业模式的可行性而言,与商业模式相关的不确定性对其有着相当重要的影响。不确定性的产生源于两个方面:一方面,创业者在预测消费者对产品的反馈、未来市场条件与动态情况时存在能力上的欠缺;另一方面,商业模式计划与设计上的计算复杂性与动态复杂性。因为存在着大量逻辑上可行的商业模式成分(Afuah & Tucci,2001)、行动(Zott & Amit,2010)与(或)决策选择(Casadesus-Masanell & Ricart,2010)的组合,就产生了计算上的复杂性。动态复杂性的产生则源于商业模式成分、行动与(或)决策选择之间非线性相互依赖关系的存在,包括各种延迟与反馈回路。计算复杂性与动态复杂性增加了围绕 BMD 的不确定性,即使对未来趋势与变化的探测成为可能,不确定性也不会被完全消除,只能被减少。

不确定性会影响 BMD 发生的形式,以及相关的创业行动。根据马格拉斯(McGrath,2010)的研究,BMD 与创业中的传统概念(例如商业计划与商业计划设计)不同,"为发现并

---

① 正如前面所提到的,重组的过程也包含了创造、执行商业模式以及使一个商业模式生效的活动。从这个角度来讲,商业模式重组行动也被认为是一个商业模式设计行动的超集(superset)。

利用新商业模式的企业战略,必须参与到重要的试验与学习过程中"(2010:247)。商业模式无法预先得到完全的计划,相反,商业模式是在一个由发现驱动(discovery-driven)的过程中逐渐成形。这个过程极大地受益于主要由商业模式的试验与原型研究活动驱动(Sosna, Trevinyo-Rdgriguez & Velamuri, 2010;McGrath, 2010)。Hayashi(2009)注意到,很多企业都有原创的商业模式,然而往往都运转不畅,所以在这种情况下,企业转向备选方案并不一定意味着失败。Hayashi 提出,为了实现向备选方案的转型并"找到"正确的商业模式,经理人与企业家应当开展试验活动并挑战他们原先的前提假设。此时,对大量"如果怎样"(what if)问题进行探讨或许是一种有效的战略。驱动商业模式出现的因素也影响到了不同设计与规划路径的有效性。比如,一些在商业试验领域适用的金融工具(例如实物期权的论证,real-options reasoning)就比那些更加具有确定性的工具(例如计划的经济附加值与净现值,projected economic value added and net present value),更适合于支持 BMD 活动(McGrath, 2010)。

尽管很多新商业模式在企业"找到"一个可行的形式之前就失败了,但(成功的)新商业模式却是非常规收益的重要来源。如爱尔兰等学者(Ireland, Hitt, Camp & Sexton, 2001)所指出的,创业者往往有兴趣去寻找到一些根本上全新的生意形式,并且致力于开发一些有潜力颠覆行业竞争规则的新商业模式。根据马格拉斯(McGrath, 2010)的研究,商业模式的颠覆很可能也遵循克里斯坦森(Christensen)的颠覆式创新理论。一开始,新的商业模式更像是一些做生意新点子的试验活动,很可能不会吸引在位企业的详细审视。采用新商业模式的新创企业往往在利基市场中活动,并为该市场中的顾客服务,这些顾客要么是在位企业没有能够服务到的,要么是他们所能出的价格被在位企业认为是不具有吸引力的,或者是为这些顾客提供服务需要依赖于一些在位企业所没有的新资源。在位企业很可能会忽视来自创新型的商业模式带来的威胁[①],此时,市场的新进入者就可以渐进式地开展他们的商业试验,找到颠覆行业的路径。

商业模式重组(BMR)

有一种观点在学者之间得到了越来越多的认可,即认为商业模式创新对企业的绩效至关重要(Ireland et al., 2001;Chesbrough, 2007;Johnson, Christenson & Kagermann, 2008)。这种共识吸引了众多学者在商业模式领域开展研究,并关注有关商业模式革新与在位企业的创新问题。

切斯布鲁夫与罗森布鲁姆(Chesbrough & Rosenbloom, 2002)有关施乐公司及其下属的帕罗奥多(Palo Alto)研发中心的研究,体现了学者对在位企业的商业模式问题的考量。这两位学者认为,商业模式提供了一种启发式的逻辑,从而扮演着思想蓝图的角色。商业模式通过对信息有价值与否的甄别来调整企业理解商业思维的方式。对一个成功的在位企业来说,这个甄别过程很可能排除企业对那些不同于现有商业模式的认同。从认知的角度

---

① 但是,请注意,King 和 Tucci(2002)等发展出理论的相关注意事项。

来说,商业模式的概念接近于普拉哈拉德与贝蒂斯(Prahalad & Bettis,1986)有关主导逻辑(dominant logic)的概念。主导逻辑代表了有关世界如何运作、企业如何在当前世界中竞争的一种主流智慧。当商业机遇出现但不符合当前主流思维时,主导逻辑仿佛是一个信息的过滤器,阻碍经理人发现新机遇并消灭经理人认真考虑这些机遇的可能性,从而使企业落入"主导逻辑陷阱"(dominant logic trap)之中(Chesbrough,2003)。

布希基与金伯利(Bouchikhi & Kimberly,2003)提到了一种类似的现象,即身份陷阱(identity trap)。在他们看来,一个组织的身份可能成为一个陷阱,阻碍组织做出战略选择,使组织无法有效应对变化的环境。一些行动尝试可以带来有悖于核心身份的变化,但往往注定是失败的。切斯布鲁夫(Chesbrough,2010)提出,现有企业的商业模式创新面临两重阻碍。第一种阻碍是结构上的阻碍,商业模式与现有资产之间的冲突,可能带来结构上的阻碍(例如,因为资产与运作流程的重组必然是复杂的、不简单的,此时组织难免会产生抗拒重组的惰性)。第二种阻碍是认知上的阻碍,由于经理人一直在一个既有商业模式的边界内工作,因而在需要理解那些不匹配当前商业模式的技术与理念可能带来的潜在价值时,经理人往往存在着无能为力、无法理解的情况,此时认知上的阻碍就出现了。

同时,切斯布鲁夫(Chesbrough,2010)提出了三种可能帮助经理人克服上述两种阻碍的工具。第一种工具是构建商业模式的路线图,从而厘清支撑起商业模式的具体流程。这样,路线图就成为商业模式试验的一种来源,通过使用路线图工具,经理人可以考虑有没有流程组合的替代性方案。第二种工具是在组织科层制治理架构内授予试验的权力;而第三种工具就是试验本身。试验可以被定义为一个发现的过程,这个过程旨在通过对一系列失败经验的积累性学习最终实现对一个可行的商业模式方案的发现。索斯娜等学者(Sosna et al.,2010)分析了一家西班牙家庭食品作坊的案例,由于出人意料的外部变化,这家作坊面临着商业模式过时的威胁。通过企业上下所有阶层参与商业模式试验、评估与选择施行的方式,也就是一个尝试并在错误中学习的路径,这家企业成功实现了对其商业模式的重组。

吉森等学者(Giesen,Berman,Bell & Blitz,2007)提出,在位企业的商业模式创新可以被分为三个类别:①产业模式创新,通过转移进入新产业、重新定义既有产业或彻底创造新产业的方式,实现产业价值链实现的创新;②收益模式创新,指对营业收入创造方式的创新,例如对产品—服务价值组合的重组或创造新的定价模式;③企业模式创新,即改变企业在价值链中所扮演的角色,包括在扩展企业(extened entreprise)模式中以及由雇主、供应商、顾客组成的网络中的角色改变,这可能涉及企业能力与资产的重组。吉森等人分析了每一种创新与企业绩效之间的关系,并报告了两个关键性的发现:①每一种商业模式创新都可能创造成功;②相比那些较为年轻的企业,关注于外部合作与伙伴关系建立的企业模式创新,对存在年岁较久存续时间较长的企业而言更加有效。佐特与阿密特(Zott & Amit,2010)将商业模式看作由那些彼此依赖的跨边界活动组成的系统,基于一个长达十年的商业模式研究项目,阿密特与佐特(Amit & Zott,2012)最近提出,经理人能够通过三种方式对商业模式实现根本性的创新:①增加新的行动;②以新方式串联各种行动;③改变行动的执行者。换言之,从管理的角度来讲,商业模式创新包含了内容(也就是行动本质)上的创新,结构

(行动的联系与顺序)上的创新以及企业与网络间互动系统治理(对行动的控制或行动所要承担的责任)的创新。

为了成为商业模式的创新者,企业需要创造一些能够实现创新与改进的过程(Mitchell & Coles,2003)。为加速商业模式的革新,多斯与科索宁(Doz & Kosonen,2010)为领导者提出了一类议程。他们指出,要克服伴随当前商业模式存在的刚性,企业必须有更大的灵活性,而这种灵活性可以通过发展三种元能力(meta-capabilities)来获得,即战略敏感性、领导层的团结以及资源灵活性。尝试新的商业模式、抛弃旧的商业模式,必要的冒险行动是不可回避的,这就需要企业对冒险行动有着集体的承诺和认可。多斯与科索宁则强调了高层领导团队在获得企业集体承诺中的重要性。桑托斯等学者(Santos, Spector & Van der Heyden,2009)则提出了一种强调行为层面重要性的在位企业商业模式创新理论。所谓行为层面,涉及的是各方之间的相互承诺以及组织正义(organizational justice)。他们提出,商业模式创新不应当仅仅关注正式组织的结构层面(通常是各种行动的集合),还应当关注非正式的组织动态。

最近,伯克等学者(Bock, Opsahl & George,2010)将商业模式的研究与战略柔性(strategic flexibility)(Shimizu & Hitt,2004)的概念联系在了一起。他们提出,通过增进相应环境复杂性的能力,可以降低组织正式结构设计的复杂度,参与商业模式创新活动的企业就可能最终获得战略柔性。

当前,对在位企业 BMR 活动的研究文献,还处于初步并且碎片化的发展阶段。这意味着,我们能够对 BMR 领域形成一种简单的观感:这个领域在理论丰富性方面有很大的潜力,同时也面临着一些挑战,这些挑战与如何研究 BMR 现象、完成商业模式重组过程的管理任务有关。约翰逊等人(Johnson et al.,2008)已经注意到,在过去的十年中,现有企业做出的主要创新"只有宝贵的一小部分与商业模式有关"(2008:52)。或许这个发现也不是那么让人惊奇,某种程度上还在意料之中,但 BMR 可能较好地代表了一种对亨德森与克拉克(Henderson & Clark)最初提出的所谓"建筑"(architectural)创新概念的延伸。"建筑"创新,指的是一系列复杂的创新活动,这些活动意图对现有的组织与技术能力进行系统的重构。事实上,BMR 是一种复杂的艺术,如蒂斯(Teece,2010)所述,BMR 需要"创造力、洞见以及有关消费者、竞争者、供应商的信息与智慧"(2007:1330)。在位企业进行商业模式创新有着额外的复杂性,这是因为企业现有能力的各个部分,都可能对经理人创新现有商业模式的能力施加限制。限制既有可能是遮蔽经理人的双眼使其无法发现新生的机会,也有可能是在经理人发现机遇的时候无法借助这些机会开展行动(Pisano,2006:1126)。

商业模式与可持续性

尽管商业模式研究在传统上强调企业成功的重要性,但一些新研究探讨了商业模式创新在促进可持续发展上的作用(WCED,1987),尝试从商业模式向社会产出结果的视角上分析商业模式创新。在这些视角中,商业模式产出的结果包括了融合商业模式的社会与环境效应;对可持续发展的战略性影响,也就是使企业通过创新追寻利润的活动,最终与造福社会、解决可持续发展问题的目的相匹配(参见本书第15章)。

企业可以通过两种路径来为可持续发展创造价值：①采用更多的可持续实践与可持续流程，减少乃至消灭"末端治理"(end-of-pipe)问题的负面影响(例如，降低能源和水的消耗以及材料密度，减少包括工作环境压力在内的社会问题)；②开发并推广能够帮助解决可持续性问题的新技术(如可再生能源、电动汽车或者绿色材料)。换言之，可持续发展的价值可以存在于企业的活动或者产品之中，甚至二者兼而有之。

尽管围绕"产品—行动"的混合路径存在很多不同的战略选择，可以用来发展出针对可持续性问题的解决方案、提升企业的可持续绩效，但市场中存在形式多样的外部性问题，阻碍了营利性企业全方位地拥抱可持续发展，削弱了可持续实践的效果。对一些破坏环境的企业活动(如污染)或者有负面社会影响的活动(如对边缘群体与残疾人群体劳动力的剥削)而言，这些活动的影响无法被完全内化在企业产品或服务的生产成本之中(Cairncross, 1993)。因此，那些希望改善其环境与社会绩效的企业，面临着一个结构性的阻碍(也就是，伴随着市场无法对可持续性活动提供充足回馈，企业在实践可持续性活动时面临着相应的风险)。类似地，当缺少适当的政府激励或市场管制时，绿色技术可能比传统技术昂贵很多。这也是数十年来可再生能源相关技术，在市场推广中面临的障碍。

可持续性还存在一个问题，它与另一种形式的外部性有关，即复杂技术系统的网络外部性。在没有必要的互补品供给之前，很多技术不会为顾客提供任何价值，这个问题同时适用于传统技术与可持续性技术。当没有必要的补充性技术(如电池)或基础设施(如充电站)时，电动汽车是没有什么价值的。相同的双边或三边市场理论也可以反过来解释这一现象，例如当还没有可行的技术来生产可靠、成本效益高的电动汽车时，发展有关电动汽车的基础设施也就没有经济意义。因为企业可能没有办法控制完整的技术体系，而完整的技术体系又是实现一项技术价值的必要条件，因此，一些更为绿色的技术在市场中扩散时会面临着阻碍。

有些研究者提出，企业能够通过对商业模式的创新克服这些阻碍，即在创造利润的同时造福于环境。例如，基于服务的商业模式(销售服务而不是产品)有助于企业投入一种新盈利能力的创造，这种能力能够使企业通过创新在维护可持续性的同时实现盈利。比方说，当地毯商英特飞(Interface)将他们的商业模式从销售地毯转向"地毯铺设服务"后(Louvins, Lovins and Hawken, 1999)，这家公司就开始研究、设计并制造更适宜循环利用的地毯。在这种新的商业模式下，在地毯用旧时，英特飞公司就用新地毯替换旧地毯，并将旧地毯重新放入供应链中。由于他们的地毯是高度可再循环利用的，英特飞公司在地毯循环使用的活动中不仅赚取了利润，还对环境保护有所助益。最终，地毯被设计成瓦片(tile)样式，只有那些产生磨损的地毯模块需要被替换，其他地毯块则不需要。这种可循环使用的、模块化的地毯显著减少了材料与能源的消耗，使英特飞公司能够在大大降低成本的情况下为消费者提供更好的服务，从而在这些新的商业活动中创造并捕捉价值(Lovins et al., 1999)。提供服务而不是产品，采纳创新性的定价策略与新颖的收益流，还能够帮助企业将更加昂贵的绿色技术推销出去，提升它们的市场使用率。正如乌岑哈根与鲍恩克

(Wüstenhagen and Boehnke,2006)所提到的,"考虑到可持续能源技术的资本集约度……在能源部门推广这些创新的一个关键考量测度指标是如何解决突出的消费者使用成本问题"(2006:256)。基于租赁、外包或混合产品与服务的商业模式,或许能够为这个问题提供一个解决方案(Wüstenhagen and Boehnke,2006)。最后,新的商业模式还能够帮助克服或解决战略性互补(strategic complementarities)问题与协调问题。佳域公司(Better Place)是一家电动汽车网络与服务的全球供应商,致力于通过对电动汽车的市场推广来加速推动世界向可持续交通的转型。这家企业的商业模式并不是基于电动汽车的制造;相反,佳域公司的商业模式是基于与电动汽车生产商、设施提供企业、政府、电池生产企业以及其他各方合作共同打造基于市场的交通基础设施,以此来支撑电动汽车的扩散。通过将自身定位在价值体系的上游,同时以独特的商业模式精心策划运作网络,佳域公司试图解决可持续交通中的双边市场问题。不过,这家企业已于2013年5月倒闭,这表明创造以可持续发展为目标的商业模式具有一定的复杂性。

商业模式创新的理论与实践

商业模式(BM)是一个系统而又内涵丰富的概念构建,包含了多种成分、各类(跨越组织边界的)行动者、复杂的交互依赖关系与动态过程。因此,那些在管理学层面试图提升商业模式认知的努力(这些认知活动是BMI具体化、探索商业模式创新可能性的必要条件),以及那些精心设计安排(执行并且管理)创新性商业模式的行动,都是非常重要的。

人们对商业模式认知复杂性意识水平的提升(描绘现有的商业模式或者设计新的商业模式),伴随着商业模式与商业模式实践(business modeling practice)的日趋相关(Zott et al.,2011),引领学术界与实业界提出了支撑商业模式创新活动的几条路径与策略。诸如观点、框架、本体之类的不同分析工具已经被提出,其采用非正式的文本、口头和特设图形表示的组合。这些分析工具的出现,可以在不同程度上归因于商业模式创新理论[①]与实践发生联系后产生的三大核心功能。首先,BMI理论与实践的交互活动,为促进学术界与实践界对话、促成共同理解、支持集体的意义建构行动提供了"参考语言"(reference language)(Amit and Zott,2012)。其次,通过对商业模式的按比例简化和呈现,BMI理论与实践的交互活动使人们能够实现对商业模式创新的图像化呈现,这种呈现简化了人们对BMI的认知,并且使商业模式创新的仿真模拟试验成为可能(例如,理论与实践的交流,能够帮助人们形成并详细阐述一些重要的"假使……将会怎么样"之类问题,并对战略选项做出评估)(Osterwalder and Pigneur,2010)。最后,理论与实践的交互活动以图像与文字的形式,突出了风险投资项目的价值,使人们能够清楚地、例证充分地阐释风投项目的价值是什么,并为项目外部的观众参与企业的价值创造活动提供支撑,使风投企业的价值创造获得合法性,

---

① 这里所用到的与商业模式及商业模式创新相关的"理论"(theory)概念,与范艾肯有关"Mode 2"知识的生产(van Aken,2005)非常相似,这种知识是设计科学研究路径(design science research approach)的产物。也可以将"理论"理解为如何构建一个严密主体的相关知识,这种知识被西蒙(Simon,1969)理解为设计社会产品(这里即组织)的标准。

激活资源并激发行动。我们注意到,不同的分析工具与视角倾向于强调理论与实践交互的某些功能,同时忽略其他一些功能。例如,有些视角的优势在于其简单与简约。就其本身而言,这些分析视角在人们围绕某个商业模式进行集体意义建构行动时能够提供有效的支持。另外的一些分析视角则更加缜密。使用这些分析视角可能会稍微困难,但这些分析视角能够让人们对商业模式不同成分之间发生的动态演化或交互过程有一个更好的理解(Casadesus-Masanell & Ricart,2007,2010)。

我们注意到在更广泛的层面,基于一定的标准,可以将支撑商业模式创新的分析工具放置在不同的层级之上。为了描述一定的现实世界,分析工具会对现实世界进行抽象,不同工具的抽象在解构现实方面会有层次与复杂程度上的差异①,这些差异则决定了放置分析工具在不同层级上的具体标准,如图21.2所示。

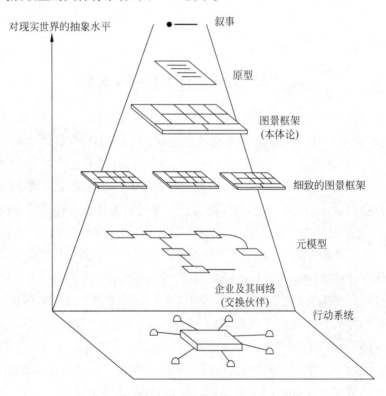

图21.2 分布在不同现实抽象水平上的商业模式

在最高水平的抽象层面,商业模式的分析采用一种叙事(narrative)视角(Perkmann & Spicer,2010)。根据玛格丽特(Magretta,2002)所言,商业模式就是一个故事,一个对企业如何运作的文字描述。需要注意的是,对商业模式的叙事不仅仅发挥一个描述的功能,还发挥着规范的功能。根据布朗(Brown,2000)的研究,商业模式叙事代表了一个重要的路径,借助这个路径,人们试图将意义注入模糊的情境之中,并说服那些迟疑的观众相信商业模

---

① 这些分析工具之间存在着一种共同的认识,即(往往是含著的)认为商业模式是一种模型(Baden-Fuller and Morgan,2010),也就是对有关企业及其交易伙伴构成的网络的真实情况的一种简化后呈现。

式叙述者对现实世界的解释是值得信赖的。帕克曼与斯派瑟（Perkmann & Spicer,2010）指出,因为它们的展望属性（forward-looking character）,在对商业模式的叙事中扮演着一种重要的角色：它们能够激发人们对未来商业如何开展的相关要素产生一定的期望。商业模式叙事可以由经理人和企业家构建而成,它们不仅可以用来缓冲人们对商业模式的认知,还可以作为一种交流工具以实现各种各样的目标,诸如说服外部观众,为企业创造一种合法性的认知（例如,把一个风险投资项目的商业模式与一家成功企业的商业模式做类比）,或者引导社会行动（例如,将人们的关注点聚焦在有哪些东西需要在决策与运营过程构建中被考虑到）等。

人们对商业模式中结构模式的重视,使商业模式的分类学与原型（archetypes）研究被引入分析工具中来。所谓原型,被人们理解为一种理想化的类型范例,在这里是指一种理想化的商业模式。一个为人所熟知的商业模式原型案例就是免费增值模式（freemium BM）,这种商业模式被 Adobe 公司在销售其软件 Acrobat 时使用。这种商业模式的核心逻辑在于,免费为消费者提供一个基本版的产品,但消费者使用高级版本则要付费。今天广为人知的"剃须刀与刀片"商业模式就是由吉列公司引领的,它通过向消费者销售廉价的剃须刀,进而驱动消费者进一步购买昂贵的剃须刀片（Zott & Amit,2010：218）。这种商业模式在很多其他行业也十分盛行,例如打印机与打印墨盒,游戏机与游戏软件等,基本都是同一套逻辑。商业模式原型在其呈现时往往附着一个可供识别的标签（一个用来识别商业模式类型的"头衔"）,标签附带一段对该商业模式核心本质的简短描述。作为分析工具,商业模式原型为人们呈现了商业"榜样"（role-models）,人们可以追随并模仿这些"榜样"（Baden-Fuller & Morgan,2010）。

尽管商业模式叙事与原型能够帮助实现一些重要的目标,但这些分析工具在利用与操练上还是有些困难（例如,基于商业模式的叙事或原型工具,人们还是很难评估商业模式中的一部分发生变化后,会对整个系统带来哪些可能的影响）。商业模式的图景框架（graphical frameworks）为人们在建构和组织计划商业模式创新时,提供了一个描述精确性水平更高、更加严密的路径。图景框架通过对商业模式关键部件的列举、厘清以及和呈现,实现对商业模式的概念化与形式化（图 21.2）。在经理人与从业者之间广为人知的一个图景框架例子是所谓的"商业模式画布"①（business model canvas）（Osterwalder and Pigneur,2002）。通过列举并形象地展示了该理论创制者们所认为的商业模式九个关键成分,"商业模式画布"以按比例缩小的方式对一般的商业模式进行了呈现。类似的,约翰逊及其同事（Johnson,Christensen and Kagermann,2008；Johnson,2010）也提出了一个包含四个彼此依赖要素的简单框架,这些要素包括了消费者价值主张（customer value proposition）、盈利法则（profit formula）、关键性资源（key resources）以及关键过程（key processes）。基于对这些要素的关注,约翰逊的框架对商业如何为消费者与企业创造并传递价值提供了一个综合性的

---

① 起初,这套由奥斯特瓦尔德与比纽赫（Osterwalder and Pigneur,2010）开放的分析框架被称为"商业模式本体论"（business model ontology）,但后来被挂上了"商业模式画布"的标签,在经理人群体中日益流行。

描述（Johnson，2010：22）。

尽管如此，我们还是认为，图景框架与商业模式原型的力量都在于它们的简约特性，这或许也是这些分析工具在从业者中间十分流行的原因。然而，这些工具的简约以牺牲了描述上的深度为代价，特别是在解释一个特定商业模式相关的一些动态过程方面，图景框架与原型工具还是存在着力有不逮的缺陷。商业模式的元模型（meta-models）[①]或许能够帮助克服上述分析工具的能力限制。卡萨德苏斯-马塞纳与里加特（Casadesus-Masanell & Ricart，2010）利用系统动力学对商业模式进行了元模型分析。根据商业模式中的不同选择、不同结果以及对结果的灵活或死板程度评估（这是在处理商业模式重组问题时需要考虑的而一个重要方面），他们的元模型分析为实现商业模式的概念化和形象化提供了一种路径。元模型分析所呈现的多重因果回路（包含抑制回路与自我强化回路），帮助人们理解商业模式中众多决策选择所建构起来的结构，是如何驱动商业模式整体行动的，进而获得商业模式重组的结果。这个分析视角使人们获得了对现有商业模式更加精细的描述，支撑人们使用相关理论来描述并理解决策选择与可能结果之间的关联。

高岑等学者（Gordijn and Akkermans，2001）提出了一个概念上的建模路径，他们称为"e3-value 本体论方法"，这种方法可以帮助人们确定在一个行动者构成的网络中，经济价值是如何创造并交换的。不像其他传统的建模工具要么采用商业过程的视角（通常是那些运营管理研究）或者系统架构的视角（通常是那些信息系统研究），这种建模技术采用的是一种价值视角。这里提到的这一类元模型分析从工商管理研究中借用了很多概念，诸如行动者、价值交换、价值活动以及价值对象。这类元模型分析使用这些概念来模拟由企业和终端消费者构成的"荟萃集群"（constellations）。

沿着类似的脉络，佐特与阿密特（Zott and Amit，2010）提出了从行动系统（activity system）视角来支持新商业模式的设计活动，这个分析视角建立在将商业模式理解为彼此互相关联的众多行动（而不是决策选择与结果）所构成的系统之上。这个系统以一个焦点企业为中心，包含了焦点企业、企业合作伙伴、经销商、消费者及其他行动者所做出的行动。正因为这样，行动系统视角能够在相当水平的深度与精确性上，实现对商业模式的描述与概念化。佐特与阿密特认为，"在一个焦点企业的商业模式中，行动可以被看作任何主体（焦点企业、终端消费者、经销商等）的人力、物质或资本资源在该商业模式中的参与，这种参与行动是为实现一个特定的目的，即实现商业模式整体的目标"（Zott and Amit，2010：217）。为了让人们更好地将商业模式理解为一组彼此依赖的行动，佐特与阿密特区分了设计要素（指内容、结构与治理）与设计主题（指效率、新颖、互补性与锁定）。设计要素（design elements）包括行动的选择（内容 content）、行动的排序（结构 structure）以及谁在网络中负责执行行动的决策考量（治理 governance），将这些要素聚合在一起就构成了一个商业模式架构的基础逻辑（infrastructural logic）。此外，经理人还可以围绕不同的设计主题

[①] 我们从系统工程学领域的研究文献中借用了元模型这一概念。系统工程学通常认为，为模拟一系列需要提前界定的问题，需要利用元建模（meta-modelling）对解决问题所适用和需要的框架、规则、阻碍因素、模型与理论进行分析、构建与发展。

(design themes)来构建行动系统,例如"以效率为中心"(efficiency-centred)的设计(以效率作为设计主题),指的是企业如何利用行动系统的设计活动,通过降低交易成本的方式,获得整体上的更高效率。其他的设计主题还包括"新颖性"(novelty,在行动系统内容、结构或治理上的创新)、"锁定"(lock-in,这类商业模式的核心特征是具有一种能力,能够持续使那些第三方主体受到吸引,从而成为商业模式的持续型参与者),或者"互补性"(complementarities,构建一个行动系统而不是将行动的执行分离开来,从而创造更大的价值)。

商业模式的管理

管理商业模式所要面临的挑战,其复杂性甚至要超过对商业模式进行管理学上的认知与意义构建。尽管商业模式创新有着为创新者带来革命性增长与指数收益的潜力,但商业模式创新也是一个高度危险的举动,有可能致使整个商业的配置架构发生变化。因此,经理人所面临的一个重要挑战是要理解什么时候实施新的商业模式才是需要的(Johnson,2010)。一旦商业机会被经理人识别,并且发现利用这样的机会需要开发新的商业模式,此时在位企业的经理人很可能面临着同时要管理多个商业模式的难题(Markides and Charitou,2004)。企业进入"金字塔底层"市场,或者探寻新市场需求或新消费者群体,都将面临一种挑战,即两种商业模式之间存在着冲突的潜在可能(Markides and Charitou,2004)。本部分我们将对组织研究中这一重要领域的一些核心发现与洞见进行阐述。

商业模式创新能够在三个不同的方面支持企业利用新的商业机会(抓住空白地带)(Johnson,2010):①支持发展新的价值主张,这些价值主张旨在满足既有顾客的某个尚未满足而又应当去做的任务;②应对那些新的顾客群体,这些顾客群体在传统上被既有的价值主张所忽略;③使企业进入一个全新的行业或者一个新领域(terrain)。下面这些事例展示了与商业模式创新相关的不同管理挑战与机遇。

首先,商业模式创新为既有顾客群体发展新的价值主张,其创新水平体现在以竞争为基础的商业模式功能转变上(Moore,2004)。如图21.3所示,在市场发展的不同阶段,企业在不同层面展开竞争与创新。

在早期阶段,消费者尚未满足的需求,主要与产品的特征与性能有关。因此,企业在产品功能上展开竞争,集中关注的是产品的创新。当功能相关的需求基本被满足后,企业竞争的基础发生转移,主要源于消费者要求产品有更高的质量与可靠性。在这种情况下,创新活动主要是生产工艺流程导向的。当产品质量与可靠性也得到有效追赶后,消费者价值则通过产品的便利性、定制化实现,并且最终,随着该类商品的市场不断大众化,最终消费者价值要求以低价格的形式实现。根据约翰逊(Johnson,2010)的研究,随着市场演进进入这一阶段,经理人应当将目光聚焦到商业模式创新上,原因在于创新性的商业模式能够有效回应市场的大众化,发展出新的消费者价值主张,实现产品创新与流程创新所不能实现的。创新性的商业模式能够发展出崭新的价值主张,或者"量体裁衣",满足消费者个性化

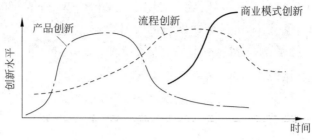

引入	成长	成熟	市场发展阶段
小规模销售	主导型设计出现	大众化	特征
高成本	销售额开始增加	市场饱和	
低质量	市场渗透	基于便利/价格	竞争
基于功能/绩效	基于质量/服务开	开展竞争	
开展竞争	展竞争	商业模式	创新之路
产品	流程		

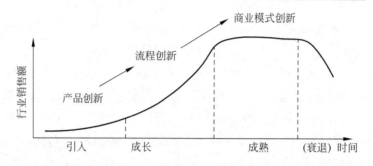

图 21.3 市场发展与商业模式创新

的需求,或者显著地降低产品的成本①。

其次,创新性的商业模式能够为企业服务新消费者群体带来新机遇。这类商业模式创新的事例相当于进行了一个"民主化"的过程(Osterwalder & Pigneur,2010)。这个过程是企业可以将自己的产品和服务延伸到曾经不属于原目标市场的潜在消费者群体。这些潜在消费者之所以在以前不属于消费者群体,原因可能是现有产品服务过于昂贵(就潜在消费者的财富状况来看),或者过于复杂(就潜在消费者的技能来看),或者潜在消费者难以获得产品或服务(可能受包括地理距离过远、信息和时间缺乏等多因素的影响)。之前讨论过的一类企业行动,即进入"金字塔底层"市场,获得那里的消费者,也属于这个商业模式创新类别。

在以创新的形式服务现有消费者或者获得新的潜在消费者时,对新商业模式的开发主要是为了响应那些可识别的、某种程度上可预测的、由市场驱动的情景。第三种类型的商业机遇,存在于产业发生较难预测的结构性变化时,这种结构性变化可能是由于诸如技术

---

① 约翰逊的研究提供了企业通过商业模式来参与市场竞争的真实案例。Zipcar 公司提供汽车共享服务,从便利角度出发与传统的租车企业产生竞争。宜家公司(IKEA)以非常低的成本实现了家居用具上不同程度的便利与定制化因素的混合。

间断,或者政府政策与管制发生重大变化等事件引起。商业模式创新能够帮助企业创造出独特的新商业平台,以适应发生了剧烈变动的商业领域。例如,众多复杂的社会力量日益表现出对可持续性的、更加绿色环保的交通工具的需求,佳域公司所开发的创新的商业模式正是利用了这一变化所带来的商业机会(尽管从事后诸葛亮的角度看,该公司的商业模式创新是不成功的)。

卡普兰(Kaplan,2012)提出,商业模式创新在现实中应当得到与产品创新相同的重视程度,他为在位企业提供了一个商业模式创新的行动指南。该指南提出了包括"连接""启发"与"变革"在内的三大类共15条商业模式创新原则,以引领创新活动。"连接"(connect)是指商业模式创新的本质是"团队运动"(team sport),并且指出如何培育商业模式创新。例如,企业要使创新者们能够在常规的"知识仓库"(silos)之外,实现"偶然邂逅"(chance meeting)式的彼此关联;企业还应构建起一些组织结构,使灵活性的合作网络能够在整个企业之间建立起来;另外,企业还应强调合作式的设计思维。"启发"(inspire)指的是发展新奇想法、鼓励系统思维、挑战现有假设、快速开展试验,从而获得新的商业意义。"变革"(transform)是要求企业鼓励程度较大的根本性的变化而非渐进式的变化,持续尝试新鲜事物并建立一种必须创新的紧迫感。卡普兰还讨论了如何为商业模式创新开展研发活动这一重要问题。在这个问题上,卡普兰回到了试验这一主题,提出企业应当建立一个"商业模式创新工厂"。他认为这个"商业模式创新工厂"应当是一个与当前商业模式相连接的"毗邻物"(connected adjacency),而不是试图毁灭当前商业模式。"商业模式创新工厂"应当得到高层领导者的支持,企业应当明确表达出对它的渴望。"商业模式创新工厂"内的工作人员,应当包含扮演着多种角色的创新者(例如思维创造者、民族志学者以及商业模式设计者)。同时,商业模式创新应当在那些支持现有商业模式的产品创新活动之外,保持一种独立的行动。

商业模式管理所面临的一个重要管理挑战,是多个商业模式之间可能产生的冲突问题(Markides and Oyon,2010)。对现存企业而言,通过发展新商业模式来抓住新商业机遇的做法,可能会使企业必须同时运作(或者思考)两种商业模式(Markides and Oyon,2010)。例如为获得印度的潜在消费者,印度斯坦联合利华公司(Hindustan Unilever,联合利华集团在印度的子公司)就运作着一个与其母公司不同的商业模式。十几年前,荷兰国际集团(ING Group)启动了后来大获成功的互联网银行项目"ING Direct"。该项目不仅挖掘出了那些互联网金融用户,还挖掘出一些愿意以不同于传统方式使用金融服务的客户。新加坡航空公司(Singapore Airlines)成立了全资附属子公司胜安航空公司(SilkAir),以迎合市场中希望低成本出行的顾客,作为对新航传统业务的补充。

根据马基迪斯等学者的研究(Markides and Charitou,2004),两种商业模式的竞争会使企业在有所得的同时有所损失。这是因为,新的商业模式会带来一些负面影响,包括侵蚀现有销售业务与顾客基础,以及破坏或掏空已有的经销商网络,使企业给消费者提供的服务在质量上打折扣,或者使企业组织试图为每一个消费者做每一件事。为了有效管控上述状况,战略管理专家们在传统上通常都提出企业应当将两种商业模式分别放置在两个不同的下属机构中（Christensen，1997）。与这种观点不同的是，马基迪斯等学者（Markides and Charitou，2004）提出了一个权变路径来解决管理多个商业模式的问题。该路径认为，关于如何寻找到管理多个商业模式的最佳战略问题，根本上应当从两个方面进行理解与判断：①两种商业模式冲突的程度；②两种商业模式所对应的市场在战略上有多少相近之处。将这两个维度分别简化为二分的两种情况（激烈的冲突与较小的冲突，高度的战略相关性与较低的战略相关性），可以在逻辑上划分出四种可能的情境，对应四种不同的战略。这四种战略包含了两种单一战略（分离战略与整合战略），以及两种混合战略（在开始阶段整合两种商业模式并为未来的拆分筹备条件做准备，以及在开始阶段拆分两种商业模式但为未来的整合筹备条件做准备）。混合战略要求实施战略的企业相比其他企业，更好地同时应对两种事物。管理两种商业模式的企业运作技巧包括：向独立下属部门授予运营与财务自治权；允许下属部门发展部门自身文化，建立本部门自己的预算系统，拥有自己的CEO，但同时鼓励各个下属部门在同一个激励与奖惩系统下实现合作；在部门内部提拔出CDO，而不是从外部选派一个CEO。

结　　语

在本章中，我们对尽管数量有限但增长迅速的商业模式与商业模式创新研究文献进行了回顾。在大多数产业部门与人道慈善事业的发展过程中，人们总会在某一时刻发现，传统的创造、传递与捕捉价值的路径不再有效或者难以继续盈利。此时（甚至在这之前），勇于接受商业模式创新的组织将拥有再造产业、改变世界的可能性。商业模式创新是一个激动人心的领域，这个领域每天都在扩张，研究者与从业者对该领域的兴趣每天都在增长。正因为此，我们希望本书的这个章节能够帮助人们建立起一个更好的、更加统一的对商业模式创新的理解，同时在理论与实践的鸿沟之间架起一座沟通的桥梁。

参 考 文 献

Afuah, A., and Tucci, C. L. (2001). *Internet Business Models and Strategies: Text and Cases*. New York: McGraw-Hill.

Aldrich, H. E., and Auster, E. (1986). 'Even Dwarfs Started Small: Liabilities of Size and Age and their Strategic Implications', in *Research in Organizational Behavior*, vol. 8, B. M. Staw and L. L. Cummings (eds). Greenwich, CT: JAI Press, 165–98.

Amit, R., and Zott, C. (2001). 'Value Creation in e-business', *Strategic Management Journal*, 22: 493–520.

Amit, R., and Zott, C. (2012). 'Creating Value Through Business Model Innovation', *MIT Sloan Management Review*, 53(3): 41–9.

Baden-Fuller, C., and Morgan, (2010). 'M. S. Business Models as Models', *Long Range Planning*, 43: 156–171.

Bhave, M. P. (1994). 'A Process Model of Entrepreneurial Venture Creation', *Journal of Business Venturing*, 9: 223–42.

Bijker, W. E., Hughes, T. P., and Pinch, T. J. (1987), *'The Social Construction of Technological Systems: New Directions in the Sociology and History of Technology'*, Cambridge

MA: MIT Press.

Bock, A., Opsahl, T., and George, G. (2010). 'Business Model Innovations and Strategic Flexibility: A Study of the Effects of Informal and Formal Organization', Working paper Imperial College SSRN 1533742.

Bonaccorsi, A., Giannangeli, S., and Rossi, C. (2006). 'Entry Strategies under Competing Standards: Hybrid Business Models in the Open Source Software Industry', *Management Science*, 52(7): 1085–98.

Bouchikhi, H., and Kimberly, J. R. (2003). 'Escaping the Identity Trap', *MITSloan Management Review*, 44: 20–26.

Brown, A. D. (2000). 'Making Sense of Inquiry Sensemaking', *Journal of Management Studies*, 37(1): 45–75.

Bruderl, J., and Schussler, R. (1990). 'Organizational Mortality: The Liabilities of Newness and Adolescence', *Administrative Science Quarterly*, 35: 530–47.

Cairncross, F. (1993). *Costing the Earth*. Boston, MA: Harvard Business School Press.

Casadesus-Masanell, R., and Ricart, J. E. (2007). 'Competing through Business Models', Working Paper 713, IESE Business School, Barcelona.

Casadesus-Masanell, R., and Ricart, J. E. (2010). 'From Strategy to Business Models and to Tactics', *Long Range Planning*, 43: 195–215.

Chesbrough, H. W. (2003). *Open Innovation: The New Imperative for Creating and Profiting from Technology*. Boston, MA: Harvard Business School Press.

Chesbrough, H. W. (2007). 'Business Model Innovation: It's Not Just About Technology Anymore', *Strategy and Leadership*, 35: 12–17.

Chesbrough, H. W. (2010). 'Business Model Innovation: Opportunities and Barriers', *Long Range Planning*, 43: 354–63.

Chesbrough, H., Ahern, S., Finn, M., and Guerraz, S. (2006). 'Business Models for Technology in the Developing World: The Role of Non-governmental Organizations', *California Management Review*, 48: 48–61.

Chesbrough, H. W., and Rosenbloom, R. S. (2002). 'The Role of the Business Model in Capturing Value from Innovation: Evidence from Xerox Corporation's Technology Spinoff Companies', *Industrial and Corporate Change*, 11: 533–4.

Christensen, C. M. (1997). *The Innovator's Dilemma*. Boston: Harvard Business School Press.

Doz, Y., and Kosenen, M. (2010). 'Embedding Strategic Agility: A Leadership Agenda for Accelerating Business Model Renewal', *Long Range Planning*, 43: 370–82.

Giesen, E., Berman, S. J., Bell, R., and Blitz, A. (2007). 'Three Ways to Successfully Innovate your Business Model', *Strategy and Leadership*, 35: 27–33.

Gordijn, J., and Akkermans, H. (2001). 'Designing and Evaluating e-business Models', *Intelligent E-Business*, July/August: 11–17.

Hayashi, A. M. (2009). 'Do You Have a Plan "B"?' *MIT Sloan Management Review*, 51: 10–11.

Henderson, R. M., and Clark, K. B., (1990). 'Architectural Innovation: The Reconfiguration of Existing Product Technologies and the Failure of Established Firms', *Administrative Science Quarterly*, 35: 9–30.

Ireland, R. D., Hitt, M.A., Camp, M., and Sexton, D.L. (2001). 'Integrating Entrepreneurship and Strategic Management Actions to Create Firm Wealth', *Academy of Management Executive*, 15: 49–63.

Johnson, M. W. (2010). *Seizing the White Space: Business Model Innovation for Growth and Renewal*. Boston: Harvard Business Press.

Johnson, M. W., Christensen, C. C., and Kagermann, H. (2008). 'Reinventing Your Business Model', *Harvard Business Review*, 86: 50–59.

Kaplan, S. (2012). *The Business Model Innovation Factory: How to Stay Relevant When The World is Changing*. Wiley: New York.

King, A., and Tucci, C. L. (2002). 'Incumbent Entry into New Market Niches: The Role of

Experience and Managerial Choice in the Creation of Dynamic Capabilities', *Management Science*, 48(2): 171–86.

Konde, V. (2009). 'Biotechnology Business Models: An Indian Perspective', *Journal of Commercial Biotechnology*, 15: 215–26.

Lovins, A. B., Lovins, H. L., and Hawken, P. (1999). 'A Roadmap for Natural Capitalism', *Harvard Business Review*, May-June.

Magretta, J. (2002). 'Why Business Models Matter', *Harvard Business Review*, May.

Markides, C., and Charitou, C. D. (2004). 'Competing with Dual Business Models: A Contingency Approach', *Academy of Management Executive*, 18(3): 22–36.

Markides, C. and Oyon, D. (2010). 'What to Do Against Disruptive Business Models (When and how to Play Two Games at Once).' *MIT Sloan Management Review*, 51(4): 25–32.

McGrath, R. G. (2010). 'Business Models: A Discovery Driven Approach', *Long Range Planning*, 43: 247–61.

Mitchell, D., and Coles, C. (2003). 'The Ultimate Competitive Advantage of Continuing Business Model Innovation', *Journal of Business Strategy*, 24: 15–21.

Miles, R. E., Miles, G., and Snow, C. C. (2006). 'Collaborative Entrepreneurship: A Business Model for Continuous Innovation', *Organizational Dynamics*, 35: 1–11.

Moore, G. A. (2004). 'Darwin and the Demon: Innovating Within established enterprises', *Harvard Business Review*, 82: 86–92.

Normann, R., and Ramirez, R. (1993). 'From Value Chain to Value Constellation: Designing Interactive Strategy', *Harvard Business Review*, July-August: 65–77.

Osterwalder, A., Pigneur, Y., and Tucci, C. L. (2005). 'Clarifying Business Models: Origins, Present and Future of the Concept', *Communications of the Association for Information Science (CAIS)*, 16: 1–25.

Osterwalder, A., and Pigneur, Y. (2010). *Business Model Generation*. Hoboken, NJ: John Wiley and Sons.

Parolini, C. (1999). *The Value Net: A Tool for Competitive Strategy*. Chichester, UK: John Wiley and Sons Ltd.

Perkmann, M., and Spicer, A. (2010). 'What are Business Models? Developing a Theory of performative Representation', in M. Lounsbury (eds), *Technology and Organization: Essays in Honour of Joan Woodward (Research in the Sociology of Organizations*, 29: 265–75), Emerald Group Publishing Limited.

Pisano, G. (2006). 'Profiting from Innovation and the Intellectual Property Revolution', *Research Policy*, 35: 1122–30.

Prahalad, C. K. (2005). *The Fortune at the Bottom of the Pyramid: Eradicating Poverty Through Profits*. Philadelphia: Wharton School Publishing.

Prahalad, C. K., and Bettis, R.A. (1986). 'The Dominant Logic: A New Linkage Between Diversity and Performance', *Strategic Management Journal*, 7: 485–511.

Prahalad, C. K., and Hart, S. (2002). 'The Fortune at the Bottom of the Pyramid', *Strategy & Business*, 26: 2–14.

Ricart, J. E., Enright, M. J., Ghemawat, P., Hart, S. L., and Khanna, T. (2004). 'New Frontiers in International Strategy', *Journal of International Business Studies*, 35(3): 175–200.

Santos, J., Spector, B., and Van der Heyden, L. (2009). *Toward a Theory of Business Model Innovation Within Incumbent Firms*. Working paper no. 2009/16/EFE/ST/TOM, INSEAD.

Seelos, C., and Mair, J. (2007). 'Profitable Business Models and Market Creation in the Context of Deep Poverty: A Strategic View', *Academy of Management Perspectives*, 21: 49–63.

Shimizu, K., and Hitt, M. (2004). 'Strategic Flexibility: Organizational Preparedness to Reverse Ineffective Strategic Decisions', *Academy of Management Executive*, 18: 44–59.

Simon, H. 1969. *The Sciences of the Artificial*. Cambridge, CA: MIT press.

Sosna, M., Trevinyo-Rodríguez, R. N., and Velamuri, S.R. (2010). 'Business Models Innovation

Through Trial-and-error Learning: The Naturhouse Case'. *Long Range Planning,* 43: 383–407.

Sterman, J. D. (2000). *Business Dynamics: Systems Thinking and Modeling for a Complex World.* New York: Irwin Professional McGraw-Hill.

Susarla, A., Barua, A., and Whinston, A. B. (2009). 'A Transaction Cost Perspective of the "Software as a Service" Business Model', *Journal of Management Information Systems,* 2: 205–40.

Teece, D. J. (2007). 'Explicating Dynamic Capabilities: The Nature and Microfoundations of (Sustainable) Enterprise Performance', *Strategic Management Journal,* 28: 1319–50.

Teece, D. J. (2010). 'Business Models, Business Strategy and Innovation', *Long Range Planning,* 43: 172–94.

Timmers, P. (1998). 'Business Models for Electronic Markets', *Electronic Markets,* 8(2): 3–8.

van Aken, J. E. (2005). 'Management Research as a Design Science: Articulating the Research Products of Mode 2 Knowledge Production in Management', *British Journal of Management,* 16: 19–36.

WCED. (1987). *Our Common Future.* Oxford: Oxford University Press

Wüstenhagen, R., and Boehnke, J. (2006). 'Business models for sustainable energy', in Andersen, M., and Tukker, A. (eds), *Perspectives on Radical Changes to Sustainable Consumption and Production* (SCP) (Proceedings). Roskilde and Delft: RISO and TNO, 253–9.

Yunus, M., Moingeon, B., and Lehmann-Ortega, L. (2010). 'Building Social Business Models: Lessons from the Grameen Experience', *Long Range Planning,* 43: 308–25.

Zott, C., and Amit, R. (2007). 'Business Model Design and the Performance of Entrepreneurial Firms', *Organization Science,* 18: 181–99.

Zott, C., and Amit, R. (2010). 'Designing your Future Business Model: An Activity System Perspective', *Long Range Planning,* 43: 216–26.

Zott, C., Amit, R., and Massa, L. (2011). 'The Business Model: Recent Developments and Future Research', *Journal of Management,* 37(4): 1019–42.

第22章

管理开放式创新

奥利弗·亚力克西(Oliver Alexy)
莱纳斯·达兰德(Linus Dahlander)

引　言

开放式创新是近几年创新领域的热议话题。这一概念最早由美国学者 Henry Chesbrough(亨利·切萨布鲁夫)提出,指企业有目的地利用内部和外部知识,加速企业内部创新进程,并通过外部创新实现市场扩张。开放式创新假定企业为了推动技术创新的发展,应充分结合内部及外部资源和想法,依靠内部与外部两种通向市场的路径。开放式创新这一概念的提出有其独立的贡献,但同时也和其他创新概念如用户创新和累积性创新紧密结合。为与此对应本章中,我们将开放式创新的概念进行微小的调整,即企业为了创造和占有价值所进行的所有跨越企业边界的知识流动,不做形式和方向的区分。这些知识流动可以是内向的(流入企业)也可以是外向的(流出企业),可以是基于金钱的交易也可以是基于非正式关系的交易。

开放式创新的核心观点很简单但是却吸人眼球,知识跨越企业边界的流动可以使企业运营(尤其是研发活动)更加高效。这一理念为管理创新提供了几点潜在启示:①它对"企业需要连接和参与所有的创新活动直至产品交付给市场"(参见第2章)这一假设提出质疑;②创新过程的开放需要与整体创新战略相融合(anchored concomitantly),结合内部和外部创新资源;③开放式创新的实施将会给研发人员带来巨大的挑战。联结和整合现有专家于单个企业之中并非易事,尤其当需要将外部知识转化为新产品和服务时,这一挑战将更加凸显。

开放式创新究竟是不是一个全新的概念一直就有争议——毕竟企业一直以来都有通过合作来提升研发产出(参见第23章)。例如 Allen(1983)和 Nuvolari(2004)的研究表明,早在一百多年以前就有产业界存在共享研究成果和文档的做法。Hargadon(2003)对爱迪生实验室的研究揭示了组织间存在错综复杂的关系网络。Freeman(1974)也持有类似的评判,研发实验室并非"山间城堡"(castles on the hills)。

尽管开放式创新这一概念可以追溯到很久之前,但是最近两大趋势——全球化和互联网的兴起为企业间的合作提供了便利,同时也使开放式创新这一话题显得更为重要。这两大趋势降低了企业间合作的交易成本,扩大了潜在的合作伙伴群和市场范围,降低了交流障碍。相应的,企业拥有了更多的企业间合作选择。

这一话题的重要性

开放式创新自 2003 年被提出后,对产业界和学术界产生了深刻的影响,除了学术出版物(Chesbrough, Vanhaverbeke, West, 2006),关于这一话题的论文发表数量也大幅上升。图 22.1 展示了汤森(ISI web of science)论文数据库所收录的每年与开放式创新相关的期刊论文的发表量,可以看出论文发表量的大幅度增长。2010 年,近 100 篇与开放式创新相关的论文被发表。

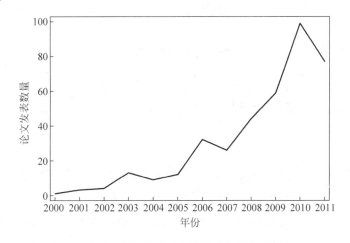

图 22.1　关于开放式创新的论文发表数量

这些论文中充满了与开放式创新相关的成功故事,但是我们的研究结果远不止于此,最近的研究表明企业参与开放式创新将对其财务绩效和市场价值有积极影响(Stam, 2009; Waguespack and Fleming, 2009)。并且,其显著特征是将开放式创新活动战略性地融入更大的商业模式之中,即公司创造和占有价值所采用的过程和实践之中。这也是 Chesbrough 原始概念(2006b)及其发展后的核心,同时还建立在后续一些作者的研究之上。尽管如此,我们认为在"何种条件下开放式创新可以作为实践性的战略"以及"组织应该如何执行这些实践"的学术研究依然缺乏。企业采取开放式创新将会产生合作和协调成本(Grant, 1996),创新过程跨组织进行时将导致不同合作伙伴之间的协调成本;为了防范机会主义者盗取创意将产生竞争成本。因此,实行开放式创新需要考虑其优势和劣势,权衡之下以达成最佳策略。

开放式创新的概念对企业界也产生了重要影响。例如,宝洁公司著名的"connect + develop"项目启动后,公司将 50% 以上的创新外包给了企业外的机构。葛兰素史克(GSK)的"外部新药研发卓越中心"管理着外包的新药研发产品线,其规模与内部研发规模相当。然而,葛兰素史克有超过一万人的研发员工,而外部新药研发卓越中心仅仅只有 20 人(Alexy, Criscuolo, and Salter, 2009)。

研 究 话 题

尽管涉及开放式创新的研究在不断增加,但是由于对"开放"的理解缺乏一致性,因此很难将其研究结果进行比较。Dahlander 和 Gann(2010)在 Gassmann 和 Enkel(2006)的研究基础上做了拓展,将开放式创新在知识流动方向和交易类别的基础上,划分为 2×2 矩阵,见表 22.1。这一表格包含了两类内向型开放式创新,即购买型(acquiring)和获取型(sourcing)和两类外向型开放式创新,即售出型(selling)和释放型(revealing)。

表 22.1 开放式创新类型概览

	入式创新	出式创新
金钱相关	购买型 通过非正式和正式的关系获取创新和创新过程的投入	售出型 在市场上授权或销售产品
非金钱相关	获取型 从供应商、客户、竞争对手、顾问、大学或公共研究机构等方面获取外部想法和知识	释放型 释放内部资源到外部环境中

购买型

购买型是指在创新的过程中从外部购买资源并推向市场,这方面的研究主要试图"从授权许可和外部知识购买将如何影响企业"这一角度来理解开放式创新。这其中面临的挑战是将知识获取和内部专家相结合,以搜寻和评价潜在的投入。与交易成本理论相一致,企业发现有时候从外部获得授权许可或者购买一项已有的技术将比自己研发更加便宜。

获取型

获取型是指企业如何搜寻和利用外部环境中的资源,以投入创新过程之中。从这一角度出发的学者主要关注企业将如何探索外部环境,并与内部知识生产形成互补,而内部知识往往成为限制企业探寻新知识并用于创新的一大制约因素。具体原因包括:①缺乏相应的资产,例如技能型员工、资金或者器械和设备等可能制约企业解决方案的选择空间(Chesbrough,2003)。②由于知识库的演化属性(evolutionary nature)(Cohen and Levinthal, 1990; Kogut and Zander,1992),企业在一些领域寻找解决方案徒劳无功,而其他企业已经拥有解决方案(Jeppesen and Lakhahi,2010),如果能够将这些外部已有的资源囊括进来也许对企业大有裨益(Rosenkopf and Nerkar,2001)。经度奖(longitude prize)的故事就是一个很好的例子。钟表匠完胜包括牛顿在内的天文学家,顺利解决了海上精度测量的问题(Sobel, 1995)。类似的,Von Hippel 的研究表明,对更宽泛的创新而言,创新功能的核心主体并非企业(生产商),而是下游(用户)和上游(供应商)。Von Hippel 尤其注意到领先用户的重要性,指出领先用户对总体市场趋势的预示和原型开发作用,将如何帮助企业设计新颖且非常成功的创新性产品(参见第 5 章)。

Laursen 和 Salter(2006)认为,从外部获取知识获益也存在一定限制,利用外部知识资源的开放程度与创新绩效之间存在倒 U 形关系。他们的研究结果强调了这样一个事实：开放也许能给企业带来优势，但同时也有开放度适宜性的问题，过少的和过多的吸收外部资源可能对企业都是不利的。

售出型

售出型是指企业如何将内部发明和技术，通过售出或者许可的方式转给其他企业从而实现商业化。这类研究背后的理念是一些企业拥有一些"束之高阁"（rembrandts in the attic）的资源和技术（Rivette and Kline，2000）。通过售出或者授权许可企业将技术商业化从而获取收益。一些学者认为技术出售的潜能还未被充分开发，Gambardella、Giuri 和 Luzzi（2007）甚至指出如果克服某些障碍技术市场可以扩张 70%（参见第 12 章）。

释放型

释放型是指披露专有知识可以使公司从知识扩散的价值中获益（Von Hippel，1988）。总体而言，知识应该有选择性的披露，更确切地说，只有当有益于公司时才进行披露（Henkel，2004，2006）。企业战略性在披露知识的同时独占其商业环节中其他部分的租金以获取竞争优势。

尤其对于信息技术而言（Varian and Shapiro，1999），共享技术细节对于标准生成非常重要。标准的确立可能导致市场规模的扩大，做大蛋糕的同时企业可以占有自己的那部分（Von Hippel，1988；Varian and Shapiro，1999；同时参见本书第 28 章）。

如果企业定义了（部分或）整个标准，即使是一个开放性的标准，由于企业掌握了某些知识或技术，或者在企业的现有产品中已经实现了这些技术，企业很有可能独占某一部分的利益或全部利益，无论是因为某些知识或技术只有这个企业掌握了，还是因为在本企业的现有产品中已经实现这些技术。Spencer（2003）发现企业主动披露部分知识产权，对于创新绩效有积极作用，加入这一技术轨道，有助于建立标准和完善产业结构。Gawer 和 Cusumano（2002）研究了英特尔的平台发展战略，英特尔通过开放建立新市场，增加了 PC 平台在特定领域的使用。

如果在强势的标准或者主导标准已经建立的情况下，企业开放相关的专有知识（know-how）使之成为标准的一部分，或者至少增加企业内部已有知识与标准的兼容性（Harhoff，Henkel，and von Hippel，2003；Henkel，2004）都能带来一定的好处。这种兼容性的提升将带来网络效应，不仅有利于企业所开放的专有知识的扩散，而且有利于在此基础上建立与之相关的创新和二次创新（E. G. Shepard，1987；Farrell and Gallini，1988）。在企业缺少优势的产品架构层次上，应该选择战略性地开放信息，而将竞争焦点放在企业具有竞争优势的层次上（Raymond，2001；West，2003）。

耦合模型：不同创新类型的结合

上述分类区别了不同类型的开放，而实践中这些类型往往是结合使用的。但关于不同类型的开放是如何相互关联的研究并不多（Acha，2007；Van De Vrande et al.，2009），这可能是因为对于开放具体应该包含什么仍存有疑虑。只有对不同类型的开放有更好的理解，才有可能讨论和分析这些开放形式在组织具体执行层面是如何相关联的。

例如，自发地向外界披露信息和从环境中获取知识常常是相互结合的。企业通过与外部伙伴建立和保持合作，以共同创造新知识，Von Hippel(1988)认为如果企业对共享知识的预期收益比独占知识更大时，企业更可能通过知识交换以实现互惠互利，尤其当其拥有的知识只有有限的竞争优势，这种情况表现更加突出(Allen,1983)，企业常常通过知识交换以实现互惠互利。这一概念在 Henkel(2005)的模型中得到了正式的阐述。当两个企业自愿开放互补技术时，企业双方都可以从中获利并且提升产品质量。

同时，跨组织边界的知识交换使该组织能够从其他组织的改进中受益，包括帮助企业调整现有产品和将来产品，加快新产品开发和提高成功率(Von Hippel,1988；Dalle and Jullien,2003)。

此外，如果用户能够参与产品改进，将有助于提升其对产品的忠诚度，并提供有影响力的改进(Von Hippel,2001；Jeppesen and Frederisken,2006)。通过这种方式，企业获得了那些通常难以识别、转移和获取的"黏性知识"(Von Hippel,1994)。而且企业外部人员有时甚至做一些用户支持和文档编制的一般性工作(Lakhani and Von Hippel,2003)。有时候企业披露那些对保持企业竞争优势而言非常重要的知识，也可能会给企业带来收益。举个例子，两个竞争对手彼此都需要对方的专有技术(technical know-how)，这时两者可能选择联合竞标政府合约，因为任何一方都不可能凭自己的技术单独完成项目(Von Hippel,1988)。

企业往往将出售型和购买型开放模式结合使用，以精简研发流程。把不用的技术转售给合适的合作伙伴，他们能够将技术更好的商业化，同时给企业自身带来额外的销售额；另外，企业也从会外部获取自身创新过程中所需的技术。在所有这些案例背后潜在的原理是找到最适合的企业去将某项技术商业化。

开放式创新的权变性：何时才是有益的

开放式创新是否有所回报是管理者关心的问题，与此相关的是，学者们关心的是在什么条件下开放式创新是值得倡导的。回答上述问题需要了解开放式创新的权变因素，即哪些影响因素以及在什么情境下进行开放式创新对组织是有益的。这其中包含了企业内部的权变因素和企业外部的因素，在接下来的部分我们将做区分和讨论。

内部权变性

认知偏见——非本地发明

想要找到最优的创新源并不容易，因为组织内部成员很容易受制于认知偏见。人们通常喜欢自己现有的样子。企业内部员工往往拒绝外部创新，因为它对企业的已有观念带来了挑战，这就是"非本地发明综合征"(not invented here syndrome)(Kate and Allen,1982)。

多次外部合作却总也没有令人满意的结果常会造成"非本地发明综合征"(Alexy, Criscuolo and Salter,2012)。尤其当企业在某一技术领域拥有前沿地位时，往往很难找到理想的、能给本企业创新带来价值的合作伙伴，由此造成员工们对于外部合作的消极态度。此外，员工担心与外部伙伴合作将暴露自身劣势，或者扰乱自身的工作惯例甚至给他们的工作带来风险，这也会引起"非本地发明综合征"。为了支持这一论断，Alexy, Henkel 和 Wallin(2013)通过研究发现，技能不足的员工对于开放式创新往往抱有更强烈的怀疑态度，这种抵制情绪给我们带来的启示是，在对员工进行培训时不仅要提高人力资本，还要提升员工识别外部重要知识并与外部人员共事的能力。

技能组(skill set)

Alexy, Henkel 和 Wallin(2013)的研究展示了开放式创新向微观层面的渗透，即企业内的个体如何实施开放式创新。在这一过程中，与研发相关的一些工作会发生变化，无论是工作执行中对于相关技能的要求，还是员工与外部人员共享信息的程度都发生了变化。这些变化在具有"执行(executing)特征"的岗位尤为明显，例如软件开发者、R&D 工程师和项目经理等。因此，企业需要搞清楚随着在开放式创新的实施过程中，员工们关心的潜在问题。比如，他们可能会适应现有的奖励制度来反映不同性质的项目规划和执行，进而从外部知识中获益。此外，研究发现调整人力资源管理战略，从外部聘任具有必要技能的人员或者对内部员工展开培训将会使开放式创新更容易进行。

专注力(attention)

Laursen 和 Salter(2006)将开放式创新视为搜索的过程，在这个过程中企业能够利用各种知识来源获取渠道，每一种搜索渠道提供不同的信息源，但也要求不同形式的交换。尽管每种来源途径都可以提供新颖的信息，但是也相应地增加了成本。尽管有些企业通过拥有更多的搜索渠道而更具创新性，但是也有企业的高层管理者和研发专家过于分散精力而导致更糟糕的绩效(Laursen and Salter, 2006)。

很多企业力图通过所谓的"自发提交创意"(unsolicited idea submission)过程以利用已有的外部知识，但同时也面临专注力的问题。具体来说，尽管上述程序往往能够有效吸引外部创意，但是企业的筛选过程将过于烦琐，从而阻碍整体创新绩效的提升(Alexy et al., 2012)。简单来说，尽管开放式创新似乎能够帮助企业解决内部创意和想法有限的问题，但相应地也带来了另一个同样棘手的问题，那就是如何选择正确的外部创意和想法。

一个可能的解决方案是通过专业的中介机构以降低交易成本。一些学者描述了 InnoCentive 和 Nine Sigma 等中介机构，如何支持客户企业广泛地向外部知识主体阐述企业的内部问题，并将精选后的、最有可能的解决方案提供给客户企业(Jeppesen and Lakhani, 2010)。通过这种方式，他们还可能有助于解决后面我们将提到的沾污(contamination)问题。

兼容性

合作伙伴之间缺乏兼容性是协调成本的一个重要来源，兼容性将影响内容(解决方案和问题的匹配)和结构(不同的语言和交换形式)。

就内向型开放式创新而言，它与外部知识的内容兼容性越高，即外部知识能够很好地与组织现有的或者未来期望的需求相匹配，那么对于企业的潜在价值也越高。因此，有价值的内向型开放式创新的前提,在于外部伙伴能够提供相匹配的知识(如高校与企业关注同一领域的研究)。另外,结构兼容性越高,即与合作伙伴的内外部结构以及用以理解和阐述问题与解决方案的语言越一致,企业将外部知识内化为有用知识的花费越少,从开放式创新中获得的净收益也越大。

对于外向型开放式创新而言,内容和结构兼容性在鉴别内部知识合适的接收方(买家)时至关重要。内部知识越符合外部主体的需求,并且外部主体将这些知识转化成对其有用的知识所需花费的成本越低,那么他们将有更强的意愿接受这些知识,相应地,也愿意为其支付更高的购买或者授权费用。如果核心企业发现外部机构对其知识需求低或者知识采纳的成本过高时,就需要进行内部评估,以增加待开放知识对于外部机构的吸引力。例如很多软件公司在开放自身软件的同时还提供额外的文件和工具,以此向用户展示其软件在各层面的应用,帮助用户更顺利地使用。

跨界(boundary-spanning)与内部合法性

许多"跨界"研究(Allen,1977;Tushman and Scanlan,1981;Ancona and Caldwell,1992)分析了研发实验室人员如何与外界建立联系,他们发现存在一类"交际明星"(communication star),帮助联结组织内部和外部成员,从而有利于创新。他们因为和外部接触而具有更新颖的视角,同时他们在组织内部的信誉度也很高,从而能够将新的想法引入并实现。

在组织内部和外部构建广泛的网络并非易事,这可能比一般工作需要花费更多的时间。时间是一种稀缺资源,增加外部联络有可能使你更加脱离自己的集体,从而带来一些你原先未预料到的影响。企业需要明确的是内部组织能够驾驭外来的知识和合作伙伴,并且需要企业自身建立必要的吸收能力(Cohen and Levinthal,1990)。

互补资产

互补资产是指一项创新实现商业化所必需的但是不与该项创新直接相关的资产,它包括了推广渠道、服务和生产能力,通常的解释就是一项创新(除创新者之外)的受益方(Teece,1986)。在开放式创新情境下,互补资产的所有权尤为重要,因为它能够从根本上降低知识产权流失的风险(Dahlander and Wallin,2006;Henkel,2006)。就外向型创新而言,如果企业拥有互补性资产,对其开放相关的内部知识最终将可能带来收益。

有时候共享内部知识将利于其传播,此时拥有互补资产所带来的增值往往高于将知识泄露给竞争对手所带来的损失。另外,如果缺乏互补性资产,企业可能不得不与拥有较强地位的企业建立合作伙伴关系,生物科技产业(小型生物科技公司和大型制药公司之间)的合作联盟就为这一观点提供了很好的佐证。而从内向型角度来看,如果企业拥有强互补性资产,将会对外部组织进行系统的甄别,以提高现有资产的利用率和获益能力。

外部因素

独占性体制和沾污问题

Teece(1986)对独占性体制的理解是"除了企业和市场结构外的环境因素……这一体制中最关键的一个维度是技术本质和法律保护体系的有效性"(Teece,1986:287)。法律体系对于正式关系的构建尤为重要,如果它对于知识产权的鉴定有较严格且清晰的划分界限,那么双方之间创新的交换协议将会很容易达成。很多企业甚至拒绝与没有申请知识产权保护的企业交流,因为来自这些企业的外部创意可能会给内部创新带来不好的影响(Chesbrough,2006b;West,2006;Alexy,Criscuolo and Salter,2012)。

现在的问题在于缺少文件或者已有边界,以明确规定外部伙伴到底应该提供什么,所以当合作没有按企业的预想进展开展、外部知识不能够影响内部研发活动时,开放合作就会变得很困难。

当企业决定合作时,知识产权制度将变得非常重要,因为它能够减少信息披露中的矛盾(这种矛盾在于一旦为了促进合作而披露有价值的信息,该信息的市场价值也就将为零),并通过知识产权与金钱之间的简单交易实现所有权的转移,从而促进双方谈判。

以上问题非常清晰地展示了技术市场依赖于现有知识产权能否对交易的资产做清晰的鉴定和保护。尽管如此,也存在某些领域拒绝知识私有化,这引发了道德矛盾(moral repugnance)(Roth,2008),如在"开放科学"(open science)(Gans and Stern,2010)和开源软件(O'Mahony,2003)这两个领域内,有些人拒绝通过知识产权交易来实现金钱交易。尽管有力的知识产权制度常常对于金钱形式的交易有积极影响,但是弱知识产权保护制度能够促进更多的非正式互动。Von Hippel和Von Krogh(2003)提出在弱独占性体制下,企业难以保护内部研发知识,这将激励企业通过选择性地披露一些知识来获得优势。

知识的可积累性

前期大多数开放式创新的研究,主要关注关键生产部件的高技术产业(high industry with significant manufacturing component)以及医药和生物技术产业。在这些产业中,合作普遍比较重要,这也反映了这些领域的技术是基于科学的技术且具有积累性。发明往往建立在现有知识库之上,发明者可以站在巨人的肩膀上前进,最近的研究开始关注项目型产业和服务产业的开放式创新。

知识生产过程本身自然地融合在联合发明活动中,因为成员间的知识库不同但又相互关联时,知识流动更可能带来科学进步。创新过程就像乐高玩具,拥有最多花样部件的孩子往往可以拼出最有新意的模型。

最近的研究开始关注项目型产业(Davies,Gann and Douglas,2009)和服务产业(Chesbrough,2011)的开放式创新,强调了开放式创新的原理适用于更多的产业领域。而当知识前沿的积累性变弱,分工更难以实现时,协调难度会加大。

技术成熟度(Abernathy and Utterback,1978)在开放式创新中也非常重要(Christensen,Olesen and Kjar,2005)。当某一项技术刚起步时,追随该技术越有可能使企业在这一领域建立领先地位,形成主导设计。但有时候通过战略性地开展开放式创新,将颠覆现有主导设计(Varian and Shapiro,1999)。在动荡的技术环境中,企业甄选合作伙伴难度大,而当动荡期过去,技术趋于稳定时,选择合适的合作伙伴并建立互利的关系会变得相对容易。

技术进步类型

大量文献指出,许多或者说大多数根本性创新并不是由在位企业提出的(Schumpeter,

1942），它们大多来自个体发明人、初创企业，或者高校里的研究者，又或者是政府项目的一部分。互联网就是一个很好的例子。

另外，在位企业往往专注于改进内部已有技术——按照 March（1991）的分类，这属于技术开发而非技术探索——很少有企业有能力兼顾（尤其是在同一时期内）探索与开发。开放式创新为企业提供了一个行之有效的途径，使之能够通过新技术持续更新自己（Dodgson, Gann, and Salter, 2006）。领先用户（Von Hippel, 1988）参与到新颖而极富想象力的产品与服务的设计中就是一个现实的例子。葛兰素史克（GSK）的"外部新药研发卓越中心"（CEEDD）是具有里程碑意义的合作方式，它将外部环境视为根本性创新的源泉，并提供了更深层次的开放式创新的模式设计（Alexy, Criscuolo, and Salter, 2009）。Intel 建立了"Intel Reaearch"，这是一个基于开放式创新的传感网络，用来监测围绕 Intel 平台（silicon platform）的新兴趋势（MacCormack and Herman, 2004）。

开放式创新如果应用得当也将带来渐进性创新，比如开源软件平台（如 Apache 网络服务器和 Linux 操作系统）上持续性的联合开发，使得一些企业如 IBM 每年可以节约数百万美元。

可选合作伙伴的数量

开放式创新的许多讨论有一个隐含假设：潜在伙伴是唾手可得的，他们都等在门外与你建立合作。而任何想要寻求外部合作的企业都知道，寻找合作伙伴其实是一项相当麻烦的任务。焦点企业（focal firm）可能并不是一个有吸引力的合作人选，这使企业需要提升内部研发能力，获取合作网络的"入场券"（Nelson, 1991）。

另一个更深层的问题是，企业往往不知道谁拥有能够解决他所面临的问题的"相匹配"的知识（具有内容和结构兼容性）。为了对接双方以实现互惠互利，中介机构由此兴起。相较而言，那些对自己"如何获取知识"只有粗略认知的企业，在寻求外部知识时，需要审视自己，搞清楚自己到底需要什么。是拥有特定资产或者属性的某个具体合作伙伴，还是只想从他那里了解一般性的意见、需求或者市场趋势的大众型伙伴。现有一些研究表明，根据这些选择，采用不同形式的互动和知识产权保护有利于创新绩效提升（Alexy, Criscuolo and Salter, 2009）。

讨　　论

开放式创新旨在从内部研发与外部企业的互动中受益，但问题是，为何有的企业在实行开放式创新中比其他企业更为出色。

尽管早期关于开放式创新的文献认为开放普遍而言是有益的，但最近的一些文献更为关注在哪些特定条件下开放能够提高企业的创新绩效。本文考虑了企业内外影响开放式创新的权变因素，反过来，这些权变因素也决定了企业是否开展与开放式创新相关的实践。本章的讨论建立在相关研究以及具体权变因素研究的基础之上，也希望未来能有更多深入的研究。

开放式创新的未来研究

下一逻辑步骤是未来的研究需要深入了解企业应该如何管理开放式创新行为。具体来说,相较于封闭式创新中管理实践的"准则",哪些是可以照搬的,而哪些是无效的;哪些是改进后适用的,而哪些是需要全新建立和发展的?

对于组织外部人员激励机制也有所不同。企业鼓励外部人员参与,但又因为各种原因区别于组织内部员工,这意味着企业针对内部员工的管理方式不能照搬到这些人身上。金钱奖励的作用在不同类别群体中存在差异,例如通过 Inno Centive 中介机构帮助企业解决问题的人员是期待获取报酬的,此时金钱就是最佳的激励因素(Jeppesen and Lakhani,2010)。而在类似的中介平台 Top Coder 上,同级群体内的地位是最为关键的激励要素(Boudreau,Lacetera and Lakhani,2011)。在开放社区内,金钱奖励在某些情况下甚至可能有负面效应(Alexy and Leitner,2011)。简而言之,对企业外人员进行激励要比企业内部激励更为复杂,这需要大量细致的安排和审慎的考虑——这在封闭式创新管理中也是一样。

现有研究对于开放中的竞争动态性理解并不深入,尽管已有研究明确了这一问题的重要性(Christensen,Olesen and Kjar,2005),但是开放对于企业竞争地位的具体影响需要进一步研究。尽管一些研究阐述了企业如何从现有开放和混合的商业模式中获利(Chesbrough,2006b;Bonaccorsi,Giannangeli and Rossi,2006),但依旧未能解释这一行为是如何在未来变成竞争优势的。竞争动态性使企业开放式创新活动的外部参与者间形成交互,例如 Boudreau 和 Lakhani(2009)的研究表明,开放式创新活动的设计是促进外部贡献者之间相互竞争还是合作,将在很大程度上影响开放式创新的结果。

企业是否要进一步开放是需要审慎考虑的。尽管一些企业从开放中获益了,但这并不能够保证其他人也能够或者将会从中获取互惠。开放式创新过程允许外部人员的广泛参与,加快创新进程,但是协调外部成员的不同利益诉求(这往往超越了组织层级的能力范围)对大多企业来说是一项挑战。要平衡和实现与众多伙伴之间的协议,需要对彼此间的需求有充分的关注和深入的理解。这些挑战不可小觑,因为企业间联盟以及人与人之间的人际关系往往会枯萎和凋零。

企业需要具备何种能力和实践以便从开放式创新中获益,这一问题需要更多的研究。适宜的模式促成内部员工及部门与外部的合作,谷歌和 3M 等公司所传递的知名"松散模式"(Slack model)已经引起了大众关注,但其效能和效率还有待详细论证,这些成功经验能否复制到一般性企业尚不清楚。在开放式环境下,对员工个人工作和技能的要求也在改变。比如,员工需要何种开放程度的合作,他们在企业中占据怎样的位置,他们又是如何将所需的外部知识引进到企业内部的。最后还有一个关键问题,那就是汇聚整合,这与吸收能力(Cohen and Levinthal,1990)相关:如何实现开放式创新外部和内部参与者间的整合从而使企业最终获益。

管理理论的丰富

虽然与开放式创新相关的论文数量增长较快,但尚未自成一个独立的研究领域。因此,探讨开放式创新与其他研究领域的联系并挖掘共同的研究兴趣就显得尤为重要(Dahlander and Gann,2010;Boger and West,2012)。我们对开放式创新的权变因素做了详尽的论述，揭示了在哪些条件下开放式创新战略对企业有利。针对何时以及何种程度上企业与外部共享有价值的资源提供一个完整的解释，有利于增强其解释的能力。

持续深入地参与到开放式创新中在某种程度上是违反常理的，因为这意味着企业在创新过程中需要依靠更多的外部参与者。然而，近期一些研究认为战略性地利用开放式创新改变了外部约束的本质和潜在影响（Alexy and Reitzing, 2013），其他研究为开放和封闭式创新冲突所导致的制度逻辑难题提供了解决方式（Perkmann, 2009）。我们鼓励在"制度压力如何塑造开放式创新"，以及"企业如何战略性利用开放式创新从而影响企业所处的制度环境"等问题上进行更多的研究。

开放式创新被认为对已有的经典管理理论形成了挑战，资源基础观强调竞争优势来自资源的稀缺性、不可模仿和不可替代性（Barney, 1991; Grant, 1991）。而开放式创新带来的一个启示却是，创新过程中最为关键的投入，恰恰既非企业所有也非企业所控制的。尽管如此，企业仍旧可能通过新方法拓展和利用他们的资源库从而获益。学者应该就开放式创新与其他管理理论相结合开展更多的研究，相关的例子如交易成本理论解释了活动何时通过市场交易完成，何时在组织边界内开展（Williamson, 1975）。但是开放式创新理论不仅在于拓展了技术交易市场，还包含了与外部参与者的信息交易（Dahlander and Gann, 2010）。创新的发展需要持续的人际互动来传递复杂的知识。现有开放式创新的相关研究，因为未能充分关注开放式创新对其他理论的启示而受到了很多批判，这也为未来研究提供了很多机会。

管理启示

开放式创新对创新管理工作提出了很多根本性的新要求，企业如果想要成功地参与到开放式创新中，就需要培养自身新的能力，或者改进、拓展已有能力。第一，也是最重要的一点，管理者需要培育一种开放的文化，能够认同对企业而言最重要的创意往往来自外部这一观点。激励机制和职业发展规划也需要相应的调整，以激励员工从外部商业机会中寻找那些不拘泥于企业自身发展路径的创意，例如一些企业对那些申请了与工作无关的专利的员工实施奖励，但这也导致许多发明被束之高阁。而如果根据这些发明所创造的营业收入（哪怕只是对其他企业的专利许可收入）对员工实施奖励，那就顺利解决了上述问题。第二，开放式创新向企业提供了大量的合作机会。那么企业如何从大量机会中慎重挑选出最有前景的合作机会，就显得非常重要。企业拥有渠道能接触到广泛的外部创新资源，但这些资源能否转化成收益，则还取决于企业在多大程度上拥有同时专注于多个领域的能力。第三，许多研究表明构建和培育内外部的网络对于创新发展非常重要。内部联结有利于加强对组织需求的理解，并且在同事间获取合法性，而外部联结有利于从外部获取新的知识来源（Dahlander et al., 2011）。如果企业能够对员工的内外部网络进行描绘（Crisculo et al., 2007），那么将为企业提供一种更系统的认识，这种认识将团队构建中强内部联结的员工，与其他拥有强外部联结的员工整合在了一起。最后一点显而易见，开放式创新可以颠覆管理者以及研发人员的日常工作。要将开放性创新战略的重要性深深根植于员工的思维之中需要企业巨大的前期投入和后期持续的投入。

结　　论

内部和外部创意在产生和选择中共存以及内外部知识的商业化，给企业以及其他的创新贡献者都带来了巨大的前景，无论这些贡献者是囊括了个体发明者、高校、研究中心或者政府等主体。正如我们先前所论述的，这给创新管理工作带来了启示，包括我们对于创新来源的理解、如何应用于实践以及日常如何管理等。关于何时以及如何参与到开放式创新中等问题，本书的其他章节结合创新管理的其他视角也有讨论。

随着不同成员间越来越多的联系，我们期待开放式创新渗透到企业的更多活动中。我们期待越来越多来自小企业、非高技术产业的开放式创新的实践者，也期待那些现有研究尚未关注到的来自发展中国家和欠发达国家的开放式创新的实践者。尤其后者将带来新的有趣的问题，即关于这些国家的制度环境和法律框架的讨论，以及制度和环境是如何影响开放式创新的。简而言之，我们始终确信在接下来的几年里，这一领域还存在大量的研究机会，供我们去探讨有趣的、与开放式创新相关的问题，从而为这一重要话题的理论和实践提供宝贵的见解。

参 考 文 献

Abernathy, W. J., and Utterback, J. M. (1978). 'Patterns of Industrial Innovation', *Technology Review*, 80: 41–7.

Acha, V. (2007). 'Open by Design: The Role of Design in Open Innovation', Working Paper. Imperial College Business School.

Alexy, O., Criscuolo, P., and Salter, A. (2009). 'Does IP Strategy Have to Cripple Open Innovation?' *Sloan Management Review*, 51(1): 71–7.

Alexy, O., Criscuolo, P., and Salter, A. (2012). 'No Soliciting: Managing Unsolicited Ideas for R&D', *California Management Review*, 53(3): 116–39.

Alexy, O., Henkel, J., and Wallin, M. (2013). 'From Closed to Open: Job Role Changes, Individual Predispositions, and the Adoption of Commercial Open Source Software Development', *Research Policy*, forthcoming.

Alexy, O., and Leitner, M. (2011). 'A Fistful of Dollars: Are Financial Rewards a Suitable Management Practice for Distributed Models of Innovation?' *European Management Review*, 8(3): 165–85.

Alexy, O., and Reitzig, M. (2013). 'Private-collective Innovation, Competition, and Firms', Counterintuitive Appropriation Strategies.' *Research Policy*, 42(4): 895–913.

Allen, T. (1977). *Managing the Flow of Technology: Technology Transfer and the Dissemination of Technological Information Within the R and D Organisation*. Cambridge, MA: MIT Press.

Allen, R. C. (1983). 'Collective Invention', *Journal of Economic Behaviour and Organization*, 4: 1–24.

Ancona, D. G., and Caldwell D. F. (1992). 'Bridging the Boundary: External Activity and Performance in Organizational Teams', *Administrative Science Quarterly*, 37(4): 634–665.

Arora, A., Fosfuri, A., and Gambardella, A. (2001). *Markets for Technology*. Cambridge, MA: MIT Press.

Barney, J. (1991). 'Firm Resources and Sustained Competitive Advantage', *Journal of

Management, 17(1): 99–120.

Bogers, M., and West, J. (2012). 'Managing Distributed Innovation: Strategic Utilization of Open and User Innovation', *Creativity and Innovation Management*, 21(1): 61–75.

Bonaccorsi, A., Giannangeli, S., and Rossi, C. (2006). 'Entry Strategies under Competing Standards: Hybrid Business Models in the Open Source Software Industry', *Management Science*, 52(7): 1085–98.

Boudreau, K. J., Lacetera, N., and Lakhani, K. R. (2011). 'Incentives and Problem Uncertainty in Innovation Contests: An Empirical Analysis.' *Management Science*, 57(5): 843–63.

Boudreau, K., and Lakhani, K. (2009). 'How to Manage Outside Innovation'. *Sloan Management Review*, 50(4): 69–75.

Burt, R. S. (2002). 'The Social Capital of Structural Holes', in M. F. Guillén, R. Collins, P. England, and M. l. Meyer (eds), *The New Economic Sociology: Developments in an Emerging Eeld*. New York, NY: Russell Sage Foundation.

Chesbrough, H. (2003). *Open Innovation: The New Imperative for Creating and Profiting from Technology*. Boston, MA: Harvard Business School Press.

Chesbrough, H. (2006a). 'Open Innovation: A New Paradigm for Understanding', in H. Chesbrough, W. Vanhaverbeke, J. West (eds.), *Open Innovation: Researching a New Paradigm*. Oxford: Oxford University Press, 1–12.

Chesbrough, H., (2006b). *Open Business Models: How to Thrive in the New Innovation Landscape*. Boston, MA: Harvard Business School Press.

Chesbrough, H. (2011). *Open Services Innovation: Rethinking your Business to Grow and Compete in a New Era*. San Francisco, CA: John Wiley & Sons.

Chesbrough, H. W., and Appleyard, M. M. (2007). 'Open Innovation and Strategy', *California Management Review*, 50(1): 57–74.

Chesbrough, H., Vanhaverbeke, W., and West, J. (eds) (2006). *Open Innovation: Researching a New Paradigm*. Oxford: Oxford University Press.

Christensen, J. F., Olesen, M. H., and Kjær, J. S. (2005). 'The Industrial Dynamics of Open Innovation: Evidence from the Transformation of Consumer Electronics', *Research Policy*, 34(10): 1533–49.

Cohen, W. M., and Levinthal, D. A. (1990). 'Absorptive Capacity: A New Perspective on Learning and Innovation', *Administrative Science Quarterly*, 35(1): 128–52.

Criscuolo, P., Salter, A., and Sheehan, T. (2007). 'Making Knowledge Visible: Using Expert Yellow Pages to Map Capabilities in Professional Services Firms,' *Research Policy*, 36(10): 1603–19.

Dahlander, L., and Gann, D. M. (2010). 'How Open is Innovation?' *Research Policy*, 39(6): 699–709.

Dahlander, L., and Wallin, M. W. (2006). 'A Man on the Inside: Unlocking Communities as Complementary Assets', *Research Policy*, 35(8): 1243–59.

Dalle, J.-M., and Jullien, N. (2003). '"Libre" Software: Turning Fads into Institutions?' *Research Policy*, 32(1): 1–11.

Davies, A., Gann, D., and Douglas, T. (2009). 'Innovation in Megaprojects: Systems Integration at London Heathrow Terminal 5', *California Management Review*, 51(2) 101–25.

Dodgson, M., Gann, D., and Salter, A. (2006). 'The Role of Technology in the Shift Towards Open Innovation: The Case of Procter and Gamble', *R & D Management*, 36(3): 333–46.

Farrell, J., and Gallini, N. T. (1988). 'Second-sourcing as a Commitment: Monopoly Incentives to Attract Competition', *Quarterly Journal of Economics*, 103(4): 673–94.

Freeman, C. (1974). *The Economics of Industrial Innovation*. London: Pinter.

Gambardella, A., Giuri, P., and Luzzi, A. (2007). 'The Market for Patents in Europe', *Research Policy*, 36(8): 1163–83.

Gans, J. S., and Stern, S. (2010). 'Is There a Market for Ideas?' *Industrial and Corporate Change*, 19(3): 805–37.

Gassmann, O., and Enkel, E. (2006). 'Towards a Theory of Open Innovation: Three Core

Process archetypes', *R & D Management Conference*.

Gawer, A., and Cusumano, M. A. (2002). *Platform Leadership: How Intel, Microsoft, and Cisco Drive Industry Innovation*. Cambridge, MA: Harvard Business School Press.

Grant, R. M. (1991). 'The Resource-based Theory of Competitive Advantage: Implications for Strategy Formulation', *California Management Review*, 33(3): 114–35.

Grant, R. M. (1996). 'Towards a Knowledge Based Theory of the Firm', *Strategic Management Journal*, 17(Winter Special Issue): 109–22.

Hargadon, A. B. (2003). *How Breakthroughs Happen: The Surprising Truth about How Companies Innovate*. Cambridge, MA: Harvard Business School Press.

Harhoff, D., Henkel, J., and von Hippel, E. (2003). 'Profiting from Voluntary Information Spillovers: How Users Benefit by Freely Revealing their Innovations', *Research Policy*, 32(10): 1753–69.

Henkel, J. (2004). 'Open Source Software from Commercial Firms: Tools, Complements, and Collective Invention', *ZfB-Ergänzungsheft*, 74(4).

Henkel, J. (2006). 'Selective Revealing in Open Innovation Processes: The Case of Embedded Linux', *Research Policy*, 35(7): 953–69.

Jeppesen, L. B., and Frederiksen, L. (2006). 'Why Do Users Contribute to Firm-hosted User Communities? The Case of Computer-controlled Music Instruments', *Organization Science*, 17(1): 45–63.

Jeppesen, L. B., and Lakhani, K. R. (2010). 'Marginality and Problem-solving Effectiveness in Broadcast Search', *Organization Science*, 21(5): 1016–33.

Katz, R., and Allen, T. J. (1982). 'Investigating the Not Invented Here (NIH) Syndrome: A look at the Performance, Tenure, and Communication Patterns of 50 R&D Project Groups', *R&D Management*, 12(1): 7–19.

Kogut, B., and Zander, U. (1992). 'Knowledge of the Firm, Combinative Capabilities, and the Replication of Technology', *Organization Science*, 3(3): 383–97.

Lakhani, K., and von Hippel, E. (2003). 'How Open Source Software Works: "Free" User-to-user Assistance', *Research Policy*, 32(7): 923–43.

Laursen, K., and Salter, A. J. (2006). 'Open for Innovation: The Role of Openness in Explaining Innovation Performance Among UK Manufacturing Firms', *Strategic Management Journal*, 27(2): 131–50.

MacCormack, A. D., and Herman, K. (2004). 'Intel Research: Exploring the Future', *Harvard Business School Case*, 9: 605–051.

March, J. G. (1991). 'Exploration and Exploitation in Organizational Learning', *Organization Science*, 2(1): 71–87.

Murray, F., and O'Mahony, S. (2007). 'Exploring the Foundations of Cumulative Innovation: Implications for Organization Science', *Organization Science*, 18(6): 1006–21.

Nelson, R. R. (1991). Why Do Firms Differ, and How Does It Matter? *Strategic Management Journal*, 12: 61–74.

Nuvolari, A. (2004). 'Collective Invention During the British Industrial Revolution: The Case of the Cornish Pumping Engine', *Cambridge Journal of Economics*, 28(3): 347–63.

O'Mahony, S. (2003). 'Guarding the Commons: How Community Managed Software Projects Protect their Work', *Research Policy*, 32(7): 1179–98.

Perkmann, M. (2009). 'Trading Off Revealing and Appropriating in Drug Discovery: The Role of Trusted Intermediaries', *Academy of Management Proceedings*: 1–6.

Raymond, E. S. (2001). 'The Cathedral and the Bazaar', in E. S. Raymond, *The Cathedral and the Bazaar: Musings on Linux and Open Source by an Accidental Revolutionary* (2nd ed.). Sebastopol, CA: O'Reilly, 19–63.

Rivette, K., and Kline, D. (2000). *Rembrandts in the Attic: Unlocking the Hidden Value of Patents*. Boston, MA: Harvard Business School Press.

Rosenkopf, L., and Nerkar, A. (2001). 'Beyond Local Search: Boundary Spanning, Exploration, and Impact in the Optical Disk Industry', *Strategic Management Journal*, 22(4): 287–306.

Rosenkopf, L., and P. Almeida. (2003). 'Overcoming Local Search through Alliances and Mobility', *Management Science*, 49(6): 751–66.

Roth, A. E. (2008). 'What Have We Learned From Market Design?' *Economic Journal*, 118(527): 285–310.

Schumpeter, J. A. (1942). *Capitalism, Socialism, and Democracy*. New York, NY: Harper and Brothers.

Scotchmer, S. (1991). 'Standing on the Shoulders of Giants: Cumulative Research and the Patent Law', *Journal of Economic Perspectives*, 24(3): 29–41.

Shepard, A. (1987). 'Licensing to Enhance Demand for New Technologies', *RAND Journal of Economics*, 18(3): 360–68.

Sobel, D. (1995). *Longitude: The True Story of a Lone Genius who Solved the Greatest Scientific Problem of his Time*. New York, NY: Walker.

Spencer, J. W. (2003). 'Firms' Knowledge-sharing Strategies in the Global Innovation System: Empirical Evidence from the Flat Panel Display Industry', *Strategic Management Journal*, 24(3): 217–33.

Stam, W. (2009). 'When does Community Participation Enhance the Performance of Open Source Software Companies?' *Research Policy*, 38(8): 1288–99.

Teece, D. J. (1986). 'Profiting from Technological Innovation: Implications for Integration Collaboration, Licensing and Public Policy', *Research Policy*, 15(6): 285–305.

Tushman, M. L., and Scanlan, T. J. (1981). 'Boundary Spanning Individuals: Their Role in Information Transfer and their Antecedents', *Academy of Management Journal*, 24(2): 289–305.

Van de Vrande, V., de Jong, J. P. J., Vanhaverbeke, W., and de Rochemont, M., (2009). 'Open Innovation in SME's: Trends, Motives and Management Challenges', *Technovation* 29(6/7): 423–37.

Varian, H. R., and Shapiro, C. (1999). *Information Rules: A Strategic Guide to the Network Economy*. Boston, MA: Harvard Business School Press.

Von Hippel, E. (1986). 'Lead Users: A Source of Novel Product Concepts', *Management Science*, 32(7): 791–805.

Von Hippel, E. (1988). *The Sources of Innovation*. New York, NY: Oxford University Press.

Von Hippel, E. (1994). '"Sticky Information" and the Locus of Problem Solving: Implications for Innovation', *Management Science*, 40(4): 429–39.

Von Hippel, E. (2001). 'User Toolkits for Innovation', *Journal of Product Innovation Management*, 18(4): 247–57.

Von Hippel, E. (2005). *Democratizing Innovation*. Cambridge, MA: MIT Press.

Von Hippel, E., von Krogh, G. (2003). 'Open Source Software and the 'Private-collective' Innovation Model: Issues for Organization Science', *Organization Science*, 14(2): 209–23.

Waguespack, D. M, and Fleming L. (2009). 'Scanning the Commons? Evidence on the Benefits of Startups Participating in Open Standards Development'. *Management Science*, 55: 210–23.

West, J. (2003). 'How Open is Open Enough? Melding Proprietary and Open Source Platform Strategies'. *Research Policy*, 32(7): 1259–85.

West, J. (2006). 'Does appropriability enable or retard open innovation?' in H. Chesbrough, W. Vanhaverbeke, and J. West (eds.), *Open Innovation: Researching a New Paradigm*. Oxford: Oxford University Press, pp. 109–133.

Williamson, O. E. (1975). *Markets and hierarchies: Analysis and antitrust implications*. New York, NY: Free Press.

第23章

合作和创新管理

马克·道奇森(Mark Dodgson)

尼尔森·菲利普斯(Nelson Phillips)

引　言

合作是创新管理的必要条件,因为创新必然涉及很多不同的贡献者。但过去基于研究和发展(研发)的大型公司在创新方面可能是自给自足的,而今天不需要"以这样或那样的形式合作"的组织很少,即使是 IBM 这样有着业务和技术实力的公司,也严重依赖合作(Dittrich et al., 2007)。基于此,本章将重点描述合作的内涵及其采用的形式,并解释合作对创新及其管理的重要性及驱动因素,然后探讨有效管理提高创新绩效的方法。合作可能对组织而言是具有挑战性的,因为创新过程本身可能存在不稳定性和麻烦,并可能出现成果所有权的纠纷,所以管理的方式将在很大程度上影响其成功。

合作被定义为许多合作伙伴对"达成共识目标"的资源共享承诺,除非个人和团队有效率地一起工作,否则合作将不会发生。本章我们分析的层次对象是组织,合作被广泛应用于开发新市场、开辟生产和分销网络,以及最常见的,用于解决与研究、技术和创新相关的问题。由于创新和知识商业化对竞争力和经济增长越来越重要,莫维利和格罗达(2005: 59)解释了后者的主要关注点,并将它作为日渐重要的创新和知识商业化及经济增长的一个结果。从地理上讲,他们可以将当地、地区、国家和国际当作焦点。合作可以采取多种形式,如战略联盟和合资企业,研发联盟、大学—工业和政府—工业伙伴关系。战略联盟与合资企业不同,是组织间的伙伴关系,不涉及第三方股权共享。

研发联盟是大型集团公司之间,为投资和分担共同的研究项目所成立的组织。合作可以在供应链或价值链"垂直"安排中发生,如汽车制造商与零部件供应商的合作;或是在涉及相似活动的各方"水平"结构上发生,如当一家化工公司与另一家合作的时候。我们定义中的合作,只是在假设所有的参与者都将资源投入共同确定的目标下,并且不同于广义的"网络"[①](参见第 6 章)——通常因信息搜索的目的而存在。同样地,单一组织内的交易或者通过合同来购买商品和服务,也都不是合作。因此合作是不同的,合作是一种层次结构或市场

---

① 在本章的其他地方,"网络"这个术语,将被用于我们对合作的定义。

的组织形式(Williamson，1975)，同时要以对前者一定的控制和对后者的激励为条件。

合作并不是一种新现象。早在1775年英国的斯塔福德郡陶器厂，就有人试图成立一个相互竞争公司的组合，来解决共同关注的研究问题(Dodgson，2011)。20世纪20—30年代，合作价值的升值引导了研究协会的创建，以解决许多英国工业中共同的技术问题。通过产业征税的资金支持，研究协会在特定行业(如陶瓷和纺织品)和工业过程(如焊接)中设立了专业站，在如今经历了各种结构和资金的变化后，许多这样的组织仍在运作。20世纪80年代，在政府政策的推动下，信息和通信技术的大型合作计划开始在欧洲、日本和美国出现。更为现实的是，商业贸易出版社正式确定的一些合作关系数据库，显示了越来越多的合作活动(Hagedoorn，2002)。但这些数据库并不全面(Schilling，2009)，很多的合作是不公开甚至是秘密的，所以这些数据库可能低估了实际水平。希林(2009)审查了一些数据库，有些显示了不一致的时间变化趋势，但它们在信息技术、交通运输和化学品方面占比很高。涌现出的新技术研究，如生物技术和新材料(Rothaermel and Deeds，2004；Faems et al.，2010)，以及整个行业、区域、国家经济动力学，都显示了合作的重要性，例如中国台湾工业的成功就依赖于高水平的合作(Mathews，2002；Dodgson et al.，2008)。

为什么组织需要合作创新

许多学科都对组织为什么要合作的问题进行了研究，例如经济学家根据不同组织结构间的交易成本问题(Williamson，1975)，鼓励性地使用博弈论中的激励产生问题(Binenbaum，2008)，在不确定的条件下用进化和复杂系统的方法来获取知识的问题(Foster and Metcalfe，2004；Dodgson，2007)，并推理为什么组织要合作。组织理论家主要考虑的是社会资本网络，论述了合作在弥补网络"结构洞"方面的作用(Walker et al.，1997；Ahuja，2000；Burt，2005)；社会学家考虑合作带来的合法化和地位以及内部权力的分配(Podolny and Page，1998)；政治经济学家则致力于研究各种资本主义之间的差别，例如分析"股票市场"和"福利"资本主义(Dore，2000)，"自由市场"和"协调市场"经济(Hail and Soskice，2001)等，并认为它们的不同特点可以影响公司间的合作亲密程度；而战略学者将视角关注于合作提供的价值(通过获取资源和组织化学习)(Eisenhardt and Schoonhoven，1996)。莫维利和格尔达(2005:67)认为，组织社会学和企业管理学研究揭示的是，"网络和创新构成了良性循环，外部联系促进创新，同时创新结果也带来了进一步的合作关系"。

这些不同的观点反映了学术界对于合作关注点的不同大相径庭。经济学家倾向于关注合作的成本考虑，特别是公共补贴对他们的影响(E. G. Cohen，1994)；社会学家和政治学家更关心形成基础的集团和国家动力学和合作行为；管理战略家则从获取竞争优势的战略资源角度看待合作。我们的方法采用的则是企业和创新的观点，从有益于实现优势互补的组织能力、鼓励学习和能力发展，以及处理不确定性和复杂性方面考虑合作的作用。

互补性

援引熊彼特书中的观点，创新是包括新组合的。在现代经济中，组织不可能发展出其所需要的所有领域的专业知识(研究、专业技术、营销),因此就需要他们寻找新组合。当发展所需的资源与能力、创新受益方分布在不同的组织中时,新组合通过合作得以形成。按蒂斯(1986)的构想,合作将允许创新者有权使用必要的互补资产来取得适当的投资回报,对这些互补资产的获得使许多组织可以克服所面临的瓶颈(将思想成功地应用于市场),这可能涉及对如生产、分销网络或知识的监管等资本的获得。

在平台(参见第32章)和生态系统(参见第11章)中,合作是互补伙伴之间的一种协同效应源。例如,当我们使用移动电话时,我们依靠的是基础设施提供商不同类型的专业技术,包括通信塔、信号转换、手机制造商、电信运营商、服务公司和内容提供商。这样的系统整合需要许多形式的合作,如技术标准的创建等。另一个例子是汽车信息技术数量的显著增加。如今,汽车作为一种先进的交通工具,汽车制造商和技术公司通过合作,来促使汽车更安全、更好地与互联网、信息和通信系统连接。例如,微软与福特、日产在车内信息、娱乐、云计算使用等领域的合作。

其他形式的协同效应也可以来自一起工作时的不同组织,例如小公司,因其对市场、技术机会的反馈更灵活、更及时,而大公司在这方面不具备优势,因此可以建立合作关系。合作的好处之一就是,它以动态互补的形式结合了前者小公司的创业行为优势与后者大公司的结构和资源(Rothwell and Dodgson, 1991)。

选择合作实现优势互补,而不是选择合同、合并或兼并等替代方式,受到知识转移属性的影响。知识不是可编程的,换句话说,知识不是写在文档和图纸上的,而是人与人之间心照不宣的,或在特定文化组织中根深蒂固的,因而很难获得;但知识的转移可以通过长期、深层次的参与交流得以实现,也可以受到源于合作的鼓励(Mowtry Grodal, 2005)。与替代选项相比,合作可以提供成本更低的选择。发展内部能力,或者使用鲜有成功记录的合并和收购手段(参见第29章),与一个有明确预算限制和绩效禁止时间的合作伙伴相比,它们的吸引力可能稍逊一筹。此外,当思想和知识处于发展的早期阶段时,它们是很难对其进行衡量和定价的,所以与市场机制相比,合作可能是更有效的交换手段。

学习和能力

随着时间的推移,企业已经固定下来的惯例会限制其创新能力,于是组织开始内省(March, 1991, 2006)。组织学习的是他们已经做得很好的事情以及新事物,同时也要了解学习的动机(Argyris and Schön, 1978)。有些组织已经做了那些工作的学习程序和学习惯例很容易建立起来,但却抑制了其他的学习形式(Morgan, 1986; March, 2006)。而且组织在学习过程中的惯性和惰性,阻止了"更高层次"的学习或激进式学习(Brown and Starkey, 2000),以及来自组织同型化过程中的内省(Di Maggio and Powell, 1983)。长此以往,以使一起工作的组织会越来越相似以至趋同。March(1991)认为,基于组织学习的"勘探和开发"二分法,后者往往限制了前者。关注已有知识产生的回报是积极的、近似的,且是可预测的;但对创新关注的回报却是不确定的、遥远的并且经常是负面的。因此,这便导致了用"已知替代品开发"替代"未知的开发"的倾向(1991年3月)。用伦纳德-巴顿(1992)的话来说就是,核心能力成为核心刚性(参见第 7 章)。由于这些原因,组织不能学习创新(以应对周围的变化和破坏)的方式。这里因此,合作在其他组织中发挥着刺激学习实践、技术和策略的作用(Child and Faulkner, 1998),它提供了质疑现状、检查和评估合作伙伴的不同方法,以及实践相关性和适用性的机会。

不确定和复杂性

当进行彻底的或破坏性的创新时,由于急剧变化的技术和动荡的市场,其发展过程往往是不可预测的,创新经理所面临的不确定性也更大。也就是说,此时管理者对路径和目的均不确定。奈特(1921)的研究是区分风险和不确定性的经典之作,他认为风险是一个已知的机会(或可测量的不确定性),不确定性是一个不可测的或未知的结果。更彻底、更具破坏性的创新不可能量化风险,因为组织正在处理的问题非常独特,可能会受到一系列研究结果和事件的影响,并产生各种不可预知的结果。所有类型的组织,都面临着为未知的未来做准备的风险,它们需要区分结果可能发生范围的风险和无法预测不确定性的挑战。通过了解快速变化和建立应对创新挑战的共同期望和方法,合作对不确定性的降低大有裨益。例如,通过合作达成共识的技术标准,减少了组织的产品或服务不符合在新兴平台结构中的潜在风险。当新市场正在形成时,合作的好处并不是单独存在的。例如,索尼得益于与松下很好的互补合作,它发现了其 Beta 制式磁带录像机在市场上的技术,不如其竞争对手的 VHS 系统(Rosenbloom and Cusumano, 1988)。波多尔尼和佩奇(1998:66)指出,组织可以通过加强他们与特定信任来源的关系,缓解外部约束和不确定性。从这个意义上讲,合作是一种为了保留合作而采取的分配控制策略。

现今许多创新的复杂性需要多学科、职业和能力的投入,而这是任何一个组织所无法具备的,无论这个企业有多大。例如,现代商用飞机的建设,包含了高度专业化的空气动力学、航空电子设备和材料技术。飞机制造商协调各方面的投入提供者,而这些投入提供者往往比他们自己在这些领域有更深层次的专业知识,有助于整合各领域的合作创新。

20 世纪 80 年代,专业的生物科技公司开始涌现,但他们通常都是在新分子生物学进展基础上建立业务的小企业(Dodgson, 1991)。当时许多大型制药公司都质疑某项技术的潜力,唯恐该技术导致他们的传统药物发现方法的中断。因此许多大公司选择与生物技术公司合作,以保持对新技术的持续关注。在合作中学习的方式为组织提供了选择(Powell et al., 1996),它不像收购那样不可逆转,而是可以在内部建立知识,以便更好地决定是否以及如何进行创新。

企业和大学合作

与公司员工、客户和供应商相比,大学在企业创新源的层次中处于相对较低的位置,然而大学可能是更彻底和更颠覆性创新的来源(Belderbos et al., 2004)。从根本上说,大学与企业合作的挑战在于,前者更关注研究问题而后者关注商业问题。虽然在时间范围以及潜在的知识产权的保护和所有权等方面存在差异,但在两者目标一致的情况下,大学和企业仍有加强合作的机会。企业与大学的文化差异也常被提到,如理论与实践对比的偏好。然而,因为员工有解决问题的不同方法和手段,所以尽管许多领先企业认识到了这些差异与组合的价值,他们还是选择了与大学合作。虽然有很多人关心大学的需求,认为大学应该坚持与众不同的特色,不要太商业化(Bok,2003),但伴随着教学与研究的需要使大学越来越将合作作为他们"参与"功能的一部分(参见第4章)。

高校承担了企业很多的研究和咨询项目,但对这些被认为是我们定义中的正式合作而言,还需要资源共享的承诺和议程。有时这些合作也会受到政府的政策鼓励而正规化,如澳大利亚合作研究中心(CRC),其业务范围就包括研究人员和终端用户,以及企业之间的合作伙伴关系。在1991年启动CRC项目时,澳大利亚科技部部长声称,他们"将帮助澳大利亚实现科学和市场之间的密切联系"。该方案存在期间,有近200个CRC活动运行,然而同时也存在着彼此的价值冲突,并且有些企业已经成功胜出。但大家对于该项目也有一个普遍的共识,就是该项目产生了有益的研究和经济成果(O'Kane et al.,2008)。不过这些利益往往倾向于大型的研究密集型组织。

校企合作的挑战之一是交互界面的管理。许多大学有工业联络和/或技术转让办公室,但这些组织的职能一直非常混杂。不过其中也不乏取得显著成果的,比如麻省理工和斯坦福,但世界上很少有这样高收入的高校。那些首先是在保护的基础上运作,然后交易大学知识产权的活动,往往限制了合作的发生量,并且成为商业活动的阻碍因素。与此同时,在有些受限的情况下,这种策略又可能是有用的——例如赋予生物技术延长专利权,以从中吸引更有益的投资,将是一种有利于广泛沟通、对话和交流的方法。但这就需要考虑客户关系的管理,许多大型跨国公司也有专员负责与特定高校联络。高校中同样设有相同的岗位,任命资深学者负责与企业的对接。这些类型的职位有助于建立深厚、多层次、长期的战略关系。

合作的政府政策

就澳大利亚的CRC看来,政府在鼓励合作方面发挥了重要的作用。政府对合作的支持存在各种原因,其中包括对国际竞争力下降的关注、增加对专注创新的关键部门和技术的资源投入,以及减少重复稀缺投资等。近几十年来,政策制定者越来越多地提到了国家创新系统的概念,政府是唯一能实施国家创新系统的机构,合作是确保各组成部分凝聚力的重要因素(Lundvall,2007)。

战时之外,最早的政府合作计划开始于1982年,一项日本国际贸易和工业部创建的"第五代计算机项目"。针对此项目,英国政府又推动了阿尔维项目,该项目从1983年到1987年针对信息技术领域的赞助进行合作研究。与此同时,欧盟委员会启动了欧洲信息技术研究战略计划(ESPRIT),这是一系列的合作信息技术研究和开发项目。从1983年到1998年,共计5个ESPRIT项目投入运行。与此相似,美国于1987年成立了半导体制造技术联盟,旨在关注日本工业竞争力的增长,当时美国政府召集了14个本土半导体公司,来解决制造业的共同问题和分担投资的风险。

这些政府项目的结果大都喜忧参半,其对经济的贡献也存在争议。实际研究结果也一直在争论质量和意义的差异,但在评估中它们共同的主题是,如何提高其他竞争企业的合作倾向并提高他们的技能。正如赫拉和乔治(2002)所说的,合作伙伴存在多样性的公司,更倾向于通过发展技能来提高他们从外部吸收有价值的信息的能力。

在一项关于研发联盟价值最全面的经济研究中,布兰施泰特和神原英姿(2002)发现,日本政府赞助联盟的参与者对研究绩效存在积极的影响,这在关注基础研究的领域更明显。欧洲的尤里卡计划——1985年开始的国际协作计划,在促进"市场导向"的创新中,公司和研究中心有着更紧密的合作——与不参与者相比,参与者的资产回报率表现出明显的增加(Bayona-Saez and Garcia-Marco, 2010)。

关于半导体制造技术联盟的研究一直备受关注。布莱恩等人(1995)的分析表明,它不仅克服了早期的无序和模棱两可现象,而且开辟了个人对行业做出贡献而不考虑直接和具体反馈的"道德社区"。他们认为半导体制造技术联盟提供了一种"中立地带",使行业的竞争对手可以在某些公认边界里合作(1995:145)。卡拉亚尼斯和亚历山大(2004)认为,半导体制造技术联盟阐述了创造和维持研发联盟的诸多困难,但其发展也帮助行业重获了竞争力。

葛林德列等人(1994)认为,半导体制造技术联盟对原本已经很强大的联盟成员具有正向促进作用,他们的成功取决于其拥有的其他优势,如市场等。欧文和克莱诺(1996)发现,加入协会可以减少研发支出,这是因为他们的"共享目标"减少了重复研发。林克等人(1996)的研究则得出结论认为,政府资助是大有裨益的,因为半导体制造技术联盟以一种在某种经济背景下不可能的方式,提升了成员实力和半导体技术(合作研究安排以外)。也许最重要的贡献就是,1996年政府支持基金退出后,联盟仍旧继续运作。

政府对这种合作的支持有时候是存在冲突的,例如美国前总统罗纳德·里根(Ronald Reagan)不得不引入新的立法允许研发联盟的建立,因为之前伍德罗·威尔逊总统1914年的反托拉斯法禁止了这种行为。任何此类合作都可能成为各国政府面临的挑战——排除什么公司、应该如何对待外资企业等。在某种程度上,融资合作可以使政府免于试图在技术和公司中"挑选赢家"的指控,但这对政府而言可能是恶名昭著的坏事。

合作和技术标准

专利标准能够带来相当大的竞争优势。然而少量被广泛接受的标准是"事实上的",也就是说,标准本身的发展由于个别公司的市场力量自行建立和扩散;绝大多数标准都是"合法的"(de jure),即是在标准机构内发展的。建立法定标准不可避免地涉及合作。张越和道奇森(2007)的研究,揭示了移动支付下合作的复杂性。移动支付主要包括使用移动电话支付账单,例如支付软件应用于餐馆、商店、交通罚单和停车场等。移动支付的潜力引起了银行、金融、移动硬件和软件生产商等众多利益方的关注,他们之间的竞争导致技术和安全标准缺乏共识,这反过来又限制了行业的发展。

有许多产业联盟旨在推动移动支付标准的发展,并且引起了社会各界的广泛关注。这些关注揭示了不同公司在技术选择上的广泛差异,以及这些联盟是否受金融机构的引导;它们是移动运营商还是移动设备制造商;是美国公司、欧洲公司还是亚洲公司;以及各种小型初创公司的参与机制。这些不同联盟的存在,以及在某些情况下其中的部分预案,反映了一个新产业发展存在的不确定性。在"标准战"中选择与谁合作,是影响新兴产业战略定位的重要因素。

不稳定性和紧张性

合作时常经历紧张和意外中断。一些研究报道显示,在"坎坷道路"上的伙伴关系,失败率高达30%~50%(Lokshin et al.,2011)。一些联盟终止的案例,如铃木与大众之间为期两年的联盟关系没有实现预期目标,引发了双方之间公开的指责。而在第一个五年的承诺后,3/14半导体制造技术联盟委员会的成员退出了。达斯和藤(2000)认为,战略联盟是三组冲突力量发展的场所:合作与竞争、刚度与弹性,以及短期与长期定位。他们认为,合作的紧张程度在组织间比组织内更强(虽然有些组织已经对外宣称更容易进行外部合作)。然而在某些情况下,与单一组织相反,由于方案诱发煽动合作的数量实际比内部的合作的数量多,合作在维持灵活性和刚性、短期需求和长期需求的平衡时更具挑战。

与创新公司经典研究的发现(Rothwell et al.,1974)相呼应,洛克辛等人(2011)阐明了创新战略的一致性和外部取向在克服联盟故障方面的价值。他们发现:

> 聚焦产品创新战略的企业,通过开发新产品、新市场和提高产品质量,能更好地应对"崎岖道路"。基于这些新机遇探索的策略,企业持续参与联合创新项目,而不是共同利用成本效益,降低了组织间故障出现的概率。

他们还发现,消除不稳定性可以提高创新绩效,与多元化的伙伴合作可以培养避免故障所需的经验。

强和弱连接的优缺点

创新管理的关键问题是,少数深度合作与大量浅层次的合作相比,哪一个相对优点较多,以及通过企业同时建立有凝聚力、长期的合作伙伴关系和接受新合作伙伴关系时,如何来保持平衡。这方面的许多想法来源于格兰诺维特在求职者相关的社会学研究中得出的结论(1973;参见第6章),在这篇经典文章中,他认为网络中的强关系传达信息的价值可能是有限的,而弱关系传递的可能是潜在的、有用的新信息。跨多个社会领域的个人,会拥有许多弱关系,这被认为是它为获得信息提供了多样性的途径。对于个人而言这意味着他对个人的影响已经得到了组织的重新考虑。尤其是激进的创新往往是基于不同的知识领域的新组合,也能从多样化的弱关系网中受益(Elfring and Hulsink,2007:1853)。然而弱关系也有许多缺点,例如它们对调动资源和传递隐性知识不太有用;而强关系克服了这些缺点,它能够建立信任,从而使双方可以忍受承受惯性和锁定(Maurer and Ebers,2006)。

在创新合作网络中也存在关于结构洞分布的一些不确定性问题。结构洞(Burt,2004)

描述的是一个角色不仅跨越了其社交世界,而且跨越其他弱连接的领域。由结构位置造成的信息多样性价值,被认为是参与者或中间人拥有独特的优势来源。处于结构洞的中间人被认为可以提高创新绩效(Burt,2005),然而在某些情况下,多结构洞的网络也表现出了对创新绩效的损害(Ahuja,2000),在这种情况下,密集网络中的社会资本对创新更有利。

有一种新兴的观点认为,强关系和弱关系对企业而言都是有利的,但是它会在企业发展的不同条件下,根据目的的不同和时间的差异产生变化(Rowley et al., 2000; Hite and Hesterly, 2001; Elfring and Hulsink, 2007)。因此,例如嵌入性——社会关系影响经济行为(Uzzi, 1999)——被认为在公司发展的早期阶段更常见,因为它有助于克服"资源获取""可用资源和机会的有限认识"的挑战(Hite and Hesterly, 2001: 279)。在新产品开发的情况下,汉森(1999)阐述了弱关系能够帮助寻找创新机会,以及协助转移复杂知识的强关系。关于创新和创业能力强/弱关系相对优点的争论还在继续(E. G. Reagans and Zuckerman, 2008),有些人认为证据仍然没有定论(Kastelle and Steen, 2010b)。然而也可能是这种情况会存在另一种可能,一些研究表明(Rosenkopf, Metiu & George, 2001),企业之间的非正式合作随着时间的推移,往往会产生更多的正式合作。弱关系是通向未来强大关系的管道和过滤器。

中间人的角色

有时组织可能会受益于合作,如果组织找不到合作伙伴的组织,而中间人也可以促进他们的联系以便建立合作关系,在这种情况下组织可能会受益。这些中间人可能包括咨询师和顾问,以及一系列的公共和私营部门组织(参见第9章)。但这些中间人不是旨在连接特定项目组织的机制(如基于互联网的 Innocentive 或 Yetz.com),而是旨在促进长期的战略参与。下面将提供两个实例。

台湾工业技术研究院(ITRI)成立于1973年,拥有员工超过6 000人,它以提高台湾地区在技术产业领域的国际竞争力为主要目标,对台湾地区的工业发展至关重要。ITRI 开发了一个专注于利用创新网络进行技术扩散的成功策略,它敏锐地识别到了国际市场的机会,然后将若干大型跨国公司和多家小型台资企业联合起来,组建了合作关系。跨国公司进入亚洲市场以技术获取进行交易,而联盟的本土公司也被组织了起来,以最大限度地提高支持公司的知识流,参与合作共建基于此技术的产品,并且把这些产品推向市场进行竞争。随着时间的推移,越来越多的优势企业会在网络中成长,他们将拥有在国际市场上成功竞争所需的技术和学习技能(Dodgson et al., 2008)。

AMIRA 国际成立于1959年,是一个非营利性的私营部门公司,作为一个独立的矿产公司协会,它以促进其成员在矿产、煤炭、石油和相关行业的技术进步为宗旨。AMIRA 的总部设在墨尔本,在珀斯、开普敦和约翰内斯堡都设有办事处,北美和欧洲也有类似附属机构,这些中间人机构的创建,主要是以发展、促进合作研究项目为目的,重点协助各成员吸收前沿科技和技术,加强业务发展。AMIRA 国际通过提供他们不会接触到的前沿技术来管理和提高其成员的竞争地位。在"一次一付费"的基础上,AMIRA 实现了共同出资研究项目的发展和管理。据 AMIRA 估计,仅仅通过分摊研究的成本与效益,赞助了研究项目的公司就可以享受到 10~20 倍资金分配的财务杠杆(Dodgson and Steen,2008)。

合作的管理

伙伴选择

伙伴的选择是合作最重要的问题,在合作的众多挑战中,组织有时需要与竞争者一起搭档。例如,日立、东芝、松下一起合作制造 LCD 面板;宝马和丰田共享低排放汽车电池技术;苹果和摩托罗拉在智能手机领域竞争,但在数字音乐领域相互合作。所以确定合作关系区域和竞争关系区域之间的界线是非常重要的,要依据合作的目标选择最合适的合作伙伴。当目标是通过共享成本和建设规模化实现节约时,与当目标是战略化或共享资源,例如帮助多样化或改善组织学习时,合作者的选择是不同的。在前者的情况下,节约通常需要兼容、和谐的资源、实践和技术,以确保快速无缝的连接。虽然无论在什么情况下,拥有互补的文化都是一种优势,但当学习是目标时,也存在不同的组织合作可以产生收益的情况。比如一个官僚体制的大型制药公司,和一个小而灵活的新兴生物技术公司之间的合作以及相互学习。多样性对学习而言是一个重要的刺激,管理合作的挑战之一在于协作悖论,即与越难于共事的组织合作,学到得更多(Dodgson,1993)。

虽然明显是有限的类比,类似于选择生活伴侣,考虑合作伙伴时确实有一些共同之处。互相吸引的早期冲动需要伴随着债券的贡献的不断重申,发展成为双方的深度兼容性和互补性增长路径。如果合作关系没有达到预期,未能就"关系果实"达成友好协商的分离条款,便只能陷入痛苦的争论,如此一来主要的受益者成了法律界。

在选择合作伙伴的时候,评估其当时的吸引力固然非常重要(资源和能力),然而其作为合作伙伴的历史记录也是很重要的独立资产,当然还包括其企业文化和传统。正如希伯特和赫哈姆(2010:547)指出的,合作企业之间拥有共同未来的可能性,取决于能否找到彼此间共同的传统,尽管这可能需要合作双方对自身文化传统的重新调整和再次解读。荷兰的飞利浦和日本的松下,成功合作达 40 年之久,而且彼此互助发展,其中的原因之一就是,他们在合作过程中找到了其创始人相近的指导思想,例如 VHS 录像机的问世。

合作可以受到各种方式的刺激,可能随环境变化而出现,或是因特定目的而启动(Doz et al.,2000)。合作可能在系统搜寻合作伙伴的过程中产生,抑或产生于会议中两个 CEO 之间随机的接触;也可以从工程团队中脱颖而出(在共同利益基础上,彼此了解的过程中),然后建立共同议程;还可能通过咨询或顾问,或者是经纪机构,如 ITRI 和 AMIRA 来进行协调。

不管是企业的先驱还是后继者,在任何情况下,无论因为什么样的原因,建立相互信任和共鸣都是很重要的。合作伙伴之间的专业知识、专业性和判断力都需要信任支撑,例如不能向合作方以外的竞争对手泄露有价值的信息等。合作持续多年后,如路虎和本田长达 15 年的联合技术开发,在任何一个阶段合作伙伴都可能在交易中收益更多,但双方必须保持信任，坚信随着时间的推移利益总会达到平衡状态。合作往往在个人共鸣的基础上产生，然而当合作关系出现问题时，人们的工作和组织需要发生转移，以防止合作的破裂，个人之间的信任需要演变成组织间的信任。这需要一个利益、组织文化易于接受外部思想的社区，并且需要广泛持续的在员工之间强调合作的重要性以及与合作目标相关的知识（Dodgson，1993），例如建立信任或"关系资本"、鼓励向合作伙伴学习和防止机会主义行为等（Kale et al.，2000）。

组织被选为合作伙伴，多半因其拥有独特的能力和资源，包括发展利用这些资源的能力。所以发展和成长的能力，可能与组织当下拥有的资源和能力同样有吸引力，也就是说，合作伙伴的选择也可能因为其未来的潜力。

合作的构建与组织

各种合作伙伴都能相互尊重时，合作关系运行状态最好。研究人员和技术人员通常更愿意与具有相似水平和技能的同行共事，在贯穿合作的所有方面都保持同等的尊重非常重要，例如业务开发、市场营销和法律部门等。

合作报告关系的属性涉及机构，必须进行澄清。英国电信公司BT和美国化学公司杜邦的合资公司，如报道中所述，因前者的技术功能与后者的市场功能不相匹配而陷入困境（Dodgson，1993）。这有着不同的评判标准，谁负责管理合作的问题也同样有密切的关系。在后一种情况下，从合作伙伴中调任首席执行官带来了麻烦，因为他们认为应该代表自己的雇主，不过招募独立经理可以克服这些情况。合作通常需要才华横溢的管理者——他可能需要，例如不使用激励和制裁措施就可以提升合作组织的绩效的能力。如此有才华的经理可能供不应求，并且这样的经理可能已经进入了良好的工作状态，他们有着明确的职业发展规划，并且正在负责公司很大部分的运营。因此转移到较小而相对风险较高的企业可能没有足够的吸引力，这种情况就需要有说服力的激励。

审查合作需要的流程包括：一方面，需要清楚识别评估和性能的标准；另一方面，也需要能够适应不断变化的环境和机遇。合作者必须评估他们的目标是什么，也就是说，是要形成特定的技术发展水平，还是建立一定规模的市场或者传输更好的实践。由于可能会出现一些不可预见的障碍或机会，这些目标可能需要适当的灵活性。例如半导体制造技术联盟的目标发展，从构建下一代设备制造技术到通用技术和设备制造基础设施。合作关系需要清楚地确定终止需要的标准和时间尺度。一个成功的技术结果可能会受到一部分合作者的欢迎，但被另一部分合作者排斥（如果不能满足其市场目标）。终止并不总是失败的标志，但可以揭示原始目标达成的程度。

众所周知，评估合作的回报与评估研发投资的回报一样困难，它们的区别在于可量化、有形的回报和定性、无形的回报。在评估半导体制造技术联盟的过程中，Link等人（1996）发现参与成本比收益更容易识别。只有在少数情况下合作伙伴才会量化他们的收益，他们发现一些公司似乎主要依靠"共鸣"获益（全行业的聚焦效果）来证明他们的持续参与——定义为工业-聚焦效果。这些作者认为，无形的利益在参与者继续参与联盟的决策中更有分量。

合作的结果——产生于合作过程中的知识产权的所有权是合作伙伴之间潜在的冲突来源,但可以通过早期明确的决定减缓此类矛盾的发生,例如同意共同许可权利或目标市场的地理划分,可以防止纠纷。

缔造创新生态系统

所有能够影响组织创新方式的行为主体,都可以被结合起来描述成一个生态系统(参见第11章)。这些包括客户、供应商、制造商、金融和法律服务供应商、政府、大学和商业R&D供应商等,以及运输与物流的方式和政府规定。这些生态系统中的关系,涉及合同、现货交易和合作。生态系统在其内部为合作提供了机会,创新生态系统理念的价值在于其方式,正如其天然的等价物一样,他们强调的是影响自身持续发展的多个相互关联的因素,以及其脆弱性、戏剧性和破坏性的事件。企业认同了生态系统的价值,例如在给所有员工的一封电子邮件里,诺基亚的首席执行官解释了当时公司面临的问题是构建生态系统的失败。

智能手机的案例,提供了洞察生态系统可以为未来的竞争力提供基础的方式。智能手机是由硬件(the handset)、操作系统、应用程序和运营服务商组成的。各种生态系统都在进化,以苹果的 iPhone 为例,公司控制着手机的发展、操作系统、管理应用程序和特定的运营商,如美国的 AT&T。与这个相对封闭的系统相比,谷歌 Android 操作系统则非常开放。它是免费赠送的,手机制造商(如 Motorola、HTC 和 Sarnsung,)和运营商(如 Verizon)等,都与 Google 有着密切的合作关系,其目的是为了让数百个设备制造商和众多的服务供应商使用安卓系统。虽然出现投诉后它们可以被删除,但是它没有试图控制应用程序的开发和应用。另一个智能手机生态系统是诺基亚和微软联合开发和营销的,诺基亚使用 Microsoft 的 Windows 7 最终取代了 Symbian 操作系统。随着 Microsoft's Office、Bing 和 Xbox Live 的发展,这个操作系统将与诺基亚的手机、应用商店和它的地图服务相结合。公司就账单支付系统的发展进行合作,这些智能手机的生态系统是其本身更大的生态系统的一部分。例如苹果的智能手机,依赖于与其他产品和 iTunes 的关系。

无法判断这些不同模式的智能手机哪些将是最成功的。但很显然,未来产业竞争力将会是生态系统的战斗,而不是单个产品和服务之间的竞争。随着这些能力更广泛的应用,例如支付系统的供应商,电信基础设施和半导体,合作组织之间的凝聚力和明确的目标,对于这些生态系统的成功至关重要。缔造生态系统的能力(本身就建立在合作的基础上)是未来竞争力的源泉。

结 论

正如萨尔特和亚历克西在第2章中认为的,合作是一种创新的典型事实。合作扮演的角色就是,一些组织之间密切合作关系,新兴的和不断发展的创新生态系统是未来探索的研究领域。同样,开放式创新策略的结果(参见第 22 章)、平台(参见第 32 章)和新连接数字技术(参见第 19 章)都是保证未来值得做的研究。例如,如果组织的大部分知识产权是可以免费使用的,对合作有什么影响;基于社交媒体的使用,如何建立人际网络的信任和共鸣,以及可视化技术是否允许管理更多样化的合作。虽然所有这些变化都为创新管理提出了新的问题,但尽管一直被挑战,合作存在的一些特点仍然保持不变。

  合作的好处是通过谨慎合作伙伴的选择、建立长期的信任关系、有效的结构和管理流程,以及清晰但灵活的评估和评价标准实现的。合作包括多种多样的因素,是开放式创新过程的一个关键特征(参见第 22 章)。拥有有价值的、独特的资源和能力,能够吸引更多的合作者与之有效合作,这尽管需要组织排除万难,但这是组织创造、捕捉和传递价值的核心能力,并可因此强化其持续竞争力。创新管理者试图量化合作带来的经济回报依然是一个悬而未决的问题,他们的看法总是依赖于正在发展的资源和能力以及未来增加的选择的战略考量。参与半导体制造技术联盟降低了公司的内部研发费用。诺基亚大幅削减研发支出,以支持其与微软的合资企业。关于减少这些投资的战略价值、明智地将内部和合作研发作为替代选择,仍然有许多有趣的研究问题。未来最佳的战略机会,可能存在于那些努力平衡内部和外部的创新、作为竞争对手和合作者都能成功的组织中。

参 考 文 献

Ahuja, G. (2000). 'Collaboration Networks, Structural Holes, and Innovation: A longitudinal study', *Administrative Science Quarterly*, 45(3): 425–55.

Argyris, C., and Schön, D. (1978). *Organizational Learning: Theory, Method and Practice*. London: Addison Wesley, 305.

Bayona-Saez, C. and Garcia-Marco, T. (2010). 'Assessing the Effectiveness of the Eureka Program', *Research Policy*, 39(10): 1375–86.

Belderbos, R., Carree, M., and Lokshin, B. (2004). 'Cooperative R&D and Firm Performance', *Research Policy*, 33(10): 1477–92.

Binenbaum, E. (2008). 'Incentive Issues in R&D Consortia: Insights from Applied Game Theory, *Contemporary Economic Policy*, 26(4): 636–50.

Bok, D. (2003). *Universities in the Marketplace*. Princeton, NJ: Princeton University Press.

Branstetter, L., and Sakakibara, M. (2002). 'When do Research Consortia Work Well and Why? Evidence from Japanese panel data', *American Economic Review*, 92(1): 143–59.

Brown, A., and Starkey, K. (2000). 'Organizational Identity and Learning: A Psychodynamic Perspective', *Academy of Management Review*, 25(1): 102–20.

Browning, L., Beyer, J., and Shetler, J. (1995). 'Building Cooperation in a Competitive Industry: SEMATECH and the Semiconductor Industry', *Academy of Management Journal*, 38(1): 113–51.

Burt, R. (2004). 'Structural Holes and Good Ideas', *American Journal of Sociology*, 110(2): 349–99.

Burt, R. S. (2005). *Brokerage & Closure: An Introduction to Social Capital*. Oxford: Oxford University Press.

Carayannis, E., and Alexander, J. (2004). 'Strategy, Structure, and Performance Issues in Precompetitive R&D Consortia: Insights and Lessons Learned from SEMATECH', *IEEE Transactions on Engineering Management*, 51(2): 226–32.

Child, J., and Faulkner, D. (1998). *Strategies of Co-operation: Managing Alliances, Networks and Joint Ventures.* Oxford: Oxford University Press, 371.

Cohen, L. (1994). 'When can Government Subsidize Research Joint Ventures? Politics, Economics, and Limits to Technology Policy', *American Economic Review*, 84(2): 159–63.

Das, T., and Teng, B.-S. (2000). 'Instabilities of Strategic Alliances: An Internal Tensions Perspective', *Organization Science*, 11(1): 77–101.

DiMaggio, P., and Powell, W. (1983). 'The Iron Cage Revisited: Institutional Isomorphism and Collective Rationality in Organizational Fields', *American Sociological Review*, 48: 147–60.

Dittrich, K., Duysters, G., and de Man, A.-P. (2007), 'Strategic Repositioning by Means of Alliance Networks: The Case of IBM', *Research Policy*, 36(10): 1496–511.

Dodgson, M. (1991). *The Management of Technological Learning: Lessons from a Biotechnology Company* (de Gruyter Studies in organization 29). Berlin: Walter de Gruyter.

Dodgson, M. (1993). *Technological Collaboration in Industry: Strategy Policy and Internationalization in Innovation.* London: Routledge.

Dodgson, M. (2007). 'Technological Collaboration', in H. Hanusch and A. Pyka (eds), *Elgar Companion to Neo-Schumpeterian Economics.* Cheltenham: Edward Elgar, 193–200.

Dodgson, M. (2011). 'Exploring new Combinations in Innovation and Entrepreneurship: ZSocial Networks, Schumpeter, and the Case of Josiah Wedgwood (1730–1795)', *Industrial and Corporate Change*, 20(4): 1119–51.

Dodgson, M., and Steen, J. (2008). 'New Innovation Models and Australia's Old Economy', in J. Bessant and T. Venables (eds), *Creating Wealth from Knowledge: Meeting the Innovation Challenge.* Cheltenham: Edward Elgar.

Dodgson, M., Mathews, J., Kastelle, T., and Hu, M.-C. (2008). 'The Evolving Nature of Taiwan's National Innovation System: The Case of Biotechnology Innovation Networks', *Research Policy*, 37(3): 430–45.

Dore, R. (2000). *Stock Market Capitalism: Welfare Capitalism: Japan and Germany versus the Anglo-Saxons.* Oxford: Oxford University Press, 264.

Doz, Y., Olk, P., and Ring, P. (2000). 'Formation Processes of R&D Consortia: Which Path to Take? Where does it Lead?', *Strategic Management Journal*, 21(3): 239–66.

Eisenhardt, K., and Schoonhoven, C. (1996). 'Resource-based View of Strategic Alliance Formation: Strategic and Social Effects in Entrepreneurial Firms', *Organization Science*, 7: 136–50.

Elfring, T., and Hulsink, W. (2007). 'Networking by Entrepreneurs: Patterns of Tie-Formation in Emerging Organizations', *Organization Studies*, 28(12): 1849–72.

Faems, D., Janssens, M., and Van Looy, B. (2010). 'Managing the Cooperation–Competition Dilemma in R&D Alliances: A Multiple Case Study in the Advanced Materials Industry', *Creativity and Innovation Management*, 19(1): 3–22.

Foster, J., and Metcalfe, J., (2004). *Evolution and Economic Complexity.* Cheltenham, Edward Elgar.

Granovetter, M. (1973). 'The Strength of Weak Ties', *American Journal of Sociology*, 78: 1360–90.

Grindley, P., Mowery, D., and Silverman, B. (1994). 'SEMATECH and Collaborative Research: Lessons in the Design of High-technology Consortia', *Journal of Policy Analysis and Management*, 13(4): 723–58.

Hagedoorn, J. (2002). 'Inter-firm R&D Partnerships: An Overview of Major Trends and Patterns since 1960', *Research Policy*, 31(4): 477–92.

Hall, P. A., and Soskice, D. (eds) (2001). *Varieties of Capitalism: The Institutional Foundations of Comparative Advantage.* Oxford: Oxford University Press, 540.

Hansen, M. T. (1999). 'The Search–Transfer Problem: The Role of Weak ties in Sharing Knowledge across Organizational Subunits', *Administrative Science Quarterly*, 44(1): 82–111.

Hibbert, P., and Huxham, C. (2010). 'The Past in Play: Tradition in the Structures of

Collaboration', *Organization Studies*, 31(5): 525–54.

Hite, J. M., and Hesterly, W. S. (2001). 'The Evolution of Firm Networks: From Emergence to Early Growth of the Firm', *Strategic Management Journal*, 22(3): 275–86.

Irwin, D., and Klenow, P. (1996). 'High-tech R&D Subsidies: Estimating the Effects of Sematech', *Journal of International Economics*, 40(3–4): 323–44.

Kale, P., Singh, H., and Perlmutter, H. (2000). 'Learning and Protection of Proprietary Assets in Strategic Alliances: Building Relational Capital'. *Strategic Management Journal*, 21(3): 217–37.

Kastelle, T., and Steen, J. (2010). 'Network Analysis Application in Innovation Studies', *Innovation: Management, Policy and Practice*, 12(1), Special Edition: 2–117.

Knight, F. (1921). *Risk, Uncertainty and Profit*. Boston, MA: Houghton Mifflin Co.

Leonard-Barton, D. (1992). 'Core Capabilities and Core Rigidities: A Paradox in Managing New Product Development', *Strategic Management Journal*, 13 (Special Issue: Strategy Process: Managing Corporate Self-Renewal): 111–25.

Link, A., Teece, D., and Finan, W. (1996): 'Estimating the Benefits from Collaboration: The case of SEMATECH', *Review of Industrial Organization*, 11: 737–51.

Lokshin, B., Hagedoorn, J., and Letterie, W. (2011). 'The Bumpy Road of Technology Partnerships: Understanding Causes and Consequences of Partnership Mal-functioning', *Research Policy*, 40(2): 297–308.

Lundvall, B.-A. (2007). 'National Innovation Systems: Analytical Concept and Development Tool', *Industry and Innovation*, 14(1): 95–119.

March, J. (1991). 'Exploration and Exploitation in Organizational Learning', *Organization Science*, 2(1): 71–87.

March, J. (2006). 'Rationality, Foolishness, and Adaptive Intelligence', *Strategic Management Journal*, 27(3): 201–14.

Mathews, J. (2002). 'The Origins and Dynamics of Taiwan's R&D consortia', *Research Policy*, 31(2): 633–51.

Maurer, I., and Ebers, M. (2006). 'Dynamics of Social Capital and their Performance Implications: Lessons from Biotechnology Start-ups', *Administrative Science Quarterly*, 51(2): 262–92.

Morgan, G. (1986). *Images of Organization*. New York: Sage.

Mowery, D., and Grodal, S. (2005). 'Networks of Innovators', in J. Fagerberg, D. Mowery, and R. Nelson (eds), *The Oxford Handbook of Innovation*. Oxford: Oxford University Press.

O'Kane, M., and Australia. Dept. of Innovation, Industry Science and Research (2008). *Collaborating to a Purpose [electronic resource]: Review of the Cooperative Research Centres Program* (PANDORA electronic collection; Canberra, A.C.T.: Dept. of Innovation, Industry, Science and Research).

Podolny, J., and Page, K. (1998). 'Network Forms of Organization', *Annual Review of Sociology*, 24(1): 57–76.

Powell, W., Koput, K., and Smith-Doerr, L. (1996). 'Interorganizational Collaboration and the Locus of Innovation: Networks of Learning in Biotechnology', *Administrative Science Quarterly*, 41(1): 116–45.

Reagans, R., and Zuckerman, E. (2008), 'Why Knowledge does not Equal Power: The Network Redundancy Trade-off', *Industrial and Corporate Change*, 17(5): 903–44.

Rosenbloom, R., and Cusumano, M. (1988). 'Technological Pioneering and Competitive Advantage: The Birth of the VCR Industry', in M. Tushman and W. Moore (eds), *Readings in the Management of Innovation*. USA: Harper Business, 3–22.

Rosenkopf, L., Metiu, A., and George, V., (2001). 'From the Bottom Up? Technical Committee Activity and Alliance Formation', *Administrative Science Quarterly*, 46(4): 748–72.

Rothaermel, F., and Deeds, D. L. (2004). 'Exploration and Exploitation in Biotechnology: A

System of New Product Development', *Strategic Management Journal*, 25(3): 201–221.

Rothwell, R., and Dodgson, M. (1991). 'External Linkages and Innovation in Small and Medium-Sized Firms', *R&D Management*, 21(2): 125–37.

Rothwell, R., et al. (1974). 'SAPPHO updated: Project SAPPHO, Phase II', *Research Policy*, 3: 258–91.

Rowley, T., Behrens, D., and Krackhardt, D. (2000). 'Redundant Governance Structures: An Analysis of Structural and Relational Embeddedness in the Steel and Aemiconductor Industries', *Strategic Management Journal*, 21(3): 369–86.

Schilling, M. A. (2009). 'Understanding the Alliance Data', *Strategic Management Journal*, 30(3): 233–60.

Teece, D. (1986). 'Profiting from Technological Innovation: Implications for Integration, collaboration, licensing and Public Policy', *Research Policy*, 15: 285–305.

Uzzi, B. (1999). 'Embeddedness in the Making of Financial Capital: How Social Relations and Networks Benefit Firms Seeking Financing', *American Sociological Review*, 64(4): 481–505.

Walker, G., Kogut, B., and Shan, W. (1997). 'Social Capital, Structural Holes, and the Formation of an Industry Network', *Organization Science*, 8(2): 109–25.

Williamson, O. (1975). *Markets and Hierarchies: Analysis and Anti-trust Implications*. New York: Free Press.

Zahra, S. A., and George, G. (2002). 'Absorptive Capacity: A Review, Reconceptualization, and Extension', *Academy of Management Review*, 27(2): 185–203.

Zhang, M., and Dodgson, M. (2007). *High-Tech Entrepreneurship in Asia: Innovation, Industry and Institutional Dynamics in Mobile Payments*. Cheltenham: Edward Elgar.

第24章

组织创新

尼尔森·菲利普斯(Nelson Phillips)

引 言

经济学是许多早期创新洞察观点的来源,学者熊彼特(1950)、威廉姆森(1975)和尼尔森(1993)的著作提供了许多重要的理论见解(关于行业发展过程中创新的作用,以及创新对经济增长和社会福利的重要性)。经济学家继续为广泛的创新主题提供重要的见解,因此这一工作保持了对创新具有影响力的观点。

同时在经济学文献中,实际的创新过程或多或少已经被看作一个"黑箱"(法格贝里,2005:3)。尽管经济学对创新有很大贡献,但其对于"在创新过程中,是什么因素使得个人努力更容易成功"的问题,几乎没有提供解答。于是,关注黑箱创新的创新研究作为创新研究的第二个主要研究领域得以发展。这个文献最初来源于科技政策,关注推动创新的因素;但其迅速、高度跨学科的发展,反映了创新过程的复杂性(费德伯格,2005)。从非常微小的起步,到如今创新研究文献已经非常庞大,为创新和创新过程提供全面理解。

最近,创新管理作为创新研究的一个专业领域迅速发展。这一领域的学者采取了高度实用的方式,关注策略和实践的决策者以增加组织创新的收益。这一学术研究领域为管理者增加创新成功的可能性提供了大量的方法[①],反映了存在的各种形式的创新及其发生环境的复杂性。

然而,即便是这种文献也因较少关注内部动力和组织内的社会过程(设计和塑造创新是过程)而受到批评(拉姆,2005:122)。另外,组织管理理论(OMT)文献也提供了对制度和组织的深入见解。因此,它也是在个人组织的层面上"进一步洞察创新管理"的重要潜在来源。这个角度对现有创新管理工作发展,以及如何更好地理解、管理创新至关重要,同时也是高度互补的。

特别是,组织管理文献提供了关于"创新活动发生组织环境的复杂功能"问题有价值的见解。多尔蒂和哈代(1996:1121)对大型组织的创新研究发现,当公司没有在促进创新上做出努力时,偶尔的创新也确有发生,但它的发生并非系统的功劳(多尔蒂和哈代,1996:

[①] 见道奇森等(2005)的一份优秀的文献概述。

1121)。但如果处于一个高度不利的组织环境中,这些创新也几乎没有成功的机会。许多研究已经表明,组织环境对创新成功与失败有重要的影响,组织特征如团队组成(浩格和格姆厄德,2001)、网络连接(鲍威尔等,1996)、领导力(奎因,1985)和文化(坎特,1983)等,在管理创新中都是要关注的要素。

同时,对创新的洞察分散在了不同的文献中,相互之间基本没有关系。此外在文献中,有许多主题对理解创新很重要,但理解创新的分支尚未明确绘制成形。为了更容易地了解这些见解,本章利用组织管理理论的来源,识别和讨论了影响创新过程的有效性,以及一些关键的组织因素;讨论一些组织创新所依赖的重要维度,虽然联系的程度还需要进一步调查,并强调这些组织的不同方面的相互依存。这些(尝试创新的有效性,管理创新的努力)组织维度的组合,需要考虑不同维度之间相互关系,以实现创新绩效和成果的最大化。

更具体地说,这些文献已经识别了对组织创新特别重要的三个维度:文化、领导力和团队作用。下面将依次讨论这些特点,并附解释(现有的研究发现其在塑造创新有效性中的作用,进一步识别深层次的研究领域)。此外,将讨论三个(存在特定的潜力)有助于创新理解的研究领域(尽管这些领域之间相关性很强,但几乎未与创新管理联系),即机构理论、实践采用理论和组织特性。本章最后总结了一些关于创新研究潜力(有助于理解组织管理理论)的评论。

组织管理理论当前研究对创新管理的启示

在组织管理理论的许多领域中,创新都是重要的主题。此外,创新管理学者也在组织管理理论领域绘制了许多文献流,并取得了良好的效果。本节将总结组织管理理论与创新已取得衔接的三个领域,这些研究领域在未来可能盈利的焦点问题将会被讨论。表24.1提供了三个领域的定义和典型引用。

表24.1 组织管理理论与创新存在联系的总结

组织的维度	重要的见解	典型引用
文化	在管理创新时,组织和国家的文化都很重要,需要考虑。文化塑造创新的动机和改进创新处方的影响。组织内的"创新文化"与创新成功相关联	Kaasa and Vadi (2010) Naranjo-Valencia et al. (2011) Van Everdingen and Waarts (2003)
领导力	领导人直接影响创新的过程,领导行为可能会鼓励或阻止冒险和创新。变革型领导者与现有文献中的创新密切相关。同时,有许多其他领导力研究的领域也具有潜力,应进一步探索	Jung et al. (2003) Oke et al. (2009)
团队	创新在很大程度上由团队来完成。因此,关于团队有效性的文献是洞察创新管理的一个重要潜在来源。目前为止的工作已表明,团队的认知风格、团队的互动性质都是创新效果的强烈预报因素	Miron-Spektor et al. (2011) Hoegl and Gemuenden (2001)

文化与创新

文化是社会科学中核心的概念,正如众多核心概念一样,目前它也缺乏共识的定义。与此同时,一些普通共识的文化元素可以被识别。一个经常被引用的经典定义——格尔茨(1973:5)很诗意地给出了文化的定义:"相信马克斯·韦伯,人就是悬浮于自己编织的重要网络之上的动物,我将文化比作是那些网,因此分析不是探寻规律的科学实验,而是探索有意义的解释。"虽然不是所有文化学者都认可该定义,但它还是有效地凸显了大多数文化讨论的核心:文化是人们交流和沟通过程中建造的一个符号系统,这个系统的意义对产生它的组织成员有重要的影响。这也强调了一个事实,即文化的研究是为了理解一组角色有意义的世界。

在组织管理理论文献中,文化研究在两种截然不同的文献作品中出现。一方面,一些学者花费大量的努力,去了解民族文化在组织过程中的作用。这一领域经常被称为跨文化管理,学者们已经开始把这个领域的工作思想和创新联系起来。另一方面,还有一些学者已经开始专注于组织层面的文化。这股文献流着眼于关注独特文化在组织中如何发展,以及组织文化对组织运作产生的影响。这一系列的研究也被明确地与管理创新连接。

民族文化与创新。对跨文化管理感兴趣的研究人员主要关注民族文化的不同——特定民族的"集体精神规划"(霍夫斯泰德,1980:43)。民族文化对组织过程的影响不同,以及在某一国家背景下开发的管理实践在另一国家情境的适用性。为了理解这个复杂的问题,学者们都专注于发展一套标准,根据这套标准来比较民族文化。有了这种文化差异的理解,研究人员致力于衡量一些民族文化的变化。

许多分类法被提出,其中最有影响力、最常用的比较民族文化的框架,是由霍夫斯泰德提出的(1980、1989、1991)。20世纪70年代初,霍夫斯泰德与IBM合作调查了40个国家的超过100 000人的信仰和价值观。基于调查结果,霍夫斯泰德提出理解民族文化差异的五个维度。第一个维度——权力差距,衡量特定文化群体的成员接受权力分配不平等这一事实的程度。如果权力差距高,则成员可以接受一些社会成员掌握权力,其他人成为追随者。第二个维度——不确定性规避,是指社会的成员对感到不确定性和模糊性可以接受的程度。不确定性规避(uncertainty avoidance)高的文化一般难以改变,并倾向于遵循熟悉规则。第三个维度——个人主义—集体主义文化,指的是文化专注于个人主义和集体主义的程度,个人主义高的文化认为,个体应对自己负责,以更松散的社交网络为特征。第四个维度——男子气概,是指社会主导价值观的程度,包括赚钱和个人魅力自信,以及缺乏对生活质量和其他人的关心。第五个维度——长期定位,指衡量人们关注未来的程度和关注当下的程度。

霍夫斯泰德所划分的维度已经在许多不同的研究中被广泛使用,包括研究主题相关的创新管理。例如,卡沙和瓦迪(2010)利用他们的著作,调查创新启动能力和民族文化之间的关系。其报告研究显著支持了他的观点,即一个国家或地区创新启动能力与文化相关联(卡沙和瓦迪 2010:594),并更加细致地解释了霍夫斯泰德五个文化维度在启动创新方面的功能。无独有偶,瓦·爱丁顿和瓦尔特(2003)用霍夫斯泰德的维度理论,探索了民族文化与创新意愿之间的联系,同样发现文化对创新意愿存在显著的支持影响。在另一项民族文化对创新影响的研究中,斯丁斯默等人(2000)研究了文化宽容的维度——不确定性、竞争力和个人主义,是如何影响技术联盟形成的。研究发现"民族文化对技术联盟的形成有直接或间接的影响"(斯丁斯默等,2000:966)。

在现有文献的基础上,致力于对民族文化的研究对创新管理有两点启示。一方面有证据表明,创新性的程度或者(至少)参与创新或采取创新思想和实践的可能性,因不同的民族文化而不同。一些文化的特点使改变更加困难,创新面临的挑战更大。因此,当思考研究如何管理创新时,需要仔细考虑民族文化的作用;创新管理理论需要注意高度敏感的民族文化问题。

另一方面同样清楚的是,创新管理实践和技术的影响也会随环境有所不同。一般来说,跨文化管理文献的核心课程是具有非普适性的管理技术。事实上,任何管理方法的结果,很大程度上都受文化背景条件的影响。正如特朗皮纳斯和汉普登·特纳(2012)认为的,创新管理必须包括对民族文化差异的敏感,当一种文化环境中的方法应用到另一文化时需要尤其注意。在管理过程中,没有最好的组织创新方式,关注文化差异是必要的。

组织文化与创新。正如民族文化的概念,早期组织文化的概念将其描述为一组相对稳定、理所当然的元素,以一种连贯的、可预测的方式塑造成员的思想和行动,并且为组织日常运作提供结构稳定的基础(沙因,1992)。对于创新管理的特殊关联性,这一传统的研究强调了由于社会化的组织文化,具有"强势"文化的组织成员会发现很难接受与现有文化冲突的变化(加利亚尔迪,1986;奥格博纳和威尔金森,2003)。

在这一领域最有影响力的工作中,施恩(1992)区分了组织中展示文化的三个相互关联的层次。其中最深层次是哪些无意识的基本假设,哪些组织成员持有的、几乎不会受到质疑的、视为理所当然的信念和看法(沙因,1992:21-2)。这些假设包括组织成员的认知和情感理解,并且作为其他两个层次的基础。

信奉的价值观公开表达了组织的价值观,道德准则和策略。这些都社会化在组织内部,并且经常出现在公共文件中。创业者和组织领导者在这一文化层的发展中起着基础性的作用,选择和叙述组织的故事来夯实基本信念(塞米妮克,1983)。

艺术品(artefacts)高于信奉的价值观,是一种文化有形的、最明显的表达。它们包括组织流程、组织结构、语言、术语以及物质安排,如架构和着装规范等。虽然艺术品本身似乎对第一次接近组织的人都是自由价值的,但沙因的研究表明,组织成员会将组织的特色与组织的基本假设相联系。

基于组织不同文化的差异性,许多学者认为,存在特定类型的组织文化,使组织更倾向于创新。原因很简单:"因为组织文化影响员工的行为,它可能导致员工将创新作为组织的基本价值"(纳兰霍-巴伦西亚,2011:56)。例如,博克(2012:292)发现,积极的创意文化与跨地域和行业战略灵活性呈正相关。同样,德·艾蒂安和玛丽特(2012:7)发现的文化力量,看上去至少与预测产品创新其他因素一样重要。在一项比较了31个创新驱动的大型研究中,特利斯等人(2009:15)发现,企业内部文化是激进创新的重要推动力。在涉及471家西班牙公司的相关研究中,纳兰霍-巴伦西亚和希门尼斯-希门尼斯桑茨-瓦勒(2011:55)发现(组织)文化是创新战略明确的决定因素,不同文化适合不同的模仿战略和创新战略。

最近关于组织管理理论中组织文化工作的研究,正在成为文化社会学中越来越有影响力的视角(斯威德勒,1986;迪马吉奥,1986),并已开始质疑文化作为相对统一的信仰系统,可以约束行为的观点,它将重点转移到了文化的概念作为"常规节目"或"工具箱"上(韦伯,2005;奥斯特曼,2006;齐尔伯,2006;闰多瓦等,2010)。根据这一观点,文化不是一组处方规范,而是一种曲目的认知符号资源,成员可以灵活利用它,来决定其行动策略。文化通过提供对个人有意义的结构(与支持它们的"世界观"一起,在给定的情况下,塑造其行动)影响人们的行为(斯威德勒,2001:73~4)。文化类目(culture repertoires)被描述为,由个人使用的多样化和混杂的资源组成——经常在多元、矛盾的想法间转移——从而使他们的体验有意义,发展行动路线并对其负责(斯威德勒,2001)。在组织层面上,文化类目常通过探索配套的认知范畴(成员们用来解释现实和制定行动战略)而被研究(韦伯,2005;闰多瓦等,2010)。

虽然这一观点在社会学和组织管理理论中得到了相当多的支持,但这种观点及其分支对创新的理解也仅仅是探索的开始,很明显这是需要继续开拓的创新领域,创新管理也可以被赋予这种截然不同的概念化文化,对组织中的个体产生影响。这方面的研究例子是莱昂纳迪的著作(2011:348),他使用概念化文化探索了"为什么组织部门的成员忽视那些理由,为什么其他人不分享他们的观点(一项新技术的功能应该是什么)"。他的研究提供了创新管理中关键问题是什么的基本观点,显示了组织文化观点的有效性和力量。他还关注组织可以减少问题的策略,"通过将模糊性重新引入已经变得相对具体的过程,重新组织边界,使它们最终能够产生施工技术"(莱昂纳迪,2011:363)。

领导力和创新

领导力,指"发生在组织环境中的社会过程,领导者通过影响他的追随者的行为,从而达到组织期望的目标"(奥克等,2009:65),这是组织管理理论的学者几十年来一直关注的焦点。这一问题的研究,成千上万的文章和书籍已经出版,并且还在逐年增加(拉姆齐,2013)。相关文献跨越了许多传统学科,对心理学、组织行为、国际业务、策略和其他学科都有所分布。文献还包括大量为实践者写作,或由实践者撰写的书面工作(朱利安尼,2003)和专注于领导力发展和培训非常实用的文献(戈尔曼等,2003)。

这些文献对创新有重要意义。领导人在组织成功中的重要性、界定组织流程、结构设计、塑造文化中的核心作用,意味着他们对创新有的重要作用(登蒂和赫姆林,2012)。更重要的是,回顾以上对领导力的界定,如果一个领导者能影响他的追随者的行为,以达到组织期望的目标,那么没有理由解释这些目标一定与创新有关。坊间证据通过讨论关注该话题的创新领导人——从托马斯·爱迪生到史蒂夫·乔布斯,也支持了领导者作为创新核心的观点。而这个事实也引起了创新学者的注意,于是产生了观察报告:领导创新仍是当代领导人面临的最具挑战的方面之一(奥克等,2009:65)。然而,正如他们指出的,与此同时,"几乎没有研究致力于领导和创新之间的联系"。

创新和变革型领导之间的连接领域,已经受到了一些关注(巴斯和阿沃利奥,1994)。从有影响力的理论角度来看,两种类型的领导行为与两种类型的领导人可以相对应,即变革型领导和交易型领导。变革型领导以四个要素为特征:魅力影响,代表领袖被崇拜、尊重、信任的程度;鼓舞动机,描述领导者通过制定有吸引力的未来愿景,将意义和挑战注入追随者活动的能力;智力刺激,指领导者鼓励追随者挑战现有的假设和解决问题的程度;个体关怀,涉及通过指导和咨询,关注追随者的个人需求。

相比之下,交易型领导没有将他们的领导活动建立在激励追随者和帮助他们成长和发展上。一般而言,交易型领导被定义为,强调交易或交换领导拥有或控制的有价值的东西,而员工希望得到为他服务的回报(奥克等,2009:66)。交易型领导的两个关键行为是,权变奖励和例外管理。但交易型和变革型领导不应该被认为是替代品或对立的,事实上两者的互补性很强,缺一不可。也正是因为变革型领导的主张,其在许多组织都供不应求。

许多学者已经开始使用这个框架探索领导和创新之间的联系。在早期的研究中,荣格、周和吴(2003)使用了32家台湾公司数据探索了领导的作用,特别指出变革型领导是如何影响组织创造力的。他们发现,总经理的变革型领导,可以直接提高组织创新变革,也可以间接地通过创建组织文化,鼓励员工自由讨论以及尝试创新的理念和方法进行创新变革(荣格等,2003:539)。

同样,奥克、曼士、瓦尔姆布瓦(2009)认为,变革型和交易型领导就特定类型的创新而言都是更有效的(例如,詹姆斯三月团队的勘探与开发),存在影响此链接的组织变量。援引广泛的文献,他们认为大量研究结果表明,当需要更高程度的创新时,变革型领导有效性存在明显差异。

最后,基于102家台湾企业的数据,陈林林和麦克多诺(2012)在战略业务单元(SBU)分析等级上,探讨了变革型领导和创新之间的关系。研究发现变革型领导的确增加了SBU的创新,除此之外还发现更强的创新文化可以作为促进创新的替代品。本研究再次证明了领导力和文化之间的复杂关系。

很明显,从这个层面上讲,领导力和创新之间的联系可能非常密切,并为创新管理提供了深刻见解。领导力与创新的重要性以及领导文献非常实用的特性,使之明显匹配。这些初步研究指明了关系的强度,揭示一些早期的研究结果。然而,尽管已经有大量关于领导力的文献,创新能力和领导能力交叉的领域仍有相当多的工作未做。

团队在创新中的角色

目前有大量且多样的文献对团队进行了丰富多彩的研究,确定了影响有效性的各种变量,包括"任务、组织、组织设计因素、环境因素、内部流程、外部流程和群体心理特征"(科恩和贝利,1997)。鉴于创新团队的普遍使用,以及文献对团队有效性的偏好,该文献在增加我们对创新管理理解方面意义深远。简而言之,如果团队创新得到了更好的管理,那么创新过程将变得更加有效、创新结果对公司执行的改善作用将更大。

虽然许多有效性相关因素值得创新研究团队的关注,此处只提及两个例子来说明当团队以及创新管理的文献结合在一起时得到的效果。首先,关于"认知风格是怎样影响团队绩效"目前已有越来越多的研究,即个体获取、处理、维护和使用知识解决问题的稳定和首选认知策略,怎样影响团队绩效(迈伦-斯佩克特等,2011:741)。

该领域早期的研究已经表明,具有不同认知风格的团队成员对创意执行与创意识别的关注也不同(科顿,1989)。迈伦-斯佩克特、埃雷兹、纳维兹(2011)扩展了这项工作,通过比较其成员在创造性、遵从性、注重细节性等方面存在差异的团队发现,与之前的理论和研究一致,创造性的团队成员对团队突破式创新至关重要。另外,墨守成规者有助于团队成员创新,相反的是,注重细节的成员在我们的研究中,将会对团队的突破式创新造成负面影响(迈伦-斯佩克特等,2011:753)。换句话说,认知风格对团队创新有重要影响。

其次,有一类更为适中但重要的团队合作质量文献,可以作为创新团队有效性的预测。在早期关于该主题的文章中,赫格尔和格姆顿(2001)提出了两个重要的问题。①团队合作到底是什么,是否可以测量;②团队合作和项目成功之间的关系有多大。基于六个维度(沟通、协调、成员贡献的平衡、相互支持、努力和凝聚力),他们建立了衡量团队质量的方法。根据这一概念,通过对145个德国软件团队575人的研究,他们发现了团队合作质量与团队绩效关联的强有力的证据。虽然研究的步伐还不能停止,但很明显团队合作质量需要被审慎考虑,以确保基于团队创新的最佳结果。

基于这些例子,团队有效性的文献显然对于更深层地认识创新管理作用显著。但令人惊讶的是,更多团队和创新管理文献潜在的联系并未被开发。对创新管理学者而言,他们可以迅速提高对创新效率的理解,同时为从业者提供具体实用的指导。

创新和组织管理理论的未来研究方向

尽管本章上述部分展现了组织管理理论对理解创新的一些贡献,但还有一些领域对于深入理解创新颇具潜力,如何最有效地管理创新,是一个尚缺乏大量研究的问题。特别是创新和机构理论之间的联系在创新实践中的作用,创新和组织特性之间的关系值得进一步关注。我们在这一节讨论的话题也存在较强的不确定性,但它们是有用的,包括提供富有成果的未来研究领域。本节呈现的主要观点的总结,见表24.2。

表24.2 具备提升创新理解潜力的组织管理理论总结

组织的维度	重要的见解	典型引用
机构环境	组织是嵌入在组织领域内的以一批机构和制度逻辑为特征。这个机构环境塑造期望和行为,因此,在组织层面对理解创新过程很重要	DiMaggio and Powell (1983) Greenwood et al. (2011)

续表

组织的维度	重要的见解	典型引用
实践采用	组织采用创新实践的意愿存在很大不同。同时,新的实践可能缺乏政治、技术、文化的配套,这使实践采用在不改变实践的情况下不可能达成。因此,创新实践的采用可能需要仔细分析新实践的"配套",以及管理不适应战略,以确保广泛、高精确地实现最大利益	Ansari et al.（2010）
组织身份	组织成员了解组织的身份将塑造他们对创新类型和速度的理解。因此,管理创新可能需要及时有效的管理组织的特性	Albert and Whetten（1985） Dutton and Dukerich（1991）

制度和创新

从20世纪70年代伊始,制度理论就已成为组织管理理论的主要观点①。一般来说,自我管制的制度被定义为规范(道格拉斯,1986)。在新制度学的传统内,制度被定义为更明确的(过去的实践和理解)历史多样性,通过某种方式逐渐获得理所应当的事实,即道德和本体论状态,以设置既定行动,反过来也塑造未来的交流和谈判(大麦和托尔博特,1997:99)。制度理论对于我们理解创新以及如何管理其挑战具有重要意义,这里的重点是对于理解创新尤为重要的三个制度理论的概念:组织领域、制度逻辑和制度距离。

(1)组织领域。制度影响行为,"通过重复激活、社会建构和控制,偏离制度的行为将以监管的方式被削弱"(杰普森,1991:145)。换句话说,在某种程度上偏离公认的制度秩序成本是高昂的。特定社会模式制度化的程度越高,偏离它的成本就越昂贵。制度涉及以多种方式将不一致与成本增加相联系的机制:"经济上(增加风险)、认知上(需要更多的考量)和社会上(减少合法性和获得与合法性相关的资源)"(菲利普斯等,2000:28)。因此,制度与其他社会行动的范式有所不同,不受自我调节的控制。

组织管理理论的核心是组织领域的概念,定义为"所有组织的集合,构成一个公认的制度生活领域:关键供应商、资源、产品消费者、监管机构和其他产生类似服务的组织"(迪马吉奥和鲍威尔,1983:143),相比组织领域以外的角色,域内交互更频繁,且有决定性:培养相互认识、相互默认为同社区的成员和参与共同企业(斯科特,1995:207~8)。作为共享制度(包括实践、组织形式和制度逻辑)领域内的组织,组织领域是重要的分析工具。

制度的本质,描述了特定的组织和这些制度化程度的特征(强化机制有多强),也因此它对创新至关重要。更具体地说,创新的程度取决于创新偏离公认社会秩序的程度。制度的压力会增加创新的挑战,在某些情况下,创新根本不可能实现,除非制度环境以某种方式得到管理。社会机制产生的与制度相关的行为范式,将增加面对和引进创新的困难,使得成功不太可能与制度化程度成正比。

---

① 例如,作者整理发现,2013年AOM年会中组织与管理理论主题中有超过40%的提交论文是有关制度理论的。

在高度制度化的组织领域,创新将越加困难,因为即使有人能够超越高度制度化的世界,并在其嵌入式的世界里思考,创新本身也可能被视为非法的和不恰当的。这是一种低劣的"非我发明"综合征的形式,在理解创新为什么失败时很重要,也需要更进一步的调查和讨论。

(2)制度逻辑。新制度理论的研究,日益突出了制度逻辑的重要性——个体通过物质实践、假设、价值观、信念和规则的社会建构的历史形态,生产和再造他们的物质资料,并提供社会现实的意义(松顿和奥卡西奥,1999:804)。早期制度逻辑研究关注广泛的组织原则的重要性,描绘现代社会如家庭、国家与市场的制度流程(弗里德兰和福德,1991)。最近,他们关注于在领域层面如何绘制和阐述这些抽象的原则,特别是逻辑如何改变和发展,以及对现场和成员的影响(奥卡西奥,1997;松顿,2002;劳恩斯伯里,2007)。

制度逻辑,作为理所应当的适应性很强的社会处方,指定了领域的边界、其成员的规则、角色的特性以及组成社区的适当组织形式(弗里德兰和阿尔福德,1991;桑顿,2004;格林伍德和萨德达比,2006)。它们是为角色提供了手段—目的指示和组织原则的"更广泛文化的模板"(帕切和桑托斯,2010;弗里德兰和阿尔弗德,1991)。桑顿和奥卡索(1999)将逻辑称为"行动、互动和解释正式和非正式的规则,指导和约束决策者"。由于制度逻辑为社会行动者提供了动机和自我感觉的词汇,它们不仅指导社会行动者所想要的(塑造他们的兴趣)、它们是如何进行的(为行动提供指导),而且还指出他们是谁(他们的身份)。

因此,在创新已制度化的领域,创新的类型和速度将由制度化的期望塑造。同时创新将以熟悉的方式和速度发生,并产生熟悉的结果。偏离熟悉形式的创新将面对社会的约束力和越来越多的阻力。随着时间的推移,创新将有越来越多的增量、越来越可预见,并把行业或部门引向越来越没有意义、肤浅的创新;另一个领域外部方不断增长的可能性将引发颠覆性的创新。

虽然占主导地位的制度逻辑的概念已被证明是一个有用的工具,一种替代的方法似乎认识到,组织制度的设置往往在不同的制度需求中出现(克拉茨和布洛克,2008;雷伊和海宁斯,2009;邓恩和琼斯,2010;格林伍德等,2010;帕什和桑托斯,2010;格林伍德等,2011)。制度的复杂性是指在特定环境中,不同的逻辑、施加不同的压力和影响起作用的情况。包含不同制度逻辑要素的组织(巴蒂拉娜和多拉多,2010;帕什和桑托斯,2010)面临着制度复杂性的影响,并与竞争的外部需求和内部认同相抗衡(杰伊,2013)。考虑到组织所呈现的多元逻辑是独立的,且并不总是兼容的,它们之间经常发生冲突(弗里德兰和福德,1991;帕什和桑托斯,2010;格林伍德等,2011),因此组织在合并这些对立的实践时(可能不容易一起工作),将面临更大的挑战(帕什和桑托斯,2010;特蕾西等,2011)。故由此可见,组织对制度复杂性的响应,以及这些响应的有效性将会有所不同。

制度复杂性的想法,为考虑创新管理提供了特别相关的理论框架。虽然制度和制度逻辑可能很大程度上限制和塑造了创新,但制度的复杂性为创新者提供了发现超越主导地位逻辑的机会(描绘他们领域的特点)。制度变化的研究已经将制度的复杂性识别为一种行动者可以避免"嵌入式代理"①问题的方式,并且制度的复杂性似乎很有可能给其他类型的创新者提供同样的机会。然而,如果此方法有效,那么它运作的原理还有待于实证探索。

(3) 制度距离。在国际业务方面,制度距离是指国内的"管理、认知和规范的制度环境,与东道国的跨国公司(跨国企业)之间差异的程度"(科丝托娃和查希尔,1999:68)。了解每个制度层面的业务系统之间的"距离",并估计其对企业转移业务实践和人员的能力的影响,可以帮助跨国企业调整自己的策略,促进业务的转移(科丝托娃,1999)以及获得国外的合法性(科丝托娃和查希尔,1999)。调整的简单程度,将依赖于跨国企业对一国制度层面的熟悉程度,这使公司能够在本国、东道国的环境下实现并保持协同效应。

这个概念可以更广泛地用于描述组织领域(关于监管,认知和特定领域的制度规范性支柱)之间的差异(菲利普斯等,2009 年)。制度距离允许区分差异的程度,而非单纯表述制度的相似性和差异性之间谁好谁坏。例如,尽管两家公司都在市场上运作,自然科学专业和生物技术公司之间的制度距离,也可能比自然科学专业和小型低技术公司之间的制度距离要小。制度距离概念的潜在的基本直觉假设是,不断增加的距离,使得新想法、做法和结构的传递更困难、成本更高。

这个概念对思考创新有着重要的影响。特别是大量研究也表明,创新实践从一个组织领域转移到另一个组织领域将面临很多的困难。许多创新管理的文献着眼于创新企业和行业的最佳实践,但它们只能在创新较少的公司和行业得到推广和转移。然而,制度距离的研究表明高水平的制度距离会增加创新思路传播的难度。

这也意味着除了理解有效的创新管理实践,创新管理学者需要对制度环境有更深的理解,以鉴别如何以及何时"创新最佳实践"可以成功传输。

实践采用和创新

管理实践可以被定义为完成某个特定任务的一系列行为程序、工具和概念(韦斯特法尔等,1997)。在组织管理理论中,存在大量关注组织如何和何时采取新实践的文献。显然,创新实践是一种特殊形式的管理实践,因此这方面的研究对于思考新创新实践的采用,具有重要的影响,特别是为何不采用新的创新实践或以有限的方式采用创新实践。在组织管理理论中,两家研究主体已经调查了组织实施的新实践,即制度理论和实践理论。

首先,制度理论传统的研究已经表明组织如何、何时采用新的实践,在采用时,通过重组普遍认可的不同元素"模板",它们经常被用来与组织的技术、文化、战略以及政治相配合(克拉茨和扎耶克,1996;韦斯特法尔等,1997;劳恩斯伯里,2001;肯尼迪和皮斯,2009)。

在大量的研究基础之上,安萨里和他的同事(2010)建立了以新颖实践不同精确度为特征的实践采用理论,新实践实施的程度遵循广为人知的路径,而非单纯适应组织的特性、跨组织实施不同程度的延伸——即新实践跨功能、分区或者组织单位地理位置采用的程度。尤其是技术、文化和政治配套,都是实践采用结果最重要的决定因素(安萨里等,2010)。

---

① 嵌入式代理指的是嵌入特定制度背景下的角色,如何在那样的环境中成功地设计和创造变革的问题。

对于创新管理,这再一次挑战了创新实践可以简单地从一个组织转移到另一个组织的观点。当新创新实践有可能在新的背景下采用时,当它需要进行调整时,以及当一种特殊类型的新实践几乎没有采用的可能性时,对创新管理感兴趣的学者必须仔细考虑用文献来理解这一观点。采用创新的公司的特点,对理解新创新实践被成功采用的可能性,将起到至关重要的作用,所有形式的配套都需要被考虑。

其次,基于实践的理论关注微观层次过程,以便于支持新技术的实施(奥利寇斯基,2000)和相关的实践(费尔德曼,2000;瑞若普和费尔德曼,2011)。这一传统的研究将我们的注意力,吸引到了日常互动中新实践是如何发生的。事实上,这个"传统"的研究表明,执行新实践的实施是"情境的、动态的和紧急的",并且任何观察到的配置都被认为是"临时的和暂时关联的"(奥利寇斯基,2000)。

对于我们来说这是一种警示,当新实践(例如创新依赖的政策和程序)在新组织环境下被采用时,由于人们将努力改变看似"不理想"的实践,结果只可能被部分预测(费尔德曼,2000;瑞若普和费尔德曼,2011)。这再次强调了实践采用的不确定性,以及更多研究如何和何时采用创新实践的必要性。

认同和创新

本章的最后,我们讨论组织管理理论中的组织认同。组织认同通常被理解为这些组织成员感知到的、中心的、持久的和独特的属性(艾伯特和惠滕,1985;惠滕,2006)。组织认同提供了成员解释事件的框架,并因此影响其后续行动。组织认同有助于组织的成员与更广泛的组织环境联系起来,组织的成员在这种环境下行动,并对于他们理解组织是什么和组织代表什么,有重要意义(费欧,1991)。达顿、杜克利奇和哈奎尔(1994)认为,有吸引力的组织认同,会影响成员对组织的认同程度,使其认同组织的核心价值观,接受并将组织目标作为自己的目标。焦亚和托马斯(1996)认为,决策者对组织认同的观点,影响了组织内的意义构建过程,因为它定义解释问题的环境。学术界对战略变革的研究表明,认同和想象是如何作为知觉屏幕影响最高管理团队的信息处理和他们关键问题解释策略的。同样,达顿和杜克利奇(1991)对纽约和新泽西港务局的研究表明了组织认同如何限制、引导问题的解释和行动。他们的研究结果显示,认同约束了成员给出问题的意义、构成评估问题重要性的参考、有助于辨别对组织构成威胁的问题方面,以及指导将问题变成机会的搜索解决方案。

因此,组织认同的概念,在思考解释(创新发生的)组织环境的影响时具有重要意义。文化以类似的方式塑造了组织成员对创新的态度、兴趣和动机,认同也塑造了组织成员对于创新是否是组织核心的理解。如果认为中心的、持久的认同包括将创新定义为特征,那么我们可以据此推测,创新将是一个组织内部普遍的和正常的活动。事实上如果是这样的话,那么创新的缺乏将被视为与认同的冲突,并引发员工之间的讨论和行动。但事实恰恰相反,如果组织认同不以创新为核心,那么创新活动将被组织成员视为既不重要也不期望发生的。

更为深刻的是,组织的认同将制约组织所进行的各种创新。正如加威尔和飞利浦

(2013)对英特尔从传统供应链合作伙伴,转型为平台领导者的研究中所认为的,组织成员反对他们不相信或与自身不匹配的创新形式:在这种情况下,英特尔的管理者,在组织成员接受平台领导(包括新的创新形式)的创新活动之前,不得不花大量的时间管理组织的认同。这些动态需要进一步的研究,来加强对创新管理的理解。

这个问题指向了与创新管理高度相关的领域。对组织认同的研究表明,组织被内部观众感知的方式,是由有影响力的成员和团体试图"说服"观众的过程塑造的,例如其他组织成员,接受他们基本的、持久的和独特的组织特征概念化(阿什福思和梅尔,1996)。在大多数组织中,一组"官方"的认同声明,组织的高级管理人员明确声明"组织是什么,代表什么"等,都可以影响组织成员和外部人士对组织的看法(阿什福斯和梅尔,1996;希瑞瓦斯卡,1997)。通过正式的认同声明,组织领导人试图影响组织成员如何定义和解释组织。这些认同声明被认为是一个指南,为成员应该如何表现,以及外部团体应该如何与他们联系提供了相关的指导(惠滕和麦基,2002)。

认同管理(identity management)对创新管理具有特殊的影响。某种程度上,管理者可以通过管理认同来创造适当的创新环境,如他们可以增加努力,塑造组织成员所参与的各种各样的创新活动。然而,认同管理和创新管理之间的关系需要更多的研究,这为改进管理创新实践提供了令人兴奋的潜在连接。

结　　论

本章的目标是将创新管理和组织管理理论的大量文献结合起来进行探讨。尽管目前存在已经发展平衡的领域,这些领域中一些重大的工作已经完成,但还有更多领域尚待挖掘,而这些领域也存在真正的研究潜力,以此来促进对创新管理的理解。本章为研究组织创新提供了思路图,这将能帮助那些对创新管理和组织管理理论感兴趣的人。

表24.1和表24.2提供了组织维度的总结。然而,组织环境对创新的复杂影响不仅仅是这些维度的简单综合,还包括它们之间复杂的相互作用。目前还有大量文献讨论了领导力和文化之间的联系,另一议题是文化和结构,但这些关系是如何塑造创新的,还需要进行更多的调查和挖掘。不过,比较明确的是,组织管理理论和创新之间的关系,是值得进一步调查研究的。

同样,这些领域的研究有可能有益于组织管理理论的学术研究,因为特定的创新环境通常可以作为"公开透明"的例子(艾森哈特,1989),创新的本质揭示了重要的组织动因。关注组织特点和动力的作用将更多地揭示创新的黑匣子,但它也为创新学者研究组织管理理论奠定了基础。

组织管理理论的许多方面都与创新有着千丝万缕的联系,只是尚未与支撑创新研究的成熟理论连接。例如,制度理论曾一度关注稳定性,也关注随着时间的推移,组织结构和流程如何以及为什么变得越来越相似,但现在制度理论家也开始对制度变化与创新之间的关系产生兴趣。创新研究的工作在该领域有明显的应用,特别是在解释制度创新的过程方面——创新是有目的的和战略的,它甚至也为制度创立者提供(他们参与的)了管理制度创新过程的框架。

总之，组织管理理论和创新管理有很多共同点，且互补性很强。组织管理理论学者进行了大量的工作，为创新管理研究人员提供了许多深入的见解和思考创新管理的新方法，这将挑战和提高对这一重要领域的理解。反过来，由于创新管理和组织管理理论的密切结合，创新领域的研究也有很多可供组织管理理论参考。

参 考 文 献

Albert, S., and Whetten, D. (1985). 'Organizational Identity', *Research in Organizational Behavior*, 7: 263–95.

Ansari, S. M., Fiss, P., and Zajac, E. (2010). 'Made to Fit: How Practices Vary as they Diffuse', *Academy of Management Review*, 35: 67–92.

Ashforth, B., and Mael, F. (1996). 'Organizational Identity and Strategy as a Context for the Individual', *Advances in Strategic Management*, 13: 19–64.

Backhaus, J. G. (ed.) (2003). *Joseph Alois Shumpeter: Entrepreneurship, Style and Vision*. Dordrecht: Kluwer.

Barley, S. R., and Tolbert, P. S. (1997). 'Institutionalization and Structuration: Studying the Links between Action and Institution', *Organization Studies*, 18: 93–117.

Bass, B., and Avolio, B. (1994). *Improving Organizational Effectiveness Through Transformational Leadership*. New York: Free Press.

Battilana, J., and Dorado, S. (2010). 'Building Sustainable Hybrid Organizations: The Case of Commercial Microfinance Organizations', *Academy of Management Journal*, 53(6): 1419–40.

Bock, A., Opsahl, T., George, G., and Gann, D. (2012). 'The Effects of Culture and Structure on Strategic Flexibility during Business Model Innovation', *Journal of Management Studies*, 49(2): 279–305.

Chen, M., Lin, C., Lin, H., and McDonough, E. (2012). 'Does Transformational Leadership Facilitate Technological Innovation? The Moderating Roles of Innovative Culture and Incentive Compensation', *Asia Pacific Journal of Management*, 29: 239.

Cohen, S., and Baily, D. (1997). 'What Makes Teams Work: Group Effectiveness Research from the Shop Floor to the Executive Suite', *Journal of Management*, 23(3): 239–90.

Czarniawska, B. (1997). *Narrating the Organization*. Chicago: University of Chicago Press.

Denti, L., and Hemlin, S. (2012). 'Leadership and Innovation in Organizations: A Systematic Review of Factors that Mediate or Moderate the Relationship', *International Journal of Innovation Management*, 16(3): 1–20.

De Tienne, D., and Mallette, P. (2012). 'Antecedents and Outcomes of Innovation-Oriented Cultures', *International Journal of Business and Management*, 7(18): 1–11.

DiMaggio, P. J. (1997). 'Culture and Cognition', *Annual Review of Sociology*, 23(1): 263–87.

DiMaggio, P. J., and Powell, W. J. (1983). 'The Iron Cage Revisited: Institutional Isomorphism and Collective Rationality in Organizational Fields', *American Sociological Review*, 48: 147–60.

Dodgson, M., Gann, D., and Salter, A. (2005). *Think, Play, Do: Technology, Innovation, and Organization*. Oxford: Oxford University Press.

Dougherty, D., and Hardy, C. (1996). 'Sustained Product Innovation in Large, Mature Organizations: Overcoming Innovation-to-Organization Problems', *Academy of Management Journal*, 39(5): 1120–53.

Douglas, M. (1986). *How Institutions Think*. Syracuse, NY: Syracuse University Press.

Dunn, M., and Jones, C. (2010). 'Institutional Logics and Institutional Pluralism: The Contestation of Care and Science Logics in Medical Education, 1967–2005', *Administrative Science Quarterly*, 55: 114–49.

Dutton, J., and Dukerich, J. (1991). 'Keeping an Eye on the Mirror: Image and Identity in

Organizational Adaptation', *Academy of Management Journal*, 34: 517–54.

Dutton, J., Dukerich, J., and Harquail, C. (1994). 'Organizational Images and Membership Commitment', *Administrative Science Quarterly*, 39: 239–63.

Eisenhardt, K. (1989). 'Building Theories from Case Study Research', *Academy of Management Review*, 14(4): 532–50.

Fagerberg, J. (2005). 'Innovation: A Guide to the Literature', in J. Fagerberg, D. Mowery, and R. Nelson (eds), *The Oxford Handbook of Innovation*. Oxford: Oxford University Press, 1–25.

Feldman, M. (2000). 'Organizational Routines as a Source of Continuous Change', *Organization Science*, 11: 611–29.

Fiol, M. (1991). 'Managing Culture as a Competitive Resource: An Identity-Based View of Sustainable Competitive Advantage', *Journal of Management*, 17: 191–211.

Friedland, R., and Alford, R. R. (1991). 'Bringing Society back in: Symbols, Practices, and Institutional Contradictions', in W. W. Powell and P. J. DiMaggio (eds), *The New Institutionalism in Organizational Analysis*. Chicago: University of Chicago Press, 232–66.

Gagliardi, P. (1986). 'The Creation and Change of Organizational Cultures: A Conceptual Framework', *Organization Studies*, 7(2): 117–34.

Gawer, A., and Phillips, N. (2013). 'Institutional Work as Logics Shift: The Case of Intel's Transformation to Platform Leader', *Organization Studies*. Published online before print 4 July 2013, doi: 10.1177/0170840613492071.

Geertz, C. (1973). *The Interpretation of Cultures*. New York: Basic Books.

Gioia, D., and Thomas, J. (1996). 'Identity, Image and Interpretation: Sensemaking during Strategic Change in Academia', *Administrative Science Quarterly*, 41: 370–403.

Giuliani, R. (2003). *Leadership*. London: Time Warner.

Goleman, D., Boyatzis, R., and McKee, A. (2003). *The New Leaders: Transforming the Art of Leadership into the Science of Results*. London: Time Warner.

Greenwood, R., Díaz, A., Li, S., and Lorente, J. (2010). 'The Multiplicity of Institutional Logics and the Heterogeneity of Organizational Responses', *Organization Science*, 21(2): 521–39.

Greenwood, R., Raynard, M., Kodeih, F., Micelotta, E., and Lounsbury, M. (2011). 'Institutional Complexity and Organizational Responses', *Academy of Management Annals*, 5(1): 317–71.

Greenwood, R., and Suddaby, R. (2006). 'Institutional Entrepreneurship in Mature Fields: The Big Five Accounting Firms', *Academy of Management Journal*, 49(1): 27–48.

Hoegl, M., and Gemuenden, H. G. (2001). 'Teamwork Quality and the Success of Innovative Projects: A Theoretical Concept and Empirical Evidence', *Organization Science*, 12(4): 435–49.

Hofstede, G. (1980). *Culture's Consequences*. Newbury Park, Calif.: Sage.

Hofstede, G. (1989). 'Organising for Cultural Diversity', *European Management Journal*, 7(4): 390–7.

Hofstede, G. (1991). 'Empirical Models of Cultural Differences', in N. Bleichrodt and P. J. D. Drenth (eds), *Contemporary Issues in Cross-Cultural Psychology*. Lisse: Swets & Zeitlinger Publishers, 4–20.

Jay, J. (2013). 'Navigating Paradox as a Mechanism of Change and Innovation in Hybrid Organizations', *Academy of Management Journal*, 56(1): 137–59.

Jepperson, R. L. (1991). 'Institutions, Institutional Effects, and Institutionalism', in W. W. Powell and P. J. DiMaggio (eds), *The New Institutionalism in Organizational Analysis*. Chicago: University of Chicago Press, 143–63.

Jung, D., Chow, C., and Wu, A. (2003). 'The Role of Transformational Leadership in Enhancing Organizational Innovation: Hypotheses and Some Preliminary Findings', *Leadership Quarterly*, 14: 525–44.

Kaasa, A., and Vadi, M. (2010). 'How Does Culture Contribute to Innovation? Evidence from European Countries', *Economics of Innovation and New Technology*, 19(7): 583–604.

Kanter, R. (1983). *The Changemasters*. New York: Simon & Schuster.

Kennedy, M., and Fiss, P. (2009). 'Institutionalization, Framing, and Diffusion: The Logic of TMQ Adoption and Implementation Decisions among U.S. Hospitals', *Academy of Management Journal*, 52: 897–918.

Kirton, M. (1989). *Adaptors and Innovators: Styles of Creativity and Problem Solving*. New York: Routledge.

Kostova, T. (1999). 'Transnational Transfer of Strategic Organizational Practices: A Contextual Perspective', *Academy of Management Review*, 24(2): 308–24.

Kostova, T., and Zaheer, S. (1999). 'Organizational Legitimacy under Conditions of Complexity: The Case of the Multinational Enterprise', *Academy of Management Review*, 24(1): 64–81.

Kraatz, M., and Block, E. S. (2008). 'Organizational Implications of Institutional Pluralism', in R. Greenwood, C. Oliver, K. Sahlin, and R. Suddaby (eds), *Handbook of Organizational Institutionalism*. Los Angeles: Sage, 243–75.

Kraatz, M., and Zajac, E. (1996). 'Exploring the Limits of the New Institutionalism: The Causes and Consequences of Illegitimate Organizational Change', *American Sociological Review*, 61: 812–36.

Lam, A. (2005). 'Organizational Innovation', in J. Fagerberg, D. Mowery, and R. Nelson (eds), *The Oxford Handbook of Innovation*. Oxford: Oxford University Press.

Leonardi, P. (2011). 'Innovation Blindness: Culture, Frames, and Cross-Boundary Problem Construction in the Development of New Technology Concepts', *Organizational Science*, 22(2): 347–69.

Lounsbury, M. (2001). 'Institutional Sources of Practice Variation: Staffing College and University Recycling Programs', *Administrative Science Quarterly*, 46: 29–56.

Lounsbury, M. (2007). 'A Tale of Two Cities: Competing Logics and Practice Variation in the Professionalizing of Mutual Funds', *Academy of Management Journal*, 50: 289–307.

Miron-Spektor, E., Erez, M., and Navez, E. (2011). 'The Effect of Conformist and Attentive-to-Detail Members on Team Innovation: Reconciling the Innovation Paradox', *Academy of Management Journal*, 54(4): 740–60.

Naranjo-Valencia, J., Jimenez-Jimenez, D., and Sanz-Valle, R. (2011). 'Innovation or Imitation? The Role of Organizational Culture', *Management Decision*, 49(1): 55–72.

Nelson, R. (ed.) (1993). *National Innovation Systems: A Comparative Analysis*. New York: Oxford University Press.

Ocasio, W. (1997). 'Towards an Attention-Based View of the Firm', *Strategic Management Journal*, 18: 187–206.

Ogbonna, E., and Wilkinson, B. (2003). 'The False Promise of Organizational Culture Change: A Case Study of Middle Managers in Grocery Retailing', *Journal of Management Studies*, 40: 1151–78.

Oke, A., Munshi, N., and Walumbwa, F. (2009). 'The Influence of Leadership on Innovation Processes and Activities', *Organizational Dynamics*, 38(1): 64–72.

Orlikowski, W. J. (2000). 'Using Technology and Constituting Structures: A Practice Lens for Studying Technology in Organizations', *Organization Science*, 11: 404–28.

Osterman, P. (2006). 'Overcoming Oligarchy: Culture and Agency in Social Movement Organizations', *Administrative Science Quarterly*, 51(4): 622–49.

Pache, A., and Santos, F. (2010). 'When Worlds Collide: The Internal Dynamics of Organizational Responses to Conflicting Institutional Logics', *Academy of Management Review*, 35(3): 455–76.

Phillips, N., Lawrence, T., and Hardy, C. (2000). 'Inter-Organizational Collaboration and the Dynamics of Institutional Fields', *Journal of Management Studies*, 37(1): 23–45.

Phillips, N., Tracey, P., and Karra, N. (2009). 'Rethinking Institutional Distance: Strengthening the Tie between New Institutional Theory and International Management', *Strategic Organization*, 7(3): 339–48.

Powell, W., Koput, K., and Smith-Doerr, L. (1996). 'Interorganizational Collaboration and the Locus of Innovation: Networks of Learning in Biotechnology', *Administrative Science Quarterly*, 41(1): 116–45.

Quinn, J. B. (1985). 'Managing Innovation: Controlled Chaos', *Harvard Business Review*, 63(3): 78–84.

Reay, T., and Hinings, C. R. (2009). 'Managing the Rivalry of Competing Institutional Logics', *Organization Studies*, 30(6): 629–52.

Rerup, C., and Feldman, M. (2011). 'Routines as a Source of Change in Organizational Schemata: The Role of Trial-and-Error Learning', *Academy of Management Journal*, 54: 577–610.

Rindova, V., Dalpiaz, E., and Ravasi, D. (2010). 'A Cultural Quest: A Study of Organizational Use of New Cultural Resources in Strategy Formation', *Organizational Science*, 22: 413–31.

Rumsey, M. (2013). *Oxford Handbook of Leadership*. Oxford: Oxford University Press.

Schein, E. (1992). *Organizational Culture and Leadership*. San Francisco: Jossey-Bass.

Schumpeter, J. (1950). 'The Process of Creative Destruction', in J. Schumpeter (ed.). *Capitalism, Socialism and Democracy*, 3rd edn. London: Allen and Unwin, 81–6.

Scott, W. R. (1995). *Institutions and Organizations: Theory and Research*. Thousand Oaks, Calif.: Sage.

Smirnich, L. (1983). 'Concepts of Culture and Organizational Analysis', *Administrative Science Quarterly*, 28: 339–58.

Steensma, H., Marino, L., Weaver, K., and Dickson, P. (2000). 'The Influence of National Culture on the Formation of Technology Alliances by Entrepreneurial Firms', *Academy of Management Journal*, 43(5): 951–73.

Swidler, A. (1986). 'Culture in Action: Symbols and Strategies', *American Sociological Review*, 51: 273–86.

Swidler, A. (2001). *Talk of Love: How Culture Matters*. Chicago: University of Chicago Press.

Tellis, G., Prabhu, J., and Chandy, R. (2009). 'Radical Innovation across Nations: The Preeminence of Corporate Culture', *Journal of Marketing*, 73: 3–23.

Thornton, P. H. (2002). 'The Rise of the Corporation in a Craft Industry: Conflict and Conformity in Institutional Logics', *Academy of Management Journal*, 45: 81–101.

Thornton, P. (2004). *Markets from Culture: Institutional Logics and Organizational Decisions in Higher Education Publishing*. Stanford, Calif.: Stanford University Press.

Thornton, P. H., and Ocasio, W. (1999). 'Institutional Logics and the Historical Contingency of Power in Organizations: Executive Succession in the Higher Education Publishing Industry, 1958–1990', *American Journal of Sociology*, 105: 801–43.

Tracey, P., Phillips, N., and Jarvis, O. (2011). 'Bridging Institutional Entrepreneurship and the Creation of New Organizational Forms: A Multilevel Model', *Organization Science*, 22: 91–8.

Trompenaars, F., and Hampden-Turner, C. (2012). *Riding the Waves of Culture* London: Nicholas Brealey.

Van Everdingen, Y., and Waarts, E. (2003). 'The Effect of National Culture on the Adoption of Innovation', *Marketing Letters*, 14(3): 217–32.

Weber, K. (2005). 'A Toolkit for Analyzing Corporate Cultural Toolkits', *Poetics*, 33: 227–52.

Westphal, J. D., Gulati, R., and Shortell, S. M. (1997). 'Customization or Conformity? An Institutional and Network Perspective on the Content and Consequences of TQM Adoption', *Administrative Science Quarterly*, 42: 366–94.

Whetten, D. (2006). 'Albert and Whetten Revisited: Strengthening the Concept of Organizational Identity', *Journal of Management Inquiry*, 15: 219–34.

Whetten, D., and Mackey, A. (2002). 'A Social Actor Conception of Organizational Identity and its Implications for the Study of Organizational Reputation', *Business and Society*, 41: 393–414.

Williamson, O. E. (1975). 'Markets and Hierarchies: Analysis and Antitrust Implications:

A Study in the Economics of Internal Organization', *University of Illinois at Urbana-Champaign's Academy for Entrepreneurial Leadership Historical Research Reference in Entrepreneurship*. Available at SSRN: <http://ssrn.com/abstract=1496220>.

Zilber, T. (2006). 'The Work of the Symbolic in Institutional Processes: Translations of Rational Myths in Israeli High Tech', *Academy of Management Journal*, 49: 281–303.

第25章

人力资源管理实践与创新

克尔德·劳尔森（Keld Laursen）
尼古拉·福斯（Nicolai J. Foss）

引　言

人力资本是公司资源基础中关键的组成部分，也是得到公众认可的越来越重要的公司基础资源。人力资源被称为"组织成功与失败的关键因素"（Baron and Kreps,1999），对公司创新绩效的成功与失败影响很大。重要的是，我们要理解人力资本为什么会激励创新、如何激励创新，以及公司内部怎样配置人力资源管理（HRM）实践，才能产生期望水平预期的创新绩效。

我们可以看到"创新天才"（Glynn,1996）和"明星"（Lacetera,Cockburn,and Henderson,2004）的例子，个体员工、创始人或高管们可能直接带来了出色的创新绩效（Felin and Hesterly,2007）。不管这是否是天生的（或许是人格化的，例如 Bill Gates 或 Steve Jobs），或是需要通过努力训练才能达到，这类人力资本都具有超常的创新能力。高校研究人员创业建立新企业，表明了人力资本与创新之间的直接联系。优秀的创新绩效也可能是公司人力资本之间相互作用后产生的"能力"的结果（Lepak and Snell,2002）。

公司的组织结构，特别是其人力资源管理实践，也在一定程度上影响了人力资本对创新绩效的贡献，这种影响也是这一章我们讲述的重点。因此，管理活动会部署培训安排、决定薪酬结构、建立团队以及分配决策权等，这些安排对人力资本对创新的贡献具有重要意义。

这些实践的影响可以通过模型进行分析，无论是应用中介变量（人力资源实践对创新绩效的影响）模型还是调节变量（实践行为会减弱或加强人力资本与创新绩效之间的联系）模型。[①]

现有的研究表明，这种 HRM 实践通过多种机制来影响人力资本和创新之间的关系，在一定程度上由组织结构发展形成的员工沟通网络，可能会影响创新（Tsai,2001）。动机研究表明，某些类型的奖励可以促进这种带来成功创新的创造性行为，但其他类型的奖励也会

---

① 一般来说，调节变量是一个影响自变量和因变量之间关系的方向和/或强度的变量。中介变量是一个代表了一种机制的变量，通过这个机制，自变量能够（间接地）影响因变量（Baron & Kenny,1986）。

减少这种行为(Ryan and Deci,2000)。管理风格、反馈使用、目标设置、团队和项目的应用,都被认为是影响创造力和创新行为的要素。

许多研究已经证明,与获取、配置和提升人力资本相关的一些组织实践,在公司层面(Henderson Cockburn,1994；Galunic Rjordan,1998)、网络和行业层面(Kogut,2000),以及地区或者国家创新绩效层面(Almeida and Kogut,1999；Furman et al.,2002),都会对创新绩效产生影响。这些实践是"创新"或"动态能力"的重要组成部分(Teece,2007),它们的一个重要组成部分,是那些与吸引、选拔、培训、评估和员工奖励相关的组织实践活动,还包括可能通常不会被视为 HRM 的组织实践,如质量环(quality circles)、广泛下放决策权、管理信息系统以及正式和非正式的沟通实践等。

在这一章里,我们调查、整理并讨论了关于 HRM 影响创新结果的文献,探讨了单一实践行为如何影响创新,以及具体实践的集合如何影响创新结果(C. F. Ennen and Richter,2010)。相应地我们还将探讨各种可能影响人力资源管理/创新关系的中介变量,例如知识共享、社会资本和网络效应。我们认为人力资源管理/创新之间联系的潜在因果机制,至今仍未得到正确的理解,需要我们做进一步的研究。

文献整理

涉及 HRM 实践和创新绩效之间关系的文献非常多而且难以识别,这主要是因为相关论文不一定是在人力资源管理杂志上发表的,有些论文可能主要集中于其他问题,另外,关于是否应该将货币激励措施对创造力的影响相关研究包括在内,还需要讨论。我们特别强调那些通常被称为"新"或"现代"的 HRM 实践(通常也称为"高性能工作实践")(Laursen and Foss,2003；Teece,2007；Colombo and Delmastro,2008)及其与创新绩效的关系。我们认为,HRM 实践和创新的文献可以分为五个基本类别(尽管不可避免地有一些重复),见图 25.1。联系 I 代表探讨 HRM 实践与公司层面财务业绩之间的关系的一系列文献,用创

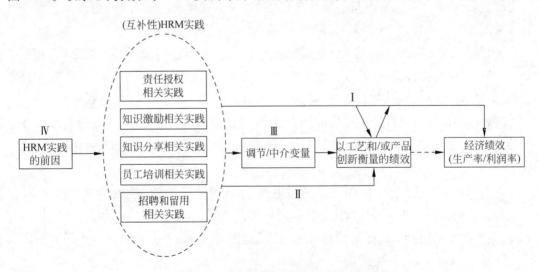

图 25.1 人力资源管理实践与创新之间的联系

新作为这些变量之间的理论联系；联系Ⅱ表示探讨 HRM 实践和创新之间直接联系的一系列文献；而联系Ⅲ表示后来的一些文献，除了考虑两者间的直接联系，还关注影响人力资源管理—创新关系的中介和调节因素；联系Ⅳ是所有文献中的一小部分，不仅关注 HRM 与创新的关系，而且关注导致创新的 HRM 实践的前因。本节将对这些文献进行详细的探讨，但首先我们要指出在创新相关文献中提到的一些重要的 HRM 实践。

人力资源管理（HRM）实践

"现代人力资源管理实践"的概念，已经成为一个代表高层决策委托、广泛的各种横向和纵向沟通渠道以及高薪酬系统的、越来越普遍的方式，它通常与多个绩效指标，以及单独或在不同的集束中配置，以实现高水平组织绩效的其他实践相关（Ichniowski et al.，1997；Zenger and Hesterly，1997；Colombo and Delmastro，2002；Teece，2007；Colombo and Delmastro，2008）。在这种背景下，Guthrie（2001：181）指出："这类文献的共同主题是，强调利用管理实践系统给予员工技能、信息、动机和自主权，最终培养出可以为企业带来竞争优势的劳动力"。

根据 Foss、Laursen 和 Pedersen（2011）的研究，我们认为文献中提到的 HRM 实践包括：(a)责任授权，如团队生产；(b)知识激励，如利润分享、个人激励、知识共享激励；(c)内部沟通，如与知识共享相关的实践或工作轮换可以促进这类实践；(d)员工培训，包括内部和外部培训；(e)招聘和留用，如内部晋升政策。我们注意到，前三类的实践包括那些在文献中被划为"现代"HRM 的实践（Teece，2007），而从程式化方式看，后两类可以被认为是更传统的 HRM 实践。表 25.1 概述了我们的分类并描述了各类别中一些代表性文献的结论。

早期的文献关注各种"独立的"HRM 实践及其对组织绩效的影响（Gerhart and Milkovich，1990；Terpstra Rozell，1993）。自 20 世纪 90 年代中期以来，大部分基于实证的文献一直专注于互补性实践的影响，而不是单独实践的影响（Ennen and Richter，2010）。在这种情境下，互补性的概念意味着一种 HRM 实践的采用，增加了进行更多其他关于创新产出的 HRM 实践的回报（Milgrom and Roberts，1995：181）。但值得注意的是，尽管"内部匹配"的概念在准确性上弱于互补性的概念，但在 HRM 文献中它与互补性的概念类似（Baired and Meshoulam，1988；Erthur，1994）。HRM 实践"系统"或"集束"的概念（Subramony，2009）也以类似的逻辑起作用。

组织互补性的实证文献提出了两种视角：交互视角和系统视角（C. F. Ennen and Richter，2010）。交互方法（Capelli and Neumark，2001）检验一些组织实践的影响；相比之下，系统方法（Ichniowski et al.，1997；Laursen and Foss，2003）关注的是整个变量组的相对绩效结果变量。鉴于文献中考虑的单一实践的数量很多，即使它只进行了对互补性的间接检验，系统方法仍占主导地位。

表 25.1 人力资源管理（HRM）实践与创新的关系

作者	分析单位	因变量	授权	内部沟通	激励	员工培训	招聘与留用	其他 HMRP 变量
Huselid (1995)	968 家上市公司（制造业与私营服务）	劳动生产率，托宾 Q	劳动力管理团队，质量圈	正式信息分享计划，投诉处理系统	激励计划/利润分享，正式评估，业绩晋升	培训时数	正式工作分析，内部晋升，招聘前测试	民意调查
Ichniowski et al. (1997)	17 家公司的 36 条钢铁生产线	正常运行时间百分率	团队合作（3 项）	沟通（2 项），工作轮换	薪酬激励	技能培训（2 项）	高筛选招聘	就业保障
Ichniowski and Shaw (1999)	19 家公司的 41 条钢铁生产线	正常运行时间百分率，主要收益百分比	团队合作（3 项）	劳务管理沟通（2 项），工作灵活度（2 项）	奖金（2 项）	培训（2 项）	招聘	就业保障
Mendelson and Pillai (1999)	81 家公司（电子硬件）的 102 个业务部门	销售收益率，增值收益率，销售增长	分权化（3 项）	信息实务（8 项）	激励（3 项）	—	—	集中化（3 项），组织间网络（5 项）
Michie and Sheehan (1999)	480 家公司（制造业与私营服务）	研发支出，先进技术设备的引进	团队合作	灵活工作分配，沟通（4 项）	利润分享，股权持有，个人工资/薪酬激励	—	—	就业弹性
Mendelson (2000)	60 个业务部门	销售收益率，增值收益率，销售增长	决策架构（6 项），包括授权的 3 项	知识透明度（6 项）	决策架构（6 项，包括 3 项衡量激励）	—	—	活动聚焦（6 项），（外部）信息感知（8 项），信息时代网络（6 项）

续表

作者	分析单位	因变量	授权	内部沟通	激励	员工培训	招聘与留用	其他HMRP变量
Guthrie (2001)	164家公司（制造业与私营服务业与私营服务）	员工留用率，劳动生产率	团队，员工参与方案	信息分享	技能薪酬，团队薪酬，绩效晋升，员工持股	培训工作（3种）	内部晋升	—
Capelli and Neumark (2001)	制造业与私营服务工厂（面板数据，观测值数量433/666）	劳动生产率，劳动力成本，销售额减劳动力成本	自我管理团队，全面质量管理（TQM）	定时会议，工作轮换	技能/知识工资，利润分享	—	—	电脑应用，与其他组织相比基准管理的应用
Colombo and Delmastro (2002)	438家制造工厂（面板数据）	管理层级数量的变化	团队合作，等级层的数量	工作轮换	个人薪酬激励	公司培训支出	—	战略决策者类型
Laursen and Foss (2003)	1 900家公司（制造业与私营服务业）	产品创新	责任授权，复合型工作小组，质量圈	功能整合，工作轮换，员工建议收集系统	绩效奖金	公司内部与外部培训	—	—
Hamilton et al. (2003)	1家公司的员工（面板数据）	生产率	团队 vs 非团队生产	—	团队/个人按件计酬	—	—	—
Datta et al. (2005)	132家制造业公司	劳动生产率	自我导向团队	激励参入度与员工投入而设计的方案，投诉处理系统，为管理提供信息	团队绩效挂钩报酬，技能挂钩薪酬或基于知识薪系统，正式绩效反馈	集中广泛培训	招聘前测试，内部晋升，集中广泛招聘	—
Collins and Smith (2006)	513家高科技企业	新产品收益，销售增长	—	知识交换与组合（8项）	激励政策（3项）	—	选拔政策（4项）	—

续表

作者	分析单位	因变量	授权	内部沟通	激励	员工培训	招聘与留用	其他 HMRP 变量
Colombo et al. (2007)	109 家分公司（面板数据）	利润率	分权化,工厂层级数量,TQM	正式团队实践,工作轮换	利润分享,个人激励	—	—	—
Beugelsdijk (2008)	988 家公司（制造业与私营服务）	渐进式、颠覆式创新	—	工作自主性,任务轮换	绩效挂钩工资	培训政策,内部/外部培训,员工教育程序	招聘程序	质量维护程序
Chen and Huang (2009)	146 家公司（制造业与私营服务）	管理创新（4项）,技术创新（3项）	参与(3项)	—	评估(3项),薪酬(3项)	培训(6项)	职工安置(3项)	—
Lopez-Cabrales et al. (2009)	86 家公司（制造业）	创新活跃度,利润	授权(2项)	跨职能团队,工作轮换	绩效评估(4项),薪酬(3项)	培训活动(2项)	选拔过程(6项),内部晋升	就业保障,社交计划,辅导
Zoghi et al. (2010)	3 203 家公司（面板数据）（制造业与私营服务）	产品创新	分权化	信息分享	个人激励报酬,团队激励报酬,利润分享计划	—	—	—
Foss et al. (2011)	132 家公司（制造业与私营服务）	创新绩效(2项)	责任授权(2项)	内部沟通(2项)	知识激励(2项)	—	—	—

注：由 Foss, Laursen, and Pedersen (2011) 改编与扩展。

联系Ⅰ：创新的作用

联系Ⅰ代表一个庞大的文献流派，认为创新主要以一种间接的方式发挥作用。大量的文献（Huselid, 1995；Ichniowski et al., 1997；Ichniowski and Shaw, 1999；Datta et al., 2005）认为，HRM 实践是因变量（如生产率和利润率）的解释性因素（通常是互补性的）。Huselid（1995：638）在一个代表性的观点中指出：

> 理论文献清楚地表明，企业中员工的行为对组织绩效具有重要影响，而且人力资源管理实践，可以通过影响组织结构中员工的技能和动机，影响个体员工的绩效，从而使员工更高效地完成他们的工作。

然而值得注意的是，改善可能指渐进性的工艺创新，并不包含在本书描述的创新管理的职责中。

这类文献的研究通常发表在管理学期刊上，而一些非常有影响力的研究则发表在经济学期刊上（Ichniowski et al., 1997）。正如上面提到的，这类文献主要探讨 HRM 实践对经济绩效的直接影响（互补性），以及这些变量之间的调节关系。例如被调查公司采用的制造战略的类型（Youndt et al., 1996）或其行业联盟（Datta et al., 2005）。此话题下大多数的成果采用横截面研究，并假设一系列互补性 HRM 实践与经济绩效之间存在实证联系。此流派中也有基于面板数据的研究，虽然最初的证据表明，这些组织实践（Capelli and Neumark, 2001）对生产率等经济绩效几乎没有影响，但最近的面板数据证据倾向于证实之前基于横截面研究证据的文献结果，人们发现一系列互补的 HRM 实践，通常对经济绩效（包括生产率和利润率）有积极影响（Van Reenen and Caroli, 2001；Kato and Morishima, 2002；Janod and Saint-Martin, 2004；Colombo et al., 2007）。鉴于这类文献只是间接地涉及创新管理，我们不会深入探讨（Colombo et al., 2013）。

联系Ⅱ：人力资源管理（HRM）和创新之间的直接联系

联系Ⅱ是指那些建立了 HRM 实践和创新成果（通常是以产品或工艺创新的形式）之间的直接理论与实证联系的文献，以产品或流程创新为典型形式。

直到 2000 年，创新文献并没有对 HRM 实践，及它们如何影响创新绩效给予足够的关注（Laursen and Foss, 2003），但一个明显的例外是一些学者对日本组织以及它们如何与创新相联系产生了兴趣（Aoki and Dore, 1994）。Freeman（1988：335）曾明确地指出，"在日本，工程师和工人是如何逐渐习惯于系统地思考整个生产过程，以及对产品设计和工艺设计形成一种整体化的思维方式的"，他还提到了质量管理系统、横向的信息流动，以及现代 HRM 实践的其他特征。对 20 世纪 60 年代末 SAPPHO 项目水平信息流动的研究表明，HRM 实践和创新绩效之间存在长期的关系（Rothwell et al., 1974）。

Laursen and Foss（2003）针对为什么 HRM 实践有利于创新活动，提出了大量的理论观点。许多 HRM 实践行为的一个突出特点是，他们通过将解决问题的权利委托给员工，来扩大分权化。一旦运用得当，这些权利就可以与相关知识的获取渠道共存，而这些知识本质上可能是隐性的,因此需要分权来有效利用。特别是当对这样的发现施行奖励支持时,委托行为的增加可能更好地促进局部知识在组织内的发现和利用(Hayek,1945;Jensen and Meckling,1992)。团队的更多运用是现代 HRM 实践集合的一个重要组成部分,团队的使用也意味着可以更好地利用局部知识,促进工艺的改进,或许还有细微的产品改进(Laursen and Foss,2003:248)。团队会带来额外的好处,因为它们通常由不同的人力资源投入组成。这可能意味着团队可以汇集以往单独存在的知识,一线员工的团队可能会带来工艺提升,或者特别产品开发部门的团队,这种"新组合"会带来新产品(Schumpeter,1912,1934)。通过工作轮换增加的知识扩散,以及 IT 行业发展带来的信息传播的扩散,都可能会提供对创新绩效积极的贡献。培训可能是一个导致工艺改进更易发生的因素,也可能导致产品创新。

采用这种单一的实践行为,有时可能会提高创新绩效带来的贡献。不管公司是否应用其他组织实践,对普通员工提供日益广泛的奖励让他们对工艺创新提出好的建议(例如给他们成本节约的一部分),都会促进渐进式创新行为的产生(Bohnet and Oberholzer-Gee,2001)。然而,HRM 实践应该只有在作为非单一、相辅相成的实践体系被采用时,才最有利于创新绩效。Laursen 和 Foss(2003:249)也提到了这一观点:给普通员工更多解决问题的权利带来的创新回报,可能取决于员工的培训水平。反之也很可能成立:如果给予员工广泛的解决问题的权利,特别是提供内在或外在激励时,他们可能会更加努力提升自己的技能。轮岗和与工作相关的培训,可能对创新活动产生互补性的影响,这些实践可能会补充各种基于动机的(基于个体、团队或公司业绩)薪酬方案、利润分享安排和晋升体制。实施 HRM 实践伴随着额外的努力或标准的破坏,从这个意义来说,员工通常会要求补偿。从代理理论的角度来看,除非有新的、更具激励性的薪酬方案出现,人们才会希望许多 HRM 实践在利润和创新绩效方面都完美运行。

Michie 和 Sheehan(1999)可以说发表了第一篇从实证角度建立 HRM 实践系统与创新活动之间联系的论文,应用"英国 1990 年职场劳资关系调查"(UK's 1990 workplace industrial relations survey)中 480 家英国公司的样本,作者调查了公司 HRM 实践和研发支出水平之间的关系。结果表明,作者称为"保守"的 HRM 实践——精确的工作描述、短期合同等,与研发投资、采用先进的生产设备呈负相关关系;相比之下,"激进"工作实践(现代 HRM 实践)与投资研发和现代的生产设备呈正相关关系。

Laursen 与 Foss(2003)在 HRM 文献中引入了一个创新—产出的衡量标准:产品创新的新奇程度。根据之前提出的关于互补性的理论观点,使用 1 900 个丹麦企业的调查数据,作者估计 HRM 实践会对创新绩效产生积极影响。Laursen 与 Foss 认为,两种 HRM 系统都有利于创新。首先第一种,九个 HRM 变量中的七个对创新能力可以产生几乎相同的影响,包括跨学科工作组、质量圈、收集员工建议的系统、计划工作轮换、责任授权、功能整合、绩效挂钩工资和绩效奖金。第二个系统主要是公司内部和公司外部的培训。只有两个个别实践在解释产品创新的新奇程度时非常显著,而两个系统在回归中都呈现强显著关系。作者认为这些结果证明了互补性。

Michie 与 Sheehan（2003）在之后对 240 家英国制造业公司样本的研究中，也使用了产品和工艺的创新作为因变量，他们发现广泛使用 HRM 实践的企业更可能是那些工艺和/或产品创新者。人们发现所谓的"保守"HRM 实践与工艺创新负相关，但似乎与产品创新不相关。基于 1998—2000 年大约 1 400 家瑞士公司的数据组，Arvanitis（2005）的研究提出了与 Michie 和 Sheehan 一致的结果：一个 HRM 实践的系统与公司采用工艺创新的可能性正相关，但对采用产品创新的可能性没有影响。Arvanitis 也检验了数量弹性变量（使用兼职和临时工作）和 HRM 实践之间是否存在互补性，结果发现工艺创新中临时工作和 HRM 实践之间存在互补性，而产品创新中没有发现这一结果。

Jimenez-Jimenez 与 Sanz-Valle（2008）对 173 家西班牙公司的研究表明，产品、工艺与管理创新对商业绩效有正向效应，而一组全面的 HRM 实践可以促进创新。Beugelsdijk（2008）使用的是 988 家荷兰公司的样本，他的结果表明了任务自主性、培训和绩效工资，对产生渐进式创新（企业的新产品占总销售额的百分比）的重要性。对于颠覆式创新（一个行业的新产品占总销售额的比例），调查结果凸显出任务自主性和弹性工作时间的重要性。而备用（季节性/临时/非正式/固定期限）合同的使用，会导致创新性水平下降。Beugelsdijk 还检测到各 HRM 实践之间显著的交互效应，为支持这些实践之间互补性的概念提供了进一步的证据。

Love 与 Roper（2009）使用英国和德国的制造工厂的数据，考察了当跨职能团队应用于创新过程的不同要素时，可能会出现的互补性问题。Ennen 和 Richter（2010）应用"交互方法"，证明了互补的模式是复杂的；然而它们在英国比在德国体现得更为明显。最统一的互补性是在产品设计与开发和生产工艺之间，而在创新过程中，更多的技术阶段与营销策略的发展之间，几乎没有发现协同效应的证据。研究结果揭示了雇佣跨职能团队在创新过程中更富技术性要素的使用中更具价值，但也表明了营销策略的发展仍然需要专家领域的存在。

虽然上述所有研究结果都是建立在横截面数据的基础上，其他研究已经开始考察纵向的变异。这是一项艰巨的任务，因为 HRM 实践的研究不可避免地涉及调查问卷数据，由于大量的公司通常会随着时间的推移消失，因此可能会出现样本损耗的问题。另外，使用时间维度的数据减少了横断面研究中人们担心的内生性问题。

Shipton 等（2005）基于 1993 年和 1995 年对 27 家英国制造业公司的两次调查，进行了相关研究。其中因变量度量来自于 1995 年的数据，自变量度量来自于 1993 的数据。尽管这项研究规模很小，在如此小样本中只能加入有限的控制变量，作者发现 HRM 实践，不包括货币激励的 HRM 实践，可以促进更高水平的产品创新，但不会促进更高水平的工艺创新。与评价相关的货币激励似乎对产品创新产生负面影响，但又似乎没有影响工艺创新。这些结果只有在自变量滞后时成立：当 HRM 和激励变量包含在一个瞬时模型中时不显著，表明这种负面影响并不是短期的。

Zhou 等（2011）基于 1993—2001 年荷兰的四批共计 2 044 家企业调查数据的合并数据集，进行了研究，并考虑了自变量的滞后效应，并在研究中加入两年的滞后期。Zhou 等人发现,功能的灵活性(内部劳动力流动)、培训投入和高素质员工,似乎对产品创新有正面影响(市场上新产品销售额的百分比)。Zoghi 等(2010)使用了加拿大工作和就业调查(Canadian workplace and employment survey)3 203 家公司的平衡面板数据。关于 HRM 实践的问题是在 1999 年、2001 年和 2003 年提出的。因变量是一个代表给定的公司在特定年份是否引入产品创新的虚拟变量,自变量包括分权化、信息共享和激励薪酬(以及它们之间的相互作用)。为了降低不随时间变化的企业异质性和联立性偏误等问题,作者应用了固定效应模型和包括一个因变量滞后项的模型。他们发现这些因素和产品创新之间存在一个明显的正向联系。然而结果表明,这些关系并不是因果关系(对这个问题进一步的讨论,见"更多时间序列的证据"一节),HRM 实践和创新之间的关系对信息共享成立,但对分权化决策或激励薪酬计划这种关系就弱了许多。

联系Ⅲ:人力资源管理和创新之间的中介和调节关系

联系Ⅲ包括在 HRM 实践和创新结果变量之间,建立中介或调节的理论与实证联系的一些文献。Laursen(2002)假定组织理论表明,更多的知识密集型生产活动,通常涉及更高程度的公司战略的不确定性和个别员工绩效的模糊性。因此他预计认为,HRM 实践在经济中知识密集型的行业将比在其他行业有更好的效果。基于 726 家员工数量大于 50 的丹麦公司的样本结果,也证实了他的发现,即整体应用 HRM 实践时,要比单独应用更有效地影响产品创新绩效。此外,他发现补偿性 HRM 实践的应用在"高度"和"中等"知识密集型产业的公司中更有效。

Ritter 和 Gemünden(2003)考察一个"网络能力"中介 HRM 与工艺和产品创新组合之间关系的模型。网络能力被定义为公司特有的处理、使用并利用组织间的关系的能力。他们根据 308 家德国机械和电气工程公司的样本得到的研究发现,网络能力对一个公司的产品和工艺创新的成功有很大影响。影响一个公司网络能力的组织经历,包括组织内沟通和企业文化的开放性。

Lau 等(2004)概述了在 HRM 系统和新产品和服务开发之间的联系中,组织文化所起的作用。作者提出,开发文化是 HRM 系统与创新成果之间关系的一个缺失环节,我们需要一个强调广泛培训、绩效奖励和团队发展的 HRM 系统,来建立一种有利于产品创新的"组织文化"。基于 332 家香港企业的调查实证结果,支持了组织文化作为人力资源管理系统和产品创新结果之间的中介变量这一观点。

Jensen 等(2007)对比了两种创新模式。第一种为科学、技术和创新(STI)模式,是基于显性科学和技术知识的成果和应用。第二种为实施、应用和相互作用(DUI)模式,类似于一系列的人力资源管理实践(只是激励不包含在人力资源管理实践组合中)。分析 2001 年丹麦 DISKO 对 692 家公司调查的结果,表明相比于那些只依托一种模式的公司,结合两种模式的公司更有可能在新产品或服务上进行创新。换句话说,高水平的显性科学和技术知识提高了 HRM 实践带来的回报。

Beugelsdijk 的研究(2008)也表明了 HRM 实践与公司规模之间、HRM 实践和研发强度之间具有显著的交互效用,因此 HRM 的效用是其他公司层面变量的补充。基于德国群体创新调查(German Community Innovation Survey)的数据,Rammer 等(2009)发现,研发活动是创新产出的主要驱动力(创新不同类型的数量)。然而,内部研发不足的中小企业通过应用 HRM 实践来促进创新的过程,也可以实现类似的创新成就。

Camelo-Ordaz 等(2008)考察了最高管理团队的战略眼光,以及奖励和评估团队员工的方式是否影响企业的创新绩效。这项研究的数据,采集于 97 家西班牙高科技产业公司。结果表明,创新产出需要补偿措施的存在,而它们要基于符合高层管理团队战略眼光的项目团队形成开发的理念。应用一个 188 家英国公司的样本,Oke 等(2012)发现最高管理层的创新战略执行与一系列基于创新的 HRM 实践的交互项与产品创新绩效正相关。

Lopez-Cabrales 等(2009)检测了两组现代 HRM 实践("合作的 HRM 实践"和"以知识为基础的 HRM 实践")和员工知识对创新活动的影响程度(由于它们与产品创新有关)。应用 86 家西班牙制造企业的样本,表明除非考虑员工知识因素,HRM 实践与创新并没有直接关系。具体来说,企业知识的独特性,在协作的 HRM 实践与创新活动的关系之间起中介作用。同时研究结果也发现,所谓的以知识为基础的人力资源管理实践和创新产出似乎并不相关。

Chen 和 Huang(2009)研究知识管理能力(知识获取、知识共享和知识应用),在 HRM 实践和创新绩效(包括技术和管理创新)之间的关系中所发挥的作用。基于 146 家台湾公司的样本,作者使用回归分析测试假设。实证结果表明 HRM 实践与知识管理能力正相关,而知识管理能力对创新绩效有积极影响。换句话说,知识管理能力在 HRM 实践和创新绩效之间起中介作用。

Foss 等(2011)认为,在创新环境中试图利用客户和客户知识的公司必须设计一个合适的内部组织来支持它,而这可以通过应用那些关于集中纵向和横向交流,奖励员工分享和获取知识,以及决策权高度分散化的 HRM 实践来实现。使用来自丹麦大公司样本中的 169 家公司调查的数据集,作者发现 HRM 实践大幅度加强了客户知识与创新的联系[参见 Petroni 等(2012)对由应用开放创新模型产生的研发组织和人事管理的所需变化的讨论]。

Foss 等(2011)提出的模型的一个重要特性,即所谓的"知识激励"只是(正向的)中介客户互动和创新绩效之间关系的组织变量的一部分。与此相反,Fu(2012)基于涵盖 1998—2001 年英国 384 家制造业和商业服务行业的中小企业样本,发现虽然开放性和激励与产品创新效率呈正相关,但开放性和激励之间也存在替代效应。长期激励似乎比短期激励更能提高效率,而开放性的替代效应在长期激励中更强。作为衡量长期激励的指标,Fu 使用了参与优先认股权的管理者和员工占总劳动力的比重(或者用一个虚拟变量表示有优先认股权方案的公司)。短期激励方案用表示公司是否采用绩效工资的虚拟变量来测量。然而,Foss 等(2011)利用提高员工技能和知识共享的一些激励方式,来衡量"知识激励"。对这些看似矛盾的结果的一种解释可能是:在我们谈到利用外部知识时,内部知识共享是非常重要的(C. F. Cohen and Levinthal,1990)。为此,当经理想要从外部知识中获益时,激励这种类型的行为可能是明智的。另外,评价个体创新绩效的激励方案会激发他们的创新行为,但可能会阻碍他们对外部知识的应用。

Binyamin 和 Carmeli（2010）将重点从公司层面转移到了个人层面，并建立了一个中介模型。该模型表明，HRM 流程的构建和员工创造力之间的关系，是由执行工作任务感知到的不确定性、压力、心理能力（被称为"心理有效性"）等中介变量解释的。该研究以在知识密集型的公司工作的 213 个个体的数据为基础，结果表明，HRM 流程的构建与感知到的不确定性和压力呈负相关。此外，这些认知行为会产生一种心理上的有效性，进而提高员工的创造力。可以说在所有其他条件相同的情况下，创造力的提升会在公司层面带来更多的创新。

总之，最近的一些文献证明 HRM 实践和创新成果之间（尤其有关产品创新），不仅是一种直接的关系。这种关系通常在权变因素下有条件地成立，同时也被其他与知识创造有关的因素完全或部分中介。

联系Ⅳ：人力资源管理实践的前定因素

联系Ⅳ表示在 HRM 实践以及与创新结果有关的前因关系之间建立的、理论和实证联系的文献。现有文献通常将 HRM 管理作为严格的外生变量来解释创新的结果，因此只有少数研究涉及这个问题。Jackson 等（1989）考察了符合 HRM 实践的"人事实践"采用的驱动因素，研究表明，这些实践是一个主要行业部门，追求创新作为一种竞争策略，制造技术的类型以及组织结构的函数。

在一项应用 1 884 家丹麦公司的数据检验 HRM 实践之间互补性的研究中，Laursen 和 Mahnke（2001）证实行业归属是采用 HRM 实践的一个关键决定因素。此外，他们发现创新者策略、供应商和客户联系，以及知识机构的联系是采用（互补性）HRM 实践的重要决定因素。不过 Laursen 和 Mahnke（2001）没有考虑创新的结果变量。Foss 等（2011）的文章已经揭示，开放式创新战略是采用一系列互补的 HRM 实践的重要前定因素，而且与客户交流和人力资源管理实践的结合是良好创新绩效的必要条件。根据 294 家佛兰芒公司的样本，De Winne 和 Sels（2010）表明，人力资本和一些外部专家的使用是广泛采用 HRM 实践的决定因素，而且这样一个广泛的实践也是创新产出（与管理、工艺和产品创新有关的复合项）的决定因素。

研 究 空 白

以上涉及（现代）HRM 实践和创新的研究综述显示，不仅在 HRM 和创新研究方面，战略管理和组织学习中也有相当重要的行为值得探索。然而我们发现仍然存在一些研究空白，需要进一步的研究成果揭示其影响机制。

更多时间序列的证据

如上所述，我们仍然缺少对人力资源管理实践和创新结果的时间序列证据。Zoghi 等（2010）发现，对未观察到的异质性的控制，显著削弱了它们的结果，而且滞后变量没有提供明确的证据，表明组织变革先于创新发生。虽然这些结论非常有趣并且基于的是可靠的计量经济学方法，但我们仍然需要更多纵向角度的调查研究，尤其是因为固定效应估计量和滞后因变量估计量往往产生偏保守的估计(Zoghi et al. ,2010：632-3)。

实践的集群

尽管在人力资源管理/创新领域,文献对实践集群的研究十分突出(C. F. Ennen and Richter,2010),但对哪些 HRM 实践会聚集,以及为什么这些实践要聚集的探索,仍然缺乏理论支持,而且很少有实证研究关注这个问题。这方面的实证研究之前可能有点超前于理论,一个很好的实例是 Laursen 和 Foss (2003),他们找到两个有利于创新的 HRM 实践集群,但实质上并没有理论推测它们之间存在差异的原因。实证研究倾向于将人力资源管理归并到一起形成系统影响。实证研究通常证实这样的系统效应确实存在,但很可能是一些实践比其他实践对整个实践系统更重要：换句话说,某些实践之间的互补性关系更强。阐明这个问题具有明显的实际意义,但现存的研究几乎没有讨论。

具体的实践

Laursen 和 Foss(2003)发现,尽管人力资源管理实践系统极大地影响了创新绩效,但单个实践的贡献是可以忽略不计的。例如,用一个简单代表涉及任何形式的绩效工资(尽管不是计件工资)员工份额的变量来表示报酬,以及对工作设计的测量只包含授权等,而这充其量就是一个对工作自由度不完善的量度。除非进行更详细的研究,以在更大程度上丰富人力资源管理文献,否则我们无法保证得出以下结论：人力资源管理实践系统相比于单一实践,对创新绩效有更大的影响。

我们还应该指出,基于概念依据,单一的实践可能对创新绩效的影响差异很大。我们已经提到关于什么样的激励最有可能推动创新绩效的潜在争议。除了激励的时间维度与物质激励的任务,还有一个问题涉及如何设置激励的水平。例如,群组激励是否比个人激励对创新绩效更有效。从群体有能力动员关于创造性解决问题的协同优势这个意义上来说(Paulus,2000),群组层面比个体层面的激励动机可能更有意义。

此外,动机心理学中日益突出的观点认为外在激励因素,如货币激励,可能会产生反效果。这是因为它们倾向于驱逐对成功解决问题、学习和创造力——创新绩效的重要微观层面——至关重要的自主性动机(Deci and Ryan,1985)。这一研究路线并不否认奖励的作用,但往往关注的是柔和的、控制较弱的奖励(而不是或有的业绩奖励)。在未来的研究中加入对这类奖励的讨论似乎非常有前景。

更细致和更丰富的因果故事

尽管由于关注实践之间的互补性的 HRM/创新—绩效联系极具吸引力,在 HRM/创新—绩效联系研究中有影响力的系统视角,可能存在隐藏大量联系实践和创新的细致因果结构的风险。因此,单一实践可能产生超越系统效应的影响。

例如,我们对工作设计的考虑,这是在人力资源管理文献中最常被研究的实践行为之一。工作包含许多特征,如反馈、任务组合的大小、单个任务的特点、能够从始至终进行工作的能力,以及重复性等,这些特征会激发不同的动机(Foss et al. ,2009)。比如那些包含更强员工控制、自主性和非控制的反馈的工作,可能会激发那些驱动创新和学习,最终导致创新绩效的自主动机。而基于其他现代 HRM 实践也可能会产生类似的争论。关于团队的研究已证实,团队解决问题的有效性很大程度上取决于团队成员理解任务结构的清晰程度(Kozlowski and Bell,2003;Ilgen et al.,2005)。

通过分解和考察影响这种关系的环境变量(调节变量),对深入理解 HRM 实践如何对创新绩效产生影响还有很大的研究空间。更好地了解这一领域的可能结果是一种需要对 HRM 系统更深入的认识,因为一种实践行为可能作为情境变量影响另一个实践行为的有效性。

创新的类别

最后一个问题涉及图 25.1 中的因变量,即产品或工艺创新的绩效。因此引出了一个相关的问题:是否存在天生更支持一种创新胜于其他创新的(现代)HRM 实践?例如,我们似乎很自然地认为,质量控制圈相比产品创新更有利于工艺创新。同样,我们也可以假设内部培训也更有利于工艺创新,而外部培训更有助于产品创新绩效,因为它使员工接触到拥有更多元化知识的更大社会网络。同理可以假设其他 HRM 实践也会对创新绩效产生各种不同的影响。

进一步发展研究的方法,是使基本的工艺创新和产品创新的类别异质化。因此,工艺创新的范畴不仅包括基本生产过程中的创新本身,也包括公司管理结构的创新(Birkinshaw et al.,2008),特别是 HRM 的创新。尽管管理创新可能主要是由公司的高层采用,一些人力资源管理实践,特别是薪酬体系,可能对这些创新产生积极影响。因此,由于公司的各个部门都会实施管理创新,进而影响整个公司的财务业绩,高层可能会积极运用这种将报酬与公司整体绩效联系的薪酬方式带来的创新。

反过来,产品创新可以分解为有形产品的创新和服务的创新。服务创新给 HRM 带来了与以往不同的挑战。因此,虽然对用户创新的关注越来越多,它表明了用户和消费者在创新过程中的重要性,但消费者和用户深入参与的重要性可能对服务创新更加重要,并可能因此使员工在这些创新行为中能够与消费者和用户合作。

结　　论

在过去的 15 年中,我们在这一章提到的关于 HRM 和创新之间关系的文献显著增长。这也许反映了一个事实,HRM 和创新在这一时期也在不断扩大领域;也可以说是反映了促使人力资源管理和创新研究融合的业界趋势。作为公司,要越来越多地采用开放创新模型,以及与外部知识来源结合(参见第 22 章),并且应该为创新过程带来新的员工群体。这需要专门的训练、新的绩效指标、新奖励、与员工沟通的新方式,等等。简而言之,它需要积极的人力资源管理工作。相应地,公司内部可能开放创新的过程,即更多地采纳组织成员的理念和知识(Dodgson et al.,2006)。这些举措也可能需要新的 HRM 方法。

从 Schumpeter(1942),Burns 与 Stalker(1961)开始,内部组织和创新绩效之间的关系一直是创新研究的一个热门话题。大部分的讨论已经涉及来自结构权变理论的传统结构变量。新兴 HRM 和创新研究交叉的研究流派代表了一种对创新绩效的组织前因认识的更新、更细致的方法。然而正如我们在本章所指出的，这是一种最新的尝试，仍然包含一些研究空白。

参 考 文 献

Almeida, P., and Kogut, B. (1999). 'Localization of Knowledge and the Mobility of Engineers in Regional Networks', *Management Science*, 45(7): 905–17.

Aoki, M., and Dore, R. (eds). (1994). *The Japanese Firm: The Sources of Competitive Strength*. Oxford: Oxford University Press.

Arthur, J. B. (1994). 'Effects of Human Resource Systems on Manufacturing Performance and Turnover'. *Academy of Management Journal*, 37(3): 670–87.

Arvanitis, S. (2005). 'Modes of Labor Flexibility at Firm Level: Are there any Implications for Performance and Innovation? Evidence for the Swiss Economy', *Industrial and Corporate Change*, 14(6): 993–1016.

Baird, L., and Meshoulam, I. (1988). 'Managing Two Fits of Strategic Human Resource Management', *The Academy of Management Review*, 13(1): 116–28.

Baron, J. N., and Kreps, D. M. (1999). *Strategic Human Resources: Frameworks for General Managers*. New York: John Wiley.

Baron, R. M., and Kenny, D. A. (1986). 'The Moderator-mediator Variable Distinction in Social Psychological Research: Conceptual, Strategic, and Statistical Considerations', *Journal of Personality and Social Psychology*, 51(6): 1173–82.

Beugelsdijk, S. (2008). 'Strategic Human Resource Practices and Product Innovation', *Organization Studies*, 29(6): 821–47.

Binyamin, G., and Carmeli, A. (2010). 'Does Structuring of Human Resource Management Processes Enhance Employee Creativity? The Mediating Role of Psychological Availability', *Human Resource Management*, 49(6): 999–1024.

Birkinshaw, J., Hamel, G., and Mol, M. (2008). 'Management Innovation'. *The Academy of Management Review ARCHIVE*, 33(4): 825–45.

Bohnet, I., and Oberholzer-Gee, F. (2001). '*Pay for Performance: Motivation and Selection Effects*', Cambridge, MA: Harvard Business School.

Burns, T., and Stalker, G. M. (1961). *The Management of Innovation*. London: Tavistock.

Camelo-Ordaz, C., De la Luz Fernandez-Alles, M., and Valle-Cabrera, R. (2008). 'Top Management Team's Vision and Human Resources Management Practices in Innovative Spanish Companies', *International Journal of Human Resource Management*, 19(4): 620–38.

Capelli, P., and Neumark, D. (2001). 'Do "High-performance" Work Practices Improve Establishment-level Outcomes?' *Industrial and Labor Relations Review*, 54(4): 737–75.

Chen, C., and Huang, J. (2009). 'Strategic Human Resource Practices and Innovation Performance: The Mediating Role of Knowledge Management Capacity', *Journal of Business Research*, 62(1): 104–14.

Cohen, W. M., and Levinthal, D. A. (1990). 'Absorptive Capacity: A New Perspective of Learning and Innovation', *Administrative Science Quarterly*, 35(1): 128–52.

Collins, C. J., and Smith, K. G. (2006). 'Knowledge Exchange and Combination: The Role of Human Resource Practices in the Performance of High-technology Firms', *Academy of Management Journal*, 49(3): 544–60.

Colombo, M. G., and Delmastro, M. (2002). 'The Determinants of Organizational Change and Structural Inertia: Technological and Organizational Factors', *Journal of Economics and Management Strategy*, 11(4): 595–635.

Colombo, M. G., and Delmastro, M. (2008). *The Economics of Organizational Design: Theoretical Insights and Empirical Evidence*. Basingstoke, UK: Palgrave Macmillan.

Colombo, M. G., Delmastro, M., and Rabbiosi, L. (2007). '"High Performance" Work Practices, Decentralization, and Profitability: Evidence from Panel Data', *Industrial and Corporate Change*, 16(6): 1037–67.

Colombo, M. G., Delmastro, M., and Rabbiosi, L. (2013). 'Organizational Design and Firm Performance', in R. T. Christopher, and W. F. Shughart II (eds), *Oxford Handbook of Managerial Economics*. Oxford: Oxford University Press.

Datta, D. K., Guthrie, J. P., and Wright, P. M. (2005). 'Human Resource Management and Labor Productivity: Does Industry Matter?' *Academy of Management Journal*, 48(1): 135–45.

De Winne, S., and Sels, L. (2010). 'Interrelationships between Human Capital, HRM and Innovation in Belgian Start-ups Aiming at an Innovation Strategy', *International Journal of Human Resource Management*, 21(11): 1863–83.

Deci, E. L., and Ryan, R. M. (1985). *Intrinsic Motivation and Self-determination in Human Behavior*. New York: Plenum Press.

Dodgson, M., Gann, D., and Salter, A. (2006). 'The Role of Technology in the Shift Towards Open Innovation: The Case of Procter & Gamble', *R&D Management*, 36(3): 333–46.

Ennen, E., and Richter, A. (2010). 'The Whole is More than the Sum of its Parts: Or Is It? A Review of the Empirical Literature on Complementarities in Organization', *Journal of Management*, 36(1): 207–33.

Felin, T., and Hesterly, W. (2007). 'The Knowledge-based View, Nested Heterogeneity, and New Value Creation: Philosophical Considerations on the Locus of Knowledge', *Academy of Management Review*, 32(1): 195–218.

Foss, N. J., Laursen, K., and Pedersen, T. (2011). 'Linking Customer Interaction and Innovation: The Mediating Role of New Organizational Practices', *Organization Science*, 22(4): 980–99.

Foss, N. J., Minbaeva, D., Reinholt, M., and Pedersen, T. (2009). 'Stimulating Knowledge Sharing among Employees: The Contribution of Job Design', *Human Resource Management*, 48: 871–93.

Freeman, C. (1988). 'Japan: A New National System of Innovation?' in G. Dosi, C. Freeman, R. Nelson, G. Silverberg, and L. L. G. Soete (eds), *Technical Change and Economic Theory*. London: Pinter Publishers, 330–348.

Fu, X. (2012). 'How does Openness Affect the Importance of Incentives for Innovation?' *Research Policy*, 41(3): 512–23.

Furman, J. L., Porter, M. E., and Stern, S. (2002). 'The Determinants of National Innovative Capacity', *Research Policy*, 31(6): 899–933.

Galunic, D. C., and Rjordan, S. (1998). 'Resource Re-combinations in the Firm: Knowledge Structures and the Potential for Schumpeterian Innovation', *Strategic Management Journal*, 19: 1193–1201.

Gerhart, B., and Milkovich, G. T. (1990). 'Organizational Differences in Managerial Compensation and Firm Performance', *Academy of Management Journal*, 33(4): 663–91.

Glynn, M. A. (1996). 'Innovative Genius: A Framework for Relating Individual and Organizational Intelligences to Innovation', *The Academy of Management Review*, 21(4): 1081–111.

Guthrie, J. P. (2001). 'High-involvement Work Practices, Turnover, and Productivity: Evidence from New Zealand', *Academy of Management Journal*, 44(1): 180–90.

Hamilton, B. H., Nickerson, J. A., and Owan, H. (2003). 'Team Incentives and Worker Heterogeneity: An Empirical Analysis of the Impact of Teams on Productivity and Participation', *Journal of Political Economy*, 111(3): 465–97.

Hayek, F. A. (1945). 'The Use of Knowledge in Society'. *American Economic Review*, 35 (September): 519–30.

Henderson, R., and Cockburn, I. (1994). 'Measuring Competence: Exploring Firm Effects in Pharmaceutical Research'. *Strategic Management Journal*, 15(Winter Special Issue): 63–84.

Huselid, M. A. (1995). 'The Impact of Human Resource Management Practices on Turnover, Productivity, and Corporate Financial Performance', *Academy of Management Journal*, 38(3): 635–72.

Ichniowski, C., and Shaw, K. (1999). 'The Effects of Human Resource Management Systems on Economic Performance: An International Comparison of US and Japanese Plants', *Management Science*, 45(5): 704–21.

Ichniowski, C., Shaw, K., and Prennushi, G. (1997). 'The Effects of Human Resource Management Practices on Productivity: A Study of Steel Finishing Lines', *American Economic Review*, 87(3): 291–313.

Ilgen, D. R., Hollenbeck, J. R., Johnson, M., and Jundt, D. (2005). 'Teams in Organizations: From Input-process-output Models to IMOI Models', *Annual Review of Psychology*, 56(1): 517–43.

Jackson, S. E., Schuler, R. S., and Rivero, J. C. (1989). 'Organizational Characteristics as Predictors of Personnel Practices', *Personnel Psychology*, 42: 727–86.

Janod, V., and Saint-Martin, A. (2004). 'Measuring the Impact of Work Reorganization on Firm Performance: Evidence from French Manufacturing, 1995–1999', *Labour Economics*, 11(6): 785–98.

Jensen, M., Johnson, B., Lorenz, E., and Lundvall, B. (2007). 'Forms of Knowledge and Modes of Innovation', *Research Policy*, 36(5): 680–93.

Jensen, M. C., and Meckling, W. H. (1992). 'Specific and General Knowledge and Organizational Sructure', in L. Werin, and H. Wijkander (eds), *Contract Economics*. Oxford: Blackwell, 251–74

Jimenez-Jimenez, D., and Sanz-Valle, R. (2008). 'Could HRM support Organizational Innovation?' *International Journal of Human Resource Management*, 19(7): 1208–21.

Kato, T., and Morishima, M. (2002). 'The Productivity Effects of Participatory Employment Practices: Evidence from New Japanese Panel Data', *Industrial Relations*, 41(4): 487–520.

Kogut, B. (2000). 'The Network as Knowledge: Generative Rules and the Emergence of Structure', *Strategic Management Journal*, 21(3): 405–25.

Kozlowski, S. W. J., and Bell, B. S. (2003). 'Work Groups and Teams in Organizations', in *Handbook of Psychology*. John Wiley & Sons, Inc. 333–75.

Lacetera, N., Cockburn, I. M., and Henderson, R. M. (2004). 'Do Firms Change Capabilities by Hiring New People? A Study of the Adoption of Science-based Drug Discovery', *Advances in Strategic Management*, 21: 133–59.

Lau, C., and Ngo, H. (2004). 'The HR System, Organizational Culture, and Product Innovation', *International Business Review*, 13(6): 685–703.

Laursen, K. (2002). 'The Importance of Sectoral Differences in the Application of Complementary HRM Practices for Innovation Performance', *International Journal of the Economics of Business*, 9(1): 139–56.

Laursen, K., and Foss, N. (2003). 'New Human Resource Management Practices, Complementarities and the Impact on Innovation Performance', *Cambridge Journal of Economics*, 27(2): 243–63.

Laursen, K., and Mahnke, V. (2001). 'Knowledge Strategies, Firm Types, and Complementarity in Human-resource Practices', *Journal of Management and Governance*, 5(1): 1–27.

Lepak, D. P., and Snell, S. A. (2002). 'Examining the Human Resource Architecture: The Relationships among Human Capital, Employment, and Human Resource Configurations', *Journal of Management*, 28(4): 517–43.

Lopez-Cabrales, A., Perez-Luno, A., and Valle Cabrera, R. (2009). 'Knowledge as a Mediator between HRM Practices and Innovative Activity', *Human Resource Management*, 48(4): 485–503.

Love, J., and Roper, S. (2009). 'Organizing Innovation: Complementarities between Cross-functional Teams', *Technovation*, 29(3): 192–203.

Mendelson, H. (2000). 'Organizational Architecture and Success in the Information Technology Industry', *Management Science*, 46(4): 513–29.

Mendelson, H., and Pillai, R. R. (1999). 'Information Age Organizations, Dynamics, and Performance', *Journal of Economic Behavior and Organization*, 38(3): 253–81.

Michie, J., and Sheehan, M. (1999). 'HRM Practices, R&D Expenditure and Innovative Investment: Evidence from the UK's 1990 Workplace Industrial Relations Survey', *Industrial and Corporate Change*, 8(2): 211–34.

Michie, J., and Sheehan, M. (2003). 'Labour Market Deregulation, "Flexibility" and Innovation', *Cambridge Journal of Economics*, 27(1): 123–43.

Milgrom, P., and Roberts, J. (1995). 'Complementarities and Fit: Strategy, Structure, and Organizational Change in Manufacturing', *Journal of Accounting and Economics*, 19(2/3): 179–208.

Oke, A., Walumbwa, F. O., and Myers, A. (2012). 'Innovation Strategy, Human Resource Policy, and Firms' Revenue Growth: The Roles of Environmental Uncertainty and Innovation Performance', *Decision Sciences*, 43(2): 273–302.

Paulus, P. (2000). 'Groups, Teams, and Creativity: The Creative Potential of Idea-generating Groups', *Applied Psychology*, 49(2): 237–62.

Petroni, G., Venturini, K., and Verbano, C. (2012). 'Open Innovation and New Issues in R&D Organization and Personnel Management', *The International Journal of Human Resource Management*, 23(1): 147–73.

Rammer, C., Czarnitzki, D., and Spielkamp, A. (2009). 'Innovation Success of Non-R&D-performers: Substituting Technology by Management in SMEs', *Small Business Economics*, 33(1): 35–58.

Ritter, T., and Gemünden, H. (2003). 'Network Competence: Its Impact on Innovation Success and its Antecedents', *Journal of Business Research*, 56(9): 745–55.

Rothwell, R., Freeman, C., Jervis, P., Robertson, A., and Townsend, J. (1974). 'SAPPHO Updated: Project SAPPHO Phase 2', *Research Policy*, 3(3): 258–91.

Ryan, R. M., and Deci, E. L. (2000). 'Intrinsic and Extrinsic Motivations: Classic Definitions and New Directions', *Contemporary Educational Psychology*, 25(1): 54–67.

Schumpeter, J. A. (1912/1934). *The Theory of Economic Development: An Inquiry into Profits, Capital, Credit, Interest and the Business Cycle* (R. Opie, Trans.). London: Oxford University Press.

Schumpeter, J. A. (1942). *Capitalism, Socialism and Democracy* (paperback edition). London: Routledge.

Shipton, H., Fay, D., West, M., Patterson, M., and Birdi, K. (2005). 'Managing People to Promote Innovation', *Creativity and Innovation Management*, 14(2): 118–28.

Subramony, M. (2009). 'A Meta-analytic Investigation of the Relationship between HRM Bundles and Firm Performance', *Human Resource Management*, 48(5): 745–68.

Teece, D. J. (2007). 'Explicating Dynamic Capabilities: The Nature and Microfoundations of (Sustainable) Enterprise Performance', *Strategic Management Journal*, 28(13): 1319–50.

Terpstra, D. E., and Rozell, E. J. (1993). 'The Relationship of Staffing Practices to Organizational level Measures of Performance', *Personnel Psychology*, 46(1): 27–48.

Tsai, W. P. (2001). 'Knowledge Transfer in Intra-organizational Networks: Effects of Network Position and Absorptive Capacity on Business Unit Innovation and Performance', *Academy of Management Journal*, 44(5): 996–1004.

Van Reenen, J., and Caroli, E. (2001). 'Skill-biased Organizational Change? Evidence from a Panel of British and French Establishments', *Quarterly Journal of Economics*, 116(4): 1449–92.

Youndt, M. A., Snell, S. A., Dean, J. W., Jr., and Lepak, D. P. (1996). 'Human Resource Management, Manufacturing Strategy, and Firm Performance', *The Academy of Management Journal*, 39(4): 836–66.

Zenger, T., and Hesterly, W. S. (1997). 'The Disaggregation of Corporations: Selective Intervention, High-powered Incentives and Molecular Units', *Organization Science*, 8(3): 209–22.

Zhou, H., Dekker, R., and Kleinknecht, A. (2011). 'Flexible Labor and Innovation Performance: Evidence from Longitudinal Firm-level Data', *Industrial and Corporate Change*, 20(3): 941–68.

Zoghi, C., Mohr, R., and Meyer, P. (2010). 'Workplace Organization and Innovation', *Canadian Journal of Economics-Revue Canadienne De Economique*, 43(2): 622–39.

第26章

管理研发和新产品开发

马克西米兰·冯·泽特维兹（Maximilian von Zedtwitz）
萨沙·弗里塞克（Sascha Friesike）
奥利弗·加斯曼（Oliver Gassmann）

引　言

新产品、过程和服务的发展，是公司对环境和市场变化的反馈（Leonard，1992），公司参与研究和开发，是为了给新产品的开发提供新的视野、技术、流程和平台。新产品开发包括了构思、生产、分析、发展、原型设计以及检测等。因此，研发和新产品开发是所有创新型企业的发动机。研发和新产品开发是一个跨越市场、战略、商业发展、财务、人力资源、销售、法律和IT等部门的活动，囊括了从投入到产出等所有活动。考虑到技术在当代竞争中的重要性，即使是在一些所谓的低技术行业，如旅游和服务行业，研发和新产品开发也是绝大多数公司的主要活动。

研发最基本的目的是开发产品，以获得比竞争对手更多的销售，或获取目前尚未发现的市场机会。即便研发这一问题已经被以往文献讨论了数十年，但是仍然没有一个简单的答案能够回答如何成功地管理研发（Nobelius，2004）。然而，许多企业已经成功地通过管理研发控制了溢价利润、明确了主导设计，并获得了较大的市场份额。本章我们将从以下三个方面来管理研发和新产品开发。

（1）产品开发漏斗。产品开发漏斗即公司如何将一个想法或概念发展成为最终的产品上市。

（2）研发组合管理。研发组合管理即公司如何有策略地识别创新机会和选择有潜质的研发项目。

（3）研发组织。研发组织即公司如何组织研发团队和研发部门与基本的技术需求和商业驱动联系起来。

产品开发漏斗

产品开发漏斗这一概念，是基于大部分产品根据一系列活动的标准来实现的，包括在不同开发项目的标准下采用任务和惯例。

之所以被称为产品开发漏斗,是因为在某些定义的时间间隔和阶段,表现不佳的新产品开发项目会被取消,项目的数量会随着时间的推移进行筛选。换句话说,很多的可能性方案通过筛选机制后,仅剩下一部分方案能够实现(Cooper & Edgett,2009)。这个漏斗代表着一个典型的新产品开发项目,从最初想法到产品发布的全部过程(Dunphy,Herbig and Howes,1996;O'Sullivan,2002)。漏斗的发展,来源于早期阶段性的新产品开发模型,就像20世纪60年代美国宇航局的阶段性项目计划一样,很快就确定了项目评审通过的机制(Baker and Sweeney,1978)。在经过预期审查以后,为了提前进入下一发展阶段,通常需要更多的资源分配,同时会终止当前已经基本完成的研发活动。

库伯(Cooper)提出了阶段门过程的机制,他的继承者用最具代表性的产品开发漏斗作为解释。如图26.1所示,开发漏斗由四个不同的阶段完成。

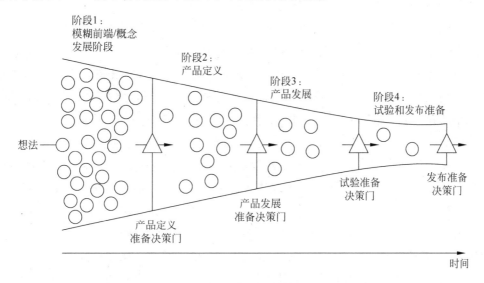

图26.1 产品开发漏斗

(1)模糊的前端/概念发展阶段,这一阶段主要是客观地识别想法,并将想法朝着概念方向发展。

(2)产品定义阶段,在这一阶段,产品概念趋于更加成熟,同时结合市场的需求。

(3)产品发展阶段,在前一阶段的基础上,产品依据特定的要求被设计出来。

(4)试验和发布准备阶段,此时产品已经经过试验成型,准备进行生产。

在每个阶段的末尾,直到进入下一阶段之前,都需要进行评审,只有通过了制定的标准,才能进入下一阶段。这个评审机制叫作阶段门评审,评审会议在项目领导者、产品利益相关者和商业决策人之间举行。典型的评审标准包括了战略契合、市场和消费者投入以及技术可行性等。一个项目可以被批准进入下一阶段,也可以被否决,还可以为了与其他活动和事件同步而被搁置或被终止。尽管各公司在评审会议的做法上各有不同,但评审会议不应该成为问题讨论会。项目团队很常见的做法是拿着实物模型去参加阶段门评审会议,甚至为实物模型准备预演,通过重新定义规格以达到阶段门评审的标准,进而通过评审。

阶段门评审对于年轻的团队来说是很好的锻炼机会，他们可以学习成熟的管理思想，当然这可能有点违背阶段门评审会议的初衷。在某些行业中，公司需要严格按照时间规划行动，比如能够在一些展销会上发布新产品，如果技术可行性很难去实现，那么通常会通过下调目标标准来达到。

像敏捷软件开发和快速成型这样的新方法和技术，能够加速迭代周期和创新过程。作为敏捷开发方法的例子，敏捷开发是速度迭代和增量产品开发的方法，具有更高的灵活性和速度，可以部分代替严谨的评审门。调查—学习方法和不那么严谨的检查，主要用于小型项目或在创新项目的初级阶段。评审要求会在所谓的冲刺阶段冻结，但会根据在开发阶段新顾客的要求和研发工作中的技术启示重新开启，并做相应的修改。

阶段1：模糊前端——形成一个概念

产品概念会在阶段1中形成。在衍生产品情形下，渐进式创新中通常很明确地知道什么样的投入可以促成新产品概念的产生，以及它是如何组合起来的。衍生产品的概念可能来源于顾客的反馈、内部产品评审、技术更新和时尚趋势等。但如果新产品的概念不是来源于现有的知识、技术或公司的经验，或者这个概念是一个新创的东西，那么其生成逻辑就不是很清楚，同时也不容易被复制。这种情况，就是我们讲的创新模糊前端。

模糊前端的研究已经引起了广泛的关注，新产品开发过程乃至产品本身的最终成败，都可以在概念和研发、新产品开发的最初设计阶段中找到产品核心功能被精心雕琢的痕迹。然而，关于模糊前端应该怎样被管理的问题还没有被解释清楚。学者和实践管理者在哪些做法和工具应当被用于管理模糊前端的问题上，并未达成一致（Khurana and Rosenthal, 1997），或许原本就没有适用于模糊前端的最优做法。在不同情境下的模糊前端有着很大的差别，尤其是在结合隐性知识、组织压力、意外发现和见解后，往往伴随着复杂的信息和巨大的不确定性（Reinertsen, 1999）。研究还表明，模糊前端的管理方式会给项目团队的愿景带来严重后果（Zhang and Doll, 2001）。

科恩（Koen）概述了四种任务，这些任务通常被认为是模糊前端的一部分。

机会识别，产品概念应运而生的一步。

机会分析，把产品概念运用到公司特定的情境中。这一步中包括了对产品概念战略契合、潜在顾客以及技术细节的首次评估。

当概念产生后，公司应将这一概念进一步深化。这一步包括了利用局外人的专长（如领先用户）或者是它能够被内部化操作。

任何时候无论是模糊前端的创新还是渐进性的项目想法，这个概念阶段都会随着想法选择的结束而结束。这种情形下最有前途的想法，就是那些与公司的商业和技术目标保持一致，一旦想法被选定，通常也就界定了新产品开发项目的正式开端。

阶段2：产品定义——建构产品

产品定义阶段的主要目标是，发展一个产品框架的基本方面，并对其关键功能、技术特征以及整合市场特性方面进行定义。因此，这个阶段对于公司加深对产品机会的理解，以及降低整体不确定性来说是十分重要的。研究结果表明,早期减少市场和技术的不确定性,以及在第三阶段之前的初步规划,能够对新产品开发项目的整体成功产生积极影响(Verworn et al.,2008)。

产品定义阶段可将概念目标转化为清晰的可操作任务(Bacon,Beckman,Mowery and Wilson,1994)。产品定义的形式是多种多样的,然而大多数的定义都在回答相似的问题。在这当中,产品定义解释了产品发展的好处,这种解释既可以是清晰的又可以是基于事实的(如电池寿命增加了30%),并经常被用于作为渐进式创新的例子,或者这种解释可以是抽象的甚至是趣闻(如新的阅读报纸的电子设备),这种对于模糊目标的根本性创新更为普遍(Seidel,2007)。

产品定义阶段也需要处理技术障碍问题。此时项目团队需要参加一些产品发展过程中必要的步骤,承担可能的风险。如果技术可行性上的问题不能被解决,那么项目就会被终止。除了技术分析,产品定义阶段还包括对产品发展竞争格局评估中的市场分析。当新产品开发处理的是已发布的且获得了渐进式更新的产品时,这个过程往往比重新定义产品更加容易。此时的市场评估主要聚焦在定量数据上,即比较同行的技术规格、进行消费者调查、销售数据分析和市场占有份额的分析。在更激进的新产品开发项目中,市场分析也可能集中在可能的替代品和周边市场方面。最初的知识产权调查和专利数据库的检查,也是产品定义阶段的一部分,这主要出现在制药和汽车等高技术行业。根据他们的调查结果,项目团队将权衡许可协议。

总的来说,新产品开发项目在高度动态的市场中,需要更加灵活的产品定义以满足随着公司环境变化而改变的需求。

阶段3:产品开发——新产品开发的核心

新产品开发的核心是实体创造和产品的安装启用。在这一阶段,产品开发团队需要将基于组件、部分原型、图纸和实物模型等所有的设计需求集合在一起,形成一个整合的模型。尤其是在很多的根本性创新的项目中,产品概念在开发阶段同样会改变(Seidel,2007),以作为对产品系统架构新发展的回应。好的新产品开发团队知道如何去解决类似的分歧,甚至能够将这些分歧转化为整体创新的优势。赛德尔(Seidel)的研究表明,差不多有一半的创新项目在完成正式的定义后仍然会对产品定义做出改变。

由于开发阶段在整个新产品开发过程中处于重要位置,许多学者就这个问题做了广泛的研究,同时创新管理中也有大量的文献是关于该问题的。接下来,我们将对这一阶段的主要方面进行简单概述。

第一,能够获得所需的必要资源是这一阶段成功进行的重要条件。当然,资源获取能力和需求同样由之前的阶段门评审决定,但是优先顺序可以在开发阶段修改。包括新产品开发项目中所需要的解决关键问题的人员获取问题,财政资源,基础设施,以及实验对象等都需要纳入考虑。公司内部产品或项目推动者才能够获得以上这些资源(E. G. Roberts,1968;Witte,1973;Chakrabarti,1974),而这些推动者的想法影响程度是由他们的等级地位、知识或者沟通能力所决定的。在很多成熟的阶段门的实施过程中,项目监督委员会(project supervisory committees)、产品决策小组(product decision teams)或者产品审批委员会(product approval committees),都能够决定这些产品或项目推动者所扮演的角色。

第二,与外部伙伴的合作,能够帮助企业以更快速度和更高质量完成这一阶段,因此合作对于创新型企业来说十分重要。一些新产品都是几个公司共同出资开发完成的,用户也可以加入新产品开发的过程中(并不仅仅是在开发阶段),从而产生新的想法,同时创造出更加符合顾客需要的产品。开放式创新,是一种企业和外部进行知识交换以提升内部创新的途径,已经成为现代新产品开发的坚实基础。

阶段4:试验和发布准备——最后的接触

产品开发漏斗的第四个阶段,也是最后一个阶段,由试验和做好产品投放市场的准备所构成。由于产品最终会被移交给负责生产制造、市场和销售的团队,因此需要一个具有良好协调能力和跨职能整合的企业组织(Annacchino, 2007)。在整个新产品开发的过程中,需要开发团队、采购和营销部门之间的密切配合(Gupta, Raj and Wilemon, 1986)。事实上,想要不同部门和团队之间密切配合是十分困难的,文化本身会给市场部门和研发团队之间的有效合作设置障碍。个人的专业背景也可能会带来规则的分裂进而导致各自为战,造成项目移交的失败。例如,像市场营销和工程等特定功能的识别,同样会阻碍部门间的高效合作。研究表明,朝着共同目标奋斗的强大动力,能够帮助克服这些困难(Mohr, Sengupta and Slater, 2009)。更多的关于新产品和市场之间关系的内容请参见本书第3章。

在产品开发漏斗的最后一个阶段,最终产品的定价、分销渠道、上市时间、市场战略和最初发行量等相关问题都将被确定。如果公司是自己制造产品,还需要考虑制造的问题;如果不是自己制造,只需要考虑供应商、产品增加和出厂物流等(Annacchino, 2007)。

研发组合管理

项目组合管理能够帮助公司在同时进行多个项目中受到资源和时间限制时,做出重要的决策。利用研发组合管理,研发总监需要决定对哪些研发项目进行投资,哪些项目需要更多的资源,而哪些项目应该被放弃。好的研发组合管理是为了获得高风险/高收益项目与渐进性创新项目之间的平衡,更多地关注瓶颈效应(有限的资源限制了整个产品发展的过程),确保所有项目都能获得所需的研发资源,力图将新产品能够预见的来源都交给公司。

研发组合管理中的关键挑战

所有研发组合管理的根本目的都是一致的,即帮助决策者提供及时准确的信息,以及帮助他们判断哪些项目应该实施(Cooper, 1988)。所有研发项目的固有特征,都是技术可行性、市场接受度、最终设计甚至可能是潜在科学的不确定性。因此组合管理决定是在不确定性的情形下做出的,这需要花费更多的努力去减少不确定性以增加项目成功的概率,同时控制成本并减少浪费(Cooper, Edgett and Kleinschmidt, 2004)。

研发项目除了遭遇到技术方面的挑战以外,组合管理策略采用不当也会给研发项目带来挑战和短板,而这将进一步地阻碍公司进行创新(Cooper,1988)。一个典型的情况就是公司同时处理很多研发项目时,每个项目所分配到的资源十分有限,很难保证项目在此种情况下成功完成。有些研发项目不得不面临着实施一半后被终止,然后将有限的资源分配给其他项目的窘境。另外一个问题是项目资源的浪费无法给公司盈利,这通常发生于项目与公司目标市场竞争力被高估的情形下。与此相关的是缺乏战略重点,这会导致项目较高的失败率,或是无关紧要的项目成功。造成以上问题的关键在于选择标准和决策标准,这会增加平衡风险和项目组合收益的困难,也很难消除政治上的、不合理的裙带关系和其他对冷静决策的不利影响。

研发组合技巧

研发组合是在开发新产品时能够进行风险共担的方法。同时开发几种新产品的公司,应掌握一定的研发组合技巧。从成功发布一个产品中获得的收益,可以用来补贴那些不成功的产品。从管理学角度来看,任何新产品项目都是独特的、不可预知结果的。新产品开发项目通常认为具有高度新颖性、复杂性和动态性的特征。新颖性是指任何创新对于公司的发展来说都是新的;复杂性是对技术过程中的花费和努力的理解十分复杂,这包括了整合系统、人员、合作者,同时还有整体理解开发产品本身;动态性反映了创新公司对于未来市场需求和未来技术进步的理解并不明确,这需要随时间改变。所有的这些因素引起的评估显示了新产品开发本质上是一个高风险的项目,管理风险的能力是成功研发管理的重要组成部分(Kwak and LaPlace, 2005;Mu, Peng and MacLachlan, 2009)。

在过去的数十年中,学者和实践者已经开发了一系列的组合管理方法。组合管理方法的范围涵盖了从简单的判断或决策树,到需要考虑众多因素的复杂定量工具。关于研发组合策略的使用,需要根据具体案例来分析,为了强调不同的方面,决策者通常会整合不同的组合策略。现代可视化工具使其能够及时更新组合策略表现,看到一个项目的变化如何影响整个公司的研发。研究表明,选择个人最有潜力的项目并不一定是最佳的策略选择,因此有必要在不同的组合策略中进行明智的选择,根据技术标准谨慎地选择项目,以实现整体经营目标。

二维矩阵是一个更为简单的研发组合的表示方式,两个维度是主要关注的项目点,并且经常以其他方式表示第三个集成维度,例如每个项目的总分配资源。图26.2描绘了风险和收益组合图,其中每个圆直径的大小代表着每个项目的成本。

其他维度经常用来强调如市场吸引力、期望的市场增长率、市场敏感度、技术状态(新技术还是已有技术)、项目复杂度和项目成本等方面。下面是一些常用的研发组合矩阵列表。

- 市场优先 VS. 技术优先。每个优先维度决定了子矩阵的吸引力和公司实力的比较(就是通常所说的麦肯锡矩阵)。
- 相对技术地位 VS. 技术重要性。技术地位通常由研发内部的参数所决定,而技术重

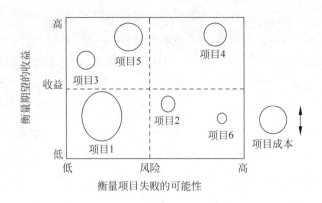

图 26.2　研发组合气泡图

要性一般是依据市场标准计算得出,这就是布兹(Booz)、艾伦(Allen)和汉密尔顿(Hamilton)所倡导的赌注汲取现金(bet-draw-cash-in-fold)组合。

- 潜在的市场区分 VS. 市场接受度。由于项目会经历技术生命周期的不同阶段,对项目可能性进行追踪是很有必要的。
- 技术地位 VS. 市场/竞争地位。对公司在目标市场部署技术能力的分析决定了技术地位(就是通常所说的 ADL 矩阵)。
- 期望价值 VS. 成功概率。期望价值通常考虑财务状况,而成功概率需要考虑技术和商业成功的联合概率。
- 市场熟悉度 VS. 研发对商业的影响。一个较为常用的做法是同时对企业研发项目组合的研发岗位和市场的风险进行考虑。
- 技术新颖性 VS. 市场新颖性。需要对公司在技术和市场中设定的竞争地位进行评估。
- 技术竞争地位 VS. 产业成熟度。与早期描述的技术不同,它将研发项目映射到一个生命周期,尽管这次是一个工业周期。
- 产品变革 VS. 过程变革。这会带来突破,平台和衍生/增强研发项目组合。

一些组合方法可以按顺序使用,如果假定数据输入有效性能够保持较高的准确性和相关性,那么组合管理在变得更加复杂的同时也能更加强大。对采取研发组合的产品审批委员会,通常由业务部门的高级管理人员和研发部门的核心成员组成。根据公司规模和研发的重要程度,研发组合还可以跟公司层面的新产品组合、产品地图和长期技术地图等结合起来。在大型的技术密集型企业,这项工作通常由研发规划办公室来完成。鲁塞尔(Roussel)指出,在过去的 20 年里研发组合管理的重要性日趋凸显。

研 发 组 织

企业通常会建立一个专门的研发组织将研发活动制度化,以获得以下能力。

- 培养和发展研发过程和产品知识。
- 制定专门的技术职业发展规划,提供个人发展机会。

- 将必要的研发基础设施和其他资本投资最优化。
- 保持质量和控制公司竞争优势的核心。

研发组织在内部的结构如何,通过什么与公司内部其他部门连接,这些在不同的企业、不同的科学/技术和市场标准下有不同的表现,此外还取决于公司战略、企业文化、企业组织和研发管理高层。

投入驱动和产出驱动的研发组织

投入驱动和产出驱动是研发组织进行创新的两种基本类型。
- 投入驱动型创新研发是依据学科特征或活动组织起来的。
- 产出驱动型创新研发是依据产品线或项目组织起来的。

组织研发没有一种最简单的方式。包括公司内外部的科学和技术因素、商业需求、公司基本框架和文化以及其他的一些因素,经常颠覆最优效率之间的考量。弗洛伊德(Floyd)提供了一个关于不同形式研发组织的概述和审查权衡。

创新投入

在专业化和科学、技术协同基础上进行竞争的企业,会经常对自己研发投入的来源进行管理,也就是对科学学科或技术领域进行管理。科学家、工程师、设计师和开发者会组成一个小组并发挥各自专长,这种形式通常出现在大学或研究机构里,而这里也是这种形式的发源地。例如一个公司的研发组织,可能有化学部门、生物部门、微生物部门、药学部门和医学部门等。

按学科进行组织研发,在速度和客户导向方面均具有专业化和技术优势,这种方式最适合运用于创新就是单一领域研发的结果。其他的优点包括能够提高具有相同技术能力同事之间的交流和互动,容易引进新的科学家和职业发展的工作人员,以及将新知识引入科学特色中。这种类型的组织太过严谨,缺乏灵活性,由于它是聚焦于科学学科而不是创新产生的,因此常常会缺乏按时完成任务的紧迫性,并且很难考虑顾客需求。涉及不同学科的创新项目,需要花费很大的努力将跨部门整合在一起,尤其是当关注焦点从科学转向产品的时候(Floyd, 1997)。

按照活动类型组织研发是研发协调投入的另一种类型。与按学科组织研发不同,按活动类型组织研发主要关注于任务、活动和研发工作的运作程序。最基本的研发过程可以看作一个模板,如基础研究、应用科学、发展、设计、工程、原型设计、测试和创新市场等。以制药企业为例,它可能有研究发现、临床前研究、临床制药研发和临床开发等多种研发方式。按活动类型组织研发的组织,有着大多数以学科为基础的组织优势,同时它向项目"下游"暗示的线性创新路径的灌输,具有更大的意义。跨部门的协作和跨职能创新仍然很难,科学上的精确及质量,能够在速度和顾客参与度中胜出。

创新产出

以产出为主的研发,通常是以产品线或项目为基础组织起来的。产品线研发反映了一个公司的部门结构,它强调以顾客为导向和研发新颖性的加速。这是一个典型的多部门的组织结构,它活跃在各个企业或不同产品线单一业务公司。这种组织形式对新产品有着很强的目标导向,员工将根据产品线或业务部门的需求被组织起来,旨在满足顾客的需求。它与其他业务活动联系紧密,有着更大的管理和组织灵活性,并持续关注时间和创新成本。由于产品线是单独进行管理,对于单一产品的管理不善将更容易被发现。然而,不论是在管理还是在实际的研发规则中,产品线研发组织对于资源的重复更加可靠。对于资源灵活度较差的特殊产品线来说,可能很难将它们转移到别的研发部门,也很难转移到根本性创新程度较低,以及研发人员自治权很低的地方。基于产品的研发人员对于他们自己开发的产品十分精通,但产品一旦卖出去后,就很难将这些人再组织到新的研发部门中去了。

研发还可以通过项目被组织起来,尽管很少有公司用这种方式来作为他们研发组织的独有形式,项目研发却是最普遍的基础研究组织。研发人员并不是根据永久不变的标准,组织成一个稳定的形式,而是根据单个项目的持续时间或同时担任多个项目专家的形式进行分配的。在不同项目之间,如果时间允许的情况下,研发人员会不断提升他们的能力或者是追求创新的想法。这种组织形式试图去克服由于产品线所带来的部门分隔情形,尤其是在考虑到增加资源的灵活性(Argyres and Silverman, 2004;Jain and Triandis, 1997)。

矩阵组织

在研究组织的投入和产出之间会有一些权衡,以下几个因素影响着一个决策朝着什么样的结构进行演化。

如果技术学科改变的速度大于项目完成的速度,则应该选择输入为导向、技术为基础的组织。

技术的成熟性和新颖性程度越高,就有获取知识的更多需求,这种情形更偏向于选择以学科为基础的组织结构。

如果规模经济发挥着重要作用,例如,当设备已经集约使用并且能够降低单位成本时,此时选择以学科为基础的组织结构。

如果公司是高度多样化的,或者某些产品中的技术存在着较强的相互依存关系,此时更倾向于选择以产出为导向的组织结构。

矩阵组织将研究组织的投入和产出导向融合起来,试图利用这两类组织类型的优点,规避它们的缺点(Le Masson, Weil and Hatchuel, 2010)。在矩阵组织中,所有的研究单元(员工、任务等)都与投入和产出组织密切联系,如图26.3所示。

每一个研发人员都需要向主管业务部门或产品线的直线经理进行汇报,同时还需要对负责技术领域或研发活动的研究总监负责。专家可以同时进行多个研发项目,并保持嵌入在原来的技术学科,继续利用专业化的优势。业务部门可以组织新产品开发项目,利用最好的资源,在负责整个创新过程的同时以顾客导向、速度和跨职能整合为驱动。矩阵组织对研发经理和产品经理的职能进行了清晰的划分:研发经理需要注重专业标准、能力发展和研发人员的职业发展;而产品经理需要对项目工作的进程负责,需要并实现整体创新的目标,同时对顾客期望做出反馈(Galbraith, 2008)。

对于矩阵组织来说,最大的挑战在于对研发资源协调的困难、缺乏清晰而明确的责任

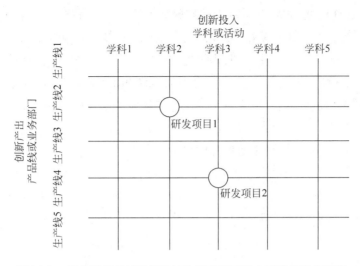

图 26.3　每个研发项目的矩阵结构都囊括了投入要素和产出要素

分割以及共同目标的缺失。产品经理和项目经理不可避免地会发生冲突,但在某些组织中,如果拥有开放的文化和明确的目标,这种冲突就是可以释放出创造性的张力。通常只有成熟的研发机构拥有足够的规模和经验去平衡研发人员,保障矩阵型组织的正常运行。新成立的研发组织,通常关注于产品而忽略掉科学的专业化。小型的研发机构没有办法满足规模经济所需要的同一组织内每个领域存在着两个专家。在那些期待强有力个人领导的国家文化里,研发人员可能会因听谁的命令而出现内部矛盾(通常是基层负责人胜出)。然而,尽管矩阵型组织有它的缺点和管理的复杂性,但无论是弱矩阵形式还是强矩阵形式,它都是大多数成熟的、多任务和多技术的组织目标。

研究项目组织

研究项目团队结构

创新活动越来越多地由项目团队实施,从个人兼职工作到特大型项目,涉及数千名工程师、科学家、供应链专家、软件开发者、设计师、营销人员和顾问等人员的参与(Cooper et al., 2004)。克拉克(Clark)和惠尔赖特(Wheelwright)提出了四种类型的研发团队结构,在这里我们将进行简要的介绍。

职能组织,如分析化学、生物制药、软件开发和工业设计等,是以投入为主导,实现主要功能为目标进行组织的,它们需要对职能团队的经理负责。这种组织类型的优势与投入型组织类似,即最优化职能资源分配、任务的专业知识、深度控制、职能责任和清晰的职业路径。职能组织的缺点在于缓慢和官僚化,容易引起内部政治和权力斗争,不清楚自己直接职能范围以外的技能和需求,并且不擅长跨职能的创新。职能组织没有自己的经营成果,这些都属于它们的上级研发组织。

拥有轻量级项目经理的项目团队,采用产出导向的第一个好处是,可以挖掘专门知识,能够与跨职能部门进行更好的协调,并进行沟通和改进。这些团队和他们的项目经理没有权利去管理整个产品线,当时间和资源发生冲突时,他们的项目会被放在次要的位置。因此他们通常会抱怨自己总是从以学科为基础的研发工作中分心。这种组织类型通常适用于不是那么重要的新产品开发项目，以及需要大量科学和技术专家的项目。

重量级项目团队取代了职能管理，将优先权放在了项目上而不是产品线。尽管产品线仍然存在，但他们的团队成员是为项目经理提供承诺和责任，基本不对产品线负责。由于他们关注重点在单个项目，这种形式对于员工和整体研发工作的分裂来说都很难。但有的时候这唯一明智的团队会形成大规模资源密集型的创新项目。由于内部项目管理很强，跨职能的协调就会变得很容易，顾客的参与度也会更高。

在自主型项目团队中，研发人员从产品线组织中抽离出来，将设置一个专门的项目组织置于重量级项目经理的管理下。这个团队拥有研发工作的经营成果，它的主要目标是及时传递顾客需求。该项目的工期是独立的，很难将团队成员整合到最初的研究组织中。这种类型的研究项目成本很高，需要时间和质量作为必要的保障。

全球新产品团队

正如哈肯逊在第 27 章中讨论的那样，研发正日益变得全球化。目前的研发主要是对全球客户的需求做出反应，将自身产品本土化，随后将生产放到成本低的国家，参与制造的工艺研发过程，或将业务部门中的新角色遍布全球。这种研发的分散对于沟通和信息传输产生了巨大的影响，是良好研发工作取得成功的关键因素之一，也对其调节支持促进者有着很大的影响，例如，团队信任、对顾客含蓄期望的理解、最小研发团队规模、组织距离和指挥系统等。但不同的国家文化、语言背景，以及不同的信息结构与思维框架，再加上无法面对面地对问题进行分类，这些问题可能会对高效的运营研发产生不利。

其结果是，克拉克和惠尔赖特提出的组织分类方法，只适用于地理上分散的研发组织。加斯曼（Gassmann）和泽威（von Zedtwitz）对跨国界的新产品项目组织进行了定义：

（1）去中心化组织，其中的团队协调和执行往往是不同步的，研发工作横跨了不同的地方，领导的作用十分微弱或有时没有正式的授权。

（2）系统整合，研发协调员负责项目和不同研发贡献者及网点的技术接口，但仍然没有管理个人研发团队的项目权力。

（3）核心团队，通常由高级管理人员授权，并根据任务的紧迫性和是否与业务直接相关执行任务。

（4）中心化团队，分散的研发资源被集中在可能的范围内，通常时间作为极端成本和创新都是非常关键的，只有不动或不灵活的研发资源才是日常国际管理的业务基础。

研发项目分散方式被开发的程度取决于下面四个参数。

（1）创新的类型，从根本性创新到渐进性创新。

（2）项目系统性的和自主性间的特性。

（3）项目里主导的知识模式是隐性的还是显性的。

（4）整合资源的可能性，包括资源的可得性、重叠、加强互补或互斥。

新产品开发项目的中心化对于越来越多的根本性创新来说是有必要的，系统项目工程中隐性知识和冗余资源是存在的。新产品开发项目的去中心化对于渐进性创新来说，也是可行的，自主性项目工程中存在着显性知识和互补性资产。

信息和沟通技术的进步削弱了研发分配的弱点，与此同时允许研发扩散到新地点的位置更接近顾客和独特的创新资源。

结　　论

对研发和新产品开发的管理是创新管理中的重要问题。研发和新产品开发能够为公司在市场上带来商业利润，但它仍然是管理的难题。本章中，我们主要从产品开发漏斗、研发组合管理和研发组织三个维度，讨论了研发和新产品开发的管理。虽然创新经理和企业战略家们已经使用了一段时间，但这些仍然是该领域最重要的工具。研发和新产品开发未来的研究方向主要在以下几个方面。

（1）更加强调社会责任。目前研发和新产品开发主要关注于制造方面，劳动条件和物质的使用对于顾客来说是重要的。产品如何生产，以及使用何种材料所带来的社会和环境后果与管理密切相关。但目前关于这方面的研究还十分有限，因此有必要深入研究新产品开发和企业社会责任之间的关系。

（2）研发组织柔性化。越来越多的研发工程师分属于不同的虚拟团队，并且从未见过面。内部和外部创新资源边界的消融，对研发和新产品开发的管理带来了挑战。新的管理架构需要将新产品开发的任务拆解，这些高度复杂的分布式创新项目仍然可以高效地实施。

（3）从产品到商业模式的转变。产品本身需要经历从公司唯一的出售物向成为出售物中的一个要素的转变。公司也需要朝着整合解决方式上转变，包括硬件、软件、维修和其他服务等（参见第21章）。新产品的开发不能脱离商业模式，而是需要成为商业模式的一部分。

除了以上相对较新的挑战，仍然需要长期和持续地加深对将研发和新产品开发方式融入企业战略的理解。

参 考 文 献

Annachino, M. A. (2007). *The Pursuit of New Product Development: The Business Development Process*. Oxford: Butterworth-Heinemann.

Argyres, N. S., and Silverman, B. S. (2004). 'R&D, Organization Structure, and the Development of Corporate Technological Knowledge', *Strategic Management Journal*, 25(8–9): 929–58.

Bacon, G., Beckmann, S., Mowery, D. C., and Wilson, E. (1994). 'Managing Product Definition in High-Technology Industries: A Pilot Study', *California Management Review*, 36(2): 32–56.

Baker, N. R., and Sweeney, D. J. (1978). 'Toward a Conceptual Framework of the Process of Organized Innovation Technological within the Firm', *Research Policy*, 7(1): 150–74.

Beaujon, G. J., Marin S. P., and McDonald, G. C. (2001). 'Balancing and Optimizing a Portfolio of R&D projects', *Naval Research Logistics*, 48(1): 18–40.

Bhattacharya, S., Krishnam, V., and Mahajan, V. (1998). 'Managing New Product Definition in Highly Dynamic Environments', *Management Science*, 44(11): 550–64.

Chakrabarti, A. K. (1974). 'The Role of Champion in Product Innovation', *California Management Review*, 17(2): 58–62.

Chien, C.-F. (2002). 'A Portfolio-Evaluation Framework for Selecting R&D Projects', *R&D Management*, 32(4): 359–68.

Child, J. (1980). *Organisations*. London: Harper & Row.

Clark, K. B., and Wheelwright, S. C. (1992). 'Organizing and Leading Heavyweight Development Teams', *California Management Review*, 34(2): 9–28.

Cooper, R. G. (1985). 'Selecting Winning New Product Projects: Using the NewProd System', *Journal of Product Innovation Management*, 2(1): 34–44.

Cooper, R. G. (1988). 'The New Product Process: A Decision Guide for Management', *Journal of Marketing Management*, 3(3): 238–55.

Cooper, R. G., Edgett, S. J., and Kleinschmidt, E. J. (1998). *Portfolio Management for New Products*, New York: Basic Books.

Cooper, R. G., Edgett, S. J., and Kleinschmidt, E. J. (2003). 'Benchmarking Best NPD Practices—Part I: Culture, Climate, Teams and Senior Management Roles', *Research Technology Management*, 47(1): 31–43.

Cooper, R. G., Edgett, S. J., and Kleinschmidt, E. J. (2004). 'Benchmarking Best NPD Practices—Part II: Strategy, Resource Allocation, and Portfolio Management', *Research Technology Management*, 47(3): 50–59.

Cooper, R. G., and Edgett. S. J. (2007). *Generating Breakthrough New Product Ideas: Feeding the Innovation Funnel*. Canada: Product Development Institute.

Dunphy, S. M., Herbig, P. R., and Howes, M. E. (1996). 'The Innovation Funnel', *Technological Forecasting and Social Change*, 53(3): 279–92.

Floyd, C. (1997). *Managing Technology for Corporate Success*. Aldershot, UK: Gower Publishing.

Galbraith, J. R. (2009). *Designing Matrix Organizations that Actually Work: How IBM, Procter&Gamble, and others Design for Success*. San Francisco: Jossey-Bass.

Gassmann, O., and von Zedtwitz, M. (2003). 'Trends and Determinants of Managing Virtual R&D Teams', *R&D Management*, 33(3): 243–62.

Gupta, A. K., Raj, S. P., and Wilemon, D. (1986). 'A Model for Studying R&D-Marketing Interface in the Product Development Process', *Journal of Marketing*, 50(2): 7–17.

Jain, R. K., and Triandis, H. C. (1997). *Management of Research and Development Organizations: Managing the Unmanageable*. Hoboken: John Wiley & Sons.

Khurana, A., and Rosenthal, S. R. (1997). 'Integrating the Fuzzy Front End of New Product Development', *Sloan Management Review*, 38(2): 103–120.

Koen, P., Ajamian, G., Burkart, R., Clamen, A., Davidson, J., D'Amore, R., Elkins, C., Herald, K., Incorvia, M., Johnson, A., Karol, R., Seibert, R., Slavejkov, A., and Wagner, K. (2001). 'Providing Clarity and a Common Language to the 'Fuzzy Front End', *Research-Technology Management*, 44(2): 46–55.

Kwak, Y. H., and LaPlace, S. (2005). 'Examining Risk Tolerance in Project-Driven Organization', *Technovation*, 25(6): 691–5.

Le Masson, P., Weil, B., and Hatchuel, A. (2010). *Strategic Management of Innovation and Design*. Cambridge: Cambridge University Press.

Leonard-Barton, D. (1992). 'Core Capabilities and Core Rigidities: A Paradox in Managing New Product Development', *Strategic Management Journal*, 13: 111–25.

Mintzberg, H. (1979). *The Structuring of Organizations*. Upper Saddle River, NJ: Prentice-Hall.

Mohr, J., Sengupta, S., and Slater, S. (2009). *Marketing of High-Technology Products and Innovations*, 3rd edn, Upper Saddle River, NJ: Prentice Hall.

Mu, J., Peng, G., and MacLachlan, D. L. (2009). 'Effect of Risk Management Strategy on NPD Performance', *Technovation*, 29(3): 170–80.

Nobelius, D. (2004). 'Towards the Sixth Generation of R&D Management', *International Journal of Project Management*, 22: 369–75.

O'Sullivan, D. (2002). 'Framework for Managing Business Development in the Networked Organization', *Computers in Industry*, 47(1): 77–88.

Reinertsen, D. G. (1999). 'Taking the Fuzziness out of the Fuzzy Front End', *Research Technology Management*, 42(6): 25–31.

Rengarajan, S., and Jagannathan, P. (1997). 'Project Selection by Scoring for a Large R&D Organization in a Developing Country', *R&D Management*, 27(2): 155–64.

Roberts, E. (1968). 'Entrepreneurship and Technology', *Research Management*, 11(4): 249–66.

Roussel, P. A., Saad, K. N., and Erikson, T. J. (1991). *Third Generation R&D: Managing the Link to Corporate Strategy.* Boston: Harvard Business School Press.

Seidel, V. P. (2007). 'Concept Shifting and the Radical Product Development Process', *The Journal of Product Innovation Management*, 24: 522–33.

Stevens, G. A., and Burly, J. (2003). 'Piloting the Rocket of Radical Innovation', *Research Technology Management*, 46(2): 16–25.

Verworn, B., Herstatt, C., and Nagahira, A. (2008). 'The Fuzzy Front End of Japanese New Product Development Projects: Impact on Success and Differences between Incremental and Radical Projects', *R&D Management*, 28(1): 1–19.

von Hippel, E. (1986). 'Lead Users: A Source of Novel Product Concepts', *Management Science*, 32(7): 791–805.

Witte, E. (1973). *Organisation für Innovationsentscheidungen: Das Promotorenmodell.* Göttingen: Schwartz und Co.

Zhang, Q., and Doll, W. J. (1998). 'The Fuzzy Front End and Success of New Product Development: A Causal Model', *European Journal of Innovation Management*, 4(2): 95–112.

第27章

研发的国际化

拉尔斯·哈肯逊(Lars Hakanson)

引　言

跨国公司(multinational corporates)的全球化活动为创新提供了重要激励,与国外客户、供应商和竞争者的互动,促进了其对新市场和技术趋势的及时发现。而这种机遇发生的可能性,会随着当地研发机构的建立,以及与当地合作伙伴的密切技术合作而增加。在国外进行研发也是一种利用当地科技基础设施,获取先进技术访问权限的途径,同时,还有可能雇佣与国内拥有不同技能的工程师,或者可能以更低的价格雇佣工程师。

与普遍看法相反的是,在国外进行研发并非是最近才有的现象。在过去,美国和日本的跨国公司在母国总公司和主要制造机构的周边地区,执行着大部分的研发活动,而欧洲的很多跨国公司早在20世纪,就已经在国外开展了大量的研发活动(坎特韦尔,1995)。但是,大部分的跨国研发投资始终发生在经济合作与发展组织(OECD)的成员国之间,绝大部分发生于欧盟、美国和日本的贸易当中,这些地区的跨国研发投入占到世界跨国研发投入的将近90%。而且这些研发投入80%以上都仅产生于这五个国家:美国、日本、德国、英国和法国,仅有1%的比例来自新兴经济体,包括中国、韩国、巴西和南非。但近年来,在国外执行的研发活动的绝对数量和相对数量都已经大幅度增长,扩展到了更多的东道国,特别是一些诸如中国和印度这样的新兴经济体[联合国贸易和发展会议(UNCTAD),2005],同时这种现象也在全球其他地区的跨国公司中变得普遍起来(冯泽威,2006;OECD,2008),而且研发的国际化也不再局限于大型和超大型的跨国公司中。因果证据表明,高科技产业中的小公司也在将他们更多的研发开发活动放在国外,这样做的原因,要么是为了更好地接触当地消费者,要么是为了以比国内更低的价格雇佣技术专家。

研发国际化的现象,已经获得了母国和东道国政策制定者持续增加的重视。在某些东道国,很多的研发活动都是由外国机构开展的,政府就会担心本国科技能力对外国的依赖性和它潜在的脆弱性;在另一些东道国,如果他们的大部分研发活动逐步转移到国外,政府就会害怕他们在研发和相关制造运营方面的技术能力被他国掏空,而且这也会造成本国工作机会的流失。研发国际化对于跨国公司的管理者也变得越发重要,因为他们面临着来自两个方面的新机遇和新挑战:跨区域协调和管理研发活动的组织分散性,以及技术创新的国际化利用。

研发活动的地域分散

研究表明,国外研发活动的开展通常是国外新创子公司管理者在当地的创新结果(local initiatives)。特别是在很多欧洲跨国公司中,国外分支机构一直享有很高的自主权。他们的管理者经常会让当地工程师加入设计与工程领域,而不仅仅是让他们关注日常顾客技术服务和当地的生产支持。这种当地活动的升级,既是一种探索新商业机遇的机会,也是一种通过提供更具有挑战性的工作,来吸引更具有胜任能力技术人才的途径。在欧洲跨国公司中,这种情形的发生倾向于一种"自发"过程,根本不需要总部管理者的诸多注意或参与。每个创新结果,至少在其初创阶段规模都是相当小的。但是随着时间的推移,很多这种创新结果的累积效应是相当可观的,会逐渐将创新的焦点从母国转移到国际市场。

一个促使研发趋于地域分散的普遍因素是,国际并购的兴起(参见第29章)。从20世纪60年代之前始,并购,而非开发建设(greenfield establishment),就已经成为跨国公司成长的主要机制。有时候,并购确实被用来获取新技术,在这种情况下,通过被并购单位的知识以扩展现有能力是一种重要的战略动机。然而在很多时候,并购被执行的原因与研发无关,譬如公司想通过并购得到品牌名称、分销渠道、生产能力,或者想获取或增强公司的市场主导地位等。在这种情况下,被并购单位的知识和能力跟并购方已经拥有的知识和能力一般是重复的。于是,被并购的研发单位通常会被看成是多余的,这成为在不扰乱当地选区(local constituencies)的前提下关闭它们的方法,当地选区的情况包括政府、贸易组织和就业等。在另外一些情况下,被并购的研发单位会抓住机遇,于是它们会被保留下来并整合进跨国公司整体的研发组织中。

随着时间推移,研发机构从地域上分散到国外,已经变成了带有清晰战略目的的、逐渐复杂的过程。自很早以前开始,跨国公司就有一个重要考量,即要跟与母国消费者具有不同需求结构的国外消费者,保持相似性(proximity to foreign customers)。高效的创新通常要求对消费者及其需求有精确的了解,于是大多数跨国公司的最初成长是基于产品的,即针对国内消费者的需求提供定制化产品,同时寻求国际市场扩张,而扩张的目标就是那些跟他们母国特征相似的国家和市场。但在国际化的过程中,跨国公司难免会遇到不同种类的消费者,以及跟国内市场不同的需求特征,所以其产品和服务就需要进行调整。在调整的过程中,当地的研发部门能够直接跟消费者进行接触,而且在当地生产通常是一个很大的优势。如果当地需求状况预期在其他地方也适用,就可以将跨国公司置于开发其他国家市场需求的优势地位了,这个时候在当地设立研发部门的益处尤为可观。

对于一些跨国公司而言,研发的地域分散是他们进行组织重构和制造全球理性化(international rationalization of manufacturing)的战略结果。贸易壁垒和运输成本的降低伴随着加速同质化的需求,使得很多产业可以通过将生产集中在大型的、专用的工厂以获得规模效应,去服务比以前更大的市场。出于这种理性的考量,上述专用性工厂通常被赋予集团式责任(group-wide responsibility),不仅包括特定产品或元件的生产,还要跟研发紧密结合。

为了及时获得最先进的科技发展成果,需要在特定区域设立实体机构,受到这种观念的影响,很多跨国公司,特别在被称作高科技产业内的跨国公司,已经在国外某些特定产业和技术领域中设立了研发机构(弗罗斯特等,2002)。受到很多来自经济地理和产业经济中揭示集群效应的研究影响,跨国公司在广受欢迎的地区建立研发机构,大到成熟的研发实验室,小到一个"监听站"(listening-posts),以寻求从技术知识的"溢出效用"中获益(坎特韦尔 & 皮希泰洛,2005)。最初,这种形式的研发机构主要出现在美国、欧洲和日本的跨国公司中,它们寻求途径以实现知识的区域性本地化(regionally localized knowledge);后来,来自新兴经济体的跨国公司正采用相似的战略,努力从技术上"赶超"他们的竞争者(冯泽威,2006)。

最近在跨国公司中促进研究活动地域分散的趋势,是在一些像中国、印度、巴西和前欧盟东部国家建立研发单位,这样做的目的是利用当地更低廉的劳动力成本,或者有时候是用远低于美国或西欧的薪水来聘请技术专家。虽然最初建立这些研发单位是用来执行"日常的"技术任务的,但是随着时间的推移,这些单位转移进入更加先进的技术开发与设计中,有时候会获得他们各自领域内"卓越中心"的地位——这是借助于累积的专业技术而获取政治影响力的一种反映。

增长的协调需求

过去外国研发单位的规模是相对有限的,而且他们中的大部分都用来解决当地问题。这些现象会在一定情况下发生,譬如为满足当地顾客的特殊需求,又或者是解决由产品零件或者原材料,在可获取或者质量方面的当地特殊性引起的技术问题。因此,跨国界信息交换产生的益处就是有限的,很多公司的国际化研发协调也一直保持在最低限度。

管理复杂的、知识密集的活动成本很高且很困难。当信息产生于来自不同国家和组织文化的人群中,并且其交换需要跨越地理距离和不同时区时,这些成本和困难就会加剧。然而,由于研发成本绝对值和研发活动区域分散性的增加,跨国公司已经面临着持续增加的压力,这种压力来自通过强有力的协调、合作和更密集的信息交换,以实现全球创新投入的最优化(桑托斯等,2004)。

跨国公司面临的一项基本压力,来自其需要避免重复投入的情况,极少数公司能够像传言中的 IBM 一样,抱着乐观愉快的态度去鼓励不同研发团队之间的竞争,安排几支团队采用不同方法去达成相同目标。大多数公司需要保证他们的研发工程师,能够从公司其他部门的经验中学习,并且他们的资金和投入不会被用来"重新发明"(reinventing the wheel)。

有时候,跨国公司发现它们必须,或从满足自身利益的角度而言,要将一些部门间与相同产品或者系统相关的研发活动给分开,而这些部门通常位于世界各地。这种劳动分工的成功实施使公司能够利用当地多样化的专业技术,而这对于研发活动地域更加集中的公司来讲是不可能的。然而,成功的劳动分工不仅特别需要高效整合和协调的设计(synchronization and harmonization of designs)以保证元件的兼容性,还需要时间日程的协调和开发里程碑的同步,以保证即时的完工和产品上市(timely completion and market launches)。前者不仅在技术兼容很重要的情境下需要,而且在市场观念认为产品设计反映统一的公司形象的情境下同样需要。后者也随着个人解决方案生命周期的缩短,而变得逐渐重要,特别是在那些具有高速技术变革特征的高科技产业。

涉及技术聚合和需要不同技术学科(例如,计算机和通信)知识要素整合的创新管理,面临着格外困难的协调挑战。相似的情况也出现在生产复杂产品系统的产业,如汽车或者风力涡轮机产业,这些产业的产品结构需要在单独却相互依赖的技术元件间的复杂交互中进行精确定义。知识交换一定是发生在拥有不同技术学科背景的工程师之间,因此除了地理距离、国家和组织文化的差异所产生的障碍之外,还需要处理着来自技术术语、理论和方法惯例上的不同。

国外研发活动的不同类型

"研究和开发"这个名词包含了各种各样类型的创新活动,每一种类型都在聚焦和内外知识连接两方面具有不同特征(Papanastassiou and Pearce,1999;Von Zedtwitz and Gassmann,2002)(表27.1)。

表 27.1　国外研发单位的类型

单位类型	投资期	应用领域	主要的功能联动(functional linkage)
技术支持	短	特定工厂	生产
适应性研发		特定市场	营销
普适性研发		区域(全球)/特定产品	生产和营销
研究	长	全球/技术/特定领域	科学界

国外分支机构的制造活动经常需要技术支持,以确保其生产过程能够适应当地环境,举例来说,当地在元件或原材料的成本和质量上,或是劳动力的技能和资质上与母国的情况可能存在一些差异。技术支持的另外一个重要任务,是支持跟新一代产品引入相关的新过程的实施。很多这样的适应性工程通常是日常的,但并非全部的情况都是这样。有时候,开发用来解决当地问题的方案的新颖程度相当可观,另一些时候,这种方案也能够在跟其原始情境距离很远的领域获利。不幸的是,很多类似的机遇都没有被利用,因为很多这种类型的工作都仅发生在外围的国外分支机构,没有在正式研发部门中被组织,而正式研发部门的活动是经常处于总部关注的雷达之下的。但是,对自己从属性的、外围的地位的重新认识,使处于这种单位的管理者会跨越国外分支机构的边界形成非正式联盟,以获取总部更多的关注和支持。

在很多国外分支机构中,工程能力(engineering capabilities)不仅需要支持当地生产活动,还需要提供顾客技术服务。执行这样的服务任务会增加对顾客需求和问题的了解。这种了解会为致力于将产品供给与当地顾客需求密切匹配的创造性设计提供动力。在这种适应性研发(adaptive R&D)的情境下,国外分支机构能够逐步形成本土的技术单位

（indigenous technology units），以寻求现有产品和制造过程的改进或现有技术的新应用。这种首创被赋予了很大的自主性，但这需要在整合机制与一定程度上的中央控制二者中取得平衡，以保证当地的创新成果能够在组织覆盖的其他地方被利用。如同在技术支持单位的情况一样，这里也存在当地创新成果未被检测到或者仅仅被偶然利用的风险。

普适性创新（generic innovation）适合新产品和生产过程的开发，有时候它是由适应性创新单位演化而来，不过大多数情况，它还是通过由并购实现的多元化进入了新产品和技术领域的结果（冯泽威和加斯曼，2002）。在非相关多元化的情况下，公司一般倾向于保留被收购的研发能力，以实现组织变化的最小化（哈肯逊，1995）。但当公司得到能够与现有能力互补的技术能力时，其面临的管理挑战是相当大的。要实现期望中的整合，需要来自并购方和被并购方的个体有意愿并能够在战略能力的转移和整合上进行合作。为了创造出这样的情境，大量文献已经证明有很多困难需要被克服。

来自知识密集型产业的大型跨国公司，有时候会在母国之外建立企业技术单位（corporate technology units），致力于长期基础的和应用型的研究（埃德勒等，2002；冯泽威和加斯曼，2002）。与那些需要跟他们细分领域相关的生产和（或）营销之间保持高度交互的其他国外研发单位不同，共同研究实验室（corporate research laboratories）的选址通常是精心考量的结果。跨国公司期望这样做能够促进新知识的流入，其中一个核心的考量因素通常是，要与相关科技机构，竞争及互补性产业保持地理邻近性，例如有些公司的实验室，就出现在分布于世界各地的"产业集群"内。一个更加切实的考虑是，当需要聘用外国特定领域的专家时，当地对于外籍人员的税收机制、气候和一般生活条件等问题变得很重要。与跨国公司其他机构在地理位置上的相关，也会在其选址的决策中起到一定作用。这通常会被看成一种优势，例如，在与运营部门具有一定距离的地方开展公司研究活动。在其他研发单位中占据"中立"位置，可以通过将日常问题解决和"应急方案"（fire fighting）剥离出去，从而帮助公司维持长期的视角。

虽然公司研究机构能够提供有价值的技术投入，并且有助于维持公司的长期创新能力，但是也存在投入和运营部门战略性需求和商业性需求脱节的危险。新技术能力的寻求，必须和维持战略相关性的需要取得平衡，以及在长期目标和短期首要任务中取得平衡。一个保持公司研究和运营部门之间强烈互惠关系的有效机制，是研究活动所需资金要全部或至少部分由后者提供。这样做有助于使研究方案与商业现实一致，并且不至于包括一些缺乏潜在战略相关性的领域。

协调和控制

随着时间变化，跨国公司逐步发展出了复杂精细（sophisticated）的组织机制，来加强对地域分散的研发活动的控制和协调。该机制中的一个核心要素，就是正式组织结构的设计，它会确定报告关系、资源分配决策权和资源消耗及达成结果（results achieved）的责任。在任何一个这样的组织结构中，协调的获取和控制的施行与地理距离的关系都不大。跨组织边界的协调可能会更困难，但是地理位置的临近却有利于协调。如果一个研发单位与国外子公司的工厂同地协作（co-located），但是它又被要求向位于总部的中心研发机构汇报，那么该研发单位的注意力不仅会受到后者正式权威的影响，也会通过与当地子公司管理者的日常互动，而受到子公司战略考量和策略需要的影响。与之相反的是，同时跨越组织边界和国界的协调，通常是缺乏效率和难以获取的。

为了保证对地域分散的研发投入的协调和控制，正式的计划过程、预算和项目监控系统的设计就显得更加重要。该机制的一个核心要素，就是需要来自不同职能部门和不同地域单位的领导者的加入，不仅要让他们出现在跨国公司其他部门的计划、结果（results）和活动中，也要让他们出现在他们的关注点和问题中，以保证在一个地域产生的知识和能力能够在其他地域被利用，而且避免高成本的重复投入。

其他常见的组织措施包括设立临时的或者半永久的委员会，例如由来自不同地域的成员组成的跨职能产品委员会（product councils）。这种小组不仅能够提供有价值的市场和技术知识，而且能够作为一种增强组织不同部分进行整合和信息交换的途径。在过去，这种小组的组成、行程安排和会议召开会面临来自路程和机会成本的诸多阻碍，但是现代计算机和通信技术，如高质量的视频会议，已经促使这种后勤障碍（logistic restraints）变得越发不重要。现在出现的挑战与跨职能小组的管理和效果相关，该小组由拥有不同国家和组织文化背景的管理者组成。

对于协调和控制很重要的机制也包括各项目管理系统，这种系统会描绘有关计划、预算、监控和特定"里程碑"的常见格式，在里程碑处，项目进展会被回顾，而且进一步的活动和经费会被授权。通过这种回顾，从数字化项目组合数据库（project portfolio databases）中获取数据，是一种内部信息传播的有效方式，被传播的信息可能跟组织中的其他地方相关，但是却很难确定一个潜在优先的接收对象。尽管成本在一定程度上有些略高，但是开设在公司内网上管理个人项目的项目网站（project websites），也能达到相似的效果，这时候可能需要对外部合作伙伴有选择的设置一定的权限。

知 识 管 理

有关协调和控制的信息已经被相当好地结构化了，并且很容易就可以通过系统的和客观的途径进行传输，如邮件、数据库或者网站。与之相反，创造性解决问题所需要的知识，并不总是清晰的或是容易获取的，而且去寻求或者分享这些知识的意愿，会受到复杂的组织和心理因素的影响。更有甚者，我们很难预测在什么地方、什么时间和什么情境下某一特定的知识，可以跟其他知识以创造性的方式结合，而这却是创新活动固有的特性。正是因为这种固有的难以预测性，跨国公司中的有效知识管理，就同时需要用于信息交换的IT支持系统，以及更加细微的机制以提升社会化、促进共同理论理解（joint theoretical understandings）和共享编码的产生。

普通的IT支持系统包括文件数据库（document databases）、群组软件（groupware）、项目网页（project webpages）、"黄页"（yellow pages）、组织内部在线论坛（intra-organizational online forums）和诸如此类的组成部分。有趣的是，这个系统的主要益处并不是其所包含的技术信息，而是它会作为指南针告诉世界各地的雇员有哪些人参与到了相关的项目，解决了相似的问题，或者有哪些人在自己感兴趣的特定领域内活跃着。然而，这些信息的价值取决于组织文化，在相应的组织文化内，工程师愿意向同事寻求建议，也愿意向来自跨区域和职能部门的公司员工分享知识。创造这种情境的核心要素是促进研发工程师和其他职能部门管理者的社会化(socialization)。

一个促进这种社会化的基础性的、有效的机制是员工岗位轮换(rotation of personnel)。将研发工程师暂时派驻到国外研发实验室，他们就能够亲自认识国外的同事，这是他们未来通过电话或者邮件等方式，进行有效交流的先决条件。这种安排也能够提供有关当地工作实践、专家等诸如此类的非正式知识。一旦他们返回到自己正常的工作地点，这些知识会让先前的外派人员发挥"守门人"(gatekeepers)的作用，帮助引导某些工程师之间的交流，这些工程师往往对别人了解很少。传统上，这种外派时间为两年到三年，但是现在基于以上时间长度的轮岗很难实施。女性就业比例的逐渐增加使得"双职业"(dual career)夫妻更加普遍，这显著地增加了长时间外派安排来自家庭方面的其他实际问题，此时三周到四周的短期外派安排，就成为一个低成本但高效率的备选项。尽管这种安排不能代替长期外派带来的个人学习经验，但是在促进组织内交流方面却带来了很多相同的优势。

其他用来促进跨国界知识交换的常见措施，还包括在不同地点组织技术研讨(technical seminars)和会议(conferences)。这样的事件能给当地管理者提供一个向国外同事宣传和推广自己的机会，促进组织内的知识交换和技术合作，其中合作者的名誉和信誉是关键。更重要的是，这样的事件能够提供非正式交流的机会，从而在促进相互的信誉和信任建立方面，不仅会通过客观的方式促进未来的联络和沟通，通常还可以产生意想不到的创新机遇。奇迹就产生于来自世界各地的管理者之间的邂逅，在共进午餐时发现他们各自的知识能够以一种新的、创新的方式进行组合。邂逅孕育了这种未被预见的技术知识之间的新组合，而带有创新结果的故事倾向于强调这种邂逅发生的偶然性。但是，技术研讨会等经常性的非正式会议，譬如，技术研讨会和会议，以及下班后事件生活安排(after-hours events)的设计，会明显地影响这种看似偶然的创新结果发生的可能性。

新产生和尚未解决的问题

3/4甚至更多的世界科技资源被少数几个跨国公司掌握着，他们关于这些技术资源选址和投资的决策深刻地影响着技术轨迹，而技术轨迹则会塑造现在及将来富有成效的机遇(productive opportunities)和生存条件。研发的国际化和创新的全球化在近几十年逐渐成为环境的重要特征，正是在这种环境中，相关决策被制定，创新性产品和服务所基于的新技术被开发。

系统地收集相关实证数据长期受阻，因为这些国家的统计局习惯性地限制他们的兴趣于发生在国内的单位(entities)和活动——除了美国和瑞典。于是，最系统的关于外资机构在个别国家开展研发活动的可用数据，被收录在国家数据库中。最近十年，通过经济合作与发展组织(OECD,2008,2010)和联合国贸易和发展会议(UNCTAD,2005)的赞助，才有了可获取的更加完整的数据。不幸的是,收集所需数据的成本和政治方面的困难(bureaucratic difficulties)是相当大的,可用的问卷既不完整又稀少。更有甚者,他们倾向于仅只关注那些最大型的公司,官方统计数据一致地低估了小公司的研发绩效,并且因此没有提供他们在国外进行开发活动的信息。

考虑到国际研发输入数据的稀缺性,例如研发成本和雇用情况,研究者转向采用专利来分析研发产出。既然专利文件不仅包括填写专利的个人或者公司的名称和地址,而且包括原始发明者的姓名和地址还有相关的引用信息,他们就能被用来持续追踪公司在国外的研发活动(霍尔等,2001)。为达成这个目的,美国专利局历史数据的开放提供了异常丰富的机会(桑德尔,1999;弗罗斯特,2001)。

然而,能够从官方统计和其他二手数据中获取的有关信息有明显的限制。专门设计用来抽样调查跨国公司或者国外分支机构的问卷,需要更多地关注它们近来的发展情况。这些情况包括,诸如位于或来自金砖四国(巴西、俄罗斯、印度和中国)和其他新兴经济体的公司所增加的国外投资的情况。现有研究还存在的另外一个缺陷就是,缺乏纵向数据。除了极少数的例外研究外,可用的数据都是基于横截面的问卷调研,它们只提供了发生在不同地区、特殊时点的研发活动的静态描述。关于不同类型研发单位研发活动演变(或者终结)知识的匮乏,留下了很多尚未回答的重要问题,譬如中期和长期的国外收购对于母国研发能力影响的决定因素是什么等。

另外一个需要被研究的领域是,系统地探索在管理地域和组织分散的研发活动中的最佳管理实践,对分散研发活动的管理包括新技术的部署及其影响,身临其境的视频会议是最佳管理实践的一个例子。此时,就需要关于个别跨国公司和他们的国际化研发网络的详细案例研究,还需要针对不同类型研发团队的民族志案例研究,特别是那些需要结合不同领域和区域专业知识的项目和活动,尤其需要这样的研究。

参 考 文 献

Cantwell, J. (1995). 'The Globalisation Of Technology: What Remains of the Product Cycle Model?' *Cambridge Journal of Economics*, 19: 155–74.

Cantwell, J., and Piscitello, L. (2005). 'Recent Location of Foreign-owned Research and Development Activities by Large Multinational Corporations in the European Regions: The Role of Spillovers and Externalities', *Regional Studies*, 39: 1–16.

Edler, J., Meyer-Krahmer, F., and Reger, G. (2002). 'Changes in the Strategic Management of Technology: Results of a Global Benchmarking Study', *R&D Management*, 32: 149–64.

Frost, T. S. (2001). 'The Geographic Sources of Foreign Subsidiaries' Innovations', *Strategic Management Journal*, 22: 101–24.

Frost, T. S., Birkinshaw, J. M., and Ensign, P. C. (2002). 'Centres of Excellence in Multinational Corporations', *Strategic Management Journal*, 23: 997–1018.

Håkanson, L. (1995). 'Learning through Acquisitions: Management and Integration of Foreign R&D Laboratories', *International Studies of Management and Organization*, 25: 121–57.

Hall, B. H., Jaffe, A. B., and Trajtenberg, M. (2001). 'The NBER Patent Citation Data File: Lessons, Insights and Methodological Tools', NBER Working Paper 8498.

Narula, R. (2003). *Globalisation and Technology*. Cambridge: Polity Press.

OECD (2008). *The Internationalization of Business R&D: Evidence, Impacts and Implications*. Paris: OECD.

OECD (2010). *Measuring Globalisation: OECD Economic Globalisation Indicators 2010*. Paris: OECD.

Papanastassiou, M., and Pearce, R. (1999). *Multinationals, Technology and National Competitiveness*. Cheltenham: Edward Elgar.

Santos, J., Doz, Y., and Williamson, P. (2004). 'Is Your Innovation Process Global?', *MIT Sloan Management Review*, 45: 31–7.

UNCTAD (2005). *World Investment Report: Transnational Corporations and the Internationalization of R&D*. New York and Geneva: United Nations.

von Zedtwitz, M. (2006). 'International R&D Strategies of TNCs from Developing Countries: The Case of China', in UNCTAD (ed.), *Globalization of R&D and Developing Countries*. New York and Geneva: United Nations, 117–40.

von Zedtwitz, M., and Gassmann, O. (2002). 'Market versus Technology Drive in R&D Internationalization: Four Different Patterns of Managing Research and Development', *Research Policy*, 31: 569–88.

Zander, I. (1999). 'How Do You Mean "Global"? An Empirical Investigation of Innovation Networks in the Multinational Corporation', *Research Policy*, 28: 195–213.

第28章

知识产权、标准和创新管理

艾雅·莱波宁（Aija Leiponen）

引　言

　　创新需要为实际的应用需求创造新知识。而所有新诞生的产品、流程、服务和商业模式，都是对已有和新创造出来的知识碎片进行重新组合的结果。在这一过程中，由于知识的无形特征，他们的重组和互动往往会带来意想不到的知识流动和溢出。知识溢出对社会总体的进步会带来很多帮助，因为它能促进有用的知识在经济体中扩散。任何需要这些知识的个体或组织，都能享受到创新带来的好处。创新是建立在过去的见解和技术上的，因为我们都需要站在巨人的肩膀上，即使他们不是巨人，也是曾经先于我们到达那里的聪明人（Scotchmer，1991）。能为创新营造出良好氛围的社会都应从中受益。但从另一方面看，知识溢出也会带来坏处，因为它会削弱创新的动机。一项创新（如研发成果）被其他人学习和模仿得越快，那么它能为投资者带来的经济回报就会越低，投资者愿意投资的意愿也会越低。从经济学的视角分析，知识溢出通过允许他人无偿利用发明人的成果，来为社会带来正外部性。这一后果就是，个体的R&D最优投资将会低于社会最优投资。一项早期的研究显示，在工业化发达的经济体中，社会最优投资比实际投资高2~4倍（Jones and Williams，1998），这就意味着若能给予投资者R&D补贴，经济会发展得更加迅猛（Griffith et al.，2004）。

　　政策手段，如知识产权和其他保护知识资产的措施，会对创新带来激励作用。从经济价值的角度来讲，知识产权最有效的几种保护措施包括专利和著作权，而商标和设计专利在一些时候也会创造巨大的价值。同时，商业秘密往往不被视作知识产权（也有例外情况）（Lemley，2009），但是它们也可以依法保护那些不广为人知但能带来经济收益的知识。

　　知识产权体系设计的初衷，是鼓励人们从事有创造性的活动。据说在古希腊时期，就已经出现了专利的萌芽，并于14世纪引入英国，之后陆续被引入佛罗伦萨、意大利和法国（Stobbs，2000：3~4）。在美国，早在殖民时期就出现了专利，第一部宪法（1787年）就包括了国会有权通过专利和著作权制度，来"促进科学和实用艺术进步"的条款。早期的专利和著作权有效时间通常能持续10~20年，商业秘密的法律地位最初在19世纪英国的案例法里得到确立，之后便逐渐推广到美国及其他国家（Lemley，2009）。

英国安妮法令(1709年、1710年)是世界上第一部正式的著作权法,这是一部"通过授予作者或购买者印刷作品的复印权以鼓励学习的法案",它授予出版者14年的著作权保护年限。不同于其他只关注皇权统治的法规,是第一部把重点放在传播教育、鼓励"学者创作出有价值的作品"的法案,它的出现为创作带来了推动作用(Rose,1993)。

虽然法律文件能够为创新带来的收益提供保障,但是现有的法律远不能很好地保护创新者的利益,在大多数行业和情境下,知识溢出依然十分常见。在实际情况中,很多公司都意识到,最有效的利用创新活动的做法,是抢先于其他竞争对手推出最新的产品或服务(Cohen et al.,2000;Arundel,2001)。特别是对于小公司、服务公司和合作研发的公司,这一做法的效果更为突出(Tether and Massini,2007;Leiponen and Byma,2009)。因此,许多创新者可以通过法律渠道,如专利权和著作权,来获得创新带来的收益,但是这并不一定是赚取最大收益的办法。

虽然有关知识产权对创新意义的政策讨论,多集中于专利和著作权上,但从管理实践的角度来讲,对于大部分行业里的公司来说,一些非正式的策略反而更加重要、普遍和有效。除了加快推进市场的速度,提升产品和服务的设计复杂度,对互补性资产如销售、渠道、服务、供应商关系、制造或其他相关产品、服务和技术的控制的互补性资产而言,都可能提高竞争者模仿的难度。商业秘密也经常被认为比专利权或著作权更能有效保护创新者的利益,其保护力度也可以通过与外界或雇员签订合同来进一步加强。这些开放性和非竞争的条款和商业秘密同样具有很强的法律保护效力,虽然它们并不是我们之前所提到的知识产权。

对于少数创新性很强的行业来说,专利权和著作权对于竞争优势还是极其重要的,当行业技术兼容标准不断发展时,对知识产权保护的需求就更加强烈。下一部分将讨论这些行业技术进步的本质和动态的竞争模式,阐述知识产权和技术标准在这其中起到的作用。

知识产权与技术标准的重要性与背景

在一些不断发展和创新的行业,如制药、生物科技、电脑硬件和软件、无线通信和内容服务商中,专利权和著作权是十分重要的竞争工具。特别是在与化工打交道的行业,创新投资的回报将比其他行业更依赖于专利权的行使。在如电子行业这样高科技的行业里,申请专利的意义不仅仅在于保护自己的发明不被抄袭,更在于可以在接下来的授权谈判和官司纠纷中保持优势地位(Cohen et al.,2000)。Cohen,Nelson和Walsh(2000)将这一做法称为战略性专利,因为像电脑和手机这样的产品,包含了上百个已申请专利的零件,公司将不得不为了使用这项技术而与自己的对手谈判(Hall and Ziedonis,2001)。要想在谈判中获得优惠条件,公司自己手中最好也有一套对方需要的产品专利,这样谈判双方可以互相许可。

信息和通信技术行业成熟的技术标准,也促进了专利之间的互相授权许可。一个标准化的信息系统,如无线电子通信,一般由上千个已申请专利的发明构成。RPX公司的知识产权专家估计,估计美国已授予了 250 000 多个智能手机专利①。而现在已没有任何一个单独的网络或终端供应商,可以由自己独立地拥有全套所有的零件和技术,并且为了方便各供应商之间的互相配合,各种技术操作的界面和数据协议都必须共享和标准化。多数情况下,这些协议会自带很多已注册专利的基础技术。比如说手机制造商(如 2000 年早期的苹果、20 世纪 90 年代后期的黑莓、20 世纪 90 年代早期的诺基亚),单单是想进入这个行业,就需要与很多技术孵化器协商专利许可的协议,据估计,一部 3G 手机的价格的 13% 都需用来支付专利许可(Bkkers and Martinelli, 2012)。根据这些学者的研究,一个专利的持有者[如高通(Qualcomm),拥有许多重要的在终端和基站间进行无线传输的专利]通过专利许可协议,可以获得一部手机价格的 5% 作为回报。对于坐拥大批相关专利的技术孵化器来说,他们可以通过与对手互相进行专利许可,从而降低专利许可带来的成本。而此时,手中相关专利有限的公司,将不得不为专利许可协议支出全部的价格。从某种程度上来说,拥有专利的数量会构成进入一个行业的壁垒,进入者就像纳税一样需要购买使用专利的资格。所以,新生的创新者需要制定好进入战略,并挑选合适的知识产权进行开发和购买。而行业中已有的技术孵化器,就可以相对轻松地利用手中的大量专利提升竞争者的生产成本,把他们排挤出这一行业。

另一个受到知识产权巨大影响行业是电脑软件。自 1995 年开始,美国开放了软件及其交易的商业工具的单独专利申请,而欧洲只允许对包含在一项发明中的软件进行专利申请。以往的软件都是通过著作权来保护的,它规定软件代码的形式不可以被抄袭,但并不限制软件的功能差别。所以软件的专利保护一直饱受争议,因为很多人认为这一保护力度其实很弱(Hall et al., 2003)。同时,软件技术的发展是高度迭代的,对现有技术的组合与重新组合对于软件的开发意义重大,其中还必须保证技术的标准化(Hall and MacGarvie, 2010)。这就使得在生产复杂产品的行业中,软件专利的开发通常包含着战略的意义。但 Hall 和 MacGarvie(2010)通过研究发现,股票市场对于软件专利的申请反应是负面的。所以对于大多数公司来说,软件专利与其引用率对公司价值的提升并没有那么大。基于这些学者的研究,很难讲软件专利是否可以有效地提升软件的创新和技术改革。另外,软件专利还会带来许多法律纠纷,其中往往涉及专利持有者和开源软件项目的冲突。

在需要创造力的行业中,互联网的发展帮助大量电子信息以更加廉价和方便的方式迅速扩展开来。而这一浪潮也引发了大量的网络盗版行为,威胁到许多创意产业如音乐、书籍、报纸和音像娱乐等(如电视、电影等)的利润。各国纷纷出台了多项保护措施,加强对商业活动的管理,严禁使用传播盗版内容的服务与技术。而但这些措施有时候反而显得只见树木,不见森林。比如音乐行业,虽然网络盗版现象会影响音乐(或者从更广义的角度上来说是内容)销售商的利润,但很难说这一现象是否真正降低了整个行业的创造性(Waldfogel, 2011)。所以,Waldfogel(2011)就建议政策制定者需要更多地关注如何提升经

---

① 金融时报,2011 年 3 月 30 日。于 2012 年 5 月 8 日访问自:http://www.ft.com/cms/s/0/b0da8540-5aea-11e0-a290-00144feab49a.html#axzz1uKgPiqsm。

济的总体福利,同时考虑消费者剩余和生产者剩余,而不是仅仅保证后者的利益。

从更高的层次上讲,知识产权系统所带来的福利损失,来自它带来的短期垄断。因为社会发展建立在知识产权的不断累积和发展上,所以知识产权政策的目标应该是最小化这一过程中的成本,同时最大化最终的总体利益,而不是维护旧的市场结构。现有的知识产权制度有很多亟待改进的地方(Jaffe and Lerner, 2004),随着行业标准不断提高,相关的复杂法律纠纷将越来越多,因为专利的价值将在这样的环境中不断被放大。为了缓解这一冲突,甚至有学者提出鼓励发明的创造和扩散,而不是保证新知识的垄断拥有(Wright, 1983; Gallini and Scotchmer, 2002)。但只要知识产权继续延续现在的保护形式,那么创新者最好尽快地适应这一系统,因为尽管它复杂、耗费资金、容易发生法律纠纷,有时会给公司带来致命的打击,但是它也为成功运用知识产权战略的公司带来巨大的经济回报。

知识产权和创新战略

知识产权相关的问题大多涉及法律,所以灵活处理好其中的问题需要大量的法律经验。Mowery,Sampat 和 Ziedonis(2002)描述了1980年拜杜法案(Bayh-Dole Act)颁布后,大学如何开始对自己的科研成果进行专利申请的。在拜杜法案之前,那些没有进行专利申请的科研成果起初被看作是不那么重要的,但随着时间的推移,它们的重要性逐渐体现出来,已能与那些已经成功申请了专利的发明并驾齐驱。通过学校之间的知识溢出,各个大学逐渐掌握了有效识别重要发明和撰写法律文书的流程。而很多像大学一样对专利申请并不熟悉的小型或初创型组织,因为很难通过自身努力来学习这些经验,通常会将这部分工作外包给专业服务商。

一些组织除了不知道如何申请专利、如何挑选发明外,经常犯的一个错误就是认为,需要尽可能多地将发明进行专利申请,以能够最大限度地保护知识产权。但实际上,用专利的方式来保护知识产权是非常昂贵的,所以大多数公司需要在他的发明中进行选择,只取其中一部分进行专利申请和利用,其他的就可以任它自动过期。比如说在美国,一个专利持有人若想持续使用专利权,他需要在 3 年半、7 年半和 11 年半的时间节点上再支付额外的且不断上涨的续期费用。而在欧洲地区,一个专利持有人需要在两年后,每年都缴付一定的费用来延续他的专利权。同时,代表一种控制权的知识产权,也与发明者的发明动机息息相关。特别是与外方合作伙伴一起合作研发时,专利持有者需要分清何时专利保护是有利的,而何时专利保护会对接下来的创新研发带来坏处。比如说,当与外方合作研发时,将每一步创新成果都进行严格的专利保护与利益分配,将有可能降低合作伙伴对这一研发项目的兴趣(Lerner and Merges, 1998; Leiponen, 2008)。

同样的,对于处在社会网络中的如通信、软件、电子或交通行业的公司,如果他们在技术开发过程中发现需要与其他合作伙伴互相合作、取长补短时,他们往往就会放宽在研发过程中专利申请的行动。在这种情况下,能够通过这一网络来获取技术支持的最初创新者,将可以使他的发明利益最大化,而这一结果是很难通过在个体层次上就设立专利保护来实现。Gawer 和 Cusumano 将会在第 32 章详尽阐述这一"平台"战略。

许多研究表明在不同行业和背景的公司会采取不同的投资方式。比如,投资方式会受到创新的内容(产品或过程)、创新的方式(与他人合作或自己独立开发)、公司规模和行业背景(高科技含量和低科技含量;复杂配套产品或独立产品;服务或生产)的影响。这些研究通常是描述性的,并且假设一个公司首先会确定一个创新战略,如对研发投入多少资金、如何组织这一创新活动、创新内容是什么、这一创新成果如何在行业背景中得到应用(Harabi, 1995; Arundel and Kabla, 1998; Cohen et al., 2000; Arundel, 2001; Tether and Massini, 2007; Leiponen Byma, 2009)。只有当选定了创新战略之后,公司才知道如何对即将产出的创新进行保护。

当然我们也可以假设,在以上这一过程发生之前,公司其实已经有了初步的打算。考虑到所处的竞争环境和可以使用的投资方式,一个公司也许已经知道如何组织一项研发活动,或者已经决定首先放弃一部分低产出的发明,将更多的资金放在特定的产品或技术上,来满足目标市场和用户的需求,这一观点在 Teece(1986)提出的经典互补性资产框架中也得到了印证。Teece(1986)认为最佳的创新战略,都是通过对模仿能力和互补性资产情况进行评估后得出的;而 Gans 和 Stern(2003)将这一理论拓展至了初创的创新者,Gans 等学者通过一些实证证据证明了公司会根据自己的投资能力来决定市场战略。

类似的观点也在研究技术市场的文献中出现(Arora, Fosfuri and Gambardella, 2001;第12章中 Gambardella, Giuri 和 Torrisi 的论述)。很多文献都强调,研发投资资金回报比率的提高,将会改善技术交易的环境,比如 19 世纪 80 年代中期的美国,颁布了许多支持专利申请的政策,当时的技术交易通常十分顺利。而当投资回报率低时,公司往往不愿意进行专利的交易,因为这些专利很难通过低效的市场条件发挥它应有的价值。此时公司就会想办法将他们宝贵的知识资产,融入组织流程和隐性知识中,而不会将其用专利的形式保护,因为那样他们就不得不将这一技术的核心秘密公布于众。相反,如果此时技术市场是透明并且高效的,那么进行专利交易将更加快捷。因此,进行投资的技术市场环境也将影响创新主体的投资策略,包括进行商业活动和商业模式的选择(Gans and Stern, 2003; Teece, 2006)。

当涵盖了数码内容后,商业模式将变得更加复杂。数码通信技术使得创造性内容的投资回报保护,变得更具有挑战性,所以投资人或创作者有时不得不通过非正式的组织策略,来保护他们的利益。一个最直观的例子就是音乐行业:一个歌手经常需要与唱片公司合作来完善并录制歌曲。唱片公司负责唱片的出版、发行、营销和与歌手的合同签订,在这一过程中,他们能获取丰厚的利润(Fisher, 2004)。歌手们常与唱片公司签订声音录制的著作权协议,若这一歌手同时也是音乐的创作者,他还需要与音乐出版商签订曲谱的著作权,并授予唱片公司商业运作的许可。根据 Fisher 的观点,在互联网兴起之前,唱片公司往往能赚取零售价 28% 的部分用以支付推广唱片等管理费用(Fisher, 2004:19)。然而,由于网络盗版问题,以及不断出现的新兴数字娱乐方式(Peitz and Waelbroeck, 2004),唱片的销量在过去 10 年不断递减下降,以上提到的公司利润也岌岌可危。

从大多数音乐人的角度来说,互联网并没有对他们产生很大的影响。因为卖唱片不是绝大多数音乐人的谋生手段，他们的收入主要来自筹办个人演唱会。实际上，互联网的推广更像是低成本的广告，让他们变得更加受欢迎。娱乐巨星也许会有不同，他们对这一趋势的看法也是莫衷一是。一部分巨星认为，社会应该更加支持网络免费（甚至是非法）传播的行为，因为这可以帮助他们的新专辑在社会中传播扩散，而他们也可以把更多的精力放在个人巡回演唱会上。但是也有一部分艺人与唱片公司签订了全方位协议，不仅允许唱片公司获得唱片销售的部分利润，也可以与歌手共享个人演唱会与商业活动的报酬。虽然这种协议对已经成名的歌手来说并不是很好的选择，但是对于新出道的艺人，能有经验丰富的唱片公司帮助他们打点从唱片发布、个人演唱会到各种商业活动的安排，能够帮助他们更好更快地发展。同时，也有一部分艺人完全甩开了唱片公司和发行商，自己录制和发行唱片。而互联网的快速传播将为这部分艺人节省很大一笔音乐制作和发行的开支。

从唱片公司的角度来看，即使采用和艺人签订全方位协议的方式，形势也不容乐观。随着著作权实际效力的不断被削弱，他们不得不控告大量的侵犯他们权益的个人和商业使用者（如 Napster 公司，Grokster 公司，还有最近的 Pirate Bay 公司和 Megaupload 公司），与此同时，唱片公司也想尽办法将他们的音乐限定在少数几个发布者手中。他们担心的是，任何一个挂在网上的音乐文件都会被网友破解，然后四处传播，引发上百万的下载量。虽然数字版权管理（DRM）技术在这几年不断发展，但至今仍未找到一种能完全防止破解的格式。基于以上的原因，唱片公司越来越倾向于闭源的系统合作，如苹果的 iTunes、音乐商店和它们确定的 iPod/iPhone/iPad 的输出终端。虽然从短期来看这是一个合理的解决方法，但是从长期来讲，将所有的销售都交于一个大型的外部推广平台，也许并不是明智的选择。

这几年，唱片公司纷纷关闭了与网站广播（如 Rhapsody 和 Pansora 网络广播电台）的合作，也许因为他们认为自己只负责唱片的销售，不涉及内容的开发和许可。在美国 2008 年实施网络广播法案之前，SoundExchange——一家负责为美国唱片业协会（RIAA）征收所有网络广播电台版税的公司 SoundExchange——试图向这些网络广播电台每小时征收双倍于卫星广播电台的版税，但对陆地广播电台不征收任何版税。然而，年轻人对于流行音乐的喜好不断发生变化，音乐品位也变得分散和更易改变（Moleni and Ordanini，2003），所以靠某些特定的巨星来发展的唱片业的时代可能一去不复返，即使美国在 2012 年通过了打击网络盗版法案，著作权的保护将得到进一步提高，也很难改变这一趋势。

由于音乐行业占据着年轻人文化和消费的核心，它也是第一批受到数字化消费和网络盗版现象影响的行业。之后同样提供数字化内容的行业，如电影、书籍、报纸和电视，都遭遇了同样的状况。因此越来越多的讨论关注于如何构建一种新的商业模式，来持续实现数字化内容的利润。早期试图利用法律手段，来防止个人非法下载的办法很明显并不管用，美国唱片业协会的前任会长 Hilary Rosen 在美国最高法庭宣判 Grokster 一案之前，写下了这样一段话：

> 无论是哪一方赢得这场官司，结果最多会给这一方带来心理上的胜利，但是对于市场来说，并没有输赢……每一次通过法律手段禁止非法下载，那些人都会再想其他

的办法继续下载……未来的创新需要双方进行协商,而不是一味的冲突。用户现在只有两种选择,要么是合法的只提供部分精选内容的渠道,要么就是充满了病毒软件、损坏文件和意外风险的但是可以获取所有内容的渠道。这不仅仅是法律问题或者是公共关系责任问题。这是未来市场上必须解决的重大难题。

(Rosen,2005)

人们一直在探索如何寻找一个有效的商业模式和组织结构,以确保音乐家和他们的推广者能够用他们所创作的内容来谋生并且盈利。过去那些大型的唱片公司,在未来市场上会扮演什么样的角色仍旧是未知的。而这些数码内容的案例,生动地展现了知识产权保护和组织创新投资战略之间的关系,而这样的关系也同样适用于很多其他领域。

知识产权领域的诉讼不只限于著作权,因为专利被定义为排除他人使用这一发明的权利,专利权的使用就涉及对那些侵犯了知识产权的人的诉讼。有证据显示,有关专利的诉讼在近年来不断增长,并且这一增长速度甚至赶上了专利成功申请的速度(Bessen and Meurer,2005a)。当美国在1985年成立了专门受理专利诉讼的法庭后,专利的法律效力得到了显著的提升,美国的专利也变得更具价值(Hall and Ziedonis,2001;Henry and Turner,2006)。随着高科技产品的不断全球化,专利的保护范围开始延伸至欧洲甚至亚洲市场。并且,在很多ICT行业,专利逐渐融入互用性标准(interoperability standards),也使关键的专利变得更为有价值(Bekkers et al.,2002)。

进行专利诉讼一般都包括战略性和经济性两个方面的原因。Somaya(2003)研究了在电脑和制药行业决定进行起诉的公司,发现当某一发明与双方都利益攸关时,双方就很有可能将这一专利纠纷闹到法庭。并且,越是重要的专利(专利的引用率越高,被认为越重要),被卷入专利诉讼的可能性就越大。

决定专利诉讼也与公司和它的产品线的规模相关。Cohen,Nelson和Walsh(2000)发现,当公司和营业单位的规模扩大时,公司就会把专利保护当作更加有效的办法。Cohen,Nelson和Walsh认为原因有两点:①来自公司内部不断加强的法律资源;②诉讼产生的费用对于公司来讲不再是一笔巨大的花费。另外,Lanjouw和Schankerman(2004)也通过研究专利诉讼发现,对于那些个人或者小型公司(产品种类较少)而言,他们更有可能发起专利侵权诉讼,也许是因为他们的知识产权会更容易被强大的竞争对手所侵犯。这些研究者还发现,对于那些拥有中低水平数量员工的公司,产品种类的多少对其发起专利诉讼的影响更大,也许是因为这些公司很难与竞争对手进行长期合作。也有研究发现,当公司间生产的产品技术相关性越高时,他们之间进行专利诉讼的可能性也就越大。

总的来说,不同种类的知识产权保护了不同种类的创新成果。著作权在保护数码内容行业时作用显得略为逊色,但是专利权保护力度要更加明显,特别是在美国,专利的法律效力更容易获得法庭的认可,而二者的法律效力都因为诉讼的增加而变得越来越强。的确,只有当创新者有足够的资金和经验来使用法律武器时,知识产权保护才能派上用场。申请高质量的专利是昂贵的,但是围绕这项专利的诉讼会更加昂贵。根据Bessen和Meurer(2005b)的研究,对于一个价值100万~250万美元的专利,它的诉讼成本会达到两百万美元。

创新战略中的标准

技术协同标准在科技领域十分常见。技术系统中包括许多的零件和产品，比如说，一个电脑就涵盖了储存器、中心处理器、微处理器、键盘、屏幕等零件。无线电子通信技术包括终端、基站、线路和电缆，以及将无线通信与有线电视通信和互联网通信系统之间建立连接。当这一产品的设计与竞争需要涵盖许多配套的零件时，知识产权战略就会变得复杂。

Teece 于 1986 年提出的互补性资产框架指出，产品的可模仿性和获取互补性产品或服务提供商的能力，决定了在创新过程中的哪一方更容易获得利润，或者哪一种知识产权战略更容易成功。20 年后，Pisano 和 Teece 又提出这一观点过于静态，因为他忽略了公司可以主动影响行业结构的能力，即影响这一行业中相关资产的性质和配置、所有权和其他权利、在价值链不同位置上互相竞争的组织数量和特点，以及这些资产和组织之间的关系。

公司可以利用手中的投资条件，来调节知识产权管辖的范围，具体包括，通过将知识产权暴露于公众视角下来弱化知识产权的作用，也可以通过积极地实施知识产权并游说政策制定者，来加强对知识产权的管辖。在软件行业，不乏企业将自己的程序公开的先例，这么做通常是为了激起相近行业的竞争。另外，录音和电影行业的协会也在努力游说美国国会制定更严格的著作权法和实施机制，以加强自己对内容的独占性。

公司也可以影响所在行业的互补性资产配置。仅仅通过纵向或横向一体化，公司就可以改变这一行业的竞争状态。根据他们变动的情况，这些一体化的决定会改变相关行业竞争者的数量，从而影响到竞争的程度和本质。一些微小的可以改变互补性市场竞争环境的方式，包括对新兴或邻近市场的风险投资和完善行业的兼容标准。

技术兼容标准可以由过去的市场竞争发展而来，也可以通过各方对未来预期的判断来制定。在实际情况中，根据市场和行业委员会制定的标准往往会同时出现。根据市场发展来的标准通常被称作"实操"的标准，而由行业委员会或政府制定的标准则通常是"法律意义"上的，虽然有些行业委员会制定的标准并不具有强制的法律效力。Leiponen（2006）讨论了为制定无线通信行业的兼容标准而出现的各种行业约定。其中，通信和电脑技术行业中的组织更倾向于采用行业协会、联盟或公会制定的更为中庸的行业标准，很少有企业只极端地采用基于市场发展的标准，或基于政府通道认定的标准。这一结论也能通过政府渐渐退出行业技术兼容标准制定过程的现象得到证实。同时，一味地采用由市场决定的技术标准，也会付出高昂的代价，因为这个标准往往是由行业垄断者制定，而已将沉没成本投资于其他技术标准的消费者会很不情愿接受这个现实。所以通过多方协商最终达成的行业标准——虽然看上去需要耗费很长时间（Farrell and Saloner, 1988；Simocoe, 2012）——可以确保市场更快地发展，并且降低各方的投资风险。

以上标准的争夺在高清 DVD 播放机和内容格式市场中有着鲜活的案例。类似的，在市场中各类标准僵持不下会使得市场发展缓慢，如相比于采用统一标准（GSM）的欧洲手机市场，美国的第二代手机市场由于一直没有确定下标准而发展缓慢。这些案例都向 ICT 行业的公司证明了对于行业标准纠缠不清的后果，并且证明了通过合作协商的方式（以行业委员会为基础)确定标准可能是最好的选择,而这一选择结果将比仅通过市场来制定的标准更具竞争力。

总的来说,通过行业委员会制定的技术标准,更专注于行业内公司之间的协商与合作,但是起草这些技术细节的过程往往需要花费一些时间。一些正式的标准制定组织如 IEEE (Institute of the Electrical and Electronics Engineers)、IETF(Internet Engineering Task Force)、3GPP(Third Generation Partnership Project)都欢迎任何对标准制定感兴趣的组织加入,但那些真正能够左右行业标准的组织,往往拥有丰富的行业经验、协商技巧和对这一标准制定过程中长期不懈的付出(Spring et al., 1995)。制定行业技术标准需要花费大量的时间和精力,如 3GPP 机构为了制定第三代手机通信系统标准 UMTS 和行业内主要制造商协商了将近十年。制定过程中一些公司起到了核心的作用,如 Nokia 和 Ericsson 调派了几十位全职专业工程师每几周就跑去全球各地开会讨论。这背后虽然花费了大量的人力资本和金钱,但是这样的付出使公司能够在未来标准制定中有自己的发言权。

除了以上正式的标准制定过程外,大部分在通信与电脑行业的公司都会参与到一些非正式的技术与营销协会中(Chiao et al., 2007)。在这些协会里,公司对逐渐形成的新技术解决方案和不断演进的终端消费者市场进行研究、讨论和测试。一些行业协会仅仅是为了公司间信息的交换和市场的合作,但是也有一些协会真正参与了正式标准设立主体(如3GPP 和 IEEE)的技术解决方案和标准制定过程中。行业协会并不是对所有申请者都开放,它们往往具有成熟的会员结构,并且影响力越广的协会对成员收取的会费越高。正如 Leionen(2008)、Delcamp 与 Leiponen(2012)的研究指出,参加移动通信行业中非正式的协会能够显著地提高公司制定正式技术标准的能力,并且会促进公司研发适合 UMTS 标准的高利用率的高新技术,因此非正式的行业协会在创新和制定行业标准的过程中也起到了核心的作用。不同行业协会采取的战略,会使它们在标准制定过程中产生不同的影响。占领信息渠道的协会更倾向于拥有前沿科技的力量,而与其他协会保持良好关系的协会则拥有可以改变行业具体标准的行政影响力(Leiponen and Ter Wal, 2012)。

因此,无论参与的是正式的还是非正式的标准制定协会,作为成员的公司都会从中获益。他们可以更快并且更深入地了解竞争对手对未来标准化系统的创新战略,并及时与互补性技术提供商建立联系(Bar and Leiponen,2012),将自己的创新、竞争和组织战略与委员会制定标准过程联系起来。公司也有机会将自己的知识产权放入行业的技术标准中,以迫使竞争对手不得不出于服从标准的目的,向他们缴纳制造和销售产品的专利税。Rysman and Simcoe(2008)分析了公司将他们的核心专利向标准制定组织公开后的结果,发现这些核心专利的引用率都有显著的提高。这说明当一项专利很有可能被加入行业标准时,它的价值会在无形中被提升。而向标准制定机构公开的专利,也并不一定是这些标准所急需的,那些需要经过许可的专利所收取的费用都将由双方共同协商并产生法律效力。

最后,如果参与标准制定的成员中有足够的技术和经验,那他们就将可以影响标准制定的过程,使这一标准更加符合自己的顾客和互补性资产的需求。标准制定的活动也会给公司带来间接的财务和竞争优势。Waguespack 和 Fleming(2009)研究发现,参与正式的制定行业标准的机构,可以帮助初创的创新者及早地判断哪些项目在未来没有发展潜力。同时加入这一标准制定活动的处于价值链上游的公司,也可以从制定未来标准的委员会中发现将他们的经验和产品推广至下游的机会。

行业标准与专利结合得最紧密的一点,就在所谓的核心专利上,许多标准制定机构都要求成员基于公平、合理和非歧视性原则(FRAND or RAND)来行使专利许可。因为实际中的许可协议都是公司双方私下进行的,并且会包括许多高度战略性的条款,有时很难保证协议是公平、合理和非歧视的。从无线通信行业这几年的情况来看,这些许可协议往往都是不公平和歧视性的(行业的不同主体受到了不同的对待),有时甚至是不合理的,这些情况都会导致专利持有者经常被告上法庭。比如 2006 年,Nokia 和 Qualcomm 曾因互相签订的许可协议而闹上法庭,并要求美国特拉华州的法院给出对 FRAND 这一原则的具体解释①。但是,就像大多数其他专利争议一样,这一案例最后还是庭外和解,因此至今各界还是不清楚 FRAND 原则到底该如何理解。直到 2008 年,Nokia 和 Qualcomm 依然争执不下,Nokia 在开庭前声明,有关"公平并且合理"的原则,应该考虑这一有争议的专利列入行业标准后所做出的贡献,从而为这一专利的许可制定更合理的价格。但是 Qualcomm 反对这一提议,并应用同期 ETSI(欧洲电子通信标准机构)对知识产权政策的解读来作为依据。

对于许多 ICT 的公司来说,核心专利许可协议的不确定性和法律效力是他们最大的难题。Bekkers 和 West(2009)研究了 ETSI 内部对通信行业标准中的知识产权的讨论,发现每一次试图改善许可协议的透明度和非歧视性时,总会受到行业中某些势力的阻遏,特别是同时投资了技术研发和产品制造的公司(如 Nokia 和 Ericsson)和仅持有专利而不进行产品制造的公司(如 Qualcomm 和 InterDigital)之间的冲突常常得不到解决。所以每一次 ETSI 通信标准制定机构试图完善这一行业的知识产权政策时,都只能修改一些边边角角,无法撼动最核心的矛盾冲突。

这一矛盾的解决办法之一是,要求标准制定组织的成员在标准公布之前,就公开他们的知识产权许可协议(Updegrove,2006; Bekkers and West, 2009)。这一想法也得到了美国联邦贸易委员会(2011)的支持,并将它用于提高知识产权价格竞争程度,但并非用来帮助知识产权的供应方和买者更好地达成协议。

知识产权的改革不可能让 ICT 行业现有的各方都满意,所以关于这一系统的改革很难从内部发起。除非美国或欧洲政府出面,而这一境况将会在较长的时间内持续下去。导致这一现象的根本原因是,近 20 年来专利法律效力的不断加强,由法律赋予的这些财产权很难因为标准制定机构下发的命令或调解协议而改变。但政府很少出面干涉知识产权的条款签订。如 Rambus 公司曾经恶意地欺骗同在 JEDEG(固态技术协会)的其他成员接受他的知识产权地位和许可协议,即使这样,行政法庭和相关政府机构依然在迟疑是否采取行动

---

① 见 A. Updegrove (2006):"特拉华州法院被请求解释'FRAND'原则:呼吁事前的又一原因。"于 2012 年 3 月 28 日访问自:http://www.consortiuminfo.org/standardsblog/article.php?story=20060813123034215。快讯于 2012 年 3 月 28 日检索自:http://www.nokia.com/NOKIA_COM_1/Press/Legal_News_(IPR_news)/IPR_News/Latest_News/Redacted-Public_Nokia_Opening_Pretrial_Brief.pdf。

(联邦贸易委员会,2006)。

总的来说,无论创新规模多大,创新、知识产权和最佳行业标准的融合会为创新者带来巨大的好处,无论创新者的规模是大是小。但这并不意味着将知识产权的保护效力发挥到极致,因为有时一个发明的扩散和衍生会为市场带来极大的好处,特别是对于那些在互补性市场中拥有强大市场支配力的公司。在ICT行业中,公司积极地与行业标准制定机构合作是十分常见的,因为在这些协调的过程中可以极大地降低未来供应商和终端客户的不确定性,降低和不适当的沉没成本投入,从而提高市场蓬勃发展的概率和速度。而合作参与这一标准制定的过程中也充满了公司间对上游市场技术的许可权和下游产品与服务的制造权的竞争。这一由公开标准而引发的"组件竞争"(Farrell et al.,1998)会比由封闭并且垄断的标准带来的竞争有更低的边际成本。公司间争夺的并不仅仅是标准化的产品或价格(他们能分得的那部分蛋糕),还包括对行业未来发展方向的争夺把控,而后者(整块蛋糕的规模和形状)则是对他们影响更为深远的。

知识产权和相关标准的近期发展

技术竞争的全球化从一定程度上导致了专利已成为ICT和化学行业创新战略十分关键的部分,这一点从20世纪80年代中开始不断增长的专利申请数量就可以看出。根据世界知识产权局的数据,2010年专利申请数量是1995年的两倍[①]。增长最快的地区是美国、日本、韩国和中国,欧洲地区的专利申请增长速度相对平稳。韩国和中国专利局收到的申请文件总和已超过了全欧洲专利局收到的申请文件数量。而且相比之下,一些欧洲国家诸如法国、英国、德国的增长速度都较为平缓。从技术的角度来看,专利数量的增长也主要集中于数字通信行业,其全球专利申请数量现已超过了化学制药行业,同时它也是专利和标准争议出现最频繁的行业。在相对较小的信息技术领域(在国际专利分类标准下)也可以观察到专利申请的快速增长。对于地区的专利局来说,专利申请的快速增长给他们带来了巨大的挑战,除了工作量的增加以外,涌现了许多如软件和商业模式等他们以前从未接触过的专利保护申请,这些原因都会导致专利质量的下降(Wagner,2008)。

有关基因行业中的科技是否能够申请专利的问题,行业中一直争论不休。据估计,美国将近有47 000项基因发明和3 000~5 000项个人类基因专利。一些人认为将人类基因作为专利来看是有悖伦理的,因为基因是人类共有的东西,而不应该由个人持有。另一个有关基因专利的担忧是害怕专利的产生会阻碍基因科学的发展。如Myriad Genetics的乳腺癌基因专利,就被行业担心有可能阻碍其他科学实验室也进行和它相关的研究(Paradise,2004)。因此加拿大并不承认基因专利,欧洲的一些国家甚至下令禁止申请与基因相关的专利(Cook-Deegan,2012)。

全球各个国家在知识产权保护上的差异,也在世界贸易组织(《与贸易有关的知识产权协议》)中引发了大量的争论和国际协商。有些国家认为,虽然在一些发展中国家专利申请

[①] 数据来源于:http://www.wipo.int/ipstats/en/statistics/patents/。于2012年3月28日访问。

的数量在不断增长,但是这些国家并没有像发达国家一样对知识产权进行严格的把控(IIPA,2009)。这就会使得其他国家的公司在进入发展中经济体时,自身的创新和竞争战略会受到影响,而且在知识产权保护较弱的环境下,其专利战略不得不更多地依靠商业秘密和复杂的设计来进行保护(Zhao,2006)。

在 ICT 行业,兼容标准一直都是诉讼的核心,并且也为未来的技术发展方向带来了更多的不确定性,从长期来看,对于创新者、制造商、服务提供商和终端用户来说都是不利的。Simcoe,Graham 和 Feldman(2009)记录了小型和大型创新主体有关专利方面的法律文书,他们发现标准制定的过程将影响专利持有者的法律战略动机。因为当一项专利在诉讼过程中被提及时,这一专利的价值就会被提高(Rysman and Simcoe,2008),因此从诉讼中得到的收益也会被放大。在这一背景下,小型公司在专利被曝光后会有更大的可能性再次提起诉讼,而大公司再次提起诉讼的概率保持不变。大小公司提起诉讼概率的差异反映出,以生产产品为利润来源的公司和以通过发展和许可知识产权为利润来源的公司行为差异是很大的。虽然强有力的专利保护和有效的技术市场会激发许多重要的创新,但是创新者手中能够阻碍其他公司商业化互补性技术的权利,其实会对社会总体福利带来损失。然而,这一权利给社会带来的净效应目前并没有在学术文献中得到正确的建模或实证检验。

另一个与知识产权战略相关的主题是非执业实体。正如刚才有关标准制定诉讼方面的讨论,一个围绕制造活动为核心的公司与只依靠研发和运作知识产权为核心的公司有着显著的差异。现在出现了第三种商业模式,这一模式中仅包括知识产权的收购、管理和商业化——而这大多都是通过诉讼的方式。这样的实体被贬义地称作"专利流氓"(patent trolls),或者近些年出现的概念:"专利主张实体"(Patent Assertion Entity,Federal Trade Commission,2011)。

虽然一些上游的研发者经常会卷入诉讼中,但 Layne-Farrar(2012)认为,其中以研发为主的非实施主体和专利主张认定(patent assertion)实体之间还是有存在巨大的差异。研发的技术人员就是会而且不得不在技术市场上变得强势一些,他们需要与下游的生产商(操作实体)不断地打交道,因此他们会更加注重长期表现,而不是短期的利己战略,因此他们在下游生产商面前会更加的积极配合,好让他们的技术在市场上得到更好的推广。而相反的,专利主张认定实体就只是为了最大化他们手中的垄断权力的短期利益,因此会不遗余力地获取专利或发起专利诉讼。

Bessen、Ford 和 Meurer(2011)认为,专利主张认定实体的存在会降低社会福利。这些作者研究发现,1990—2010 年,以非实施实体作为原告的诉讼让被告赔付了将近 5 000 亿美元。同时,Bessen、Ford 和 Meurer 还认为,那些被告公司下降的创新积极性要比其他发明者增加的创新积极性大得多。这一观点的反对者认为,这些非实施主体反而让技术市场的流动性更高,从而增加了经济福利(McDonough,2006)。然而不可否认的是,光是这些诉讼的成本就会损失被告的福利,增加收益的只是律师。

还有一个与知识产权战略相关的悬而未决的问题,是行业标准中的核心专利。2011年,Nokia 公司将其一个拥有上百项与 3G 和 LTE 无线电子通信行业标准相关的核心专利的分公司（Core Wireless）出售给了一家名叫 Mosaid 的专利主张认定实体。这次交易使 Mosaid 公司能够代表 Core Wireless 进行诉讼和许可行为，但是所得的利润可以在 Mosaid 公司、Nokia 公司和其联盟公司 Microsoft 间共同分配。目前，法庭对于如何解决"专利流氓"提出的标准相关的专利诉讼并没有明确的答案。Rambus 公司的案例表明，当一个公司将与公开行业标准相关的技术商业化时，其他公司不能采取不正当的阻止行为，但完全合法的专利收购和重新分配尚未得到解决。竞争机构也对合作标准化技术相关的知识产权许可产生了兴趣①。同时，最新颁布的美国投资法案，使专利主张认证实体在一次诉讼中控告多名被告的行为变得越加困难。Layner-Farrar（2012）认为这个法案还应该限制专利主张认证实体能够获得的金额。

以上许多的讨论、法律和诉讼都与标准技术的许可协议密切相关。如果有办法将事前的承诺转变为使知识产权税得到最大化，并且以法律的形式来保护和确定下来，那么，即使相关的知识产权已经转移至第三方，很多没有意义的诉讼都有可能被避免。知识产权诉讼领域又涌现出许多新的游戏规则，监管者、法律制定者和法庭也正在慎重地衡量这些行为对社会带来的影响。幸运的是，这一切发展都为从事知识产权战略管理和标准制定的理论和实证研究提供了绝好的机会。

参 考 文 献

Arora, A., Fosfuri, A., and Gambardella, A. (2001). *Markets for Technology*. Cambridge, MA: MIT Press.

Arundel, A., (2001). 'The Relative Effectiveness of Patents and Secrecy for Appropriation', *Research Policy*, 30: 611–24.

Arundel, A., and Kabla, I. (1998). 'What Percentage of Innovations are Patented? Empirical Estimates for European Firms', *Research Policy*, 27: 127–41.

Bar, T., and Leiponen, A. (2012). 'Committees and Networking in Standard Setting'. Unpublished manuscript.

Bekkers, R., and Martinelli, A. (2012). 'Knowledge Positions in High-tech Markets: Trajectories, Standards, Strategies and True Innovators', *Technological Forecasting & Social Change*, 79: 1192–1216.

Bekkers, R., and West, J. (2009). 'The Limits to IPR Standardization Policies as Evidenced by Strategic Patenting in UMTS', *Telecommunications Policy*, 33: 80–97.

Bekkers, R., Duysters, G., and Verspagen, B. (2002). 'Intellectual Property Rights, Strategic Technology Agreements and Market Structure: The Case of GSM', *Research Policy*, 31(7): 1141–61.

Bessen, J., and Meurer, M. J. (2005a). 'The Patent Litigation Explosion', Boston University School of Law, Working Paper No. 05-18.

Bessen, J., and Meurer, M. J. (2005b). 'Lessons for Patent Policy from Empirical Research on Patent Litigation', *Lewis & Clark Law Review*, 9(1): 1–27.

Bessen, J., Ford, J., and Meurer, M. (2011). 'The Private and Social Costs of Patent trolls', Boston University School of Law, Working Paper No. 11-45. Available at <http://ssrn.com/

---

① 路透社：欧盟监管机构调查三星的手机专利（2012 年 1 月 31 日）。于 2012 年 4 月 3 日访问自：http://www.reuters.com/article/2012/01/31/us-eu-samsungidUSTRE80U0NU20120131。

abstract=1930272> (accessed 10 March 2012).

Chiao, B., Lerner, J., and Tirole, J. (2007). 'The Rules of Standard-setting Organizations: An Empirical Analysis', *RAND Journal of Economics*, 38(4): 905–30.

Cohen, W. M., Nelson, R. R., and Walsh, J. P. (2000). 'Protecting Their Intellectual Assets: Appropriability Conditions and Why U.S. Manufacturing Firms Patent (Or Not)', NBER Working Paper 7552.

Cook-Deegan, R. (2012). 'Gene Patents. The Hastings Center Bioethics Briefing Book'. Available at <http://www.thehastingscenter.org/Publications/BriefingBook/Detail.aspx?id=2174> (accessed 11 May 2012).

Delcamp, H. and Leiponen, A. (2012). 'Innovating Standards Through Informal Consortia: The Case of Wireless Telecommunications'. NBER Working Paper.

Farrell, J. and Saloner, G. (1988). 'Coordination through Committees and Markets', *RAND Journal of Economics*, 19(2): 235–52.

Farrell, J., Monroe, H. K., and Saloner, G. (1998). 'The Vertical Organization of Industry: Systems Competition versus Component Competition', *Journal of Economics and Management Strategy*, 7(2): 143–82.

Federal Trade Commission (2006). 'FTC Finds Rambus Unlawfully Obtained Monopoly Power'. Press release available at <http://www.ftc.gov/opa/2006/08/rambus.shtm> (accessed 4 March 2012).

Federal Trade Commission (2011). 'The Evolving IP Marketplace, Aligning Patent Notice and Remedies with Competition'. Report issued in March 2011.

Fisher, W. W. III (2004). *Promises to Keep: Technology, Law, and the Future of Entertainment*. Palo Alto: Stanford University Press.

Gallini, N., and Scotchmer, S. (2002). 'Intellectual Property: When is it the Best Incentive System?' in A. B. Jaffe, J. Lerner, and S. Stern (eds), *Innovation Policy and the Economy*. Cambridge, MA: MIT Press, 51–77.

Gans, J., and Stern, S. (2003). 'The Product Market and the Market for "Ideas": Commercialization Strategies for Technology Entrepreneurs', *Research Policy*, 32: 333–50.

Gans, J. S., Hsu, D., and Stern, S. (2002). 'When does Start-up Innovation Spur the Gale of Creative Destruction?' RAND Journal of Economics, 33(4): 571–86.

Griffith, R., Redding, S., and Van Reenen, J. (2004). 'Mapping the Two Faces of R&D: Productivity Growth in a Panel of OECD Industries', *Review of Economics and Statistics*, 86(4): 883–95.

Hall, B., and MacGarvie, M. (2010). 'The Private Value of Software Patents', *Research Policy*, 39: 994–1009.

Hall, B., and Ziedonis, R. (2001). 'The Patent Paradox Revisited: An Empirical Study of Patenting in the U.S. Semiconductor Industry, 1979-1995', *RAND Journal of Economics*, 32(1): 101–28.

Hall, B. H., Graham, S. J. H., Harhoff, D., and Mowery, D. C., (2003). 'Prospects for Improving U.S. Patent Quality via Post-grant Opposition', *Innovation Policy and the Economy*, 4: 115–43.

Harabi, N. (1995). 'Appropriability of Technical Innovations: An Empirical Analysis', *Research Policy*, 24: 981–92.

Henry, M. D. and Turner, J. L. (2006). 'The Court of Appeals for the Federal Circuit's impact on patent litigation', *Journal of Legal Studies*, 35(1): 85–117.

IIPA (2009). 'International Intellectual Property Alliance Special 301 Reports on Copyright Protection and Enforcement: Priority Watch List including People's Republic of China, India, Argentina, Indonesia, Russian Federation, Thailand etc.' Available at <http://www.iipa.com/2009_SPEC301_TOC.htm> (accessed 12 May 2012).

Jaffe, A. B. and Lerner, J. (2004). *Innovation and Its Discontents: How Our Broken Patent System is Endangering Innovation and Progress, and What to Do About It*. Princeton, NJ: Princeton University Press.

Jones, C. I. and Williams, J. C. (1998). 'Measuring the Social Return to R & D', *Quarterly Journal of Economics*, 113(4): 1119–35.

Lanjouw, J. O. and Schankerman, M. (2004). 'Protecting Intellectual Property Rights: Are Small Firms Handicapped?' *Journal of Law and Economics*, 47(1), 45–74.

Layne-Farrar, A. (2012). 'The Brothers Grimm Book of Business Models: A Survey of Literature and Developments in Patent Acquisition and Litigation'. Paper presented at the George Mason University Law School conference, The Digital Inventor: How Entrepreneurs Compete on Platforms, 24 February 2012.

Leiponen, A. (2006). 'National Styles in the Setting of Global Standards: The Relationship between Firms' Standardization Strategies and National Origin', in A. Newman and J. Zysman (eds), *How Revolutionary was the Revolution? National Responses, Market Transitions, and Global Technology in the Digital Era*. Palo Alto, CA: Stanford University Press, 350–72.

Leiponen, A. (2008). 'Competing Through Cooperation: Standard-Setting in Wireless Telecommunications', *Management Science*, 54(11): 1904–19.

Leiponen, A., and Byma, J. (2009). 'If You Cannot Block, You Better Run: Small Firms, Cooperative Innovation, and Appropriation Strategies', *Research Policy*, 38(9): 1478–88.

Leiponen, A., and Ter Wal, A. (2012). 'Small Worlds and Affiliation Networks in Wireless Telecom Standardization'. Unpublished manuscript.

Lemley, M. A. (2009). 'The Surprising Virtues of Treating Trade Secrets as IP Rights', *Stanford Law Review*, September 4. Available at http://legalworkshop.org/2009/09/04/the-surprising-virtues-of-treating-trade-secrets-as-ip-rights on 2 April 2012.

Lerner, J., and Merges, R. P. (1998). 'The Control of Technology Alliances: An Empirical Analysis of the Biotechnology Industry', *The Journal of Industrial Economics*, 46(2): 125–56.

McDonough, J. F. III (2006). 'The Myth of the Patent Troll: An Alternative View of the Function of Patent Dealers in an Idea Economy', *Emory Law Journal*, 56: 189–228.

Molteni, L., and Ordanini, A. (2003). 'Consumption Patterns, Digital Technology and Music Downloading', *Long Range Planning*, 36: 389–406.

Mowery, D. C., Sampat, B., and Ziedonis, A. (2002). 'Learning to Patent: Institutional Experience, Learning, and the Characteristics of U.S. University Patents After the Bayh-Dole Act, 1981–1992', *Management Science*, 48(1): 73–89.

Paradise, J. (2004). 'European Opposition to Exclusive Control over Predictive Breast Cancer Testing and the Inherent Implications for U.S. Patent Law and Public policy: A Case Study of the Myriad Genetics BRCA Patent Controversy', *Food and Drug Law Journal*, 59(1): 133–54.

Peitz, M., and Waelbroeck, P. (2004). 'An Economist's Guide to Digital Music', CESifo Working Paper No. 1333.

Pisano, G. P. and Teece, D. J. (2007). 'How to Capture Value from Innovation: Shaping Intellectual Property and Industry Architecture', *California Management Review*, 50(1): 278–96.

Rose, M. (1993). *Authors and Owners: The Invention of Copyright*. Boston, MA: Harvard University Press.

Rosen, H. (2005). 'The Supreme Wisdom of Not Relying on the Court'. Huffington Post 26 June. Available at <http://www.huffingtonpost.com/hilary-rosen/the-supreme-wisdom-of-not_b_3221.html> (accessed 27 March 2012).

Rysman, M., and Simcoe, T. (2008). 'Patents and the Performance of Voluntary Standard Setting Organizations', *Management Science*, 54(11): 1920–34.

Scotchmer, S. (1991). 'Standing on the Shoulders of Giants: Cumulative Research and the Patent Law', *Journal of Economic Perspectives*, 5(1): 29–41.

Simcoe, T. (2012). Standard Setting Committees: Consensus Governance for Shared Technology Platforms', *American Economic Review*, 102(1): 305–36.

Simcoe, T., Graham, S. J., and Feldman, M. (2009), 'Competing on Standards? Entrepreneurship, Intellectual Property and Platform Technologies', *Journal of Economics and Management Strategy*, 18(3): 775–816.

Somaya, D. (2003). 'Strategic Determinants of Decisions not to Settle Patent Litigation', *Strategic Management Journal*, 24: 17–38.

Spring, M. B., Grisham, C., O'Donnell, J., Skogseid, I., Snow, A., Tarr, G., and Wang, P. (1995). 'Improving the Standardization Process: Working with Bulldogs and Turtles', in B. Kahin and J. Abbate (eds), *Standards Policy for Information Infrastructure*. Cambridge MA: MIT Press, 220–50.

Stobbs, G. A. (2000). *Software Patents*. New York NY: Aspen Law & Business.

Teece, D. J. (1986). 'Profiting from Technological Innovation: Implications for Integration, Collaboration, Licensing and Public Policy', *Research Policy*, 15: 285–305.

Teece, D. J. (2006). 'Reflections on "Profiting from Innovation"', *Research Policy*, 35(8): 1131–46.

Tether, B., and Massini, S. (2007). 'Services and the Innovation Infrastructure', in *Innovation in Services*. DTI Occasional Paper 9, 135–92.

Updegrove, A. (2006). 'Delaware Court is Asked To Define "FRAND": Another Reason to Call for Ex Ante', <http://www.consortiuminfo.org/standardsblog/article.php?story=20060813123034215> (accessed 28 March 2012).

Wagner, R. P. (2008). 'Understanding Patent-quality Mechanisms', *University of Pennsylvania Law Review*, 157: 2135–57.

Waguespack, D. M., and Fleming, L. (2009). 'Scanning the Commons? Evidence on the Benefits to Startups Participating in Open Standards Development', *Management Science*, 55(2): 210–23.

Waldfogel, J. (2011). 'Copyright Protection, Technological Change, and the Quality of New Products: Evidence from Recorded Music since Napster'. NBER Working Paper 17503.

Wright, B. D. (1983). 'The Economics of Invention Incentives: Patents, Prizes, and Research Contracts', *American Economic Review*, 73(4): 691–700.

Zhao, M. (2006). 'Conducting R&D in Countries with Weak Intellectual Property Rights Protection', *Management Science*, 56(7): 1185–99.

第29章

并购和创新

高塔姆·阿胡贾(Gautam Ahuja)
艾琳娜·诺维利(Elena Novelli)

引　言

兼并(mergers)和收购(acquisitions)(因此被称作并购,M&A)是一种重要的组织现象,大量学者从不同学科视角(如管理学、产业经济学)、在不同组织或经济含义的情境下(例如,并购是否创造价值,并购的反垄断影响等)对其进行了研究。本章主要回顾在现有创新情境下的管理研究,找出用于概念化并购和创新关系的理论视角和抽象模型,回顾在创新情境下关注兼并前因变量和后果变量,以及并购整合的文献,并指出现有文献的缺点。

在创新情境下,并购被视作一种机制,可以完成以下不同的目标:(a)补充(filling out)一个产品系列;(b)缩减产品上市的时间;(c)在研究上获取规模经济,并降低研发的单位成本;(d)提高一个组织创新产出的比例;(e)促进组织吸收新技术以增强其制造和运营能力;(f)帮助组织加强现有创新能力(如在某个组织已经活跃的领域);(g)帮助组织创建某种新的创新能力(如在某个组织尚未活跃或者少量活跃的领域)。目前的学术研究重点关注的是(d)、(f)和(g)领域,而且三者被研究的频率是依次递减的。

一般来说,本章的核心结论可以表明该领域的哪几个重要课题还尚未被研究。这些尚未被研究领域核心的问题是:(a)"战略"兼并,包括两种情况,即收购一项技术阻止别人使用,或者收购一项技术作为不确定技术环境下的"选择"兼并;(b)并购的系统影响,包括兼并技术在部门之间进行传播的影响;(c)并购的"结果性"影响,在关注创新的情境下,这种影响会被用更接近"最终的"或者"结果的"指标来衡量,如企业生产率和利润;(d)为某个活动系统或组织提供情境或"冲击"的兼并,促使研究者去评估和理解其他组织理论和问题;(e)资产剥离作为一种"冲击",用来推测兼并的影响。

问题的重要性

无论是出于理论原因还是实践原因,理解并购对于创新的影响都是重要的。从理论上讲,并购为提高我们对一些重要组织问题的理解提供了一个重要的平台,具体包括以下几个方面:(a)组织的边界问题及其影响;(b)组织能力的建设;(c)冲击对于组织惯例的影响;(d)通过技术控制取得的市场主导地位。这说明,并购除了与构建一个理论理解本身有关外,也能为每个普遍用于战略研究的核心理论提供一个情境,包括交易成本理论(transactions costs economics,TCE)、资源能力基础观(capabilities and resource-based views)、演化经济学(evolutionary economics)和产业经济的结构—行为—绩效范式(structure-conduct performance type)等,以构建或验证它们的观点。现有管理研究可能已经很关注(b)和(c),对(a)也有少量研究,但对(d)的关注相当有限。

从管理的角度看,从收购企业以进行能力构建或补足产品线,到为风险资本家提供退出选择以使他们的投资获利,为了取得创新导向的目标,并购普遍占用了许多非常重要的公司资源。无论从管理或政策的视角出发,我们都会对理解这种投资的效果产生天然的兴趣。

重要主题和研究发现以及相关启示

在创新情境下对并购的概念化

一个简单的抽象模型,可以用来解释并购在创新情境下的潜在机制。组织产生的创新是组织知识的一种基础产物,认识到这一点,我们就能够通过使用恰当的术语,将组织知识库描述成一个集合,组织所了解的单个知识元素或事情就成为这个集合的元素(阿胡贾和凯蒂娅,2001)。这种抽象方法有可能将并购的几个维度重新糅合进一个简单的理论构建视角(图29.1和图29.2)。举例来说,两个公司的兼并可以被看作两个知识库的联合,根据双方知识库的重叠(交叉),就可以重塑它们在技术方面的关联性;甚至能够以其原始知识库和被兼并过来的知识库为基础,获取被单个组织所掌握的知识的绝对值和相对值。这种近似方法可以用来导出并购多个维度的可测试性预测结果。如果可以识别这些知识元素,那从实证上(如使用专利或者单个科学家作为这种集合的元素)去验证和检验这个观点也变得可能,这是一种被一些研究者所遵循的战略(阿胡贾和凯蒂娅,2001;普拉南和斯里坎特,2007)。

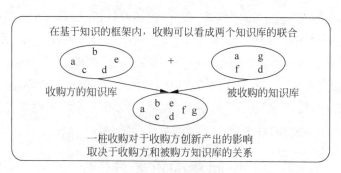

图29.1 并购作为元素集合的联合

相关研究已经从不同理论视角分析了并购现象和创新的关系:资源基础观(resource based view,RBV)认为,收购可以被看作一种通过获取新资源和新能力以增强创新的方式。

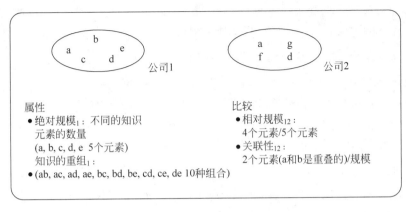

图 29.2　组织的知识库

创新需要创造新技术、新产品或者新流程,收购扩大了收购方能够用于重组的资源和能力的集合,创新重组的逻辑(a recombinant innovation logic)(弗莱明,2001)观点认为,可以通过两种机制提高公司的创新绩效:①收购能够直接为公司提供获取新知识元素,如技术资源或者能力的途径,以增加可获取的、能够被用于重组的元素数量。②因为资源和能力的范围对于创新意义重大,它不仅包括技术和产品开发能力,而且包括商业化能力(考尔,2012)和互补性资产,所以这种非技术资产的收购,让公司可以使用与过去不同的方法来整合现有技术资源和能力,从而达到创新的结果。

进一步而言,收购展现的是一种交易的方式,诸如组织惯例或非编码知识等资源,它们可能是被嵌入在组织中的,或者是不可交易的资产(卡普纶等,1998;阿胡贾和凯蒂娅,2001)。从内部培育资源和能力,对于公司而言可能是难以实现的,而且更重要的是,这种方法可能不能在短期内被有效执行(迪瑞克斯和库尔,1998)。于是,跟其他在组织内部生成知识的方法相比较,收购能够提供快速获取资源的途径,这就成为一种明显的优势(哈格顿,2002;金等,2008)。通过交易有能力的公司单位,收购使得能力或其他不可交易的资源变得可以交易(卡普纶等,1998)。这些益处有可能在一些动态和快速变化的产业内达到最大化,如高科技产业。除此之外,收购还提供获取新资源的途径,收购方也不用像在联盟中那样需要跟其他公司分享现有的资源。

根据以上前提,RBV 领域内的文献已经通过关注以下宽泛的研究问题,对创新情境下的并购进行了研究:收购方或被收购方什么样的知识或资源特征会增加其参加收购的可能性?在什么情境下,收购方和被收购方的不同知识和资源特征会导致创新绩效的提升?

从交易成本经济学(TCE)的角度出发,收购被看成扩大公司边界的一种途径。这个领域内的研究,主要通过比较收购和其他形式的治理结构,来评估不同治理结构的益处及其实践启示(席林和斯丁斯默,2002;凯尔等,2008)。在创新情境下,这种现象经常会跟技术采购(technology sourcing)一起被研究。参与收购被描述成一种对于技术市场无效率的回应(埃纳尔,1991;Vanhavebeke et al.,2002),因为它与依靠市场获得"公司控制"(希特等,

1996)一致,而与依靠市场购买技术相反(阿罗拉等,2001)。更一般来讲,收购创新公司相对于组建创新联盟而言,可以为收购方提供更强的公司控制力(哈格顿,1990,1993),同时可以使公司获得规模经济和范围经济的益处(Hoffmann and Schaper-Rinkel, 2001),并且与内部成长方式相比,它具有明显的速度优势(卡普纶等,1998)。

与在市场上购买技术的方式相比,当潜在的知识是默会知识(兰夫特和洛德,2002),而且可能需要合作伙伴之间进行更密切的互动和更丰富的交流时,收购会显得更加适合,因为这种交流和互动,能够降低可能存在于其他关系中的利益冲突和交易成本(卡特等,1998;斯丁斯默和科莉,2001;凯尔等,2008)。因为收购经常牵涉到不同类型知识的转移,所以人们发现收购和其他外部关系是互补的(阿罗拉和甘巴德拉,1990)。但是,收购也要承担发生在目标选择和谈判过程中的高成本(辛格和蒙哥马利,1987)。

顺着这些前提,建立在 TCE 基础上的并购研究,想要揭示以下广泛的问题:在什么情境下,收购在成功地产生创新方面是优于其他方式的?在什么情境下,公司想要获取的技术/知识特征会导致公司采用收购的方式而非其他的治理形式?

从组织学习(organizational learning)的角度出发,收购被看成一种促进组织学习的途径(Huber,1991;Haleblian and Finklestein,1999)。这种观点认为,对不同市场目标的了解,能够激励公司做出收购决策(戈沙尔,1987;希特等,1996;阿胡贾和凯蒂娅,2001;考尔,2012)。在收购情境下,学习发生的一个核心机制就是公司吸收能力的增强,这种能力会随着目标公司知识库的规模增加而增加(阿胡贾和凯蒂娅,2001;马克立等,2010)。而且移植目标组织所拥有的知识,是另一种通过收购进行学习的方法(Huber,1991)。此时,公司过去的经历以及想要达到的学习结果也会影响公司的收购决定(贝克曼和豪恩席尔德,2002)。于是,来自组织学习领域的研究就需要解决以下广泛的问题:什么类型的学习目标会激发组织做出收购选择?什么情境下收购会促进组织学习,进而促进后续的创新?

并购和创新的关系:创新及并购的前因变量

在创新密集的情境下(innovation intensive contexts),有三个主要因素可以影响参与收购的范围或可能性,即同行(parties)创新的数量和性质、同行的绩效以及环境特征。现有研究表明,收购方的创新生产率(innovative productivity)会影响其参与收购的选择,内部生产率下滑的公司,更可能进行收购以尝试补充现有的研究渠道(希金斯和罗德里格斯,2006)。但是,收购方的创新绩效水平越高,其参与收购的可能性也越高(考尔,2001)。发生这种情况是因为收购不仅代表着一种获取新知识的机会,而且是一种有效的为成功技术创新的商业化获取互补性资源的方式。从组织学习角度来看,技术资源更加丰富的收购目标能够提供更多的机遇以增加收购方的组织知识(戈沙尔,1987;希特等,1996)。与 RBV 的观点一致,目标公司的技术资源水平证明了收购更能够确保相关资源的获取,而并非与目标公司结盟(Villalonga and McGahan,2005)。

同行的知识性质(the nature of knowledge)也能影响公司的收购决策。拥有更少专用性知识的收购方可以把收购看成一种多元化的途径,从而更愿意参与收购(米勒,2004)。而且,当收购方的技术知识资产具有更高价值时,收购方可能会选择保护自己的资产,从而更加偏好整合性质的治理方式(收购)而不是成立联盟(Villalonga and McGahan,2005)。除此之外,想要获取的知识的特征,如知识的独特性、难以模仿性和不确定性,也会使收购比其他治理结构更可能发生,因为此时组织可以感知到更多的机会主义威胁(席林和斯丁斯默,2002)。戴尔等(2004)强调同时利用收购和联盟战略的组织,会比竞争对手成长得更快,但我们还需要更多的研究来断定这个关系中的因果方向。

第二个决定在创新情境下是否参与收购的因素,是参与者的绩效(the performance of the firms involved)。例如,米勒(2004)发现通过收购进行多元化的公司,其研发强度比那些保持聚焦的公司更低;而且当收购方的绩效低于期望水平且拥有富余资源时,收购发生的可能性将会提高(伊耶和米勒,2008)。从出售方的角度来看,格雷布纳和艾森哈特(2004)发现收购会伴随着以下两种情况而发生:一是当目标公司面临战略阻碍时,如需要寻找首席执行官或者融资;二是具有强烈的个人出售动机时,如过去的失败以及朋友的投资。

最后,技术环境特征也会影响参与收购的可能性。例如在技术快速变化的环境下,通过收购小型高科技公司以获得资源和技术,是一种常见的选择(Granstrand and Sjolander,1990;阿罗拉等,2001)。而且,目标公司技术子领域的知识特征,如知识复杂性、专用性和价值,也会增加使用收购的可能性(Carayannopoulos and Auster,2010)。

并购和创新的关系:创新作为并购的结果

大量的文献已经研究了是否参与并购以及怎样参与并购,会产生更高水平的创新。这个问题之所以被如此广泛的关注,是因为尽管很多收购方清晰地将创新作为自己的最终目标,而且一些研究也报告了参与收购和公司创新结果之间存在着正向关系(Capron and Mitchell,1998;Desyllas and Hughes,2010),但同样的研究却得出了相反的结论。例如,很多研究报告了收购强度(acquisition intensity)和内部创新比例之间存在负向关系,因为收购需要时间和精力以应对整个过程中大量的准备、谈判和整合活动(希特等,1990;希特等,1996)。收购对于创新的负向影响,也可能源于管理者高估了他们管理被收购业务的能力(希特等,1991)。Chaudhurt 和 Tabrizi(1999)强调,有很多常见的陷阱也可导致收购结果不尽如人意。在个人层面上,已有研究表明收购可能对于发明者个人生产率有负向影响(卡普尔和林,2007),而且收购还经常导致核心发明者离开被收购的企业(恩斯特和维特,2000)。正是由于存在这些相互冲突的结果,大量的文献也研究了在什么情境下收购会导致创新提升[1]。得到普遍认可的影响因素主要可以划分成三大类别:二元层面的因素、公司

---

[1] 特别地,下面这些文献已经采用多种维度来评估公司创新绩效,跟诸如专利和专利引用等不同的测量指标一致(阿胡贾和凯蒂娅,2001;哈格顿和贝斯特,2002;卡普尔和林,2007;凯尔等,2008;赵,2009);产品数量和公司声誉(尼克松-尼科尔斯和Woo,2003);研发强度和专利强度(希特等,1991)以及研发生产率(Desyllas and Hughes,2010)。另外一些不同的研究已经关注了通过创新产生的创新的实质,例如,探索性和非探索性的(瓦格纳,2011);渐进的和非连续的(马克立等,2010)。

层面的因素和与收购实施相关的因素。

二元层面的因素（dyadic-level factors）

很多研究已经意识到，收购的创新结果取决于被收购方和收购方公司特征之间的比较结果。特别是收购涉及公司之间的相对规模和关联性，这也是影响收购和创新关系的核心因素。

① 被收购公司的相对规模（relative size of the acquired firm）。阿胡贾和凯蒂娅（2001）认为，收购所涉及的两个公司，其知识库的相对规模会影响后续的创新结果。尽管一个更大的被并购知识库的绝对值，会通过提升公司的吸收能力、规模经济和范围经济以及知识整合的可能性而促进创新，但他们也发现，被收购方知识库的绝对值越大，收购方后续创新的结果越少。这是因为理解、吸收和应用新知识需要时间和精力（科恩和利文索尔，1990），而当收购目标的知识库显著（disproportionally）大于收购方时，这种机制最终降低创新结果。而且收购中经常发生现有组织惯例被破坏的情况（哈斯佩斯拉弗和杰米森，1991；佐罗和辛格，2004），当更多的知识需要被兼并和整合进组织时，这种破坏会变得更加具有戏剧性。克洛特等（2006）通过将样本扩展到更大范围内的产业，复制了阿胡贾和凯蒂娅的研究，得出了相同的结论。

相对规模也会影响与创新相关的收购的中间结果（兰夫特和洛德，2002）。收购方倾向于给更大和绩效更好的收购目标更多的自主权，试图防止其成功的惯例被破坏，并降低对其管理者的适应要求。但是，这种措施在带来更高水平自主权和留住核心员工的同时，也会消极地影响两个公司之间的沟通，降低全面转移技术和能力的可能性（兰夫特和洛德，2002）。

② 被收购知识库的关联性（relatedness of the acquired knowledge-base）。先前关于收购的研究普遍强调，收购方和被收购方的关联性会显著决定整个运营绩效（辛格和蒙哥马利，1987）。在技术收购的情境下，尽管收购通常被认为是一种多元化的模式，但中等程度的技术关联性确实会产生更好的创新绩效（阿胡贾和凯蒂娅，2001），这是因为关联性会带来更高的吸收能力（科恩和利文索尔，1990）。然而当双方的相似性处于中等水平时，我们会观察到衰减的结果，即这个过程中没有发生学习（希特等，1996；卡普伦和米歇尔，1998；克洛特等，2006）。很多研究关注这种效应是如何随着关联性的不同维度而发生变化的。Cassiman 等（2005）对技术知识及市场知识的相似性和互补性做了明显区分，他们发现与存在互补性技术的情况相比，在相同技术领域内运营的并购合作伙伴，倾向于在并购后减少研发投入，使研发过程趋于理性化。在同一个研究中，他们还探究了市场关联性以了解动态竞争是如何影响研发投资的。研究结果表明，如果被并购的公司是先前的竞争对手，相比于被并购的非竞争对手，其扩大研发投入的可能性更小。

马克立等（2010）同时考虑了科学知识和技术知识，并区分了知识的相似性和互补性。他们的研究结果表明，当科学和技术知识同时存在时，创新绩效更高，知识的相似性和互补性，对后续创新的性质影响更大，知识相似性会促进更新，而知识互补性会产生更加不连续的结果。在高研发强度的公司进行并购情境下,技术资源和市场资源的互补性也是一个解释异常收入的主要因素(金等,2008)。并购方市场资源和目标公司技术资源相互增强,但两者的技术是相互替代的关系。

公司层面的因素(firm-level factors)

在公司层面,有三个重要的因素会影响并购的创新结果:动机、潜在知识的特征和公司特征。

① 动机(motivation)。激发并购的目标清晰度及其性质,在决定并购结果上扮演着关键的角色。正如 Chaudhuri 和 Tabrizi(1999)所强调的,对于并购结果的短视行为会导致次优的公司绩效。阿胡贾和凯蒂娅(2001)认为,在非技术收购的情境下,对于公司创新绩效而言,收购的成本是大于其收益的,因为它不会给收购方的知识库增添很多内容,却会造成大量现有惯例的破坏,最终导致整体生产率的降低。

② 潜在知识的特征(characteristics of the underlying knowledge)。现有研究已经意识到,被收购方知识库的绝对值(absolute size)在解释并购创新绩效方面有重要作用(阿胡贾和凯蒂娅,2001;克洛特等,2006)。使用重组的逻辑来看,创新是对现有知识元素用新的方式进行重新组合的结果(亨德森和科伯恩,1996;弗莱明,2001)。被收购的知识库越大,收购方获取新知识元素的可能性就越高,进而就可以为其带来更多可利用的新知识组合。而且新的知识库能够带来规模效应和范围效应,促使收购方研发投入理性化。收购方知识库的绝对值也能决定收购的成败,因为与之对应的吸收能力更强(Desyllas 和 Hughes,2010)。更强的吸收能力能够帮助收购方更好地配置资源,并充分利用被收购方知识库的创新潜力。但是这种效应在非相关收购的情境下会被削弱,因为在该情境下,知识库集中度的增加导致周边视觉(peripheral vision)受损和核心僵化(Desyllas 和 Hughes,2010)。

③ 收购中知识和技术的性质(the nature of knowledge and technology)。在新兴技术领域的情境下,收购活动倾向于跟此后开发的生物技术产品数量正相关(Nicholls-Nixon & Woo,2003)。斯丁斯默和科莉(2001)认为,在技术开发的合作关系中,当涉及独特技术时,通过收购而不是其他类型的关系所获取的紧密耦合能够产生有益结果,因为紧密耦合的开发合作关系,能够从市场上消除这种技术并维护其独特性。不管怎样,当技术更难模仿及其不确定、动态性更低的时候,收购能够带来更好的绩效。兰夫特和洛德(2002)则认为,潜在知识的默会性和社会复杂性会导致知识的理解和传播更困难,但对知识的有效整合决定了收购的成败。

公司特征(firm characteristics)

在技术收购的情境下,公司的年龄(age of the firm)也会影响收购绩效。年轻的收购目标倾向于具有更灵活的成长选择和更高的估值不确定性,它们分别代表着更多的协同配合机遇和更低的收购价格。但是,如果收购目标拥有最近获得的专利,或者它们是私有的,那么年龄对收购者价值的负向影响就能够得到缓解,因为在这两种情况下,被这些收购目标所公开的信息数量将会减少(Ransbotham & Mitra,2010)。

杠杆水平和杠杆增长率水平（the levels of leverage and of leverage growth）也会导致不同的绩效结果（Desyllas & Hughes, 2010）。更高水平杠杆率会带来更高的监控力度，进而提升研发生产率。但是由高杠杆增长率带来的财务负担的增加和短期取向最终会降低研发强度。

最后，收购方的经验（the experience of the acquirer）也会影响公司的技术产出，就像Nicholls-Nixon 和 Woo（2003）所揭示的一样，在新兴技术领域，先前的经验会影响收购方选择合适伙伴及向他们学习的能力，但是这种效应在跨国收购的情境下是不显著的（贝尔德伯斯，2003）。

收购实施相关的因素（acquisition implementation）

并购与创新关系话题研究的一个核心领域是收购的实施阶段，现有研究表明，实施过程会决定收购的成败（哈斯佩斯拉弗和杰米森，1991）。施魏策尔（2005）揭示了收购的复杂性和多面性，要平衡长期和短期的动机与目标，就必须超出"单一整合"的方法，设计更多混合的整合形式。举例来说，研发部分和非研发部分需要不同的整合方法，来处理各自领域的特殊性。

从知识转移的角度来看，进行收购方和被收购方的整合过程面临着平衡取舍（兰夫特和洛德，2002；Puranam & Srikanth, 2007）。正如 Puranam 和 Srikanth（2007）所言，一方面，整合能够增加两个组织间的协调，让他们开始遵循相同的程序、追求共同的目标，并使自己的活动跟其他组织的活动相协调。这样能给组织带来包括跨组织的更有效的知识转移等多方面的好处。但不利的一面是，整合会导致自主权丧失，进而增加成本。因为第一种有利效应会随着两个组织间依赖程度的增加而增加，但第二种效应基本与这种相互依赖无关，所以作者得出结论，当收购的目的是获取元件技术时，结构整合更可能发生在技术收购中。也就是说，更高程度的整合会促进一个给定技术（收购公司了解的技术）的利用，但是被收购方（被收购方的作为）会阻碍新技术持续不断的开发。有趣的是，收购方和被收购方之前存在的"一致基础"（common ground）可以作为整合过程中的一个代替物（Puranam et al., 2009）。

错误的整合方式会导致有害结果并抵消收购所带来的益处。在个人层面，收购会因为自主权的丧失，及后续感知到的跟自主权丧失相关的损失和失败，损害被收购方科学家的生产率（Paruchuri et al., 2006）。这种效应会随着其相对位置和社会嵌入的损失而变化：科学家因为被收购在其相对位置和社会嵌入方面损失得越多，他的创新生产率会变得越糟糕。除此之外，发明者与收购方专业知识的不匹配也会对发明者的生产率产生负向影响。Paruchuri 等（2006）认为解决这种协调自主性困境的一种方法是，认识到组织结构形式对于创新结果的影响，取决于被收购方创新轨迹（innovation trajectories）的发展阶段。如果被收购方还处于技术探索阶段，整合的破坏性作用将是最糟糕的，因为整合更有助于利用，而且组织惯例的破坏会损害探索活动。但如果整合发生在收购目标已经发布第一个产品后，这种惯例的破坏效应将会是有限的。而且整合的这种破坏效应对于即时创新（immediate innovations)的影响大于后续创新(later ones),因此随着收购后的技术轨迹的演化,这些破坏效应将会消失。收购速度也会影响整合过程的成败,相对于快速实施的收购,速度慢的收购能够保留更多的知识(兰夫特和洛德,2002)。

在解决这种实施困境的过程中,个人发挥着关键作用。Graehner(2004)的研究说明了被收购方关键管理者倾向于获取"期望的"和"意外得到的"两种价值,它们帮助维持来自整合和自主权两方面的优势,并同时管理开发和探索。绩效激励体系也能作为解决这种困境的重要工具。在发明者层面,卡普尔和林(2007)发现在被收购单位中,经历过收购的发明者比那些没有经历过收购过程的相似公司的发明者生产率更低。他们认为只有从激励的视角出发,才能解释为什么发明者的产出会持续低于没有被收购的发明者,而知识基础观却只能解释收购发生后前两年的暂时破坏效应。

该领域的前景

正如前面综述所揭示的一样,并购情境已经成为创新大情境下的重要研究领域(a fecund ground)。尽管如此,未来的研究依然存在很多具有理论和实践意义的潜在方向。我们在下面列出了一系列研究问题和领域。

创新情境下并购的概念化

只有部分研究从社会网络视角研究并购与创新之间的关系。然而,对于收购目标而言,被收购可能意味着进入一个新的社会网络,或者收购可能会为收购方提供一个进入被收购方社会网络的途径。但这种动态是如何影响双方公司后续创新活动的水平和性质的?又是在什么情境下这种变化是有益的?或在什么情境下它会作为额外破坏的来源?这些问题还尚待研究。相似地,很少有研究从制度视角剖析创新情境下的并购。制度理论认为,组织会通过模仿其他公司的实践以获取合法性(迪玛奇奥和鲍威尔,1983)。这种合法性寻求的行为是如何影响兼并的创新结果?当被收购的公司面对一个新的参照群组,从制度理论角度看,我们可能预测这种情况会导致被收购公司改变其实践行为。但这会产生一个矛盾,因为收购的动机通常是为了获取目标公司的能力,但是这种对于目标公司创新惯例的改变会破坏兼并的价值。

另外一个没有获得足够重视的潜在研究领域是战略收购领域。在技术收购情境下,有时候公司会被要求终止其技术研发以减少竞争。从战略和政策视角出发,研究兼并后的技术轨迹(technological trajectories)以考虑这种可能性会很有趣。或在一些案例中,收购方收购其他公司的主要目的是获取其技术以避免竞争。这种战略收购的逻辑和适当性仍然没有被很好的解释,甚至也没有被详细的记录。第三种类型的战略收购,是通过收购小公司以作为面对不确定技术环境的一种选择。因为技术可能沿着不同轨迹演化,一个特定技术的事前预测可能是不清晰的。所以出于保险起见,公司可能收购一些其他在探索不同技术轨迹的公司。但在这种情况下,用收购后的创新产出来衡量收购的成功有可能是错误的,对于什么样的情境下这种用作"选择"的收购合适的问题,依然需要被阐明。

跨界收购（cross-border acquisitions）

从多种视角来看，跨界收购都提供了一个绝佳的研究空间。在这种情境下，并购不仅带来了不同文化的汇聚，而且也带来不同制度、成本结构、需求偏好和管理方法的汇聚（Kale et al.，2009）。这种兼并情境下的文化冲突已经被研究过，但是极少有文献去关注该情境下差异的其他维度。例如，许多新兴市场的公司正在收购有着先进技术的西方公司（如吉利并购沃尔沃），希望能够吸收先进的技术制造能力。然而，对于这种意图增强技术嵌入制造能力（technology-embedded manufacturing capabilities）的方法是否有作用，我们的理解还处于初期阶段。它们通常会导致对显著资源的控制力度增强，但这一方面的研究非常有限。关于新兴市场收购方的话题也引出一个问题，即一个关于传统创新者和被描述成朴素式创新（frugal innovation）的开拓者之间的兼并效率问题。理解将朴素式创新和常规创新相结合的混合创新模式，可能是另一种非常有前景的创新研究方向。在大部分研究中，跨界兼并如何驾驭制度环境中的差异依然是一个尚未解决的问题。

合作伙伴的关联性和创新结果

在评估兼并的回报上，学者经常会区分相关和非相关业务中的兼并，并认为相关业务领域内的兼并更容易进行消化和整合。这种研究的结论不太容易被理解，因为在某种程度上关联性到底意味着什么还是不清晰的。如公司可能因为接触到相同的消费者、相同的供应商、相同的过程或相同的技术又或相同的投入，而变得具有关联性。但对上述类别中每一种都会导致不同的创新结果，例如产品创新和过程创新的不同。如果将这些都归结到"关联性"这个类别下，就会隐藏很多潜在的差异。关于多元化的文献，已经认同了包括技能、市场、技术和投入（阿胡贾等，2012）等不同基础的关联性，这些类型在多元化的情境下都可能是有用的。

更广泛地讲，尽管很多文献关注收购方在兼并后的生产率（productivity），但是大部分研究都使用专利来测量创新结果。虽然专利是最好的中间结果，但创新不仅仅是创造新专利，创新最终是要提高、开发和升级制造能力以及新产品和新过程。评估并购对这些结果的影响，以及识别出什么样的情境是这种关系的基础，是另一个扩展相关研究的自然路径。

进一步而言，尽管现有研究已经说明了公司参与收购是为了提高创新绩效，但我们只是很有限地认识到公司想要追求的创新目标之间存在很大的异质性。例如，有些公司想要取得突破式创新，而有些公司却关注新产品上市的频率，即使这只意味着渐进式的创新。这些不同类型的目标和激励是如何影响收购过程的，以及来自这些差异化公司的兼并，其最终创新结果是怎样的，未来的研究可能需要去探讨这些问题。

并购的系统影响

采用一个广阔的视角去研究这个问题，我们也许会思考兼并的系统性影响。尽管它们实质性的后果可能意义重大，但是仅有少量研究探讨过这个问题。虽然很多其他类型的"系统性影响"有可能也被研究过，我们还是确定了两个这种广泛的领域去考虑。关于并购模式的研究说明,并购的出现在时间上具有集聚性,一个产业领域内的大量并购通常被压缩在很短的时间段内。这样就引出了一个有趣的问题,即这种并购潮(merger waves)是如何影响创新结果的。

因为并购潮会导致经济中某个产业的显著集中,所以,至少有两种对于创新绩效有相反作用的效应是可以被预见的。一方面,增加的集中度会产生规模经济,继而促进创新;另一方面,增加的集中度也可能减少产业中被支持的独立研究方向。考虑到事前通向创新的路径一般是不清晰的,所以减少不同办法的使用会导致创新的减少,而产业集中也会降低首序创新的激励。但是,这两种效应会相互冲突(play out),而且在环境不清晰的情况下变得更强,这也是研究应该关注的目标。举例来讲,由规模效应带来创新成果的情况有可能发生,但是更少的探寻路径也会降低突破性创新发生的可能性。于是,一股并购潮的最终结果可能只是创新生产率的增加,而创新质量则会降低。美国医药产业的经验就至少为这个理论提供了轶事支持(anecdotal support),该产业为了追求规模效应而大规模集中,结果却导致了突破性创新的缺乏。

沿着系统思考的路径,另一个研究机遇存在于理解涉及很多产业的兼并的变革性效应(transformative effects)。在这些产业中,越来越多产品的最终装配是由超大型装配商(如波音、通用汽车、通用电器)完成的,它们集合了很多零部件生产商的生产和技术成果。其中任何一个超大型装配商的收购事件,都能够影响很多位于其社会网络中的公司的命运。先前关于创新和生产率的研究结果表明,使用先进技术的国外公司进入当地生态圈,会对当地公司产生知识溢出效应。但也存在一个完全相反的过程,我们不断看到来自新兴市场的收购方(如先前提到的吉利)接管发达国家的公司,这些公司拥有先进的技术和过程(如沃尔沃)。考虑到收购方与他们母国市场的强联系,那么知识溢出会从被收购公司流入收购公司,然后扩展到收购公司社会网络中的供应商,进而促进他们的技术进步和创新结果。于是这种兼并除了可以促进单个公司的创新绩效外,还可能影响到整个产业中的技术能力,而且还能对它们的国际化竞争优势有所启示。评估这种从被收购的国外装配商到国内产业范围内的知识流动,对于生产率的影响依然有待研究。

实证思考

除了从理论立场去开辟很多有趣的研究路径外,收购也可以从方法角度促进研究发展。收购可以看作组织生命周期内的一种离散冲击,它可能被当作一种确定其他组织效应和理论的机制。尽管收购冲击在组织层面并非总是外生的,但可以肯定的是,对于组织中的单个子单元(如发明者、研究团队、研究项目),收购肯定是一种外生冲击。用收购作为冲击去研究其他组织过程,依然是尚未被普遍使用的研究策略。例如,用大公司对于小公司的收购作为焦点冲击(focal shock),研究者可以揭示组织规模对于创新绩效的影响。回到将收购作为两种元素集合的抽象模型中,我们注意到这种抽象模型能够被应用到更广的范围,只要我们认识到这些元素不仅可以代表知识,还可以用来代表人员、组织的设计要素、活动和能力(图29.3至图29.6)。这些理解的共同特征是将收购作为现有元素集合的一种冲击。将这些元素理解成人员，我们可以将收购作为论坛(forum)去研究网络的演化。在收购之前，现有组织中的个体跟其他个体是相互联系的。当兼并发生时，组织会受到冲击的影响，现有网络关系的变化区域开放化。研究兼并之后的新网络关系和旧网络关系是如何被影响的，能够帮助我们揭示很多社会网络的演化过程。相同的原理也能被用于研究战略、文化和活动系统甚至是个体的生产率和满意度是如何演化的。

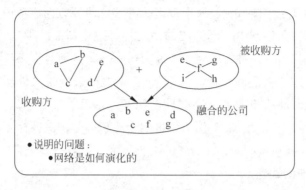

图29.3　抽象模型的扩展：兼并作为网络的集合

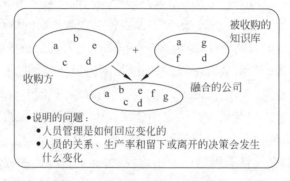

图29.4　抽象模型的扩展：兼并作为人员的集合

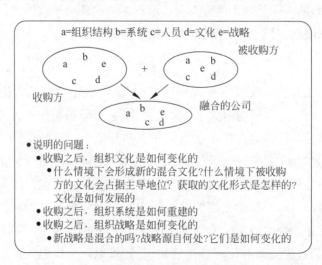

图29.5　抽象模型的扩展：兼并作为组织元素的集合

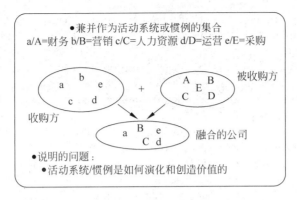

图 29.6 抽象模型的扩展：活动系统

总而言之，虽然有关创新情境下并购的研究有很多，但是为了促进我们对这种产业现象的理解，还有很多要素值得研究。希望上面的回顾和本章中思考方向的引导能够促进未来的研究。

参 考 文 献

Ahuja, G., and Katila, R. (2001). 'Technological Acquisitions and the Innovation Performance of Acquiring Firms: A Longitudinal Study', *Strategic Management Journal*, 22: 197–220.

Ahuja, G., Lampert, C., and Tandon, V. (2012). 'Paradigm-Changing Versus Paradigm-Deepening Innovation: How Firm Scope Influences Firm Technological Response to Shocks'. Working paper.

Arora, A., Fosfuri, A., and Gambardella, A. (2001). *Markets for Technology: The Economics of Innovation and Corporate Strategy*. Cambridge, MA: The MIT Press.

Arora, A., and Gambardella, A. (1990). 'Complementarity and External Linkages: The Strategies of the Large Firms in Biotechnology', *Journal of Industrial Economics*, 28(4): 361–79.

Beckman, C. M., and Haunschild, P. R. (2002). 'Network Learning: The Effects of Partners' Heterogeneity of Experience on Corporate Acquisitions', *Administrative Science Quarterly*, 47(1): 92–124.

Belderbos, R. (2003). 'Entry Mode, Organizational Learning, and R & D in Foreign Affiliates: Evidence from Japanese Firms', *Strategic Management Journal*, 24: 235–59.

Capron, L., Dussauge, P., and Mitchell, W. (1998). 'Resource Redeployment Following Horizontal Acquisitions in Europe and North America, 1988–1992', *Strategic Management Journal*, 19(7): 631–61.

Capron, L., and Mitchell, W. (1998). 'Bilateral Resource Redeployment Following Horizontal Acquisitions: A Multi-Dimensional Study of Business Reconfiguration', *Industry and Corporate Change*, 7: 453–84.

Carayannopoulos, S., and Auster, E. R. (2010). 'External Knowledge Sourcing in Biotechnology through Acquisition Versus Alliance: A KBV Approach', *Research Policy*, 39: 254–67.

Cassiman, B., Colombo, M. G., Garrone, P., and Veugelers, R. (2005). 'The Impact of M&A on the R&D Process: An Empirical Analysis of the Role of Technological- and Market-Relatedness', *Research Policy*, 34: 195–220.

Chaudhuri, S., and Tabrizi, B. (1999). 'Capturing the Real Value in High-Tech Acquisitions', *Harvard Business Review*, 77: 123–30.

Cloodt, M., Hagedoorn, J., and Van Kranenburg, H. (2006). 'Mergers and Acquisitions: Their Effect on the Innovative Performance of Companies in High-Tech Industries', *Research Policy*, 35: 642–54.

Cohen, W. M., and Levinthal, D. A. (1990). 'Absorptive Capacity: A New Perspective on Learning and Innovation', *Administrative Sciences Quarterly*, 35: 569–96.

Desyllas, P., and Hughes, A. (2010). 'Do High Technology Acquirers Become More Innovative?', *Research Policy*, 39: 1105–21.

Dierickx, I., and Cool, K. (1989). 'Asset Stock Accumulation and Sustainability of Competitive Advantage', *Management Science*, 35: 1504–11.

DiMaggio, P. J., and Powell, W. (1983). 'The Iron Cage Revisited': Institutional Isomorphism and Collective Rationality in Organizational Fields', *American Sociological Review*, 48: 147–60.

Dyer, J., Kale, P., and Singh, H. (2004). 'When to Ally and when to Acquire?', *Harvard Business Review*, 82: 102–15.

Ernst, H., and Vitt, J. (2000). 'The Influence of Corporate Acquisitions on the Behavior of Key Inventors', *R&D Management*, 30: 105–19.

Fleming, L. (2001). 'Recombinant Uncertainty in Technological Search', *Management Science*, 47: 117–32.

Ghoshal, S. (1987). 'Global Strategy: An Organizing Framework', *Strategic Management Journal*, 8: 425–40.

Graebner, M. E. (2004). 'Momentum and Serendipity: How Acquired Leaders Create Value in the Integration of Technology Firms', *Strategic Management Journal*, 25: 751–77.

Graebner, M. E., and Eisenhardt, K. M. (2004). 'The Seller's Side of the Story: Acquisition as Courtship and Governance as Syndicate in Entrepreneurial Firms', *Administrative Science Quarterly*, 49: 366–403.

Granstrand, O., and Sjolander, S. (1990). 'The Acquisition of Technology and Small Firms by Large Firms', *Journal of Economic Behavior & Organization*, 13(3): 367–86.

Hagedoorn, J. (1990). 'Organisational Modes of Inter-Firm Cooperation and Technology Transfer', *Technovation*, 10(1): 17–31.

Hagedoorn, J. (1993). 'Understanding the Rationale of Strategic Technology Partnering: Inter-Organizational Modes of Cooperation and Sectoral Differences', *Strategic Management Journal*, 14: 371–85.

Hagedoorn, J. (2002). 'Inter-Firm R&D Partnerships: An Overview of Major Trends and Patterns since 1960', *Research Policy*, 31: 477–92.

Haleblian, J., and Finkelstein, S. (1999). 'The Influence of Organizational Acquisition Experience on Acquisition Performance: A Behavioral Learning Perspective', *Administrative Science Quarterly*, 44: 29–56.

Haspeslagh, P. C., and Jemison, D. B. (1991). *Managing Acquisitions: Creating Value Through Corporate Renewal*, New York: The Free Press.

Henderson, R., and Cockburn, I. (1996). 'Scale, Scope and Spillovers: The Determinants of Research Productivity in Drug Discovery', *RAND Journal of Economics*, 27: 32–59.

Hennart, J. F. (1991). 'A Transaction Cost Theory of Joint Ventures: An Empirical Study of Japanese Subsidiaries in the United States', *Management Science*, 37: 483–97.

Higgins, M. J., and Rodriguez, D. (2006). 'The Outsourcing of R&D through Acquisition in the Pharmaceutical Industry', *Journal of Financial Economics*, 80: 351–83.

Hitt, M. A., Hoskisson, R. E., and Ireland, R. D. (1990). 'Mergers and Acquisitions and Managerial Commitment to Innovation in M-Form Firms', *Strategic Management Journal*, 11 (Special Issue): 29–47.

Hitt, M. A., Hoskisson, R. E., Ireland, R. D., and Harrison, J. S. (1991). 'Effects of Acquisitions on R&D Inputs and Outputs', *Academy of Management Journal*, 34: 693–706.

Hitt, M. A., Hoskisson, R. E., Johnson, R. A., and Moesel, D. D. (1996). 'The Market for Corporate Control and Firm Innovation', *Academy of Management Journal*, 39: 1084–119.

Hoffmann, W. H., and Schaper-Rinkel, W. (2001). 'Acquire or Ally? A Strategy Framework for Deciding between Acquisitions and Cooperation', *Management International Review*, 41: 131–59.

Huber, G. (1991). 'Organizational Learning: The Contributing Processes and the Literatures', *Organization Science*, 2(1): 88–115.

Iyer, D. N., and Miller, K. D. (2008). 'Performance Feedback, Slack, and the Timing of Acquisitions', *Academy of Management Journal*, 51(4): 808–22.

Kale, P., Singh, H., and Raman A. (2009). 'Don't Integrate your Acquisitions, Partner with them', *Harvard Business Review*, 87(12): 109–15.

Kapoor, R., and Lim, K. (2007). 'The Impact of Acquisitions on the Productivity of Inventors at Semiconductor-rms: A Synthesis of Knowledge-Based and Incentive-Based Perspectives', *Academy of Management Journal*, 50(5): 1133–55.

Kaul, A. (2012). 'Technology and Corporate Scope: Firm and Rival Innovation as Antecedents of Corporate Transactions', *Strategic Management Journal*, 33: 347–67.

Keil, T., Maula, M., Schildt, H., and Zahra, S. A. (2008). 'The Effect of Governance Modes and Relatedness of External Business Development Activities on Innovation Performance', *Strategic Management Journal*, 29(8): 895–907.

Khanna, T., Gulati, R., and Nohria, N. (1998). 'The Dynamics of Learning Alliances: Competition, Cooperation, and Relative Scope', *Strategic Management Journal*, 19(3): 193–210.

King, D. R., Slotegraaf, R. J., and Kesner, I. (2008). 'Performance Implications of Firm Resource Interactions in the Acquisition of R&D-Intensive Firms', *Organization Science*, 19: 327–40.

Makri, M., Hitt, M. A., and Lane, P. J. (2010). 'Complementary Technologies, Knowledge Relatedness and Innovation Outcomes in High-Technology Mergers and Acquisitions', *Strategic Management Journal*, 31: 602–28.

Miller, D. J. (2004). 'Firms' Technological Resources and the Performance Effects of Diversification: A Longitudinal Study', *Strategic Management Journal*, 25(11): 1097–119.

Nicholls-Nixon, C. L., and Woo, C. U. (2003). 'Technology Sourcing and Output of Established Firms in a Regime of Encompassing Technological Change', *Strategic Management Journal*, 24: 651–66.

Paruchuri, S., Nerkar, A., and Hambrick, D. C. (2006). 'Acquisition Integration and Productivity Losses in the Technical Core: Disruption of Inventors in Acquired Companies', *Organization Science*, 17(5): 545–62.

Puranam, P., Singh, H., and Chaudhuri, S. (2009). 'Integrating Acquired Capabilities: When Structural Integration is (Un)necessary', *Organization Science*, 20: 313–28.

Puranam, P., Singh, H., and Zollo, M. (2006). 'Organizing for Innovation: Managing the Coordination Autonomy Dilemma in Technology Acquisitions', *Academy of Management Journal*, 2: 263–80.

Puranam, P., and Srikanth, K. (2007). 'What they Know vs. what they Do: How Acquirers Leverage Technology Acquisitions', *Strategic Management Journal*, 28: 805–25.

Ranft, A., and Lord, M. (2002). 'Acquiring New Technologies and Capabilities: A Grounded Model of Acquisition Implementation', *Organization Science*, 13: 420–41.

Ransbotham, S., and Mitra, S. (2010). 'Target Age and the Acquisition of Innovation in High Technology Industries', *Management Science*, 56(11): 2076–93.

Schilling, M., and Steensma, H. (2002). 'Disentangling the Theories of Firms Boundaries: A Path Model and Empirical Test', *Organization Science*, 13(4): 387–401.

Schweizer, L. (2005). 'Organizational Integration of Acquired Biotechnology Companies in Pharmaceutical Companies: The Need for a Hybrid Approach', *Academy of Management Journal*, 6: 1051–74.

Singh, H., and Montgomery, C. (1987), 'Corporate Acquisition Strategies and Economic Performance', *Strategic Management Journal*, 8(4): 377–86.

Steensma, H. K., and Corley, K. (2001). 'Organizational Context as a Moderator of Theories on Firm Boundaries for Technology Sourcing', *Academy of Management Journal*, 44: 271–91.

Vanhaverbeke, W., Duysters, G., and Noorderhaven, N. (2002). 'External Technology Sourcing through Alliances or Acquisitions: An Analysis of the Application-Specific Integrated Circuits Industry', *Organization Science*, 13(6): 714–33.

Villalonga, B., and McGahan, A. (2005). 'The Choice among Acquisitions, Alliances and Divestitures', *Strategic Management Journal*, 26: 1183–208.

Wagner, M. 2011. To explore or to exploit? An empirical investigation of acquisitions by large incumbents. *Research Policy*, 40: 1217–1225.

Zhao, X. 2009. Technological innovation and acquisitions. *Management Science* 55(7): 1170–1183.

Zollo, M., and Singh, H. (2004). 'Deliberate Learning in Corporate Acquisitions: Post-Acquisition Strategies and Integration Capability in U.S. Bank Mergers', *Strategic Management Journal*, 25: 1233–56.

第30章

服务、创新和服务创新管理

布鲁斯·特瑟(Bruce S. Tether)

引 言

本章重点讨论的是服务、创新和两者之间的交互关系(尤其是服务创新及新服务、改进服务的设计)。"服务"是一个很大的话题①,创新管理包括决策制定者通过创新实现企业红利,所使用的战略和实践方法,不过在本章创新管理被定义为对创意的商业挖掘过程,并包含对"颠覆性新服务"的引进以及更普遍的对已有服务的改进(Avlonitis et al.,2001;Alarm,2006b)。服务是一系列共享某些特征的活动(后续将会讨论),在这样的定义下,服务为多种形式的创新提供了必要的前提(Sirilli and Evangelista, 1998; Den Hertog, 2000; Hipp et al., 2000; Hipp and Grupp, 2005; Tether and Howells, 2007; Tether and Tajar, 2008),且一些服务部门,如知识密集型的专业化服务、通信和IT服务,被视作比其他服务行业(如运输行业、公共行业)更加富有创新力(Evangelista and Sirilli, 1998; Tether, 2003; Camacho and Rodriguez, 2005)。②

通常来说,服务业的创新并不是通过单一部门(特别是研发部门)实现的③,相反它是分散式的创新,需要多部门成员的参与,并且常常还会涉及用户和互补服务的提供商。例如,为提升伦敦希思罗机场和德国法兰克福机场这类极度拥堵的航空枢纽的营运能力,机长、航空调度员和机场管理人员已经形成了一套作业流程,以通过相互之间的紧密配合提升运营效率(Tether and Metcalfe, 2003)。服务创新不仅仅涉及生产过程中的科技产品和流程的创新,还涉及从业人员技能的重塑。研究发现,服务创新型企业不论规模大小,在生产率(人均收入)和增长率上都优于不进行服务创新的竞争对手(Cainelli et al., 2004;Matear et

---

① 为了区分不同服务类型,很多学者付出了努力。施米诺(1986)基于劳动密集程度和定制化程度的不同开发了一个2×2矩阵。它将"服务工厂"定义为劳动密集程度和制度化程度都很低的类型(如航空业、运输业、银行业);而"专业型服务公司"则为两者都很高的类型;"大众服务业"则是高人力密集低定制化的(如零售、学校);"服务商店"则是低劳动密集型高定制化的(如医院和自助维修)。这个矩阵是静态的,所以考虑创新如何改变这些活动的人力密集和定制化程度就变得十分有趣了。

② 在服务业中,通信、IT和金融服务业(特别是小额银行业务)、知识型服务和公共服务(包括健康医疗)受到研究者们的广泛关注。而其他服务业受到的关注较少。

③ 但也有例外存在,特别是在通信行业、软件行业和研发服务公司。

al.，2004）。尽管组织层面的创新在服务业中极为重要（Van Der Aa and Elfring，2002；Tether and Tajar，2008），但像制造类企业一样，相比于流程创新，服务型企业也更看重"产品"创新（Damonpour and Gopalakrishnan，2001）。

在服务型企业和部门进行创新时，除了产品创新、流程创新或组织创新，服务创新也是一类重要的创新。服务创新不局限于服务型部门的活动，例如宾馆中自助入住与退房服务的引入，就是一项服务业中的服务创新。制造商同样可以引入服务创新（Berry et al.，2006）。例如制造商可以在为客户安装并维修设备的环节中引入服务创新，保障服务效率，甚至可以通过长期服务而非一次性交易收费。劳斯莱斯、施乐和阿尔斯通等制造商都采用这种形式的创新（Shelton，2009；Gremyr et al.，2010）提升了竞争力，但他们关注的是产品的效能（提供的服务）而非产品本身。

以劳斯莱斯为例，目前其收入的一半来自服务（Neely et al.，2011），并且大多飞机引擎在销售的同时也伴有服务协议，如终身保修等。这要求公司能够快速将重心从技术转移到客户需求上来。正如一位经理人所说："我们设计这些复杂且昂贵的推进系统时，会从材料和技术的角度思考，给它加上涡轮叶片，监控温度以避免超过熔点；但推进系统在客户眼中只是一个管道，他们只知道依靠飞机能够安全可靠地到达目的地而已。"换言之，客户对技术本身并不感兴趣，他们关注的是产品能达到怎样的效果以及达成的效率。这一关注重点的转变，伴随着观念上的转变以及一系列技术和组织创新，而这些转变大多不涉及传统的技术产品创新中心，即研发部门。类似地，如今手机市场围绕手机展开的服务越来越多，而对手机本身的关注在降低。诺基亚的失败不是因为它提供低档的产品，而是它置身于一个弱势的生态系统中，无法为用户提供更多的具有吸引力的附加服务。有趣的是，尽管大型公司在产品和流程创新方面更具优势，但在服务创新上并没有表现出优势（Pires et al.，2008）。

同时服务业也可以引进"产品创新"。麦当劳就是一个很好的例子，它将服务转化为产品并获得巨大成功（Levitt，1976）。很多其他的服务机构，如商业银行，本质上提供的也是产品（虽然是无形产品）而非服务（Hill，1999；Avlonitis et al.，2001）。

在生产过程中，我们常用"生产"来形容一系列生产活动，并用"产品"来表示主要产出。但在服务业，"服务"可涵盖两种含义，这自然就会令人疑惑。尽管在发达经济体中服务业占主流，但我们对于服务、服务中的创新和服务创新的了解，要远远滞后于我们对于生产、生产中的创新和产品创新的了解（Page and Schirr，2008）。这可以通过路透社文章的数据库进行相应报道的检索证明。使用"新产品开发"作为检索词可以找到 1 300 篇标题中带有该检索词的文章，这是一个非常可观的数据；但同时，如果使用"新服务开发"进行检索，只有 58 篇标题中带有该关键词的文章，第一篇出现在 1985 年。[①] 同样地，使用"产品创新"和"生产中的创新"进行检索可以找到 700 篇文章，而使用"服务创新"或"服务中的创新"检

[①] 不得不承认，一些关于新产品研发的文章和服务型组织（特别是金融服务）或背景相关。但把这些服务等同于产品是有问题的。

索出的文章数量仅为其一半。尽管过去对"服务创新"和"新服务开发"的关注较少,但这一情况正在迅速扭转,事实上和服务创新相关的文章也大多是近十年刊登的。尤其对于市场营销业务而言,对于服务的关注日益上升,"服务主导的逻辑"这一概念被广泛接受(Vargo and Lusch, 2004; Lusch et al., 2007),有关服务设计的学术文章也开始涌现(Moritz, 2005; Stickdorn and Schneider, 2010; De Meroni and Sangiorgi, 2011;参见本书第 8 章)。

本章,我们将总结什么是服务,将其同有形和无形产品进行区分是有价值的,本章第二、第三部分的内容将基于这一区别展开;本章第二部分重点在理解不同种类的服务创新,第三部分讨论进行服务创新开发管理过程中所使用的工具。

什么是服务

众所周知,服务很难被定义。一个有趣的说法是,服务是"不用通过亲身实践就能获得的经济活动的果实"(Pennant-Rea and Emmott, 1983)。然而,那些通过亲身实践的行为也算作服务。这是一个很好的第一近似值,强调了服务的无形性,以及服务是行动和活动(Gallouj and Weinstein, 1997)而非产出。对服务而言,产出和活动通常是不可分离的,换言之,服务这个"产品"也是一个过程、行动和表现。

服务业常被鄙视为低人一等,但相悖的是,它们同时是所有生产活动中对知识要求最高的,包括外科医疗、高等教育和各类咨询。在发达经济体中,服务业意味着最好和最坏的工作,也代表着知识体系中的顶层和底层。

服务很难被定义的一个重要原因是,它们长久以来被视为边缘分类。当国民账户制度在 20 世纪三四十年代发展起来时,工业活动被视为中心,经济体系被划分为三大类活动:第一产业(包括农牧渔业),这些产业从大自然获得原始的生产资料;第二产业,也称工业部门,它们将原材料(及半成品)转化为终端产品;第三产业,也称服务业,它包含所有其余的行业。之后这一分类被多次更新,尤其是突出了不同服务种类之间的差异,但目前仍然没有形成一致的分类方法。

长期以来人们持有的观点是,服务是没有收益的:积极点说它是必要的,消极点说它就是个累赘。追溯到亚当·斯密,他强调货物和服务之间的差异:对他而言,生产是很重要的,这是因为它进一步巩固了产品身上的价值,并可以由此作为股本发挥价值。部分通过对已生产资本价值的利用,资本将劳动力释放到进一步的生产活动中。相反地,服务"受到每一分一秒表现的影响,很难将之前的轨迹或价值留存给之后能够获得的等量服务",换言之,即服务很难"锁定价值"。[①] 对于现实呈现的"真实服务"和那些能够通过维系生产活动的收益来"锁定价值"的服务而言,这是一个很大的差异。例如,脱稿演说只存在于短期记忆中,而手写稿或视频则有"锁定价值"。

因为服务直接呈现给客户,所以往往很难获得像生产力一样的持续稳步提升,这也是服务(特别是"真实服务")的特点之一。例如如今护士包扎一个伤口所需的时间,同一世纪

---

① "服务是低产的"这一观点一直以来就备受争议,参考 Hill(1977)的充分讨论。

前南丁格尔所需的一样;贝多芬第九交响曲的现场演奏,不论是在今天还是它诞生的1824年都需要一样的时间和乐手。尽管绷带和乐器的价格下降了很多,医院和音乐厅也变得更大,但核心服务活动产能要想持续稳步地提升是不可能的。鲍莫尔和鲍恩(1966)就曾提出"成本病"的概念:由于商品价格的提升,真实服务的价格也趋于上涨,这使提供服务的成本更高。这也是很多的服务提供商希望通过"商品化"它们的服务(如开发有形商品,销售音乐会的光盘)、通过将服务从供应商端转移至客户端(如自我服务)或通过削减服务部门人手(如更低频的邮递或宾馆雇用更少的服务员)等方式进行创新的原因。这样的战略还包括引入更高级或更低级的服务,通常来说,随着服务质量(价格)的提升,我们期望服务和产品这两方面的质量都能够相应改善。例如,飞机头等舱(FC)比商务舱(BC)更好,商务舱又比经济舱(EC)好,即 $P_{FC} > P_{BC} > P_{EC}$,且 $S_{FC} > S_{BC} > S_{EC}$,但是服务和产品的比率也可能增加:$[(S_{FC})/(P_{FC})] > [(S_{BC})/(P_{BC})] > [(S_{EC})/(P_{EC})]$。服务供应商能否改变服务供应层级的程度,以及将服务转移到客户端的战略,部分取决于新技术的发展、客户偏好的变化(如自动售报亭很容易就能够被顾客接受并喜欢)以及服务的设计等。

尽管服务常被认为"低效率"且问题重重,但它们还是经济中最富有产出能力(generative)和创造力的一部分。过去,贝多芬是一个提供音乐的服务者;如今,不论研发还是营销调研本质都是服务类活动,如果没有服务,那么大多数产品都不可能出现。事实上,可以认为知识密集型服务是第一产业:它们最核心且关键的经济活动,建立在发达经济体的基础上。

思考服务的一个有效方式,是考虑它们是什么、它们如何呈现以及它们如何"增加价值"。服务可以是针对个人或者集体的,或者是针对我们思想或者身体的,还可以是两者兼顾。它们和有形资产(如保修)以及信息(如银行和保险服务)紧密相关。服务最终呈现了服务本身的特质是通过什么表现的,以及服务的设计和服务创新可能遵循的轨迹。例如,相比于人或具象物品,数据更容易实现跨空间的扩散和操作,并且对于其服务对象——人而言,不能也不应该像对待物品那样对待它们。

"真实"或"传统"的服务具有四个显著特点,这四个特点将其区别于物品、商品,它们常被缩写为:IHIP(Sasser, Olson, and Wyckoff, 1978; Johne and Storey, 1998)。

(1) 无形性(intangibility 或 immateriality)。这意味着服务是不可触摸、不可见、不可尝试或不可听到的,法律建议和婚礼就是两个例子。当然,一项服务也可以被触摸、看见、品尝或听见,且这些有形的方面常常很重要,因为它们彰显着服务的价值(如餐馆的整洁程度体现出它的整体服务质量;婚礼上都需要一个蛋糕等)。

(2) 提供服务者和服务之间具有不可分离性(inseparability)。尽管一个商品(如一本书)可以脱离生产它的实体(个人或组织)而存在,但"真实服务"却并非如此,像摇滚音乐会这样的"真实服务"不能与其生产者脱离。这可能是因为"真实服务"本身就具有关系属性而非交易属性,但物品则是交易性的。不可分离性还和服务的另一个特质有关,那就是服务的提供不涉及所有权的转移(Hill, 1999)。因为服务不能独立地出现,它们的生产即消费,即生产和消费具有同时性,也可以说需要生产者和消费者双方的协同。有时,同时性需要客户积极地参与(教育就是一个很好的例子：教师帮助学生学习,但不能迫使学生学习——学习是由学生和老师共同完成的),但并非所有的服务都需要客户的参与：许多服务是服务供应商作为客户中介为客户完成的(如代理房地产和离婚事务的律师)。

(3) 服务是暂时的、不具有延续性的,它们只在短时间内存在。这一特征部分是由其不可分离性导致的。因为服务的输出无法独立存在,所以它们不能像商品那样进行库存。一班未坐满的飞机一旦离开登机大门,就将造成永久的损失。如果需求是不可预测且随机的,那么服务的暂时性就显得尤为重要,这需要花费更大且更多样的努力去管理好用户需求(如旺季与淡季的票价控制)。

(4) 因为服务是人来提供且由人消费的,所以具有多样性。传统的生产遵循先设计然后批量生产的模式,尽管每一件物品是独立的,但用户的购买所得之间并无差异。这样的高同质性和标准化很难在服务中实现,尤其当提供的服务和人高度相关时。这可以视为服务的一大优势：剧院的每个夜晚都不尽相同,每一部电影也都能给你带来不同的感受。

然而,那些不具备以上特点,且又常被称为服务的东西很难去进一步讨论。原因之一是服务中的创新形式希望从传统模式中解放出来。同时,很多"产品"也具有服务的这些特性,正变得越来越定制化而非标准化(如手机)。且商品相关的品牌也逐渐成为维系同客户之间关系的法宝：我们购买的不仅仅是一款商品,而是一种生活方式。

服务创新的形式

服务创新可以包含新服务的引进(基本都具备上面提到的 IHIP 特质),这些服务要么纯粹为客户提供(例如,不需要客户的积极参与),要么需要客户在服务进程中积极地参与进来。以杂货店为例,它提供的新服务不仅是售卖杂货,更是送货上门,让这些货品成功地进入家里的橱柜、冰箱中。再如,餐馆提供的新服务还可以是厨师上门烹饪。客户一定程度的参与往往是必须的,但是这些服务必须能够替代客户原本需要自己完成的事情。另一些新服务则需要客户积极地参与,例如维珍银河公司提供的每人 20 万美元的太空旅游服务,在这项服务中客户需要接受两天的飞行准备、训练和其他活动：你不仅仅只是一名"乘客"。

总的来说,与新技术不同的是,"颠覆性的新服务"很难发现。大多服务创新都只是对已有服务的细微改进,且很多需求能够跳脱出 IHIP 的传统特征。因为这些特质,传统或真实服务离消费者很近,很难被规模化。创新的方法就是要打破这些边界,使得服务可以被规模化,既能够为大规模用户服务也可以为更广阔地域上的用户服务,这些创新方法包括如下方面。

(1) 将服务实物化。尽管服务本身是无形的,服务创新的一种方法还是试图将服务体验中实物化、有形化的一部分提升起来。一个最好的佐证就是商业银行,以往客户往往和银行职员很熟,借贷信誉也常常由部门经理判断。除非银行有充裕的职员(如库茨银行),但很少有银行具备这样的员工规模来满足业务需求。之后,银行引进了很多实物来替代之前的服务形式,如银行卡、支票、存款单、ATM 机等,这些实物都提升了服务的有形性。这些实物更易设计和控制,并且使得服务标准化,让服务以更低的成本实现规模化,覆盖更大量的用户和更广阔的地域:客户可以使用世界各地的 ATM 机,而不仅仅是当地的银行。

（2）解决不可分离性。因为服务与提供其的主体紧密相连,有两种基本方法从这一角度进行创新。第一种是减少不可分离性。例如,传统大学教育是必须在大学校园里通过传统的线下课堂和学术研讨会进行。英国成立于 1969 年的开放式大学打破了这一禁锢,它们为学生提供教科书和其他学习材料,让学生能够离校自主学习。第一种方法也和第二种解决不可分离性的方法相关,将服务活动从供应端转移至服务的客户端。向自助服务的转变是一种被广泛使用的服务创新战略,常常伴随着自动化(提升了服务的实物性,也将服务简化),它在人力成本很高的国家较为常见。自助服务实现的前提是同时性,因为服务的生产和消费是同时发生的(如音乐会)。在过去,如果你想要欣赏音乐会,你需要坐在音乐厅中,但是现在这种现象越来越不是必须的了。音乐会可以通过电信网络进行广播,传播到世界的每一个角落并能够刻录下来以进行回顾。虽然这种体验与"身临其境"不同,但是演唱会高品质的刻录版本能够轻易地获取到。而像外科手术这类服务过去需要服务供应商和消费者同时出现。但如今,机器人技术的发展使手术能够远程进行。

（3）解决暂时性。服务是在特定的时间空间中发生的,创新则致力于打破这些限制。例如,通过不同组织间的协议来实现工时外服务,使获取正常工作时间外的服务也成为可能,这类创新包括,不同时区电话服务中心的协同调度(利用印度的电话服务中心为英国的客户进行工时外服务);或改变服务提供的方式,如在英国,大型商场在周日只能开放六小时,这使得很多大型超市扩张了它们小商场的数量,因为"当地小店"的营业时间受限更少。如果需求的层次难以预测且随机,服务品质的保障就很难实现。如果需求难预计,生产常常需要依靠库存作为辅助(除了易腐烂的且定制化的商品,这一手段都是十分有效的)。因为服务通常无法进行库存,通过库存进行缓冲这一手段就不太可行了。这时,解决这一问题最简单也最常见的方法就是累积需求,让希望获得服务的顾客排队等待。但是想要顾客等待,特别是长时间等待,往往是不被接受的。而解决随机需求,服务提供商们有一系列方法。第一种方法就是预留出更多的服务空间,但这需要更多的成本支出。第二种方法则是通过浮动定价(或其他工具)让需求更易预测、把控,当资源稀缺时提高关税,资源冗余时降低关税。第三种方法则是提高服务的速率,尽管这样可能造成服务质量参差不齐,并且在繁忙时期降低服务质量。还有其他的创新方法,如引入复杂的供应系统,可以根据变化的需求快速扩张或收缩服务运能。例如,如果电话服务中心运营商面临很多不同层次的需求,那么拨打电话的顾客就需要等待很长的时间,因此一些运营商会雇用一批"在家"职工,尽管他们在家工作,但仍可作为随时补充人力的后备力量。

（4）解决异质性。极端些说,每一次服务都是独一无二或私人定制的。但独一无二或私人定制的服务往往代价高昂。一个常见的战略是通过量产策略将服务"工业化",麦当劳就是一个最经典的例子(Levitt, 1976)。这一战略需要降低劳力所需的技术含量,服务更依赖于服务人员的实践经验而非学历知识(Metcalfe et al., 2005)。做到极致的服务和高标准化"商品"是相同的(世界上任何一家麦当劳都没有区别),但是这其实已经含有很少的服务成分了。更常见的是，在定义服务各项条款（如平均等待次数、暂留时间、业务办理时间等）时，服务协议被广泛采纳；同时说明条款也会作为一线员工为客户服务的参考。这些规定中很多都将服务中可能需要客户支付额外费用的潜规则，或有弹性的部分移除了。而更巧妙的一种方法是通过建立服务型平台或服务模块化来进行服务的定制化，而不是将服务标准化。服务的模块化在教育、医疗行业中很常见，但问题也不断涌现：①模块化进程中需要将接口标准化；②保持风格的一致性，因为随着不同组成要素的差异越来越大，不同服务间脱节的风险很高。

利于创新的组织内部和组织间关系形式

服务大多都是经验型的，而一个完整的服务常常需要依赖很多组织（或组织内很多部门）之间的协作。例如，一趟航班需要多家机构参与，但是乘客只能直接接触到其中的一部分（如乘客不会和航空调控员、行李员接触）。服务流程的高效配合需要这些组织或部门共同协作。问题常出现在不同组织的接口上，因此组织间和组织内的创新在服务创新中扮演了重要角色（Van Der Aa and Elfring, 2002；Tether and Tajar, 2008；Eisingerich et al., 2009）。例如，英国国家健康服务中心（national health service，NHS）就面临着很大的"床位占用"问题，一些人（通常是老年病患）长期留在医院占用着医院床位，但他们并不是因为需要进一步治疗才留下的，而是因为他们无法回家也没有其他地方可去。① "床位占用"每天花费 NHS 中心超过 50 万欧元的费用。这使其他病人无法获得医院病床并延长了他们的等待时间，给病人带来了极大的不便和困扰。这一问题的出现是私人和公共健康保障、社会服务体系的崩坏导致的。

所以，服务创新要想获得显著效果，离不开组织间和组织内的协作。企业间通过高效率合作获得持续创新的一个例子，就是伦敦希思罗机场、法兰克福等一些高航班强度的机场中飞行员、航空交通管理员和机场管理员之间的密切合作（Tether and Metcalfe, 2003）。特别是在希思罗机场，这些组织紧密合作，通过沟通、讨论互相学习，而后实施了一系列渐进的创新举措，在系统"满负荷"运行的情况下，大量额外的营运空间被发掘出来。很多创新都是对流程的细微改进，但它们累积的收益也就是其他额外运行能力的提升极其显著，这使得原本需要新建跑道来提升运能的计划得以推迟几年。

服务创新的管理

服务创新的障碍

生产过程中的创新所面临的障碍，大多对服务也同样适用，但服务还面临着一些其他重要的障碍。其中之一就是由于服务没有对应的独立实体导致的，但替代实体的是服务输

---

① 从 2010 年 8 月到 2011 年 10 月这 15 个月间，NHS 宣布超过 900 000 张床由于床位占用情况被浪费。政府估计每天因此而花费 NHS 约 260 欧元。

出（产品）和供应方式（流程）之间更紧密的关系，这两者之间的关系常常显现于形成的工作惯例和规范中。例如航空产业、飞行员工会和航空公司协商出"范围条款"，限制大型航空公司外包给当地小型航空公司的航班的数量和规模。这些条款致力于通过防止当地航空公司运营大型航班，来捍卫大型航空公司员工的工作机会。但这些条款（以及对应工作规范）的出现极大地强化了大型航空公司运营中的"轴与辐条模型"的主导地位，因此当面临由小型飞机通过"点对点模型"实现的简型特惠航空带来的威胁时，大型航空公司就显得束手无策了。类似地，传统的实体商店很难应对像亚马逊这样新型零售商的冲击，因为他们商业模式的立足点和需要的资源完全不同。在这里主要想强调，重大的服务创新常需要商业模式的创新和提供服务的组织的根本性转变。

服务创新的独占性机制

第二个要讨论的重要话题是"独占性机制"，这关乎企业能否保护他们的发明和创新成果以免被抄袭和模仿，也有利于促进企业更好地从中获利（如从创新成果中获得回报）。通常来说，企业受益的保护措施有两种：法律手段和战略手段（Tether and Massini, 2007）。法律手段包含对智力成果权益的维护，如专利权、版权、设计著作权和商标权。

专利权，是保护知识产权、助力技术创新最强有力的一种形式（Cohen et al., 2000；参见本书第 28 章）。尽管在美日的法律判决中，商业模式（和软件著作）专利受到越来越多的认可，并被应用于保护服务行业中的知识产权。[①] 而在欧洲和澳大利亚等其他地方的法律判决中，专利法并不能保护纯商业模式的创新（如那些不具有技术性和实物成果的创新）。

高效的商业模式专利保护措施的出现，根本性地改变了服务创新的蓝图，因为它鼓励服务行业有意识的创新和对创新的保护。甚至今后这很有可能成为服务业公司中的一个独立部门，如同工业企业中的研发部门一样，它也可能加速新型创新型服务的发展。然而，商业模式的专利化还会被用于规避已有大公司商业模式可能面临的未来风险，并阻止挑战它们的新商业模式的出现。

一些有实体的服务能够同时利用技术专利和设计专利（保护产品的外形设计不受侵犯）来保护自己的创新成果。例如，维珍航空利用专利保护本公司专门设计的平躺型商务舱和用于贵宾舱的交叉型座位设计。[②] 但更常见的是，对服务创新进行知识产权保护的缺陷，可能会鼓励更多渐进式创新。这是因为公司很难接受基础性服务创新所需面临的风险，如果作为一个先行者，公司需要面临创新成果在市场中的失利，同时也无法阻止快速的跟进者从先行者的工作中受益。除非他们有足够强的互补性资产以避免创新成果被肆意模仿。所以综上所述，传统运营商更偏好进行渐进式创新（Alam, 2006b）。

品牌、商标和服务标记和服务更息息相关：品牌是质量和口碑的一种标志与积累，很难也不可能被量化。它们在银行、保险等零售服务业中显得尤为重要，但也被越来越多的专

[①] 一个臭名昭著的例子就是亚马逊的一键支付服务。在美国，商业模式的知识产权在 1970—2010 年间以每年 15% 的速度增长。

[②] 航空公司既将设计授权给他人以覆盖一部分研发费用，又采取法律手段打击侵权行为。

业服务公司,甚至是公共服务组织所使用。① 品牌可以成为互补性资产(Teece,1986),帮助公司获得更大的回报以支撑创新活动。

即使版权保护的是无形资产而非真正的服务,但版权还是和服务业息息相关的。事实上,印刷业的出现(本质是这一生产技术的出现)使得版权的引进成为可能。版权还可被用于保护网站及网页内容。

对知识产权的有力保护,也会有效促进投资人和生产者之间的分工,因为知识产权能够明晰产权归属并鼓励市场创新(Gans and Stern,2003,2010)。在这样的背景下,将创意(品牌、设计和专利等)孵化或生产环节外包给专业服务提供商的现象越来越普遍。独特竞争力和品牌效应的强烈作用,同样促使创意服务环节从整体生产活动中分离,例如,建筑设计就是从建筑业分离出的服务性业务,而广告代理则是从商品生产中分离出来的。

通常而言,除商标外,知识产权保护的正式形式可以被用于保护服务的周边而非服务的核心。战略型保护(包括通过保密、互补性资产或活动、社会资产或社会关系、声誉)通常比正式的知识产权保护更有效,且相较工业企业这一手段在服务业使用得更广泛(Tether and Massini,2007)。②

管理服务创新的方法

服务缺少独立实体,但在现代企业提升竞争力的过程中扮演着越来越重要的角色,因此库珀和埃迪特(1999)认为服务创新是最具挑战性且最困难的尝试。除了无形资产化,服务创新比传统的产品创新更加艰难。因为相比于产品,服务与其提供过程的关联更加紧密。换言之,对于生产产品而言,过程和组织创新的关联不那么紧密(一个新产品通常可以不对生产过程或组织形式进行改变而进行创新),但这对于服务业并不适用。

成功的创新包含找出最好的解决方案和正确的执行方式两个方面。很多服务组织在这两方面均失败了:首先,没有系统的筛选方案的流程或思路;其次,执行过程过于特殊且不够正式(Sundbo,1997;Kelly and Storey,2000;Dolfsma,2004)。相比于工业生产企业,正式的方案筛选和开发方法在服务行业并未得到足够普及。最常用的方法往往是征集创意(常常是根据竞争对手的行动做出的反应),在做一些背景调研后直接进入执行环节。

考虑公司的整体战略和创新战略之间的匹配程度也很重要(Teece,1986)。这很可能出现错误匹配的情况,如创新战略削弱而非增强了公司的整体战略。以莱安航空为例,它通过尽可能的自动化操作并将尽可能多的操作环节转给客户自身操作,来实行低价航线的创新战略,对在机场打印登机牌等"额外服务"收取高额费用。但这一低价战略对于以提供高品质服务的新加坡航空而言却是绝对不适用的。

执行过程不佳还可能和高昂的"机会成本"相关,例如有其他可选的方案时,企业很可能面临巨大的失败并损耗创新的信心。更深入的是,企业常常同时开展多项创新项目,从

---

① 沃尔玛、沃达丰和亚马逊都是跻身世界十大知名品牌的服务型企业。谷歌也可以被看作一家服务型企业。
② 然而,一些像通信、计算机服务、研发服务提供商、建筑和工程咨询等技术服务机构确实最大化地利用了多种正式的保护手段。

而导致无序性和资源的分散性。

为了提升效率,服务创新需要有清晰的战略、高效的流程和充足的资源(Cooper and Edgett, 1999)。通常,服务型企业在进行创新时,并不希望投入足够充分的资源,他们希望利用职责之外的"空余时间"进行创新。事实上,相反地,更好的办法是为创新留出相应的时间和资源。很多服务型企业对于创新活动还缺少足够的制度支持。例如,尽管工业生产企业在财务上专门有"研发投入"这一项,对服务型企业这一现象却很少见。让一个创新过程有效地在服务型企业中执行下来往往十分困难,因为这往往涉及对企业根深蒂固的规章管理的挑战。

服务创新的各个维度都应该被考虑到。德恩·赫托格(2000)认为服务创新包含四个维度(缺一不可):①服务概念:商业模型或价值主张(Edvardsson and Olsson, 1996),服务创新最根本的形式包含对服务概念的重新塑造,例如相比于传统的电话通信服务,Skype 就是颠覆式的服务创新。显然,这种服务创新形式的出现对于传统企业是灾难性的,曾经被它们视作核心资产的东西都将成为负累。②用户接口:前台活动的创新,或服务提供商与消费者接触点的创新。这是创新的一个重要领域,服务提供者需要明白创新将如何影响消费者的体验(我们后续会详细说明)。③服务传输系统:考虑服务如何被提供或传送给用户/消费者,该系统涉及前台和后台,两者都需要被仔细考虑。④技术期权:技术在提供或支持这项服务的过程中扮演怎样的角色。技术的应用可以在多大程度上提升服务质量(而非仅仅是降低成本),且应该如何通过战略进行部署,都是值得重点关注的。

其他值得注意的重点包括顾客参与到服务创新过程中的程度。证据表明顾客的参与大有裨益,尤其是在探索能为客户带来价值的更具颠覆性的创新过程中(Hertog, 2000; Abramovici and Bancel-Charensol, 2004; Alam, 2006a)。然而,让客户参与进来可能会提高用户对于创新的预期,进而增加实施的难度(Magnusson et al., 2003)。通常,公司推崇的是跨部门的团队构成(Avlonitis et al., 2001),因为这会带来多元的知识组成和观点碰撞(Leiponen, 2005, 2006),并形成更具"说服力"的创意。跨部门团队既能够带来高效的创新管理过程,还能够提高效率、降低成本并提升创新之路(Hull, 2003; Fay et al., 2006)。但管理创新的团队规模不宜太大,在小团队当中内部交流更便捷高效。在这样的背景下,前台员工的参与不应被忽视或低估,因为只有他们在与用户互动的过程中更了解实际情况,只有这样才能建立让用户买账的方案。然而,这些却往往违背了公司的层级观念和规矩(De Brentani, 2001; Ramirez, 2004)。

服务设计和研发

近些年关于服务设计的学术研究开始兴起(Moritz, 2005; Stickdorn and Schneider, 2010; De Meroni and Sangiorgi, 2011)。和实物产品的设计及研发一样,学者们也提出将服务设计及研发划分为几个阶段(Cooper and Edgett, 1999)。阶段的数量和其扮演的不同角色有很大差异并需要根据不同的企业进行调整。三个常用的阶段是:识别(或浏览)、(筛选和)建立、实施。我们将描述这三个阶段的大致轮廓并介绍各阶段使用的一些工具。

阶段1：识别

服务设计和创新的第一阶段，便是识别问题或识别机会。很多企业在这一环节花费的时间远远不够，它需要企业关注周边环境去寻找机遇与挑战。大多数企业无法积极主动地寻找问题或机会，只是等到它出现时才解决（如果真的能够被彻底解决）。他们还会经常从已有的框架或架构甚至只从表象考虑问题，因此无法"自如玩转"，也不可能重新定义问题（Hargadon，2002）。然而这是设计环节中关键的一部分。例如，当建筑师弗兰克·格里被委任设计凯斯西储大学的管理学院时，他问了几个基本问题，例如"教育是什么"以及"职工是什么"。这些问题挑战着学院的设计者弗兰克的很多基本假设，主要包括作为服务式平台的学院建筑架构。

创新通过观察产生。例如，设计和创新咨询公司艾迪欧受命于美国银行去寻找吸引更多客户的方式。在美国三座城市进行观察后，艾迪欧注意到人们常常出于效率和便捷而集中他们的交易活动。他们还发现，很多人希望有积蓄，但由于缺少资源和自制力往往很难实现。基于这些观察和后续的头脑风暴，艾迪欧提出了"存钱罐"解决方案。这一服务将用户使用美国银行借记卡进行的最近几次交易加总起来，并将相应金额从活期存款转入定期存款，因此让用户能够更便捷地存钱。这一服务于2005年一经推出就吸引了1 200万客户，吸储超过30亿美元。

观察可以帮助发掘很多创新机会，而挑战在于既要理解客户是如何体验服务过程的，也要理解服务提供的组织架构。服务设计既是一种新的体验形式的挑战，也是一次组织架构的挑战。由肖斯塔克首先开发的服务蓝图（Shostack，1982，1984；Bitner et al.，2008）显示，服务全景的梳理是一个有效且有利的手段，它能更好地理解服务并识别需要改进的地方。服务蓝图包含如下概念。①

（1）客户行为。客户行为即客户参与到服务中所需要采取的各步骤行动。这包含一些"关键时刻"，即客户和服务提供商互相达成某种协议，让客户有机会形成或改变对于服务提供商的印象。良好的"关键时刻"，可以使服务提供商能够超出客户的预期，有时也被称为"奇迹时刻"。相反，"灾难时刻"是一次和用户的消极互动，客户对服务感到不满。服务提供商需要清楚确认偏差，即如果客户对服务特别（不）满意，这可能延续下去并影响他对后续服务的感知，服务旅程很大程度上和个人喜好相关。

（2）前台员工的表现。前台员工的表现关系到客户和员工之间的直接互动。可见的和服务协议紧密相关的前台服务行为和客户自己的行为被"互动线"区分开来。

（3）后台是看不见的员工行为。例如，电话中心的接线员。"可视线"将后台员工和顾客的行为区分开来。

（4）支持流程。支持流程即支持前后台员工的流程。"内部交互线"将服务员工同这一流程区分开来。

---

① 相似地，沃斯和卓玛蒂克（2007）提出服务和服务体验的实验设计有五个方面：物理环境、前台服务人员的行为、服务传递过程、其他消费者的反应或行为、后台工作人员的行为。

（5）实体证据。实体证据指用户可感知到的实体证据或环境（如机舱或宾馆房间）。

蓝图可以是宏观的，也可以只聚焦某一部分，蓝图的流程始于服务边界的确认。但服务开始和结束的时间常常是一个有趣的问题，在服务正式开始之前或结束之后其实存在很大的创新空间。第二步包含通过服务识别客户行为（如通过客户体验之旅），通过一步步地考量前台、后台职工的表现、支持流程，以及最后的实体环境。蓝图在实现共同理解方面十分有用，这可以让服务各个环节紧密配合，但也常常被那些高度封闭式的服务企业所忽略。

阶段2：建立

识别阶段应该是对服务以及创新的可能性进行完整（或尽可能完整）理解的一个过程。例如，什么样的行为可以转接给客户，而什么样的行为又该从客户端吸收回来等。以航空业为例，它鼓励乘客自助打印登机牌，以替代为他们在机场提供人工服务。但什么样的行为可以由可视的前台服务转化为不可视的后台服务呢？1985年，直达保险公司（Direct Line）在英国开发了一套汽车保险服务，将店铺直售转为电话销售。凭借着轮胎上醒目的红色电话标志和高效的电话中心，直达公司迅速成为英国最大的汽车保险商。使用IT系统而非让职员人工参与，也能够提高服务的自动化水平，鼓励客户自己完成。通过网络预订航班已是常见的现象。高效的服务可以减少客户和供应商之间不必要的沟通。亚马逊大量的交易都不涉及客户和供应商之间的交流。

与实体产品不同，服务很难原型化。产品原型在开发和确定创意的过程中被广泛使用，它是一个很好的沟通媒介，帮助不同部门（如市场、研发和其他）之间互相沟通和理解（Dougherty, 1992；Carlile, 2004）。因为服务没有独立的实体形式。所以，开发一个可共享的抽象的服务和创新模型的原型开发，显得更加困难。事实上，因为服务的有形部分更容易被原型化，所以关注点往往集中在"产品面"，而真正的"服务面"却被忽略了。如今已出现多种将服务原型化的方法。

（1）上述讨论的服务蓝图的观察阶段。这一阶段可以很好地观察并改进服务，首先是从客户的视角，其次是从前台和后台员工的视角。其中一个有效的方法是角色扮演。人们装扮不同的用户类型，从不同的需求出发来体验服务。他们代表不同的用户群体，并帮助服务开发者从更多的客户视角审视服务，使服务更加人性化而非机械化。

（2）使用故事板或连环画的形式。这一方法从电影行业借鉴而来，服务过程可以通过一系列图画或照片模拟出来，并按照故事顺序排放。触点和"关键点"在这一过程往往最为关键，而在这里它可以通过一张张图片的形式展现出来。故事板的使用可以让触点发生的顺序被重塑，从而进行服务创新。

（3）角色扮演和剧院。这一方法从戏剧借鉴而来，通过扮演不同的服务情景而关注服务触发的时点。

（4）提炼广告。这一方法由艾迪欧开发，它将一项新的服务提炼或封装成简短的广告。这一严格的时间限制迫使团队真正关注服务的核心并思考究竟能为客户提供什么。

在执行之前，还应该对提出的新服务方案进行回顾和评估。库伯和艾迪特（1999）认为，新服务的开发应该致力于打造"卓越"。卓越服务应该达到以下一个或多个目的：①将独特或非凡的体验带给客户;②同等价钱下提供比之前更好的价值;③相比于竞争对手有更好的服务体验;④更值得信赖,很少失败;⑤有更高质量的追求。他们发现符合这些标准的新服务,相比于"雷同的普通服务"更有可能成功并实现盈利。"卓越服务"应该被用作新服务开发中的一个标准。

阶段3:实施

因为如下原因,实施具有挑战性。

(1)很难提前将服务具体化。甚至服务很可能与预期目标南辕北辙,特别是在服务提供过程中,由于提供者的粗心而造成一些细节上的纰漏。服务有时甚至可以说是"永久的测试版",需要时刻紧绷神经,不断改善。

(2)完全理解现有服务是困难的,因此也无法完全预料新服务引入后的"萌芽期问题"。这一问题可以通过引入对现实情况和开发环节了解的前台员工来减缓。阶段推广的流程也值得注意,这样"萌芽期问题"可以在大规模实施之前被发现并检测到。

(3)服务设计/创新过程中前台员工的参与,还有助于在众多服务提供商中树立口碑。这一点尤其重要,因为这些员工是执行并触发这些服务的核心力量。如果服务设计过程没有经过他们的同意,那么前台职工的责任感会被削弱,尽管他们依旧是服务提供过程的主体,所以前台职工需要特别关注。这可能会导致灾难,弗劳尔斯(1996)关于伦敦急救中心的创新研究就是一个例子。

(4)新服务可能获得成功或符合客户需求以至于需求急速上涨并超过供能。在公共服务领域尤其如此,并可能引发对不公平的争议。

由于以上原因,所以我们建议在服务正式上线前,悄悄地进行新服务的试运行并尽早发现"萌芽期问题"。

将服务创新流程正式化是有效的吗

证据表明,将服务创新正式化是有效的,因为它提升了执行质量并降低了失败率,从而提升了服务端整体质量和整体的开发进度(Froehle et al., 2000; De Brentani, 2001)。同时,斯朵瑞和凯利(2001)调查了新服务开发活动是如何在进行评估时发现最具创新力的公司的评估的,包括开发的成本和速度、开发过程的效率,而不具创新的公司将评估严格局限在对财务指标的衡量上。

结 论

发达经济体约3/4的价值是由服务业创造的,且有实体产品的企业也正致力于提供更具创新性的服务。而我们对于服务的理解以及该如何进行服务创新,要远远滞后于对生产以及如何进行产品创新、流程创新和组织变革的理解。这一现象正在逐渐改变,关于服务行业和服务创新的研究近几年正在不断增加。

本章对服务业进行了总结,强调了它与实体产品的区别。在这一背景下,我们还应看到很多产品正变得越来越像产品,而实体产品常常和服务混在一起(如苹果iPod/iPhone不仅仅是一款吸引人的产品,还有它配套的一系列服务,人们可以根据自己的需求自行配置。苹果还开创了体验店模式,以便更好地把控客户需求与反馈)。

有些新服务是为了消除用户活动的负担(done for service),而另一些则需要用户参与得更多,还有一些新服务则可以有效地将一些环节转嫁给客户完成。服务中的大部分创新都不是颠覆性的,且始终围绕着服务的四大基本特点:无形性、多样性、不可分离性和不可延续性,很多既是技术问题也是组织层面的问题。有证据表明,相比于生产制造企业,服务创新管理在服务型企业还不够普及,但对于惯例的适应还是很有益处的。事实上,创新管理在服务中的作用更大,因为它们还没被广泛传播。

关于服务、服务设计和服务创新的研究近年来大幅上涨,我们对于这一问题理解的缺失正在被逐一弥补。我们为进一步的研究提出了三条建议,它们能够帮助我们理解服务创新管理。

(1)对于如何将服务创新过程正式化的进一步理解,需要基于不同的情境和不同情境下的效率。一些研究发现,服务中的正式化的创新流程能够带来很多好处,但这些好处的持续性如何,且不同服务情境中它起作用的程度有何不同(例如,大型服务零售商和小型预约咨询机构),尚待研究发现。此外,正式流程应包含什么样的细节指导,对这一问题的理解对服务设计和创新流程的管理者而言意义重大,例如何时且如何让前台员工参与到新服务开发的过程中来。现实的可操作性和其在学术上的价值同等重要。

(2)更充分地理解人力和管理技巧、人力资源管理及其对于服务创新的影响。令人惊讶的是,技术和服务创新之间的交互是一个完全未被涉足的领域(Teher et al., 2005)。通常,服务业比生产制造行业还要依赖于技巧,特别是"软技能",所以对技能以及人力资源等话题的关注很关键。例如,服务创新包含训练和技能水平提高的过程,但是我们对其所涉及的内容和效率问题却鲜有了解。

(3)对于服务中知识产权保护策略,以及公司如何利用(或不利用)多种知识产权保护形式进行创新并从中获益,需要我们进行更全面的了解(Tether and Massini, 2007)。考虑到不同国家对服务创新或其关键部分能否受知识产权保护,有着不同的规定和政策,这一问题就显得尤为有趣。美国和欧洲对于商业方法知识产权保护政策上的差异,可能改变服务创新开发过程中新兴企业和传统企业的激励。关于这一问题的研究,可以建立在不同制度环境下对同一服务系统观察的基础上。

参 考 文 献

Abramovici, M., and Bancel-Charensol, L. (2004). 'How to Take Customers into Consideration in Service Innovation Projects', *Service Industries Journal*, 24(1): 56–78.

Alam, I. (2002). 'An Exploratory Investigation on User Involvement in New Service Development', *Journal of the Academy of Marketing Science*, 30(3): 250–61.

Alam, I. (2006a). 'Removing the Fuzziness from the Fuzzy Front-End of Service Innovations through Customer Interactions', *Industrial Marketing Management*, 35(4): 468–80.

Alam, I. (2006b). 'Service Innovation Strategy and Process: A Cross National Comparative

Analysis', *International Marketing Review*, 23(3): 234–54.

Anand, N., Gardner, H. K., and Morris, T. (2007). 'Knowledge Based Innovation: Emergence and Embedding of New Practice Areas in Management Consulting Firms', *Academy of Management Journal*, 50(2): 406–28.

Avlonitis, G. J., Papastathopoulou, P. G., and Gounaris, S. P. (2001). 'An Empirically-Based Typology of Product Innovativeness for New Financial Services: Success and Failure Scenarios', *Journal of Product Innovation Management*, 18(5): 324–42.

Baumol, W. J., and Bowen W. G. (1966). *Performing Arts: The Economic Dilemma*. New York: The Twentieth Century Fund.

Berry, L. L., Shankar, V., Parish J. T., Cadwallader, S., and Dotzel, T. (2006). 'Creating New Markets through Service Innovation', *MIT Sloan Management Review*, 47(2): 56–63.

Blindenbach-Drissen, F., and van den Ende, J. (2006). 'Innovation in Project-Based Firms: The Context Dependency of Success Factors', *Research Policy*, 35: 545–61.

Bitner, M. J., Ostrom, A. L, and Morgan, F. N. (2008). 'Service Blueprinting: A Practical Technique for Service Innovation', *California Management Review*, 50(3): 66–94.

Cainelli, G., Evangelista, R., and Savona, M. (2004). 'The Impact of Innovation on Economic Performance in Services', *Service Industries Journal*, 24(1): 116–30.

Camacho, J. and Rodriguez, M. (2005). 'How Innovative are Services? An Empirical Analysis for Spain', *Service Industries Journal*, 25(2): 253–71.

Carbonell, P., Rodriguez-Escudero, A. I., and Pujari, D. (2009). 'Customer Involvement in New Service Development: An Examination of Antecedents and Outcomes', *Journal of Product Innovation Management*. 26(5): 536–50.

Carlile, P. R. (2004). 'A Pragmatic View of Knowledge and Boundaries: Boundary Objects in New Product Development', *Organization Science*, 13(4): 442–55.

Cohen, W. M., Nelson, R. R., and Walsh, J. P. (2000). *Protecting their Intellectual Assets: Appropriability Conditions and Why U.S. Manufacturing Firms Patent (or not)*, NBER Working paper 7552. Cambridge, MA: National Bureau of Economic Research.

Cooper, R. G., and Edgett, S. J. (1999). *Product Development for the Service Sector*. New York: Perseus Publishing.

Damonpour, F., and Gopalakrishnan, S. (2001). 'The Dynamics of the Adoption of Product and Process Innovation in Organizations', *Journal of Management Studies*, 38(1): 45–65.

de Brentani, U. (2001). 'Innovative Versus Incremental New Business Services: Different Keys for Achieving Success', *Journal of Product Innovation Management*, 18: 169–87.

de Jong, J. P. J., and Klemp, R. (2003). 'Determinants of Co-Workers' Innovative Behaviour: An Investigation into Knowledge Intensive Services'. *International Journal of Innovation Management*, 7(2): 189–212.

de Meroni, A., and Sangiorgi, D. (2011). *Design for Services*. Gower, Farnham, UK and Burlington, VT.

de Vries, E. J. (2006). 'Innovation in Services in Networks of Organizations and in the Distribution of Services', *Research Policy*, 35(7): 1037–51.

den Hertog, P. (2000). 'Knowledge Intensive Business Services as Co-Producers of Innovation', *International Journal of Innovation Management*, 4(4): 491–528.

den Hertog, P., van der Aa, W., and de Jong, M. (2010). 'Capabilities for Managing Service Innovation: Towards a Conceptual Framework', *Journal of Service Management*, 21(4): 490–514.

Dolfsma, W. (2004). 'The Process of New Service Development: Issues of Formalization and Appropriability', *International Journal of Innovation Management*, 8(3): 319–37.

Dougherty, D. (1992). 'Interpretive Barriers to Successful Product Innovation In Large Firms', *Organization Science*, 3: 179–203.

Droege, H., Hildebrand, D., and Heras Forcada, M. A. (2009). 'Innovation in Services: Present Findings and Future Pathways', *Journal of Service Management*, 20(2): 131–55.

Easingwood, C. J. (1986). 'New Product Development for Service Companies', *Journal of Product Innovation Management*, 3(4): 264–75.

Edvardsson B., and Olsson J. (1996). 'Key Concepts for New Service Development', *Service Industries Journal*, 162: 140–164.

Eisingerich, A. B., Rubera, G., and Seifert, M. (2009). 'Managing Service Innovation and Inter-Organizational Relationships for Firm Performance: To Commit or Diversify?' *Journal of Service Research*, 11(4): 344–56.

Evangelista, R., and Sirilli, G., (1998). 'Innovation in the Service Sector: Results from the Italian Statistical Survey', *Technological Forecasting and Social Change*, 58(3): 251–69.

Fay, D., Borrill, C., Amir, Z., Haward, R., and West, M. A. (2006). 'Getting the Most out of Multidisciplinary Teams: A Multi-Sample Study of Team Innovation in Health Care', *Journal of Occupational and Organizational Psychology*, 79: 553–67.

Flowers, S. (1996). *Software Failure: Management Failure*. Chichester, UK: John Wiley and Sons.

Froehle, C. M., Roth, A. V., Chase, R. B., and Voss, C. A. (2000). 'Antecedents of New Service Development Effectiveness: An Exploratory Examination of Strategic Operations Choices', *Journal of Service Research*, 3(1): 3–17.

Froehle, C. M., and Roth, A. V. (2007). 'A Resource-Process Framework of New Service Development', *Production and Operations Management*, 16(2): 169–88.

Gadrey, J., and Gallouj, F. (1998). 'The Provider-Customer Interface in Business and Professional Services', *Service Industries Journal*, 18(2): 1–15.

Gallouj, F., and Savona, M. (2009). 'Innovation in Services: A Review of the Debate and a Research Agenda', *Journal of Evolutionary Economics*, 19(2): 149–72.

Gallouj, F., and Weinstein O. (1997). 'Innovation in Services', *Research Policy*, 26(4–5): 537–56.

Gans, J. S., and Stern, S. (2003). 'The Product Market and the Market for "Ideas": Commercialization Strategies for Technology Entrepreneurs', *Research Policy*, 32(2): 333–50.

Gans, J. S., and Stern, S. (2010). 'Is There a Market for Ideas?', *Industrial and Corporate Change*, 19(3): 805–37.

Gremyr I., Lofberg N., and Witell, L. (2010). 'Service Innovations in Manufacturing Firms', *Managing Service Quality*, 20(2): 161–75.

Gustafsson, A., Ekdahl, F., and Edvardsson, B. (1999). 'Customer Focused Service Development in Practice: A Case Study at Scandinavian Airlines Systems (SAS)', *International Journal of Service Industry Management*, 10(4): 344–58.

Hargadon, A. B. (2002). 'Brokering Knowledge: Linking Learning and Innovation', *Research in Organizational Behavior*, 24: 41–85.

Hill, P. (1999). 'Tangibles, Intangibles, and Services: A New Taxonomy for the Classification of Output', *Canadian Journal of Economics Revue*, 32(2): 426–47.

Hill, T. P. (1977). 'On Goods and Services', *Review of Income and Wealth*, 23: 315–38.

Hipp, C., and Grupp, H. (2005). 'Innovation in the Service Sector: The Demand for Service Specific Innovation Measurement Concepts and Typologies', *Research Policy*, 34(4): 517–35.

Hipp, C., Tether, B. S., and Miles, I. D. (2000). 'The Incidence and Effects of Innovation in Services: Evidence from Germany', *International Journal of Innovation Management*, 4(4): 417–53.

Hull, F. M. (2003). 'Simultaneous Involvement in Service Product Development: A Strategic Contingency Approach', *International Journal of Innovation Management*, 7(3): 339–70.

Hull, F. M. (2004). 'Innovation Strategy and the Impact of a Composite Model of Service Product Development on Performance', *Journal of Service Research*, 7(2): 167–80.

Hurmelinna-Laukkanen P., and Ritala, P. (2010). 'Protection for Profiting from Collaborative Service Innovation', *Journal of Service Management*, 21(1): 6–24.

Jaw, C., Lo, J.-Y., and Lin, Y-H. (2010). 'The Determinants of New Service Development: Service Characteristics, Market Orientation and Actualizing Innovation Effort', *Technovation*,

30(4): 265–77.

Johne, A., and Storey, C. (1998). 'New Service Development: A Review of the Literature and Annotated Bibliography', *European Journal of Marketing*, 32(3–4): 184–251.

Karniouchina, E. V., Victorino, L., and Verma, R. (2006). 'Product and Service Innovation: Ideas for Future Cross-Disciplinary Research', *Journal of Product Innovation Management*, 23(3): 274–80.

Kelly, D., and Storey, C. (2000). 'New Service Development: Initiation Strategies', *International Journal of Service Industry Management*, 11(1): 45–62.

Kristensson, P., Gustafsson, A., and Archer, T. (2004). 'Harnessing the Creative Potential among Users', *Journal of Product Innovation Management*, 21: 4–14.

Lee, Y.-C., and Jih-Kuang, C. (2009). 'A New Service Development Integrated Model', *Service Industries Journal*, 29(12): 1669–86.

Leiponen, A. (2005). 'Organization of Knowledge and Innovation: The Case of Finnish Business Services', *Industry and Innovation*, 12(2): 185–203.

Leiponen, A. (2006). Managing Knowledge for Innovation: The Case of Business to Business Services', *Journal of Product Innovation Management*, 23: 238–58.

Levitt, T. (1976). 'Industrialization of Service', *Harvard Business Review*, 54(5): 63–74.

Lusch, R. F., Vargo, S. L., and O'Brien, M. (2007). 'Competing through Service: Insights from Service-Dominant Logic', *Journal of Retailing*, 83(1): 5–18.

Lyons, R. K., Chatman, J. A., and Joyce, C. K. (2007). 'Innovation in Services: Corporate Culture and Investment Banking', *California Management Review*, 50(1): 174–91.

Magnusson, P. R., Matthing, J., and Kristensson, P. (2003). 'Managing User Involvement in Service Innovation: Experimenting with Innovating End Users', *Journal of Service Research*, 6(2): 111–24.

Matear, S., Gray, B. J., and Garrett, T. (2004). 'Market Orientation, Brand Investment, New Service Development, Market Position and Performance for Service Organisations', *International Journal of Service Industry Management*, 15(3–4): 284–301.

Matthing, J., Sanden, B., and Edvardsson, B. (2004). 'New Service Development: Learning from and with Customers', *International Journal of Service Industry Management*, 15(5): 479–98.

Menor, L. J., and Roth A. V. (2008). 'New Service Development Competence and Performance: An Empirical Investigation in Retail Banking', *Production and Operations Management*, 17(3): 267–84.

Menor, L. J., Tatikonda, M. V., and Sampson, S. E. (2002). 'New Service Development: Areas of Exploitation and Exploration', *Journal of Operations Management*, 20(2), Special Issue: 135–57.

Metcalfe, J. S., James, A., and Mina, A. (2005). 'Emergent Innovation Systems and the Delivery of Clinical Services: The Case of Intra-Ocular Lenses', *Research Policy*, 34(9): 1283–1304.

Miles, I. (2008). 'Patterns of Innovation in Service Industries', *IBM Systems Journal*, 47(1): 115–28.

Moller, K., Rajala, R., and Westerlund, M. (2007). 'Service Innovation Myopia? A New Recipe for Value Creation', *California Management Review*, 50(3): 31–48.

Moritz, S. (2005). *Service Design: Practical Access to an Evolving Field*. Cologne, Germany: Köln International School of Design (KISD).

Neely, A., Benedettini, O., and Visnjic, I. (2011). 'The Servitization of Manufacturing: Further Evidence'. Working paper. Cambridge, UK: Cambridge Service Alliance, University of Cambridge.

Nijssen, E. J., Hillebrand, B., Vermeulen, P. A. M., and Kemp, R. G. M. (2006). 'Exploring Product and Service Innovation Similarities and Differences', *International Journal of Research in Marketing*, 23(3): 241–51.

Oke, A. (2007). 'Innovation Types and Innovation Management Practices in Service Companies', *International Journal of Operations and Production Management*, 27(6): 564–87.

Olsen, N. V., and Sallis J. (2006). 'Market Scanning for New Service Development', *European Journal of Marketing*, 40(5–6): 466–84.

Page, A. L., and Schirr, G. R. (2008). 'Growth and Development of a Body of Knowledge: 16 Years of New Product Development Research', *Journal of Product Innovation Management*, 25(3): 233–48.

Pennant-Rea, R., and Emmott, B. (1983). *Pocket Economist*, 2nd edn. London: The Economist Publications and Basil Blackwell.

Pires, C. P., Sarkar, S., and Carvalho, L. (2008). 'Innovation in Services: How Different from Manufacturing?', *Service Industries Journal*, 28(10): 1339–56.

Ramirez, M. (2004). 'Innovation, Network Services and the Restructuring of Work Organization in Customer Services', *Service Industries Journal*, 24(1): 99–115.

Sasser, W. E., Olsen, R. P., and Wyckoff, D. D. (1978). *Management of Service Operations: Text and Cases*. Boston: Allyn and Bacon.

Schleimer S. C., and Shulman, A. D. (2011). 'A Comparison of New Services Versus New Product Development: Configurations of Collaborative Intensity as Predictors of Performance', *Journal of Product Innovation Management*, 28(4): 521–35.

Schmenner, R. W. (1986). 'How Can Service Businesses Survive and Prosper?', *Sloan Management Review*, 27(3): 21–32.

Shelton, R. (2009). 'Integrating Product and Service Innovation', *Research-Technology Management*, 52(3): 38–44.

Shostack, G. L. (1982). 'How to Design a Service', *European Journal of Marketing*, 16(1): 49–63.

Shostack, G. L. (1984). 'Designing Services that Deliver', *Harvard Business Review*, 62(1): 133–9.

Sirilli, G., and Evangelista, R. (1998). 'Technological Innovation in Services and Manufacturing: Results from Italian Surveys', *Research Policy*, 27(9): 881–99.

Spohrer, J., and Maglio, P. P. (2008). 'The Emergence of Service Science: Toward Systematic Service Innovations to Accelerate Co-Creation of Value', *Product and Operations Management*, 17(3): 238–46.

Stickdorn, M., and Schneider, J. (2010). *This is Service Design Thinking*. Amsterdam: BIS Publishers,

Storey, C., and Kelly, D. (2001). 'Measuring the Performance of New Service Development Activities', *Service Industries Journal*, 21(2): 71–90.

Sundbo, J. (1997). 'Management of Innovation in Services', *Service Industries Journal*, 17(3): 432–55.

Teece, D. J. (1986). 'Profiting from Technological Innovation: Implications for Integration, Collaboration, Licensing and Public Policy', *Research Policy*, 15(6): 285–305.

Tether, B. S. (2003). 'The Sources and Aims of Innovation in Services: Variety between and within Sectors', *Economics of Innovation and New Technology*, 12(6): 481–505.

Tether, B. S. (2005). 'Do Services Innovate (Differently)? Insights from the European Innobarometer Survey', *Industry and Innovation*, 12(2): 153–84.

Tether, B. S., and Howells, J. (2007). 'Changing Understanding of Innovation in Services', in DTI Occasional Paper #9, *Innovation in Services*. London: Department of Trade and Industry.

Tether, B. S., Mina, A., Consoli, D., and Gagliardi, D. (2005). *Innovation Impact on the Demand for Skills and How Do Skills Drive Innovation?* CRIC Report for The Department of Trade and Industry. Manchester, UK: University of Manchester. Available at <http://www.berr.gov.uk/files/file11008.pdf> (accessed 23 July 2013).

Tether, B. S., and Massini, S. (2007). 'Services and the Innovation Infrastructure', in DTI Occasional Paper #9, *Innovation in Services*, London: Department of Trade and Industry.

Tether, B. S., and Metcalfe, J. S. (2003). 'Horndal at Heathrow? Capacity Creation through co-Operation and System Evolution', *Industrial and Corporate Change*, 12(3): 437–76.

Tether, B. S., and Tajar, A. (2008). 'The Organisational-Coooperation Mode of Innovation and its Prominence amongst European Service Firms', *Research Policy*, 37(4): 720–39.

van den Ende, J. (2003). 'Modes of Governance of New Service Development of Mobile Networks: A Life Cycle Perspective', *Research Policy*, 32: 1501–18.

van der Aa, W., and Elfring, T. (2002). 'Realizing Innovation in Services', *Scandinavian Journal of Management*, 18: 155–71.

van Riel, A. C. R., Lemmink, J., and Ouwsterloot, H. (2004). 'High Technology Service Innovation Success: A Decision Making Perspective', *Journal of Product Innovation Management*, 21: 348–59.

Vargo, S. L., and Lusch, R. F. (2004). 'Evolving to a New Dominant Logic for Marketing', *Journal of Marketing*, 68(1): 1–17.

Voss, C., and Zomerdijk, L. (2007). 'Innovation in Experiential Services: An Empirical View', In DTI Occasional Paper #9, *Innovation in Services*, London: Department of Trade and Industry.

Windrum P., and Garcia-Goni, M. (2008). 'A neo-Schumpeterian Model of Health Services Innovation', *Research Policy*, 37(4): 649–72.

第31章

创新和项目管理

安德鲁·戴维斯(Andrew Davies)

引　言

　　创新和项目是紧密相关的。项目是为了产出新颖独特的结果而建立的,临时组织和过程的建立能够维持和发展一个组织当前的活动,但是它们更重要的角色是创新引擎。组织通过项目来创造特殊的产品、过程和服务,并开发新技术、开展创业、实施战略,以及生产复杂的基础设施——从系统和标志性建筑到生态可持续城市。但是创新项目具有不确定性,由于不能预测未来,因此组织并不能确定项目是否能够达到初始目标。不确定性是广泛存在的——从看得见摸得着的环境,到看不见的事件,以及项目各方之间未知的关联。人类开发了项目管理过程、工具和技术来帮助选择、计划、管理和降低与创新过程和结果相关的不确定性。

　　19世纪50年代,一批先驱企业创造了新的结构、技术和过程,用来管理复杂度高、不确定性强的高精尖武器,以及和国防相关产业的研发项目,此时项目管理和创新之间的密切关系得到了充分的理解(Morris,1994；Hughes,1998)。随后几十年间,学者在研究创新和项目管理之间的关系时开始聚焦在一些特定的领域,例如,日本20世纪80年代的产品开发活动(Takeuchi & Nonaka,1986；Clark & Wheelwright,1992)。总体上来说,项目和创新管理方面的文献仍然按照理论、专业和应用开发三种明显不同的路径向前发展。可是近年来,创新和项目管理方面的研究点开始聚焦和交互。组织用项目来管理创新过程和产出的不确定性,而在这个过程中应该采用什么样的方式,则是一个新的研究热点(Pich et al., 2002；Davies & Hobday, 2005；Loch et al., 2006；Shenhar&Dvir, 2007；Lenfle, 2008；Lenfle & Loch, 2010；Brady & Hobday, 2011)。

　　本章认为,关于组织如何应对不确定性问题有多种假设,受到这些不同假设的影响,项目和创新管理研究作为独立的知识体系,沿着不同的路径向前发展。在Klein和Meckling(1958)的经典研究和当前的概念思维的基础上,本章主要区分了最优模型和适应模型,这两种模型描述了基于项目的创新的相反过程。

　　最优模型与20世纪50年代项目管理的基础及其作为专业的从业指导原则的发展密切相关。该模型假设创新目标及完成目标的路径是易于理解、可预测而且理性的过程,可以提前预见、管理和优化。虽然没有单独的理论基础驱动与项目管理相关的所有概念思维，多数教材还是倾向于遵循那些基于系统工程、操作研究、确定性规划及控制过程的理性、优化模型（Winter et al.,2006；Soderlund, 2011）。这个模型也遭到了批判，因其没有解决不确定性问题，这些不确定性源自全过程的计划和执行（Morris, 1994）、组织设计（e.g. Galbraith,1973）、项目复杂性、不确定性和新奇性（Shenhar & Dvir, 1996；Hobday, 1998；Shenhar, 2001；Loch et al., 2006）。项目管理作为指导原则，推动了"所有项目都是相同的，都可以用标准、通用的过程、结构和调度技术进行管理"这个观点的发展。

适应模型与创新管理和组织理论紧密相关。该模型认为，组织创新项目没有单一的、最好的方式，组织形式和过程必须与每个项目的不确定性和复杂性相适应（E. G. Galbraith, 1973；Shenhar & Dvir,2007）。该模型假设，创新过程的目标及完成该目标的路径本身就是不确定的（Klein & Meckling,1958）。适应取决于试错学习、灵活性、直觉以及管理判断，这种管理判断需要处理项目中不可预测的情形，以及我们无法预测未来的能力。研究发现，高不确定性、新奇性的项目需要充分的、灵活的、实时的学习过程；最优的、理性的、标准化的过程可能仅适用于可预测的、常规的项目（Eisenhardt & Tabrizi, 1995）。

借鉴前人的研究成果（表31.1），本章辨析了基于项目创新的"适应模型"的主要特征。近期关于创新和项目管理的研究聚焦，开辟了一个前景光明的研究路径，即将项目视为"用来管理那些与创新相关的不确定性的临时组织设计和快速、灵活、实时适应的过程"。

表 31.1 基于项目创新的适应性模型：源自创新、项目管理和组织理论

文 献	临 时 组 织	适 应 过 程
项目和创新：早期的构想	用来整合知识和促进创新的项目结构（Gaddis,1959；Middleton,1967）	不确定项目中的创新过程模型：优化者和怀疑者（Klein & Meckling,1958） 项目是一种"发现之旅"（Hirschman,1967）
创新管理	权变理论辨析出与项目生产商相关的（Woodward, 1965；Mintzberg, 1983；Hayes & Wheelwright, 1984）有机自适应结构（Burns&Stalker,1961；Bennis&Slater,1968） 项目和矩阵结构（Galbraith, 1973；Davis & Lawrence,1977） 创新管理：项目产品和产品生命周期中的阶段 衍生、平台和突破型项目（Wheelwright & Clark, 1992a,1992b） 重大项目支持突破性创新（Clark & Wheelwright, 1992） 新兴项目和主流项目（Kanter,1990） 双元性组织（O'Reilly&Tushman,2004）	"快速、灵活的过程"：有序过程VS叠加过程（Takeuchi & Nonaka, 1986；Nonaka & Takeuchi,1995） "压缩"VS"经验型"适应（Eisenhardt & Tabrizi, 1995） 渐进性创新和破坏性创新（Christensen,1997） 项目本身就是实验（Thomke,2003） "实时的"灵活开发过程来匹配市场不确定性程度（Bhattacharya et al., 1998）

续表

文 献	临时组织	适应过程
项目管理	对传统项目管理"万能型"方法的批判,用权变理论来辨析项目变化的不确定性、复杂性、动态性(Shenhar & Dvir,2007) 钻石模型帮助选择临时性组织(Shenhar & Dvir,2007)	项目成功的衡量依赖于项目的不确定性和随着时间的动态性(Pinto & Kharbanda,1995;Shenhar & Dvir,2007) 传统基于阶段的方法的局限性以及多元、平行方法的重要性(Lenfle & Loch,2010) 管理项目的不确定性有赖于学习和选择(Loch et al.,2006) 钻石模型帮助选择合适的过程(Shenhar & Dvir,2007)
聚集研究:近期研究方向	项目是一种暂时性的组织形式(Bechky 2006; Jones and Lichtenstein 2008; Bakker 2010),包括独立组织和嵌入式组织(Schwab and Miner, 2008),基于项目的公司(Gann and Salter, 2000; Whitley, 2006)和基于项目的组织(Hobday, 2000) 项目嵌入了历史、环境、网络和生态之中(Engwall, 2003; Grabher, 2004; Sydow et al., 2004; Manning and Sydow, 2011)	基于项目的公司的学习(Prencipe and Tell, 2001)来源于项目日常惯例(Stinchcombe and Heimer, 1985)以及项目自身蕴含的力量(Davies, 2004; Soderlund and Tell, 2009) 关于适应性的实验类型包括意外情况、新奇性以及在项目团队中的即兴创作(Gersick and Hackman, 1990; Weick and Roberts, 1993; Weick and Sutcliffe, 2001) 即兴创作可以是偶然发生的,也可能是有意为之(Miner et al., 2001; Vera and Crossan, 2005) 项目团队使用一些手边的资源去应对意外事件(Bechky and Okhuysen, 2011) 创新举动驱动着未来(Obstfeld, 2012)

创新和项目:早期研究

早期关于创新和项目管理之间关系的研究,可以追溯到20世纪五六十年代,当时美国政府发起了一系列"产生变化的项目"(change-generating project)以创造一些复杂的武器、国防设施和太空活动,比如曼哈顿计划、宇宙神计划、超级电脑计划、北极星式舰载弹道导弹武器系统、半自动地面防空系统以及阿波罗登月计划等(Morris, 1994; Johnson, 1997; Hughes, 1998)。为了解决在这些研究中出现的问题,以及与快速的技术创新保持同步,科学家、工程师和管理人员快速开发了新的项目结构、系统工程以及运筹学。

这些先进科学项目将跨学科、跨职能的科学家和工程师团队聚合在了一起。新项目组织形式被创造出来,以整合、协调不同领域的知识和资源,以实现按时间、预算以及符合规定的特定目标(Gaddis,1959; Middleton, 1967)。为了管理众多的国防和航天项目,矩阵式组织(结合职能型和项目小组型)得以建立(Galbraith, 1973; Davis and Lawrence, 1977)。系统工程所需的技术和知识由系统集成商提供(诸如伍尔德里奇公司),这些技术和知识主要用于协调设计、并行开发以及整合复杂、多重、进化式的技术,并由众多的合同商提供(Sapolsky, 1972)。运筹学成为一门研究军队运行环境的学科。Hughes(1998)认为这些促进创新的系统工程、运筹学、项目管理造就了一场并不出名的管理学革命,但是其重要性可以与由福特和通用电气创造的大规模生产变革媲美。

20 世纪 50 年代,美国兰德公司的经济学家和社会学家开始着手研究复杂武器系统中(如喷气式战斗机、内陆弹道导弹项目)与创新相关的组织过程。这些项目在效果、成本、时间和未来的操作环境上有很大的不确定性。兰德公司识别出一系列会影响创新过程的因素,例如,实际和预计采购成本、时间上的差异(Freeman and Soete, 1997)。兰德公司意识到,必须区别对待具有高度不确定性的复杂系统和像大规模制造这样可预测的系统。一些杰出的学者意识到,兰德公司的研究识别出了一个针对改变会自适应的过程,它可以应用在那些在产品或流程创新上具有不确定性的组织内(Hirschman and Lindblom, 1962)。如 Hirschman(1967)研究了发展中国家的基础设施项目,发现供应链的不确定性,与引起项目结果的流程(包括技术、组织、财务、管理情况)以及需求的不确定性(包括项目的结果和在建项目的表现)有关。兰德公司的研究发现一些项目需要在面对复杂、不断变化和不确定性的环境时,表现出应答性、灵活性和适应性。关于项目管理和创新的研究又逐渐崭露头角(Shenhar and Dvir, 2007; Lenfle and Loch, 2010)。

Klein 和 Meckling(1958)做出了两个可选的模型:"Mr Optimizer"以及"Mr Skeptic",作为管理复杂和不确定性项目的理想模型,被我们称作最优和自适应模型。最优模型("Mr Optimizer")依赖于在计划开始前的理性计划、正式流程以及分析技术,以此预测未来的情况,在备选项中选择最优产品。这需要在开始阶段通过细致的计划选择最优的技术、精确的项目任务时间表,并将被证实可用的部件预先整合在最终系统中。比如"special project office"将 1957 年开发的计划评审技术(program evaluation and review technique)使用在了计划、控制北极星式舰载弹道导弹武器系统中(Sapolsky, 1972)。根据 Klein 和 Meckling(1958)的研究,最优模型难以处理项目过程中可能出现的不确定性和紧急情况,诸如新技术或新战略因素的引进,或者是运作环境的改变等。在最优模型出现错误后,修改这个完整的系统的成本将会非常高。

自适应模型"Mr Skeptic"意识到,创新的目标以及实现创新的过程是充满不确定性的。自适应模型不再依赖于事先的计划和正规的流程,而是依赖于直觉型判断和非正式流程,并通过试错学习指导决策;该模型在决定最满意的解决方案之前,已经尝试一系列的不同方案。在获取新的信息时,最初的计划就会被重新审视和修改,而不是提前设定好最优的目标。这个模型认为创新项目就是"发现之旅"(Hirschman, 1967: 78)。采取这种冒险行为的组织必须聚集学习到的实时信息和反馈,以降低项目进程中的风险和突发情况。达成所希望的产品或系统的效果的努力,或者说是设计定型,在项目开始之初就应该被避免,或者避免将一些先进的技术和技能排除在外。根据 Klein 和 Meckling(1958)的研究,未来 5~10 年成功的项目,其产品或者系统经过在操作环境中的开发和测试才可以被真正认可。通过被多重或者并行的操作,项目早期遇到的不确定性能够得到缓解,因为这个过程能够在确定最优方案之前获得应对不确定性的有价值的信息(Hirschman, 1967: 82)。实验原型和重复实验的成本,也许会低于从一开始就决定用单一技术实现项目的成本,因为重复试验过程中会出现一些突发状况,或者在产品发布时发现已经过时了。

复杂系统研究中创新和项目之间的联系,并未被二者之间的学科边界、专业兴趣群体、理论与实践中的差异所限制。在接下来的几十年中,创新管理和项目管理学术、实践研究主要沿着有区别的、发散的路径,但在这些不同的研究中都尝试着去解决一个问题:组织如何管理创新项目中的不确定性。

创新管理如何看待项目

借鉴不同的理论基础,如产业经济学、战略学和组织理论,创新研究关注高度不确定性的产品、服务开发和商业化中的科学、组织、财务和技术活动(Dodgson et al., 2008)。在快速的市场和技术变化过程中,创新对公司生存和成功极其重要(Htterback, 1994)。尽管项目被认为是支持快速创新的关键架构和流程,但是也有一些例外(Wheelwright and Clark, 1992a),创新研究很少提及主流的项目管理研究(Lenfle, 2008)。与项目管理的研究不同,创新管理强调了由新的实践带来的理论发展。

以前关于创新管理的研究,主要建立在权变理论和组织设计的研究基础之上。通过挑战之前的组织效率单一最优模型假设,Burns 和 Stalker(1961)的深入研究奠定了创新权变理论的基础。然而,机械的组织架构如等级管理和特殊任务,仅在稳定和可预测的市场、技术环境中适用。Burns and Stalker(1961)认为诸如扁平化管理、流动性架构以及任务中的权变行为这样的"有机结构",更能够推动创新以及快速应对变化和高度不确定的情景。尽管Burns 和 Stalker(1961)没有明确定义项目形式,之后的研究对于权变理论有了更深入的研究,认为权变理论中的这种"有机自适应"组织形式更有利于推动创新(Bennis and Alster, 1968;Mintzberg and McHugh, 1985)。研究者定义出了一系列的组织形式,从职能式到矩阵式再到项目组织形式、行政式组织形式,来应对快速变化的技术和市场环境带来的变化速度、不确定性和复杂性。Lawrence 和 Lorsch(1967)认为组织是一个系统,这个系统能够适应外部环境的权变变化。项目或者矩阵式的结构集合了跨职能资源、知识以应对快速的环境变化、高度不确定性和复杂性(Galbraith, 1973;Davis and Lawrece, 1977)。

然而权变理论并没有对主流的项目管理理论产生太大的影响,Shenhae(2001)是一个例外,他的研究指出,项目是一种特别适合处理复杂任务和快速变化环境的组织和流程形式。项目这种组织形式也是一种 Woodward(1965)的"模块生产者"的极端例子,即一个组织生产客户要求的定制化的或者独特的产品,如建筑、电影、工程模型、产品开发等(Mintzberg, 1983:270;Davies and Frederiksen,2010)。项目生产是第一阶段,涵盖了单独的具有针对性的生产,也包含了大规模的批量制造及其后续流程(Hayes and Wheelwright, 1984:270)。公司运用项目式的组织形式进行定制化的、针对性的产品开发和产品或服务生产,而批量生产中重复性的、标准性的、按次序的活动,则很难运用在项目式的组织流程中。项目组织中,面对独立的、复杂的任务,则按照时间顺序使用诸如计划评审技术(program evaluation and review technique)来展现流程和网络之间的关系。

项目或者单位生产与产品生命周期中的导入期相似(Hayes and Wheelwright, 1984;

Hobday，1998）；Abernathy 和 Utterback（1975）提出了极具影响力的创新开发模型，揭示了在产品和产业的出现、成长、成熟过程中，产品和过程的创新怎样互动（Utterback，1994）。研究检验了以项目为基础的公司和行业中的动态创新，主要集中在研究设计或制造复杂产品、系统时需要的组织结构和能力，这些复杂产品或系统包括：飞行模拟器、智能建筑、移动通信（Hobday，1998；Hobday，2000；Gann and Salter，2000；Davies and Brady，2000；Davies and Hobday，2005）。

很多新的重要概念、工具和框架是在20世纪80年代和90年代被开发出来的，那时的学者们试图去理解和促进当时日本汽车和电子行业中以新奇项目为基础的活动，这一潮流由一些公司所引领，如丰田、本田、索尼（Takeuchi and Nonaka，1986；Wheelwright and Clark，1992a，1992b）。这些研究表明，创新带来的不确定性需要特殊的项目组织形式以及有时间限制的流程来抵消，以高度自适应、灵活应对来自市场、技术和竞争环境的快速变化。

在阐述追赶日本开发实践的方式时，Wheelwright 和 Clark（1992a，1992b）根据产品和流程中的不确定性程度，从渐进性到根本性，将创新项目分为三种类型。衍生项目基于渐进式创新，包括从已有产品中削减成本，或者对现有生产流程进行强化。突破式项目则基于根本性创新，因其引进了全新的流程或者产品，比如说1981年索尼的随身听以及2001年苹果推出的iPod。与此前的产品不同，根本性创新能够创造一个全新的市场或者产业。平台项目开发了新的产品（分享了标准化的组件、模块以及共用的原料），针对的是已有的市场和消费者，其介于渐进式创新和根本性创新之间。公司为达成战略目标，将这些不同类型的项目形式在不同的时期加以使用，并可能单独或者并行使用。

不同的创新项目需要特定的组织结构与之匹配。平台和突破性创新需要高级经理领导的"重量级的项目团队"，在组织内部通过权威达成目标所需要的资源（Clark and Wheelwright，1992），矩阵式结构则适合衍生项目中的渐进式创新，更加根本的创新需要一个临时组织起来的、紧密围绕在重量级并且有实权的经理周围的自立型项目团队。团队犹如一张"白纸"，聚焦于成功实现目标，适合于开发能够创造新的市场和行业的突破式创新。

组织设计必须让团队在现有的技术和市场中发挥能力和新奇、战略性创新突破之间达成平衡。Kanter（1990）区分了公司中主流的项目和新奇的项目。主流项目需要确定性，而新奇项目则需要管理根本性创新带来的不确定性。

> 创新需要多种路径、灵活性以及速度，因为新的思想经常是偶然发生的或者是高度直觉型的，或者由于难以预料的问题所引起的。项目团队需要在正式的计划、董事会的批准以及其他"官僚式的延迟"中工作，这些可能就是方向变革中的限制。
>
> ——Kanter，1990：205

相似的，根据 Christensen（1997）的研究，主流的组织在实现渐进式的、持续性的创新上非常高效，这些创新是针对当前市场上的既有客户，这些客户具有明确的、可预测的需求，并且这些需求经得起细致的项目计划和执行的检验。然而主流组织很少能够开发出创造新的市场和顾客的破坏式创新。一些诸如电动汽车这样的潜在破坏性创新,很难由公司的主流组织开发出来,因为这些创新不能满足既有消费者的需求。一些风险较小的持续性创新在行动之前有细致的调研;在"线索导向"这种高度不确定性的破坏式创新中,在细致的市场调研前就必须采取行动(Christensen,1997:160)。这些破坏式创新在现有公司中的成功商业化,取决于这个独立项目小组的创造性,比如臭鼬计划("skunk works")(Rich and Janos,1994)或者分支单位,他们有能力去学习和收集关于新市场的实时信息,在投入大量的时间和财力之前就已经缓解了不确定性问题。Thomke(2003)也有相似的观点,他认为项目是一种实验,用来测试以及适应变化,促进组织学习,解决创新带来的不确定性。

O'Reilly 和 Tushman(2004)认为,已经成功的企业很少能够推出超越他们已有市场和消费者的破坏式创新。比如在 1976 年,柯达占据了美国 90% 的胶片市场以及 85% 的相机市场,尽管在 1975 年推出了第一台数码相机,柯达继续在已有的市场上推出渐进式创新,但在转型为数码技术公司的道路上失败。一个"灵活性"的组织,在促进既有业务拓展的同时,还能支持破坏性创新的组织结构。这种组织包含两种不同的业务单元。开发资源的组织是正式的、机械的(职能型或者矩阵式)结构,能够运用公司已有的资源来发展、拓宽并支持主要的项目。探索性的业务单元是自适应的、以项目为基础的结构,集中精力探索新奇的项目并开展与破坏式创新相关的创业。因为一个公司对新的市场没有经验,也没有消费者,很难对消费者需求进行预测,从而导致项目的日程可能与实际不符,预算也容易超支。突破性项目的团队经常以自治组织的形式出现,在结构上独立于主要组织,但是却受到高层领导的支持,紧密融入更广阔的公司结构中。

在对 20 世纪 80—90 年代美日大型公司突破式创新的研究中发现,传统的基于阶段的产品开发方法逐渐被"快速灵活"的流程所替代(Takeuchi and Nonaka,1986; Nonaka and Takeuchi,1995)。传统的流程方法,如美国宇航局的阶段规划"PPP"方法,也将接力棒传给了后来者。产品按顺序通过高度结构化的流程,从一个职能单位通向下一个:从概念开发、可行性测试、产品设计、开发、试行,到最终产品。相反,像富士施乐、佳能、本田这样的公司创造了"覆盖"式方法,该方法像橄榄球运动一样,加速了产品的开发进度。这些公司采用并行开发的方法,使得项目团队能够在行动之前就能够解决问题。新产品是在跨学科、自治团队成员不断的互动之下产生的,迭代的实验是在产品开发的最后阶段进行的。使用并行开发的方法,团队的成员能够快速响应市场的变化,并积极到迭代的、不断试错的过程,最终减少不确定性。Takeuchi 和 Nonaka(1986:141)认为,项目并不是在完全理性和持续性的环境中实施的,因此适应性变得非常重要。这个自适应的产品设计途径类似于"并行工程",20 世纪 40—50 年代美国军方最早在同步复杂武器开发组件技术中使用(Sapolsky,1972; Johson,1997)。

在产品开发的文献回顾中,Eisenhardt 和 Tanrizi(1995)区分了不同条件下的两种适应过程:可预测的和不确定的。压缩模式假设一个充分被理解、理性的、可预测的流程,依靠并行工程来压缩开发的时间。体验模式假设流程是难以预测的,而是依赖即兴创作、经验、试错和实时信息。我们之后将会看到,体验式的自适应基于直觉、即兴发挥以及选择这样一些与传统不同的理论基础。

压缩式的自适应模式强调高度结构化、工程导向的流程,尤其是在新产品开发领域。著名的"门径管理系统"(state-gate system),就是为了缩短从提出新观点到发布新产品之间的时间而设计的(Cooper and Kleinschmidt, 1987;Cooper, 1990)。创新流程被分为一些先决的阶段或者门,即检查点,它决定了产品是否能从一个阶段到达下一个阶段(参见第 26 章)。产品的详细说明在早期就被确定下来,以保证可预测的开发流程,但这流程并没有包括项目范围的改变以及耗费财力的返工。"门径管理系统"非常适合不确定性较低的项目,但并不是高度不确定性项目的首选,因为在早期就确定具体的设计方案可能会带来不正确的产品定义。Bhattacharya 等(1998)认为"实时定义模型"需要根据市场的不确定性来"适应"产品定义(Bhattacharya et al., 1998)。产品定义上的不确定性,能够在与客户不断的互动以及迭代、灵活的开发流程中得到解决。

项目管理如何看待创新

在项目管理的文献中,项目被定义为创造新奇、独特结果(如改进过的新产品或者针对个人定制化的产品)的临时性组织和流程(Kerzner, 2006;Pinto, 2007)。与公司和政府部门这样永久性的组织不同,项目是有时间限制的组织,它可能是独立组织,也可能是大型组织的一部分或者是多个公司的联合。项目管理的教科书中经常会区分项目和运行:项目指的是实现一些复杂的、难以预测的、新的任务,运行指的是在大规模标准化产品、服务生产中的重复的、日常的、可预测的工作。有一些显著的例外(Loch et al., 2006;Shenhar and Dvir, 2007),新奇、独特这两次词一般都是模糊的并且很难定义,因为项目管理教科书中没有涉及由创新管理学者所开发的更为稳健的概念。

尽管项目被定义为新奇、独特的结果,项目管理作为一门学科,还是强调了计划和管理项目所需的理性、正式、可预测的流程,例如计划评审技术(PERT)和关键路径分析(CPA),1957—1959 年由化学制品生产商杜邦开发出来。根据 Kerzner(2006)的研究,项目管理的理论基础建立在系统理论之上(E. G. Boulder, 1956),后者强调要在项目管理中将不同的实践、学科、知识整合在一个系统之中。传统的项目管理强调万能型系统管理标准和应用形式(Kerzner2006),就像项目管理教科书的扩散以及过去数十年间精简的理论开发(Morris et al., 2011)。最优的方法是将不同的理论传统混合,塑造了项目管理研究在各个方向的发展(Soderlund, 2011),保持了专家和实践者使用最普遍和最有影响力的方式管理创新中的不确定性。

自 20 世纪 60 年代以来,项目管理已经延伸到了多个不同的产业和组织,从私有部门到公共组织,从小团队、初创企业到国际性大企业(如 IBM,GE)(Morris, 1994)。专业的组织也极大地推动了项目管理作为一种标准化实践的学科向前发展,如 1969 年在美国成立的项目管理协会(project management institute,PMI),1972 年在英国成立的项目管理协会(association of project management, APM)等。项目管理协会和不计其数的教科书将项目管理定义为一种运用知识和技能来管理实践、成本、质量这三者之间的关系的学科。项目生命周期是一个重要的概念,定义了一系列能够成功管理项目目标的阶段活动,从项目定义到执行再到试行、创业、正常运行。也有无数的教科书指出"项目就是项目,仅此而已"。受到泰勒和甘特对组织设计和行业效率单一最优解的影响,项目管理的流程和技术被认为适应各种大大小小、简单复杂、新奇老旧的项目。

项目长久以来被认为是创新的命脉,而现在的项目经理也需要创新才能在变化的时代存活下去(Randolph and Ponsor, 1988)。但这些作者认为传统而高效的项目经理,需要最优的假设:制订计划然后管理计划,按时间、预算、质量标准完成创新项目(Randolph and Ponsor, 1988)。近年来,受到组织理论和创新研究的影响,项目管理的学者采用新的研究思路和方法,集中于研究项目管理不能解决的创新,以及它所带来的多方面不确定性问题(Loch et al., 2006;Shenhar and Dvir, 2007;Pinto, 2007;Lenfle and Loch, 2010)。这些研究质疑了传统项目管理中的三个最优原理:"时间、花费、质量三大限制""门径管理流程""项目风险管理"。

依照"时间、花费、质量三大限制"理论来评论项目的成功,所有在时间、花费、质量上的偏离都必须得到纠正,并使项目回到原来的轨道。尽管三大限制理论指出在这三者中的权衡会影响项目的短期效率,但它却没能包括第四个限制:这个项目是否满足了客户的需求(Pinto and Kharbanda, 1995)。在短期内度量效率和对客户的影响是重要的,其他的好的度量方法也需要去测量高度不确定性创新项目的长期绩效(Shenhar and Dvir, 1997, 2007)。项目的成功取决于不确定的程度,低风险的普通项目必须满足时间、花费、质量以及消费者的需求。而在高度不确定性的项目中,时间、花费、质量短期内超出计划可以被长期的效应所抵消,比如说网络效应,推出新产品或者开发新的技术。比如说苹果公司前CEO乔布斯,他鼓励团队成员集中精力开发突破式创新产品以及创造新市场,如由iPod和iTunes创造的数据汇集中心,但乔布斯却不能容忍产品开发中对成本和时间限制的妥协(Isaacs, 2011:123)。

由项目管理协会、英国项目管理协会等专业组织所推崇的最优模式,认为所有的项目必须经过仔细的计划、定义以及控制(Slevin and Pinto, 1987)。在项目生命周期中每一个阶段或者门径的结尾都有一个输出结果,比如说范围声明、计划、基准文件或者里程碑,这些都是需要在进入下一个阶段之前进行检查的。一般认为门径管理模型由20世纪40年代的曼哈顿计划首创,之后也用于20世纪50年代的宇宙神计划、超级电脑计划、北极星式舰载弹道导弹武器系统,后来慢慢运用到了更广泛的实践中。Lenfle和Loch(2010)的研究挑战了现有的认知,他们认为曼哈顿计划和弹道导弹计划并没有严格执行这些以阶段为基础的方法和工具。比如说,北极星计划中的计划评审技术(PERT),用于说服来访的政客以及获取额外的资源,但不能在项目执行和控制中提高效率(Sapolsky, 1972)。这些国防项目综合运用了试错法、多重法、并行开发法来突破极限,以达成当时被认为是不可能完成的任务(Lenfle and Loch, 2010:32)。Lenfle和Loch(2010)认为门径管理系统可以运用在不确定性程度较低的项目中,但是并不能解决在高度创新、战略性、不确定性环境中的自适应、解决方案搜寻以及灵活性的问题。

传统的项目管理认为,项目的不确定性在项目开始之初就可以被识别,运用项目风险管理工具和技术就能降低风险。项目风险是风险在项目中发生的可能性以及风险在项目中扩大所造成的影响。比如说,一个公司想要构建一个4G网络,它可以使用一个风险登记簿来定位所有可能发生的主要风险,并且可以使用一些诸如备用资金、时间缓冲区的方法来解决所有可以预知的风险。在这个过程中也可能出现一些未知的风险,但是最优的风险管理方法取决于项目最开始的正式计划和问题解决方案。

Loch等(2006)认为传统的风险管理可以用于可以预知的、日常项目中,却很难应对有高度不确定性的创新项目(Pich et al.,2002;De Meyer et al.,2002;Sommer and Loch,2004;Loch et al.,2006)。当一个公司开发突破式、根本性创新时,传统的项目风险管理倾向于引导项目回到计划之中而不是去学习新知识、解决问题或者是改变方向。新项目所遇到的问题很可能是前所未见的,即使这些问题之前遇到过,项目交互的复杂性,也使提前做出一个细致的计划非常困难。

与其更加严格地执行计划以及通过正规的风险管理来应对未知的风险,Loch等(2006)认为项目经理更应该结合两种自适应的管理方式,即试错法和选择论。首先,随着对项目本身以及项目与外界环境交互的深入了解,项目组织需要及时适应和调整项目。随着项目向目标靠近,团队必须准备调整项目最初的目标和进程,因为他们获得了更多的信息。其次,项目在选择最优的方式前,需要在并行、独立的众多方案中进行选择。比如微软运用选择论,在20世纪80年代同时开发了Dos、Windows、OS/2以及Unix操作系统,因为它并不知道哪一个是最佳解决方案。学习和选择论上的双进程,可以帮助经理评估各个项目中的不确定性,然后快速地调整管理的方法来解决不确定性(De Meyer et al.,2002)。

受到创新管理的影响,新的项目管理研究者意识到,建立在理性计划、详细日程、可预测流程基础上的最优模型可以运用在可预测的、常规的项目中,但面对新奇的、不确定性较大的项目却无能为力(Loch et al.,2006;Lenfle and Loch,2010;Brady and Hobday,2011)。受到创新中的权变理论影响,Shenhar和Dvir(2007)开发出了一个全新的替代方案,同时也批评了传统项目管理理论中的"一个方案适合所有组织(万能模式)"和"三大限制"假设基础(Shenhar and Dvir,2007)。融合创新和项目管理研究中的新观点,Shenhar和Dvir(2007)认为这些复杂、不确定性高、受到市场、科技、商业环境影响很大的创新项目,需要新的自适应的项目管理方式。项目的组织和流程必须具有灵活性,从而适应目标、任务、每个项目环境、未知时间、权变方案以及未来的不确定事件。

为了辨别项目之间的差异,Shenhar和Dvir(2007)开发出了"钻石模型",在四个维度区分不同的项目:技术不确定性、市场新奇性、复杂程度和速度。新奇性指的是项目目标的不确定性,以及新产品是怎样在特定市场上面对客户、使用者和组织的。根据Wheelwright和Clark(1992b)的分类方式,新奇性包括衍生型、平台型以及突破式创新项目。技术的不确定性指的是,新技术多大程度上被使用在项目之中。新技术在项目开发中运用得越多,就越有可能在时间、花费、质量、产品表现方面不合预期。复杂性是指项目产品所涉及的系统和子系统的层级。复杂性影响不同的任务以及它们之间的独立关系、需求设计、整合的组织形式以及产品和系统(Shenhar and Dvir,1996;Hobday,1998;Shenhar,2001),比如说相对简单的项目可以在家庭内部完成,而非常复杂的项目(如伦敦 2012 年奥运会建设项目)就需要创造精致的伞形结构,每一个子项目都需要定制,这就需要在大项目中有一个针对供应商的定制流程加以协调。项目速度建立在以时间为基础的策略上,指的是项目的紧急程度以及在不确定和变化的环境中完成任务的时间限制(Brown and Eisenhardt, 1995, 1997; Eisenhardt and Tabrizi, 1995)。

Shenhar 和 Dvir(2007)的研究在项目管理和创新管理中起到了连接的作用,他们试图用正式的、规范的模型去捕捉项目中的不确定性、复杂性以及市场的变化,旨在帮助经理在正确的时间选择正确的组织方式,如在开始和中期时去适应不确定性、复杂性和权变事件,到项目的后期又使用规范的管理方式将项目"拉回正轨"。不过这个框架对 Loch 等(2006)所提出的实时经验学习、紧急情况、开放流程并没有太多的重视。

研究主题聚焦:研究动态

过去数十年间,创新和项目管理研究强调了自适应模式的重要性。本部分将阐明理论和经验等不同角度的学者是如何加深我们对不同流派研究的认识的;这些流派包括项目是暂时性的组织,项目为基础的学习、能力、日常工作,以及对不确定性的、即兴的、紧急的、有创造性的文献研究广泛关注。

基于项目的学习和适应的机会取决于临时组织的形式(Bechky, 2006; Jones and Lichtenstein, 2008; Bakker, 2010)。不同类型的项目可能被分配给不同类型的临时性组织,这些组织可能是完全独立的,也可能是完全嵌入型的(Schwab and Miner, 2008)。一种极端情况是,独立的项目是一个暂时性的组织,众多的个人和独立的组织加入这个新的项目中不断合作,就像一部电影中演职人员不断地参与到影片拍摄中一样(DeFillippi and Arthur, 1998; Lampel and Shamsie, 2003; Bechky, 2006)。另一种极端情况是,完全嵌入型的项目由一个更高级别的管理层控制,即嵌入永久性组织或公司,如公司内部的研发部门以及有特殊任务的产品开发部门(Wheelwright and Clark, 1992b)。在这两者之间的是混合项目,这种组织的构成和协作,受到组织内部成员以及更高层级的中央控制(Schwab and Miner, 2008),同时也会受到嵌入式网络的影响(Maning and Sydow, 2011)。一个建筑项目,包含由大客户和主要的合同商联合组成的项目,就是一个典型的混合而又偏向独立的项目组织(Davies et al., 2009)。在一个电视制造商内部,由内部专家、外部专家以及与客户有长期的合作关系组成的临时组织,就是一个混合而偏向中央控制的组织。

尽管临时性组织和其的适应能力广泛有关(Bechky, 2006),但是由于项目在完成目标后便解散,它们面临着从自身经验中学习的困难(Hobday, 2000);除非嵌入一个永久的组织,否则项目很难将公司的能力和记忆作为其适应性的动力来源(Schwab and Miner, 2008)。通过项目达到学习的目的是可能的,但这往往需要项目嵌入永久性组织的单元内部,包括组织内部的网络以及更广泛的项目生态(Engwall, 2003; Sydow et al., 2004; Grabher, 2004)。在独立协作的项目中学习是可能的,因为内部网络成员在先前项目中已经有长久的合作关系。如果重复合作,那么成员间建立起来的信任就会像是知识的仓库,可以在未来的项目中分享学习、知识、资源、能力（Sydow et al., 2004；Maning and Sydow, 2011）。

长期来看，项目嵌入一个稳定的组织有利于学习和不断适应。在以项目为基础的公司和组织中，大多数有成果的任务都是以项目的形式进行的，包括独立的跨公司合作项目和公司内部的研发或者产品开发项目（DeFillippi and Arthur, 1998；Hobday, 2000；Gann and Salter, 2000；Keegn and Turner, 2002；Whitley, 2006；Gann et al., 2012）。针对以项目为基础的公司创新的研究（Hobday, 2000；Davies and Brady, 2000；Gann and Salter, 2000；Brady and Davies 2004；Dacies and Hobday, 2005；Whitley, 2006），通过理论识别出了一个公司的知识、先前的历史、日常事务中的编码、组织能力是怎样影响它自适应的行动以及未来的活动的（Nelson and Winter, 1982；Levitt and March, 1988；March, 1991；Teece et al., 1997）。在一些稳定的、重复的和长久的项目中，日常学到的关于临时性组织的经验对提升效率非常有帮助（Stinchcombe and Heimer, 1985）。Stinchcombe 则区分出了可预测的项目与一些必须由创新来解决的不确定性。

项目为基础的公司依赖其永久的结构（如职能部门或者公司部门）、流程以及能力，可以向个体项目和记忆学习，以适应不确定性和快速变化的环境（Prencipe and Tell, 2001）。当那些以项目为基础的公司发布了已开发新技术或新市场为目标的创新项目时，学习、能力构建、组织更新过程也同时发生了（Brady and Davies 2004；Shamsie et al., 2009）。这样的项目经常建立在一个巧妙结构中的独立单元中，以期能够适应现有的日常流程并创造新的流程。利用所学到的知识，并将已有知识转移到后续项目，以及已有的实践在不同组织中的复制，都能将项目流程制度化，并构建应对项目的能力（Davies and Brady, 2000；Shamsie et al., 2009），这个过程也会延续几年甚至几十年（Soderlund and Tell, 2009）。

关于能力的研究聚焦在战略、刻意学习和有目的的行动上，这些通常发生在以项目为基础的公司，其目的是管理计划创新带来的不确定性。大量有关经验适应的折中性研究，识别出了紧急的、应答的、无计划的创新行动或者冲动行为的发生情景，即组织或者项目团队（如产品开发团队，医院抢救室，消防单元，反恐特警或者电影演职人员）解决突发状况。早期对项目团队的研究者发现，他们必须抛弃一些惯例性的流程，然后在面对新奇、不确定性的情境下创新性地回应和创造新的流程（Gersick and Hackman, 1990）。当团队遭遇非常大的不确定性时，他们必须对整体环境保持警觉、快速学习，然后快速应对突发事件（Weick, 1998）。这些冲动的创造性行为一般不在计划内，它的出现可能是团队有意为之的结果，也可能是突发状况（Miner et al., 2001；Vera and Crossan, 2005）。Bechky 和 Okhuysen（2011）发现，项目团队能够充分利用现有的资源适应流程，并创新性地应对意外情况。Obstfeld（2012）认为，传统的项目是基于充分的工作以及从经验中学习，而创新项目则与新奇任务、前瞻性、对未来产出的预期相关。

以前关于临时性组织的研究，聚焦在项目为基础的组织、嵌入型组织单元以及独立的组织层面。未来关于经验适应性的研究，可能会被大型、独立、复杂、组织交互的项目研究（如交通、能源、可持续城市以及奥林匹克项目）所强化。一些重要的研究区分了围绕以下项目中风险和不确定性管理的组织结构复杂性、模糊性和制度内容：宏大项目(Shapira and Berndt, 1997)、大型工程项目(Miller and Lessard, 2000)、超级项目(Flyvbjerg et al., 2003)、独特项目(Pitsis et al., 2003)和全球性项目(Scott, et al., 2011)，然而这个研究并没有提及临时性项目中创新和不确定性之间的关系。追随 Stinchcombe 和 Heimer(1985)对于北海油气项目的先驱性研究发现，未来的研究将会探寻创新和惯例如何在实际中相互结合和适应，以应对不确定性、复杂性和大型工程中的环境动态变化，而这些实际的结合是可能会在惯例、计划以及对新奇、紧急和高度不确定性的预测下进行。

结　　论

本章以项目和创新紧密相连这一现象为开端，定义了最优和自适应两种模式，这在创新项目的管理过程中是截然相反的过程。基于以往和近期的研究，我们认为自适应模型更易于理解不确定性和以项目为基础的创新之间的关系。两个核心的概念从整合研究中浮现出来：临时性组织和自适应流程，两者都可以用来解释组织如何管理创新项目中的不确定性。

未来的研究，应当加深我们对创新和项目之间紧密又相互补充的关系的认识。正如在本手册中提出的，创新的研究仍然在吸引着不同理论背景的学者，并探索创新过程中的差异、新奇和新兴之处。项目管理的研究也从理性、系统为基础的分析、规范化为基础的"最优模式"中走出，转而拥抱不同理论基础的研究，如跨学科的项目管理范例(Morris, 1994, 2013)、权变理论的复苏(Miller and Lessard, 2000; Shenhar and Dvir, 2007)等。项目作为组织实体，也被赋予了能力、惯例、管理者判断，以支持实时学习、创新和创造性冲动行为(Davies and Hobday, 2005; Cattani et al., 2001)。最近创新和项目管理研究理念的汇合，意味着更多的研究正在关注用于管理创新和不确定性项目的临时性组织以及自适应流程。

参 考 文 献

Abernathy, W. J., and Utterback, J. M. (1975). 'A Dynamic Model of Process and Product Innovation', *Omega*, 3(6): 639–56.

Bakker, R. M. (2010). 'Taking Stock of Temporary Organizational Forms: A Systematic Review and Research Agenda', *International Journal of Management Reviews*, 12(4): 466–86.

Bechky, B. A. (2006). 'Gaffers, Gofers, and Grips: Role-Based Coordination in Temporary Organizations', *Organization Science*, 17(1): 3–21.

Bechky, B. A., and Okhuysen, G. O. (2011). 'Expecting the Unexpected? How SWAT Officers and Film Crews Handle Surprises', *Academy of Management Review*, 54(2): 239–61.

Bennis, W. G., and Slater, P. L. (1968). *The Temporary Society*. New York: Harper and Row.

Bhattacharya, S., Krishan, V., and Mahajan, V. (1998). 'Managing New Product Definition in Highly Dynamic Environments', *Management Science*, 44(11): 50–64.

Boulder, K. E. (1956). 'General Systems Theory: The Skeleton of Science', *Management Science*, 3(2): 197–208.

Brady, T., and Davies, A. (2004). 'Building Project Capabilities: From Exploratory to Exploitative Learning', *Organization Studies*, 25(9): 1601–21.

Brady, T., and Hobday, M. (2011). 'Projects and Innovation: Innovation and Projects', in P. W. G. Morris, J. K. Pinto, and J. Söderlund (eds), *The Oxford Handbook of Project Management*.

Oxford: Oxford University Press, chapter 11, 273–94.

Brown, S. L., and Eisenhardt, K. M. (1995). 'Product Development: Past Research, Present Findings, and Future Directions', *Academy of Management Review*, 20(2): 343–78.

Brown, S. L., and Eisenhardt, K. M. (1997). 'The Art of Continuous Change: Linking Complexity Theory and Time-Paced Evolution in Relentlessly Shifting Organizations', *Administrative Science Quarterly*, 42: 1–34.

Burns, T., and Stalker, G. M. (1961). *The Management of Innovation*. Oxford: Oxford University Press.

Cattani, G., Ferriani, S., Frederiksen, L., and Täube, F. (2011). 'Project-Based Organizing and Strategic Management: A Long-Term Research Agenda on Temporary Organizational Forms', *Advances in Strategic Management*, 28: 3–26.

Christensen, C. M. (1997). *The Innovator's Dilemma: When New Technologies Cause Great Firms to Fail*. Boston: Harvard Business School Press.

Clark, K. B., and Wheelwright, S. C. (1992). 'Organizing and Leading "Heavyweight" Development Teams', *Californian Management Review*, 34(3): 9–28.

Cooper, R. G. (1993). *Winning at New Products*. Reading, MA: Addison-Wesley.

Cooper, R. G. (1990). 'Stage-Gate Systems: A New Tool for Managing New Products', *Business Horizons*, May–June: 44–54.

Cooper, R. G., and Kleinschmidt, E. (1987). 'New Products: What Separates Winners and Losers?', *Journal of Product Innovation Management*, 4: 169–84.

Davies, A., and Brady, T. (2000). 'Organisational Capabilities and Learning in Complex Product Systems: Towards Repeatable Solutions', *Research Policy*, 29: 931–53.

Davies, A., and Frederiksen, L. (2010). 'Project Modes of Innovation: The World after Woodward', *Research in the Sociology of Organizations*, 29: 177–215.

Davies, A., Gann, D., and Douglas, T. (2009). 'Innovation in Megaprojects: Systems Integration at London Heathrow Terminal 5', *California Management Review*, 51(2): 101–25.

Davies, A., and Hobday, M. (2005). *The Business of Projects: Managing Innovation in Complex Products and Systems*. Cambridge: Cambridge University Press.

Davis, S. M., and Lawrence, P. R. (1977). *Matrix*. Reading, MA: Addison-Wesley Publishing Company.

DeFillippi, R. J., and Arthur, M. B. (1998). 'Paradox in Project-Based Enterprise: The Case of Film Making', *California Management Review*, 40(2): 125–39.

De Meyer, A., Loch, C. H., and Pich, M. T. (2002). 'Managing Project Uncertainty', *Sloan Management Review*, 43(2): 6–67.

Dodgson, M., Gann, D., and Salter, A. (2008). *The Management of Technological Innovation: Strategy and Practice*. Oxford: Oxford University Press.

Eisenhardt, K. M., and Tabrizi, B. N. (1995). 'Accelerating Adaptive Processes: Product Innovation in the Global Computer Industry', *Administrative Science Quarterly*, 40: 84–110.

Engwall, M. (2003). 'No Project is an Island: Linking Projects to History and Context', *Research Policy*, 32: 789–808.

Flyvbjerg, B., Bruzelius, N., and Rothengatter, W. (2003). *Megaprojects and Risk: An Anatomy of Ambition*. Cambridge: Cambridge University Press.

Frederiksen, L., and Davies, A. (2008). 'Vanguards and Ventures: Projects as Vehicles for Corporate Entrepreneurship', *International Journal of Project Management*, 26: 487–96.

Freeman, C., and Soete, L. (1997). *The Economics of Industrial Innovation*, 3rd edn. London: Pinter.

Gaddis, P. O. (1959). 'The Project Manager', *Harvard Business Review* (May–June): 89–97.

Galbraith, J. R. (1973). *Designing Complex Organizations*. Reading, MA: Addison-Wesley.

Gann, D. M., and Salter, A. (2000). 'Innovation in Project-Based, Service-Enhanced Firms: The

Construction of Complex Products and Systems', *Research Policy*, 29: 955–72.

Gann, D., Salter, A., Dodgson, M., and Phillips, N. (2012). 'Inside the World of the Project Baron', *MIT Sloan Management Review*, 53(3): 63–71.

Gersick, C. J. G., and Hackman, J. R. (1990). 'Habitual Routines in Task-Performing Groups', *Organizational Behaviour and Human Decision Processes*, 47: 65–97.

Grabher, G. (2004). 'Temporary Architectures of Learning: Knowledge Governance in Project Ecologies', *Organization Studies*, 25(9): 1491–514.

Hayes, R. H., and Wheelwright, S. C. (1984). *Restoring our Competitive Edge: Competing through Manufacturing*. New York: Wiley.

Hirschman, A. O. (1967). *Development Projects Observed*. Washington, DC: The Brookings Institution.

Hirschman, A. O., and Lindblom, C. E. (1962). 'Economic Development, Research and Development, Policy Making: Some Converging Views', *Behavioral Science*, 7(2): 211–22.

Hobday, M. (1998). 'Product Complexity, Innovation and Industrial Organisation', *Research Policy*, 26: 689–710.

Hobday, M. (2000). 'The Project-Based Organisation: An Ideal Form for Management of Complex Products and Systems', *Research Policy*, 29: 871–93.

Hughes, T. P. (1998). *Rescuing Prometheus*. New York: Pantheon Books.

Isaacs, W. (2011). *Steve Jobs*. St Ives: Little Brown.

Johnson, S. B. (1997). 'Three Approaches to Big Technology: Operations Research, Systems Engineering and Project Management', *Technology and Culture*, 38(4): 891–919.

Jones, C., and Lichtenstein, B. (2008). 'Temporary Inter-Organizational Projects: How Temporal and Social Embeddedness Enhance Coordination and Manage Uncertainty', in S. Cropper, M. Ebers, C. Huxman, and P. Smith Ring (eds), *The Oxford Handbook of Inter-Organizational Relations*. Oxford: Oxford University Press, 231–55.

Kanter, R. M. (1990). *When Elephants Learn to Dance: Mastering the Challenges of Strategy, Management, and Careers in the 1990s*. London: Unwin Paperbacks.

Keegan, A., and Turner, J. R. (2002). 'The Management of Innovation in Project-Based Firms', *Long Range Planning*, 35(4): 367–88.

Kerzner, H. (2006). *Project Management*. New York: Wiley.

Klein, B., and Meckling, W. (1958). 'Application of Operations Research to Development Decisions', *Operations Research*, 6: 352–63.

Klein, B. H., Marshak, T. A., Marshall, A. W., Meckling, W. H., and Nelson, R. R. (1962). *The Rate and Direction of Inventive Activity*. Princeton: Princeton University Press.

Lampel, J., and Shamsie, J. (2003). 'Capabilities in Motion: New Organizational Forms and the Reshaping of the Hollywood Movie Industry', *Journal of Management Studies*, 40(8): 2002–380.

Lawrence, P. R., and Lorsch, J. W. (1967). *Organization and Environment: Managing Differentiation and Integration*. Boston: Harvard Business School Press.

Lenfle, S. (2008). 'Exploration and Project Management', *International Journal of Project Management*, 26: 469–78.

Lenfle, S., and Loch, C. (2010). 'Lost Roots: How Project Management Came to Emphasize Control over Flexibility and Novelty', *Californian Management Review*, 53(1): 32–55.

Levitt, B., and March, J. G. (1988). 'Organizational Learning', *Annual Review of Sociology*, 14: 319–40.

Loch, C. H., De Meyer, A., and Pich, M. T. (2006). *Managing the Unknown: A New Approach to Managing High Uncertainty and Risk in Projects*. Hoboken, NJ: John Wiley and Sons.

Manning, S., and Sydow, J. (2011). 'Projects, Paths and Practices: Sustaining and Leveraging Project-Based Relationships', *Industrial and Corporate Change*, 20(5): 1369–402.

March, J. G. (1991). 'Exploration and Exploitation in Organizational Learning', *Organization Science*, 2(1): 71–87.

Middleton, C. J. (1967). 'How to Set up a Project Organization', *Harvard Business Review*, March–April: 73–82.

Miller, R., and Lessard, D. R. (2000). *The Strategic Management of Large Engineering Projects: Shaping Institutions, Risks, and Governance*. Cambridge, MA: The MIT Press.

Miner, A. S., Bassoff, P., and Moorman, C. (2001). 'Organizational Improvisation and Learning: A Field Study', *Administrative Science Quarterly*, 46: 304–37.

Mintzberg, H. (1983). *Structures in Fives: Designing Effective Organizations*. Englewood Cliffs, NJ: Prentice Hall.

Mintzberg, H., and McHugh, A. (1985). 'Strategy Formulation in an Adhocracy', *Administrative Science Quarterly*, 30: 160–97.

Morris, P. W. G. (1994). *The Management of Projects*. London: Thomas Telford.

Morris, P. W. G. (2013). *Reconstructing Project Management*. Chichester: Wiley-Blackwell.

Morris, P. W. G., Pinto, J. K., and Söderlund, J. (eds) (2011). *The Oxford Handbook of Project Management*. Oxford: Oxford University Press.

Nelson, R. N., and Winter, S. G. (1982). *An Evolutionary Theory of Economic Change*. Cambridge, MA: The Belknap Press of Harvard University Press.

Nonaka, I., and Takeuchi, H. (1995). *The Knowledge-Creating Company: How Japanese Companies Create the Dynamics of Innovation*. Oxford: Oxford University Press.

Obstfeld, D. (2012). 'Creative Projects: A Less Routine Approach toward Getting New Things Done', *Organization Science*, forthcoming.

O'Reilly, C. A., and Tushman, M. L. (2004). 'The Ambidextrous Organization', *Harvard Business Review*, April: 74–833.

Pich, M. T., Loch, C. H., and De Meyer, A. (2002). 'On Uncertainty, Ambiguity and Complexity in Project Management', *Management Science*, 48(8): 1008–23.

Pinto, J. K. (2007). *Project Management: Achieving Competitive Advantage*. Upper Saddle River, NJ: Pearson Prentice Hall.

Pinto, J. K., and Kharbanda, O. P. (1995). 'Lessons for an Accidental Profession', *Business Horizons*, 5: 41–50.

Pitsis, T., Clegg, S. R., Marosszeky, M., and Rura-Polley, T. (2003). 'Constructing the Olympic Dream: A Future Perfect Strategy of Project Management', *Organization Science*, 14(5): 574–90.

Prencipe, A., and Tell, F. (2001). 'Inter-Project Learning: Processes and Outcomes of Knowledge Codification in Project-Based Firms', *Research Policy*, 30: 1373–94.

Project Management Institute (2009). *A Guide to the Project Management Body of Knowledge: PMBOK Guide*, 4th edn. Project Management Institute.

Randolph, W. A., and Posner, B. Z. (1988). 'What Every Manager Needs to Know about Project Management', *Sloan Management Review*, 29(4): 65–73.

Rich, B. R., and Janos, L. (1994). *Skunk Works: A Personal Memoir of my Years at Lockheed*. London: Warner Books.

Sapolsky, H. M. (1972). *The Polaris System Development: Bureaucratic and Programmatic Success in Government*. Cambridge, MA: Harvard University Press.

Schwab, A., and Miner, A. S. (2008). 'Learning in Hybrid-Project Systems: The Effects of Project Performance on Repeated Collaboration', *Academy of Management Journal*, 51(6): 1117–49.

Scott, W. R., Levitt, R. E., and Orr, R. J. (2011). *Global Projects: Institutional and Political Challenges*. Cambridge: Cambridge University Press.

Shamsie, J., Martin, X., and Miller, D. (2009). 'In with the Old, in with the New: Capabilities, Strategies, and Performance among the Hollywood Studios', *Strategic Management Journal*, 30: 1440–52.

Shapira, Z., and Berndt, D. J. (1997). 'Managing Grand-Scale Construction Projects: A Risk-Taking Perspective', *Research in Organizational Behaviour*, 19: 303–60.

Shenhar, A. J. (2001). 'One Size does not Fit All Projects: Exploring Classical Contingency Domains', *Management Science*, 47(3): 394–414.

Shenhar, A. J., and Dvir, D. (1996). 'Toward a Typological Theory of Project Management', *Research Policy*, 25: 607–32.

Shenhar, A. J., and Dvir, D. (2007). *Reinventing Project Management: The Diamond Approach to Successful Growth and Innovation*. Boston: Harvard Business School Press.

Slevin, D. P., and Pinto, J. K. (1987). 'Balancing Strategy and Tactics in Project Implementation', *Sloan Management Review*, Fall: 33–41.

Söderlund, J. (2011). 'Theoretical Foundations of Project Management: Suggestions for Pluralistic Thinking', in P. W. G. Morris, J. K. Pinto, and J. Söderlund (eds), *The Oxford Handbook of Project Management*. Oxford: Oxford University Press, chapter 2, 37–64.

Söderlund, J., and Tell, F. (2009). 'The P-Form Organization and the Dynamics of Project Competence: Project Epochs in Asea/ABB, 1950–2000', *International Journal of Project Management*, 27: 101–12.

Sommer, S. C., and Loch, C. H. (2004). 'Selectionism and Learning in Projects with Complexity and Unforeseeable Uncertainty', *Management Science*, 50(10): 1334–47.

Stinchcombe, A. L., and Heimer, C. A. (1985). *Organization Theory and Project Management: Administering Uncertainty in Norwegian Offshore Oil*. Oslo: Norwegian University Press and Oxford University Press.

Sydow, J., Lindkvist, L., and DeFillippi, R. (2004). 'Project-Based Organizations, Embeddedness and Repositories of Knowledge: Editorial', *Organization Studies*, 25(9): 1475–89.

Takeuchi, H., and Nonaka, I. (1986). 'The New Product Development Game', *Harvard Business Review*, January–February: 137–46.

Teece, D., Pisano, G., and Shuen, A. (1997). 'Dynamic Capabilities and Strategic Management', *Strategic Management Journal*, 18(7): 509–33.

Thomke, S. H. (2003). *Experimentation Matters*. Boston: Harvard Business School Press.

Utterback, J. M. (1994). *Mastering the Dynamics of Innovation: How Companies Can Seize Opportunities in the Face of Technological Change*. Boston: Harvard Business School Press.

Vera, D., and Crossan. M. (2005). 'Improvisation and Innovative Performance in Teams', *Organization Science*, 16(3): 203–24.

Weick, K. E. (1998). 'Improvisation as a Mindset for Organizational Analysis', *Organization Science*, 9/5: 543–55.

Weick, K. E., and Roberts, K. H. (1993). 'Collective Mind in Organizations: Heedful Interrelating on Flight Decks', *Administrative Science Quarterly*, 38: 357–81.

Weick, K. E., and Sutcliffe, K. M. (2001). *Managing the Unexpected: Resilient Performance in an Age of Uncertainty*. San Francisco: John Wiley and Sons.

Wheelwright, S. C., and Clark, K. B. (1992a). 'Creating Project Plans to Focus Product Development', *Harvard Business Review*, 5: 70–82.

Wheelwright, S. C., and Clark, K. B. (1992b). *Revolutionizing Product Development*. New York: Free Press.

Whitley, R. (2006). 'Project-Based Firms: New Organizational Form or Variations on a Theme?', *Industrial and Corporate Change*, 15(1): 77–99.

Winter, M., Smith, C., Morris, P., and Cicmil, S. (2006). 'Directions for Future Research in Project Management: The Main Findings of a UK Government-Funded Research Network', *International Journal of Project Management*, 24: 638–49.

Woodward, J. (1965). *Industrial Organization: Theory and Practice*. Oxford: Oxford University Press.

Yoo, Y., Boland, R. J., and Lyytinen, K. (2006). 'From Organization Design to Organization Designing', *Organization Science*, 17(2): 215–29.

第32章

平台和创新

安娜贝拉·加威尔(Annabelle Gawer)
迈克尔·库苏玛诺(Michael A. Cusumano)

引　言

本章主要介绍了平台在创新中的作用,及其对创新管理的影响。首先,我们定义了"平台"这个概念,并思考为什么这个概念很重要。其次,我们讨论了不同类型的平台,以及该领域研究者提出的与平台相关的基本经济和战略概念。再次,我们研究了几个主要的龙头平台的案例,以及这些案例企业面临的由市场、技术和竞争的演化带来的创新挑战。最后,我们讨论了未来平台和创新管理研究中尚待解决的主要问题①。

平台的重要性

平台存在于各行各业,特别是信息技术驱动的高技术行业,如微软、苹果、谷歌、英特尔、思科、ARM、高通、易安信,以及其他千百家大大小小的公司。他们或者生产硬件、软件产品以及应用,或者为电脑、手机和消费电子设备提供各种服务。这些公司及其生态系统合作伙伴,都参与了基于平台的创新(参见第11章)。即使是非技术类产品,如芭比娃娃,也可以视为某种意义上的创新平台——借助芭比这一品牌,数以百计的公司获得授权生产服装、饰品、玩具或者出版书籍,孩子们能够互相玩耍并且交换这些饰品。用户越多,平台对其所有者和用户的价值越大,因为这会吸引更多的公司加入该生态系统,并带来互补性创新。

平台及其相关的创新已经变得越来越普遍,研究人员扎堆研究的现象,导致不同领域的学术文献都使用"平台"这一术语:我们在新产品开发和运营管理领域经常见到这种现象(Meyer and Lehnerd, 1997; Simpson et al., 2005);平台也广泛应用在技术战略(E. G. Gawer and Cusumano, 2002, 2008; Eisenmann et al., 2006)和产业经济学(E. G. Rochet and Tirole, 2003; Evans, 2003; Armstrong, 2006)领域。尽管用法和词义常常不同,但是这也表明存在不同类型的平台,并且平台以不同的方式影响创新过程。

---

① 本章基于 Gawer(2009b)的《平台动态与战略:从产品到服务》和 Cusumano(2011)的《平台领导者的困境》。

研究主题及成果

内部平台

平台这一术语的首次流行,似乎产生于围绕组件或技术重复利用的新产品开发和渐进式创新的背景下。我们把这类平台称为内部平台,在这个平台上,企业不论是单独生产还是跟供应商合作,都能够通过组件复用来开发一系列相关的产品或新功能,例如 Wheelwright 和 Clark(1992),描述了这些内部"产品平台"如何通过简单的修改、增加或减少功能来满足不同客户的需求。McGrath(1995),Meyer 和 Lehnerd(1997),Krishnan 和 Gupta(2001),以及 Muffatto 和 Roveda(2002)都把平台定义为一系列的子系统和界面,借助这些子系统和界面形成的通用架构,公司可以高效地开发和生产一系列的衍生产品。Robertson 和 Ulrich(1998)提出了一个更广泛的定义,他们将平台视为某类产品共用的资产集合(组件、流程、知识、人和关系)。在营销文献中,Sawhney(1998)甚至认为,管理者应该从"组合思维"向"平台思维"转变,并将平台思维定义为,旨在理解那些将公司的产品、市场和过程结合在一起的共性思维,公司借此创造杠杆增长和多样化。

设计和使用内部平台作为新产品开发的基础,具有几个潜在的好处:固定成本的节约,产品开发过程中通过通用部件的重复使用获得的效益,利用有限资源生产大量衍生产品的能力,以及产品设计获得的灵活性。研究文献也已经发现了这些好处并建立了基本共识。基于平台的新产品开发的一个关键目标是能力,包括增加产品品类、满足不同的客户需求、业务需求、技术进步以及在制造过程中保持规模经济和范围经济的能力——这种方法跟"大规模定制"也有关系(Pine, 1993)。

实证证据表明,实践中公司已经成功地利用产品平台,控制了高昂的生产和库存成本,并减少了产品进入市场的时间。多数研究是关于耐用品的,其生产过程包含制造环节,如汽车、飞机、设备制造和消费电子行业。与模块化产品族联系最为密切的公司包括索尼、惠普、NDC(日本电装)、波音、本田、劳斯莱斯、百得等。

我们认为内部平台不仅可以提升效率(设计、工程和制造过程中的规模经济和范围经济),而且能促进渐进式或模块化创新(源自现有组件和技术的新产品和新功能)。Simpson 等(2005)学者在区分用于开发基于模块的产品簇和基于规模的产品族两类平台时,更是沿用了这一观点。一个常见的例子是索尼,该公司所有类型的随身听都是围绕其关键模块和平台而制作。采用模块化设计和柔性制造技术,索尼仅在 19 世纪 80 年代就将 250 多款产品引入了美国(Sanderson and Uzumeri, 1997)。此外,惠普利用模块化组件成功地开发了多款喷墨打印机和激光打印机,这些模块化组件重复使用了很多相同的制造和装配过程(Feitzinger and Lee, 1997)。通过组合具有标准界面的不同模块,NDC 也为多家汽车制造商制作了大量的汽车组件,例如 NDC 能够利用 17 个标准化组件制作出 288 种仪表盘(Whitney, 1993)。

通过扩展一个或多个功能来"拉伸"或"收缩"原有平台,并创造满足各种细分市场的新产品,基于规模的产品簇得以开发。平台拓展是多个行业中通用的战略,例如 Lehnerd(1987)强调了百得公司为响应新的安全法规,如何利用"双重绝缘"原理为其电动工具开发了一系列的通用电机;在此之前,百得公司在 122 个各式各样的基本工具中,使用了不同的电机。Rothwell 和 Gardiner(1990)的研究,描述了劳斯莱斯如何将其 RB211 航空发动机拓展 1.8 倍,从而打造了大功率、小功率以及额定功率马力和推力的发动机系列产品。Sabbagh(1996)讲述了波音公司如何通过"调整"飞机容纳更多的乘客,运载更多的货物,和/或增加飞行距离从而开发了多款商业飞机。

汽车制造商经常使用同一平台生产不同的产品,为不同的款式提供相似或不同质量的部件。汽车平台一般由汽车的核心部件组成,包括底盘、传动系统和车轴,这些部件都可以在宽度和长度两个维度进行调整。质量相似的产品共享同一平台的案例如三菱,其 Endeavour 和戈蓝两款车型就使用了同一平台;本田的 CR-V 和思域两款车型也使用了相同的平台(Rechtin and Kranz, 2003)。汽车制造商也可以在多个不同质量水平的产品中共享同一平台,例如丰田的陆地巡洋舰和雷克萨斯 LX 470 采用了同一平台,本田 CR-V 和讴歌 RDX 的平台也是相同的(Anonymous, 2006;Rechtin and Kranz, 2003)。Naughton 等(1997)也讲述了本田在采用单一平台进军美日市场失利后,如何开发一个汽车平台来生产"世界汽车"的。

Simpson 等(2005)学者强调,在汽车行业,平台能够在设备及其拓展用途之间,提供更高的灵活性——不同车型使用相同的底盘,可以减少 50% 的资本投入,特别是焊接设备,并且可以缩减多达 30% 的交货时间(Muffatto, 1999)。20 世纪 90 年代,汽车行业中采用基于平台的产品开发方法的公司,每年新增 5.1% 的市场份额,未采用该方法的公司每年则会失去 2.2% 的市场份额(Cusumano and Nobeoka, 1998)。20 世纪 90 年代末,通过使用平台,大众公司每年可以在开发成本和资本成本方面节省 15 亿美元,到 1999 年,全球共有 6 个汽车平台的年产量成功突破百万辆,其中三个隶属大众旗下(Bremmer, 1999 , 2000)。大众的平台组包括底盘、驱动系统、传动装置以及驾驶舱的不可见部分,大众、奥迪、西雅特和斯柯达四大品牌的 19 款在售车型都在共享这一平台组。

学术文献确定了一些适用于内部产品平台的基本设计原则,特别是系统结构的稳定性,以及模块化组件的系统利用或复用(Baldwin and Clark, 2000;Baldwin and Woodward, 2009)。文献还发现了功能和性能之间的基本权衡:任何特定子系统的优化都可能导致整个系统的次优(Meyer and Lehnerd, 1997)。在这个意义上,平台可能会倾向于促进渐进式创新,或者对创新起到抑制作用。

供应链平台

供应链平台将内部平台概念延伸到一系列企业,这些企业遵循特定的指导原则或规则,为龙头平台或最终产品装配商提供中间产品或组件。供应链平台对创新的一个主要潜在好处是,企业可以借助该平台突破自己的内部能力,发现更多的创新组件或技术,并且成本低于自主研发。与此同时,公司对组件和技术的控制力可能会更弱,这会产生一些负面影响。因此,管理者需要在外部获取和内部开发之间做出权衡,就像纵向一体化战略中经常讨论的自己做还是购买问题一样。

供应链平台在消费电子、计算机和汽车等装配行业中非常普遍。例如,雷诺和日产(作为雷诺—日产的联盟成员)开发出了日产玛驰和雷诺克力奥的共用平台,他们将所使用的平台的数量从2000年的34个降至2010年的10个(Tierney et al.,2000;Bremner et al.,2004)。Szczesny(2003)则报告了福特和马自达共享的平台。保时捷和大众共用一个平台,分别生产保时捷卡宴和大众途锐,而前者比后者更豪华。Sako(2009)以巴西汽车零部件供应商为背景讨论了供应链平台。其他关于供应链平台的研究还包括Zirpoli和Becker(2008)、Zirpoli和Caputo(2002)在汽车行业的研究,以及Brusoni(2005)、Brusoni和Prencipe(2006)在航空航天领域的研究。

供应链平台的目标与内部产品平台相类似,即提高效率和降低成本。供应链平台最明显的好处是减少各种各样的零件设计、维护和制造,其他好处包括以最低成本增加产品品类以及获得新的创新来源。

供应链平台的主要设计原则与内部平台非常相似,即模块化组件的系统化复用,以及系统架构的稳定性与不同子系统之间界面的统一性。然而,供应链平台给管理者带来了特殊挑战,特别是供应链或联盟成员之间采取截然不同的激励措施的现象非常普遍。即使是内部产品平台,也涉及子系统性能优化和总体系统性能优化之间的均衡。在供应链平台中,尽管有多个成员的目标和激励各不相同,但是平台具有清晰的层次结构,最终的整合者具有议价权。

近期关于供应链平台的研究在模块化和业务外包领域取得了重要发现(Sako,2003,2009),模块化供应链中价值增值活动的转移(Doran,2004)与供应链中极端形式的服务外包相伴而生的知识流失带来的负面影响(Zirpoli and Becker,2008)。这些研究彼此联系,并且跟其他一些研究也存在联系,如企业间模块化(Staudenmayer et al.,2005)、模块化作为一种设计战略的局限性(Brusoni and Prencipe,2001)以及工业建筑(Jacobides et al.,2006;Pisano and Teece,2007)。

产业平台

产业平台指的是一家或多家公司开发的产品、服务或技术,在此基础上,更多的公司可以进行互补创新,开发特定产品、相关服务或组件技术。与内部平台或供应链平台类似,产业平台提供了一个通用的组件或技术基础,不同之处在于,这一基础对于外部公司而言是"开放"的。不过开放程度可能具有多方面的差异,例如平台界面信息的可获取程度以及对信息的使用能力,平台使用规则的类型,以及平台接入成本(专利或许可费)。一般来说,尽管开放程度不同,多种产品和技术还是充当了产业平台的角色:微软的Windows和Linux操作系统,英特尔和ARM微处理器,苹果的iPod、iPhone、iPad和配套的iOS操作系统以及iTunes和苹果应用商店,谷歌的互联网搜索引擎和智能手机的安卓操作系统,社交网站如Facebook、LinkedIn和推特,视频游戏机,甚至是互联网本身。甚至借记卡和贷记卡也属于平台范畴。供应链平台和产业平台之间的一个关键区别在于，产业平台上的企业开发互补性创新，如 Windows 应用程序和苹果应用商店，但企业之间不一定要买卖彼此的产品。此外，这些企业不一定属于同一个供应链，也不一定采用交叉持股的共享模式，例如丰田及其关键部件供应商。

最初对产业平台及其创新生态系统的研究，主要集中在计算机、电信和其他信息技术密集型产业。例如，Bresnahan 和 Greenstein(1999)在研究计算机平台的出现时，将平台视为一系列的标准组件进行分析，买卖双方围绕这些标准组件协调行动。West(2003)将计算机平台定义为相关标准的架构，该架构允许诸如软件和外围硬件等互补资产进行模块化替代。个别公司独立开发的组件形成一个不断进化的系统，从而带动全产业的创新，Iansiti 和 Levien(2004)将这类公司称为"重点企业"，Gawer 和 Cusumano(2002，2008)则称其为平台领导者，二者大同小异。Gawer 和 Henderson(2007)描述了一个产品可称为平台的条件，即该产品是一个不断发展的技术系统的一个组成部分或子系统，在功能上与系统的其他部分有强烈的相互依存关系，终端用户的需求是整个系统而非某一部分，因此当某个部件与系统脱离时就失去了价值。

这些研究对于产业平台如何在产业层面影响竞争动态、创新以及管理者等进行了归纳和总结。产业平台出现时，产业领导者的地位往往会在竞争中发生变化，因为装配商和零部件制造商之间权利的平衡发生了变化。与此同时，产业平台促进和增加了由"合作伙伴"生产和制造的互补产品和服务的创新程度。互补方的创新越多，其通过网络效应为平台及平台用户创造的价值越多，为既有平台创造了累积优势：随着平台的成长，他们越来越难以被竞争对手或新进入者所撼动，越来越多的互补方构成了进入壁垒。就平台兼容创新带来的社会利益和平台阻碍系统整体的竞争带来的潜在负面影响之间的权衡而言，产业平台的兴起也引发了复杂的社会福利问题。

与内部平台和供应链平台相比，产业平台更多的是从战略上进行设计和管理，以增强平台领导者或所有者的竞争优势。更大的差别是，产业平台领导者旨在挖掘外部公司的创新能力，而这些公司并不是他们产业链的构成部分。虽然与 Chesbrough(2003)关于开放式创新的研究具有一些明显的联系，但是最近关于平台的研究强调"开放"和"封闭"之间的复杂均衡问题(Eisenmann，Parker，and Van Alstyne，2009；Greenstein，2009；Schilling，2009；以及本书第 22 章)。除了开放或关闭知识产权这些选择问题之外，平台领导者往往还会通过对其生态关系细致入微和协调一致的管理，以及对设计和知识产权的决策，战略性地促进和激励互补第三方的创新(Cusumano and Gawer，2002；Iansiti and Levien，2004)。

Gawer 和 Cusumano(2002)强调，平台公司的管理者需要特别关注平台的治理，这需要在四个方面采取一致行动：第一是企业边界，企业需要决定哪些环节需要在公司内部完成，哪些环节可以外包给其他公司。这一决策是关于平台领导者是否需要在公司内部至少做些自己的补充。第二是技术设计和知识产权，平台需要包括什么功能和特征，平台是否应该模块化，平台接口需要对外部互补方开放到什么程度以及如何定价。第三是与互补方的外部关系，即平台领导者管理互补方并鼓励他们营建充满活力的生态系统的过程。第四是组织内部，平台领导者如何以及在何种程度上使用其组织结构和内部流程，向外部互补方做出保证，承诺他们为了生态系统的整体良好而工作。最后一种方法需要平台的领导者在公司内部建立一个中立组，这个组不用自负盈亏，就像横亘在平台开发者和平台其他构成部分之间的万里长城，而后者可能与其互补产品或服务展开竞争。四个方面相互综合并相互协调，为保持平台领导地位提供了一个管理模板。

然而我们可以发现，平台领导者既鼓励了创新，又制约了创新。正如 Gawer 和 Cusumano（2002）所描述的，英特尔将部门之间或者与第三方合作伙伴（如芯片组和主板制造商）之间，有利润冲突的内部产品或研发部门分开。第三方合作伙伴依赖于英特尔的合作，以确保他们的产品能够兼容。当英特尔觉得这些芯片组和主板生产商，没能足够快地升级其版本来帮助他们销售新版微处理器时，英特尔就开始自己生产部分中间产品以刺激终端用户市场，但他们仍然保持其实验室以中立身份与生态系统合作伙伴进行合作。

相比之下，微软则声称并未在其操作系统和应用程序组之间设置类似的城墙阻隔，尽管二者可能发生冲突。微软还坚持认为，"集成"不同的应用程序、系统和网络技术（如在 Windows 中嵌入自己的浏览器、媒体播放器和即时通信技术）对顾客大有裨益，因为这提高了整个系统的性能。这有一定的道理，并且这也是大家认为集成度更高的苹果系统的用户体验要优于 Windows-英特尔的原因之一。但是微软利用了 Windows 以及 office 平台的市场力量来影响软件业务方向，并且在一定程度上制约了创新和竞争——截至 20 世纪 90 年代后期，office 已经演变成另一套服务和工具，被各公司用于建立自己的桌面应用产品。

拥有垄断性的市场份额并不违法，垄断份额通常被认为是 70% 左右。苹果的产品中，iPod、iTunes 和 iPad 均已达到垄断水平，英特尔的台式机微处理器、思科的基础互联网路由器也都已超过这一水平；但是利用垄断损害消费者和竞争对手的利益，如掠夺性定价或妨碍竞争的合同，则是违法的。同时，利用在某种产品市场上的垄断进入相邻的市场，从而抑制竞争，也是不合法的。微软就触犯了该法令，因为他将 IE 浏览器和 Windows 绑定并且不对该浏览器收费，同时强迫电脑生产商不得在电脑上下载网景浏览器——这基本上摧毁了网景的浏览器业务并减少了该市场的竞争。微软辩称浏览器是 Windows 不可或缺的一部分，但是同网景和其他厂商一样，微软也将该浏览器作为一种独立产品进行销售或分发，因此该辩解没有什么意义。美国、欧洲和亚洲的反垄断执法经常勒令微软调整其行为，但是为时已晚，在当前市场上做出大的改变已经非常困难（Cusumano and Yoffie, 1998; Cusumano, 2010）。

产业平台的设计原则或"设计规则"，也与内部平台和供应链平台的设计原则有所重叠，平台架构的稳定性依然是必不可少的。但二者也有重要的区别。与内部平台和供应链平台相比，产业平台的设计逻辑恰好相反，不再把某一家公司当作"总设计师"（此前总是装配商扮演该角色，他们勾画并设计终端产品，然后将产品模块化，并给其他团体或公司派遣模块化任务），而是从核心组件开始，该组件也是包罗万象的模块化结构的一部分，最终的装配结果是事前未知或未完全获知的。事实上在产业平台中，终端产品或服务的最终用途并非事前确定的,这为互补产品、服务和技术的创新创造了前所未有的广度——通常在互补市场上进行创新。这种情况也提出了一个根本性的问题,即创新激励(针对第三方)如何嵌入平台设计中。这引出了产业平台的另一个设计原则:平台的界面必须允许外部公司接入并提供补充,对这些补充部分进行创新,并从投资中获利。

一些特定的战略管理问题出现在产业平台的背景下,例如,Gawer 和 Cusumano(2008)认为,并不是所有的产品、服务或技术都可以成为产业平台。为了履行这个产业角色,说服其他公司采纳该平台并将其视如己出,平台需要①更广阔地发挥技术体系的作用;②为产业中的多个公司和用户解决商业问题。但目前我们尚不清楚公司如何将其产品、技术或服务转化为产业平台,以及平台领导者如何激发其他公司(包括一些竞争对手)在利用平台的优势的同时进行互补性创新。

创新动力面临一个特殊挑战——在产业平台中,平台领导者必须驾驭复杂的战略格局,因为竞争与合作同时发生,有时甚至发生在同一个主体上。例如随着技术的发展,平台所有者往往有机会扩大其平台范围并整合到互补市场。这会给互补方在互补市场上投资创新增添不利因素。Farrell 和 Katz(2000)识别出了平台所有者不去挤占互补方利润的难度;Gawer 和 Henderson(2007)的研究则展示了英特尔在精挑细选后要进入的互补市场,以及放弃的相应知识产权。通过一舍一得,公司推进了平台—应用界面的发展,保留了对架构的控制,同时变更对合作伙伴的激励,鼓励他们在新拓展的平台上进行创新。另一个挑战是,随着技术的持续发展,企业需要采取连贯一致的方式进行与技术相关的商业决策或设计决策。这很难实现,因为这些决策通常由组织内的不同团队做出。因此,为了使整体大于部分之和,在许多复杂系统的产业中,需要一个企业或少量企业组成的小团体扮演平台领导者的角色(Gawer and Cusumano, 2002)。

平台动态性:网络效应和多边市场

与公司内部平台和供应链平台相比,产业平台最重要的特征是网络效应的潜在创造性。被多个用户采用并且互补方的数量增长后,平台的价值会呈现出指数级增长,并吸引更多的用户和互补方进一步增加平台的价值,这是一种正反馈循环。这些网络效应是非常强大的,尤其是当它们"直接"(有时被称为"同方")处于平台和互补性创新的用户之间,并且受到技术兼容性或界面标准的强化时[技术兼容性和界面标准使同时应用多个平台(多宿主)很困难或者成本很高]。例如,Windows 应用程序或苹果 iPhone 应用程序只适用于其兼容设备;而 Facebook 用户只能查看他们群组内的好友或家人的状况。网络效应也可以是"间接"或"跨边"的,这类网络效应有时也很强大,例如由于大量用户的存在,广告商被谷歌搜索引擎所吸引。公司也可以创新商业模式,找到市场不同方面的收费方式,从平台、互补方、不同种类的交易或广告中赚钱(Eisenmann et al., 2006)。

然而,网络效应的作用可能会受到一定的限制。Boudreau(2012)在一个针对移动计算和通信平台组成的生态系统的研究中发现,尽管对于平台而言,合作伙伴的数量存在正向反馈,但是这种正向的影响不会无限延伸。同一个节点上合作伙伴数量过多,可能会阻碍其他的公司投资加入该生态系统。

与战略领域的研究相似，产业组织经济学领域的一些学者，也开始使用"平台"这一术语来表示双边或多边、具有潜在跨边网络效应的市场。这种"多边市场"为不同的客户群提供商品或服务，这些客户群在某些方面相互依存，并且需要平台来协调他们之间的交易（Evans，2003；Rochet and Tirole，2003，2006）。例如，广告商需要借助谷歌来接触特定的用户群组，将定向广告投放在用户的谷歌搜索结果中。尽管多边市场的概念有时适用于供应链平台和产业平台，但并不是完全符合。

产业平台和多边市场有着重要的相似之处，间接网络效应便是其中之一：为了能够彼此交流和交易，不同的客户群必须和平台取得联系，在此背景下，市场双边之间便产生了间接网络效应（Caillaud and Jullien，2003；Evans，2003；Rochet and Tirole，2003，2006；Armstrong，2006；Hagiu，2006）。与此同时我们也应认识到，并非所有的多边市场都是本章所描述的产业平台。双边市场的研究帮助我们理解"先有鸡还是先有蛋的问题"，即如何鼓励买方和卖方这两个不同的群体接触并使用平台。在双边市场上，平台的作用纯粹是促进交换或交易，不存在任何其他方在互补市场上进行创新的问题，因此双边市场似乎属于供应链这一类平台。能够促进外部创新的多边市场通常被认为是产业平台，但尽管所有的产业平台都以（促进外部创新）这种方式发挥作用，并非所有的多边市场也是如此，例如文献中通常使用的一个例子，约会酒吧和网站，理所当然地被认为是双边市场，因为它们促进了两类不同客户群体之间的交易，但约会酒吧和网站并不需要由当前平台推动的互补创新市场。

平台演化和变革的挑战

与那些专注独立产品、更容易陷入时尚和价格竞争的公司相比，受到由合作伙伴和强网络效应构成的全球生态系统支持的平台领导者，更难以被竞争对手所撼动。即使最好的公司也会面临潜在的挑战，正如 Clay Christensen（1997）所描述的创新者窘境：经营的成功将公司与当前客户、技术和商业模式绑定在一起，这种局面使得公司很难变革，即使技术必须更新否则就将过时。因为新的平台战争出现在手机、视频游戏、云计算和社交网络等多个领域，这一部分重点强调源自平台领导者的四个著名案例的实践经验，这些公司同样经历了这种创新窘境。

IBM：软件和服务的成功变革

基于20世纪60年代引进的IBM360主机软件和兼容电脑族，IBM在现代计算机领域创造了首个全球平台。反垄断行动迫使IBM向独立供应商发布信息。这最终形成了以Amdahl和Fujitsu为代表的硬件"克隆"制造商、软件产品和专注于IBM客户的服务公司组成的一个生态系统。但IBM非常了解市场，自20世纪50年代早期以来，它一直出售早期的电子计算机，并在电子计算机主导办公设备前持续了几十年。在21世纪初期，IBM仍然主导大型机业务，并在高性能计算方面取得了开创性的工作。然而，20世纪七八十年代个人电脑引入后，企业计算机的主机和软件形状、大小都发生了很大的变化。

到20世纪80年代，几个关键的IBM高管意识到平台在发生转变，公司在1981年推出了个人电脑设计。操作系统和微处理器是这个新电脑平台的两个关键组件，IBM放弃控制这些元素，并寻找供应链合作伙伴——微软和英特尔。这是一个供应链平台发展成为产业平台的案例，但该平台是由关键供应商控制而不是原来的平台建构者和领导者控制。弥补数10亿美元计的损失后，IBM在CEO Louis Gerstner（1993年从RJR Nabisco雇用而来）带领下制定了一个新的战略，成为"开放系统"的冠军（Linux、Java、互联网、无处不在的计算和云计算）。Gerstner和他的继任者也出售商品硬件业务，并围绕服务和中间件重建了公司业务，帮助客户更好地利用不同的平台技术（Gerstner，2002）。

此案例的创新管理经验是：平台是可以发生进化的，一代枭雄可能会在下一代失去控制，尤其是当平台从硬件驱动系统发展到基于软件和服务的平台时。然而，如果之前的龙头与客户保持独特的联系，并且能够重新创建竞争优势的能力，他们就不会失去控制。在IBM的案例中，这涉及几十年的经验，帮助公司了解企业用户和其他大型组织的数据处理需求，就是该公司关注的焦点。平台从大型机的转变和PC失控带来严重的经济损失，但是这些改变为IBM创造了一个崭新的开端，使其更加关注软件和服务。

JVC和索尼：努力发展超越硬件平台

20世纪七八十年代，盒式磁带录音机（VCR）成为销量最大的电子产品，因为每个拥有电视机的人都是潜在客户。虽然索尼创造了首款适合家庭的设备，但JVC成为最终的市场赢家。几家日本公司研究了美国Ampex的技术，这家公司在50年代末将机器出售给电视台。JVC和索尼都面向大众市场研发出使机器小型化并提高技术的方法，以此打败了他们在日本、美国和欧洲的竞争对手。索尼在1975年推出了Betamax产品，JVC在1976年推出VHS进行反击。1978年，VHS在销量上超过了Betamax。随着JVC广泛授权VHS技术，允许RCA和GE等公司进行功能开发（主要是记录时间），并培养大量的外部企业进行视频内容授权等，一个全球平台得以产生。索尼创建了一个更好的产品并首先进驻市场，但它并没有像JVC那样培养生态系统合作伙伴。20世纪八九十年代，JVC在基于VHS平台的基础上，成长为一家价值数十亿美元的公司。它逐渐从音频、视频到计算机存储进行产品多元化发展，但从未主导某个市场。2008年，JVC与日本音响设备生产商Kenwood合并。

与JVC相比，索尼拥有更广泛的技术技能和更丰富的资源，但由于JVC积累了更多的授权合作伙伴和预录磁带的分销商，索尼仍然失去了这一平台的竞争。Betamax事件导致索尼管理者在下一代数字视频标准制定、PlayStation视频游戏平台和DVD蓝光格式上寻求与其他公司更好的合作。尽管如此，索尼未能把握住新的软件和网络技术改变未来电子消费产品的平台。以随身听的成功为例，于1979年被引进而不是复制。索尼也没有进军由随身听演变成的承载数字内容的网络设备，如苹果公司的iPod、iPhone和iPad。JVC也未能再现VHS的成功，没能打入网络和数字技术主导的消费电子产品市场。

创新管理的教训是，再次强调平台领导者需要随着技术和市场的变化来发展自己的平台,即使是非常成功的企业。这意味着组建一个可以利用现有平台的优势并学习如何转移到下一代技术和商业模式的灵活的组织。JVC 可以做得更好,在录像机时代,它可以优化技术使其更快地从模拟到数字技术,然后到网络系统,由软件驱动硬件而不是硬件驱动软件。索尼面临同样的挑战,拥有更多资源,却只表现略好。到 2012 年,尽管仍旧制造随身听多媒体设备以及个人电脑、智能手机、游戏机,拥有自己的唱片公司和电影公司,但索尼一直在寻找硬件产品。它似乎发现自己总是落后于更关注网络功能、软件技术和第三方内容的新平台市场。

谷歌:平台和商业模式的思考

谷歌最初的平台是互联网,其产品是改进此前的搜索引擎技术。但谷歌也使平台存在于电脑桌面上,将其他公司产品嵌入自己网站,充当可下载的免费工具栏。然后谷歌建立了一个门户网站,包括电子邮件、地图、应用程序、存储和其他服务,来吸引用户使用搜索引擎。谷歌通过销售目标广告获取利润并奠定了其行业领导地位,但它也在不断从组织成长和收购方面寻找有利可图的机会。公司快速地从移动设备上获取利益,例如,它购买并且改进了 Android 操作系统(基于 Linux),并创建了 Chrome 浏览器以优化移动计算(移动搜索和广告)。直到目前,谷歌是最大的智能手机操作系统提供商。

然而,谷歌所做的事情并不都是正确的。谷歌在推出"谷歌+"以应对 Facebook 挑战上动作迟缓,旨在获得更多的社交网络和社交媒体内容的联盟伙伴,在创建跨平台的应用和销售更多的搜索和广告上同样进展缓慢。由此带来的管理经验是,平台领导者应当强迫自己广泛地思考如何发展自己的平台和商业模式,并且不断地提升技术和营销能力。平台非常有用,可以产生和吸引不同类型的创新,以补充和完善最初的核心技术和功能。平台所有者及其生态系统合作伙伴能够引进这些创新。谷歌一直专注于搜索,但计算已经从桌面发展到移动设备和应用程序以及存在于开放(如互联网)和封闭(如 Facebook)网络内容上。谷歌的发展远远超出了桌面。此外,谷歌也挑战了计算机行业在专有技术许可费用上以往的做法,其软件平台对手机和其他设备如上网本和平板电脑等免费开放。这对于收取技术费用和没有大型广告收入的公司如苹果、微软和诺基亚来说,很难打败谷歌免费和开放的平台。

微软 VS 苹果:愿景和能力的对比

一些平台领导者即使意识到变化正在发生,也会发现很难改进平台使其远远超越原来平台的技术和商业模式。我们对比微软和苹果后发现,这一点尤为明显。

自比尔·盖茨在 2000 年成为微软主席以来,Steve Ballmer 一直是微软的 CEO,他经常因为不能够创建超越个人电脑的平台而备受批评。事实上在撰写本文时,Windows 桌面、服务器和 Office 办公套件业务,仍贡献给微软近 80% 的收入和几乎全部的利润。Ballmer 面临特殊的压力,因为微软的股价已经停滞了十多年(虽然英特尔、思科、诺基亚和许多其他高科技公司也是如此)。相较而言,其主要竞争对手——苹果,Macintosh 个人电脑的全球市场份额虽然很小,却一直在快速增长。而几年前苹果还处于濒临破产的边缘,却最终以每年

50%的增长速度在2010年超过了微软的市值。苹果增长如此迅速，是因为它已经成为一个综合消费类电子产品、移动电话、数字内容和软件产品的主要厂家。凭其高利润的数字服务平台（iTunes、APP商店和iCloud），苹果在盈利能力上赶超微软，即使复制数字的费用比复制硬件盒子要少得多。

  纵观历史，微软一直是包括苹果和谷歌在内的高科技巨头中最赚钱的企业。它在彻底颠覆性的技术转换和全新商业模式（基于字符的图形计算、互联网、软件服务、云计算、移动计算、社交网络等）挑战中得以存活，并且在反垄断审查中幸存下来。微软继续依靠包装软件业务获取巨额利润的同时，市场已然缓慢地在发生变化。MSN导致的数十亿美元的损失（"投资"），必应（Bing）15年前就已经通过广告收入为微软网络世界和云计算做准备。21世纪早期推出Vista操作系统的技术性失败，致使微软将Windows分解成更小、更易管理的技术模块，这种做法能够帮助它推出新的互联网和云计算服务。Windows Azure云供应和Soft ware-as-a-Service版本的主要产品在市场获得较好的认可，虽然没占据主导地位但很有竞争力。微软在2011年年初收购了Skype，目的是通过获得新客户和更好的网络语音和视频技术，将新技术整合到旧的平台上。再者，与诺基亚合并以接管其未来的智能手机软件业务，和早期与RIM联盟收购黑莓智能手机上的搜索业务，微软都是以同样的方式构思和布局平台的。

  由此而得出的经验教训是，平台领导的巨大成功和由此获得的相关收入是喜忧参半的，它既能促进创新，也能抑制创新。比尔·盖茨在20世纪90年代末的最大失误可能是坚持微软是一个Windows公司，而不是成为一个快速进入新技术和新市场的平台公司。微软工程师一直试图将Windows集成到新的平台、互联网、移动电话上，而不是创建优化软件系统把新的平台拉回到Windows上。桌面Windows盈利能力很高，这也就不难理解为什么盖茨和鲍尔默不愿牺牲这个业务。与此同时，个人电脑是一个增长缓慢的行业。然而，微软销售额的缓慢增长和市场的停滞不前，也恰恰反映了其愿景和能力的有限。相比之下，苹果从未拘泥于原来的Macintosh平台，从未受制于20世纪八九十年代的产业和失败。之后，苹果用基于UNIX的下一代软件取代了最早的Mac OS。同时，苹果也依然执着于其在用户界面设计和产品创新方面的非凡能力。这些技术和能力是苹果iPod、iPhone、iTunes、iPad商业成功的基础，也是它转变为在产品设计和创新上成为全球平领导台者的基础。现在，苹果已经远远超越了个人电脑业务，在几个高速增长的行业如智能手机、数字内容（音乐、视频、书籍）和软件产品保持快速增长。

未来研究问题

  尽管过去20年间，诸多学者致力于研究与产业平台相关的理论概念和实践案例，但目前至少还有三个领域需要进行深入的探讨，即平台如何组建，生态系统如何组建，平台和生态系统对竞争优势和生存的影响。我们尚不清楚，多数产业平台是如何出现和进化的，以及是否有一个通用的模式或过程。经济学文献尚未触及这一问题，因为研究者假设平台已经存在。技术变革和竞争动态、组织过程的文献，也可以在平台出现和生态系统创建领域做出贡献。本章对于平台的分类或许能够揭示，内部平台在特定条件下会向外部平台升级。这一假设需要进行提炼和测试，同时需要给出替代解释。

一个与此相关的问题是，与平台相关的商业生态系统如何出现和进化，以及这一战略过程受到经理推动的频次如何，或者更多的随机过程受到外生性或随机事件驱动的频次如何。通过引入对网络动态性、领域变革（Powell et al.，2005）和战略网络（Lorenzoni and Lipparini，1999；Gulati et al.，2000）的洞察，源自组织学文献的网络方法（Brass et al.，2004）对该领域做出了显著的贡献（参见第 6 章），特别是近期 Nambisan 和 Sawhney（2011）在 Dhanaraj 和 Parkhe（2006）的研究基础上，发现了以网络为中心的创新中的平台领导和流程协作之间的明确联系。新制度学文献源自社会供给的概念，如合法性、集体认同和制度工作，这些概念在平台领导者决定是否以及如何将自己包装成可信任的中间人时非常有用。

最后，我们需要提升有关平台对于创新和竞争的影响的理解。在经济学、创新、运营和战略文献中，技术平台对于创新具有积极的影响。通过提供统一和简便的方式连接到通用构件和基础技术，平台领导者有利于降低进入互补市场的成本，提供互补需求，并受到网络效应的强化。因此，平台提供了一种环境，引发和鼓励他人为企业利益而创新。基于对平台领导者（如 IBM、微软、谷歌、苹果）能够获得的统治地位的担忧，平台可能对竞争和创新存在消极影响，特别是对非渐进性创新。

进一步的理论开发可以探究界面和架构的作用，以及平台设计如何将创新者的注意力吸引到技术变革的特定轨道上（Dosi，1982），这或许要采取 Rosenberg（1969）所称的"诱导机制和聚焦手段"方式。平台领导者有可能会成功鼓励特定种类的外部开发的创新（那些与平台互补的创新），而阻止另一种创新（那些可能减少平台正在追寻或已经获取的价值的创新）。这类研究将会强调模块或独立组件创新与系统创新之间的潜在权衡。

参 考 文 献

Anonymous. (2006). 'Vehicle Profiles: A User's Guide', *Consumer Reports*, 71 (April): 39–78.

Armstrong, M. (2006). 'Competition in Two-Sided Markets', *RAND Journal of Economics*, 37: 668–91.

Baldwin, C. Y., and Clark, K. B. (2000). *Design Rules: The Power of Modularity*. Cambridge, MA: MIT Press.

Baldwin, C. Y., and Woodward, C. J. (2009). 'The Architecture of Platforms: A Unified View', in A. Gawer (ed.), *Platforms, Markets and Innovation*. Cheltenham, UK and Northampton, MA: Edward Elgar, 19–44.

Boudreau, K. (2012). 'Let a Thousand Flowers Bloom? An Early Look at Large Numbers of Software app Developers and Patterns of Innovation', *Organization Science*, 23(5): 1409–27.

Brass, D. J., Galaskiewicz, J., Greve, H. R., and Tsai, W. (2004). 'Taking Stock of Networks and Organizations: A Multilevel Perspective', *Academy of Management Journal*, 47(6): 795–817.

Bremmer, R. (1999). 'Cutting-edge Platforms', *Financial Times Automotive World*, September: 30–8.

Bremmer, R. (2000). 'Big, Bigger, Biggest', *Automotive World*, June: 36–44.
Bremner, B., Edmondson, G., and Dawson, C. (2004). 'Nissan's boss', *Business Week*, 4 October: 50.
Bresnahan, T., and Greenstein, S. (1999). 'Technological Competition and the Structure of the Computer Industry', *Journal of Industrial Economics*, 47: 1–40.
Brusoni, S. (2005). 'The Limits to Specialization: Problem-solving and Coordination in Modular Networks', *Organization Studies*, 26(12): 1885–907.
Brusoni, S., and Prencipe, A. (2001). 'Unpacking the Black Box of Modularity: Technologies, Products and Organizations', *Industrial and Corporate Change*, 10(1): 179–204.
Brusoni, S., and Prencipe, A. (2006). 'Making Design Rules: A Multi-domain Perspective', *Organization Science*, 17(2): 179–89.
Caillaud, B., and Jullien, B., (2003). 'Chicken and Egg: Competition among Intermediation Service Providers', *RAND Journal of Economics*, 34: 309–28.
Chesbrough, H. W. (2003). *Open Innovation: The New Imperative for Creating and Profiting from Technology*. Boston, MA: Harvard Business School Press.
Christensen, C. M. (1997), *The Innovator's Dilemma*. Boston, MA: Harvard Business School Press.
Cusumano, M. A. (2010). 'The Evolution of Platform Thinking', *Communications of the ACM*, 53(1): 32–4.
Cusumano, M. A. (2011). 'The Platform Leader's Dilemma', *Communications of the ACM*, 54(10): 21.
Cusumano, M. A., and Gawer, A. (2002). 'The Elements of Platform Leadership', *MIT Sloan Management Review*, 43(3): 51–8.
Cusumano, M. A., and Nobeoka, K. (1998). *Thinking Beyond Lean*. New York: The Free Press.
Cusumano, M. A., and Yoffie, D. B. (1998). *Competing on Internet Time: Lessons from Netscape and its Battle with Microsoft*. New York: The Free Press.
Dhanaraj, C., and Parkhe, A. (2006). 'Orchestrating Innovation Networks', *Academy of Management Review*, 31(3): 659–69.
Doran, D. (2004). 'Rethinking the Supply Chain: An Automotive Perspective', *Supply Chain Management: An International Journal*, 9(1): 102–9.
Dosi, G. (1982). 'Technological Paradigms and Technological Trajectories: A Suggested Interpretation of the Determinants and Directions of Technical Change', *Research Policy*, 11 (3): 147–62.
Eisenmann, T., Parker, G., and Van Alstyne, M. (2006). 'Strategies for Two-sided Markets', *Harvard Business Review*, 84(10): 92–101.
Eisenmann, T., Parker, G., and Van Alstyne, M. (2009). 'Opening Platforms: How, When and Why?', in A. Gawer (ed.), *Platforms, Markets and Innovation*. Cheltenham and Northampton, MA: Edward Elgar, 131–62.
Evans, D. S. (2003). 'The Antitrust Economics of Multi-sided Platform Markets', *Yale Journal on Regulation*, 20: 325–82.
Farrell, J., and Katz, M. L. (2000). 'Innovation, Rent Extraction, and Integration in Systems Markets', *Journal of Industrial Economics*, 97(4): 413–32.
Feitzinger, E., and Lee, H. L. (1997). 'Mass Customization at Hewlett-Packard: The Power of Postponement', *Harvard Business Review*, 75(1): 116–21.
Gawer, A. (2009a), 'Platforms, Markets and Innovation: An Introduction', in A. Gawer (ed.), *Platforms, Markets and Innovation*. Cheltenham and Northampton, MA: Edward Elgar, 1–16.
Gawer, A. (2009b), 'Platform Dynamics and Strategies: From Products to Service', in A. Gawer (ed.), *Platforms, Markets and Innovation*. Cheltenham and Northampton, MA: Edward Elgar, 45–76.

Gawer, A., and Cusumano, M. A. (2002). *Platform Leadership: How Intel, Microsoft, and Cisco Drive Industry Innovation*. Boston, MA: Harvard Business School Press.

Gawer, A., and Cusumano, M. A. (2008). 'How Companies become Platform Leaders', *MIT Sloan Management Review*, 49(2): 28–35.

Gawer, A., and Henderson, R. (2007). 'Platform Owner Entry and Innovation in Complementary Markets: Evidence from Intel', *Journal of Economics and Management Strategy*, 16(1): 1–34.

Gerstner, L. V., (2002) *Who Says Elephants Can't Dance? Leading a Great Enterprise through Dramatic Change*. New York: HarperBusiness.

Greenstein, S. (2009). 'Open Platform Development and the Commercial Internet', in A. Gawer (ed.), *Platforms, Markets and Innovation*. Cheltenham and Northampton, MA: Edward Elgar, 219–48.

Gulati, R., Nohria, N., and Zaheer, A. (2000). 'Strategic Networks', *Strategic Management Journal*, 21: 203–16.

Hagiu, A. (2006). 'Pricing and Commitment by Two-sided Platforms', *RAND Journal of Economics*, 37(3): 720–37.

Iansiti, M., and Levien R. (2004). *The Keystone Advantage: What the New Dynamics of Business Ecosystems Mean for Strategy, Innovation, and Sustainability*. Boston, MA: Harvard University Press.

Jacobides, M. G., Knudsen, T., and Augier, M. (2006). 'Benefiting from Innovation: Value Creation, Value Appropriation and the Role of Industry Architectures', *Research Policy*, 35(6): 1200–21.

Krishnan, V., and Gupta, G. (2001). 'Appropriateness and Impact of Platform-based Product Development', *Management Science*, 47: 52–68.

Lehnerd, A. P. (1987). 'Revitalizing the Manufacture and Design of Mature Global Products', in B. R. Guile and H. Brooks (eds), *Technology and Global Industry: Companies and Nations in the World Economy*. Washington, DC: National Academy Press, 49–64.

Lorenzoni, G., and Lipparini, A. (1999). 'The Leveraging of Interfirm Relationships as a Distinctive Organizational Capability: A Longitudinal Study', *Strategic Management Journal*, 20(4): 317–39.

McGrath, M. E. (1995). *Product Strategy for High-Technology Companies*. New York: Irwin Professional Publishing.

Meyer, M. H., and Lehnerd, A. P. (1997). *The Power of Product Platforms: Building Value and Cost Leadership*. New York: The Free Press.

Muffatto, M. (1999). 'Platform Strategies in International New Product Development', *International Journal of Operations and Production Management*, 19(5/6): 449–59.

Muffatto, M., and Roveda, M. (2002). 'Product Architecture and Platforms: A Conceptual Framework', *International Journal of Technology Management*, 24(1): 1–16.

Nambisan, S., and Sawhney, M. (2011). 'Orchestration Processes in Network-centric Innovation: Evidence from the Field', *Academy of Management Perspectives*, 25(3): 40–57.

Naughton, K., Thornton, E., Kerwin, K., and Dawley, H. (1997). 'Can Honda Build a World Car?' *Business Week*, 100(7).

Pine, B. J. (1993). *Mass Customization: The New Frontier in Business Competition*. Boston, MA: Harvard Business School Press.

Pisano, G. P., and Teece, D. J. (2007). 'How to Capture Value from Innovation: Shaping Intellectual Property and Industry Architecture', *California Management Review*, 50(1): 278–96.

Powell, W. W., White, D. R., Koput, K. W., and Owen-Smith, J. (2005). 'Network Dynamics and Field Evolution: The Growth of Interorganizational Collaboration in the Life Sciences', *American Journal of Sociology* 110(4): 1132–205.

Rechtin, M., and Kranz, R. (2003). 'Japanese Step Up Product Charge', *Automotive News*, 77 (August 18): 26–30.

Robertson, D., and Ulrich, K. (1998). 'Planning for Product Platforms', *MIT Sloan Management Review*, 39(4): 19–31.

Rochet, J.-C., and Tirole, J. (2003). 'Platform Competition in Two-sided Markets', *Journal of the European Economic Association*, 1(4): 990–1029.

Rochet, J.-C., and Tirole, J. (2006). 'Two-sided Markets: A Progress Report', *RAND Journal of Economics*, 35: 645–67.

Rosenberg, N. (1969). 'The Direction of Technological Change: Inducement Mechanisms and Focusing Devices', *Economic Development and Cultural Change*, 18(1): 1–24.

Rothwell, R., and Gardiner, P. (1990). 'Robustness and Product Design Families', in M. Oackley (ed.), *Design Management: A Handbook of Issues and Methods*. Cambridge, MA: Basil Blackwell Inc., 279–92.

Sabbagh, K. (1996). *Twenty-First Century Jet: The Making and Marketing of the Boeing 777*. New York: Scribner.

Sako, M. (2003). 'Modularity and Outsourcing: The nature of Co-evolution of Product Architecture in the Global Automotive Industry', in A. Prencipe, A. Davies, and M. Hobday (eds), *The Business of Systems Integration*. Oxford: Oxford University Press, 229–53.

Sako, M. (2009). 'Outsourcing of Tasks and Outsourcing of Assets: Evidence from Automotive Suppliers Parks in Brazil', in A. Gawer (ed.), *Platforms, Markets and Innovation*. Cheltenham and Northampton, MA: Edward Elgar, 251–72.

Sanderson, S. W., and Uzumeri, M. (1997). *Managing Product Families*. Chicago, IL: Irwin.

Sawhney, M. S. (1998). 'Leveraged High-variety Strategies: From Portfolio Thinking to Platform Thinking', *Journal of the Academy of Marketing Science*, 26(1): 54–61.

Schilling, M. A. (2009). 'Protecting or Diffusing a Technology Platform: Trade-offs in Appropriability, Network Externalities, and Architectural Control', in A. Gawer (ed.), *Platforms, Markets and Innovation*. Cheltenham and Northampton: Edward Elgar, 192–218.

Simpson, T. W., Siddique, Z., and Jiao, J. (2005). 'Platform-based Product Family Development: Introduction and Overview', in T. W. Simpson, Z. Siddique, and J. Jiao (eds), *Product Platforms and Product Family Design: Methods and Applications*. New York: Springer, 1–16.

Staudenmayer, N., Tripsas, M., and Tucci, C. L. (2005). 'Interfirm Modularity and its Implications for Product Development', *Journal of Product Innovation Management*, 22: 303–21.

Szczesny, J. (2003). 'Mazda Ushers in New Ford Era: Platform Sharing Across global brands is Ford's New Way of Doing Business'. Available at http://www.thecarconnection.com/index.asp?article=6574pf=1 (accessed 14 February 2006).

Tierney, C., Bawden, A., and Kunii, M. (2000). 'Dynamic Duo', *Business Week* (23 October): 26.

West, J. (2003). 'How Open is Open Enough? Melding Proprietary and Open Source Platform Strategies', *Research Policy*, 32: 1259–85.

Wheelwright, S. C., and Clark, K. B. (1992). 'Creating Project Plans to Focus Product Development', *Harvard Business Review*, 70(2): 67–83.

Whitney, D. E. (1993). 'Nippondenso Co. Ltd: A Case Study of Strategic Product Design', *Research in Engineering Design*, 5(1): 1–20.

Zirpoli, F., and Becker, M. C. (2008). 'The Limits of Design and Engineering Outsourcing: Performance Integration and the Unfulfilled Promises of Modularity', Mimeo, presented at the International Workshop on Collaborative Innovation and Design Capabilities, Mines ParisTech, Paris.

Zirpoli, F., and Caputo, M. (2002). 'The Nature of Buyer–Supplier Relationships in Co-design Activities: The Italian Auto Industry Case', *International Journal of Operations and Production Management*, 22(12): 1389–410.